欧亚备要

主办：中国社会科学院古代史研究所内陆欧亚学研究中心

主编：余太山　李锦绣

陕西师范大学优秀著作出版基金资助

马长寿内陆欧亚学文存

（全三集）

上集　北方民族史专著

马长寿　著
周伟洲　整理

商务印书馆
The Commercial Press

图书在版编目（CIP）数据

马长寿内陆欧亚学文存：全三集 / 马长寿著；周伟洲整理. —北京：商务印书馆，2025（2025.7重印）
（欧亚备要）
ISBN 978-7-100-22494-9

Ⅰ.①马… Ⅱ.①马… ②周… Ⅲ.①中国历史—古代史—文集 Ⅳ.①K220.7-53

中国国家版本馆CIP数据核字（2023）第095717号

权利保留，侵权必究。

（欧亚备要）
马长寿内陆欧亚学文存
（全三集）
马长寿　著
周伟洲　整理

商　务　印　书　馆　出　版
（北京王府井大街36号　邮政编码 100710）
商　务　印　书　馆　发　行
三河市尚艺印装有限公司印刷
ISBN 978 - 7 - 100 - 22494 - 9

2025年1月第1版　　　开本 710×1000　1/16
2025年7月第2次印刷　印张 90
定价：398.00元

编者的话

《欧亚备要》丛书所谓"欧亚"指内陆欧亚（Central Eurasia）。这是一个地理范畴，大致包括东北亚、北亚、中亚和东中欧。这一广袤地区的中央是一片大草原。在古代，由于游牧部族的活动，内陆欧亚各部（包括其周边）无论在政治、经济还是文化上都有了密切的联系。因此，内陆欧亚常常被研究者视作一个整体。

尽管司马迁的《史记》已有关于内陆欧亚的丰富记载，但我国对内陆欧亚历史文化的研究在很多方面长期落后于国际学界。我们认识到这一点并开始急起直追，严格说来是在20世纪70年代末。当时筚路蓝缕的情景，不少人记忆犹新。

由于内陆欧亚研究难度大，早期的研究者要克服的障碍往往多于其他学科。这也体现在成果的发表方面：即使付梓，印数既少，错讹又多，再版希望渺茫，不少论著终于绝版。

有鉴于此，商务印书馆发大愿心，选择若干较优秀、尤急需者，请作者修订重印。不言而喻，这些原来分属各传统领域的著作（专著、资料、译作等）在"欧亚"的名义下汇聚在一起，有利于读者和研究者视野的开拓，其意义显然超越了单纯的再版。

应该指出的是，由于出版时期、出版单位不同，尤其是研究对象的不同，导致诸书体例上的差异，这次重新出版仅就若干大的方面做了调整，其余保持原状，无意划一，借此或可略窥本学科之发展轨迹也。

愿本丛书日积月累，为推动内陆欧亚历史文化的研究起一点作用。

余太山

整理者前言

　　中国著名的民族学家、历史学家马长寿先生，字松龄，一作松舲，1907年1月生于山西昔阳一个贫苦农民家庭，靠自己聪慧的天资和坚韧不拔的毅力，在本村读完小学后，考入太原进山中学。1929年又考入南京国立中央大学社会学系。毕业后，留校三年，然后进入当时的中央博物院任助理研究员。1942年后，他先后在东北大学、金陵大学、东南大学、华西大学任教授，从事民族学方面的教学和科研工作。1949年后，他先后在金陵大学、浙江大学、复旦大学任教授，开始由民族学转向民族史的教学和科研工作。1955年，又调至西安西北大学历史系，任考古教研室和西北民族史研究室主任，先后出版民族史专著多部。1971年5月，不幸在南京病逝。他的一生，是勤勤恳恳从事教育事业的一生，是孜孜不倦从事学术研究、著书立说的一生。

　　先生的学术生涯，以1949年中华人民共和国成立为界，大致可分为两个大的阶段。1949年前，他在中央博物院和各大学任教期间，主要从事社会学、民族学的研究，以其在大学和实践中学习到的近现代西方社会学、民族学、人类学等方面的知识，坚持走民族实地调查与文献相结合的路子；不畏艰难困苦，先后深入我国西南彝族、藏族（嘉戎）、羌族等聚居区，进行民族调查，收集了大批珍贵民族文献和文物。在此基础上，他先后发表了一批厚重的优秀论文，主要有：《中国西南民族分类》、《中国古代花甲生藏之起源与再现》（均载《民族学研究集刊》第1期），《四川古代"僚"族问题》、《四川古代民族历史考证》《四川古代民族历史考证（下篇）》（分别载《青年中国季刊》第2卷第1期、第1卷第4期、第2卷第2期），《钵教源流》（《民族学集刊》第3辑），《嘉戎民族社会史》（《民族学研究集刊》第4辑），《康藏民族之分类体质种属及其社会组织》、《凉山罗夷的族谱》（均载《民族学研究集刊》第 5 期）等。

　　这些论文，是先生应用近代民族学、人类学的科学方法，进行民族实地调查，结合文献而成的研究成果，具有很高的学术水平和价值，至今仍然有着重要的学术意义。如《钵教源流》一文，是先生到嘉戎藏区调查时，由当地苯（钵、钵）教（即藏族本教）僧人口译钵教（本教）藏文经典，以现代民族学的观点和方法进行研究，撰写而成。这是国内利用藏文典籍研究藏族原始宗教——苯教的一篇重要论文，至今仍广为学者所引用。《凉山罗夷的族谱》一文，是以先生亲自调查的材料为基础，论证了凉山彝族（罗夷）谱系之渊源，从社会发展、经济、风习等方面，说明彝族黑夷（即奴隶主）"为甄别黑姓与贱族（白夷，即奴隶）之分，于是产生了系谱制度"。文中还记录和分析了凉山黑夷孤纥和曲聂二大族谱等。先生曾两次深入四川大小凉山彝族地区调查，收集族谱 30 多个，结合收集、调查所得的各种资料，撰成数十万言的《凉山罗夷考察报告》。此稿系用工整的蝇头小楷书成，上附许多至今已无法见到的珍贵照片。

　　1949 年后，先生的学术生涯发生了巨大的变化。1952 年后，在复旦大学任教期间，先生努力学习马克思主义理论，初步掌握了马克思主义的辩证唯物论和历史唯物论的观点和方法，并以此指导自己的学术研究。同时，由于各种原因，先生从民族学转向了民族史的研究领域。为了教学，先生首先撰写了一部《中国兄弟民族史讲义》（打印稿），作为全国高等院校的交流教材。不久，还撰写了一篇题为《论匈奴部落国家的奴隶制》的论文，发表在《历史研究》1954 年第 5 期上。这是先生用马克思主义唯物史观作指导，研究古代匈奴社会性质的第一篇论文，也是先生第一次用唯物史观理论研究中国民族史的开创之作。

　　从 20 世纪 50 年代起至 60 年代初，先生在繁忙的教学工作中，仍然坚持民族社会历史调查，多次深入少数民族地区（四川凉山彝族地区、陕甘回民聚居地区），勤奋著述，在中国民族史研究领域内做出了突出贡献：先后出版了《突厥人和突厥汗国》、《南诏国内的部族组成和奴隶制度》、《北狄与匈奴》、《乌桓与鲜卑》四部专著，以及《论匈奴部落国家的奴隶制》、《论突厥人和突厥汗国的社会变革》（上、下）、《同治年间陕西回民起义历史调查纪录序言——兼论陕西回民运动的性质》、《十年来中国少数民族研究工作的成就》等论文。此外，先生还有一批书稿，在"文革"之后才先后整理出版，计有《氐与羌》、《碑铭所见前秦至隋初的关中部族》、《彝族古代史》、《同治年间陕西回民起义历史调查记录》（主编，陕西人民出版社1993年版），以及《凉山罗彝考察报告》（整理本，李绍明、周伟洲等整理，巴蜀书社2006年版）、《凉山美姑九口乡社会历史调查》（主编，李绍明整理，民族出版社2008年版）、《凉山罗夷考察报告》（影印本，周伟洲编，陕西师范大学出版总社2019年版）。

马长寿先生原本有一个十分宏伟的计划，即撰写十余部书，将中国古代主要的少数民族历史，按时代先后一本一本地写出来。他生前已完成了古代的北狄、匈奴、乌桓、鲜卑、氐、羌和突厥、南诏的历史论著。在他逝世前，正着手准备撰写《藏族史》，已整理笺证了敦煌发现的吐蕃历史文书（用王静如先生译稿），并收集了大量的资料。然而，可恶的肺癌过早地夺走了先生的生命，这是中国学界的巨大损失。

从马长寿先生整个学术活动看，先生研究的领域十分广阔又很深入；在许多方面揭开了中国民族史研究新的一页。先生不仅在民族调查的基础上，对中国西南少数民族的社会、历史、风俗等民族学方面的重大问题，提出了一些重要的开创性的观点，而且对中国西北和北方民族，如匈奴、乌桓、鲜卑、氐、羌、突厥等的历史做了开创性的研究，取得了当时所能获得的最高成就。匈奴学、鲜卑学、突厥学、藏学等，如今已成为国际学术界的专门学科，凡是从事这方面研究的学者，都要参考他的有关论著。东北的学者曾提出，鲜卑学研究的第二个里程碑，就是以先生的《乌桓与鲜卑》一书为标志的（干志耿、孙秀仁：《关于鲜卑早期历史及其考古遗存的几个问题》，《民族研究》1982年第1期）。著名匈奴史专家林幹教授称《北狄与匈奴》一书，"是解放后第一本具体而微的匈奴史专著，因而此书的出版，为我国史学工作者运用马列主义从事匈奴史研究及撰写匈奴史专著，提供了一个先例"（林幹：《匈奴通史》前言，人民出版社1986年版）。

其次，马长寿先生的民族研究，是以其独有的学业和努力，融中国史学优良传统和近现代西方社会科学精华为一体，发展成独具一格、自成体系的一个学派。先生的论著无论文字风格，或推理考证，都是中国民族化的。文字简洁，有时带有少量文言成分，流畅生动；考证精当，重视资料的可靠性，继承了清代考据学的优秀传统。然而，先生的论著却没有烦琐的考证，无就事论事、艰涩难读之弊，而是引进了西方近现代社会学、人类学、语言学、考古学等科学理论和方法，以及马克思主义辩证唯物主义与唯物史观，与传统中国史学方法相结合，充实和发展了传统的中国民族史研究。因此，这一结合使先生的论著具有了很高的学术水平和时代特征，是中国传统史学和当代最新社会科学精华相结合的典范。

以先进的马克思主义唯物史观作指导，以翔实可靠的史实为基础，史论结合，是马长寿先生民族史论著的又一特色。先生论著既有丰富的史实，又有对这些史实的辨析、考证，并力求扎实、严谨、可靠，哪怕是一个重要的年代或一个古地名，也要弄清楚。同时，又不停留在这一步，像传统的考据学一样，仅辨明、考证一些史实，解决历史上一些疑难的史实问题；而是用马克思主义唯物史观作指导，对已辨明的史实进行分析、研究，得出一些科学的结论来。如先生对匈奴、突厥、南诏社会性质的研究；从对乌桓、鲜卑史的研究，得出古代民族融合的规律；从碑铭研究古代关中民族的分布和融合等。

注重实地民族调查，是先生民族研究的另一个重要特征。这也许与先生个人的学业和早期从事人类学、社会学研究有关。就是在20世纪50年代后，他已转向民族史研究后，仍然十分重视民族实地调查，如1957—1958年对清同治年间陕西回民起义的调查，参加国家组织的凉山彝族的调查等。

现今商务印书馆将马先生大部分论著集为《马长寿内陆欧亚学文存》（简称《文存》），列入《欧亚备要》丛书内。《文存》共分为上、中、下三集：上集收录马先生《北狄与匈奴》（生活·读书·新知三联书店1962年版）、《乌桓与鲜卑》（上海人民出版社1962年版）、《突厥人和突厥汗国》（上海人民出版社1957年版），共三部著作；中集收录马先生《氐与羌》（周伟洲整理，上海人民出版社1984年版）、《碑铭所见前秦至隋初的关中部族》（中华书局1985年版）、《南诏国内的部族组成和奴隶制度》（上海人民出版社1961年版）、《彝族古代史》（李绍明整理，上海人民出版社1987年版），共四部著作；下集则是《马长寿内陆欧亚学论集》（周伟洲编，人民出版社2003年版）。除上述《同治年间陕西回民起义历史调查记录》（主编）、《凉山罗彝考察报告》、《凉山美姑九口乡社会历史调查》（主编）三部著作外，马先生的论著基本收入《文存》之中。

最后，感谢《欧亚备要》主编余太山先生的推荐和商务印书馆的大力支持，感谢陕西师范大学的支持和资助，感谢吴正浩博士在整理和校对方面所做的工作，才使我的恩师马长寿先生的大部分论著得以出版！

周伟洲
2020 年 8 月于陕西师范大学

马长寿自传 *

1907年1月12日，我生于山西省昔阳县西大街北寺巷一贫苦农民家里。① 小的时候，家里很穷。父亲很早就没了，又无兄弟姊妹，家里只有母亲和我俩人。② 我们家同二祖父母家，本来分过家的，因为二祖父母没有儿子，双方都缺劳动力，所以两家分而又合。这样，家里就有祖父母及母亲三个大人。祖上遗下坟地五亩，是由两家共有的，另外有菜地一亩，房屋五六间。

1915年，我到离家三里路远的私塾读书，教师是同一街道的一位秀才李仁遂老先生，一直读了五年。老先生早出晚归，早晚三餐都由我从他家送去的。因而，我送他的报酬很少，每逢年节送几斤面粉就行了。五年内读完"四书"和《诗经》，但未开讲，就转入小学读书了。初级小学读了一年，高级小学两年，读的书，除语文、算术、英文外，还读了《春秋左氏传》。

那时，家里生活很苦，平时只吃到小米粥和苞谷、用米糠做成的窝窝头，到过年才吃到几顿白面。1920年，山西大旱。家里没吃的，由祖父出面卖了坟地上的树木，并且当了三间房子给本街的赵姓财主。母亲给人家缝洗衣服，供家里零用。我有两个舅父都是做煤炭工人的，节省一点钱，供我读

---

* 编者按：自传及传文下注释系马长寿先生第四子马丁整理。
① 我的父亲生于1907年1月12日，阴历是（光绪三十二年）十一月二十八日，所以，一些传记写成1906年生。
② 昔阳县西大街北寺巷，今昔阳县乐平镇西大街。据父亲讲：姓马的在县城是小姓，是从很远的山区迁过来的。前些年，我给昔阳的姐姐打了个电话，她讲：听钟村的老姑（指爷爷的姐姐，用的是奶奶的口气）说，马家是从平定锁簧迁来（查地图：平定锁簧离昔阳约三十公里，不知很远是何意？有一年，我遇到一个昔阳县城的人，他说：你是昔阳城的？西大街据我所知没有姓马的住户。我回答说：你说得对，是没有了）。我的爷爷马德圣，我的奶奶邓圣恩。我的奶奶是昔阳县杏丹峪人。父亲的两个舅舅都是挖煤工人，一个舅舅曾经怀揣着干粮，一路走到太原进山学校去探望他，令父亲十分感动，终生不忘。

书。我读书很用功，推动力就是穷苦。

抗战时期，我在四川教书，和家乡无法书信来往，钱也寄不到，母亲的生活很苦。

一、中学

1923年，小学毕业后，论家境，再读中学乃不可能了。但小学的老师们再三说服祖父和母亲，于是因为舅父家的帮忙，凑借了十元路费，我到太原考官费师范和中学了，一连考了三个，最后选择了官费中学——进山中学。这是阎锡山办的私立中学，我编入第三班。班上的学生分三类：一类是望族大官的子弟，居少数；一类是各县保送或投考的平民子弟，每年从各县选择2—3名优秀生，其中贫苦家庭出身者为多；又一类是停办了的"文言学校"学生。进山中学的校长由阎锡山自兼，后来他委托一位姓赵的当代理校长。教员各种人都有，如邓初民、常燕生，还有一些留学生及山西遗老、名流。到校一二年，我便看出学校是为培养地方政权的人才的。当时想，管他是培养什么"人才"的，我应当抓紧时间学习知识再说。因此，在六年之中集中精力，学习了英文、数学、语文。

1924—1925年，南方的革命风暴不断波及太原，罢课游行事件时有所闻。革命的刊物《向导》、《社会科学讲义》及进步文艺刊物《创造》等，在进山中学一部分同学中间流行。作为地方长官阎锡山，抵制革命，对学生管理很严。他经常向学生宣传"做好人有饭吃"的"好人主义"。

1924年，太原的昔阳县留学生成立了留省学生会。最初是由县里著名财主之子宋某某（大学生）做主席的，群众对他不满，推下了台，举我作为主席。那时，我是初中二年级学生。

1925年暑假，留省学生会通过一项议案，就是回家乡驱逐贪官污吏。于是，我们借县高小学校当活动地址，在街上贴了一些标语，散了一些宣言，把官僚绅士吓坏了。他们联合起来，对付我们。他们借故把我祖父提进衙门去，要他阻止我带头活动，并声言要逮捕我。学生毕竟年轻，胆小，不久这些学生人心涣散，我只有返回太原了。进山中学有位数学教师贾昇臣，平时对我很好，又是昔阳县人。我就把县里发生的事告诉他，他对我说："驱逐贪官哪有那么容易？学校对你的印象还好，不会有什么危险。"他告诫我说："读书时期就读书，毕业以后，一不要做官，二不要从政，三不要做会计，可以避免许多麻烦！"

1926年，古井无波的进山中学也不断发生革命斗争风暴了。一部分学生加入了共产党、国民党，他们活动主要在校外；另一部分学生受历史教员常燕生的引导，加入了国家主义青年党。两派旗鼓相当，斗争颇为激烈。一天晚上，约在三四更时，我还在睡梦中，听到乱敲的钟声，呼喊的口号声，吵嚷声，经久始息。次晨，向同学们打听，才知道共产党、国民党联合起来，驱逐国家主义派，一批国家主义派的学生离校了。同年，隔了数月以后，又在一个晚上，约三四更时，也有乱钟声，口号声，皮靴咯咯声。次晨打听，知道宪兵特务到校捉拿共产党和国民党，一批共产党、国民党的学生不见了。据我所知，进一班的纪廷梓、左天祥和进三班的高仰愈都是在这次失踪的。外传纪和高是被捕，不久又传说被枪杀，左是逃了的。且传言学校要搜查学生书籍和寝室，人心惶惶。

自经几次风波后，我的青年的锐气逐渐消沉了。对于军阀政治十分厌恶，对于任何党派也不信任，只相信自己，心里打算，读好了书，总不愁找不到一碗饭吃的。从此以后，把全部精力用于读书，1927—1929年高中期间，学期平均分数全班以我为最高。

二、中央大学读书和在中大助教三年

1929年，高中毕业后，本来是可以找到工作的，但那时我个人抱负很大，同时也不愿意在军阀统治下做官僚，所以产生了进大学的念头。当时，国民党的首都已经迁往南京，有名的学者、教授大部分从北京南下，到南京国立中央大学任教。因此，我愿往中央大学读书。但中央大学是自费，以我的家境，是不可能供给我到南京读书的。不久我打听到"山西教育所"对山西省在南京就读的大学生，每年有一百元津贴，昔阳县政府也有一百元津贴，加以中学教师贾昇臣从旁鼓励，愿借一笔路费给我，我便在1929年暑期到南京投考。在南京我考了两个学校：一个是国民党办的中央政治学校，一个是中央大学。我选择了中央大学。

中央大学是由东南大学和南京高师合并而成的，系科完备。由于以前读过武汉出版的《社会科学讲义》，所以我考入社会学系。但到校之后，始知此系的教授，主要是讲美国社会学的。没有一个教员敢讲"社会科学讲义"式的社会学，不免大失所望。转系呢？很困难，好在当时可选择一副系，可以随意选课，于是我选了历史系。我也曾想明了上海之类大都市的社会内容，到上海一次，参观了些工厂和公司，觉得千头万绪，无从下手研究。后来到乡下实习农村调查，觉得现代大都市旁边的农村文化，也不易分析。所以，从第三年开始，我就自动地研究民族学、民族志和中国的少数民族，就是在社会学里学民族学。当时教这一学科的教员很少，只有一个叫黄文山的教民族理论，一个叫邱某某的教民族志。他们也只用德国、美国的书籍在课堂上边译边教。我把他们教的东西，拿来自学，结合研究中国的少数民族资料，整整搞了两年，对民族学这门学问逐渐爱好起来了，以至成为我终生从事的专业。

民族学在中国是一种没有基础的学科。流行于中国当时的，只有英、美、德、法四国的民族学书籍，翻译的书籍非常少，当时我依凭英文和新学会的德文，阅读了很多外国书，从而知道了国外此门科学的内容。西方国家的民族学，除了侵略政策外，往往带有唯心主义的理论，不与实际的生活相联系。它们的特点就是研究和政策经常分离。我学到了这些似是而非的理论以后，用来与中国少数民族资料相互结合，这种结合自然是困难的。中国是一个多民族的国家，我结合西方的民族学理论，看中国各民族情况学习时，特别喜欢理解西南民族历史和现状，写了一些笔记和有关论文，成为我以后研究西南民族的基础。

从此，我有工作做了，我把生命力整个放在钻研之中。

1929 年，中央大学的校长张子燕，系张静江的侄子，庸庸碌碌，学生对他的意见还不大。1930 年，张去职后，教育部委任段学明为校长，同学们反对。在段学明来校的第一天，五六十同学投砖掷瓦，把他打得头破血流，衣衫尽裂。当时，同学指名要竺可桢为校长，竺时为气象所所长，不能离开，故另派吴有训为校长，不久，吴受排挤离职，教育部又派来朱家骅为校长，朱到校时，亦闹风潮，终以一部分学生被收买，不曾被驱逐。

学生会因国民党各派的操纵，亦情况复杂。连大会也难开成。学校有各种团体：有拥护西山会议的，有拥护 CC 派（即 Central Club，中央俱乐部，国民党派系之一）的，有拥护朱家骅的……每日奔走呼号，钻营津贴，不上课，不读书，后来都做了各个派别的官僚。只有在1931年"九一八"事变发生后，南京各大学、中学学生自动上街游行，集中起来到中央党部请愿出兵，并到外交部捣毁外长王正廷办公室。这次，爱国学生没有一个不参加的。

1933年，我从中央大学毕业，留校为社会学系助教，继续搞我的西南民族研究工作。

当时的系主任黄文山，系黄克强的女婿，在中山文化教育馆编辑《民族学集刊》，介绍我为一些刊物写了有关民族学的论文若干篇。另外，我收集资料动手编写《西南民族》一书，初稿已成，惜在抗日战争时毁于南京博物院的仓库中。①

1934年，中央研究院人类学组凌纯声、中央大学黄文山、金陵大学教授徐益棠等组织中国民族学会，推蔡元培为会长。成立会时，黄文山介绍我加入。

中国社会学会，主持人为孙本文、柯象峰、潘光旦、吴景超等。这些人分别在中央大学、金陵大学和上海各大学教书。毕业后，我亦加入为会员。出版的刊物名《社会刊》。我在上面写过《山西洪洞移民研究》一文。②

1936年，中大的社会学系停办，我转到中央博物院筹备处工作。

三、在中央博物院工作 —— 到川康边区考察少数民族

中央博物院是1935年开始筹备的，筹备主任是蔡元培，决定先筹备历史、考古、民族三部分。1936年，李济为筹备主任。在中央大学助教的三年，我发表了许多论文。其中有一篇是《西南民族分类》，被李济赏识，他写信给黄文山，所以我很顺利地到了筹备处。筹备处设在中央研究院历史语言研究所内，在南京的北极阁山下。到职后，在专家指导下学了两种与考察民族有关的技术：一是人体测量法，一是国际音标纪录民族语言法。

1936年冬，中央研究院和中央博物院合派我到四川西康的边区进行少数

---

① 2009年2月，我去南京博物院，因为观看过中央电视台播放的《抗战时期的中央博物院》纪录片，打算收集一些电视片中的照片，无意中看到我父亲1937—1940年在西康考察中写给李济先生的七封信，复印保留，很是惊叹南博对资料的保存，由此推断这文稿可能还在。

② 编者按：当为《洪洞迁民的社会学研究》一文，见《社会学刊》1933年第3卷第4期。

民族调查。我偕同一位技术员（绘图摄影员赵至诚）和一位助手（四川大学毕业的李开泽）乘船前往四川。我们的任务主要有两个：一是考察各民族的社会、历史、物质文化、经济生活、语言、宗教；二是收集各种标本，以备将来陈列之用。

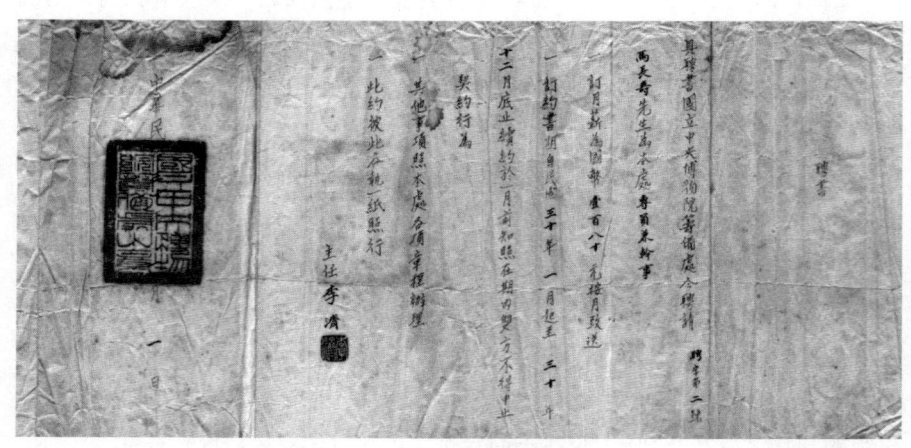

中央博物院筹备处聘书

出行前，蔡元培以中央研究院院长名义给卢作孚（时任四川省建设厅厅长）一书，要求他设法帮助我们顺利进行工作。卢派了几个考察大小凉山森林的人员，会同我们到凉山彝族（当时称为罗夷）地区考察。1937年春天，我们从宜宾、屏山、雷波进入大小凉山，经过黄茅埂、美姑、竹核、昭觉等地，到西昌出来。从雷波入山时，原来还有县府的兵丁护送，但一到中心区，县府兵丁也撤回了，沿途只有请求彝族的酋长护送。每到一地详细记录了彝族的语言、社会阶级、物质文化、宗教信仰、生活习惯各方面情况，收集了衣服、发饰、生产工具、宗教仪仗之类，并加以详细说明。最后取道越巂、汉源、雅安回到成都。此行有四个多月，到成都已经是夏天了。

1937年夏秋之交，我们又到四川西北部调查羌族、番族以及一部分嘉戎。由成都出发，经过灌县到汶川、理番、茂县、松潘的一部分地区，调查的项目大致与前述相同，直到此年冬又返成都。

1938年，在成都整理大小凉山的彝族考察报告，因为有些问题没弄清楚，特别是制造生产工具和器皿的方法，彝语彝文方面有些地方没弄清楚，所以第二次又到了越巂、田坝等地，住了两三个月，又回到成都，这次收集的标本特别的多。

当时，大凉山彝区被外国人称为"独立倮倮"。由此名称可知彝族和中国历代政府是立于反对地位的。在种种困难和危险情况下，我们进行了一年又几个月的调查。

因为日寇轰炸成都，同时又因中央博物院迁到李庄（四川南溪），一批重要的古物（殷周铜器）要寄存在乐山县乡间，所以院里又把我调到乐山县，让我一面写考察报告，一面看管从重庆运来的古物。①

李庄合影照片

---

① 这段历史从未听父亲说过，读了《李济传》才知道还有一段"惊险"历程："1939年5月，日本飞机开始对重庆大轰炸。……8月初，七十八箱文物终于装上'民裕轮'，由中博院重庆办事处李开泽随行押运。8月19日，李济电告郭宝钧，据乐山马衡电称：'民裕轮启运时李开泽未随行，托故宫照料；故宫无人，希自派，请即电马长寿赶赴乐山照料。'8月22日，马长寿赶往乐山，……路上遭遇不测，他即电告李济：'敌机轰炸嘉定，成都运来公私书籍、仪器、衣物、新由越西采集之标本及公用家具皆毁，由渝运到古物万幸无恙，正设法起运，关于炸毁部分当另立清单，旅行社出证明详为呈报。'8月底，马长寿终于将'渝运标本全部妥措安谷古佛寺'。11月，尹焕章从重庆赶往乐山，替换马长寿。"（引自岱峻：《李济传》，江苏文艺出版社2009年版）

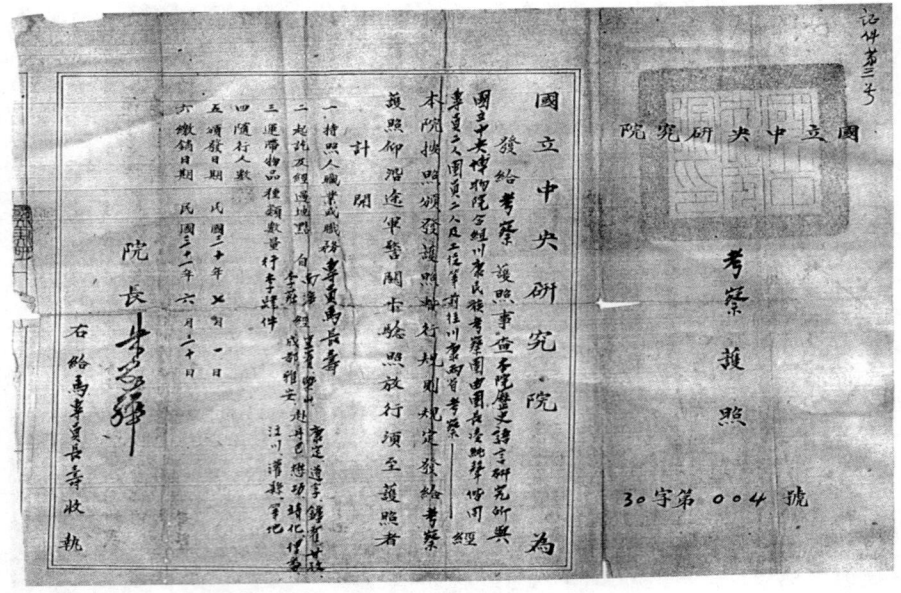

川康民族考察护照

《凉山罗彝考察报告》手稿

1939—1940 年我在乐山写成了《凉山罗彝考察报告》[①]。因为绘图多、照片多、彝文多，在当时没出版。新中国成立后情势变了，新的资料没有收入，而且没有从新的观点加以批判和整理，因而积压在箱中。

1940 年冬，又调我到南溪李庄，在那里筹备第二次川康民族的考察工作。

1941 年秋，中央博物院和中央研究院合组川康考察团，第二次到四川西北区和西康东北区东部地区考察。领导这一工作的是中研院研究员凌纯声，参加者有中研院的芮

---

① 《凉山罗彝考察报告》一书，承蒙四川民族研究所、陕西师范大学资助，李绍明、周伟洲先生等整理，2006 年由四川出版集团巴蜀书社出版。2019 年陕西师范大学出版总社又将此书稿影印出版。2008 年由李绍明先生将马长寿和其学生张大鹏、王宗维等在凉山美姑县九口乡调查报告整理出版，书名《凉山美姑九口乡社会历史调查》。

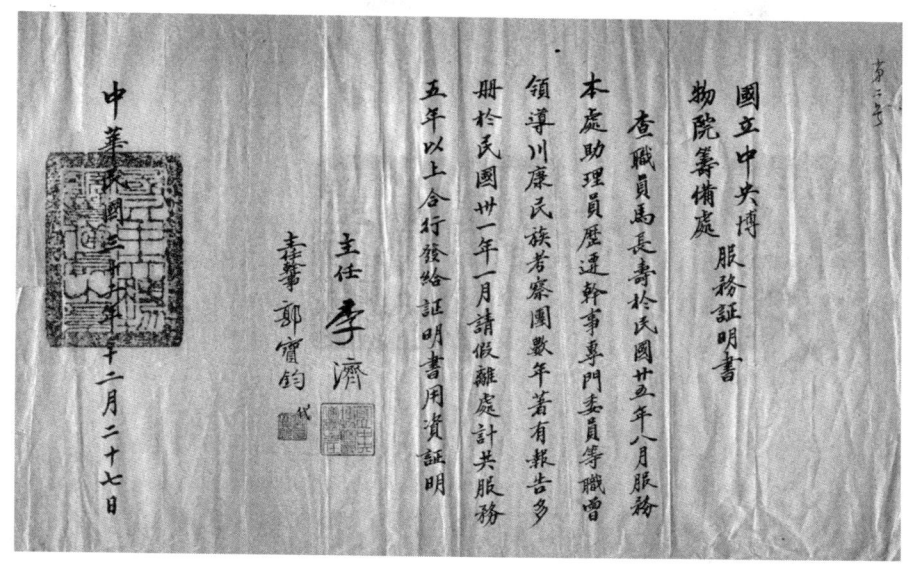

中央博物院筹备处服务证明书

逸夫，美术院的杨乡生和我。我们先到成都，从灌县北上，到理县的佳山寨调查了两个多月，然后往卓克基、梭磨、党坝、大小金川、周山等嘉戎地区考察了两月之久，后又到西康的巴底、巴旺考察了一个时期，对整个嘉戎民族有了比较详细的了解。最后南下到达康定，重返成都。时间已经是 1942 年的 1 月了。

我在中央博物院前后工作了六年，实际上是在外面调查了六年（包括写报告），劳累极了，觉到身体支持不下来。便向中央博物院主任李济去函，商请停几年，再回院工作。交涉多次，办完手续，我就到三台县的东北大学教书去了。

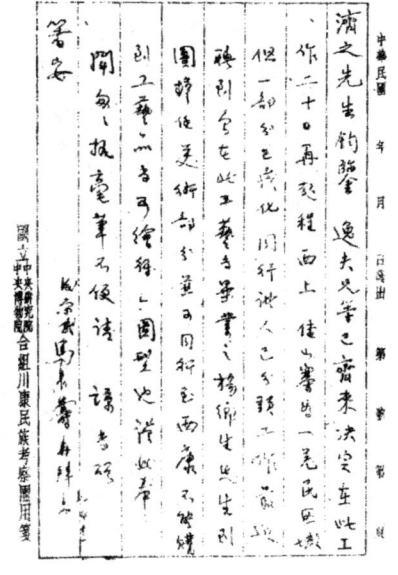

当时给李济先生的信

多少年后，回想起当初的调查工作，一共进行了六七年，档案都保存在身边。关于彝族、羌民、藏族的调查，我保存了很多笔记和记录。假设有充分的时间,有再调查的机会,我想对科学会有一些贡献。[①]

四、在东北大学、金陵大学、四川大学、中央大学教书

1942 年,因东北大学高亨的介绍,我到东北大学的史地两系教书。时东北大学从东北迁到四川三台县,我到那里教少数民族的历史和地理。教了一年多,1943 年 7 月,我离开三台县,到成都的金陵大学教书了。离开的原因有二:一是东北大学的派系斗争很激烈,一派以萧一山为首,一派以金毓黻为首,两个都是搞历史的,我在那里很难处;二是抗日期间物价高涨,一份薪水实在不够用,三台的教育机关很少,兼职不易。正巧金陵大学来函征求我的意见到那里教书,因此,我便离开三台到成都去了。

成都纪念照

生活照

[①] 这一段话,是我父亲在 1956 年给西北大学党委写的"说明"里的,我想是他的肺腑之言。

金陵大学是一所教会大学，南京失陷的前夕迁到成都来了。地址在南门外的华西坝，那里原为华西大学的校址。抗日时期，南京的金陵大学、金陵女子大学都麇集在那里。这些大学都是教会大学，用外国基督教徒，特别是有钱的资本家的捐款办的。我不是基督教徒，亦非金陵大学毕业。在抗日时期，一个学校的薪水不能维持生活，唯一的办法就是在几处兼差。

当时我除在金陵大学教书外，还在四川博物馆和四川大学兼职，我在金陵大学教的课是民族学、民族调查方法。我在四川博物馆兼民族组主任，负责计划和陈列博物馆的少数民族文物。

在四川大学历史系兼任民族学课。博物馆在西门外的犀浦镇，我住在馆里，四川大学在东门外望江楼。每次为了上课，必须从西门外到南门外和东门外绕半个城圈。就是这样，我渡过从1943年到1945年两年多的困苦生活。

在抗日期间，为了生活，不能在前线抗日，而在后方过着疲劳不堪的生活，觉到十分可耻的！

1945年，抗日战争胜利的消息传到成都，真是万众欢腾，我在当夜喜欢得一夜不能睡眠。

1946年春，我们一家随同金陵大学回到南京。因为薪水不够生活，我在中央大学的边政系兼课，教民族调查方法。一家的生活算是可以勉强度过了，但在外面一看，到处可以看到"接收大员"强占民屋，过着荒淫无耻的生活，而物价一日三变，一捆"法币"不能够买一袋面粉。民不聊生，到处发生抢米、抢布现象。

1949年4月23日，南京解放了。师生在路上欢迎解放军。军管会派人接收了金大，教会统治的大学终于成为人民的大学了。解放南京还不到一个月，我便回到家乡，把离别十六年的母亲和女儿接到南京，过着全家团聚的生活。

1950年8月，我应浙江大学人类学系之邀，全家便到杭州去了。

全家福

五、在浙江大学、复旦大学教书

新中国成立初,我从金陵大学转到浙江大学,心里非常高兴。因为浙江大学人类学系同多年来所学的东西是相合的。系里三个教授,三个助教,一个技术员,研究生三名,学生二十多名,还有一个附设的训练班。我在那里开两门课,一是文化人类学,二是中国民族志。

参加了三个伟大的运动。就是思想改造运动、土地改革运动、"三反"运动。

同学们有的是从金陵大学社会学系来的。教师们有的是从中央研究院史语所来的。经过这一运动,初步理解了知识分子思想改造的重要性,理解了马列主义和毛泽东思想必须努力学习,用以改造思想,指导业务。

土改运动,我是在安徽北部五河县参加的。虽然只有四五十天,但每日与地方干部及贫下中农一起生活,受到很大的教育。

"三反"运动,我也是在浙大参加的。人类学系和数学系合起来搞"三反",使我也受到很大教育。

1952年,华东高等学校进行了院系调整,浙江大学改为一所综合性的工业大学,它的文科、理科各系都并入复旦大学,我被调入了复旦大学历史系。到校后,讲授中国民族史、原始社会史。一年内我编出《中国民族史讲义》,在编讲义的过程中,把《二十五史》中的《四裔传》以及有关纪传都翻读了一遍。高教部把它作为各大学的交流讲义之一。后来又与胡厚宣先生合教考古学通论。1953年,同系的胡厚宣先生介绍我加入了九三学社。

上海史学会,约是1953年加入的,每隔几个月就开一次学术讲演会。

1954年,高教部通知我参加"综合大学文史教学研究座谈会"。收到通知的还有历史系的蔡尚思、周谷城、周予同。这次会议,规定了历史系是培养历史学的专门人才,还规定了各种课程的名称和教学时数、各课程的参考书等。当时正是学习苏联教育制度的高潮时期,那些规定,显然是受了苏联教育思想的影响。

复旦的几年,看到校内系内的使人不满意的现象很多,因而产生了一种离开的念头。正巧北京大学历史系要设置中国民族史专门化专业。历史系主任翦伯赞先生与我接头,说高教部已经在调我了,催我积极准备赴京。我回校与校长接洽,校长推说不知,实际上复旦拒绝我调到北大。后来中央民族学院又调我两次,复旦仍坚不允。因此,我很不满意领导这种做法,使我很闹情绪。

复旦一直存在两种人物:一种是有名无实的海派教授,人称之为"民主大亨";一种是思想落伍和业务很差的教员,但薪水却很高。我和他们不相往来。而往来的只有少数学者专家,在文史方面有特别造诣的教授。彼此相处得来,所谈就百无禁忌,有时不免评论人物,对于上述两种人物表示不满。因为如此,所以在肃反时,有人说我们这是"集团"或者是"无原则的组织"。

1955年暑假,上海展开了肃反运动,复旦大学在运动之初连续逮捕了五六名"反革命分子"。其中有一位"胡风骨干分子"贾植芳,是中文系的教研组主任。他原与我不相识,但到复旦后,因同乡关系,常有往来。又一"反革命分子"余上沅与历史系教授谭其骧是师徒关系,而谭与我是同系,又同一教研组,且都是九三成员。另外还有一"反革命分子"赵敏恒,与复旦九三主任委员王恒守时常打扑克牌,而王与我是旧同学,有时好下棋、闲谈。因此,王恒守、谭其骧、我,还有我们其他教授如陈守实、胡厚宣等,被人认为是一个集团,而且被认为和三个"反革命分子"有关。

初听了这些意见以后,我提出抗议,认为如此说法,如此乱扯,和事实毫无关系。我举出事实逐件加以反驳。前后,复旦党委书记杨锡光同志和同系支书告我说,组织上已经查明,我与"反革命分子"贾植芳没有关系。谭其骧调在北京科学院,毫无问题。王恒守虽然被检讨得很厉害,但仍在复旦上课。①

西北大学图书馆前合影

1957年四川民族调查组在四川灌县合影

① "可是谭其骧绝对不会想到,他自己在北京轻松过关的同时,上海却祸起萧墙,一封匿名检举信寄到了党委,揭发他与胡厚宣、马长寿三人结成小集团,经常在一起说反动话。他们三人经常在一起闲谈倒是事实,但所谈无非是学术问题和学界琐事,说是'小资产阶级思想'或'旧文人的情趣'或许不错,要说有什么'反动',实在是冤哉枉也。对'小集团'的揭发批判自然不会有什么结果,所以随着运动的结束此事也就不了了之。宣布马长寿调往西北大学历史系。马长寿离开上海时,同事们还心有余悸,无人相送,只有胡厚宣送至车站。但到'文革'时,这件事有没有对马长寿造成影响就不得而知了。据胡厚宣说,马长寿在'文革'中的1971年因病重住入南京某医院,托人带信给他,希望临终前能见上一面,但因各种原因,他没有能去南京。如今连胡厚宣也已作古,马长寿弥留之际的心态更是永远无法得知了。不过,谭其骧至死也不会想到,写匿名信揭发'三人小集团'的竟然是自己的妻子李永藩。在他晚年与我谈及此事时,曾说过这样的话:'不知是谁干出这样的事来,真是笑话。'在他逝世后,我向胡厚宣问起此事,胡说:'还有谁?不就是他老婆吗?'他告诉我,主要原因是李永藩说话随便,马长寿有一天对谭其骧说:'老谭,你要管管你老婆,别让她在外面胡说八道。'恰巧李在隔壁听到,由此怀恨在心,等运动一来就写了封匿名信。胡厚宣虽说得有根有据,我却还不敢相信,又采访了当时重点联系历史系的党委领导,得到完全证实。"(引自谭其骧先生的学生葛剑雄教授撰《悠悠长水——谭其骧前传》,华东师范大学出版社1997年版)

1955年9月，我从复旦大学调到西北大学。①

20世纪60年代的照片

20世纪70年代的照片

整理说明：

自传，是将我父亲1956年给西北大学党委写的"说明"，以及在"文革"中写的"交代材料"合并而成的。1956年写的说明是从我父亲的档案中复印，那是向党的交心材料，用他老人家的话说是"从头到尾，彻底检查"。所以，事实无假，内容呢，几乎全是对自己思想"全面地和深入地检查"。考虑到各种因素，将重复的文字去掉，用老人家自己的文字，也许能勾画出我父亲，他贫苦的出身，读书、教书、写书，坎坷，但是努力的一生。

---

① 我父亲两份"自传"都是截至"调到西北大学"。王宗维、周伟洲先生分别写过《马长寿先生传略》、《马长寿教授的学术活动和治学方法》，对父亲在西北大学的经历写得详尽，我读了多遍，很感动。李绍明先生口述史《变革社会中的人生与学术》专有篇章写我父亲在四川民族调查和编写彝族史的经历，还有一张他们的合影。我的母亲陶延梅，字庚和，1909年（宣统元年）12月15日生，安徽省芜湖人。我的母亲是小女儿，由于外婆的坚持，读完了师范学校。抗战时期，我的母亲带着外婆逃难，投奔在武汉大学（时已迁至四川）任教的二舅陶延桥。师范毕业的母亲在小学任教。经我的二舅介绍，我的父母认识了，结成了夫妻。我们兄弟五人，马戎、马午、马牧、马丁、马成。我的姐姐马寄红，是我同父异母的姐姐。

总　目

上集　北方民族史专著
　　　北狄与匈奴
　　　乌桓与鲜卑
　　　突厥人和突厥汗国

中集　西部民族史专著
　　　氐与羌
　　　碑銘所見前秦至隋初的關中部族（繁体）
　　　南诏国内的部族组成和奴隶制度
　　　彝族古代史

下集　内陆欧亚学论集

上集目录

北狄与匈奴

简短前言 3

第一章　北狄部落和部落联盟 8
 一、北狄的意义、分布及其种类 8
 二、赤狄、白狄、众狄的部落联盟及其与华夏诸国的关系 13
 三、北狄的文化和社会结构 18

第二章　匈奴国及其与汉朝的关系 25
 一、匈奴极盛时期，奴隶主政权的建立 25
 二、匈奴衰亡时期与汉朝的争夺战争 32
 三、南匈奴降汉，北匈奴政权在奴隶和奴役部落的反压迫、反剥削斗争中趋于总崩溃过程 37

第三章　匈奴的人种、语言、文化和社会经济 42
 一、匈奴是蒙古利亚种 42
 二、匈奴的语系问题 45
 三、匈奴的政治组织和社会组织 48
 四、匈奴的文化和经济 55

第四章　匈奴人入居中国内地作为少数部族以后的前期活动 73
 一、匈奴人入居缘边八郡和汉魏统治阶级对于他们的分化政策 73

二、匈奴牧民变为汉族封建主的农奴和奴隶 …… 79

　　三、晋代初年入塞北狄十九种的初步分析 …… 83

　　四、五胡十六国时与匈奴有关的几个民族运动类型 …… 93

第五章　匈奴后期活动和稽胡 …… 107

　　一、4、5世纪并、雍等州匈奴等族杂居错居情况和他们的联合起兵起义 …… 107

　　二、北朝对稽胡的政策和稽胡的反压迫斗争 …… 115

　　三、隋唐时期的稽胡渐次与汉族融合 …… 126

乌桓与鲜卑

第一章　总叙 …… 147

　　一、乌桓、鲜卑在中国历史上的地位及其特点和作用 …… 147

　　二、乌桓、鲜卑的起源以及他们和中原汉族的交错移动 …… 164

　　三、北魏的移民代都和山东、河西、南朝的文物制度对于北朝的影响 …… 179

　　四、拓跋鲜卑的两次南迁及其汉化 …… 201

第二章　乌桓 …… 234

　　一、乌桓的邑落公社 …… 234

　　二、乌桓与匈奴、鲜卑以及汉朝的关系 …… 249

　　三、乌桓的分散和融合 …… 265

第三章　东部鲜卑 …… 281

　　（甲）前期的东部鲜卑 …… 281

　　一、东部鲜卑的起源和邑落公社 …… 281

　　二、檀石槐军事大联盟的建立 …… 288

　　三、轲比能的复兴 …… 295

　　四、促进鲜卑部落军事联盟实现的若干因素 …… 298

（乙）后期的东部鲜卑 302

一、慕容部、段部、宇文部的源流、迁徙和融合 302

二、慕容鲜卑在黄河流域建立政权的经过 315

三、诸燕衰亡的原因 326

第四章　拓跋鲜卑 332

一、拓跋鲜卑的起源和迁徙 332

二、拓跋部和以拓跋部为中心的部落联盟之形成 338

三、计口授田、分土定居和宗主督护制 350

四、从部落联盟过渡到国家的过程 366

五、北魏初期在畜牧和农耕业上所体现的生产关系 377

突厥人和突厥汗国

关于《阙特勤碑》的来历及其发现、研究经过 399

第一章　突厥人的起源和突厥锻工部落的起义 403

第二章　突厥汗国的形成和分裂 414

第三章　东西突厥的分立和衰亡 426

第四章　薛延陀汗国的始末和突厥人的南迁 437

第五章　突厥汗国的复兴 447

第六章　突厥人和突厥汗国的社会制度 460

上集索引 478

北狄与匈奴

简短前言

预先声明，这是我十多年来在各大学讲授中国民族史讲稿的第一章。原稿比较简略一些，通俗一些，近年时加修改，略微带有一点研究性质，但原来通俗的地方仍然留着。本书的主题是讲匈奴史的。但在中国史上，匈奴以前有北狄，当春秋、战国之时，北狄在中国史上的位置十分重要，所以讲匈奴必须先讲北狄。继匈奴之后，与匈奴融合在一起的部落部族很多，例如铁弗（伐）部匈奴、独孤部匈奴、拓跋鲜卑、秃发鲜卑、卢水胡等，最后还有稽胡。因此在匈奴史上都应当提到，只拓跋鲜卑和秃发鲜卑在此仅提一下，其详细叙述当在鲜卑史内，自不待言。本书以"北狄与匈奴"为名，只是说匈奴以前有北狄，此外并无其他用意，亦应当声明。

匈奴史是世界史上的一个主题，同时也是中国史上的一个主题。本书叙述自然只叙述中国史上的匈奴。匈奴人的起源虽众说纷纭，但《汉书·地理志》记："稒阳北出石门障得光禄城。又西北得支就城。又西北得头曼城。"稒阳在今包头市北部略偏东，自此而西北得头曼城，则头曼城在今内蒙古五原县东北的阴山山脉之内。因此我们说匈奴部落联盟盟主头曼最初即活动于阴山之内固无不可。匈奴建国之时，单于的牙帐虽设在今蒙古人民共和国中部鄂尔浑河右岸，古之所谓"龙庭"，但其国疆域，东至辽东平原的西部，北至贝加尔湖，西至西域的天山南北各地，南至长城地带，大部分是属于中国今日的领土。不仅如此，从远古的部族往来、文化交流和商品交换来说，匈奴和华夏的关系最为悠久，最为频繁。晚近苏联和蒙古人民共和国考古学家在贝加尔湖附近和蒙古草原所发现的新石器时代的彩陶和鬲器便可充分证明此点。而且自西周以来，跟匈奴关系密切的北狄部落集团在黄河流域建立了许多部落联盟和小国；匈奴分裂以后，它们的统治阶级率领草原的各族牧民南下降汉，在五胡十六国时建立了前赵、夏国和北凉三个临时政权的国家。因为上述各种缘故，所以我们应当把匈奴作为中国古代的少数部族之一在中国民族史上大书特书，详细阐述它们盛衰兴亡以及各族相互融合的历史。

匈奴在中国史上之所以重要，一方面是由于它同汉族以及其他少数部族发生过政治、经济、文化各种密切的关系，又一方面是由于它和跟它同时迁入中原的各族在不同时期以各种不同的方式俱融合于汉族和其他少数部族之中。过去我国的史家过分强调匈奴和汉族之间的战争和分裂，强调匈奴统治阶级的侵扰和掠夺，忽视匈奴人民的辛苦劳动，忽视匈奴与汉族人民之间的团结互助，更忽视匈奴以及与匈奴有关各族同汉族人民在一道所进行的反压迫、反剥削的联合斗争和起义运动。现在看来，这种态度是有偏见的，是反历史主义的。

一个正确的历史主义者应当按照当时、当地匈奴和汉族之间的真实关系叙述并阐明它们之间的历史。当匈、汉划疆为界、各自为政之时，它们之间有过侵略与被侵略的关系，也有过和亲与睦邻的关系。有的同志认为古代匈奴和汉朝同在今天新中国的版图之上，其间当无侵略与被侵略之可言。这种论断是超时代的想法，不合于当时的历史实际的。匈、汉人民之间，匈奴牧民被匈奴单于所胁迫，汉族农民被汉朝皇帝所愚弄，曾经进行过多年的民族战争，这都是事实，我们不能否认。其中有些战争，正义是属于汉朝的；有些战争，正义是属于匈奴的；又有些战争，无所谓正义和非正义，只可称之为民族大混战。因之，对各时期的各个战役要加以具体的分析。匈、汉之间的战争，一般言之，是由于国家政权的矛盾，由于汉朝封建主和匈奴奴隶主两者利益冲突的反映。匈奴奴隶主要掠夺人口，掠夺黄金、缯、絮、米、蘗；汉朝封建主要扩充土地，抢劫战马，要禁止关市与胡人贸易，要使匈奴王朝屈服于汉封建王朝之下，这些都是匈、汉战争的根源。至于匈、汉人民，即匈奴的牧民和汉朝的农民，他们各以自己辛勤的劳动从事于畜牧业和农业的生产，除了阶级斗争之外，只需要和平，不需要与邻国邻族进行战争。在两国牧民和农民之间，为了增加生产资料和调节生活资料，他们可以进行关市贸易，为了获得粮食，匈奴需要入塞垦田……所有这些和平往来、团结互助、公平交易等都是两国人民之间主要的关系。这些关系是由两国劳动人民的阶级本质决定的。只有当敌国统治阶级掠夺他们的人口、土地、牲畜和财富的时候，只有当敌国统治阶级禁止他们关市交易、往来垦田以及危害他们的生命和财产的时候，两国人民始愿意参加民族战争。总之，当我们处理两国分立之时的民族关系时，既要顾到国与国之间的关系，更要顾到各阶级之间的关系，这样才合于正确的历史主义。

自从匈奴南下降汉，成为国内的少数部族之一以后，此时国家的界线消失了，他们和汉族统治者的关系是臣民对统治者的关系，和汉族人民的关系是兄弟部族的关系。此时只有阶级关系和民族关系，而无国家关系。在东汉、魏晋时期，汉族统治阶级对匈奴以及其他少数部族用"以夷制夷"的办法，实行分化离间政策，并且剥削奴役匈奴人民，使一部分贵族沦为"士家"，使牧民变为农奴和佃客，还有一部分沦为奴隶，结果遂引起了于扶罗单于的叛变、右贤王刘猛的出塞、刘渊所领导的复国运动以及汉人汲桑和羯胡石勒共同发动的苑马牧人起义等等。所有这些事件都包含着阶级关系和部族关系，我们应当有区别地给以分析和讨论，而不能千篇一律地简单地归结为都是起义运动，或者都是非正义的战争。

在五胡十六国时期，匈奴和国内其他的少数部族的上层贵族取得了政权，在不同地区建立了临时政权的国家。他们也跟汉族的统治者一样，对于汉族以及其他部族进行奴役和剥削，结果也引起了多次的汉族农民起义，有冉闵领导的石赵宫廷暴动和随之而起的胡、汉大屠杀，还有以"东宫高力"为主体的胡、汉各族人民的联合大起义。所有这些事件也都包括着阶级关系和部族关系。有的以阶级关系为主，部族关系只是作为一种因素蕴藏于各种事变之中，例如汉族农民的起义便属于此类。有的以部族关系为主，阶级仇恨则借助于部族关系的形式表现出来，如冉闵所领导的宫廷暴动便属于此类。遇到这些事件时，我们应当分别地给以具体的分析，不能简单地说都是起义或者都是无原则的叛乱。

各部族、部落的融合以及诸部族、部落的汉化在中国封建时代是一个比较突出的现象。关于部族融合和汉化的规律，我们知道的很少，正在开始研究。在匈奴史上我们可以看到一些苗头，即部落、部族、民族都是历史上特定时期的产物，而且是不断变化的。一切部族，从它的祖源看，单独由一元的祖宗部落演化而来的似乎没有或者很少，绝大多数是由多元的祖源不同的部落合并在一起而后形成的。部族一经形成以后，在许多不同条件下又分裂为许多部族。这些部族，有的跟原来的部族名称相同，有的则跟原来的部族名称迥异，常使后世的人们有所滋惑，因而必须下一番正本清源的考证工夫，对于它们的祖源始能交代清楚。此外，在更多情况下，是分裂以后的部族、部落跟祖源不同的其他部族、部落相互融合，形成许多新的部族或部落集团。这种现象，我们在匈奴史和鲜卑史上经常看到，不足为异。例如当匈奴国分裂、北匈奴西迁、南匈奴降汉以后，匈奴一个部族便分化为许多部族。残留在草原的匈奴余众，当东部鲜卑盛时，他们有十多万落到辽东与鲜卑杂居，自称为鲜卑。还有一部分匈奴与从草原东北角南下的鲜卑融合，形成拓跋鲜卑和秃发鲜卑。这都是属于鲜卑史上部族融合问题，在此不谈。在草原南部的匈奴，即所谓南匈奴，有的与鲜卑融合，成为铁弗（伐）匈奴，在十六国时建立夏国；有的与河西走廊的小月氏联合或者一部分同化，成为卢水胡或"卢水诸胡"，在十六国时建立北凉；有的迁往东北的紫蒙川（今辽宁朝阳西北）一带，与当地的鲜卑融合，成为宇文鲜卑，此族在北魏时又与拓跋鲜卑融合，到北朝末年宇文泰建立北周。又在汉时移置于河西、上郡的匈奴，既与以前从西域迁到这里的龟兹人融合，又与后来从并州北部迁到这里的铁弗（伐）匈奴融合，成为稽胡。此族在北朝史和隋唐史上经常看到他们的活动和起义，应是最后一个与匈奴关系最为密切的部族。从上所述大致可以看到匈奴与它族融合的复杂情况。

　　匈奴和汉人的融合出现最早，而且更为广泛。有的匈奴如两汉时的匈奴降人，其中包括匈奴的王侯、将相、臣民以及奴婢，一开始迁入中原各地如长安、颍川郡和缘边各郡，很快就直接同化于汉族之内了。有的如上所述，他们先与鲜卑、小月氏、西域胡融合，成为铁弗（伐）、卢水胡、稽胡诸族，然后再与汉人融合在一起，成为汉族成分中各种不同的姓氏了。匈奴和卢水胡的名称消失于北魏中叶，鲜卑和稽胡则在唐代中叶以后始不见于史乘。总之，移入中原和边郡的匈奴及其有关各族无论直接或间接的都同化于汉族了，作为汉族百家姓中的若干姓氏在各地生活着。其中有些姓氏是比较易于省识的，如呼延氏等。但绝大部分的古代匈奴大姓，如刘氏、乔氏、卜氏、金氏、曹氏等，都和汉族的同样姓氏无所区别。这种情况不只现代如此，就在一千多年以前早已如此。例如唐代诗人刘禹锡，在他的文集自传里称为北周刘亮之七世孙。《周书·刘亮传》谓"亮中山人，父持真，魏领民酋长"。从官衔和地望看，似为匈奴独孤部之刘。但北魏末年做领民酋长的，胡化的汉人亦未始不可,所以诗人刘禹锡的祖先究系出刘库仁之刘、刘渊之刘,抑或刘邦之刘,一时还难骤下定论。千载而上已经如此,近代现代更不必论。

匈奴、鲜卑等族最后都融合于汉族者,原因很多,有待于进一步的研究和讨论。从匈奴等族的汉化倾向言之,大致有以下四个前提:第一,是匈奴等族的内徙与汉族错居杂居,相互往来,首先为诸族间的共同生活打下基础。第二,是游牧部落安土定居。原来的部落组织逐渐解体,代之而起的是汉人的郡县制度。牧民由不定居的游牧经济,先变为定居的农牧经济,最后又变为农业经济。第三,匈奴、鲜卑诸族虽属于同一大的语系(阿尔泰语系),但部族语言究不相同。他们到达内地以后,无论被汉族皇室统治,或者统治汉族人民,其接触最广泛的,不是其他部族,而是不计其数的汉人。所以各部族徙入内地之初,在短时间内还保留着各部族语言,时间一长困难丛生,到了最后各族不得不以汉族语言作为他们的共同语言。第四,各族人民之间的团结互助,自愿融合,是各族汉化的主要前提。《太平寰宇记》引《隋图经杂记》一段记载,陕西旧丹州宜川县(今宜川)西北有一条库碢川。此川以北住的是稽胡,以南住的是汉人。胡、汉人民同居一川,共结香火,相互团结。稽胡语称香火为"库碢",故以此名川。这段故事正可说明稽胡和汉人为什么能融合而为一族。

此外,对于匈奴的人种、语言、文化和社会制度都提出一些初步的看法,我想这对于西方汉学家过去所提出的谬论,是有意义的。匈奴立国之时的所有制是奴隶制,这种野蛮的所有制决定了它的统治阶级对内部人民的压迫和奴役,对外部各国各族进行的侵略战争。近代西方的许多学者说,匈奴的掠夺战争是由于他们是一种野蛮的人种,或者说是由于游牧的生活,这都是不合于历史事实的。

在各个章节里牵涉到的问题很多。有的问题由于个人能力有限,想深入研究是不可能的,希望同志们指正。又前面已经提到,此书原是讲稿性质。既然原来是讲稿,就要照顾到学生的需要,普通的和在中国学术界已经讲过的东西也拿来讲讲,目的是使学生开开眼界,继续研究,别无其他目的。

马长寿谨识

1961 年于西北大学

第一章 北狄部落和部落联盟

一、北狄的意义、分布及其种类

公元前3世纪以前，阿尔泰语系部落居住在蒙古草原南部和黄河流域北部的，汉文史书称之为"狄"或"北狄"。

关于"狄"的名称，过去有许多望文生义的解释，现在看来是不正确的。比较合理的，"狄"可能是后世所谓"狄历"或"丁零"的简译，是由"Türk"的原音翻译来的。我们之所以这样想，主要理由除了古代传统的史法，即春秋所谓"名从主人"的义例①外，试看五胡十六国时的丁零诸大姓，对此问题的认识颇有启发。当时丁零豪帅的大姓有翟氏、鲜于氏、洛氏、仇氏。其中以翟氏为最多，其次为鲜于氏。②如众所知，古代的"翟"与"狄"是互通的，从丁零的酋帅以翟为姓，便可证明"狄"之世系出自丁零或狄历。③而鲜于氏和仇氏又皆是春秋时鲜虞和仇由两个北狄部落集团首领的姓氏。洛氏虽不见于春秋，但《国语·郑语》谓成周之北有"鲜虞、潞、洛"，

---

① 《左传·昭公元年》经文："晋荀吴帅师败狄于大卤。"《公羊传》、《榖梁传》的经文，"大卤"作"太（大）原"。《公羊传》曰："此大卤也，曷为谓之太原？地物从中国，邑名从主人。"《榖梁传》曰："中国曰大原，夷狄曰大卤，号从中国，名从主人。"循此义例，可知"狄"之名乃译自狄人之自称，而不能以汉文义理加以解释。

② 参考（宋）袁枢编：《通鉴纪事本末》卷87《丁零叛燕》；（清）汤球撰：《十六国春秋辑补》卷42—45《后燕录》，有关条文。

③ "狄"与"翟"互通之例，《国语·周语》中的"狄"和"狄后"，《史记》之《周本纪》和《匈奴列传》皆作"翟"和"翟后"。"丁零"和"狄历"实同名而异译。《魏书·高车传》："高车，初号为狄历，北方以为敕勒，诸夏以为高车、丁零。"可知"丁零"之名乃译自"狄历"。元代耶律铸在《双溪醉隐集》卷5《丁零诗二首》自注中考释"丁零"的古音为"颠连"，与"狄历"音同。北狄之"狄"为"狄历"之简译甚明。

此洛国好像就是十六国时丁零洛氏所自出的部落集团。① 从这些证据看，公元前3世纪以前的狄或北狄与十六国时的狄历或丁零的关系至为密切，很像是同族。

狄的分布，最初主要在山陕高原及河北太行山的东麓，到春秋战国时始分散在华北平原以及河北省的北部和中部。

狄的种类，依《春秋》和"三传"的叙述，主要有三种：一种是赤狄，一种是白狄，又一种是其他的狄。狄为什么分赤和白，从前人们对此不加以解释。现在看来，这种赤狄和白狄的区分大致和他们的部落起源有关。公元前几世纪以前，蒙古草原牧民已经相信一种原始信仰叫作"萨满巫术"。萨满巫人以四种颜色青、赤、白、黑象征东、南、西、北四个方位。这种原始的宗教信仰后来变成了部落牧民对于某种颜色的爱好心理，从他们的帐幕、旗帜、衣饰、马饰的颜色表现出来。这种习惯支配草原牧民的心理前后达几千年之久。② 春秋时的赤狄和白狄应当从这方面得到解释，就是赤狄指原来分布在草原南部的牧民，白狄指原来分布在草原西部的牧民。但到春秋时期，赤狄已经离开草原的南部而发展到太行山内，白狄已经离开草原的西部而发展到陕北高原了。这种假说，不仅跟牧民的原始信仰相合，而且赤狄之分布在太行山内距离草原南部为近，白狄之分布在陕北高原距离草原西部为近。这种解释，我觉得比较合理。

当殷商时期，据甲骨文等文献记载，在今山西中部有"鬼方"，今内蒙古包头一带有"土方"，今河套至陕西北部无定河流域有"𡇠方"。殷商时的鬼方至春秋时为隗姓之狄。③ 赤狄的首领姓隗，赤狄廧咎如的二女称"叔隗、季隗"。④ 他们都分布在山西中东部。"𡇠方"之"𡇠"，甲骨文学家对此音义尚无定说。从字形和方位言之，似即后世所谓圁水流域。《史记·匈奴列传》：

---

① 春秋时鲜虞在中山，即河北正定一带；仇由在山西盂县；潞国在山西上党，故潞安府。洛所在地不明，或谓即东山皋落氏，可备一说。皋落在山西垣曲县北皋落镇。

② 蒙古草原牧民信仰萨满巫术的史料，以《史记·匈奴列传》和《汉书·匈奴传》中为最多。用四种颜色表现四方牧民的旗帜装饰的爱好心理的，以《史记·匈奴列传》所叙汉高帝被围于白登山一段最详。传云当时匈奴骑兵"西方尽白马，东方尽青駹马，北方尽乌骊马，南方尽骍马"。匈奴以后，草原各族又经常有黑、白、青三种分别。黑白的意义随时而异，而其起源则与原始时代的巫术有关。

③ 参考王国维《鬼方昆夷猃狁考》关于鬼方、隗国、怀姓九宗、隗姓赤狄等方面的叙述。

④ 《国语·晋语》。

"晋文公攘戎狄于河西圁、洛之间。"圁水出汉代上郡白土县（横山）西，东流入黄河，今总称为无定河。① 洛水即今陕西的洛河。春秋时的白狄居圁水与洛水之间，论其起源，殷商时的"𠴆方"似乎就是白狄的祖先。

我国在统一的中央集权国家形成以前，黄河流域是由许多不同的部族、部落错居杂居于其间的。《国语·郑语》记载史伯叙述周代初年洛阳成周四方小国和部落集团的分布情况说：

> 当成周者，南有荆、蛮、申、吕、应、邓、陈、蔡、隋、唐；北有卫、燕、狄、鲜虞、潞、洛、泉、徐、蒲；西有虞、虢、晋、隗、霍、杨、魏、芮；东有齐、鲁、曹、宋、滕、薛、邹、莒；是非王之支子母弟甥舅也，则皆蛮、荆、戎、狄之人也。非亲则顽，不可入也。

其中应、蔡、隋、唐、卫、燕、虞、虢、晋、霍、杨、魏、芮、鲁、曹、滕，都是与周同姓的姬姓之国，周王的"支子母弟"诸侯便是他们的统治阶级。又如申、吕、齐为姜姓之国，陈为妫姓之国，宋为子姓之国，薛为任姓之国，此皆所谓"异姓甥舅"之国。上述诸国皆古之所谓"华夏"。此外，如狄、鲜虞、潞、洛、泉、徐、蒲、隗为赤、白狄和其他诸狄；莒己姓，为东夷；荆蛮芈姓，为南蛮。合称之即上文所谓"蛮、荆、戎、狄之人也"。由上所述，可知古代所谓"华夏、蛮夷"诸国，在黄河南北并非内夏外夷，截然隔离，而是夷夏错居，犬牙相间。不仅如此，就在一国之内，华夏之国亦有夷狄，夷狄之国亦有华夏。在周代初年，太公被封于齐，建都营邱，莱夷与之争国②，此齐国境内有莱夷。唐叔被封于晋，属以怀姓九宗，怀姓九宗即春秋时的隗姓赤狄③，此晋国在开国之初即有北狄。它如韩国境内有扈羌，芮国境内有戎人，魏国境内有武羌。④ 可见古之所谓华夏之国，其境内是由很多的夷夏诸族杂居其间的。到了春秋战国时期，由于列国的相互

---

① 参考《史记·匈奴列传》"河西圁洛之间"注；《汉书·地理志》"上郡白土县"注；（清）何丙勋：《夏州城考》（载杨江所著《河套图考》附录中）；（清）张穆：《蒙古游牧记》卷6注。
② 《史记·齐世家》。
③ 《左传·定公四年》；王国维：《鬼方昆夷猃狁考》。
④ 参考蒙文通：《周秦少数民族研究》，龙门联合书局1958年版，第79—81页。

征伐和各族的相互吞并，又由于边远部落的不断入徙，所以无论华夏之国或者夷狄之国的部落联盟，它们并不是单一的部族国家或单一的部落联盟，而是多部族、多部落的国家或多部落集团的部落联盟。例如春秋时的晋国和秦国，赤狄和白狄的部落联盟，众狄的鲜虞和无终的部落联盟以及战国时的中山等国，都是多部落、多部族的国家或多部落集团的部落联盟。

周初晋国在汾河与浍水之间，地方百里①，本是一个小国。春秋时晋大夫籍谈追述古代晋国的形势说："晋居深山之中，戎狄之与邻，而远于王室。王灵不及，拜戎不暇。"②从晋之建国到春秋初年，中间经过四百多年的经略，晋国的疆域才发展到如清代平阳一府之地。③公元前7世纪中叶，周王的一位卿士宰孔叙述当时晋国的局势说："景霍（霍山）以为城，而汾、河（黄河）、涑、浍以为渠，戎狄之民实环之。"④从这些话亦可看出晋国的古代居民占大多数的并不是华夏，而是华夏以外的戎狄部落和部落集团。

春秋时晋国境内外非华夏的部族部落很多，其中占主要位置的是赤狄的部落集团。据《春秋》记载，赤狄分三个部落集团：一个是潞氏集团，在今山西潞城县；一个是甲氏集团，在今河北鸡泽县；又一个是留吁集团，在今山西屯留县。《左传》还记载着两个部落集团：一个是铎辰，在今山西长治县；一个是廧咎如，初在晋国西边，后转徙于今河北魏县、元城一带。⑤此外，杜预注《左传》时又增加了一部落集团，即东山皋落氏，在今山西垣曲县北。⑥以此知赤狄部落乃集中分布在山西东南的太行山内和河北太行山余

---

① 《史记·晋世家》："（成王）封叔虞于唐。唐在河汾之东，方百里。"参考《日知录》卷31《唐》。
② 《左传·昭公十五年》。
③ 《日知录》卷31《晋国》。
④ 《国语·晋语二》。
⑤ 赤狄廧咎如的所在地，旧的文献多不能确指。晋公子重耳（文公）于献公二十二年（前656）逃狄，狄人伐廧咎如；又为重耳之故，狄人伐晋于采桑。采桑在山西乡宁县，则廧咎如在晋之西边。景公六年（前594），晋灭潞氏，十二年伐廧咎如，此时之廧咎如当在晋国以东。蒙文通《周秦少数民族史》以晋国联合卫人讨廧咎如，廧咎如灭，而卫之新筑（今魏县）、马陵（今元城）收复，故以廧咎如乃由绛西而东迁于今河北之魏县、元城一带。
⑥ 关于春秋时东山皋落氏的所在地，约有三说：一说在山西昔阳县东之皋落镇，但今昔阳距晋国都城绛（今新绛北）过远，与骊姬所谓"以皋落狄之朝夕苛我边鄙"不合。二说在壶关县。《后汉书·郡国志五·上党郡壶关县下》刘昭注引《上党记》云："东山在城东南，晋申生所伐，今名平皋。"平皋虽在晋东，然由绛至此相隔数百里，亦与"朝夕苛我边鄙"不合。三说在垣曲县，城北有皋落镇。以春秋初年晋国之疆域言之，此说最近。但此镇在绛都之南东，不在正东。

脉的西麓。赤狄姓隗，历代著作多言之，如《世本》谓"赤狄隗姓"，《潜夫论》谓"隗姓赤狄"。晋文公出亡在狄时，狄人伐廧咎如，得其酋长二女叔隗、季隗，以季隗妻文公，以叔隗妻赵衰，生盾。由此证明赤狄隗姓，是正确的。但《潜夫论》又云："妘姓之后，封于路。路子婴儿娶晋成公姊为夫人，酆舒为政而虐之。晋伯宗怒，遂伐灭路。"此言赤狄潞子婴儿为妘姓。赤狄的统治阶层或隗姓，或妘姓，或酆姓，姓氏不同是由于他们的祖源不同，正可说明此部落联盟的组成部分不是单一的，而是由许多部落集团形成的。

白狄的主要分布地在今陕西北部的陕北高原，但也有一部分居住在山西的西部。春秋时晋国吕相对秦桓公说："白狄及君同州。"可知白狄的主要部分在雍州，秦国占据雍州的泾、渭二水流域，而白狄则在圁水、洛水之间。《史记·晋世家》又谓"蒲边秦，屈边狄"。蒲在今山西永济县，渡黄河而为朝邑、华州，春秋时皆属秦国，故曰"蒲边秦"。屈在今山西石楼与吉县间，渡黄河而为延川、宜川一带，春秋时皆为白狄所居，故曰"屈边狄"。此亦言白狄之在陕北高原者。黄河以东的蒲、屈一带在春秋以前已并于晋国，但它的北边仍有不少的戎狄部落。晋献公筑城于蒲、屈，使公子重耳居蒲，夷吾居屈，主要目的是怕"疆场无主，则启戎心"①。这里的戎狄部落有些什么呢？据《春秋》经传记载，至少有二种，一是北戎，一是白狄。北戎在这里不谈，且言白狄。《国语·齐语》述齐桓公"西征，攘白狄之地，至于西河"。此西河的白狄即指晋国西北部的白狄。晋国西北部的白狄和陕北高原的白狄，它们的关系一向是很密切的。晋公子重耳的母亲为大戎狐姬，其舅父为狐偃。狐氏本系狄姓，但到春秋时因狐氏已经华夏化了，并与晋国婚姻，所以史称"狐氏出自唐叔"。关于此点，在当时还引起一番"同姓不婚"的争论。② 晋献公爱骊姬，黜诸公子，狐偃偕重耳出奔于狄。此出奔之狄在今陕西渭河以北。《左氏传》记载，重耳在狄，从狄君以田渭滨；狄亦以重耳之故，出兵击晋兵于采桑（山西永和县南采桑镇）。③ 以此知其所奔之狄就是白狄。《史记·晋世家》记："重耳遂奔狄。狄，其母国也。"然大戎

---

① 《左传·庄公二十八年》；《国语·晋语一》。
② 《国语·晋语四》。
③ 此二事见《史记·晋世家》、《左传·僖公八年》、《左传·僖公二十四年》。

狐姬之族不在陕西。《四书释地》云："山西交城县为狄地，舅犯（狐偃）实生于其地。"大戎是否分布在今交城，颇难考订，但因为大戎在晋国的北边，所以才有狐氏系出唐叔之说，这点是大致可以肯定的。要之，大戎与重耳所奔之狄皆为白狄，且其上层统治者皆系出同祖。[①] 因为重耳所奔之狄乃其母家狐氏之党，所以狄君对重耳爱护备至，并为他出兵攻打晋国的采桑。后来晋国吕相在对秦国的绝交辞内说："白狄及君同州，君之仇雠，而我之婚姻也。"[②] 前后两相对照，便可以看出春秋时秦国北部的白狄与晋国西北部的白狄虽相隔一黄河，但实为一体不可分割的。

除了上述赤狄、白狄之外，晋国西北边外还有北戎。《后汉书·西羌传》引《竹书纪年》云"晋人败北戎于汾隰"，其事在春秋以前。又，晋国的东南部有丽土之狄。《国语·晋语》记载文公元年（前636），"行赂于草中之戎与丽土之狄以启东道"。此外，在山西和河北的北部有代戎（在今山西大同一带）和无终（在今河北玉田），河北西部的太行山麓又有鲜虞（今河北正定）、鼓（今河北晋县）、肥（今河北藁城），山西东部太行山内又有仇由（今山西盂县），等等。所有这些不属于赤狄、白狄范围之内的，应依《春秋》经传的说法谓之"众狄"。其中有些部落或部落联盟，杜预称之为"白狄"，是没有什么根据的。

二、赤狄、白狄、众狄的部落联盟及其与华夏诸国的关系

春秋时的北狄部落，由于多年受黄河及渭水流域华夏诸族农业生产的影响，已经由游牧狩猎的生活渐变而为一种农牧的定居生活。他们的社会制度

---

① 关于白狄的姓氏，春秋时盛行"狐氏出自唐叔"之说，遂称狐姬为姬姓。《国语》韦昭注亦说："狐氏，重耳外家，与晋俱唐叔之后，别在犬戎者。"但既云狐氏，又属姬姓，显然是有矛盾的。《潜夫论》说"隗姓赤狄，姮姓白狄"（"姮"有时作"媮"）。不知此所指者为何地之白狄。是否白狄之中有姬姓又有姮姓呢？尚需研究。

② 白狄与晋婚姻之释例有几种说法：杜预《左传注》，以白狄伐赤狄廧咎如，获其女纳与文公，这和白狄以女嫁文公是一样的。但此说殊为牵强，孔颖达疏已疑晋与白狄未必无婚姻。南开大学王玉哲教授著《论先秦的"戎狄"及其与华夏的关系》（《南开大学学报》1955年10月号）一文，据晋世家"狄，其（文公）母国也"一语谓白狄与晋婚媾是正确的。但大戎居西河，白狄居圁洛间，在地区上不能混为一谈，故断定文公所适之白狄为其母狐氏之党，近于事实。

从原始公社末期向阶级社会转变，但并没有形成奴隶社会。政治组织方面，在春秋以前仅仅是一些氏族部落，或者由一个部落分裂而迁徙为几个部落。到春秋时，有的仍然是氏族部落，它们在来不及发展为部落联盟时，便被华夏各国的封建领主吞并了；有的刚刚进入部落联盟，但当这些联盟还不十分巩固的时候，又被华夏各国的封建领主吞并了。其中只有一个例外，就是黄河以北、燕国以西南的鲜虞部落联盟，它在春秋初便已经形成，到春秋末年发展成一个具有相当规模的国家，即中山国。

北狄经济生活从游牧渐变而为农牧的定居，政治组织从氏族部落发展而为部落联盟，这种发展趋势对于北狄各族人民来说，是有利的、进步的。但这种趋势与春秋时列国封建领主的开拓疆土政策相互矛盾。正因为如此，所以当时列国统治阶级和知识界华夏夷狄的对抗思想最为发达。例如《春秋》及"三传"（《左传》、《穀梁传》、《公羊传》）都是代表"尊周室、攘夷狄"的思潮。然而华夏夷狄的矛盾，从表面看来好像是"族类"和"文野"的矛盾，但论其本质仍然是华夏封建领主的阶级利益和夷狄上层人物的阶级利益相互矛盾的表现。

在春秋以前，晋国和赤狄、白狄的关系还是和平相处的。到春秋晋献公时（前676—前651），除了吞并周围的同姓小国外，开始又把附近的几个狄的部落侵占到晋国的领土之内。例如前673年伐骊戎，当即指晋东南的"丽土之狄"[①]。此后又伐翟柤。前661年又伐东山赤狄皋落氏。所有这些战役都是和当时晋国的"启土"（开拓疆土）政策密切联系在一起的。当征伐皋落赤狄时，一位大臣狐突说："虽勉之，狄可尽乎？"此言虽勉战胜皋落氏，而北狄不可尽歼。又有人对献公说："狄之广漠，于晋为都，晋之启土，不亦宜乎？"[②] 此言北狄众多，晋国只有一种办法就是"启土安疆"，才能战胜狄人。从此以后，晋国在称霸时期一直奉行着这种政策。

晋国的启土政策，不一定都需用武力。因为戎狄刚由游牧经济进入农牧经济的初期，农业生产经验缺乏和技术幼稚，所以他们对于土地的价值还认

[①] 关于"丽土之狄"，顾颉刚先生谓即晋献公夫人骊姬之母族，具有充分理由。参考氏所著《浪口村随笔》，骊戎不在"骊山"条，原载《责善半月刊》第2卷第1、2合期。又有油印本。
[②] 《左传·庄公二十八年》及《国语·晋语一》皆载此语。言晋于北狄广袤之内，建立都邑以启疆土是应当的。

识不够；同时，一切游牧部落的牧民都爱好动产和商品，这些习惯残余在北狄部落中都还保存着。于是，晋国的封建领主贵族们就利用"戎狄荐居，贵货易土"的弱点，"予之货而获其土"①，这样自然而然就驱逐戎狄离开了他们原有的土地，这些土地便变为晋国封建主的农田了。这种以货易土的办法比武力征伐更为毒辣，更为有效。前635年（晋文公二年）"行赂于草中之戎与丽土之狄以启东道"，就是用这种办法驱逐戎狄离其本土，向太行山东南麓逃窜的。正因如此，所以在献公、惠公和文公初年，晋国并未对赤狄用兵，而戎狄在太行山东南麓如狂风暴雨，伐邢、伐卫、侵郑、灭温。从表面看来好像戎狄十分野蛮猖狂，但实际上是晋国的启土政策驱逐戎狄，逼使他们向中原各国进行侵略的。

现在把经过的事实叙述一下。

在春秋以前，原来居住于晋国以北汾隰之间的北戎，便被晋兵打败，驱逐到太行山内了。这批北戎在公元前714年（鲁隐公九年）到前706年（桓公六年）东出太行，南下侵郑，伐齐，终于被郑、齐、周三国联军所平。到公元前7世纪中叶，他们同赤狄一道分头攻击中原各国。②及赤狄灭亡，他们逃到山西的北部，入战国时为代国。

北戎离晋，晋国的启土政策遂转向太行山内的赤狄。太行山内的赤狄原来只是部落分立，没有什么国家组织的。但自晋国实行"启土安疆"的政策后，在公元前662年（庄公三十二年）到前658年（僖公二年）间，赤狄各部落不但组织了以潞子为首的部落联盟，而且出兵占领黎国（黎城在今山西长治县西南黎侯岭），逐黎侯奔卫，并联合起兵东下征伐邢国和卫国。由于当时齐国的兵力很强，与邢、卫有婚姻关系，因而出兵救邢安卫。赤狄乃于前653（僖公七年）到前635年（僖公二十五年）南下灭温，侵卫，侵郑，并侵及周室的王畿。最后晋国出兵，阳樊（今河南济源）一战，戎狄大败，从此始不敢南下和西侵。

戎狄在西南一路为晋军所挫后，乃于前630年（僖公三十年）东渡黄河侵齐，跟着又侵卫（当时卫在楚邱，今河南滑县东六十里），侵鲁及宋。正

---

① 引文见《左传·襄公四年》及《国语·晋语七》。当时称此政策为"和戎"，但此种"和戎"政策绝不始于晋悼公，自晋献公、文公以来一直是奉行此策的。
② 《左传·僖公十年》，狄灭温，齐侯、许男伐北戎。可知赤狄、北戎分扰于黄河之东西。

当前 618 年侵宋时，楚国也出兵北上，所以《公羊传》谓："南夷与北夷交，中国不绝若线！"从此可知当时北狄联盟的势力是很强盛的。

北狄部落联盟的范围是逐步扩大起来的。最初部落联盟的实力只限于太行山内的赤狄。至赤狄东出南下以后，在前 650 年（僖公十年）灭温，而齐侯与许国之君出兵伐北戎，可知在公元前 7 世纪中叶，赤狄与北戎已经联合在一起了。前 616 年（文公十一年），长狄伐齐伐鲁，鲁军于此役中获长狄侨如，以此知公元前 7 世纪末，赤狄与长狄亦联合在一起了。赤狄和白狄的联合似更早一些。前 653 年（僖公七年），晋里克败白狄于采桑，不敢深入，曰："惧之而已，无速众狄。"可知白狄与其他狄人部落在前 7 世纪中叶已经联合起来。在此年前后，赤狄连续攻击晋之东南各国；此年及前 644 年（僖公十六年），白狄两次略地于晋国之西北部，战争的原因虽复杂而错综，但赤狄和白狄之联合与晋国争衡为其重要原因之一。前 631 至前 618 年间，赤狄与晋东南各国之战争达最高潮，陕北高原的白狄亦于前 628 年南下伐晋，兵入箕（今山西太谷），史称为"箕之役"。晋国的大将先轸就是在此役中阵亡的。

正当列国局势陷于十分危险的时候，北狄的部落联盟忽于前 628 年（僖公三十二年）发生内乱，从此时起，赤狄、白狄、众狄联盟便逐渐宣告分离，赤狄走上孤立无援的道路。到公元前 7 世纪末年（前 601 年，即宣公八年），"白狄及晋平"，并随晋军以伐秦，从此赤狄与白狄全部分裂，赤狄更陷于孤立。赤狄、白狄从公元前 654 年结盟起，到前 602 年分离止，前后有五十多年的联合时间。

北狄的部落联盟是在晋国的"启土"政策下结成的。各种狄人部落之间，既无内在的经济联系，又无一定的共同地域，因而亦更无团结一致的共同心理素质了。当他们联合攻下太行山东南各地的时候，只知道抢禾粮，掳男女，掠牛马，而不能把掳掠所得的劳动力组织起来，从事农业生产。因此被掳掠的人民随得随散，纷纷向秩序比较安定的各地逃走。例如赤狄攻下邢国时，邢人溃散，狄人把邢国男女尽量掳掠，牛马工具尽量掠夺。齐桓公为筑夷仪城（今河北邢台）以居之，对邢国人民严格执行了"男女不淫，牛马选具"的政策。又如赤狄侵卫，把卫国的牛马都掠夺了。齐桓公迁卫于楚丘

（今河南滑县），"其畜散而无育，桓公与之系马三百"①。这样相互对比一下，邢、卫二国人民自然感谢齐国而愤恨狄人了。而且，部落联盟的首领潞子婴儿，自从战胜各国以后，自满的情绪不断高涨，"恃才与众"，"不以茂德"；多年战争，不恤其民；最后终由"众狄疾赤狄之役"而至于分崩离析了。②

晋国灭亡赤狄的关键，在于前598年（宣公十一年）晋成公利用北狄的分裂，与众狄的部落酋长之会于欑函（《左传注》：欑函，狄地）。在欑函之会，晋国以种种方法离间了赤狄与众狄的关系，从此众狄与晋国和解，遂使赤狄陷于孤立状态。狄的联合阵线既经分裂，晋国遂于前594年（宣公十五年）灭潞氏；前593年（宣公十六年）灭甲氏、留吁、铎辰；最后于前589年（成公二年）灭廧咎如。其中灭潞之役晋国最为吃力：晋成公亲自率领一批军队在稷（今山西闻喜）扼击赤狄的右翼；主将荀林父远攻赤狄的左翼于曲梁（今河北永年），其间远距七百余里，尽晋国君臣之力而始歼灭之，由此可知赤狄原有的实力是很壮大的。灭狄以后，不只晋之北境至于太原，东境至太行山西麓，就是东南由朝歌至殷墟、邯郸所谓"东阳"之地，南由朝歌至轵所谓"南阳"之地，从前赤狄侵略自邢、卫、周三国的，至此都归入了晋国的版图。

自赤狄被歼后，白狄的势力亦陷于孤立。且白狄介居晋秦两大国中间，服晋服秦，常无定策。公元前601年（宣公八年）晋国利用它以伐秦，至前582年（成公九年），秦国又利用它以伐晋。晋国在前579年（成公十二年）败白狄于交刚（今陕西肤施），至前545年（襄公二十八年）白狄始附属于晋。

继赤、白狄或灭或降以后，在公元前6世纪中叶代之而起者，是以无终为首的众狄的部落联盟。无终初建牙于河北省的北部，史称之为"山戎之国"。山戎被齐桓公所伐，无终遂西徙至山西北部的云中、代郡一带，与北戎合。无终是一游牧部落集团，因各种原因而迁徙不定。它在公元前6世纪

---

① 《国语·齐语》。
② 《左传·宣公十五年》，晋国伯宗对成公说："狄有五罪：不祀，一也；耆酒，二也；弃仲章（潞贤臣）而夺黎氏地，三也；虐我伯姬（晋景公姊，潞子婴儿夫人），四也；伤其君目（指潞相酆舒伤潞子之目），五也。怙其俊才，不以茂德，兹益罪也。夫恃才与众，亡之道也。"又《左传·宣公十一年》，"晋郤成子求成于众狄，众狄疾赤狄之役，遂服于晋"。众狄与赤狄为联盟，而赤狄统治阶级征重役于众狄，此实为联盟瓦解及赤狄灭亡的主要原因。

以前就迁到代北一带，由于他们长于战争，所以众狄举之为盟主。前568年（晋悼公五年），无终派代表到晋国，希望两国建立和平关系。晋悼公用魏绛的"和戎"政策，八年之中七合诸侯，复兴霸业。到前541年（昭公元年），晋与众狄间的战争爆发了，晋荀吴率兵攻无终及众狄于太原，众狄大败，无终的部落联盟因以溃散。

无终败，晋遂出兵攻击太行山以东的鲜虞部落联盟。鲜虞的都城在今河北省新乐县，占领的地区很广，是当时最大的一个部落集团。在它邻近的太行山麓和山内有些部落如肥、鼓、仇由都以鲜虞为盟主，而共同组织成一个部落联盟。公元前530年（昭公十二年），晋主帅荀吴以伪会齐兵为名，假道于鲜虞，灭肥。公元前521年，晋兵伪装为籴粮者息于昔阳（鼓之聚落名）之门外，遂袭鼓，灭之。灭仇由在韩、赵、魏三分晋国以后。春秋后叶，从公元前530至前489年（哀公六年），晋国出兵七次侵伐鲜虞，皆不能下，中间一次并为鲜虞兵所败。春秋末年，鲜虞改称为中山国，迁都于顾（或谓顾便是鼓，今河北晋县），是为由部落联盟变为国家之始。到战国时，公元前408年，魏文侯遣乐羊伐中山，三年而中山之都城顾始被拔。此后中山迁都于灵寿（今河北灵寿），至公元前295年被赵所灭。从鲜虞之名初见于春秋起，至赵灭中山止，前后近三百年。①

三、北狄的文化和社会结构

关于春秋战国时期北狄的文化、社会，略叙述如下。

黄河流域北部的许多北狄部落大致说来，正由游牧生活向定居的农牧生活转化了，但定居的程度还不很一致。《春秋》记公元前628年（僖公三十二年），卫国与狄人订盟。杜预注云："不地者，就狄庐帐盟。"刘炫疏云："春秋时戎狄错居中国，此狄无国都处所，俗逐水草，无城郭宫室，故云就庐帐盟。"此言不少北狄部落以庐帐为居。但《左传》记公元前527年（昭公十五年），晋军"围鼓，鼓人或请以城叛"；前520年（昭公二十二年），"荀吴略

---

① 参考蒙文通：《周秦少数民族研究》第五"白狄东侵"一节。

东阳，使师伪粜者负甲以息于昔阳之门外，遂袭鼓"。以此知狄有城，有聚，并有郭门，与诸夏无异。贾谊《新书·退让》篇记：狄王使使至楚，楚王夸使者以章华之台，曰："翟国亦有此台乎？"使者曰："否。翟，婪国也。恶见此台也！翟王之自为室也，堂高三尺，壤陛三絫，茆茨弗剪，采椽弗刮。"此虽系汉代人追述春秋时事，但潞子婴儿之堂陛园庭想也不过如此简单朴素罢了。同系北狄，居处因地而异，建筑因阶级阶层而异，物质生活总是同他们的经济基础密切地联系着的。

《左传》云："冀之北土，马之所生。"《管子》亦云，齐桓公擒狄王，"而骑寇始服"。由此知春秋时的北狄不只有马，而且已经会骑马。但他们脱离了游牧生活以后，正向定居的农牧生活转化，马的产量逐渐减少，因而在打仗的时候，便只有步卒，没有马队了。在公元前714年（隐公九年），北戎侵郑，郑庄公说："彼徒我车，惧其侵轶我也。"又公元前542年，晋败无终及群狄于太原，将战的时候，晋国魏舒说："彼徒我车，所过又阸，……请皆卒。"于是毁车徒行以战。由这些记录，可以推知北狄的马队日渐减少，而列国用兵于平原则用车战，于高原林谷不能通车者则用徒卒。此亦是北狄战争失败的原因之一。

生活困穷，生产落后是北狄各部落经济的普遍特征。《礼记·王制》篇云："北方曰狄，衣羽毛，穴居，有不粒食者矣。"就是战国时的中山国，古代著名的货殖家白圭批评此国的经济情况说："行者无粮，居者无食，则财尽矣。"[①] 正可说明狄人生活的困穷。关于北狄的阶级划分和生产关系，我们知道的很少。但大致言之，北狄刚由原始公社转入阶级社会，阶级剥削已经出现，但并没有进入奴隶所有制的社会。公元前604年，赤狄伐晋，围怀及邢丘。晋成公欲伐之，荀林父（桓子）曰："使疾其民，以盈其贯，将可殪也。""疾其民"就是狄的统治阶级对狄人的压迫，"疾其民，以盈其贯"就是压迫到一定限度时，狄人必然会起而反抗。可知在赤狄内部的阶级斗争已经相当明显了。通过部落联盟，赤狄的统治阶级亦以盟主的身份对众狄进行兵役的剥削和压迫。例如公元前599年，晋国郤成子主动地亲至狄地与众狄会谈，"众狄疾赤狄之役，遂服于晋"。可知在赤狄与众狄之间亦有矛

---

① （汉）刘向：《说苑·权谋》篇。

盾，亦有压迫和剥削的关系。这都可为北狄社会已经有了阶级压迫和剥削的证明。到了春秋末年的中山国，从它的政治组织和社会风俗方面也可以反映当时已经是阶级社会了，阶级剥削已经更为深化，但风俗习惯上又表现出一些从原始公社带来的残余。刘向《说苑》记载翟封荼对赵简子的一段话，说中山"其国数散，其君幼弱，其诸卿货，其大夫比党以求禄爵，其百官肆断而无告，其政令不竟而数化，其士巧贪而有怨"。春秋末年的中山，官僚制度已经形成，"其诸卿货，其士巧贪"，货与贪虽不尽为直接剥削，但归根到底是指上层阶级榨取农民、牧民的剩余劳动的。"百官肆断而无告"，其为阶级压迫更为明显。正因为如此，所以产生了"战士怠于行陈，……农夫惰于田"[①]的被统治阶级的反抗斗争。另一方面，《吕氏春秋》记载的一段故事可以说明中山国在风俗方面还保留着一些原始公社的残余：周威公问晋太史屠黍曰："天下之国孰先亡？"曰："晋先亡。"威公又问曰："孰次之？"曰："中山次之。天生民而令有别。有别，人之义也。中山之俗，以昼为夜，以夜继日，男女切倚，固无休息。康乐、歌淫、好悲，其主弗知恶。此亡国之风也。"居二年，中山果亡。生民有别就是阶级分明，男女有别也是周代封建社会的特征。而中山生民无别，就是意味着阶级分化并不如华夏诸国明显，而举国上下都夜以继日地沉醉在"康乐、歌淫、好悲"的生活中。这正表明中山社会去原始公社时代未远，所以还保留了一些原始社会的残余。

但是无论如何，我们在所有的文献和历史活动中找不到北狄社会的奴隶所有制度。为什么黄河流域的北狄从原始公社直接就过渡到封建社会呢？主要由于他们在原始公社末期就和黄河流域的华夏诸国错居杂居在一起了；华夏的封建制度通过农业生产、商品交易、婚姻关系、政治组织等带动了北狄社会的发展，因而大多数的北狄部落，其中特别是与华夏错居杂居而且合并于春秋战国时各国的北狄部落，并没有经过奴隶社会而就向封建社会过渡，有的并且直接融化于华夏诸国而成为华夏部族的一部分了。

例如晋国狐偃的家族世系便可证明上述狄人汉化的历史。狐氏系出大戎，是北狄之一种。大戎的原始居地有人说在太原东南的交城，这种说法，现在无法证明其正确与否，但有一点可信的，就是既然《晋语》说"狐氏出

[①] 《韩非子》中记载赵臣李疵对赵武灵王的一段话。

自唐叔",则大戎的原始居地,只能在唐叔封地的晋国之内,而不能在晋国以外的其他列国之内。从周代初年到春秋晋献公之世,姬姓的晋国和大戎狐氏在同地相处已经有四百多年的历史了,所以狐突的女儿狐姬做了献公的夫人,生公子重耳,狐突和他的儿子狐偃做了献公和文公的辅臣;而且系出大戎的狐氏在春秋时亦改姓为"姬"。这种"姬"姓和晋国统治阶级的"姬"姓显然是不同的,但从文化和社会制度方面来说,狐偃家世同晋国的关系,比渭河以北重耳所奔的狄国的关系要密切得多。不只大戎狐氏在晋国的情况如此,就是小戎虢氏在晋国亦有类似的关系。献公娶小戎之女小戎子为夫人,生公子夷吾,后为惠公。惠公时,有一位大臣虢射,惠公称之为舅①,所以《左传·僖公十四年》注疏皆以虢射为惠公的舅父。由此可知惠公母小戎子之母家为虢氏。虢射之家世与华夏诸姓无异,只推其祖源乃系出小戎罢了。从惠公之舅虢射和文公之舅狐偃都可反映古代有许多北狄因与汉族错居杂居,相互婚姻,长期共事,到春秋初期都与华夏融合为一体,无所区别了。

春秋时的赤狄、白狄和众狄,虽未尽融合于华夏,但都在剧烈的变化中。例如许多赤狄、白狄和众狄的首领都有一定的姓氏,如赤狄隗姓、白狄姬姓、众狄之中骊戎为姬姓、鲜虞为姬姓等等。有些首领与华夏诸国互为婚姻,如周襄王的狄后,《国语·周语》称之为叔隗;晋献公娶大戎狐姬,生重耳;小戎子生夷吾;骊戎骊姬生奚齐,其娣生卓子。晋文公出奔于白狄,白狄赠以廧咎如二女,名叔隗、季隗。文公娶季隗,以叔隗妻赵衰,生盾。王国维曾研究许多铜器中的"媿氏"铭文,认为春秋时还有许多诸侯娶媿姓狄女为妃。② 此外,晋景公之姊嫁与潞子婴儿为夫人。③ 从姓氏和婚姻方面可以看出,各种戎狄和华夏诸国的种姓关系日益在融合之中。在政治方面,许多戎狄的首领,春秋称之为"子",如潞子、白狄子、肥子、鼓子等等。许

---

① 《国语·晋语》:惠公六年(前645),秦侵晋,至于韩。惠公谓庆郑曰:"秦寇深矣,奈何?"庆郑曰:"非郑之所知也,君其讯射(虢射)也。"公曰:"舅所病也。"这里所说的"舅"显然是指虢射。但韦昭注云"诸侯谓异姓大夫曰舅",言失之泛;而吴曾祺《国语补正》谓"郑素以负秦为病",亦不合事实。参考《左传·僖公十四年》注疏及《史记考证·晋世家》"夷吾母重耳母女弟"条。

② 参考王国维:《鬼方昆夷猃狁考》。

③ 《左传·宣公十五年》。

多戎狄与列国联合作战并互订盟约，如公元前 643 年，邢与狄伐卫；前 641 年，齐与狄盟于邢；前 620 年，晋与白狄伐秦；前 599 年，晋与众狄盟于攒函；前 583 年，秦与白狄伐晋；等等。当戎狄与列国订盟和联合作战时，军械粮饷的接济，部分兵士的调配以及掳掠所得的交换，都是不可避免要发生关系的。因此，战争和盟约更促进了戎狄、华夏之间的同化。又如春秋末年以"姬"为姓的中山国，依《说苑》所载，其国有君主，有诸卿，有大夫，有百官和士，与中夏诸国无异。公元前 531 年"晋伐鲜虞"（中山），《穀梁传》解说云："其曰晋，狄之也。其狄之何也？不正其与夷狄交伐中国也，故狄称之也。"《春秋》一书于"夷狄"有其特殊的意义，在此不谈，鲜虞本众狄之国，而《穀梁传》称之为"中国"，主要理由是鲜虞在文化制度上逐渐融合于中国的缘故。

当然，北狄对于中夏文化的影响也是很多的。《列子·汤问》篇云："北国之人鞨巾而裘，中国之人冠冕而裳。"此言北狄与中夏之服制有区别。《墨子·公孟》篇又记："昔者晋文公大布之衣，牂羊之裘，韦以带剑，以治其国。"以此知晋国之人以狄服为服者很多。《诗》云："古公亶父，来朝走马。"说者谓此为中国有骑马技术之始。[①] 然则北狄骑术在殷商时已传入周国境内。《吕览》记："晋文公将伐邺，……还，将行赏。（赵）衰曰：'君将赏其本乎？赏其末乎？赏其末，则骑乘者存。'"又前 597 年（晋景公三年），邲之战，《左传》记："赵旃以其良马二济其兄与叔父，以他马反。"[②] 此春秋时晋国的单骑之风已盛。自赵武灵王变胡服，习骑射，赵国骑术更为精辟。苏秦谓"赵骑万匹，燕骑六千匹"，皆与境内外北狄骑马之风有关。中国内地有骡，《吕氏春秋》谓始于春秋末年之赵简子时；有驴，顾炎武《日知录》谓始于战国赵武灵王时。[③] 中国北方的牲畜有许多是经过北狄传入的。

最后略述部落联盟和国家灭亡后各种狄人到哪里去了这一问题。

顾炎武论北狄的结局云："《史记·匈奴传》曰'晋北有林胡楼烦，燕北有东胡山戎'，盖必时人因此名戎为'胡'。是以二国之人而概北方之种，一

---

① 《日知录》卷 29 "骑"条；（宋）程大昌：《雍录》。
② 《左传·宣公十二年》。
③ 《日知录》卷 29 "驴骡"条。

时之号而蒙千载之呼也。盖北狄之名胡，自此始。"① 顾氏之意以为晋北和燕北古之所谓戎狄至战国以来皆变为胡。这一论断是可靠的，然尚欠分析。春秋时的山戎，入战国以后称东胡；秦汉间东胡被匈奴所破，又分为乌桓和鲜卑二族，其事很明晰，毋庸多述。春秋时晋北无终、代戎被破以后，入战国时称林胡和楼烦，而为两个北狄集团。《史记·赵世家》记："（赵武灵王）二十年（前306）……西略胡地至榆中（今陕西府谷、神木、榆林以北地），林胡王献马。""惠文王二年（前297），主父（武灵王）、行新地，遂出代西，遇楼烦王于西河而致其兵。"此言当战国之时林胡在河套内，而楼烦在晋西之岢岚山，二者分布地区不同，不能混为一谈。按"林胡"一词乃战国和汉代人士行文时之简称，其原名当为"儋林"或"襜褴"。《史记·匈奴列传》"晋北有林胡、楼烦之戎"。《索隐》引如淳云："林胡即儋林，为李牧所灭也。"在《李牧传》，"儋林"作"襜褴"，此襜褴当即林胡，不应于襜褴之外更有林胡。《史记》及《汉书》之《冯唐传》并云："李牧北逐单于，破东胡，灭澹林。"此事乃冯唐转述其祖父之辞，当较《史记·李牧传》所述为可信。又《汉书》注引郑氏云："《匈奴传》曰，晋北有澹林之胡，楼烦之戎也。"以此知"林胡"实系"澹林之胡"的简称。前文我们已经提到，北狄之"狄"应系"狄历"之简译；今此证明，"林胡"又系"澹林"或"襜褴"之简称，而"澹林"、"襜褴"、"狄历"又同出一语源，皆由"Türk"一语翻译而来，详言之，即"澹"、"襜"、"狄"都是"Tü-"的对音，而"林"、"褴"、"历"都是"-rk"的对音。然则林胡之为北狄或北狄之一种可以无疑。至于楼烦，原居西河岢岚山一带。《括地志》云："岚州，楼烦胡地也。"赵武灵王破之而致其兵，其人遂为赵国所用。到西汉初，尚有楼烦兵将，为汉统治阶级所驱策。② 公元前2世纪初，匈奴南下，楼烦与林胡皆被所并，其人遂役属于匈奴，而成为匈奴国家的组成部分。

　　太行山内外的赤狄部落联盟被击破以后，赤狄的活动下落也还有些是历历可数的。《左传·宣公十六年》记载晋灭赤狄之后，"晋侯赏桓子狄臣千室，亦赏士伯以瓜衍之县。曰：'吾获狄土，子之功也。'"瓜衍之县在今何

---

① 《日知录》卷32"胡"条。
② 《日知录》卷29"楼烦"条。

县，无法考证，要在今太行山内。桓子指征伐赤狄的主帅荀林父。狄臣千室给予荀林父，此四五千狄人当然都成为晋国封建主的奴隶和农奴了。在灭赤狄联盟的同年内，晋国一面使黎侯复国，一面又遣使者献狄俘于周[①]，这样又有不少的狄人以奴隶身份出现于黎国及周之王畿。晋灭赤狄之后就是用这些方法处理赤狄部落人民的。这些狄人后来逐渐变成汉人，与华夏诸国的人民无别。晋国对待赤狄如此，可以推测晋之灭肥、灭鼓，战国时魏和赵之灭中山以及智伯之灭仇由，大致皆有类似的措施。

当春秋时列国围攻各地狄人聚落之际，狄人不可避免地或多或少要向各国各地逃亡。《战国策·齐策》言："田单攻狄，三月不克。"此言齐国北部山陵负海之区尚有戎狄。赤狄之裔，秦始皇时有隗状，为丞相，当系狄人；西汉末年有隗嚣，系天水成纪大族；三国时魏国有隗禧，系京兆人。此皆祖源赤狄而居于陕西、甘肃者。但秦、汉、三国时的狄人，除了姓氏以外，我们看不到他们有任何民族特征了。

[①] 《左传·宣公十六年》。

第二章　匈奴国及其与汉朝的关系

一、匈奴极盛时期，奴隶主政权的建立

北方少数部族同古代中国发生关系最早的除北狄之外，就是匈奴。初时，虽然他们的国家是在古代中国之外建立的，但到了后来大批匈奴人民或先或后迁徙到中国境内，有的在各地成立过临时政权，如前赵、北凉、夏等。最后，匈奴国家的领土大部分成为中国的领土，匈奴人民又同汉族及其他中国少数部族融合在一起了。因此，我们应当把匈奴作为中国古代少数部族之一加以叙述。

匈奴的历史大致可以分为三个时期：第一，从上古到公元前3世纪末，是从原始氏族，经氏族部落，到部落联盟时期。这个时期，据司马迁推测，有一千多年。第二，从公元前3世纪末（从前209年冒顿单于即位时起）到公元1世纪中叶（即公元49年，南、北匈奴分裂，南匈奴降汉，北匈奴第二次西迁），是匈奴奴隶主国家的建立时期。第三，从公元2世纪到公元5世纪，是匈奴作为中国境内少数部族之一从奴隶社会转入封建社会时期。在此时期，匈奴的统治阶级统治着汉族、匈奴以及其他各族在黄河流域成立的三个临时政权。

在匈奴建国以前，蒙古草原被许多大小不同的氏族部落和部落联盟割据着。那时各部落和部落联盟的情况，是"时大时小，别散分离"；是"各分散居溪谷，自有君长，往往而聚者百有余戎，然莫能相一"[①]。当时分布在草原东南西喇木伦河和老哈河流域的，是东胡部落联盟；分布在贝加尔湖以西

[①]《史记·匈奴列传》。

和以南色楞格河流域的，是丁零部落联盟；分布在阴山南北包括河套以南所谓"河南"（鄂尔多斯草原）一带的，是匈奴部落联盟。此外还有浑窳（《史记》作"浑庾"）、屈射、鬲昆（柯尔克孜，古时在叶尼塞河上游）、新犁等部落集团分散在草原各地。后来的匈奴国，就是以匈奴部落联盟为基础，征服了上述诸部落联盟、部落以及其他一些小国而建立起来的。

匈奴的国家史可分为极盛和衰微、分裂两个时期。

匈奴国的极盛时期从前 209 至前 128 年，即冒顿、老上、军臣三单于时期，相当于中国从秦二世元年到汉武帝元朔元年。

匈奴在盟主头曼之时，东方有东胡，西方有月氏（今甘肃河西走廊），南方是一个更为强大的统一帝国秦国。当时头曼的王庭在漠南阴山之北的头曼城。① 阴山的南面没有多远就是黄河的河套，河套以南的土地古称为"河南"。公元前 4 世纪后叶，赵武灵王的长城已经筑到了阴山南麓。自匈奴部落联盟成立以后，势力突破长城，占领了河套以南地方。公元前 214 年，秦始皇派蒙恬收复"河南"地。但隔了十多年，匈奴的势力又伸入"河南"。

头曼的长子冒顿（mɛ t'u），初被质于月氏。按照部落联盟的习惯，盟主的王位继承是由诸部落大人会议推选的，而头曼当时又有废长子立少子的意图。冒顿与上述各种古老的制度进行了斗争，以骑射为名，射杀其父、后母、少弟以及诸大臣之不听从者。从此以后，大人会议虽然存在，但它的权力比较原始部落联盟要削弱得多了。

他继承盟主之位不久，便召集各部落的骑士向四周的部落联盟和国家进攻。最先他征服了东胡，灭东胡王并掳掠其人民和牲畜。东胡是一个畜牧而兼农业的部落联盟，它的生产和劳动力对于匈奴之在地广人稀的草原上建立奴隶制，具有很大的作用。冒顿把虏获的俘虏做了草原上大、小奴隶主的奴隶；对于那些产业比较发达而不能搬到草原去的氏族部落，便让他们在原有基础上进行生产，向单于交纳一种特别繁重的租税，而成为匈奴国官有的部

---

① 《汉书·地理志》"五原郡"条云："稒阳，北出石门障得光禄城。又西北得支就城。又西北得头曼城。又西北得虖河城。又西得宿虏城。"汉代的稒阳县在今内蒙古固阳县城北。战国时魏筑长城至此，秦汉因之，故有稒阳塞。其北石门障，即今昆都仑沟，其地有村尚名石门子。再北为光禄塞，汉太初三年光禄勋徐自为于此筑城，称光禄城。头曼城更在其西北，度其远近，似在阴山之中或其北麓。《汉书·匈奴传》侯应曰："北边塞至辽东，外有阴山，东西千余里。草木茂盛，多禽兽，本冒顿单于依阻其中，治作弓矢，来出为寇，是其苑囿也。"此言冒顿原亦居阴山之中，后乃徙居于漠北之龙庭。

落奴隶。征服东胡之后，又西击月氏，南并楼烦、白羊二河南王地，并侵扰当时中国的燕郡（今河北北部）和代郡（今山西东北部）。当时正是刘邦和项羽争夺天下的时候，所以匈奴势力壮大，拥有骑士三十多万。

不久，匈奴在冒顿领导下征服了北方的浑窳、屈射、丁零、鬲昆、新犁①等部落和部落联盟。这些部落和部落联盟大部分是以游牧和射猎为生的。他们拥有广大而肥沃的牧场和森林，具有各式各样的生产工具和生产技术，对于匈奴奴隶主的经济发展有很大的利益，所以草原的贵族大人们都对冒顿单于竭诚拥护，拥护他建立一个以奴隶所有制为主要制度的国家。单于的王庭从此由漠南阴山迁至漠北安侯水（今鄂尔浑河）②东侧，今和硕柴达木湖（Kosho-Tsaidam nor）附近③，汉史称之为龙城或龙庭。龙城以西有蹛林水（塔米尔[Tamir]河）④，其地"阴垒千尺，松石蹇叠，俯视龙涡，环绕平

---

① 浑窳、屈射、丁零、鬲昆、新犁五国，《史记·匈奴列传》及《魏略·西戎传》谓皆在匈奴之北。丁零在贝加尔湖以西南，鬲昆即坚昆在叶尼塞河上游，其余诸国所在地不详。浑窳，《史记》"窳"作"庚"，《汉书》作"窳"。汉时有窳浑县在漠南河套以西北，与浑窳无涉。屈射，射读"亦"或"石"，不知所在。新犁，《魏略》作新梨，或谓即《史记·李斯列传》中之"纤离"，亦不知其所在地。

② 《魏略·西戎传》：呼得、坚昆、丁零"三国，俱去匈奴单于庭安习水七千里"。以此知匈奴单于庭在安习水旁。然"安习水"当为"安侯水"之误。班固《燕然山铭》云："遂逾涿邪，跨安侯，乘燕然，至龙庭。"此言涿邪山、燕然山、安侯水皆在单于龙庭之附近。《汉书·匈奴传》言："单于自将精兵，左安侯度姑且水。御史大夫军至追（斜）[邪]径，无所见，还。"此安侯即安侯水，言单于自将兵于安侯水之左，渡姑且水。商邱率兵由西南而东北至涿邪山之涿（追）邪径，无所见而还。又汉章和元年（87），北匈奴以南匈奴、丁零、鲜卑之攻击，"通逃远去，依安侯河西"。此言北匈奴由东而西，以避鲜卑之袭击。综上所述，知安侯水即今鄂尔浑河。

③ 《辽史》卷2《太祖纪》记天赞三年，"八月甲午，次古单于国，登阿里典厌得斯山。……九月丙申朔，次古回鹘城……庚子，拜日于蹛林"。此古单于国当即《辽史》卷93《萧图玉传》中的龙庭单于城。辽于此筑窝鲁朵城，故《传》言："窝鲁朵盖古所谓龙庭单于城也。"城在阿里典厌得斯山附近。中间隔古回鹘城即"Kara-Balgassun"，即西至蹛林。元代耶律铸《双溪醉隐集》卷2《下龙庭》一诗自注云："龙庭，和林西北地也。"博雅如耶律铸在元时已不能确指，然则《元史·太祖本纪》三年夏所避暑之"龙庭"，是否即古单于庭也成为问题了。今日本学者参考《辽史》、张德辉《纪行》、沈垚《西游记金山以东释》等书以为龙庭单于城在和硕柴达木湖附近，较为可靠。然亦有说在更北面的吾愦竭脑儿附近者。《双溪醉隐集》卷2《取和林》一诗自注云："和林城，茲伽可汗之故地也。城西北七十里有茲伽可汗宫城遗址。"此宫及阙特勤碑并在和硕·柴达木湖附近，然未言龙城即茲伽可汗城。此问题只有俟将来的考古发掘始可彻底解决。

④ 蹛林，颜师古注《汉书》以文意释之，大误。郑氏、服虔虽知其为地名，但不知地名由于水，更不知其地之所在。《辽史·太祖纪》记龙城以西有蹛林，至为重要。《双溪醉隐集》卷5《金莲花甸》一诗自注云："和林西百余里有金莲花甸，金河界其中，东汇为龙涡。阴曇千尺，松石蹇叠，俯视龙涡，环绕平野，是仆平时往来渔猎游息之地也。"此龙涡即匈奴龙祠所在地。金河系塔米河西源，即蹛林水，丁谦于《匈奴传》考证与岑仲勉于跋突厥文阙特勤碑皆详言之，可参考。

野",匈奴于此建立龙祠。按匈奴风俗,每年正月单于和诸大臣、大人在龙祠举行小会。五月,单于领导大臣及各部落大、小官员人民大会于龙城,祭祀祖先、天地、鬼神。七月,秋高马肥之际,又大会于蹛林河畔,整理课收,并统计全国人口和牲畜的数目。

公元前200年左右,刘邦刚刚开始统一中国。并州北部是中国的产马之区,马邑更是马匹入口和交易的市场,这时忽然被匈奴包围了,而且匈奴骑兵跟着又南扰太原。汉高帝刘邦率兵三十二万进行反攻,一直打到平城(今山西大同)。当时汉兵尚未齐集,冒顿单于纵骑兵三十多万围刘邦于白登山(大同城东十七里)。最后互结和亲协定,汉室以公主嫁匈奴单于,同时每年给匈奴以一定数量的黄金、缯、絮、米、蘖(酿酒用的曲子)等物,并约为兄弟,互不侵犯。这一协定实际上是带有辱国性质的,而且匈奴在此次战役中获得了大量的奴隶和牲畜。

原来驻牧于甘肃河西走廊的月氏国,在公元前3世纪末被一击后,到前175年又遭到冒顿的第二次袭击。经两次袭击,月氏不能在原地停留,分裂为大、小月氏两部:大月氏于前174年向西北溃退,一直退到伊犁河流域,驱逐原来驻牧在那里的塞克族(Sak)而占有其地。小月氏退守到南祁连山中,与属于藏语系的西羌杂居,衣食语言,与羌略同。后来有一部分约几百户出现于张掖,背匈奴降汉,汉人称之为"义从胡"。匈奴攻下甘肃河西走廊以后,派浑邪王、休屠王等驻守其地。

击退月氏的同时,匈奴又征服了西域的楼兰(今新疆罗布泊西北)、乌孙(今天山以北,伊塞克湖以南)、呼揭(北魏时的护骨,隋唐时的回纥)及其旁二十六国。西域诸国,有城郭田畜,物资颇为丰裕。他们自被征服以后,匈奴西部日逐王在焉耆、危须(今焉耆县东一百里)和尉犁(今库尔勒)间置"僮仆都尉",向诸城郭人民进行重税剥削,并"备其逋租,高其价值,严以期会"[①]。这种剥削和奴役,是匈奴奴隶主国家对待被征服的封建小国农牧民的一种特殊办法,一种对待奴役部落的办法。

稽粥老上单于时(前174—前160),仍然同冒顿单于一样,对长城以南的汉和伊犁河畔的月氏进行掠夺战争。中国北边从陇西到辽东的长城以南

---

① 《汉书·西域传》;《后汉书·班超传》。

地区经常被匈奴掳掠人口和牲畜。匈奴的骑兵曾经一度烧毁回中宫（今陕西陇县），前哨且到达长安西边的甘泉（今陕西礼泉）。公元前162至前161年，老上单于约乌孙共击月氏。乌孙占据了月氏伊犁河畔的牧地，而月氏则被迫迁到康居以南妫水（今阿姆河）北岸。后来在1世纪后叶，月氏灭大夏（Bactria），建立了大月氏贵霜王朝。

冒顿、老上单于两代是匈奴国家的极盛时期，同时也是奴隶社会的形成时期。匈奴盛时的人口，《史记·匈奴传》谓"冒顿控弦之士三十万"，每士连家属及奴婢平均以五人计，则其人口总数为一百五十万。[①]当冒顿、老上单于时，匈奴所掠汉人奴隶至少有十多万；西域胡、丁零和西羌奴隶人口之在匈奴者，估计约二十五万；其余乌桓、鲜卑、楼烦、白羊等奴隶在匈奴者亦不下二十万，共计全国奴隶人口约五十五万余。此五十五万的奴口超过匈奴骑士的数目二十五万，将及全国人口的三分之一以上。这些大量的奴口参加了草原畜牧、农耕、凿井、商运及助战等工作，因而他们成为匈奴奴隶主政权国家主要的生产力量。

除此以外，匈奴国家在草原的内部和边缘还拥有很多的被征服和被奴役的部落。其中主要的有：在东方的乌桓族和鲜卑族，在北方的丁零族和鬲昆族，在西方的许多附庸部落和城郭小国。这些部落和小国，人口既多，分布的地域也广，匈奴统治阶级不可能驱逐这些部民离其本土，全部集中到草原上有数的几个宜牧宜农的据点进行生产的。而且这些部落和小国的产业发展很不均衡，原有生产关系也很不一致。例如乌桓和鲜卑，在公元前1至公元2世纪时，产业以狩猎为主，同时也兼营畜牧和原始农业。由于他们的生产力落后，所以部落中还保留着很多关于原始公社和母系氏族的风俗。[②]反之，如西域诸国在公元前1至公元2世纪时，有些国家已经拥有相当发达的农业、手工业和商业[③]，他们的社会很早就进入了封建社会的初期。匈奴统治阶级

---

① 匈奴的人口主要是这样加以推测的：《史记·匈奴列传》述匈奴"士力能弯弓，尽为甲骑"。又贾谊《新书·匈奴》篇说匈奴"五口而出介卒一人"，可知匈奴人口总数和甲骑或介卒的数目有很大关系。《匈奴列传》谓"冒顿控弦之士三十万"，又说"冒顿纵精兵四十万骑围高帝于白登七日"。《汉书·匈奴传》"四十万骑"作"三十余万骑"。即以三十万骑士而论，每一骑士家口五人，则匈奴人口当为一百五十万。请参考吕思勉：《匈奴人口》，载氏所著《燕石札记》中。

② 《后汉书·乌桓传》。

③ 《汉书·西域传》。

既无能力提高乌桓、鲜卑生产力的发展,使他们走上奴隶社会阶段;更无力量提高自己的生产力赶上西域封建社会的发展水平。正因为如此,所以匈奴只有用占有奴隶和监督奴隶的办法强加于所征服的一切部落和小国,使他们在原住的地区进行原来的生产。而奴隶主们向奴役部落榨取一种远远超过封建社会的或各族人民原来担负的赋税和劳役,这是一种奴隶主对于奴隶的最残酷、最沉重的剥削。例如在公元前3世纪末匈奴征服东胡之后,并没有拆散他们的部落组织,也没有改变他们的旧的生产方式,只派官兵镇压并监督他们生产。对于乌桓人民进行一种极为残酷的奴役和沉重的剥削。《后汉书·乌桓传》对此事记载得很清楚:

> 乌桓自为冒顿所破,众遂孤弱。常臣伏匈奴,岁输牛、马、羊、皮,过时不具,辄没其妻子。

这里的"没其妻子",不得理解为由非奴隶变为奴隶,而是由部落的奴隶变为家族的奴隶。如公元1世纪初,乌桓部落在匈奴奴隶主苛税重役的压迫下展开了反抗压迫的斗争,匈奴于是遣使责问,并号召"匈奴人民妇女欲贾贩者,皆随往焉"[①]。这里所谓"匈奴人民妇女"是指匈奴的平民男女。他们到乌桓地区将要贾贩的主要是乌桓的人口。而出卖乌桓人口的,正是匈奴派出的官吏。官吏借"过时不具"的名义出售乌桓人口给匈奴的男女人口贩子,然后由人口贩子转卖到草原各地各家为私有奴隶。乌桓自被征服以后,从独立的部落就变为被奴役的部落。部落的人民从此时起便是奴隶身份。因欠赋税由贾贩转卖于草原各地,他们仍然是奴隶。所不同者,当乌桓人民在原地生产劳动时,是官的奴隶,是部落奴隶;一旦被官吏所卖,经人口贩子之手转售于匈奴贵族和平民时,乌桓人民便成为私有奴隶或家族奴隶了。

又如西域三十六国,《汉书·西域传》记载:"西域诸国,大率土著,有城郭田畜,与匈奴、乌孙异俗,故皆役属匈奴。"由于西域人民的语言、风土与匈奴不同,又由于他们是城郭田畜经济,所以匈奴不能把西域的城郭搬

---

① 《汉书·匈奴传下》。

到草原上来，而只能在西域的中心地区设立"僮仆都尉"，对各小国人民进行一种"敛税重刻"的赋役制度。汉时西域诸国因不堪匈奴的剥削，常叛匈归汉。属汉之后，西域各国只向汉朝的都护纳一定的贡赋，而不复以马畜、旃裘、粮食等物供给匈奴。后来匈奴又攻下西域，"遣责诸国，备其逋租，高其价值，严以期会"。此"高其价值"，系指最大剥削量的租税率而言；"严以期会"，指匈奴对于西域人民执行一种无定期和无定时的劳役剥削，限以会期，非执行奴隶主所宣布的命令不可。这种租税率和劳役剥削，不只是剥削了劳动人民的剩余劳动产品和加于劳动人民的部分的超经济强制，而且剥削了劳动人民的全部劳动产品，占有了劳动人民的身体。所以西域城郭小国对匈奴的关系，不是封建关系，而是奴隶部民对奴隶主统治阶级的关系。

军臣单于（前160—前126年在位）即位以后，最初还是向汉朝的郡县进行掳掠的。但自汉景帝实行通关市以后，一直到汉武帝即位的初年（约前133年以前），汉匈之间大体上保持着一种和平的关系。《史记·匈奴列传》明白地记载着：

> 孝景帝复与匈奴和亲，通关市，给遗匈奴，遣公主如故约。终孝景时，时小入盗边，无大寇。今帝（汉武帝）即位，明和亲、约束、厚遇，通关市，饶给之。匈奴自单于下皆亲汉，往来长城下。

这段史实我们应当重视。一方面说明汉、匈人民之间都是需要和平的，通关市正代表了汉、匈之间的经济要求，也代表了汉、匈人民的和平愿望。另一方面又可说明匈奴侵扰中国的原因，除了由于他们实行落后的奴隶制度，必须向中国掠夺人口和资源外，还有一个原因就是秦、汉的统治阶级不肯给匈奴实行通关市的互商政策。

通关市以及和亲等其他办法对于汉代统治者们显然是不利的。通关市，他们怕商人把金兵良铁运给匈奴，匈奴坐而强大难制。他们又怕边地豪杰结纳匈奴，联合入侵，足以摇动统治阶级的政权。而且最现实的是每年对匈奴单于纳贡进妃，这不仅在经济方面有所损失，并且对于皇族来说也是有伤体面的事。所以从汉初平城之战起，汉代皇帝没有一个不把匈奴当做自古不解的冤家的。汉武帝在《伐匈奴诏》上这样写着："高皇帝遗朕平城之忧，高后时单于书绝悖逆。① 昔齐襄公复九世之仇，春秋大之。②" 由此可知汉代统治者们对匈奴是如何地愤恨了。但仅有匈奴和汉代统治阶级之间的矛盾还不能发动大规模的汉、匈之间的战争，汉代广大人民之所以参加征伐匈奴战争，还是由于匈奴不断入境掠夺各郡县的人口、粮食和牲畜。这种矛盾应当包括匈奴的奴隶制和汉族人民利益之间的矛盾。正因为如此，汉、匈之间的和平贸易不能持续进行，从前133年起，汉、匈之间展开了剧烈的战争局面。

二、匈奴衰亡时期与汉朝的争夺战争

匈奴国的衰微和分裂时期从公元前127到公元91年，即从伊稚斜单于到北匈奴第二次西迁，相当于中国从汉武帝元朔二年到东汉和帝永元三年。

公元前129年，汉武帝发兵四万骑分出上谷（今河北怀来）、代郡（今河北蔚县）、云中（今内蒙古托克托北）、雁门（今山西代县）四塞，击匈奴兵于长城各关市下。这是汉、匈大战的开始。最初几场战争是双方互有胜负的。但从公元前127年以后，匈奴在战争上渐处于不利状态。前127年，汉将卫青等攻下了河套以南的楼烦王和白羊王地，于此置朔方（包括河套西部及套北西部地）和五原（包括河套东部和套北东部地）二郡，徙汉民十万以实其地。从此河套南北各地归汉所有。前121年，霍去病率兵出陇西，辗转战斗于匈奴的右地，战胜匈奴的五王，攻下焉支山（今山丹山）和祁连山，杀折兰王和卢侯王，并迫浑邪王杀休屠王来降。从此，不但自河西走廊至罗布泊一带无匈奴，且汉人和西域的交通由此始，匈奴和西羌的联系由此断，这是匈奴不能独霸西域的关键。由于上述两大战争的失败，所以匈奴单于不能不放弃漠南，把主力军队撤回漠北。

公元前119年，卫青和霍去病率骑兵十万及步兵数十万分两路进攻漠北。

---

① 汉惠帝及吕后时，冒顿单于遗吕后书，要求吕后同他结婚，书辞骄慢，这在封建社会看来是有侮辱性的，所以武帝诏称之为"绝悖逆"。书辞见《汉书·匈奴传》。
② 《公羊传·庄公四年》详载齐襄公为九世祖哀公亨复仇事，并加以论断曰："九世犹可以复仇乎？虽百世可也。家亦可乎？曰，不可。国何以可？国君，一体也。先君之耻。犹今君之耻也。今君之耻，犹先君之耻也。"

卫青由定襄郡（今内蒙古呼和浩特东南）出兵，霍去病由代郡出兵，共击匈奴单于于漠北。卫青兵至寘颜山（今杭爱山的南端）的赵信城而还。霍去病北破左贤王兵，史称他"封狼居胥山（今贺兰山与阴山间之一山），禅姑衍，临瀚海（或谓大漠，或谓指呼伦泊）而还"。自此，漠南无王庭，汉自朔方（今内蒙古河套内鄂尔多斯右翼后旗）至令居（今甘肃永登西北）发官吏士卒五六万人通渠屯田。

汉武帝为了制服匈奴，除军事外，还运用了一系列政治和外交政策，使西域诸国与匈奴脱离关系而依附于中国。

汉使张骞通西域始于公元前139年，前后通西域两次，最远到达了中亚的大月氏、安息（波斯）等国。通西域的结果，不只沟通了中西文化，许多物产和音乐传入中土，而且汉人从此清楚了西域各国的形势，与乌孙订下了军事同盟，并和中亚的一些国家正式通聘。

原来西域的天山南北，初有三十六国，后因汉、匈在西域进行争夺战又分裂为五十多国。这些国家，虽然都很小，但除了婼羌、鄯善、无雷、尉头、温宿五国纯以游牧为生外，其余诸国大体上都经营农业兼畜牧的产业了。《汉书·西域传》称天山以南，"轮台（今新疆轮台）以东，地广饶水草，有溉田五千顷以上。种五谷，与中国同时熟"。这些地区初被匈奴统治着，日逐王在那里置僮仆都尉，赋税诸国，取以富给。天山南路，如婼羌、鄯善、山国（今库尔勒山中）、龟兹（今库车）、姑墨（今拜城西南）、莎车等国都产铁、铜等矿。有不少国家能冶铁，铸成箭、矛、刀、剑、甲等武器。这些武器对匈奴国家的发展是绝对有益的。而且天山南北麓和昆仑山北麓，自古是中亚、南亚和东亚间商业交通要道，匈奴在其间设关卡，收商税，护送旅客，担保过山，都可以收到不少的报酬，有时还掠夺行商和马队的货物。这些事实都说明西域的物产和交通在匈奴经济中占相当重要的位置。

再从政治和外交来说，汉人通西域以前，匈奴号称为"百蛮大国"。匈奴使者"持单于一信到国，国传送食，不敢留苦。及至汉使，非出币物不得食，不市畜不得骑用"[①]。故当时西域诸国皆役属于匈奴，而中亚的一些大国

---

① 《汉书·西域传》"康居"及"大宛国"条。

又与匈奴为与国。这种情况对于汉代封建国家的发展显然是不利的。

汉、匈西域的争夺战，最初发生在楼兰。公元前104年，汉将赵破奴出兵攻匈奴右部，匈奴北退。大军西征，王恢杀楼兰王，并北攻车师。此为汉、匈在西域战争的开始。公元前99至前98年，汉军征服了大宛以后，又征伐车师。车师在今吐鲁番的招哈和屯，是匈奴通西域和汉通大宛、乌孙的要路。此区域的得失关系着汉、匈在西域角逐的成败，故两国兵力皆集中于此，从公元前99年到前76年在这里进行了二十多年的拉锯战争。吐鲁番盆地原来就不止一国，经多年汉、匈的争夺战又分裂为十余国，或降匈奴，或降汉朝，形成对立的局面。车师正式地附属于汉朝是从公元前89年开始的，但前76年匈奴又占领车师。一直到前73至前72年匈奴对乌孙的战争失败，车师始又附属于汉朝。

当车师争夺战尚在进行之时，匈奴发车师兵共击乌孙。汉与乌孙为同盟国，汉宣帝于前72年发兵十六万骑分出西河、张掖、云中、酒泉、五原各塞，并派使督乌孙及其他西域兵五万多骑，从西方入，共击匈奴。当时匈奴壶衍鞮单于听说汉兵大出，驱其畜产远逃。乌孙的骑兵趁势击破匈奴右蠡谷王的王庭，获人口四万，马、牛、羊、驴、骆驼七十多万。匈奴单于对于此役的衰耗自然是不肯甘心的，所以在前72年冬自率一万骑击乌孙。这次虽然也掠夺了一些人口，但在归途中遇天雨大雪，一日深丈余，人民和牲畜多冻死，生还者不及十分之一。国内的奴隶和被奴役部落平时对于匈奴单于本已愤恨入骨，现在看到统治阶级的国力消耗，牲畜大减，于是在公元前71年，"丁零乘弱攻其北，乌桓入其东，乌孙击其西，凡三国所杀数万级，马数万匹，牛羊甚众。又重以饿死，人民死者什三，畜产什五，匈奴大虚弱，诸国羁属者皆瓦解，攻盗不能理"①。从此匈奴便走上衰亡的道路了。

经此西域的三个争夺战，无论在政治上和经济上汉朝皆给匈奴以重大的打击。匈奴对外战争的节节失败，自然就引起了国内奴隶部落的起义和西域国家的独立运动。匈奴，这个奴隶主政权的国家和其他奴隶主政权国家一样，一开始就是以奴隶主和奴隶的矛盾以及奴隶主和被奴役部落国家的矛盾

---

① 《汉书·匈奴传》。但《匈奴传》述此事的年代在汉本始二年，即公元前72年，《通鉴》卷24系此事于本始三年，即公元前71年冬，兹从《通鉴》。

为主要矛盾的。但当奴隶主政权扩张之时，统治阶级的权力集中，兵力强盛，所以奴隶和被奴役部落不敢公然有所反抗，奴隶主和奴隶的阶级矛盾暂时居于潜伏状态。一旦对外战争失败，统治阶级的兵力东崩西溃，无暇镇压国内的阶级斗争，奴隶部落便趁机起义，被奴役的西域各国亦跟着力图脱离羁绊。上述丁零和乌桓的起义，正是由于匈奴单于不断遭受汉朝与乌孙的联合攻击以及国内的牲畜死亡、食物不足、人民饿死而引起的。匈奴政权既经减弱，所以继丁零、乌桓的起义之后，公元前68年（汉地节二年），在草原内部不断发生奴隶部落逃亡、反抗和独立的斗争。如在匈奴左地（大约在今阴山一带）的西嗕部落，原来是被匈奴征服和掳掠而来之后，安排在那里进行游牧的。至此由其酋长率领共数千人，驱畜产远行。路上遇到匈奴设在边境上的瓯脱守骑，守骑加以阻挠，所以西嗕部民与之战斗起来，杀伤甚众，终于战胜守骑，南下降汉，成为封建国家的人民。到公元前67年，西域的城郭诸国也联合起来，发兵万余人，共同攻击曾经投降了匈奴的车师国，掳其国王及人民而去。匈奴单于重立车师王，收其余民东去，不敢居故地。这次西域各国的暴动，虽有汉朝的驻军从中鼓动，但主要原因还是西域各国为了脱离匈奴统治的锁链，而组织或恢复他们的独立国家的。

在西域暴动的前后，还有不少匈奴人民因不堪奴隶主的压迫，背匈降汉。

部落独立和奴隶逃亡，首先便影响了奴隶主的财富掠夺和奴隶分配，跟着也就影响了奴隶主集团内部的团结合作，结果在奴隶主阶级内部发生内讧，相互厮杀，争夺政权，以至于日益分裂。公元前60年，新立的握衍朐鞮单于和旧的虚闾权渠单于二宗室之间发生了斗争，日逐王先贤掸因不得单于位率众数万骑降汉。从此，匈奴在西域的僮仆都尉取消，代之而起的是汉朝西域都护的政权。

从公元前60年开始，匈奴统治阶级内部长期陷于水火状态。初为五单于争国，相互屠杀兼并，最后为郅支单于与呼韩邪单于的对立。呼韩邪初占领左地，率众驱逐握衍朐鞮单于，进驻单于王庭。公元前54年，郅支单于攻呼韩邪，占领单于王庭，是为"北匈奴"。呼韩邪率众至漠南，求助于汉室，是为"南匈奴"。这是匈奴的第一次分裂。

公元前51年，呼韩邪单于降汉，请居汉地河套以北的光禄塞（今内蒙古固阳北）下。郅支单于愿通汉，为呼韩邪所阻，乃于同年西迁至坚昆地，并征服乌孙、呼揭、丁零诸部。继而以康居国王的邀请，迁居到都赖水（今怛罗斯河［Talas］）上游，筑单于城以镇服中亚西部诸小国。公元前36年，汉西域都护甘延寿与副校尉陈汤联合袭击郅支，郅支败死，北匈奴从此宣告瓦解。

郅支单于西遁后，呼韩邪单于势力渐强，于前47年北徙至草原中心的单于王庭。呼韩邪执政时的匈奴和汉朝的关系始终是相互友好的。前33年呼韩邪再次入汉朝觐见，汉朝以后宫妃王昭君嫁之，号"宁胡阏氏"。从此汉、匈之间和平相处凡四十多年。在此四十多年间，匈奴单于不断到中国朝献，并遣子入侍。每次朝献，匈奴贵族随从到汉者常数百人，匈奴的物资借此传入中国，而中国朝廷常以多额黄金、绸帛、钱谷及其他珍宝赐给之，因此，不仅汉、匈文化相互交流，就是匈奴对汉文化的态度也和冒顿、军臣单于时大不相同。具体表现汉文化对匈奴的巨大影响的，就是1924年在蒙古草原北部诺颜乌拉中所发掘的匈奴贵族古墓。墓中有许多绸帛、漆器、玉器、铁器，绝大部分乃是王昭君嫁给匈奴单于以后，即公元前后几十年间从中国传到蒙古草原去的。关于此事的详细情况，后面再加以叙述，在此不提。

当西汉末年王莽执政时期，最初向匈奴提出四项要求强迫匈奴承认。这四项要求，现在看来对于限制匈奴奴隶制的发展，限制匈奴向外地的扩张，是具有显明的进步作用的。这四项要求的内容是："中国人亡于匈奴者，乌孙亡降匈奴者，西域诸国佩中国印绶降匈奴者，乌桓降匈奴者，皆不得受。"此四项要求对于匈奴奴隶制有"釜底抽薪"的作用，可以割断匈奴国家奴隶的来源。到王莽即位以后（9—23），为了改变匈奴对汉朝的观感并使单于地位降低来服从自己，于是又引起了公元11年（始建国三年）以后的数年战役。史称："初，北边自宣帝以来，数世不见烟火之警，人民炽盛，牛马布野。及莽挠乱匈奴，与之构难，边民死亡系获。又十二部兵久屯而不出，吏士罢弊。数年之间，北边虚空，野有暴骨矣！"[①] 这段史论，现在看来，仍然是公允的。

---

① 《汉书·匈奴传》班固的按语。

三、南匈奴降汉，北匈奴政权在奴隶和奴役部落的反压迫、反剥削斗争中趋于总崩溃过程

在公元47年，久经分而复合的匈奴国家，因统治阶级争夺王位，又第二次分裂为南、北匈奴。原来自呼韩邪单于北迁后，在漠南形成了一个以漠南八部大人为中心的政治集团，归谷蠡（音读"鹿离，Lo-Li"）王知牙师统率。知牙师是王昭君的儿子，跟汉朝的关系很深。他不久升为左贤王，论继承旧例，应当他继单于舆之后而为单于的。但是单于舆有意传位于其子，所以把知牙师杀掉，由日逐王比代领漠南八部。比自以为系前呼韩邪单于之孙，乌珠留若鞮单于之子，也希望争继王位，但没有做到。所以他在公元47年（建武二十三年）因八部大人的拥护，统率四五万牧民，针对新立的蒲奴单于，承袭了他的祖父的称号自立为"呼韩邪单于"。史称漠北的蒲奴单于为"北匈奴"，漠南的呼韩邪单于为"南匈奴"。

南匈奴一开始就和东汉王朝的关系很好，对东汉皇帝奉藩称臣。东汉对于南匈奴，为了使他们捍卫北疆的缘故，也竭诚予以援助。最初假五原郡（今内蒙古五原境内）西部塞为南单于立庭。后来又把五原、云中、定襄、朔方、雁门、上谷、代、北地等沿边八郡，即从今河北西北的怀来起，西经河北、山西、内蒙古、陕西沿长城内外各县一直到甘肃的陇东各县，都划为南单于的统治地区，归匈奴的军队和牧民驻牧。初时，南匈奴的牧民只有八部四五万人，经过四十年的光景，至公元90年之顷，漠北有十五个新部落陆续加入，所以新旧人口发展到二十三万七千三百人。[①] 当时北单于居漠北，时来威胁南匈奴；而南匈奴内部新增部落很多，又常发生叛变事件，所以东汉统治阶级对待南匈奴的政策，主要是稳定和监视，稳定它不受北匈奴的

---

① 《后汉书·南匈奴传》记匈奴薁鞬日逐王比"敛所主南边八郡众四五万人"，此"八郡"当为"八部"，指未称呼韩邪单于时之南匈奴基本部众而言。至永元二年，即公元90年，《南匈奴列传》称："是时南部连克获纳降，党众最盛，领户三万四千，口二十三万七千三百，胜兵五万一百七十。"至永元六年，同传又记："于是新降胡遂相惊动，十五部二十余万人皆反叛。"若此两条所记的数字皆为真实的，从公元90年至94年，南单于的人口总数为二十三万七千三百，反叛的新降胡达二十万以上，岂非旧有的匈奴人口只有一两万人？原来南匈奴基本的部众为八部四五万人，建武二十六年（50）南部五骨都侯逃归漠北，不久又以三千人归南匈奴。南匈奴旧部日少，此盖其重要原因之一。

威胁，监视它不要分裂，不要跟北匈奴联合。一开始东汉政府便派军队驻扎在五原和美稷（今内蒙古鄂尔多斯左翼前旗，即准噶尔旗）。初时南匈奴单于住五原西部塞八十里，在今内蒙古乌喇特前旗的西北，后因北单于不断侵掠，所以移住于河套内的东部，增派官兵加以保护。自南单于降汉以来，不少贵族叛变，想迁回漠北，其中最吃紧的是公元94年起由日逐王逢侯所领导的新降者叛南单于运动。这次运动的参加者达二十多万人，势力曾扩展到塞外数百里地区，战争延续了十三年之久。最后还是东汉北边各地的兵将联合南单于的骑兵以及乌桓、鲜卑的兵力才把这一叛变运动镇压下去。这一叛变发生的原因，最初仅由于南匈奴新降户和南单于的利益冲突而起，后来又和贵族间的王位争夺联系起来，除此之外，并没有什么革命的意义。而且日逐王所领导的叛变运动，只对于当时北单于的南侵有利，而不利于中国统一的多部族国家的形成。[①]

东汉对北匈奴的政策主要是隔离和封锁，使它与南匈奴、中国内地及西域诸国断绝政治和经济上的联系，逐渐走上总崩溃的过程。为了切断南、北匈奴的联系，公元65年汉朝置"度辽营"并调原驻黎阳的"虎牙营"屯于五原郡之曼柏（今内蒙古乌喇特旗北境），这样就切断了南、北匈奴的交通要道，同时又遏阻了北匈奴南侵的道路。北匈奴南侵的计划既经失败，它唯一的出路便是威胁西域诸国，希望从那里再剥削城郭国家的财富，以接济漠北的贫困。但这一阴谋早被汉朝的统治阶级识破，于公元73年分遣数万骑兵四道出塞，其中窦固所领导一支出酒泉，至析罗漫山（一名白山，或名天山，在今新疆哈密），破匈奴呼衍王兵。呼衍王败北，追至蒲类海（今巴里坤湖），留官兵屯伊吾庐城（今哈密）。[②]公元74年，窦固与耿忠合兵复出析罗漫山击平车师前、后王。[③]从此便切断了匈奴通西域的道路。

北匈奴既被东汉的隔离和封锁政策所困，跟着其国内奴隶主与奴隶及奴役部落间的矛盾、贵族与人民间的矛盾、贵族与贵族间的矛盾，同时全部暴露出来。公元83年，三木楼訾[④]大人率众三万八千人叩五原塞降汉；公元85

---

① 关于南匈奴日逐王逢侯所领导的新降户叛变运动，请参考《后汉书·南匈奴列传》。
② 参考《后汉书·明帝纪》、《窦融列传附窦固传》；《汉纪》"耿秉议边事"条。
③ 参考《后汉书·耿弇列传附耿秉传》。车师前王、车师后王乃二国名，时皆附北匈奴。
④ 《汉纪》谓耿秉逐匈奴至沐楼山，此沐楼山当即三木楼山，为匈奴大人稽留斯居地。

年，车利逐兵等大人七十三人从漠北逃出入塞；公元87年，屈兰储、卑胡、都须等五十八部二十八万口至云中、五原、朔方、北地四郡请降。公元88年，北匈奴因王位继承又发生问题，国内秩序大乱，加以饥、蝗交迫，故国内贵族和人民入塞投降者前后接踵而至。这些部落大人和人民之相继入塞，都说明贵族与贵族间的矛盾以及贵族与人民间的矛盾已经到达无法挽回的地步。

更特别重要的是，官私奴隶的逃亡和奴役部落的革命运动在北匈奴内部普遍地爆发起来，终于由此颠覆了北匈奴奴隶主王朝的命运。关于北匈奴奴隶的逃亡，在《后汉书·南匈奴列传》内虽无明文，但鱼豢在他的《魏略》里记载：

  赀虏，本匈奴也。匈奴名奴婢为"赀"。始建武时，匈奴衰，分去。其奴婢亡匿在金城、武威、酒泉北，黑水、西河东西，畜牧逐水草。抄盗凉州，部落稍多，有数万，不与东部鲜卑同也。其种非一，有大胡，有丁零，或颇有羌杂处，由本亡奴婢故也。

由上文献所述，知匈奴奴隶之在甘肃走廊及其以南的，有"大胡"，即西域胡，有丁零，有羌族，合计有数万落。此所谓"落"，当然不是部落，乃指帐落而言。设使每一帐落以五口人计算，每一万落当有人口五万人。设使此"数万落"以五万落计算，则北匈奴逃往甘肃走廊等地的人口为二十五万人。这一逃亡奴隶的数目是相当可观的，而且这一数字还没有包括逃向东边、北边的乌桓、鲜卑、丁零的奴隶数目在内。《南匈奴列传》亦记载："北虏（北匈奴）众以南部（南匈奴）为汉所厚，又闻取降者岁数千人。"这些记载都说明自建武以后和北匈奴西迁以前，漠北的奴隶是不断向各地逃亡的。关于奴役部落的革命解放运动，在《南匈奴列传》里明显地记载：公元76年，乌桓和南匈奴联兵出塞击皋林温禺犊王于涿邪山（应在漠北）。公元85年，《南匈奴列传》记载：

  时北虏衰耗，党众离畔。南部攻其前，丁零寇其后，鲜卑击其左，西域侵其右，不复自立，乃远引而去。

此"乃远引而去"实际上是西遁的开始，只从漠北龙庭迁徙到鄂尔浑河以西罢了。同传所记南单于上窦太后书云："北单于创刈南兵，又畏丁零、鲜卑，遁迹远去，依安侯河西。"即指此事而言。安侯河即今鄂尔浑河。公元87年，鲜卑入左地，击北匈奴，大破之，斩优留单于。从此知北匈奴的西遁和北单于奴隶主王朝的颠覆，主要乃由于国内奴隶的逃亡和奴役部落的斗争和革命。

优留单于被杀，诸大臣共立单于的异母兄右贤王为单于。其时以兄弟争位，众心离散，北庭大乱。南单于上汉和帝书，请出兵。公元89年（永元元年），汉兵合南匈奴三万六千余骑，分三路出塞：窦宪、耿秉出朔方鸡鹿塞（今河套西北，汉窳浑县北。窳浑县在鄂尔多斯右翼后旗，鸡鹿塞当在黄河西北岸），南单于出满夷谷（在汉美稷县西北，今河套北），邓鸿出稒阳塞（今内蒙古固阳县城北），皆会涿邪山。窦宪分遣阎盘等率南匈奴精骑万余，与北单于战于稽洛山（今杭爱山南脉），大破之。北单于遁走，转入金微山（今阿尔泰山南脉）中。部众降汉者，前后八十一部，共二十多万人。窦宪出塞三千多里，登燕然山（即今杭爱山），命《汉书》著者班固刻石记功而还。[1] 公元90年（永元二年），汉与南匈奴出兵，袭击北单于，单于被创逃去。公元91年（永元三年），汉军耿夔等出居延塞（今居延海的西南），围北单于于金微山，单于偕数骑逃入康居。北匈奴的奴隶国家从此灭亡。

中外史学者多关心北匈奴亡国后的下落，议论颇不一致。逃往康居后的北匈奴，据法国得几内（J. de Guignes）[2]、德国夏特（F. Hirth）[3]及我国清代末年洪钧[4]的推论，以为1世纪末在康居的北匈奴便是4世纪时伏尔加河流域匈人（Huns）的祖先。4世纪前叶及其以前，在顿河以东至伏尔加河流域和土耳其斯坦西北部的是阿兰那人所建的粟特国。公元350年，匈人与阿兰那人开始战争，至公元374年匈人灭粟特国。从此时起，在巴兰勃领导下，匈人又向顿河以西的东哥德领土进攻，占领其地，匈人遂住牧于俄罗斯的南部。匈人统治俄罗斯南部和顿河、伏尔加河流域各地的结果，是这些地区的

---

[1] 《汉书·窦固传》；《通鉴》卷47"永元元年夏六月"条。
[2] J. de Guignes, *Historie Generale des Huns, des Tyrcs, et de Mongols.*
[3] F. Hirth, *Über Volga Hunnen und Hiung-nu*, 1899.
[4] 参考（清）洪钧：《元史译文证补》卷27上《西域古地考》"粟特"条。

原居民如东哥德人、瑞维人、旺达尔人及阿兰那人等在他们酋长领导下向欧洲的意大利、高卢、西班牙进行侵略。这是匈人侵入欧洲的第一期。匈人的第二期侵入欧洲在公元 400 年至 415 年。首次占领的是东罗马帝国的巴诺尼亚省，在多瑙河之西部，后来又袭击多瑙河南部。匈人的第三期侵入欧洲，是 5 世纪中叶以阿提拉（Attila）为首的匈人集团向欧洲西部和南部所进行的大规模的侵略。当时阿提拉王朝的势力中心在多瑙河中流，相当于 19 世纪奥匈帝国的领土。除了当地的东哥德人和吉匹特人被他统治外，如德意志境内的日耳曼人、俄罗斯南部的匈人，甚而至于北海和波罗的海的其他部族也都被他统治。阿提拉首先侵犯东罗马帝国，曾攻下城堡达七十座以上。后又以五十万大军转兵攻打西罗马帝国。先攻高卢北部，许多城市相继沦陷。后被罗马、西哥德、法兰西的联军所挫，阿提拉始率领大队人马退入匈牙利境内。匈人又转攻意大利北部，许多城市皆被掠劫。因列奥一世教皇求和，允许匈人把战利品带回匈牙利，阿提拉始命令退兵。公元 453 年，阿提拉死，诸子分裂，建立几个独立王国，因此原来被他们统治的日耳曼人民，以吉匹特人和东哥德人为先导，趁机反抗匈奴的统治。公元 451 年，双方战于匈牙利境内的诺德尔河畔，匈人大败，阿提拉的长子被杀。从此，除了分散的若干小队匈人留居匈牙利外，匈人的主体都被迫退至喀尔巴阡山以东的南俄罗斯草原，同在那里已经驻牧了七十多年的匈人重新又生活在一起。[①]

[①] 关于这方面的著作，不下几十种，为了便于读者参考起见，可读 W. M. 麦高文：《中亚古国史》，章巽译，中华书局 1958 年版，第 157—202 页。

第三章　匈奴的人种、语言、文化和社会经济

一、匈奴是蒙古利亚种

关于匈奴人的起源，有些问题还是疑莫能明，必须进一步研究，才能清楚。但也有些问题目前是可以肯定的，例如匈奴是属于蒙古利亚种，属于阿尔泰语系等等，这些问题我们不应当有所怀疑。我国古代流行着一种说法，以为匈奴是夏后氏的苗裔，这种说法现在看来是大有问题的。最初著录此说者为司马迁的《史记·匈奴列传》，云：

> 匈奴，其先祖夏后氏之苗裔也，曰淳维。

班固的《汉书·匈奴传》因袭之，没有改变。唐司马贞的《史记索隐》引乐彦《括地志》云：

> 夏桀无道，汤放之鸣条，三年而死。其子獯粥，妻桀之众妾，避居北野，随畜移徙，中国谓之匈奴。

乐彦此说与司马迁的说法是一致的，但此说则直称淳维为"獯粥"，盖不如此则匈奴为夏后氏之苗裔说没有根据。然《史记·五帝本纪》称荤粥为黄帝所逐；《匈奴列传》称唐虞以上有"荤粥居于北蛮"。《孟子》则称"太王事獯鬻"。各种史志对于獯粥的时代迄无定论，而又无一可靠史料证明獯粥为夏桀之子。以此知匈奴为夏后氏苗裔之说是没有根据的。不久以前，王国维在他的《西胡续考》中主张匈奴相貌深目多须，与西域胡同种，盖以匈

奴为伊兰人种或高加索人种，而非蒙古利亚种者，此亦不可不辨。王氏在《西胡续考》中的论断是这样的：

> 且深目多须，不独西胡为然，古代专有"胡"名之匈奴，疑亦如是。两汉人书虽无记匈奴形貌者，然晋时胡羯皆南匈奴之裔。《晋书·石季龙载记》云，太子詹事孙珍问侍中崔约曰："吾患目疾，何方疗之？"约素狎珍，戏之曰："溺中可愈。"珍曰："目何可溺？"约曰："卿目䀮䀮，正耐溺中。"珍恨之，以告石宣。宣诸子中最胡状目深，闻之大怒，诛约父子。又云，冉闵躬率赵人诛诸胡羯，无贵贱男女少长皆斩之，死者二十余万。屯据四方者，所在承闵书诛之。于是高鼻多须至有滥死者半。……晋之羯胡则明明匈奴别部，而其状高鼻多须，与西胡无异，则古之匈奴盖可识矣。①

上述王氏论断，一则云匈奴与西胡同为深目多须；再则云作为匈奴别部的羯胡为高鼻多须，与西胡无异；三则云古代匈奴盖亦当为高鼻多须。但这种论断是错误的，是不合于历史事实的。我们可以话分两头来说：当匈奴霸领西域或当郅支单于统治康居之时，西胡中的羯胡是作为匈奴别部而存在的。②《晋书·石勒载记》所云"其先匈奴别部，羌渠之胄"，正是指此种从属关系而言。然当时之匈奴自匈奴，羯胡自羯胡，两者不能混为一谈。《汉书·西域传》云："自（大）宛以西，至安息国，其人皆深目多须髯。"羯胡所居之康居正在大宛以西，胡深目多须，而在蒙古草原的匈奴则并无深目高鼻之特征。今陕西西安以西兴平县境内留有公元前1世纪时汉骠骑将军霍去病墓，墓旁有"马踏匈奴"石刻，一匈奴甲士仰卧马前，持弓及箭，头面虽多发多须，但目眶不深，鼻梁不高，并无古西域伊兰人种形象之特征。反之，石像之两颧突出，颧骨甚高，目缝细小，正是蒙古利亚种的形象。此虽孤证，然亦可反映汉代长安工匠脑海中所留的匈奴印象。因为汉代营造霍去病墓的工匠，对于祁连山以及山上的怪兽尚能雕刻逼真，难道对于匈奴的特

---

① 王国维：《观堂集林》卷13《西胡续考下》。
② 参考《汉书·匈奴传》及《甘延寿传》。

点反而不能惟妙惟肖地刻画出来吗？这是一个方面。匈奴分裂以后，南匈奴降汉内徙，羯胡亦入居并州，以在上党郡者为最多。匈奴与羯在晋代人看来，是分辨得很清楚的。当匈奴与羯合称时称为"胡、羯"，单称羯时为"羯胡"。《魏书·羯胡石勒传》称"其先匈奴别部，分散居于上党武乡羯室，因号羯胡"。上党武乡之羯室当沿中亚康居石国原名之者舌（Shâsh）而来。《魏书·西域传》云："者舌国，故康居国。"《魏书》之"者舌"，《隋书》译言为"柘折"，《大唐西域记》译言为"赭时"，这些译名都与"羯室"同音。《北史·康国传》云："人皆深目、高鼻、多须髯。"羯胡的相貌，深目、高鼻、多须正是康居或石国人的体质特征。《太平御览》卷645引《赵书》云："临元侯崔约与太子詹事羯孙珍朝会。珍患目痛，问约用何方治为佳"云云。然则《晋书·石季龙载记》上引文孙珍之"卿目䀮䀮"与石宣之"最胡状目深"，乃因孙珍、石宣等皆系出羯胡之故，并非匈奴亦是深目䀮䀮。冉闵的屠杀事件，被诛者有胡有羯。其高鼻多须至有滥死者，以高鼻多须者类于匈奴别部的羯胡，并非类于匈奴。所以从王氏所引的各种论证言，只能证明深目、高鼻、多须者为来自康居之羯胡，而不能证明为来自草原之匈奴。

匈奴西迁以后，外国的史学家称之为"匈人"。关于匈人的体质特征，外国史学家记载得很少。但从已有的几种记载说，匈人的体质仍然属于蒙古利亚型，而非其他型。当公元374年匈人进入东哥德的领土以后，哥德的一个著名的史家乔丹尼斯（Jordanis）描写匈人的相貌说，匈人的头如块状，皮肤黧黑色，眼睛状如针孔，躯体短小。当婴儿初生时以剑割其两颊，以此之故，他们至老而无须。[1] 在此叙述中，除了婴儿残割面颊的风俗不见于汉史记载外，其他如眼睛细小、躯体不高，这些都是蒙古利亚种的特征。更有意思的，是他对于匈人首领阿提拉相貌的描写，说："他是一个身躯不高，胸宽头大的人，两眼小而幽晦，鼻平，肤色微黑。"[2] 这些特征同上述匈人的特征是一致的，特别是提到了"平鼻"，正是蒙古利亚种的特征，与高加索种

---

[1] Jordanis, *Getica (De Origine Actibus Getarum)*，第25—26节，1882年。转引自《中亚古国史》，中译本，第168—169页。关于匈奴人具有蒙古利亚种的特征，参考 Ammianus Marcellinus, *Rerum Gestarum*, 2, 1, 1874-1875; L. Bartucz, *Über die Anthropologischen Ergebnisse der Ausgrabungen von Mosonszenjanos*。

[2] Jordanis, 上引书，第182节；C. C. Mierow, *The Gothic History of Jordanis*, 1915, p. 102；《中亚古国史》，中译本，第189页。

的深目、高鼻、长躯干、大眼睛、白肤色等特征都不相同。

总之，从目前我们看到的证据说，匈奴人应当是蒙古利亚种，而不是高加索种。

二、匈奴的语系问题

其次，是关于匈奴人的语言系属问题。

匈奴国是一个多语族的国家。其中有些部族部落是属于突厥语族的，如丁零人、坚昆人、呼揭人等等，这种论断已被近代学者所公认。又有一些语族是属于蒙古语族的，如乌桓人、鲜卑人等，这种论断也已被近代学者所公认。那么，作为匈奴国统治阶级的匈奴贵族和匈奴人是哪一种语族呢？这一问题直到现在还是争论不休，不曾得到一致的意见。

目前研究匈奴语言的学者一致认为匈奴语属于阿尔泰语系，是阿尔泰语系中的一个语族，这一点丝毫不应有任何怀疑。但它是属于阿尔泰语系中的哪一语族，是属于蒙古语族呢，还是属于突厥语族呢？这些争论至今还没有停止。最初以匈奴语为蒙古语族者，为德国的帕拉斯（P. S. Pallas）[①]。柏格曼（B. Bergmann）继之，主张匈奴语属于蒙古语族中的喀尔穆克语支。[②] 后来比较深刻理解此问题的是蒙古史专家霍渥斯（H. H. Howorth），他在《匈奴札记》中论述匈奴为蒙古语族，但同时他又承认在匈奴单于统治的部落集团中包括有突厥语族和芬·维吾尔语族。[③] 日本学者白鸟库吉先曾主张匈奴为突厥语族，但在 1923 年则力反前说，著《关于匈奴的起源》一文，论述"匈奴族的形成实以蒙古种为其骨干"[④]。

同上述匈奴为蒙古语族说相反，主张匈奴为突厥语族的，在欧洲学术

[①] P. S. Pallas, *Sammlung Historischen Nachrichten über die Mongolischen Völkerschaften*, 1776.

[②] B. Bergmann, *Nomaischen Streifereien unter den Kalmuken*, 1804.

[③] H. H. Howorth, "Some Notes on the Huns"，见《第六次东方学会议论文集》第四部分，1833 年，第 177 页。

[④] K. Shiratori, "Sur L'origine des Hiong-nou"，《亚洲杂志》（*Journal Asiatique*）1923 年第 1 卷，第 71 页。又把同论文改名为《蒙古民族的起源》，《日本史学杂志》1923 年第 18 期。

界颇占上风。① 法国的勒缪赛（A. Remusat）在关于鞑靼语的研究中大力主张此说。克拉普罗特（J. Klaproth）继续把此说发展了一步，说匈奴是突厥祖先，匈人即是与匈奴有关的芬·维吾尔族。他的理由是根据拜占庭史家尼吉特（Nikita）、列夫·格拉马提克（Lev Grammatik）、乔治（Georgi）等关于"Oungri"为匈人的记载，在匈人部族名称之内发现了与 Oungri 或 Uighur 有关的一系列名称，例如"Ogor"、"Ounigour"、"Outigour"、"Koutigur"、"Sarogour"等名称。同时，他自己又在匈人中提出若干人名，用匈牙利语和阿魏尔语做了解释，作为他自己所主张的匈奴人即突厥语族的旁证。例如他说阿提拉（Attila, Etsel）就是匈牙利语的"Atzel"，其义为"钢铁"；阿提拉的父亲蒙殆考（Mundiukhos, Muntsak）就是匈牙利语的"Mentseg"，其义为"保护"；阿提拉之子忽倪（Hernak），就是匈牙利语的"Hirnagy"，其义为"大有名位之人"，等等。② 这篇论文牵涉到蒙古草原上匈奴的语言资料不多，但在欧洲却引起许多学者强烈的注意。直到现在，多数西方学者仍然主张匈奴为突厥语族的说法。苏联史学家柏恩斯坦（А. И. Бернштат）也主张"突厥语在匈奴和匈奴部落联盟中占优越地位"③。

决定古代部族的系列问题，比较语言学的方法是很重要的一种方法。不幸匈奴留到现在的语言并不太多，而这些语言又是古代匈奴国里所用的共同语，其中哪些语汇是匈奴本族的，哪些语汇是从国内各族语言里借来的，这些问题在过去研究中不曾加以注意。而且各游牧部族在草原上的接触比较容易，自匈奴统一草原各族以后，各族语言受匈奴语的影响很大，所以有些语汇，如谓天为"撑犁"，谓万为"头曼"，谓广大为"单于"，谓坟墓为"逗落"，谓边疆土室为"瓯脱"……不仅与后世的蒙古语、突厥语合，有时并与通古斯语合。因此在比较语言学的研究上就感觉到相当困难。上述各种主张，大体言之，各人研究的角度是不同的。有的根据现代东亚的蒙古语和满

---

① 主张匈奴为突厥语族的，有 A. Rémusat 的 *Recherches sur les langues Tartares*, 1820; J. Klaproth 的 *Sur L'ldentite des tou-kiue et les Hiongnu avec les Turcs* (*Journal Asiatique*), 1825; E. Chavannes 的 *Memoires Historiques de Se-ma T'sien*, I, LXV; W. Radloff 的 *Das Kudatku Bilik*, 1891; B. Laufer 的 *Sino-Iranica*, 1919; E. H. Parker 的 *Turko-Scythians* (*China Review* XX, 1), 1919; P. Pelliot 的 *Haute Asie*, 1931; F. Krause 的 *Geschichte Ostasiens*, 1925.
② 克拉普罗特（J. Klaproth）论文的名称，已见于前注，此文载《亚细亚杂志》1825 年 11 月号。
③ А. И. 柏恩斯坦：《匈奴史概要》，列宁格勒，1951 年，第 55—56 页。

洲语与匈奴语做比较，有的根据东欧匈牙利等国的语言与5世纪阿提拉时期的语汇做比较，各人所根据的语言不同，所对比的语汇又不同，所以得出的结论也不相同。我们希望做这种研究的语言学家们以公元前后三百年中的匈奴语言为主，广博引证古今的突厥语、蒙古语以及其他语以证明匈奴的语言是属于哪一语系。

　　语言系属关系同操用这些语言的诸语族之间的社会历史关系是分不开的。《史记》和《汉书》之《匈奴传》记载匈奴先征服了东方的东胡（乌桓、鲜卑），又征服了北方的丁零和西方的呼揭，以此知匈奴人既不同于属于蒙古语族的东胡，又不同属于突厥语族的丁零和呼揭。匈奴西迁南下以后，留居在漠北鄂尔浑河和色楞格河流域的主要是丁零。汉魏时丁零，北朝时称为敕勒或高车，隋唐时称为铁勒。《北史》和《隋书》之《铁勒传》都记"铁勒之先，匈奴之苗裔也"。《魏书·高车传》亦谓高车"其语言略与匈奴同，而时有小异"。又匈奴在西迁的过程中遗留一部分匈奴在龟兹（今新疆库车）以北，在公元5、6世纪时建一小国，叫作悦般国。《北史·西域传》称此国之"风俗语言与高车同"。此三种记载对于欧洲学者所主张的匈奴为突厥语族说都十分有利。但是从历史文献记载看，匈奴和丁零为截然不同的两个部族，不能混为一谈。《史记》和《汉书》的《匈奴传》记载，匈奴在公元前3世纪末征服了丁零，此后丁零人民曾有三次反抗匈奴的统治。最后丁零与鲜卑、南匈奴联合驱逐北单于至鄂尔浑河以西。① 直到5世纪初，柔然首领社仑北上征伐高车时，在鄂尔浑河畔还有一个匈奴的部落集团同社仑进行战争。② 所以《北史》和《隋书》之《铁勒传》所云铁勒为匈奴的苗裔，是没有任何历史根据的。当然，我们这样说，并不是否定匈奴的语言和丁零的语言有亲属的关系。《魏书》记载"其语言与匈奴同，而时有小异"。《北史》亦谓悦般国的语言与高车同。问题在于这种语言亲属关系是同一语系（即阿尔泰语系）而为不同的语族的关系呢，还是同一语族而为不同的方言的关系呢，则须进一步加以研究。以作者浅薄的认识言，匈奴和丁零既然是由不同的两个部落集团发展为不同的两个部族，则他们之间的关系应是语系相同而语族不同的两种语言。换言之，匈奴语和悦般语乃是父子相承的语言关系，

---

① 《后汉书·南匈奴列传》。
② 《魏书·蠕蠕传》。

而匈奴语和丁零语则是兄弟并列的语言关系，这两种关系从语系来说是相同的，从语族来说又是不同的，所以不能说铁勒之先为匈奴的苗裔。

《北史·突厥传》记突厥"盖匈奴之别种"。在《周书》以前无突厥之名，这里所说的"盖匈奴之别种"，恐系揣测之辞，没有文献上的根据。且突厥起源于叶尼塞河的上游，后迁至高昌以北的博格多山，至6世纪中叶始至蒙古草原建立突厥汗国。① 所以它和匈奴的关系是渺茫的。匈奴绝不能被认为是突厥的祖先。

依文献记载，匈奴和东胡中的乌桓、鲜卑虽然很早就有历史联系，但仍然不能称为一个语族。匈奴很早就征服了东胡，遣派官吏兵丁在草原的东南部统治乌桓和鲜卑。当公元2世纪中叶匈奴国家灭亡，草原上的匈奴除西迁和南下外，尚有十万多帐落到辽东郡与鲜卑杂居，皆自称为鲜卑或鲜卑兵。《魏书·宇文莫槐传》记宇文莫槐为匈奴人，"其先（为）南单于远属"。宇文氏世为东部大人，其部下人民主要为鲜卑族。从此可知匈奴和鲜卑（包括乌桓）的关系是密切的，并且有十多万匈奴变成了鲜卑。但是这只能说明匈奴的鲜卑化，而不能说明匈奴就是鲜卑，或者鲜卑为匈奴的苗裔。

总之，从匈奴语汇和历史记载来说，匈奴语是阿尔泰语系中一个古老的语族。这个语族同东胡语族及丁零语族的关系只能说是一种兄弟并列的关系。东胡语族的后裔包括各个不同时期的乌桓、鲜卑语族、契丹语族、蒙古语族等等；丁零语族的后裔包括各个不同时期的敕勒语族、铁勒语族、突厥语族等等；而匈奴语族的语言，古时尚有南匈奴语、悦般语、匈人语以及稽胡语等等，但许多匈奴语族在不同时期分别同化于阿尔泰语系内的其他语族，有的同化于非阿尔泰语系的其他语系的语族之中。自7、8世纪以后，匈奴语已经成为一种死的语言，所以研究起来比较困难。

三、匈奴的政治组织和社会组织

再次，叙述一下匈奴的政治组织和社会组织。

---

① 《周书·突厥传》；《北史·突厥传》。

匈奴建国以前，蒙古草原各部落仍处于分散和落后状态。各部落是"时大时小，别散分离"；是"各分散，居溪谷，自有君长，然莫能相一"。① 这正说明在公元前3世纪及其以前的政治和社会组织是氏族部落和部落联盟。"单于"这一名称是从部落联盟时期开始的，头曼单于便是公元前3世纪匈奴部落联盟的盟主。当时，除了匈奴部落联盟外，在草原东部有东胡部落联盟；草原北部有丁零、坚昆、浑庾、呼揭等部落联盟；草原的西南部和河西走廊有乌孙、月氏等部落联盟。

　　到公元前3世纪末，匈奴部落联盟在冒顿单于领导下向部族、部落的国家发展。匈奴国家的形成过程，是各个部落联盟的瓦解过程，同时也是一些部落从无阶级或者阶级划分不明显的共同体转变为阶级社会的部族的过程。被征服的部落联盟，例如东胡、丁零、呼揭等，在被征服以后，原来的联盟机构被迫解散，所留下的分散的部落被匈奴统治阶级设立机构加以管制和奴役，例如任命卢绾为东胡王，卫律为丁零王，此外还有呼揭王、蒲类王等，都是在单于统治下直接对被征服的部落集团进行管制和奴役剥削的。至于匈奴的部落联盟，原来联盟的机构发展为国家的机构，即统治全国各族人民的政府；原有的部落则逐渐形成为以奴隶主与奴隶关系为主的奴隶社会的匈奴部族。

　　匈奴社会是以贵族的氏族、牧民和奴隶的家族为其基本组织单位的。奴隶主阶级有皇族、贵族、大人及一般平民拥有奴隶者。大人是部落的酋长，同时也是他所属氏族的氏族长，构成了贵族集团的中低阶层。高级的贵族包括单于和其他跟单于有关系的亲属，这里有皇族也有其他的"国内名族"。他们都是匈奴国家政权的掌握者，同时又是国内奴隶主阶级的代表人。

　　高级贵族的氏族，自从奴隶主政权建立以后，由于牧地占领面积的扩大和奴隶、奴役部落的加多，所以很快就繁荣起来。最初在匈奴开国时期，除了皇族挛鞮氏之外，有两个著名的贵族氏族集团，即呼衍氏和兰氏。后来又增加了一个氏族集团，即须卜氏。② 东汉时期增加了一个大的著名氏族，即

---

① 《史记·匈奴列传》。
② 根据《史记·匈奴列传》叙述，冒顿时的世官大臣有呼衍氏、兰氏，其后有须卜氏。《后汉书·南匈奴列传》章怀注谓："冒顿单于时，大姓有呼衍氏、兰氏、须卜氏，三姓贵种也。"章怀所述，须卜氏亦在冒顿时，有误。

丘林氏。在南匈奴时，还有一些较大的氏族，如韩氏、当于氏、郎氏、栗籍氏等，亦皆以骨都侯的名义掌握兵权。[①] 到魏晋时期，在匈奴中出现了两个新的高级贵族，即屠各氏和沮渠氏。挛鞮氏一称虚连题氏，是匈奴国家统一时期单于的姓氏。其余呼衍氏、兰氏、须卜氏（一简称卜氏）、丘林氏（一简称乔氏），都被称为"贵种"或"国中名族"。匈奴的婚姻是行氏族外婚制的。《后汉书·南匈奴传》记载："单于姓虚连题，异姓有呼衍氏、须卜氏、丘林氏、兰氏，四姓为国中名族，常与单于婚姻。"自从呼韩邪单于即位（前58）后，挛鞮氏多与呼衍氏为婚，所以《晋书·北狄传》云"呼延氏[②]最贵"。须卜氏在东汉末年曾作南单于一年。到魏晋时代，挛鞮氏式微，代之而起的是休屠王之后的屠各氏，刘渊即出自此族，所以《晋书·北狄传》又云："屠各最豪贵，故得为单于，统领诸种。"沮渠氏系出匈奴官名"且渠"，是以官为氏的。[③] 但《晋书·沮渠蒙逊载记》称蒙逊为卢水胡，或谓此族乃小月氏人之匈奴化者。[④] 在4世纪时，屠各和沮渠二族首领分别在中国建立了前赵和北凉两个政权。

一般牧民和奴隶都没有氏族，只有家族。《史记·匈奴列传》云："坐盗者没入其家。"又云："战而扶舆死者，尽得死者家财。"这是两款关于匈奴一般牧民或战士家族的法律规定。前一款，坐盗者没入其家人为奴婢，与西南夷之由氏族负连带赔偿责任者不同，可知一般自由牧民没有氏族。后一款，在战场上把死者运回家乡，便得死者的家财。这"家财"并不限于家内牲畜，也包括着死者的妻子和奴隶。关于此点，我们可引12、13世纪蒙古人的军法为证。宋代徐霆的《黑鞑事略笺》云："其死于军中者，若奴婢自驼

[①] 《后汉书·南匈奴列传》。骨都侯原来只是主辅政的，没有兵权。到南匈奴时，韩氏骨都侯屯北地，当于骨都侯屯五原，郎氏骨都侯屯定襄，栗籍骨都侯屯代郡，可知此时政治与军事之分已不十分严格。诸大姓之中，当于氏在西汉末年已经出名，如《汉书·匈奴传》谓王昭君生二女，长女为须卜公主，幼女为当于公主。文颖注曰："当于，亦匈奴大族也。"其族之地位可知。又大姓中有郎氏，因"郎"与"兰"音近，可能就是兰氏。

[②] 《晋书》的呼延氏就是《汉书》、《后汉书》的呼衍氏。参考《后汉书·窦宪传》李贤注；吴士鉴：《晋书斠注·四裔北狄传注》；姚薇元：《北朝胡姓考》，科学出版社1958年版，第289—290页，"呼衍氏"。

[③] 《晋书·沮渠蒙逊载记》云："其先世为匈奴左沮渠，遂以官为氏焉。"《汉书》且渠之"且"，颜师古音子余反，读音如"沮"。

[④] 参考姚薇元：《北朝胡姓考》，第365—368页，"沮渠氏"。

其主尸以归，则止给以畜产；他人致之，则全有其妻奴畜产。"① 这一规定也是和氏族制相抵触的。因此，司马迁叙述从君王以下人民的风俗制度时，说"其俗有名不讳，而无姓字"。

为什么贵族有姓氏，而平民则只有家族呢？这一问题只有从当时游牧社会的生产力和阶级关系加以阐明。古代草原牧民，由于水草的散漫性和贫乏性，由于农业不能在那里得到正常的发展，又由于生产工具的幼稚，在一固定的牧野上不可能繁殖大批牛、羊、马等畜以供诸氏族人口的正常发展。加以冒顿单于在征服各部落联盟和部落时，部民分散，联盟瓦解，从前的氏族多数遭到了"坠命亡氏"的命运。正因为这些，所以一般牧民的氏族在游牧过程和战争压迫下都分裂为家族，分裂为孤独的个人，在各处过着动荡的流离生活。不仅如此，在匈奴奴隶制的形成时期，少数的贵族和奴隶主凭着特权尽量霸占牧地，尽量剥削牧民的剩余劳动及其产品，因此匈奴牧民的小家庭很快就进入饱和状态，不只不能发展为氏族，就是连这个最小的血族纽带（小家庭）也将破裂为匈奴奴隶社会的奴隶预备军了。

与上述的情形相反，匈奴的皇族、贵族和奴隶主一方面在占领牧地，掠夺奴隶，繁殖牲畜，以为自己氏族繁荣的物质基础；另一方面通过政治制度和婚姻关系把皇族亲属与贵族大人间的关系广泛地联系起来，这样自然而然地就加强了奴隶主政权的稳定和贵族氏族的发展。在下面先叙述政治制度中匈奴的官制和贵族大人联席会议。

匈奴在分裂为南北二部以前，整个蒙古草原和草原的毗邻地区分作东西两个部分。东边部分称为左地或者左部。左地的王庭设在汉地上谷（今河北延庆）正北以北的草原地区②，管辖区域最东和濊貊、朝鲜相接，相当于今内蒙古自治区从旧察哈尔以东到辽西平原及蒙古人民共和国的鄂嫩、克鲁伦河流域。西边的部分称为右地或者右部。右地的王庭设在汉地上郡（今陕西绥

---

① 徐霆此说为霆到草地时目所亲睹，与耳食之说不同。元代郝经的《续后汉书·北狄传》，对于匈奴虽然增加了一些资料，但不都是可靠的。例如关于匈奴继承法，郝经云："主死，而无子及亲族者，奴即有其家。"在阶级社会里，奴隶可以占有主人的家产，是不可想象的。下面继续写道："战而扶挈死者，尽得死者家财。"此更非指奴隶而言。
② 据法国格洛塞（R. Grousset）的意见，左地左贤王的王庭在克鲁伦河上流，但无确证，可备一说。参考氏所著 *L'Empire des Steppes*，第一章，1939年。

德）正北以北的草原地区[①]，管辖区域最西和月氏、氐、羌相接，相当于今内蒙古自治区的阿拉善旗、额济纳旗，新疆准噶尔盆地和塔里木盆地的北部以及蒙古人民共和国色楞格河以西科布多等地。左、右地之间，如鄂尔浑河、土拉河流域及其以南各地，是匈奴单于的直辖区域。单于的龙庭设在今蒙古人民共和国鄂尔浑河东岸的和硕·柴达木湖附近。

匈奴的官制大致是配合上述的政治区域而安置的。左地、右地的最高官吏是左、右贤王和左、右谷蠡王。其次是左、右大将，左、右大都尉。他们的职务主要是管理军政，大者领骑兵万余骑，小者领数千骑，共二十四个长，每个长领骑兵万人，号为"万骑"。"万骑"在当时是计算匈奴骑兵的最大单位。从左、右贤王到大当户都是由单于的子弟担任的。此外还有左、右骨都侯，主管辅政，如断狱听讼等事。这些职务是由异姓贵族担任的。这种同姓主兵封于外疆，异姓主政居于庭内，是东方国家的宗法社会安排政治机构的一个特点。

匈奴的军队主要是骑兵。单于的直属骑兵约十万，分驻左、右地者约各八万。当其盛时，号称三十万骑。国内男子少壮而能挽弓者便都被编为骑兵。行军之时，骑士挽弓骑马主射击，并抽调一部分老弱、妇女和奴隶任军中辎重、帐落及畜牧之事，这种情况直至成吉思汗时的蒙古人还是如此。[②]

政治组织中值得我们注意的是匈奴部落贵族大人组成的大人联席会议。部落大人联席会议本是部落联盟时期各部部长政治会议的形式。自冒顿单于即位以后，政治权力集中于"撑犁孤涂单于"（即《汉书》所记匈奴单于自称的"天之所生的大单于"）的手里，因而联席会议就成为奴隶主专政之下的附属机构。这种会议虽然是临时的，然而却也是重要的。第一，当单于继承发生问题的时候，必须召集各部落贵族大人开联席会议加以解决。例如公元前85年，狐鹿姑单于"病且死，谓诸贵人：'我子少，不能治国，立弟右谷蠡王。'及单于死，卫律等与颛渠阏氏谋，匿单于死，诈撟单于令，与

[①] 据德国海尔曼（A. Herrmann）的意见，右地右贤王的王庭在乌里雅苏台附近杭爱山里，但亦乏可靠证据。参考氏著 *Die Gobi im Zeitalter der Hunnenherrschaft*，1935。
[②] 宋代孟琪《蒙鞑备录》云："其俗出师，不以贵贱多带妻孥而行。自云，用以管行李、衣物、钱物之娄。其妇女专管张立毡帐，收卸鞍马、辎重、车驮等物事，极能走马。"元代郝经《续后汉书·北狄传》云：匈奴妇女"行则在军中主营落、辎重、畜牧。不妒而甘服勤劳。故男女皆自食力，生长于兵，无单家，而众以强"。所述皆近于事实。

贵人饮盟，更立子左谷蠡王为壶衍鞮单于"①。从此可以看到，狐鹿姑单于将死时和死后都曾召集贵族大人（贵人）会议策划单于继承问题。又公元48年，众单于争位之时，漠南八部大人共议立右日逐王比为呼韩邪单于。② 第二，在国家遇到紧急危难的时候，或战或降或和，都要召集大人联席会议，共定国策。例如公元前53年，呼韩邪单于愿降汉，"议问诸大臣，皆曰：'不可。'""诸大人相难久之，呼韩邪从其计，引众南近塞"降汉。③ 就此一端，可以看到大人联席会议的力量了。第三，当国家举行天地鬼神祖宗祭祀之时，各部大人都参加会议，共议国事。《史记·匈奴列传》记匈奴"岁正月，诸长（包括各部大人）小会单于庭祀；五月，大会龙城，祭其先、天、地、鬼、神；秋马肥，大会蹛林，课校人畜计"。南单于降汉以后，虽然已经不建牙于龙庭了，但仍"有三龙祠，常以正月、五月、九月戊日祭天神。南单于既内附，兼祠汉帝。因会诸部议国事，走马及骆驼以为乐"④。从上述诸例不难看到，古代匈奴贵族大人的联席会议和中国殷周时期的"国人"会议性质颇相仿佛。这种会议的精神，一直传到13世纪元代蒙古，称为"耶克·库鲁尔台大会"（Yäka-qroultai）。

　　匈奴的婚姻制度亦是和当时的氏族制度以及奴隶主的政权密切联系在一起的。单于皇族与被指定的几个大氏族贵族联婚，例如皇族挛鞮氏和贵族呼衍氏、兰氏、须卜氏、丘林氏世为婚姻，挛鞮氏单于世娶呼延等氏女为"阏氏"，如同汉朝的皇后；挛鞮氏女亦嫁呼延、须卜等氏子为"居次"，如同汉朝的公主。通过这种贵族婚姻，可以把大奴隶主们的关系团结得更紧密，同时又可维持奴隶主"贵种"的社会地位。这样对于奴隶主对奴隶牧民剥削的加强以及奴隶主政权的巩固，显然是有利的。此外，匈奴还有一些特殊的婚俗，就是子娶父妾和弟妻寡嫂（包括兄娶寡弟媳）。这种风俗是通行于贵族和牧民之间的。但同一种婚俗在不同的阶级中便带有不同的社会意义。对于匈奴牧民来说，子娶父妾和弟妻寡嫂主要是为了维持家族劳动力不再丧失，它同牧民在原野中的生产斗争是相互联系在一道的。但对于贵族统治阶级来

---

① 《汉书·匈奴传》。
② 《后汉书·南匈奴列传》。
③ 《汉书·匈奴传》。
④ 《后汉书·南匈奴列传》。

说就不是如此。老上单于时，中行说对汉朝的使者说："父子兄弟死，娶其妻妻之，恶种姓之失也。故匈奴虽乱，必立宗种。今中国虽详不取其父兄之妻，亲属益疏则相杀，至乃易姓，皆从此类。"[①] 可知匈奴贵族的子娶父妾和弟妻寡嫂，主要目的是在内而维持贵族血统的"纯洁"，外而团结氏族间的关系，这对于贵族氏族间矛盾的调和可能具有一定的作用。例如公元前68年，壶衍鞮单于死，其弟虚闾权渠单于继位。因为虚闾权渠没把前单于的颛渠阏氏接收过来，所以颛渠阏氏的父亲左大且渠大为不满，而颛渠阏氏又与右贤王私通，结果闹得内外不和，争夺王位之议四起。[②] 从这段故事便可以理解匈奴统治阶级实行此类婚姻的用意所在。

这里附带把匈奴的王位继承制度略为一提。当氏族部落时期，部长是由部民公选的。到了部落联盟时期，各部部长在他们中间共同推选一个领袖，作为这一联盟的盟主。最初的盟主是公选的，但到了后来，由于各部落的经济发展不相平衡，而部落内部的阶级分化又日趋明显，所以就产生一种在特定部落内的特定氏族中公选一位比较有实力和能力的部长，这种选举方法，汉代文献叫它作"世选"。在头曼单于在位之时，就实行这种世选制度。但是冒顿并没有经过世选的手续，而是经过不断战争的手续被诸部大人公认为单于的，这表明匈奴的王位从世选开始往世袭的方向过渡。但世袭的一开始总是会呈现不稳定的状态的。匈奴继承事实中的由父传子和兄终弟继两种办法同时并存，正是表明世袭制度的不稳定状态。按发展的程序说，最初应该是兄终弟继的，就是兄死之后，由弟来继承王位，等兄弟行列依次传完了，然后再轮到下一代的兄弟们。这种继承制是和古代氏族同居共财的经济关系密切联系在一起的。匈奴在部落联盟时期就实行这种制度。到了建国之后，统治国家和管理部落的情况不同了，所以规定单于子弟的官爵谁升到左贤王的位置，谁就可以继承王位。这是匈奴氏族制残余和官爵阶层结合起来的一种表现。在匈奴整个立国期间，官爵升到左贤王的，不是单于的儿子，便是单于的兄弟，单于到底是传子还是传弟的问题，并没有完全解决，所以经常闹王位继承问题。但有一点可以肯定的，就是无论单于王位的传子或传弟也

---

① 《史记·匈奴列传》。
② 《汉书·匈奴传》。

好,或者"诸大臣皆世官"也好,国王和贵族的世袭权从此都奠定下来了。

四、匈奴的文化和经济

最后,叙述一下匈奴的文化和经济。

前面我们叙述到匈奴在建国以前,他们的活动地区主要在鄂尔多斯及其以北到汉代人所谓头曼城一带,所以在此我们叙述一下内蒙古鄂尔多斯的青铜器文化,是十分必要的。

鄂尔多斯的青铜器,亦叫作"绥远式的青铜器",仍指古长城地带以内蒙古呼和浩特、鄂尔多斯为中心,包括附近河套以北地区出土的青铜器文化而言。这里青铜器的种类[①],主要有以下八种:

1. 青铜刀子。青铜刀子的数量很多。大部分刀子的刃部向内弯,有的刃部的前端突向外曲。刀柄的柄端多圆环形,便于悬挂。在刀柄和柄端上往往镂刻着独特的动物纹或几何纹,其柄端冶刻有突出的动物形或动物头形者,列为上品。

2. 青铜短剑。剑分两刃,其柄部及柄之锷托及柄端刻以各种美丽的饰纹。柄部有时为透雕,柄端多为动物纹,常作两个动物对称的形象。呼和浩特青铜剑的形式和花纹同战国和秦汉时中国的铜剑相似,但其剑鞘则刻有几何形的透雕花饰。

3. 铜斧。斧成矩形,分宽而厚和细长而薄的两种。斧的上部边缘常刻有几何纹。

[①] 关于鄂尔多斯的青铜器文化,参考 J. J. Arne, *Die Funde von Luan-pine*(滦平)*und Hsuan-hua*(宣化), *Bull. mus. of Far Eastern Antiquities*, V, 1933, p. 166;〔日〕梅原末治:《支那古铜精华》,1935年; Karlgren, *New Studies on Chinese Bronzes, Bull. manu. of Far Eastern Antiquities*, IX, 1937, p. 97; J. Werner, *Zur Stellung der Ordosbronzen, Eurasia Septentrionalis Antiqua*, IX, 1931;〔日〕水清野一、江上波夫:《绥远青铜器》,《内蒙古长城地带》第 2 篇,1935 年。

新中国成立后十多年来我国考古学界在内蒙古自治区对匈奴遗物的发掘有很大的进展。其中重要的报告有《内蒙古和林格尔县出土的铜器》(《文物》1959 年第 6 期)、《内蒙古西部地区的匈奴和汉代文物》(《文物参考资料》1957 年第 4 期)、《匈奴西岔沟古墓群被掘事件的教训》(《文物参考资料》1957 年第 1 期)、《"匈奴西岔沟文化"古墓群的发现》(《文物》1960 年第 8、9 期合刊)、《1955—57 年陕西长安沣西发掘简报》(《考古》1959 年第 10 期)。

4. 铜镞。镞的大部分为三角锥形，其他还有柳叶形和三角形等较古的形式。三角锥形的镞一般称为"斯基太式镞"。

5. 马具。马具种类很多，有马的护面具、马辔、马铎铃、皮革上镶嵌的金属饰具等。在漠北色楞格河流域的石墓里还发现了青铜制的马衔。[①] 从这些丰富的金属马具和马饰可以看到，当公元前2世纪以前，草原牧民不只普遍地用马，而且有各种使用马的方法，或骑坐在马背之上，或以马曳车，或骑兵骑着马向敌人冲锋陷阵。我们可以推测，马辔是用以牵引并控制马的行动方向的，所以也叫作"马勒"。马衔附着于马辔之上，以一种弯形的金属物含在马嘴内的上下腭之间。骑马或乘车的人以手掣动马缰；马衔在马的腭齿间摆动，马因之奋勇前行。所以马辔、马衔的发现正可说明那时蒙古草原乘马御车之术已经流行。关于乘车在鄂尔多斯虽未发现，但在西伯利亚南部发现一块石像上刻着牲口挽棚车的形状[②]；且在当时中国黄河流域已经普遍用车，这种牲畜挽车的文化传到草原是非常可能的。马的护面具的作用，一面在防御敌人的射击，又一面是防备侧面物对马的惊扰。由此可以推测那时的匈奴骑兵已经骑在马上进行战斗。

6. 铜饰牌。铜制的装饰品很多，其中最突出的就是在各地发现的铜的饰牌。上面镂刻着马、驯鹿、骆驼、绵羊、山羊、牛、猪，还有一些其他野兽的形象。它们的制造过程，是先经铸出铜片之后，再经过浮雕或透雕技术而成的，其中以透雕的饰牌占主要的位置。透雕饰牌的图案，有的是单个动物的盘曲形状，有的是对称的两个动物相抵的形状，有的是两鹿奔逐的形状。还有一些图案是刻画着人与兽、人与人、人兽以及其他自然物的相互关系。例如人在树下系马的形状和一个骑士执剑携犬追捕俘虏的形状。[③] 这些图案都可以反映当时匈奴的一部分社会生活。

7. 铜镜。分无花纹的平板镜和仿造汉式的铜镜两种。

8. 铜器皿。铜质粗劣，铸造技术很差。器皿多为深罐形，间或也有仿效中国内地的爵、盂等器而铸成的。铜锅的形状，或为圆形，或为方形，旁有

---

① 苏联科学院、蒙古人民共和国科学委员会合编：《蒙古人民共和国通史》，巴根等译，科学出版社1958年版，第52页。
② 同上书，第49—50页。
③ 见《"匈奴西岔沟文化"古墓群的发现》、《1955—57年陕西长安沣西发掘简报》。

两耳，下为圈足。锅的腰部只有两条浮线，跟中国北方的土陶器相似。

从上所述，知匈奴建国以前，当他们还在氏族部落或部落联盟时期就已经采用青铜器文化了。这种青铜器文化，例如铜斧、短剑、铜镞以及上述的各种马具，显然同当时匈奴部落战士的骑马战斗生活密切联系在一起的。当时匈奴的生活主要以游牧为生，这种生活从上述各种器物和美术品上也充分表现出来。在铜饰牌上所刻画的各种家畜如马、牛、绵羊、山羊、骆驼、猪、驯鹿正是他们所饲养的家畜。各种野兽的奔逐，两种野兽的搏斗，鹰鹫对野兽的袭击，食肉兽对野马的啮杀，这些正是草原牧民和猎人每日在原野上所目击的动物斗争的情景。其中有些图案和牧猎的生产相互联系着，例如后世草原上的游牧贵族常把雄性的鹰鹫搁置肩膀上面，遇到野兽就驭使鹰鹫把野兽啄死，然后举行宴会庆祝一番，这种仪式可能公元前 200 年以前就开始了。又如多数向内弯和一部分刃端突向外曲的刀子，这和刺杀野兽及肉食的习惯是分不开的。还有双耳的铜锅、带环孔的刀子等，都和流动的游牧生活有关，因为唯有这样，才携带便利，适应于他们"逐水草而居"的生涯。

匈奴的青铜器文化与欧洲的斯基太文化有许多方面相互接近。大家知道，斯基太文化是公元前 7 世纪至公元 3 世纪斯基太人（Skythai、Scythians）在从多瑙河到顿河之间的俄罗斯南部所创建的一种游牧部族的文化。这种文化约在公元前 5 世纪初传到西伯利亚以敏努辛斯克为中心的叶尼塞河流域，形成了所谓斯基太·西伯利亚的青铜器文化。这种文化不久就传到蒙古草原，上面我们所叙述的鄂尔多斯青铜器文化就是在斯基太·西伯利亚文化的影响下形成的。但影响鄂尔多斯文化的绝不限于斯基太·西伯利亚的文化，我国春秋、战国、秦、汉时期的汉族青铜器文化对鄂尔多斯文化的影响亦很大。例如铜镜的形式，铜器皿中的爵、盂等仿制品，呼和浩特出土的铜剑的形式等，都是很明显的例证。因此，我们可以这样说，鄂尔多斯青铜器文化是匈奴牧民在游牧生活中的产物，虽然在它形成的过程中受斯基太·西伯利亚文化的影响很大，同时又受到汉文化的影响，但它仍然是匈奴的文化，而不是斯基太文化或汉文化。

草原牧民文化发展到青铜器文化的末期，最引人们注意的一点，就是铁的工具的发现。当公元前 3 世纪至前 2 世纪时，在外贝加尔湖区的一座石墓里出现一个铁制的马衔。这铁的马衔是随着那位骑士的死尸而殉葬的。约与此同时，乌兰巴托的一个遗址里又出现一个铁的箭杆，就是说箭镞仍然是青铜制的，但箭柄反而用铁制成。① 这些铁制的马衔和箭杆虽然在漠南各地不曾发现，但对于匈奴的历史以及整个草原牧民的历史却具有划时代的意义。如众所周知，自从乌兰巴托以北诺颜乌拉的匈奴贵族古墓发掘以后，由于墓里有铁杆箭镞和铁辔（即铁勒）之属的存在，所以人们推断匈奴于公元前后始进入铁器时代。但外贝加尔湖区的铁马衔和乌兰巴托的铁箭杆一经发现，跟着就把草原牧民的（哪怕不是匈奴人的）进入铁器时代的历史提早了二百至三百年。

蒙古草原的铁器从哪里传来的，这一问题颇为人们所注意。据我们所知，当公元前3世纪至前2世纪时西伯利亚的敏努辛斯克的铁器已经占优势的地位，这可以从当地大公共墓地群掘出的青铜斧和铁斧的对比情况得到证明。② 因此，我们推断敏努辛斯克的铁器或冶铁技术传到蒙古北部是可能的。但在另一方面，我国从春秋到战国时期，黄河流域普遍地在使用铁器，汉人的铁器和冶铁技术传到蒙古草原亦未始不可。这些问题希望中、蒙的考古学界能加以研究。

总之，蒙古草原从青铜器向铁器的过渡时代，就是匈奴从部落联盟转入部族国家时代，同时也就是草原牧民的社会制度从原始公社末期阶级刚刚分化而又向奴隶所有制社会转变的时代。因此，我们绝不应忽视草原牧民从青铜器时代向铁器时代过渡的重要历史意义。

匈奴建国以后，匈奴文化在上述青铜器文化的基础上已经发展到铁器文化。秦汉时期，匈奴和中国处于极端矛盾状态，所以当时的中国士大夫对匈奴文化的价值往往贬抑过甚，与其实际情况不合。《盐铁论·论功》篇记大夫曰："匈奴无城郭之守，沟池之固，修戟强弩之用，仓廪府库之积。……织柳为室，旃带为盖，素弧骨镞，马不粟食。"这段叙述有很多地方是与实际情况不合的。例如关于匈奴城郭、仓库和粮食的有无问题，《史记·卫将军骠骑列传》记，在公元前119年，汉骠骑将军卫青率兵数十万北击匈奴，发骑兵一部"至寘颜山（今蒙古人民共和国杭爱山的南端）赵信城，得匈奴

---

① 苏联科学院、蒙古人民共和国科学委员会合编：《蒙古人民共和国通史》，巴根等译，第52—53页。
② G. Merhart, *Bronzezeit am Ienissei*, 1926; A. M. Tallgren, *Collection Tovostine des antiquities de Minoussinsk*, 1917.

积粟食军。军留一日而还，悉烧其城余粟以归"。此言匈奴左地已有城郭和粮食。《史记·匈奴列传》记公元前1世纪汉降将李贰师被杀时，漠北"连雨雪数月，谷稼不熟"。《匈奴列传》又记"卫律为单于谋，穿井、筑城、治楼以藏谷"。此言匈奴在漠北亦有城郭、仓库和粮食。苏联考古学家 Г. П. 索斯诺夫斯基和 А. П. 奥克拉德尼科夫在漠北色楞格河左岸，当此河与伊伏尔基河汇流的地方发现了一座古代匈奴的城市。城的面积在1公顷以上，四周筑有四道高逾1.5米的围墙，在围墙的外面分布着许多用没有烧过的土砖修建而成的住宅。在住宅的墙内树立着木柱，在地下还穿行着通暖气的管道。这种情况同在古代坚昆所在地现在名阿巴干城附近发掘的汉代中国式的宫殿完全一致。在此匈奴城市内外留给我们的文化，有陶器，有农作的工具，还有贮藏粮食的地窖。[①] 此外，苏联的另外一些考古学家在色楞格河左岸哈剌勒赤、黑里姆金·八剌哈思、扎尔嘎特兰·苏木等地都发现了汉代的匈奴城市。城的面积有的达到200×200平方米，有高的围墙和四座城门。城内的建筑物，是用黏土做成的，上面覆盖着典型的汉瓦，和上述阿巴干城附近的中国式的宫殿一样。[②] 从此可见《史记》之《匈奴列传》和《汉书》之《匈奴传》所谓匈奴"逐水草迁徙，毋城郭、常处、耕田之业"，现在必须重新考虑并给以修正。只看到牧民的游牧部分，看不到牧民的定居部分，更看不到两个部分之间的相互关系，是无法使人理解匈奴文化和社会生活的全部的。

关于匈奴的武器，《盐铁论》云："素弧骨镞。"此言匈奴弓无胶漆，箭头无铁铜制造者。《汉书·晁错传》云："革笥木荐。"此言匈奴以革为铠，以木为盾。这些说法现在看来至少有一半是不正确的。前面已经叙述过，在公元前5世纪蒙古草原的漠北、漠南各遗址内都发现了青铜箭镞，到公元前3世纪至前2世纪的漠北遗址又发现了铜镞铁杆的箭。箭镞最初为椭圆形或柳叶形，后来才改变为三角锥形。到建国以后，弓箭文化更发展了一步。最近我国考古学界在辽宁西丰县西岔沟匈奴武士古墓中发现的箭镞有细石镞、

[①] 〔苏〕索斯诺夫斯基：《下伊伏尔基河的古代城市》，《前资本主义社会史问题》1934年第7—8号，第150—156页；〔苏〕奥克拉德尼科夫：《布里雅特蒙古考古探察团1947—1950年的工作》，《物质研究所调查报告和田野勘测简报》1952年第45期，第41—44页。
[②] 综合的报道和研究参考〔苏〕С. В. 吉谢列夫：《蒙古的古代城市》，《苏联考古学》1957年第2期，中译文载《史学译丛》1957年第6期，第81—82页。

骨镞、铜镞、铁镞共一千多件,其中铜镞最多,铁镞次之。大致可以分为两翼式、三棱式、扁平式和矛头式四种,其他形式的箭镞还有四十多种。箭杆多用竹材,也有用坚木做的。更惹人注意的是箭上所附带的鸣镝亦在此墓群里发现。鸣镝为圆球形,中空有孔,射出后风贯其中又由小孔排出,故呜呜作鸣,俗称为"号箭"。① 所有这些古物,证明《盐铁论》所云是不合事实的。其次再说革铠,汉代的战士又何尝不用革铠?《淮南子·氾论训》云:"割革为铠。"正是说汉代人亦是以皮革制铠甲的。所不同者,汉代的战士除革甲外,又用兜鍪,亦用铁铠②,而匈奴除革铠外则用"金甲"③。此种"金甲"为何种金属制成,什么样式,不得其详。有人说这种"金甲"乃属于波斯式的一种札甲,由鱼鳞形的铜片缀合而成,轻巧异常。④《汉书·陈汤传》记没落的郅支单于逃至康居的都赖水上时,筑城而居,陈汤和甘延寿率汉兵来袭,望见"单于城上立,五采幡帜,数百人披甲乘城"。由此可以看到虽亡国单于,借数百名战士的铠甲仍然有一种残余的威风气象。

匈奴的武器,除弓箭和铠甲外,可分为短兵和长兵两种。短兵包括刀、剑两类,而以剑为主。剑身都是铁制的,剑柄有铜柄与木柄之别。铜柄剑的柄首一种左右外曲,成双鸟回首之像,又一种作柱形,上套七八个铜环,摇动有声。此种铜柄剑一般长在60—80厘米左右,中起一脊,两侧或有凹槽,托手作扁喇叭形。木柄剑较长,最长达1.02米。形体规整,锋、锷、脊、茎各部分明。有的还具有铜镡或铁镡,并发现有玉棒,这是汉式剑的特征。刀多为环首铁长刀,但数量不多。长兵有矛鋋之类,杆系木质。间或也装有短小铁柄的,系与剑配合使用,不属长兵之类。长兵也是匈奴的主要兵器,与他们在马上战斗有关。矛头分铁质与铜质两种。在辽宁西丰县西岔沟匈奴古墓群里共掘得矛头四十八个,其中只有三个系铜制,余皆由熟铁锻冶而成。

---

① 《"匈奴西岔沟文化"古墓群的发现》。
② 许慎《说文》卷8云:"兜鍪,首铠也。"首铠即后世所谓盔或胄,以铜为之。《淮南子·主术训》记有"铁铠",此制始于战国。
③ 《史记·卫将军骠骑列传》记卫青过焉支山千余里,"诛金甲"。《集解》徐广曰:"全一作金。"《正义》云:"金甲,即铁甲也。"汉时匈奴恐无铁甲。在诺颜乌拉发掘的匈奴古墓中,棺内衣饰凌乱无绪,但留有无数铜质鳞片,并有镀金的和涂漆的多种。这些铜质鳞片若原系棺内的东西,非常可能是铠甲上所扎的铜片。
④ 〔日〕内田吟风:《蒙古史》,《支那周边史》上册,第294—295页。

在这里我们附带叙述一下匈奴铁的兵器的锻冶。铁器的锻冶是在青铜器铸冶的基础上发展起来的。虽然没有发现完整的冶铁作坊,但从各种铁兵器的制作形态上可以看出,匈奴人民已经会在铁剑上加铸铜柄;当剑身折断时又能随时随地重新焊接起来,而且会把一种兵器销毁,改锻为另一种兵器。① 从此便可推断匈奴文化已经不是青铜器文化,而是比青铜器文化更高级的铁器文化。

在这里叙述一下同匈奴武器有关的"径路剑"。《汉书·匈奴传》载,公元前47年,汉元帝派韩昌、张猛与呼韩邪单于订盟。单于及昌、猛等"俱登匈奴诺水东山,刑白马,单于以径路刀、金留犁挠酒,以老上单于所破月氏王头为饮器者,共饮血盟"。金留犁,应劭注以为是一种契金的饭匕,在此可以不论。径路刀则系一种宝剑,匈奴人对它有一种神秘感,立祠祭之,名径路神祠。② 径路之名恐与安息(Partha)剑名之"Canacew"、波斯(Persia)剑名之"Akinakes"有关,乃系一种青铜制造的波斯·斯基太式的短剑。③ 此种短剑出土于内蒙古呼和浩特、鄂尔多斯公元前5至公元1世纪青铜器遗址中的有很多。剑身两刃,中间脊略厚。剑柄分剑托、柄部、柄端三部。剑托或叶托形,或圆形。柄部或镂刻各种蟠文,或透雕中空。柄端或为二环,或一环,或圆头无环,多刻各种动物纹。从剑的形式和刻纹看,这应该就是《汉书·匈奴传》上所说的"径路刀"。匈奴人因为相信它有一种神秘的力量,所以在订盟时用它搅和血酒,使双方保证都遵守盟约。

在上述《汉书·匈奴传》和《史记·大宛列传》中都提到匈奴以敌人的头颅为杯而饮酒的风俗。这种风俗应当起源于更古的野蛮的斯基太人。据希罗多德(Herodotus)记载,斯基太人杀死仇人以后,先饮仇人的一点血,然后割取其头,以为分取战利品的证物。取到战利品后,就剥去死头颅的头皮,从眉骨以下锯掉,所留的颅顶骨作为饮器,在每年举行一度的大型酒会上夸耀。④ 其实这种风俗在公元前5世纪中叶已经从匈奴(胡)部落传到晋

---

① 见《"匈奴西岔沟文化"古墓群的发现》。
② 《汉书·地理志》:"左冯翊云阳县,有休屠、金人及径路神祠三所。"前二祠应该都是从匈奴地区传入内地的。
③ 〔日〕江上波夫:《径路刀考》,《东方学报》第3册,东京。
④ Herodotus, *Musae (Sive Historiae)*, vol. 4, pp. 64-66(Schweighauser 编辑的1824年六卷本)。

国。当时韩、赵、魏三家分得了智伯的土地,赵襄子怨智伯最深,割其头漆之以为饮器。① 可见斯基太此种风俗传至匈奴甚早,所以匈奴在公元前 5 世纪就将之传到了中国。

匈奴的生产工具有石器和金属工具两项。石器有大型石器,如磨石盘、杵形研磨器和石砥,小型石器有少量的石刃、三角形或桂叶形的石镞。但作为生产工具的石器已经是石器文化的残余了,在生产中已经不占主要位置。金属工具,所谓斯基太式的小铜刀虽然还有,但数量很少,例如在西岔沟匈奴文化中只发掘到一件。最多的工具是汉式的环首小铁刀和铁锥等。此外,还有为数不少的铁钁、铁斧、铁锛。这些工具除了用于战争外,在生产方面也起很大的作用。还在一些地区,如草原的东南部,发现数量不多的长方形铁锄,这显然和栽培谷物和牧草有关。上述斧、钁、锛、锄等工具,有些上面还有汉字,可见这些工具大部分是由汉地传入或者由汉人铁匠铸造的。在这里结合汉文史料提出两种器皿略加叙述。一种是具有高度冶铸金属技术的鼎。《后汉书·窦宪传》记载公元 92 年,"南单于在漠北遗宪古鼎,容五斗,其傍铭曰:'仲山甫鼎其万年,子子孙孙永保用。'"鼎的铭文当系汉人所作,但铸鼎于漠北,当以匈奴的工匠为主体。从此可以看到匈奴的冶铜技术已经相当进步。又一种器皿就是陶器的罂(音婴或瓮)。《汉书·苏武传》记载公元前 1 世纪前叶,苏武被匈奴扣留北海(贝加尔湖)时,于靬王赠送他一种器皿叫作"服匿"。孟康注释云:"服匿如罂,小口、大腹、方底,用受酒酪。"晋灼注云:"河东北界人呼小石甖受二斗所曰服匿。"可知服匿是一种盛酒或乳酪的陶器,如后世所谓酒坛或酒缸。汉代的匈奴如前所述在建筑方面已经能够制造汉瓦和地下暖气管道,在日用器皿方面又能制作各种大小和形式不同的陶器,由此可知汉代士大夫以麋鹿的生活来比喻匈奴是不合实际情况的。

最后论述一下在公元前后从蒙古诺颜乌拉匈奴贵族古墓里的遗物所反映出来的匈奴中心地区的文化。

如前所述,在公元前 1 世纪以前,草原牧民文化受西方斯基太文化的影响很大,中原汉族文化对于草原牧民的影响居于次要的位置。公元前 1 世纪

---

① 《战国策·赵策》;《通鉴》卷 1;《史记·刺客列传》。

以后，草原牧民文化发展的方向跟从前恰好相反，同西方文化的关系日益疏远，而同中原文化的关系日益接近。诺颜乌拉的匈奴墓葬文化正是汉、匈文化多年接近而在匈奴贵族文化方面表现出来的一个显明标志。

诺颜乌拉译成汉语就是诺颜山。此山在今蒙古人民共和国首都乌兰巴托以北一百二十二公里注入色楞格河的哈拉河旁边。那里有二百多个古坟，其中十个古墓，是苏联考古学家 П. К. 柯兹洛夫领导的"蒙古、西藏考察团"从 1924 年起在那里发掘的。发掘的结果公认这些古墓是公元前后匈奴达官贵人的埋葬所在。诸墓中之一墓，最为富丽堂皇，明器精良。圹室和墓道之壁上悬挂各种华美的织物。墓圹地上陈列着分为椁、棺、楗三重的中国古代所谓"国君三重"的棺材。以此，我初步推测这是公元前后一位匈奴单于的墓葬。从这些匈奴墓葬和墓内各种遗物，我们不只可以看到当年匈奴单于和他的亲贵死亡之后的陵寝棺椁和衣衾明器之制，更重要的是通过这些遗址和遗物可以窥察匈奴大奴隶主生前的生活习惯、社会制度、交通往还以及邻国各族文化对于匈奴的影响。感到遗憾的是，我们既不曾参观诺颜乌拉匈奴墓地，又不曾看到柯兹洛夫发掘报告的原文，仅仅是从第二手论文中了解一些资料，加以自己的意见，错误是在所难免的。下面分为陵寝棺椁和衣衾明器两项加以叙述。

（一）陵寝棺椁

蒙古草原牧民早期埋葬死尸的方式就是墓葬。到部落和部落联盟时期，约公元前 7 世纪至前 2 世纪之际，蒙古各地广泛地采用了石墓的形式。所谓石墓就是把石板侧埋于地上，成一个四方形的围垣，然后把死者和殉葬物安置其中，最后再掩埋起来成为坟墓。此种葬式有几种特点：1. 从蒙古各地石墓里发掘出来的殉葬品来看，并未发现在数量上有很大的差异，这正说明当时社会内部还未发生显著的财产分配不平均的现象。2. 尽管当时农业已经发生，金属铸造技术已经改善，骑马文化已经普遍，但是氏族制的基础仍然保存。这种情况表现在石墓方面的，就是坟墓在墓地里排成一系列的若干行列。从此可以推知这是公共的氏族墓地，在一长串坟墓里埋着的人们，他们在生前的氏族或家族里是亲属关系上最接近的一群。3. 墓中死尸的头是向东卧的。^① 这种风俗也许和后世匈奴"单于朝出营拜日之始生"^②及突厥可汗"牙帐东开，敬日之所出"^③的太阳崇拜有关。

但在诺颜乌拉发掘的匈奴贵族古墓同上述青铜器时代的石墓在陵寝棺椁方面显然很不相同。贵族的陵寝是在地面下十至十四米深发现的。深葬是由于当时匈奴的阶级分化已经十分鲜明，贵族殉葬的财物日益贵重，如此始可以避免穷人盗墓和敌人的掘墓报仇事件。^④ 墓圹之内安置着大型的木椁，椁之中有棺以及一切殉葬品。匈奴棺椁之制显然是受汉族古代文化的影响而仿造的。从柯兹洛夫报告书^⑤所绘匈奴贵族棺椁的侧剖面图看，大椁之中为棺，棺之内又有盛尸体的榼。此制同《礼记·丧大记》所述国君之丧有大棺、属、椑的三重制相合。《丧大记》注解释得很清楚："大棺最在外，属在大棺内，椑又在属内，是国君之棺三重也。"椑就是盛尸体的榼，所以《集韵》释"椑"为"亲身棺也"。因此可以推测这个大椁之内的死者应当是公元前后匈奴的一位单于。但汉制与匈奴制不同者，汉制是椁、棺、榼三者紧密地套在一起的，而匈奴的椁特大，其中不只容纳了棺，还陈列了很多的陪葬品在内。他们所以如此，大致跟匈奴青铜器时代的石墓制有关，庞大的椁是为了代替古代既以盛尸又以盛殉葬物的石墓。所以匈奴的棺椁制是汉族棺椁制同匈奴历史传统相结合的产物。

匈奴贵族的墓室很大，深十五米，北向。墓室的北向应与《史记·匈奴列传》所述匈奴单于的"长左而北乡"有关。室之四壁和墓道壁上悬挂着各式各样刺绣的丝绢画。棺的表面为黑漆底，上施彩色画，形似一雁飞游云中。棺材木料之组合，密封的方法以及棺的形制和汉代内地的贵族棺木初无二致。以油漆饰棺，黑漆底上加以彩绘，这也是汉代内地通行的制度。漆，大致也是从中国内地输入的。

---

① 苏联科学院、蒙古人民共和国科学委员会合编：《蒙古人民共和国通史》，巴根等译，第50—52页。
② 《史记·匈奴列传》。
③ 《周书·突厥传》。
④ 《汉书·匈奴传》记载："汉复得匈奴降者，言乌桓尝发先单于冢，匈奴怒之，方发二万骑击乌桓。"此时乌桓已被匈奴征服，为奴役部落。
⑤ 〔苏〕柯兹洛夫（П. К. Козлов）：《北蒙古——诺颜乌拉的古物》（"Северная Монголия. -Ноин-Ульские Памятники"），《与柯兹洛夫的蒙古西藏考察团有关的北蒙古调查团简报》（*Краткие отчеты Экспедиций По Исследованию Северной Монголии в связи с Монгало-Тибетской Экспедицией П. К. Козлова*），列宁格勒，1925年。

又在一墓中发现发辫十七具。又一墓内得大发辫一，上缚红绳，似为妇女的发辫。许多发辫的尸体可能是奴隶主贵族的奴婢随同主人而殉葬在墓里的。司马迁《史记·匈奴列传》叙述匈奴单于"其送死，有棺椁、金银、衣裘，而无封树、丧服。近幸臣妾从死者，多至数十百人"①，与墓里情形大致相合。

（二）墓里各种文化遗物

墓里出土遗物可分为七类：

1. 纺织品。有丝绢和毛织物两种。按其纹样及织法来说，丝绢显然是汉代中原的制品，同当时中原流行的锦绣、绮縠、杂帛没有差别。绣和刺绣都是彩色的。在彩绣上织出各式各样的锦云、鸟兽和神仙骑鹿在云中飞奔的花纹。在流云如水的绣纹之间又反复织出"新神灵广成寿万年"的汉文吉祥词句。"新"是王莽的国号，其义盖言"新国之神，既灵且广，保护国家，万寿无疆"。此绣之制在王莽"革汉立新"的始建国初年，即公元9年。这一年王莽为了使国内外承认新政权的成立，遣"五威将奉符命，赍印绶，（授）王侯以下及吏官名更者，外及匈奴、西域、徼外蛮夷，皆即授新室印绶，因收故汉印绶"②。上述"新神"等八字吉词的刺绣大致即在此时赠给匈奴单于的。关于赠丝帛的事，《汉书·匈奴传》有这么一段记载，即："王莽之篡位也，建国元年，遣五威将王骏率甄阜、王飒、陈饶、帛敞、丁业六人，多赍金帛，重遗单于，谕晓以受命代汉状，因易单于故印。"此"多赍金帛"和匈奴墓中多以金帛殉葬有不可分割的关系。③当时匈奴之执政者为乌珠留若鞮单于，名囊知牙师，即位于公元前8年，死于公元13年。由于上述"新神"等八字吉词刺绣的出现，我猜疑那位大椁葬的匈奴贵族就是乌珠留若鞮单于。若此推测无误，则此富有政治宣传意义的吉词刺绣，与其说织自汉代民间织坊，毋宁说是汉未央宫的织室奉王莽之命织成的。《三辅黄图》云：

---

① 《史记·匈奴列传》作"多至数千百人"。此"千百人"当为"十百人"之误。《汉书·匈奴传》"多至数十百人"。颜师古注云："或数十人，或百人。"当从《汉书》。
② 《汉书·王莽传中》。
③ 参考〔日〕江上波夫：《关于北蒙古诺颜乌拉出土绣上的"新"的铭辞》，《加藤博士还历纪念东洋史集说》，1941年，日文版，第167—168页。

"织室在未央宫。又有东、西织室,织作文绣郊庙之服。"上述吉词刺绣当即东、西织室织出的文绣之一种。汉未央宫于始建国元年改为"寿成堂"。此宫之新名同文绣上之"成寿万年"似又有连带关系。

在又一方毛织品上面,刺绣着伊兰式的植物纹、鸟兽纹及人物纹等,显然系西域的产品。

2. 绒毡和毾是游牧部族重要的生活资料。绒毡多呈现涡卷纹和动物斗争纹。其中一幅,有两个双头的怪兽作面对面的斗争之状。又一幅,一个形如野猫的有翼怪兽对一方从背后疾驰而逃的驯鹿加以反噬。这些图案和上述各种毛织品上的"母题"与汉人刺绣的作风不同,而是属于所谓斯基太作风的一些图纹。因此,有些考古学家认为这些毛织品和绒毡乃来自西域。也有些考古学家以为毾毡系匈奴作品,但其图案则有斯基太作风。《汉书·西域传》云:"西域诸国,各有君长,兵众分弱,无所统一。虽属匈奴,不相亲附。匈奴能得其马畜旃罽,而不能统率与之进退。"上述各种毛织物和绒毡征自匈奴所征服的西域各国以及通过交易从未征服的西域各国买来,都是可能的。

3. 青铜器和铁器。出土的铜器有铜壶、三足蜡烛灯台、马的护面具、车轴头、华盖骨前端的铜饰器、铜镜等。上述各种青铜器绝大部分都由中原制造的,而且可能是前53年(甘露元年)以来历代皇帝赠给匈奴单于的。但汉代皇帝所赠给各单于的礼物只能随各个单于死后作为他自己的殉葬品。前述诺颜乌拉所发掘的大椁墓应为乌珠留若鞮单于之墓。此单于在前1年(元寿二年)朝汉,汉哀帝"加赐衣三百七十袭,锦、绣、缯、帛三万匹,絮三万斤,它如河平时"。而河平时单于入朝赏赐之例又是援甘露、黄龙、竟宁之例,每次都赠给冠带、衣裳、安车、鞍勒等物。[①] 因此,将上述各铜器推测为汉哀帝赠给匈奴乌珠留若鞮单于之物亦有相当理由。

铁器有铁杆箭镞和铁的马勒之属,当系匈奴传统的制品。但又有附带皮件的木制马鞍一,与铁勒比合而观,又与汉代皇帝赐物中的"鞍勒"相合。这些问题只有从鞍勒形式做详细比较研究,才能得出科学的结论。

4. 金质品。有装饰在棺上的三角形、狭长形,有时且涂以红漆的薄金

[①] 《汉书·匈奴传下》。

片；有压花的或嵌着宝石的厚金片；有圆形的和钻形的泐金片。又有一有翼的跛马和一牛头形的纽扣。

5. 漆器和玉器。漆器有漆案、漆杯、漆盘等。在一漆杯残片上看到它的颜色是红内黑外，并用金叶裁成各种禽兽嵌于漆杯之上。又有若干漆碗，红内黑外，黑漆底上绘以红色的图案，如一狮子背着一猴等。棺木的外部显然是上漆的，在一黑漆棺木残片上绘有红、黄、绿、棕四色美丽的图案，似为一雁在云中飞舞。漆器中最惹我们注意的是漆杯底面镌着"建平五年"和"上林"的汉文铭文。"建平"是西汉末叶汉哀帝的年号。建平五年就是元寿元年，即公元前 2 年。《汉书·匈奴传》记："建平四年，（乌珠留若鞮）单于上书愿朝五年。时哀帝被疾，或言匈奴从上游来厌人，上由是难之。"后以扬雄上书，哀帝始报书许之。按照旧例，单于来朝，随从名王以下及从者二百余人。这一年单于又上书，愿率五百人入朝，汉皆许之。至建平五年即元寿元年，正月十五日有日食之变，各国首领来朝之议遂延至次年。前 1 年（元寿二年），（乌珠留若鞮）"单于来朝，舍之上林苑蒲萄宫"。上述"建平五年"铭之漆杯，以情度之，当系在建平四年允许匈奴单于朝。建平五年正月后，即敕上方作室速办五年正月赠送单于等五百人以及其他各国入朝者之礼物。有些礼品，如漆杯等，在四年已经办齐，当时尚无五年改元"元寿"之议，所以铭文仍然是"建平五年"。杯底的"上林"铭文乃指这些漆杯系上林苑皇家作室之制品。《三辅黄图》云："作室，上方工作之所。"此作室当在上林苑中。单于所住之蒲萄宫，《三辅黄图》谓在上林苑西。此镌有"上林"及"建平五年"之漆杯，显系元寿二年，汉哀帝赠送于匈奴单于者。从上述各种情况判断，诺颜乌拉所发掘的大椁墓非常可能就是埋葬匈奴乌珠留若鞮单于的墓室。

玉器有玛瑙兽及佩玉，佩玉上刻着双龙对舞的透雕。

6. 墓中其他衣饰还很多。匈奴独特的衣服所谓"褶裤"之"裤"亦于此墓里发现。裤由绣作成的，与足套或袜连在一起，自足胫以上皆宽大异常。此外尚有一件完整的以兽皮缘边的丝袍，一顶丝帽以及其他丝袍、丝帽、帔背残片多件。还有一只丝绣的厚毡鞋底。又有一锦袋，结以三角流苏的小旗。

7. 最惹人注意的是匈奴的发式。在诺颜乌拉匈奴墓中发现很多粗细不同的发辫。按《淮南子·齐俗训》云："胡、貉、匈奴之国，纵体拖发，箕踞反言。"此为我国文献中唯一明言匈奴发式为拖发者。拖发者就是把头发拖在后边，于发端总之以结。陕西兴平县霍去病墓旁的"马踏匈奴"像，从匈奴的面部的正面看去，发好像是披的，但无法看出石像发端之结，所以无法断定他的发式是披是拖。新中国成立后中国科学院考古研究所在陕西长安县沣水西岸的客省庄一古墓中发现两个腰牌，其中的一个透雕着两个胡人在两匹马的中间作赤膊跌跤状，两人的头发都是从头顶拖向脑后，挽以一髻。①这是匈奴男子发式最可靠的证据。关于妇女的发饰，从诺颜乌拉匈奴墓发掘报告的叙述，当为辫发。拖发与辫发的不同，当在发结长短粗细之不同。因此，我疑墓中"发辫"之长而细者为妇女，短而粗者为男子。这些殉葬的男女大约都是奴婢。前已言之，在一墓中发辫有多至十七具者，可知匈奴奴婢殉葬之风颇为盛行。②

总之，从诺颜乌拉古墓中我们获得的匈奴文化的知识甚多。在匈奴建国的初期，统治阶级对于汉文化的态度是排斥的。这种倾向具体表现在中行说对老上单于的说辞，云："匈奴人众不能当汉之一郡。然所以强之者，以衣食异，无仰于汉也。今单于变俗，好汉物，汉物不过什二，则匈奴尽归于汉矣。其得汉絮缯，以驰草棘中，衣袴皆裂弊，以视不如旃裘坚善也。得汉食物皆去之，以视不如湩酪之便美也。"老上单于从中行说的意见与否，史无明文，然《汉书·杨恽传》记恽云："冒顿单于得汉美食好物，谓之殠恶。"以此知匈奴开国之初，排斥汉文化的言行是比较占上风的。但越到后来，汉、匈的经济关系越密切，汉、匈人民之间的往来就越频繁，结果无论匈奴或者汉代的统治阶级都不得不追随事物发展总的方向，逐步推进汉、匈之间的经济往来和文化交流各项活动，以满足两国人民的要求。例如在公元前2世纪中叶，"武帝即位，明和亲约束，厚遇，通关市，饶给之。匈奴自单于以下皆亲汉，往来长城下"③。这一种经济发展和文化交流是全部符合汉、

---

① 见《1955—57年陕西长安沣西发掘简报》附图十二，《考古》1959年第10期。
② 关于匈奴贵族墓里的各种遗物，请参看〔日〕梅原末治：《北蒙古诺颜乌拉之遗迹》，《史学》第8卷第4号。还有一篇英国人耶兹（W. P. Yetts）的论文，名《柯兹洛夫考察团的发现》（"Discoveries of the Kozlov Expedition"），载 *The Burlington Magazine* 1926年4月号。但耶兹的推论，错误甚多，不足为据。
③ 《史记·匈奴列传》、《汉书·匈奴传》。

匈人民的利益的。到公元前 2 世纪末叶，匈奴浑邪王降汉，率所部官兵至长安，长安贾人与市民争与匈奴相互贸易。其时，长安贾人、市民坐"持兵器及铁"与交易而当死罪者，竟达五百余人。[①] 从此可以看出，汉代的法律亦无法阻止汉、匈人民之间的经济往来和文化交流。到了呼韩邪单于降汉以后，汉对匈奴统治阶级的赠物越多，匈奴人对汉文化的爱好就越甚。匈奴贵人不止生前喜爱汉物，就是死后也愿意把汉地出产的绮罗、金玉、漆器等布置在墓室之中，并且自己也愿意安睡在汉式的油漆棺椁之内。这些事实都可表明汉、匈人民的友好关系是有一定的物质基础的。近年我国的考古工作同志曾在长城沿线发现了许多汉代的城郭、障塞和屯田遗址。在城址附近又发现了许多墓葬。有些西汉末年的墓葬内发现"单于和亲"、"单于天降"、"四夷宾服"等瓦当。[②] 从这些遗物可以看出汉、匈之间从对立状态发展到和亲关系，更发展到逐渐统一，这是完全符合广大草原牧民和内地农民的利益和要求的。

但当我们分析诺颜乌拉墓内文化遗物时，我们得出另外的一个结论，就是草原文化虽然同外地文化有千丝万缕的关系，但就草原经济的性质来说，仍然保持着落后的自然经济的特征。

匈奴牧民，无论自来就是兼营射猎的生活也好，或者部分的农业正在开始经营也好，但他们主要的经济活动仍然是游牧。由于家畜的增长很快，由于家畜及其产品（如乳、乳酪、肉、皮革、旃、毡和毛织品等）的易于分割，更由于家畜中的马、牛、骆驼本身就是运输的工具，而游牧生产同时又带有商品交易的性质，所以游牧经济很容易发展为商品经济。但是，游牧经济也有它不利的一面，就是绝大部分的牧民难于定居下来发展农业和手工业生产。近年在蒙古北部色楞格河流域虽然发掘出一些城郭，但这些城郭恐非匈奴牧民所建筑，而是由汉族俘虏建筑起来的。欲证明此点，从哈剌勒赤等遗址内发现的汉瓦，可以作为实物的证据。而且《汉书·匈奴传》记载卫律为单于献计："穿井、筑城、治楼以藏谷，与秦人守之。"此"秦人"，颜师

---

① 《汉书·汲黯传》。应劭注云："律，胡市，吏民不得持兵器及铁出关。虽于京师买，其法一也。"可知长安贾人及市民之坐当死罪者，由于持兵器及铁售与匈奴交易之故。但当时浑邪王已降中国，不得以在边关与外国交易律例罪及贾人、市民，故引起汲黯之力争。

② 《内蒙古呼和浩特东郊塔布秃村汉城遗址调查》，《考古》1961 年第 4 期。

古注指为是秦时有人亡入匈奴者的子孙，他们和游牧部民不同，一向具有祖先传授下来的穿井、筑城、修楼的经验。但城郭的定居是和游牧经济的迁徙生活相矛盾的，所以《匈奴传》记载"胡人（匈奴）不能守城"。这种不定居的游牧经济在当时匈奴牧民生活中占主要的位置。

由于牧民难于定居下来，所以匈奴的农业和手工业就很难发展。《匈奴传》有两三次记载匈奴有"谷稼"和"积粟"之事，但匈奴的粮粟颇大部分是从汉朝方面通过勒索、掠夺、交易和乞求而来的。例如从公元前 200 年左右起，汉按照约定每年供应匈奴粟米数千斛，此外匈奴还不断到汉北方诸郡劫掠牲畜、粮食和人民。到匈奴衰弱时，如公元前 51 年汉"转边谷米糒前后三万四千斛，给赡其食"。公元前 48 年，呼韩邪"复上书言民众困乏，汉诏云中、五原郡转谷二万斛以给焉"。[①] 匈奴不断从汉地输入粮食，这正反映匈奴的农业出产很少。恩格斯曾经说过："在杜兰高原[②]的气候条件下，要是没有供长久和严寒的冬季用的秣草贮藏，那末游牧生活是不可能的；因此，牧草栽培和谷物种植，在这里便是必要的条件了。"[③] 这一论断正可说明古代匈奴兼营农业的实际意义。游牧部民兼营农业，主要目的还不是也不可能解决人们的粮食问题，而是为了解决家畜的粮秣和饲草问题。当然这样说并不排斥一部分贵族已经用黍稷之类作酿酒之用和一部分牧民当牛羊缺乏时把粟米作为主要的食物。[④]

同时，不定居的游牧生活对于手工业，特别是陶器业和铁器业的发展有很大的阻碍。陶器在草原上很早就发明了，但对于游牧生活是非常不相称的，因此匈奴的器皿多发展为铜器和铁器。但当时长城以北冶铁业的中心在叶尼塞河上游敏努辛斯克，而不在蒙古草原。因此这种坚牢的铁器便不能在草原里广泛地应用。由于牧民的游牧生活对于手工业的发展不利，所以他们的手工制造业产品虽然也有，但在质量和数量方面并不算很好很多。这是

---

① 《汉书·匈奴传》。
② 杜兰一作"涂兰"，是"Turian"的音译，往往和伊兰相对，而指北方阿尔泰语系诸族所分布的高原为杜兰高原，蒙古高原包括在杜兰高原之内。
③ 恩格斯：《家庭、私有制和国家的起源》，《马克思恩格斯文选》（两卷集）第 2 卷，苏联外国文书籍出版局 1955 年版，第 307—308 页。
④ 《汉书·匈奴传》记，自平城之役后，汉岁遗匈奴"米蘖"、"秫蘖"等物。蘖所以酿酒，颜师古注云："以蘖为酒，味尤甜。"大约就是今之酒曲。匈奴索此物，与贵族之酿酒有关。

匈奴时期草原手工业商品之所以必须仰给于外国外地的大量输入的一个重要原因。

然而我们绝对不能忘记，匈奴各种产业和生产力的窳败，最终的原因还是由于奴隶制度的落后。奴隶制的社会始终是以落后的自然经济作为它的经济范畴的。奴隶主阶级以最粗暴的和最残酷的超经济强制剥削奴隶和被奴役的部落，当时的奴隶和平民们实在没有剩余的时间改进生产工具和技术，因而也就不能提高生产的水平。国内的贵族和平民大部分以战争为业，所谓"士能弯弓，尽为甲骑"。他们不只脱离生产，而且鄙视生产，摧毁生产。不是保护商贾，而是掠夺商贾。因此在匈奴社会里必然是生产落后，商品稀少。纵然从外国外地掠夺、剥削或者乞求得来一些财富，那也只是昙花一现的消费品，在国内生产事业不可能生根结果的。而且，匈奴的奴隶主也和后世蒙古的封建王爷一样，他们从草原运输到外国的主要是牧民们的生产资料和生活资料，而从国外换回来的则是统治阶级享受的奢侈品，不是对于国计民生有益的和必需的东西。例如公元52年北匈奴遣使诣汉阙贡马及裘，请赐音乐。公元84年，北单于遣名王大人"驱牛马万余头，来与汉贾客交易。诸王、大人或前至，所在郡县为设官邸，赏赐待遇之"[①]。而匈奴的统治阶级每至汉廷又常以牧民的财富向朝廷官吏行贿，如《汉官仪》记："单于岁遣侍子来朝，谒者常送迎焉。得赂弓、马、毡、罽、他物百余万。"[②]从上述诸例可以看出匈奴的贸易或朝贡，对于草原牧民来说，实是一种变相的剥削。

最后，叙述一下与匈奴文化有关的文字问题。我们可以肯定说，古代匈奴自己并没有创立过文字。匈奴之无文字，汉代文献屡言之。《史记·匈奴列传》云："无文书，以言语为约束。"《后汉书·南匈奴列传》记："呼衍氏为左，兰氏、须卜氏为右，主断狱听讼。当决轻重，口白单于，无文书簿领焉。"此言匈奴从统一到分裂漫长的时间内无文书。但有若干史料颇可令人迷惑者，《匈奴列传》记中行说"教单于左右疏记，以计课其人众畜物"。又"中行说令单于遗汉书，以尺二寸牍，及印封，皆令广大长，倨傲其辞"云云。这里所说的疏记、函牍、印封，显然是指汉文；或者此是汉文正式传入

---

① 《后汉书·南匈奴列传》。
② （汉）应劭：《汉官仪上》；（南朝梁）刘昭：《续汉志补注》。

匈奴的开始，其事在公元前 2 世纪前叶。从此以后，汉文在匈奴政治方面广泛地得到应用。如《盐铁论》记："文学曰，刻骨卷衣，百官有以相记。"此言以汉文用于国内行政方面，或刻于骨上，或写于衣之里衿，其文字形式和刻写方法当皆与汉人无异。又《汉书·元帝纪》记：公元前 35 年，以郅支单于既诛，群臣上寿置酒，元帝以郅支"图书示后宫贵人"。此图书可能就是匈奴土地山川之图，单于借以布置政治军事者。① 《后汉书·南匈奴传》亦记：公元 46 年，日逐王比密遣汉人郭衡向汉光武帝献匈奴地图。此地图当与郅支图书类似。此以汉文图书用于军事者。又《汉书·西域传》记：西域各国见匈奴使者"持单于一信到国，国传送食，不敢留苦"。此所谓"信"乃指信物，当即"刻木为信"之"信"，不一定就是汉文文书了。

---

① 参考吕思勉：《匈奴文字》，《燕石札记》，第 118—120 页。

第四章 匈奴人入居中国内地作为少数部族以后的前期活动

一、匈奴人入居缘边八郡和汉魏统治阶级
对于他们的分化政策

自从匈奴分裂为南北两部，南匈奴降汉，节节南迁，入居中国内地，那时的匈奴就成为中国境内少数部族之一而活动了。

南匈奴于公元 49 年降汉，公元 50 年入居云中郡（治云中，今内蒙古托克托），建牙于距离五原西部塞八十里的地方，同年又迁徙到西河郡的美稷（今内蒙古鄂尔多斯左翼前旗）。也正在这一年内，南匈奴呼韩邪单于得到东汉政府的允许，分散所部匈奴部众分居于西河（当时治美稷）、北地（治富平，今甘肃庆阳）、朔方（治临戎，今内蒙古鄂尔多斯西部）、五原（治九原，今内蒙古五原东部）、云中、定襄（治善无，今呼和浩特东部）、雁门（治阴馆，今山西代县西北）、代（治高柳，今山西阳高西北）八郡之地。这是匈奴第一次大规模向汉代中国境内的迁徙。上述缘边八郡自开郡以来就有很多汉族劳动人民在那里开渠屯田，从事生产。但在西汉末年许多郡县被匈奴占领了，城堡颓废，汉人怕匈奴统治阶级的掠夺，大部分逃入内地谋生。直到匈奴分裂以后，缘边八郡始重入中国的版图。当时沿边土地荒芜已久，新从草原来的南匈奴牧民又不善于垦殖，所以东汉光武帝于公元 50 年（建武二十六年）始诏令原来居住在缘边八郡的汉民归还本土，从事生产，同时又遣发一些缓刑的罪人到边郡补修城郭。[①] 此时边郡久被兵灾，城郭堕废，沦

---
① 《后汉书·光武帝纪》。

为丘墟。汉人新到其地，满目荒凉，一切建置修筑皆"扫地更为"。①南下的二十万匈奴牧民就是在这种情况下分布在缘边八郡的。匈奴牧民的统治阶级虽然仍是匈奴原来的部帅如右贤王、骨都侯等，但此时的匈奴牧民已经不是单独居住，而是和八郡的汉人杂居在一起了。《晋书·四夷传·北狄匈奴传》说："匈奴五千余落，入居朔方诸郡，与汉人杂处。"②就是叙述当时汉、匈两族人民大规模杂居错居的情况的。《晋书》谓匈奴入居边郡者为五千余落，以此知匈奴迁入中国以后一开始就是和缘边郡县内的汉人大规模地共同生活在一起的。

南匈奴在中国缘边八郡定居了四十年以后，他们的人口组合和产业分工都发生了相当大的变化。《后汉书·南匈奴列传》记载公元90年，即当北匈奴兵败西遁之时，"是时南部连克获纳降，党众最盛，领户三万四千，口二十三万七千三百"，平均每户为七人。每户有七人之多在匈奴方面来说是不多见的，应是匈奴隆盛时期的户口，与南匈奴四十年内的定居生息以及上述连年获降大量的俘虏奴隶有关。更引我们注意的，就是《南匈奴列传》记载"胜兵五万一百七十"，换言之，即在二十三万七千三百人口中有五万一百七十兵丁分化出来，这与从前匈奴建国时的"士能弯弓，尽为甲骑"有所不同。从前游牧时期的特点，是战士和壮年牧民不分；此时因受汉代兵制的影响除五万多兵丁外，还有一部分壮年牧民和老弱、妇女从事畜牧业、农业和手工业的生产。这种军队和生产者的分工，对于匈奴的经济发展来说应是一种很大的进步。③

公元2世纪初前后二十多年内，南匈奴不断往内地迁徙。公元94年，南匈奴的新降胡发生叛变，由贵族逢侯领导十五部二十多万人在塞外独立。公元96年，屯聚在朔方郡西北部的左部胡又叛逢侯南下降汉，其胜兵四千人

---

① 《通鉴》卷44"建武二十六年"条；《东观汉记·光武帝纪》。
② 《晋书·四夷传·北狄匈奴传》云："匈奴五千余落，入居朔方诸郡，与汉人杂处。"此所云五千余落正可补《后汉书·南匈奴列传》之不足。
③ 《晋书·四夷传·北狄匈奴传》云，匈奴部落入居朔方诸郡后，部落与统治阶级的关系是"随所居郡县使宰牧之，与编户大同，而不输贡赋"。此宰牧与不输贡赋似指汉官与匈奴部民而言。但《后汉书·南匈奴列传》谓这些匈奴仍是单于的领户，单于对于部民有统治权，或者仍有征赋权。但其与汉官统治的分别何在，不得其详。此一问题关系匈奴制度的变化很大，姑志于此，以待研究。

和弱小一万余口被汉朝分置于北边各郡。同年，南匈奴的另一部分由乌居战领导逃往塞外山谷中，旋由汉军击溃，徙乌居战部众数千人及匈奴诸部之还降者两万多人于安定（治临泾，今甘肃镇原）、北地二郡。公元110年，汉攻南单于，南单于乞降，归还前所掠汉民男女及羌所掠卖的汉人给匈奴做奴隶的共合一万多人回到中国各地。公元118年，南匈奴的叛将逢侯率残余部队一百多骑到朔方塞降汉，汉徙之于颍川郡。① 这样，逢侯深入内地，不再与南匈奴在边疆上从事内战。

公元140年，南匈奴又发生内乱。左部勾龙王与右贤王合兵攻打美稷，南单于得到汉朝的允许，迁牙于西河离石县的左国城（今山西永宁）。是时，汉朝为了避免南匈奴叛众的侵扰，徙西河郡治于离石，上郡郡治于夏阳（今陕西韩城），朔方郡治于五原。因此原来居住在西河北部、上郡、朔方等地的匈奴更为南下，多数集中到并州中部的汾河流域一带。

公元184年（汉灵帝中平元年），开始爆发了以黄巾为号的农民大起义。188年（中平五年），黄巾起义军的一支以郭泰为首，起义于西河郡的白波谷②，聚众十余万，攻打太原、河东郡县。前此一年，幽州发生了前中山太守张纯与乌桓勾结起来的叛变。灵帝诏发匈奴兵至幽州讨伐。南单于羌渠遣左贤王将骑出幽州。国人恐单于发兵无已，其右部醢落族与休屠各胡等十多万人遂于公元188年联合起来反叛，攻杀羌渠单于。羌渠死，子于扶罗继立。国人杀其父者不服，共立须卜骨都侯为单于。于是于扶罗求助于汉。会灵帝死，国内大乱。于扶罗遂率数千骑与白波黄巾合兵，攻河东郡诸县，从此遂

---

① 从西汉文帝以来，匈奴降王将相多处之今河南、山西、河北及山东南部，而以河南的颍川郡为最多。颍川郡内入襄城、鄢陵、舞阳、阳城皆有之，又以舞阳为最多。东汉安帝时匈奴逢侯降汉，处之颍川，一以避与南单于之冲突，再则以颍川多匈奴降人之后，同类相处，较为融洽，且地处京都以南，逢侯更无纠合匈奴叛汉之可能。

② 郭泰起义于白波谷事，在《后汉书·灵帝纪》、《通鉴》卷59"中平五年"条及《后汉书·董卓传》中皆有记载，诬蔑之为"白波贼"。白波谷在今何地，有许多不同的意见。《通鉴》以西河为"河西"，《通鉴》胡注遂据宋白的《续通典》以为就是河南府河清县的白波镇，并疑此镇在孟津以西，故曰河西。惠栋注《后汉书·灵帝纪》反对此说，以为西河郡在洛阳北一千二百里，不得以河清县释之。时白波军攻太原、河东二郡，其根据地当在西河国内，由此东出至太原，南下则为河东。《读史方舆纪要》卷41"山西平阳府太平县"下云："白波垒在县东南三十里。后汉末，黄巾余党郭大于汾西白波谷筑垒寇太原，即此，今名永固村。"白波谷当即太平之白波垒。南单于与白波之结合亦由于居处相近之故。

屯兵于平阳。① 不久于扶罗从河东转至上党,与张杨合兵攻壶关等地。② 又至黎阳、内黄等地,被曹操军所败。后来于扶罗又和另一支农民起义的队伍黑山军③ 联合,与曹操军战于陈留郡之封丘、襄邑(今河南睢县)、宁陵等地。④ 匈奴于扶罗单于与白波、黑山二军联合,连续在河东、上党、陈留等地打击汉末统治阶级的封建政权,显然具有进步作用。但是白波军的首领如杨奉、胡才、李乐、韩暹⑤ 等后来都投降了董卓和汉献帝,并保卫献帝从长安东迁都安邑;而黑山军的首领张燕则既向汉灵帝投降,为平难中郎将,又佐公孙瓒与袁绍争夺冀州。所以于扶罗单于也同上述白波、黑山二军的几位首领一样,都带有浓厚的封建统治阶级思想和流寇性质,他们是不可能代表广大农民的阶级利益的。公元195年,汉献帝从长安东迁。原由白波将领杨奉等护卫,出关至弘农东涧(今河南灵宝),与董卓余党李傕等大战,失败。杨奉乃遣使至河东召南匈奴左贤王去卑⑥ 及白波帅韩暹、李乐、胡才等率众数千骑来救,洛阳既不能去,始送献帝至河东安邑。沿途且战且却,秩序紊乱,公私货财及妇女被掠者不可数计。著名的蔡邕之女蔡文姬被胡骑所掳,做了左贤王的嫔妃,可能就是在此年她从河东归宁于陈留圉县(今河南杞县南)

---

① 《后汉书·南匈奴列传》。《晋书·江统传》载《徙戎论》云:"中平中,以黄巾贼起,发调其兵,部众不从而杀羌渠。"似与事实不合。
② 《通鉴》卷59汉灵帝"中平六年"条,同书汉献帝"初平二年"条;《三国志·魏书·张杨传》。
③ 汉河内郡朝歌县(今河南淇县)西北有黑山,是黄巾起义军一支黑山派的屯据之所。黑山派的首领初为张牛角,牛角死后为张燕,领导河北、河南、山东的农民起义约一百万人。并与常山、赵郡、中山、上党、河内诸山谷里的起义集团相交通。后张燕变节,降灵帝,被封为平难中郎将。黑山派与于夫罗共依公孙瓒以抗袁绍,又助袁术与曹操会战封丘等地。参考《后汉书·袁术传》、《三国志·魏书·张燕传》、《通鉴》卷60汉献帝"初平四年"内有关各条。
④ 《三国志·魏书·武帝纪》;《后汉书·袁术传》。
⑤ 《后汉书·董卓传》云:"傕将杨奉,本白波贼帅。"《通鉴》卷61皇甫郦谓李傕曰:"杨奉,白波贼帅耳。"以此知杨奉本白波军帅,初降李傕为将,后与李傕分裂,与董承共保卫献帝东迁。又《后汉书·献帝纪》记"杨奉、董承引白波帅胡才、李乐、韩暹及匈奴左贤王去卑率师奉迎"。《董卓传》亦记"承、奉乃谲傕等与连和,而密遣间使至河东,招故白波帅李乐、韩暹、胡才及南匈奴右贤王去卑,并率其众数千骑来,与承、奉共击傕等,大破之"。以此知韩暹、李乐、胡才都是白波帅。后献帝还洛阳,以杨奉为车骑将军,韩暹为大将军。后曹操挟献帝至许(今河南许昌),奉奔徐州,为刘备所杀;暹走并州,道上为张宣所杀。胡才、李乐被封为征西、征北将军,俱留河东,才为怨家所杀,乐自病死。
⑥ 《后汉书·南匈奴传》及《董卓传》皆作"右贤王去卑",《献帝纪》作"左贤王去卑"。"左"与"右"形近易淆,兹从献帝纪。

母家的中途被掳的。① 从这段故事也可以看出，匈奴统治阶级到达内地以后，凭了自己的武装胡骑趁国内政局混乱之际掠夺财富，抢劫妇女。这种作风显然是背叛中国人民的利益的。

东汉末年，曹操以匈奴蔓延黄河南北诸郡对于统一新政权的建立显然不利为由，于是以分化匈奴各阶层并限他们在一定地区居住的政策来统治匈奴。公元216年，曹操使左贤王去卑诱南单于呼厨泉来朝，留质于邺，"听其部落，散居六郡"②。此六郡指属于并州的五郡，即西河、太原、雁门、新兴、上郡和属于司隶的一郡，河东。③ 单于质邺，曹操遂分其部众为五部：左部一万多落，居于太原的故兹氏县（今山西汾阳南）④；右部六千多落，居于祁县；南部三千多落，居于蒲子县（今山西蒲县）；北部四千多落，居新兴县（今山西忻县）；中部六千多落，居于太陵县（今山西文水东北）。共约三万落。每部之内，择立其贵者为帅。左贤王刘豹，系前单于于扶罗之子，兼为左部帅。时左部最强，魏嘉平年间，刘豹并诸部为一，邓艾上书建议："闻刘豹部有叛胡，可因叛割为二国以分其势。"⑤ 魏末咸熙之际（264—265），以一部太强，分为三部。晋泰始初年，增为四部⑥，又改部帅为都尉⑦。从此，无论单于或王侯以至都尉皆无封土，成为空衔的匈奴头目了。《晋书·刘元海载记》，刘宣等说："自汉亡以来，魏晋代兴，我单于虽有虚号，无复尺土之业，自诸王侯，降同编户。"可为确证。同时，单于的王庭或在离石，或在平阳，而五部帅"虽分居五部，然皆家居晋阳汾涧之滨"⑧。从此可知，匈奴

---

① 《后汉书·列女传·陈留董祀妻传》。
② 《晋书·江统传》。此二语颇为重要，可补《后汉书·南匈奴传》及《晋书·四夷传·北狄匈奴传》之不足。
③ 建安二十年（215），"省云中、定襄、五原、朔方四郡以为新兴郡，郡置一县以领其民"（《三国志·魏书·武帝纪》）。郡治在新兴县，即今山西忻县。新兴以南，西河、太原二郡匈奴最多，上党郡尚无匈奴。杂胡之居上党始于晋初，见《晋书·四夷传·北狄匈奴传》。上郡自永和五年（140）左部匈奴内徙后，形势颇盛，故郡治移至夏阳（今陕西韩城）。
④ 兹氏县，《晋书·四夷传·北狄匈奴传》作泫氏县，"泫"当为"兹"之误。《后汉书·郡国志》，上党郡有泫氏县，即今山西高平。但当时上党郡尚无匈奴，左部不得至山东东部也。《北狄传》及《刘元海载记》俱云"泫氏"属太原郡，太原无泫氏县，其"泫氏"系"兹氏"之误甚明。
⑤ 《三国志·魏书·邓艾传》。
⑥ 《晋书·江统传》。
⑦ 《晋书·四夷传·北狄匈奴传》。
⑧ 《晋书·刘元海载记》。汾涧疑指汾水流域。

统治阶级和匈奴部众的关系，逐渐由直接统治转变为间接遥领的关系了。

匈奴各阶层的分化，是经过汉魏统治阶级一系列的分裂政策而成功的。现在我们试举《三国志·魏书·梁习传》所载梁习在并州的一系列实施为例，便可明了其大概。传云：

> 并土新附，习以别部司马领并州刺史。时承高干荒乱之余，胡狄在界，张雄跋扈，吏民亡叛，入其部落，兵家拥众，作为寇害，更相扇动，往往棋跱。习到官，诱谕招纳，皆礼召其豪右，稍稍荐举，使诣幕府。豪右已尽，乃次发诸丁强以为义从。又因大军出征，分请以为勇力。吏兵已去之后，稍移其家，前后送邺，凡数万口。其不从命者，兴兵致讨，斩首千数，附降者万计。单于恭顺，名王稽颡，部曲服事供职，同于编户。边境肃清，百姓布野，勤劝农桑，令行禁止。

这一系列实施皆在呼厨泉单于入朝以前。实施的对象，虽然也涉及并州汉族、乌桓、鲜卑的豪右，但主要乃指匈奴。匈奴自入缘边八郡以来，在南单于领导下经常攻击北匈奴，又袭击鲜卑，或进行族内战争①，他们很少能定居下来经营农业生产。因为如此，所以匈奴贵族之中也分化出不少的豪右兵家，此是"胡狄在界，张雄跋扈"的主要原因。梁习到官之后，举其豪右参加幕府，这样就使匈奴的中上阶层与部众脱离关系。豪右既尽，更征发丁强，以为义从。此"义从"同汉代所谓"义从胡"有关，乃系一种少数部族的地方武装。②"又因大军出征，分请以为勇力吏兵。"此大军指正式的官军，"勇力吏兵"是魏晋时兵种的术语，似一种以服劳役为主的兵士，尚非正式的军队。③一个匈奴牧民或奴隶从丁强变为义从，再变为勇力吏兵，在从属关系上显然有所变化。丁强原来被豪右兵家占有时，当时叫作"部曲"；此时属于地方官或国家所有的"勇力吏士"，当时就叫作"士家"。"义从"似

---

① 《后汉书·南匈奴列传》。
② 湟中月氏胡降汉，在张掖与汉人错居者，称"义从胡"，见《后汉书·西羌传》。《三国志·魏书·袁绍传》注引《英雄记》，言公孙瓒部队中有"白马义从"。
③ 《晋书·石季龙载记》，张离说石宣曰："今诸公侯吏兵过限，宜渐削弱，以盛储威。"兵即作战之兵，吏即兵佐之吏。

乎是丁强从私有到官有的一种过渡形态。无论部曲或者士家，他们的家庭成分皆较一般编户为低，婚嫁只限于同一阶级，丈夫死后的寡妇由主人或政府来给她们婚配，士兵在军营里或前线逃亡时要拷问他的父母妻子，甚至因此而没收其妻和子女为奴。① 要之，部曲和士家的成分，是介于编户和奴隶之间的一个阶级。曹魏统治阶级把匈奴的"勇力吏兵"打发到驻军地或前线以后，"稍移其家，前后至邺"，主要目的是割断部曲家属与其旧主的关系，并且以家属为质，从此就可以防止士兵在外的逃亡和反叛。部曲和士家的身份是一样的低下，而又强迫他们离开亲族，迁居邺都，所以匈奴牧民对于这种措施是不会心悦诚服的。官府对于那些"不从命者，兴兵致讨，斩首千余"，最后始"附降者万计"。

二、匈奴牧民变为汉族封建主的农奴和奴隶

当南匈奴初到缘边八郡时，匈奴部落和汉代地方政府的关系是"其部落随所居郡县，使宰牧之，与编户大同，而不输贡赋"②。东汉的田赋除了三十取一的常赋外，至汉灵帝时又计亩敛钱，每亩赋十钱。③ 匈奴既无固定的土地，又无发达的农业，而畜牧所得，牛羊不足以糊口，经常赖汉代统治阶级把郡县的粮食输送到边疆以济困穷；马匹供战争且不足，更无余马贡献给政府。④ 所以所谓"不输贡赋"者，实在是无耕地、无粮食和无较多的牲畜之故。在另一方面，匈奴人民所担负的徭役，其中特别是与战争有关的兵役，最为繁重。例如在继多年与北匈奴战争以及多年新旧降人之间的战争之后，公元121年，汉度辽将军耿夔对匈奴"征发烦剧，新降者皆悉恨谋畔"，终

---

① 《三国志·魏书·高柔传》；《晋书·赵至传》；唐长孺：《〈晋书·赵至〉中所见的曹魏士家制度》，《魏晋南北朝史论丛》，第30—36页。
② 《晋书·四夷传·北狄匈奴传》。
③ 《后汉书·桓帝纪》、《灵帝纪》。
④ 《后汉书·南匈奴传》未见南匈奴向汉贡马匹事，反之，汉赐马匹及粮食与匈奴之事则有之。以当时关系言之，南匈奴既为中国保塞，官方自应给予马匹和粮食。灵帝时，初置骐骥厩丞，领受郡国调马。但贡马者只限于郡国豪右以买卖马匹赚利（《后汉书·桓帝纪》），并非向南匈奴牧民征马也。北匈奴常以马匹与汉交易，而非南匈奴。故知东汉时南匈奴的马匹不多。

于酿成第二年阿族的叛变。又如公元187年,匈奴右部醢落族和休屠各族共十余万人反叛,攻杀羌渠单于。匈奴反战运动的加剧和不断发生正是反映匈奴人民的兵役繁重,至于忍无可忍,非爆发反战斗争不可。但当时匈奴的部落组织并未解散,只是把部落组织分置在缘边郡县之内,无事时为民,受郡县的牧宰管束;战时则服兵役,归匈奴单于以下的部帅领到各处去打仗。所以他们的政治关系是双重的,既受汉官的管束,又受匈奴部帅的指挥。到了曹魏时期,这种政治关系有所变化。《梁习传》叙述匈奴丁强经过改编调发之后,"单于恭顺,名王稽颡,部曲服事供职,同于编户。边境肃清,百姓布野,勤劝农桑,令行禁止"。此所谓"部曲服事供职,同于编户",乃指匈奴部民的服徭役,其中特别是兵役而言。"同于编户"也只是同于编户之服徭役,并不是说匈奴除徭役之外还有赋和调。大家知道,赋是按亩计算的田租,调是按户副产品而征收的户调。匈奴只管畜牧,不致力农桑,当然就不能像汉人编户一样出田赋和户调。正因为如此,所以梁习才"勤劝农桑",此种实施应包括并州之内的汉户、匈奴户以及其他少数部族的户而言的。此实为匈奴入中国以后正式农业化的开始。

但是,前面已经叙述,自从匈奴分为五部以后,单于无"尺土之业,自诸王侯,降同编户"。匈奴贵族如此,其一般部民可知。在这种情况下,部民是无法在贵族手里领得土地,成为一般农民的。当时摆在匈奴部民面前的只有两条出路:一条出路是由曹魏统治阶级征调大部分人们为"勇力吏兵",把其余具有劳动力的男女部民作为农奴分配给太原诸部的权贵之门从事耕作。《晋书·王恂传》对于此事记载很详,云:

    魏氏给公卿已下租牛、客户,数各有差。自后小人惮役,多乐为之,贵势之门,动以百数。又太原诸部亦以匈奴、胡人为田客,多者数千。

此所谓"客户"乃对土著户而言。当时战争频繁,无论汉民或者少数部民到处流亡,曹魏统治阶级就把这些客户配以租牛赐给公卿以下的官吏,于是客户就成为私家的田客。依当时制度,田客没有徭役,因此原来负有徭役任务的汉夷"小人"为了避免徭役多乐为田客,其中包括汉族流民,也包括徭役繁重的匈奴部民。太原郡一带的匈奴最多,所以那里曹魏的统治部门亦以匈奴和杂胡为田客，多者至每部门有数千。此所谓"太原诸部"应当解作统治部门的官吏。但"多者数千"，则是指每一部门官吏所有田客的总数。每一部门共有奴婢几千人，就不算太多了。这与"贵势之门，动以百数"，并不矛盾。田客的地位，大约就是后世的"佃客"或者"雇农"，发展的结果可以成为农奴，也可以成为奴隶。

匈奴部民的又一条出路，就是成为汉族封建地主阶级的奴隶。魏晋时期，并州和其他黄河流域地区的统治阶级买卖匈奴、杂胡为奴隶的事颇为盛行。《三国志·魏书·陈群传附子泰传》云：

> 正始中（240—248），徙（泰）游击将军，为并州刺史，加振威将军，使持节、护匈奴中郎将。怀柔夷民，甚有威惠。京邑贵人多寄宝货，因泰市奴婢。泰皆挂之于壁，不发其封。及征为尚书，悉以还之。

这段故事说明三国魏时做并州刺史和护匈奴中郎将的都可利用他们的特殊地位很容易买到匈奴人民做奴婢。汉族贵族和封建主所购买的奴婢数量很大，所以跟着京邑贵人多寄宝货以市奴婢，又可说明当时奴婢的价格也很高。因此对于前引《王恂传》所云贵势之门奴婢数目动以千百计的事，不必多所惊奇了。这样大批的奴婢从哪些人们的手里买来的？除了一些汉、胡人民因饥饿乞食无以为生，自动出卖自己为奴婢外，大部分的奴婢乃是经过汉、胡统治阶级凭着武力在各地掠夺人口，然后再把这些人口卖做奴婢的。关于此事，我们不必多所引征，只看《晋书》的《石勒载记》便可明白。《载记》云：

> 石勒，……年十四，随邑人行贩洛阳，倚啸上东门。……时多嗤笑，唯邬人郭敬、阳曲宁驱以为信然，并加资赡。勒亦感其恩，为之力耕。……太安中（302—303），并州饥乱，勒与诸小胡亡散，乃自雁门还依宁驱。北部都尉[①]刘监欲缚卖之，驱匿之，获免。勒于是潜诣纳降都尉李川，路逢郭敬，泣拜，言饥寒。敬对之流涕，以带货鬻食之，

---

① 原文作"北泽都尉"，"北泽"当为"北部"之误，见周家禄：《晋书校勘记》。

并给以衣服。勒谓敬曰："今日大饿，不可守穷。诸胡饥甚，宜诱将冀州就谷。因执卖之，可以两济。"敬深然之。会建威将军阎粹说并州刺史、东瀛公腾执诸胡于山东卖充军实。腾使将军郭阳、张隆房群胡将诣冀州，两胡一枷。勒时年二十余，亦在其中，数为隆所殴辱。敬先以勒属郭阳及兄子时，阳，敬族兄也，是以阳、时每为解请。道路饥病，赖阳、时而济。既而卖与茌平（今山东茌平）人师欢为奴。……欢家邻于马牧，与牧率魏郡汲桑往来。勒以能相马自托于桑。尝佣于武安（今河北武安）、临水（今河北磁县），为游军所囚。会有群鹿傍过，军人竞逐之，勒乃获免。……是岁刘元海称汉王于黎亭，（成都王）颖故将阳平人公师藩等自称将军，起兵赵魏，众至数万，勒与汲桑帅牧人乘苑马数百骑以赴之。桑始命勒以石为姓，以勒为名。

关于石勒的族姓问题，近时一般学者都同意他的祖源来自西域作为"九姓昭武"之一的石国，在此可不加讨论。[①] 石勒虽非匈奴，但与石勒同遭奴婢命运而被缚卖于各地者大有匈奴人在。石勒初为贫雇农，4世纪初从雁门返阳曲时，中途几被匈奴的北部都尉注意，掠卖为奴，幸经宁驱藏匿，始免于难。路逢封建人道主义者郭敬，协议执卖为奴，可至冀州就食，遂被晋并州刺史司马腾所获，两胡一枷，转卖给茌平封建地主为奴。勒于脱离奴籍之后，又做一次雇农，最后与汲桑领导牧人起义，建立赵国，即五胡十六国中的后赵。石勒的遭遇正是数以千百计的匈奴奴婢的共同遭遇，此与五胡十六国中一部分少数部族领袖在内地建国有关，下面准备详加阐述。这里我们企图说明的，只是那些买卖和掠夺匈奴部民为奴隶的，不是别人，正是匈奴的贵族和汉族的封建统治阶级。

从上面各节叙述，可知自匈奴入居中国以后，汉、匈之间有部族之间的矛盾，同时又有阶级之间的矛盾。

[①] 参考谭其骧：《羯考》，1947年1月9日《东南日报》副刊；唐长孺：《魏晋杂胡考》第三"羯胡"，《魏晋南北朝史论丛》，第414—427页；姚薇元：《北朝胡姓考》，第355—358页。

三、晋代初年入塞北狄十九种的初步分析

晋代立国后的初二十年间（265—287），塞外草原遭大水灾，前后有二十八万口匈奴和其他杂胡入塞降晋，晋处之内地，与汉人杂居。公元265年，塞外塞泥、黑难等二万多落从河西入居内地，于是平阳、西河、太原、新兴、上党、乐平诸郡皆有匈奴分布。以上六郡皆在今山西境内。此外，由于新旧匈奴、杂胡向各地迁移，除上六郡外，在河南、河北境内的，有弘农（治弘农，今河南灵宝）、魏郡（治邺，今河南临漳，郡有几县在河北南部）二郡，在陕西、甘肃境内的，有京兆（治长安，今陕西西安）、冯翊（治高陵，今陕西高陵）、北地（治富平，今甘肃庆阳）、安定（治临泾，今甘肃镇原）、上郡（治肤施，今陕西绥德）诸郡，都有匈奴部落与汉民错居其间。① 公元284年，塞外匈奴胡太阿厚率领部落二万九千三百人降晋，晋处之塞内西河。② 公元286年，匈奴胡都大博及萎莎胡各率种落十万口至雍州来降。当时雍州治京兆，统辖京兆、冯翊、扶风、安定、北地、新平、始平诸郡。晋应纳居此降胡于雍州北部。公元289年，晋以刘元海（渊）为匈奴北部都尉。同年，奚轲男女十万口来降。③《晋中兴书》云："胡俗以部落为种类。"《晋书·四夷传·北狄匈奴传》述"北狄入居塞者，凡十九种，皆有部落，不相杂错"。以此知入居塞内的北狄虽分散于各地，但仍按部落聚居，不混杂。但这些从塞外入居内地的虽皆称北狄，并不尽为匈奴。此十九种北狄之中，大部分是从匈奴族分化出来的部落，也有一部分不与匈奴同族，但因为他们从前是组成匈奴国家的部落或部族，所以可称为"匈奴的别部"。现在我们把十九种北狄部落的名称罗列于下，其中大部分我们是考证不出的，但有一些在目前看来已经有些端倪，希望今后的治匈奴史者继续研究。

---

① 参考《晋书·四夷传·北狄匈奴传》所引郭钦上疏云："裔不乱华，渐徙平阳、弘农、魏郡、京兆、上党杂胡。"《通鉴》卷81引郭钦上疏云："西北诸郡，皆为戎居，内及京兆、魏郡、弘农，往往有之。今虽服从，若百年之后有风尘之警，胡骑自平阳、上党不三日而至孟津，北地、西河、太原、冯翊、安定、上郡尽为狄庭矣。"从郭钦《徙戎论》可以知道当时匈奴和杂胡的分布状态。

② 《通鉴》卷81"太康五年"条云："帝处之塞内西河。"此条为《晋书·四夷传·北狄匈奴传》所不载。此西河即并州汾河以西之西河国也。

③ 《通鉴》卷81"太康五年"条，奚轲，胡注云"亦夷种也"。此条与刘渊事同记，奚轲亦当为匈奴之一种。

北狄入居塞内的十九种名称：

（一）屠各种。

（二）鲜支种。

（三）寇头种。

（四）乌谭种——《寰宇》记作"乌檀种"。

（五）赤勤种——《寰宇》记作"赤勒种"，是。

（六）捍蛭种——《寰宇》记作"捍蛭种"；《册府元龟》作"桿蛭种"。

（七）黑狼种。

（八）赤沙种。

（九）郁鞞种。

（十）萎莎种——《寰宇》记作"萎莎种"，"萎"或作"萎"。

（十一）秃童种——《寰宇》记作"秃重种"。

（十二）勃蔑种——《寰宇》记作"勃茂种"。

（十三）羌渠种。

（十四）贺赖种。

（十五）锺跂种——《寰宇》记作"锺跂种"。

（十六）大楼种。

（十七）雍屈种。

（十八）真树种。

（十九）力羯种。

北狄十九种之中最为人们注意的是屠各种。"屠各"是"休屠各"（xiutsuga）的简译，但在文献内，或者省词头"xiu-"音，译为"屠各"，或者省词尾"-ga"音，译为"休屠"[1]，所以"屠各"和"休屠"都由同一语源变化而来。公元前121年，汉武帝遣骠骑将军霍去病战胜匈奴浑邪王与休屠

---

[1] 钱大昕《廿二史考异》卷12《后汉书·南匈奴列传》"休著屠各"下云："《灵帝纪》作'休屠各'。案休屠之'屠'音储，而'著'亦音直虑切，译语有轻重，其实一也。《乌桓鲜卑传》俱云'屠著屠各'，此必读范史者音'著'为'屠'，后遂搀入正文耳。"考据至为精辟。《后汉书·张奂传》："时休屠各及朔方乌桓并同反叛，……（奂）潜诱乌桓，阴与和通，遂使斩屠各渠帅，袭破其众。"同一传内，或称"休屠各"，或称"屠各"，"屠各"系"休屠各"之省文甚明。

王,"浑邪王杀休屠王,并将其众降汉,四万余人,号十万"①。汉"乃分处降者于边五郡故塞外,而皆在河南,因其故俗为属国"②。此边五郡依《通鉴》卷19胡三省注谓指陇西、北地、上郡、朔方、云中五郡,汉因其故俗为五属国。从休屠王之部众,遂自休屠王原住地的武威郡而东,分散到陇西、北地、上郡、朔方、云中诸郡的关塞之外。公元50年,南匈奴呼韩邪单于入居云中、西河二郡,又分其部众于缘边八郡各地,休屠王的子孙及其残余部众从此归南单于统治,并在此时入居缘边各郡塞内。所以在东汉时期,汉文史志记录在武威、北地、五原、朔方、西河五郡皆有屠各的踪迹。③ 到三国魏时和晋代前叶,屠各的部众很多,在中国北方分布的区域亦很广,计有西山屠各、赵郡屠各、秦陇屠各、渭北屠各、高平屠各、凉州屠各、姑臧屠各、并州屠各等等。④ 其中最主要的,是并州屠各。现在我们把并州屠各的原委略叙述一下。

并州屠各之名称,据《后汉书·灵帝纪》记载始于公元187年,即中平四年,称此年十二月,"休屠各胡反"。到公元188年正月,"休屠各胡寇河西,杀郡守邢纪"。三月,"休屠各胡攻杀并州刺史张懿,遂与南匈奴左部胡合,杀其单于"。关于此二年中休屠各胡所发生的事件,在《南匈奴传》内亦有综合叙述,说公元187年前中山太守张纯反叛,率领鲜卑扰边,灵帝诏发南匈奴兵至幽州讨之,南单于遣左贤王将骑诣幽州,国人恐单于发兵无已,遂爆发了公元188年醢落人与休屠各胡联合十多万人攻杀羌渠单于事件。这一事件是匈奴部民一种反兵役的正义的运动,在前文中我们已经提到。参加运动的屠各人与醢落人聚众至十万有余,可知当时屠各人在并州者显然是一大族。东汉时的南单于,如《南匈奴传》所述,仍为挛鞮氏或虚连鞮氏。自单于以次,异姓则有呼衍氏、须卜氏、丘林氏、兰氏四姓为"国中名族"。至魏晋时期,匈奴四姓"有呼延氏、卜氏、兰氏、乔氏,而呼延氏最贵"。此呼延氏即汉代呼衍氏,卜氏即汉代的须卜氏,乔氏即汉代的丘林氏。诸氏之中属于屠各族者有二,即卜氏和乔氏。屠各卜氏似分散于并州各

---

① 《史记·匈奴列传》。
② 《汉书·霍去病传》。
③ 参考吕思勉:《胡考》,《燕石札记》,第161—168页。
④ 唐长孺:《魏晋杂胡考》,《魏晋南北朝史论丛》,第382—396页。

地。《晋书·卜翊传》谓"翊，匈奴后部人也"。此匈奴后部当指匈奴五部中之北部①，在新兴郡，治新兴县，即今山西忻县。《通鉴》卷 105 记晋孝武太元九年（384），慕容农使赵秋说屠各毕聪，聪与屠各卜胜等率部众数千与合兵。此屠各之在西山者，即晋东的太行山内。又《晋书·石勒载记》记载：建兴四年（316），屠各"靳准②使卜泰送乘舆、服御请和。勒送泰于刘曜，曜潜与泰结盟，使还平阳宣慰诸屠各"。以此知平阳在当时为众屠各屯兵之所。屠各乔氏分布于晋东南之隰县、离石与平阳。《晋书·良吏·乔智明传》谓"乔智明字元达，鲜卑前部人也。……永嘉之乱，仕于刘曜"。此"鲜卑前部"当作"匈奴前部"，即指匈奴五部中之南部，在蒲子县，即今山西隰县。同书《贾浑妻宗氏传》记："（贾）浑为介休令，被刘元海将乔晞攻破，死之。宗氏有姿色，晞欲纳之。宗氏骂曰：屠各奴，欲加无礼于尔母乎！"此屠各乔晞应与刘元海同居于离石，为离石人。又《石勒载记》，建兴四年，"（卜）泰入平阳，与准将乔泰、马忠等起兵攻准，杀之，推靳明为盟主，遣泰及卜玄奉传国六玺，送于刘曜"。此乔泰可能就是平阳的屠各。上述匈奴四大姓之中，卜、乔二姓皆为屠各；与乔氏同一语源的丘林氏虽在《南匈奴列传》里开始出现，而与卜氏同一语源之须卜氏则自匈奴立国之初已经出现于《史记》的《匈奴列传》、《汉书》之《匈奴传》，从此可知屠各族的历史和匈奴的历史差不多是同样地悠久的。屠各族之在并州者，除卜氏、乔氏外，尚有西河张氏，如十六国时之屠各张网、张世龙等，皆西河人。③西河为匈奴左部所在之地，以此知西河之左部匈奴亦多屠各族。西河左部匈奴最惹我们注意的，就是与刘渊、刘曜世系所从出的刘氏。近年国内外的史学界很多学者怀疑五胡十六国中之刘渊、刘曜并非南单于虚连鞮氏之后裔，他们举出种种理由，以为刘氏本系出屠各族，屠各为匈奴之一支，在两汉时尚不在国内四大名族之列，直至刘渊建立前赵以后，始如《晋书·匈奴传》所云"屠各最豪贵，故得为单于，统率诸种"。④所有这些论断，都是十分正确

---

① 《通鉴》卷 85 晋惠帝"永兴元年"条，"后部人陈元达"下胡三省注云："后部即匈奴北部也。"魏武帝曹操分匈奴为五部，北部即后部，南部及前部。本文后述乔智明为前部人，与此注同。
② 《晋书·刘粲传》，王延骂靳准曰："屠各逆奴，何不速杀我？"又《刘曜载记》，靳明率平阳士女一万五千人归刘曜。此靳准与靳明皆为屠各人。《姓苑》云："靳姓出河西。"
③ 参考姚薇元：《北朝胡姓考·匈奴诸姓》"张氏"条，第 278—279 页。
④ 见姚薇元：《北朝胡姓考》，第 44—47 页；唐长孺：《魏晋杂胡考》，《魏晋南北朝史论丛》，第 396—403 页；〔日〕内田吟风：《后汉末期至五胡乱时匈奴五部之形势》，《史林》1934 年第 19 卷第 2 号。

的。现在我把姚薇元《北朝胡姓考》中所列刘氏本出屠各的五个论证罗列于下：（一）《晋书·李矩传》，靳准使者称"刘元海屠各小丑，作乱幽、并"；（二）《魏书·卫操传》，操撰桓帝功德碑云"屠各匈奴，刘渊奸贼，结党同呼，敢击并土"；（三）《晋阳秋》记刘聪为屠各人；（四）《晋书·刘琨传》，卢谌上表称刘粲为屠各；（五）《晋书·王弥传》，弥斥刘曜曰："屠各子，岂有帝王之意乎？汝奈天下何！"[1]不仅刘渊、刘曜是屠各人，《晋书·刘元海载记》称："魏武分其（匈奴）众为五部，以豹为左部帅，其余部帅皆以刘氏为之。……刘氏虽分居五部，然皆居于晋阳汾涧之滨。"刘豹为刘渊之父，固其为屠各无疑，其他四部帅亦姓刘氏，且皆居家晋阳汾水之滨，然则五部帅似皆为屠各。《晋中兴书》云："屠各最豪贵。"《晋书·匈奴传》云："屠各最豪贵，故得为单于，统领诸种。"殆由于此。

除屠各种外，贺赖种亦为匈奴之一种。《晋书·慕容儁载记》云："匈奴单于贺赖头率部落三万五千降于儁，拜宁西将军云中郡公，处之于代郡平舒城（今山西广灵西十里）。"此事《十六国春秋·前燕录》系于前燕光寿元年，即公元357年，距十九种北狄之入塞迟七十至九十一年。入居郡县与匈奴五部中之北部为近。此族原居阴山北麓，即今内蒙古大青山以北。《魏书·太祖纪》记：公元386年（魏登国元年），拓跋珪北过阴山，至贺兰部。此"贺兰部"当即匈奴"贺赖种"之异译。今河套以西有贺兰山，当与贺兰部有关，但如何关系尚不明了。《通典》"突厥"条云："突厥谓马为贺兰。"此族以马为部名，似与产马或牧马有关。

鲜支种有人疑为鲜卑族，毫无根据。《魏书》卷73《奚康生传》云："吐京胡反，自号辛支王。康生为军主，从章武王彬讨之。"辛支之"辛"，古读宵前切，音先。《焦仲卿妻诗》，辛与专同韵。故疑此辛支王即鲜支王。吐京胡以在魏之吐京郡得名。北魏的吐京郡即汉之吐军县，治所在今山西石楼县西北，正是匈奴南部都尉所领地。所以鲜支种应是匈奴的一支族。

寇头种，我疑即王沈《魏书·鲜卑传》中之"槐头"。东汉桓帝时（147—167），鲜卑盟主檀石槐统率三个部落联盟集团，东部集团二十余邑，

---

[1] 姚薇元：《北朝胡姓考》，第44—47页。

其大人有弥加、阙机、素利、槐头。① 前三部大人在辽西、右北平、渔阳塞外，槐头部落当在此。②《魏书·宇文莫槐传》称："匈奴宇文莫槐，出于辽东塞外。其先南单于远属也，世为东部大人。"从时间、地点、名称各方面看，此寇头种应指古代内蒙古东部宇文氏所领导的匈奴部落集团。③

赤沙种，似亦匈奴种落之一。《晋书·匈奴传》言匈奴国人有綦毋氏。晋武帝时，綦毋倪邪伐吴有功，由骑督迁赤沙都尉。《刘聪载记》，河间王司马颙表刘聪为赤沙中郎将。时聪方为右部都尉，又迁为右贤王，随还右部。此赤沙种似即在并州右部即今祁县境内。

除了贺赖种、寇头种、赤沙种为匈奴外，其他尚有很多部落是属于匈奴族的范围之内。但也有一些族落，原来不属于匈奴语族，甚而有个别的不属于阿尔泰语系，乃在匈奴建国时隶属于匈奴的统治阶级或者当时始进入蒙古草原的，这些族落只能叫作"北狄"或者"匈奴别部"，而不能称为匈奴或匈奴部落。

例如赤勒就是很显明的一例。赤勒《晋书·匈奴传》作"赤勤"，"勤"与"勒"形近，往往互易而误。如唐代著作和书写家常把"特勤"误为"特勒"，④ 此则误"赤勒"为"赤勤"。《晋书·慕容儁载记》，"敕勒"亦作"敕勤"。"敕"，耻力切，与"赤"同音。"敕"亦作"勑"，或作"勅"。《玉篇》云："敕"本作"勑"，今相承皆作"勅"。《魏书·高车传》云："高车，……初号为狄历。北方以为敕勒；诸夏以为高车、丁零。"从此可知，赤勒实在就是丁零，乃是从原音"狄历"转翻而来的。231 年（曹魏太和五年），丁零大人儿禅通过鲜卑首领轲比能到幽州（今北京）与魏进行马匹交易。时丁零部落仍在塞外。到晋代初年，赤勒入塞居住，但大部分的丁零集团仍在塞北。晋初入塞的赤勒居住何地，史无明文。据我揣测，这些赤勒的后裔可能就是北魏时在吕梁山脉与稽胡杂居的西河丁零。

北狄十九种中的羌渠种，既从塞外内迁，所以无论如何跟原来建牙于并州离石的羌渠单于拉不到一起的。《晋书·石勒载记》云：石勒，"其先匈奴

---

① 《三国志·魏书·乌丸鲜卑东夷传》注引王沈《魏书·鲜卑传》。
② 《三国志·魏书·乌丸鲜卑东夷传》云："素利、弥加、阙机皆为大人，在辽西、右北平、渔阳塞外。"槐头疆土应在今内蒙古东部赤峰、辽宁朝阳等地。
③ 姚薇元：《北朝胡姓考》，第 166—168 页。
④ 如《新唐书·突厥传》即一显例。

别部羌渠之胄"。《晋书·石勒载记》的作者又云:"石勒出自羌渠。"由此二证不难看出,石勒的祖籍属于十九种北狄的羌渠种无疑。羌渠族落于晋初入居并州上党郡之武乡县北原山下,《魏书·羯胡石勒传》称其地为"羯室"。此"羯室"在《魏书·西域传》内称为"者舌",《新唐书·西域传》称为"赭时",据夏德考证乃由"Tyash"译音而来。突厥语"Tash"为石头之义,所以《隋书·西域传》译其义为"石国"。石国在今中亚的 Tash-Kend,其义为"石城"。此石城与古代的石国,又石国与石勒之姓石以及所居地之"羯室",都有连带关系。但从汉至魏晋时,在中亚锡尔河以东只有康居国,后世所谓昭武诸姓部落皆统摄于康居。石姓所居地之石国当亦不例外。所以石勒的祖籍,虽为石国,实际亦属于康居。《史记·大宛列传》谓"遣骞为发导驿,抵康居"。《索隐》云:"居,音渠也。"康居之"居"音渠,"康"与"羌"古音又相近,所以康居和羌渠实为一国。[①] 从此知石勒的祖先原籍康居,初由康居迁到蒙古草原,再由草原迁到并州上党武乡之北原。羯胡石勒的祖先何时从康居迁至草原已不可知。他们从草原迁至并州上党郡的时间即在 3 世纪的后叶,最可能的是在晋武帝践祚之初不久,即公元 265 年以后不久。我们如此推测,主要是由于《晋书·四夷传·北狄匈奴传》记载此时并州上党郡开始有塞外匈奴故地的杂胡族落入居之故。当时进入上党的不只石姓一族。除石姓外,张姓的羯胡亦于此时居入上党。《石勒载记》记石勒与汲桑所领导的牧人起义失败后,汲桑被杀,石勒奔乐平(今山西昔阳)[②],"时胡部大张匐督、冯莫突等拥众数千,壁于上党,勒往从之"。此部大张匐督以"匐督"为名,亦如石勒原名"匐勒"、石季龙的祖父名"匐邪"一样,"匐"(bäj)正是羯胡酋首小帅的一般称号。[③] 又《十六国春秋·后赵录》记"张季字文伯,羌渠部人也"。此羌渠部和《晋书·北狄传》的羌渠种相同,说明

---

① 参考谭其骧:《羯考》;姚薇元:《北朝胡姓考》,第 355—358 页。
② 今昔阳县城南数十里有赵壁,相传即石勒屯兵之所。
③ 石勒原名匐勒,见《魏书·羯胡石勒传》。匐勒为"beilik"之对音,其义为王者,为统帅,系阿尔泰语。《北史·高车传》记阿伏至罗"自立为王,国人号之曰侯娄匐勒"。此"匐勒"与石勒之原名"匐勒"同。石季龙祖父名匐邪,见《晋书·石季龙载记》,"匐邪"仍为阿尔泰语"beig"(统帅)变化而来。张匐督称为"部大",言其为部落达人,或大部帅。"匐督"似为半音半译义的名称。"匐"仍为"beig"或"bäj"之音译。冯莫突,不知是否是羯胡人。此"莫突"则为阿尔泰语"batur"之对音,其义为"勇士"或"豪杰"。参考〔日〕白鸟库吉:《失韦考》、《羯胡考》,《东胡民族考》下编,方壮猷译,商务印书馆 1934 年版,第 42—47、57—59 页。

他们是自成一族，与匈奴不同。

还有一族可能亦与匈奴不同，就是萎莎种。胡注《通鉴·晋纪》云："据《晋书》，萎沙胡，北狄种，盖亦匈奴类也。"但《晋书·四夷传·北狄匈奴传》云："匈奴胡都大博及萎莎胡各率种类大小凡十万余口诣雍州刺史扶风王骏降附。"此记录把萎莎胡与匈奴胡对称，显然非匈奴部落。此族进入雍州，当在今陕西境内。

过去有些人轻易地把鲜支和乌谭误认为鲜卑和乌桓，这显然是不对的。《晋书·石季龙载记》，"（石）鉴使石苞及殿中将军张才等夜诛（冉）闵、（李）农于琨华殿，不克，禁中扰乱"。此张才在《魏书·石勒传》中作"胡张才"。汤球《十六国春秋辑补·后赵录九》以为张才即张材伎。引《太平御览》卷 744《后赵录》云："张材伎，乌谭部人也。善棋博、蹴踘、斗鸡诸伎。"以此知乌谭确系胡部，而非乌桓。唯此胡系西域胡抑或匈奴胡，则不得而知。

除《晋书·四夷传·北狄匈奴传》十九种之外，还有一些种姓同匈奴关系密切而在不同时期移入中国内地的，如铁弗氏即赫连氏、沮渠氏等，现在简略叙述如次：

铁弗氏之祖，我们只能远溯至汉代末年匈奴左贤王去卑。《魏书·铁弗刘虎传》云："铁弗刘虎，南单于之苗裔，左贤王去卑之孙，北部帅刘猛之从子，居于新兴虑虒之北。"铁弗刘虎既是去卑之孙，刘猛之侄，去卑和刘猛是否与鲜卑通婚姻，则未见于记载。《晋书·武帝纪》泰始七年（271），"春正月，匈奴帅刘猛出塞"。《通鉴》此年十一月，刘猛寇并州。《武帝纪》泰始八年（272），"匈奴左部帅李恪杀猛而降"。猛死，其子奔拓跋氏，由猛弟诰升爰代领部落。诰升爰死，由子刘虎代领其众。铁弗部初居于新兴虑虒之北，即今山西五台县的北部。公元 310 年（晋永嘉四年，北魏穆帝三年），铁弗部和白部鲜卑联合攻晋雁门、新兴二郡，并州刺史刘琨约拓跋猗卢由盛乐（今内蒙古和林格尔北部）出兵，南北夹攻，大破白部，次攻刘虎，屠其营落。虎收拾余众，西渡黄河，居于朔方郡之肆卢川（今陕西榆林西北）。①虎之孙卫辰转居于代来城（今榆林北）。氐秦苻坚与卫辰联兵，战胜拓跋部，

---

① 《魏书·序纪》穆帝"猗卢三年"条；《十六国春秋·夏录一》。

分其部众为二：黄河以西属铁弗刘卫辰，以东属独孤刘库仁。①及拓跋氏建魏国，出兵渡河攻代来城，杀卫辰。卫辰第三子赫连勃勃初奔叱干部（在今内蒙古五原），继奔高平（今甘肃平凉），降羌秦姚兴，终以铁弗部众、三交（今陕西横山西）五部鲜卑及杂胡二万余落建夏国，定都于黑水之南、无定河之北，名曰统万（今横山西八十多里）。②

从上所述，可知赫连勃勃的夏国是以铁弗部的首领及其基本铁弗部众建立起来的。《魏书·铁弗刘虎传》称："北人谓胡父鲜卑母为铁弗，因以为号。"此胡父之"胡"当指匈奴。以匈奴为父与鲜卑为母所生之子孙，北方草原人称为"铁弗"。此"铁弗"为"Tuba"的对音，其义指两种姓杂交而生的新的种姓，在初时草原部民并无任何卑下之意。③及铁弗部入居中国渐久，受汉人宗法观念的影响亦渐深，故《铁弗刘虎传》称铁弗勃勃"耻姓铁弗，遂改为赫连氏，自云徽赫与天连"。《十六国春秋·夏录》记载有赫连勃勃改姓的诏文，云："古人氏族无常，或以因生为氏，或以王父之名。"此铁弗正是其祖先因杂配而生所得之姓。但铁弗之改姓为赫连，主要还是改正草原诸部族的观感而言的，对于中原的汉人则"又号其支庶为铁伐氏，云其宗族刚锐如铁，皆堪伐人"④。此"铁伐"正是"铁弗"的异译，只从字面上看有"以钢铁伐人"之义罢了。此赫连氏本为铁弗氏，即由匈奴和鲜卑交配而生出的新的种姓。但此时草原种姓和中国内地一样，是实行父系父权制的，所以以匈奴为父系、鲜卑为母系交配而生的铁弗或铁伐氏仍然称为匈奴。⑤

沮渠氏之祖原为匈奴的左沮渠官衔，其后裔以官为氏，称沮渠氏。《晋书·沮渠蒙逊载记》云："沮渠蒙逊，临松卢水胡人也。其先世为匈奴左沮渠，遂以官为氏焉。"后一句正可说明沮渠氏命名之由来。但上述载记称沮渠蒙逊为临松卢水胡人，此临松在今何处，卢水胡是否就是匈奴，这些问题

---

① 《魏书·序纪》昭成帝什翼犍"三十七至三十九年"条、《燕凤传》、《铁弗刘虎传》。
② 《十六国春秋·夏录一》。关于统万城的所在地，参考杨江：《夏州城考》，《河套图考》附录内。
③ 胡父鲜卑母事例起源甚早，至刘虎时，虎之单路孤逃拓跋部，拓跋郁律以女妻之，见《魏书·序纪》；拓跋什翼犍又以女妻刘卫辰，见《魏书·铁弗刘虎传》。
④ 《十六国春秋·夏录一》；《魏书·铁弗刘虎传》。
⑤ 《南齐书·魏虏传》记义熙中，仇池公杨盛表云："索虏勃勃，匈奴正胤是也。"勃勃既非索虏，亦不能谓为匈奴正胤，想系传闻之误。

应当加以解决。按《宋书·氐胡传》云："大且渠蒙逊，张掖临松卢水胡人也。"此言临松在张掖郡。自东汉以来，张掖郡属于凉州。故此临松乃凉州张掖郡中之一地名。又《晋书·地理志·凉州后序》云："张天锡又别置临松郡。"此临松郡之名乃由于张掖南有临松山。《太平寰宇记》甘州张掖县下云："临松山在县南一百二十里。"临松郡治当在此山之下。卢水胡原非一部落或部族之名，以有些族落居近于卢水，故以为名。文献中所述卢水胡居地最明晰者为《后汉书·西羌传》云："（建初）二年（77）夏，迷吾遂与诸众聚兵，欲叛出塞。于是诸众及属国卢水胡悉与相应。"又记迷吾子迷唐"将五千人寇陇西塞。太守寇盱与战于白石，迷唐不利，引还大、小榆谷，北招属国诸胡，会集附落，种众炽盛"。按大、小榆谷在今青海贵德县东，属国在大、小榆谷以北。此属国卢水胡显然是指张掖属国的卢水胡而言。张掖郡和张掖属国的卢水，《汉志》称为弱水，出南山，过张掖及属国而入居延泽。后世亦名此水为张掖河，或称黑河。《水经注》云，水黑曰卢，卢水应当就是黑河。① 最早的卢水胡就是指张掖郡及其附近的卢水胡而言。

卢水胡属于哪一种部落，论者颇不一致。② 张掖郡一带自古为多部族杂居地区。公元前2世纪以前，此区的主要居民为月氏族。在公元前175年匈奴驱逐月氏王以后，此区为匈奴休屠王、日逐王所占领，其主要部族为匈奴族。月氏族的残余部落所谓小月氏大部分南逾祁连山，分居于湟中（今青海西宁）和令居（今甘肃永登西北），只有一小部分数百家留居张掖。③ 又当公元1世纪北匈奴西遁以前和东汉建武初年以后，匈奴奴婢亡匿在金城、武威、酒泉北、西河东西者有数万落，其中有大胡（西域胡），有丁零，也有羌族。④ 只从上述有限的文献记录看，已经知道卢水流域的部族成分是十分复杂的。但无论如何，在卢水杂胡之中，主要的部族仍是匈奴，而不是羌或小月氏等族。

上述匈奴的屠各刘氏、铁弗赫连氏、卢水胡沮渠氏从4世纪初年起在中

---

① 参考（清）张穆：《蒙古游牧记》卷16，额济纳土尔扈特额济纳河下何秋涛的补注；《读史方舆纪要》卷63；姚薇元：《北朝胡姓考》，第365—368页。
② 参考周一良：《北朝的民族问题与民族政策》，《燕京学报》1948年第39期；唐长孺：《魏晋杂胡考》第二"卢水胡"，《魏晋南北朝史论丛》，第403—414页。
③ 《后汉书·西羌传》。
④ （魏）鱼豢：《魏略》；《三国志·魏书·乌丸鲜卑东夷传》注引。

国的北部和西北部建立了前赵、夏、北凉三个属于临时政权的国家。如众所周知，五胡之中居于首要地位的是匈奴，而3至5世纪间的"五胡十六国"是以匈奴所建的前赵开始，又以匈奴所建的北凉终结，这正说明五胡十六国的少数部族问题主要还是匈奴问题。

四、五胡十六国时与匈奴有关的几个民族运动类型

过去传统的史学界把五胡十六国的历史说成是"五胡乱华"，这种说法现在看来显然是不公允和不正确的。主要的错误在于没有承认五胡是当时国内的少数部族，把国内民族的矛盾问题同国外部族的入侵问题等同起来，所以引出"五胡乱华"的错误结论。当匈奴诸部在蒙古草原属于匈奴国家时期，那时匈奴与汉朝的关系有所谓侵略、被侵略和反侵略的问题，但到了匈奴南下作为中国境内的少数部族以后，这时匈奴和汉朝的关系无所谓侵略和反侵略的问题，只有民族压迫和反压迫、阶级剥削和反剥削以及民族战争中的正义和非正义的问题。过去的史学界不承认上述国家和阶级两个重要条件，仅以"五胡乱华"一语加以概括，所以他们的论述是不公允而且不正确的。

五胡十六国的历史，骤然一看真有些"乱"。"乱"的原因乃由于部族关系复杂、政权关系复杂以及阶级关系复杂。其中最主要的还是阶级关系和部族关系复杂。

秦汉以来，入居中国的匈奴大致可分为三个阶级：一是贵族阶级。如晋代的刘豹、刘渊、刘曜、卜泰、刘猛、刘虎、赫连勃勃、沮渠蒙逊等，他们的祖先原来都是匈奴的世袭贵族和大奴隶主，在中国境内，虽然他们的土地所有权丧失了，但仍拥有很多的牧民、农奴和奴隶，并且享受着中国皇帝给予他们的封爵，所以他们还是贵族。在3、4世纪建国、称王、称单于者都是此等人物。二是平民阶级。在晋如匈奴前部人乔智明、后部人陈元达、善易卜者卜珝[①]以及胡巫、贾胡等皆属此类。三为奴隶和农奴。汉代计君有胡

[①]《晋书·良吏传·乔智明传》称乔智明为"鲜卑前部人"，此"鲜卑"当为"匈奴"之伪。又参看《晋书·刘聪载记附陈元达传》、《艺术传·卜珝传》。

奴，能知"撑犁孤涂"为天子①；三国时魏国的京兆人金祎留居许都，有一胡婢善射，尝从长史伍必拱卫献帝于许都。②晋代并州匈奴多为佃客，其身份同于农奴。平民佃客之被掠卖者则为奴隶，如石勒就是一显例，虽然他是羯胡，不是匈奴。

汉族与匈奴之间，部族既不相同，再加上阶级关系的不同，所以汉、匈关系就呈现一种部族矛盾和阶级矛盾重叠而又交错的复杂景象。

在汉、匈劳动人民之间，由于他们语言习俗的不同，小的纠纷是难免的。例如《晋书·石勒载记》所述羯胡石勒和他的邻居汉人李阳争麻池的事就是一例，云：

> 初，勒与李阳邻居，岁常争麻池③，迭相殴击。至是谓父老曰："李阳，壮士也，何以不来？沤麻是布衣之恨，孤方崇信于天下，宁仇匹夫乎？"乃使召阳。既至，勒与酣谑，引阳臂笑曰："孤往日厌卿老拳，卿亦饱孤毒手。"因赐甲第一区，拜参军都尉。④

争沤麻池的纠纷，不免有主、客籍的因素在内，但究竟是件小事，所以没有形成部族纠纷。因此石勒即位之后，对于此事并不计较，反而引为桑梓美谈。这正说明劳动人民之间虽然有些纠纷，但是无关大体的。3世纪后叶至4世纪初，匈奴铁弗部一千多户居住在朔方塞外，与居住在朔方至上郡间的汉民共同耕作，和善相处。至公元310年，铁弗部受晋刘琨军和拓跋鲜卑夹攻，西渡黄河至肆卢川。当氐秦苻坚时（359），铁弗部民要求"入塞寄田，春来秋去"，苻坚许之。初时匈奴劳动人民和塞内汉族、氐、羌的劳动人民相互耕作的成绩是很好的。中间一度因苻秦云中护军贾雍掠夺了农民的

---

① 计君事因旧稿遗失，一时查不出它的出处。《史记·匈奴列传》索隐引晋人皇甫谧著《玄晏春秋》云："士安读汉书，不详此言，有胡奴在侧，言之曰，此胡所谓天子。"与计君事相似。
② 《初学记》引《三辅决录》云云。挚虞注"伍必"宜作"王必"。
③ 按《太平御览》卷391引《晋中兴书》云："石勒与李阳相近，阳性刚愎，每岁与争沤麻池，相互打扑，互有胜负。"同书卷496引《石勒别传》同。然则石勒与李阳所争者，为沤麻池，非麻地也。《晋书》此文，"麻地"当为"麻池"之误。
④ 《元和郡县志》卷13云："石勒沤麻池在榆社县北三十里，即勒微时与李阳所争处。今枯涸，才有处所。"

人口和牛马，事业略有停顿。后因苻坚续持"和戎"政策，结果各族劳动人民之间的合作互助使氐秦和铁弗刘卫辰的政治关系更加友好。① 从此可见，纵然在私有制和封建主义时代，汉、匈以及其他劳动人民之间，设使没有统治剥削阶级从中捣乱，部族纠纷也不是注定不可避免的。

但在阶级压迫和阶级剥削的社会里，经常发生民族起义、民族独立运动以至民族战争，这是一切阶级社会历史发展的规律。魏晋以来，汉族的统治阶级经常压迫和剥削其他少数部民，这些少数部民，有的是单独的，有的是联合的，对汉族的统治阶级进行反抗，所以引起多年的民族战争。晋代国内匈奴最早一次的叛变似为公元271年（泰始七年）匈奴右贤王刘猛的出塞。刘猛叛亡出塞的原因，我们还不十分清楚，但大致言之，似和曹魏末年"分而治之"的政策有关。② 第二次匈奴的叛变为公元294年（元康四年）的"郝散之变"。"郝散之变"发于谷远（今山西沁源），攻杀上党郡长吏。后郝散率所部西行，渡过黄河被冯翊都尉所杀，结果又引起了公元296年郝散之弟度元与冯翊、北地马兰羌、卢水胡的联合叛变。③ 这一叛变，从发展的渊源看，都是由统治阶级的压迫和屠杀逼迫出来的。现在试以汲桑和石勒所领导的牧民起义为例，借以说明匈奴和其他被压迫部族的起义原因是由于晋代封建主阶级剥削奴役弱小部民所引起的。

前文我们叙述羯胡石勒时，已经说明石勒二十多岁时被并州刺史司马腾掳掠，两胡一枷，送往太行山以东，卖与茌平县人师欢为奴，经常为主人耕种于田野。时师欢与马牧为邻，石勒因与马牧的首领魏郡人汲桑相识，因而在永嘉初年共同发动马苑牧人起义。

---

① 铁弗部民入塞寄田事在《晋书·苻坚载记》、《魏书·铁弗刘虎传》皆有记载。但记载较详的是《宋书·索房传》，云："赫连氏有名卫臣者，种落在朔方塞外，部落千余户。朔方以西，西至上郡，东西千余里，汉世徙谪居之，土地良沃。苻坚时，卫臣入塞寄田，春来秋去。坚云中护军贾雍掠其田者，获生口马牛羊，坚悉以还之。卫臣感恩，遂称臣入居塞内，其后渐强盛。"和戎之论，见《晋书·苻坚载记》。
② 《晋书·江统传》，江统作《徙戎论》云："咸熙之际，以（匈奴）一部太强，分为三率；泰始之初，又增为四，于是刘猛内叛，连结外虏。"又《刘元海载记》，刘宣曰："晋为无道，奴隶御我，是以右贤王猛不胜其忿。属晋纲未驰，大事不遂，右贤涂地，单于之耻也。"由此知刘猛出塞与晋代统治阶级对匈奴的分化和奴役政策有关。刘猛出塞之前，又似进行过反抗运动。但无所成，故云"大事不遂，右贤涂地"。
③ 郝散、郝度元之变，参考《晋书·惠帝纪》、《江统传》，以及《通鉴》卷82晋惠帝"元康四年、六年"条。

在两汉时，官府牧苑是以官奴婢为基本群众的。《汉旧仪》记载："太仆牧师诸苑三十六所，分布北边、西边，以郎为苑监，官奴婢三万人分养马三十万头，择取教习。"[1] 这种制度到魏晋时期大致没有变更。例如苻坚责骂慕容冲说："尔辈群奴正可牧牛羊！"[2] 正可说明当时牧苑牧人的身份很多属于奴隶阶级。汲桑，魏郡人，应是汉族，职为"牧率"，大致是奴婢中选拔出来作"牧率"的，赵书称之为"奴将军"[3]。石勒曾为奴隶，固不必说，在永嘉初投奔汲桑者，除石勒外，还有所谓著名的"十八骑"。此十八骑的姓名，据《晋书·石勒载记》，就是王阳、夔安、支雄、冀保、吴豫、刘膺、桃豹、逯明、郭敖、刘征、刘宝、张曀仆、呼延莫、郭黑略、张越、孔豚、赵鹿、支屈六十八人。先说王阳，《世说新语·识见》篇注引《石勒别传》云："永嘉初，豪杰并起，与胡王阳等十八骑诣汲桑为左前督。"此言王阳为胡人。支雄，《通鉴》卷87《晋纪九》注引《后赵支雄传》云："其先月氏胡人也。"石勒称赵王时，"中垒支雄、游击王阳并领门臣祭酒，专明胡人辞讼"[4]。他们能掌胡人辞讼，正以二人皆为胡人并明胡语胡事之故。支屈六与雄同姓，"屈六"非汉语，当亦系月支胡人。《石勒载记》言石勒即位后，有左司马张屈六。此张屈六即支屈六，"张"乃"支"声转变。[5] 夔安，夔姓，《通志·氏族略》称春秋时有夔子，但又有天竺夔氏。《古今姓氏书辨证》云："石虎有太保夔安，自天竺迁辽东。"此言夔安原籍在天竺。郭黑略，虽为汉姓，但名似译音。《晋书·艺术·佛图澄传》言"图澄，天竺人，投郭黑略家。黑略每出征伐，辄请预卜胜负"。后黑略荐图澄于石勒，勒常遣夔安问计于图澄。因此，我疑郭黑略与夔安、佛图澄并是天竺人，故过从甚密。呼延莫之呼延为匈奴姓，其为匈奴人无疑。张曀仆、张越皆出上党张氏。《太平御览》卷730引《后赵录》云："张秀，字文伯，羌渠部人也。"《石勒载记》言勒称王时，"以张离、张良为门生，主书，司典胡人出

---

[1] 《汉旧仪》此条分见《汉书·景帝纪》如淳注、《后汉书·和帝纪》注、《三辅黄图》四、《唐六典》一七、《艺文类聚·职官部》、《太平御览·职官部》。
[2] 《晋书·苻坚载记下》。
[3] 《太平御览》卷21引《赵书》云："汲桑六月盛暑而垂重裘累茵，使十余人扇之，患不得清凉，斩扇者。军中为之谣曰：'奴为将军何可羞？六月重茵被狐裘，不识寒暑断人头。'"
[4] 《晋书·石勒载记》。
[5] 周家禄《晋书校勘记》云："张屈六即十八骑中支屈六，支、张声转之误。"

内"。此诸张氏皆当为同族同姓。赵鹿疑亦匈奴人,汉有匈奴赵信及赵安稽,《赵书》记陇城陈安部下小将有赵牢,疑皆为同族。① 此外,匈奴以刘姓著称者甚多,十八骑中的刘膺、刘征、刘宝也很可能有匈奴人。② 上述十多个匈奴和胡人之中,虽然到后来做了后赵的封建官僚将帅,但论其原始,恐有很多人和石勒一样原系并州胡而以奴隶的身份被掠卖到太行以东、黄河以北大平原一带的。正因为他们出身微贱,亲身体验到饥饿和奴役的痛苦,所以他们同情石勒的遭遇,共同投降了汲桑,把赤龙、騄骥诸苑的牧奴解放出来,与当时晋朝的统治阶级展开剧烈的斗争。起义以后,石勒等"率牧人劫掠郡县系囚,又招山泽亡命",此时革命的旗帜最为鲜明,所以他们能够"屡有战功",并且"长驱入邺"。后因屡为官兵所挫,汲桑奔马牧,石勒奔乐平(今山西昔阳),官兵杀汲桑于平原(今山东平原南),牧苑起义军从此遂转入低潮。后来石勒联合上党胡部大张䖟督和冯莫突,又兼统壁于乐平的乌丸人张伏利度,于是重振旗鼓,攻下太行以东的巨鹿、常山诸郡,拥兵十多万,"并州诸胡、羯多从之"。战争虽然是节节胜利,但当时石勒和其他起义的将领已经投降了前赵,想联合匈奴统治集团力量摧毁晋朝在北方的统治,以树立自己的封建实力,从此原来起义的革命意义逐渐蜕化,各族牧人起义的果实成为石勒树立羯胡统治政权的奠基石了。③ 从上述牧苑起义一事,可以看出牧人起义是由晋代统治阶级的压迫和剥削制造出来的。在参加牧人起义的阵容内,有牧奴、隶农、奴隶,有囚人以及无家可归的"山泽亡命"之徒,而他们的族籍有汉人,有匈奴,又有羯胡。虽然他们的族籍不同,但由于他们的遭遇相同,被压迫、被剥削的生活相同,共同的命运把他们联合起来,成为一支强大的起义军,占领了黄河以北许多郡县。这一革命的起义运动,现在看来,我们是应当歌颂的。但自石勒变成统治阶级以后,胡汉人民的起义斗争就转化为石勒联合刘渊对晋朝统治阶级的斗争,不久又转化为石赵政权对刘赵政权的斗争。后两种斗争距离革命的斗争越来越远,以至于毫无阶

---

① 参考《汉书·卫青传附赵信传》、《功臣表》;《太平御览》卷465引《赵书》"刘曜讨陈安于陇城"条。
② 关于十八骑姓氏的考证,参考姚薇元:《北朝胡姓考》,第282—283、290、359、378页;唐长孺:《魏晋南北朝史论丛》,第153页及注2。
③ 《晋书·石勒载记》。

级斗争的性质,而仅仅是属于匈奴、羯胡、汉族统治阶级之间的斗争罢了。

在西晋末年还有一种民族运动,最初是由五胡的统治阶级发动起来的。例如匈奴的贵族阶级认为自魏晋以来,单于无尺土之业,王侯降同编户,是有伤于自己的尊严的,因而狡猾一些的贵族如刘豹、刘渊之类,一面对汉代的帝王攀龙附凤,以刘为姓,自称为汉高祖的苗裔①;一面延请汉族的士大夫为师,学习《毛诗》、《京氏易》及《马氏尚书》,争取为当时封建社会中的上流人物。当这些贵族在封建社会里取得一席名位以后,看到皇帝的无能和腐败,于是宣告他的同族说:"大丈夫当为汉高、魏武,呼韩邪何足道哉?"②但刘渊这一般人物也不可能在晋国之内制造民族暴动,他们仅能在当时各族关系和阶级关系最危险的环节上加以煽动,把自己和晋代封建主之间的矛盾扩大为汉、匈二族之间的矛盾。一次,匈奴北部都尉刘宣在匈奴贵族的会议席上说:"昔我先人与汉约为兄弟,忧泰同之。自汉亡以来,魏晋代兴,我单于虽有虚号,无复尺土之业,自诸王侯降同编户。今司马氏骨肉相残,四海鼎沸,举邦复业,此其时也!"此言匈奴贵族与晋代皇族之间的利益有所矛盾。又一次,刘宣对刘渊说:"晋为无道,奴隶御我,是以右贤王猛不胜其忿。属晋纲未弛,大事不遂,右贤涂地,单于之耻也。今司马氏父子自相鱼肉,此天厌晋德,授之于我。……鲜卑、乌丸可以为援。"③此言晋代统治阶级对待匈奴贵族是不平等的。总之,二者都是匈奴贵族和晋代统治阶级之间在政治经济上的矛盾,这些矛盾是匈奴贵族起兵叛晋的唯一动机。他们的目的是为了举邦复业,争统治权,而不是为了解放当时被压迫、被剥削的匈奴等弱小部族。

但据史料记载,匈奴刘渊等发动胡、汉人民参加起兵是相当迅速的。最初刘渊为左贤王监五部军事时,他的基本胡众只有两万人。④ 公元 304 年

---

① 刘渊之姓刘始于何时,各种记载皆不言来历。《晋书·刘元海载记》称冒顿子孙姓刘氏,亦无所据。刘渊立国之初,"追刘禅为孝怀皇帝。立汉高祖以下三祖五宗神主而祭之"。其为伪托刘氏苗裔以建汉号甚明。又赵氏《金石录》卷 20《伪汉司徒刘雄碑》云:"公讳雄,字元英,高皇帝之胄,孝宣皇帝玄孙。"雄为刘渊之弟,其冒姓之迹至见于碑记。后人不察,竟误信此类文献,遂谓匈奴单于姓刘,皆不可信。
② 《通鉴》卷 85 孝惠帝"永兴元年"条。
③ 《晋书·刘元海载记》。
④ 《通鉴》卷 85 孝惠帝"永兴元年"条,刘宣曰:"今吾众虽衰,犹不减二万,奈何敛手受役,奄过百年?"此"二万"当指刘渊为五部监军时的匈奴人口。

（晋永兴元年），刘渊从邺城返左国城，招集五部及杂胡，"二旬之间，众已五万，都于离石"①。此五万匈奴和杂胡，是在"声言助颖"，参加打国战的号召下发动起来的。当时居于并州的匈奴和杂胡，或为田客，或为奴隶，多年困苦，无以为生，此时自称匈奴大单于的刘渊号召他们到太行以东，参加国战，这是脱离奴籍和博取富贵的唯一机会，所以刘渊的部众很快地就从两万发展到五万。不久，刘渊迁都左国城，《通鉴》称"胡、晋归之者愈众"②。此次附刘渊者主要是晋人。《十六国春秋·前赵录》称"元熙二年（305）迁于左国城，晋人东附者数万"，即指此事。此年晋并州刺史司马腾出兵，与刘渊战于大陵（今山西文水），晋军大败，腾驱逐并州二万多户下太行以东，所在为寇。刘渊趁此战役，攻下了太原、沍氏（今山西高平）、屯留、长子、中都等县。③ 上文所云"晋人东附者数万"正指此而言。又《石勒载记》言司马腾东下时，掠诸胡为奴，两胡一枷，卖充军实。然则胡、晋之归附刘渊者亦因从此可脱掠卖为奴之险。从此可见，匈奴的复国运动虽然是在贵族的鼓动下发展起来的，但它的深刻的根源在于晋代封建主阶级对于各族人民的剥削和奴役。

最后还有一种民族运动，从表象上看虽然发生于统治阶级的内部，并且还带有一种浓厚的种族主义的色彩，但究其本质，分析到事件最核心的部分，仍然是阶级压迫和剥削的集中表现或反映。现在以公元349年即石赵末年统治阶级内部所发生的以冉闵为中心人物的宫廷暴动事件为例，便可说明这种民族运动的真相。《晋书·石季龙载记下》云：

> （赵主石）鉴使石苞及中书令李松、殿中将军张才等夜诛（冉）闵、（李）农于琨华殿，不克，禁中扰乱。鉴恐闵为变，伪若不知者，夜斩松、才于西中华门，并诛石苞。时石祗在襄国，与姚弋仲、苻洪等通和，连兵檄诛闵、农。……中领军石成、侍中石启、前河东太守石晖谋诛闵、农，闵、农杀之。龙骧孙伏都、刘铢等结羯士三千伏于胡天（祆神祠），亦欲诛闵等。……闵、农攻斩伏都等，自凤阳至琨华，横尸相

---

① 《晋书·刘元海载记》、《十六国春秋·前赵录》、《通鉴》卷85皆有同样记载。
② 《通鉴》卷85、《晋书·刘元海载记》称："远人归附者数万。"
③ 参考《晋书·刘元海载记》、《宗室腾传》；《通鉴》卷85末条。

枕，血流成渠。宣令内外，六夷敢称兵杖者斩之。胡人或斩关，或逾城而出者，不可胜数。使尚书王简、少府王郁率众数千，守鉴于御龙观，悬食给之。令城内曰："与官同心者住，不同心者各任所之。"敕城门不复相禁。于是赵人百里内悉入城，胡、羯去者填门。闵知胡之不为己用也，班令内外赵人，斩一胡首送凤阳门者，文官进位三等，武职悉拜牙门。一日之中，斩首数万。闵躬率赵人诛诸胡、羯，无贵贱、男女、少长皆斩之。死者二十余万。尸诸城外，悉为野犬豺狼所食。屯据四方者，所在承闵书诛之，于时高鼻多须至有滥死者半。

冉闵和李农都是汉人，前后跟扶晋灭胡的"乞活"军都发生过联系。[①] 但他们是投降羯胡石赵的，并为石赵出死力战争，成为高级将领，在朝辅政。石虎（季龙）活着的时候，汉胡的阶级矛盾已经发展到最尖锐的程度，大有一触即发之势。这种形势在与"乞活"军发生过联系的冉闵和李农看来，是比一般羯胡统治阶级更清楚的。在石虎死后，诸子争位，转相屠杀，最后新立的石鉴又谋诛闵、农，所以他们就利用汉人仇视羯胡的心理，把宫城里的六夷驱出，将邺城百里内的赵人迎入，对城内外的胡、羯，不分阶级，不分男女老少，屠杀了二十多万，造成了历史上空前未有的民族大屠杀。

但这种民族大屠杀的根源是阶级矛盾，是多年以来汉族农民反抗石赵统治阶级压迫和剥削的集中表现。

从民族关系来说，五胡十六国以前，国内的民族矛盾是以汉族统治阶级压迫和剥削胡、羯以及其他少数部族为主要内容的。在前赵、后赵政权成立以后，情况刚刚相反，他们的国内民族矛盾是以胡、羯统治阶级压迫和剥削汉族人民为主要内容的。

自前赵以来，胡、羯统治阶级一贯实行一种胡、汉分治和以胡统汉的政治。《晋书·刘聪载记》称刘聪大定百官，自丞相以下，置左右司隶、内史，统治以户为单位的汉民，这是一个行政系统。又自大单于以下，置单于左右辅、都尉，统治以落为单位的六夷，这是又一个行政系统。前一系统承自汉魏，后一系统承自匈奴，制度本身系因人制宜，固无不可。六夷指哪六

---

① 《晋书·石季龙载记下》；周一良：《乞活考——西晋东晋间流民史之一页》，《燕京学报》1949年第37期。

个族,《通鉴》卷98胡三省注谓指胡、羯、鲜卑、氐、羌、巴蛮六族[1],这是一种说法。但当时乌桓不在少数,也可能是五胡之外加上乌桓,共为六夷。前赵刘聪时,载记称单于左右辅各主六夷十万落,万落置一都尉,则当时只有六夷二十万落。石赵时六夷的落数可能更多一些。统治六夷的总机构为单于台,由大单于主之。大单于的地位较丞相为高,往往由国王兼领,或命太子为之。石勒时功勋如石虎尚做不到,其位置重要可知。六夷的任务是主战争,所以当时统治六夷的秩官称"六夷大都督"或"兼六夷诸军事"。战争之外并拱卫都城和宫室,上引载记文冉闵"宣令内外六夷敢称兵仗者斩之",即指宫城内外的六夷禁卫军而言。司隶所属下的汉民,大部分是务农,向统治阶级纳贡赋税和徭役。《石勒载记》云:"司、冀渐宁,人始租赋。"又云:"勒以幽、冀渐平,始下州郡阅实人户。户赀二匹,租二斛。"户出调二匹,租二斛,比之魏晋并不为多。然石赵连年战争,敛自民间的杂调横租则为十六国中所仅有。《晋书·石季龙载记》云:

  制:"征士五人车一乘、牛二头、米各十五斛、绢十匹。调不办者以斩论。"将以图江表。于是百姓穷窘,鬻子以充军制;犹不能赴,自经于道路死者相望,而求发无已。

"征士"主要指六夷兵及新征发的汉兵;出调租者则为汉民。农民目击出车、牛、粮食以资征卒,胡主率之以图江表,有时并以之镇压农民起义,这在富有民族意识和阶级意识的汉族农民看来是最难容忍的。所以统治阶级的胡、汉分治和以胡制汉政策是当时胡汉对立和汉人仇视胡人的主要原因。

石赵时力役兵役之征最为繁重。石勒据襄国(今河北邢台)时发工匠十万修筑邺宫(在今河北临漳),当时已经民不堪其扰。石虎迁都于邺,筑东、西宫,百役俱兴,百姓嗷然。又于邺南起飞桥,功费数十亿万,以役夫饥困,桥卒无成。石虎于公元340年谋攻燕国,令司、冀、青、徐、幽、并、雍七州之民五丁取三,四丁取二,合邺中旧兵五十万,具船万艘,自河通海运

---

[1] 《通鉴》卷98:"赵新兴王祇即皇帝位于襄国,六夷据州郡者皆应之。"胡注云:"六夷:胡、羯、氐、羌、段氏及巴蛮也。"段氏即鲜卑。但当时赵境,乌丸之众多于巴人,且巴蛮亦称巴氏,与氐分为二亦不相宜。

谷豆一千一百万斛于乐安城（今山东博兴），以备征军之用。于是全国骚然。又于公元343年在邺城筑台观四十多所，在洛阳、长安筑宫室，所用工匠在四十万人以上。同年又令洛、豫、徐、兖四州治南侵之备，并、朔、秦、雍四州供西讨之资，青、冀、幽三州筹东征之具，皆三丁发二，五丁发三，以为征卒。又发诸州造甲者达五十万人。船夫十七万人为水所没，虎狼所食者三分居一。①《魏书·石虎传》称当时"扰役黎元，民庶失业，得桑农者，十室而三"。著名的贝丘人李弘起义就是在此时发生的。但统治阶级对于人民的反抗毫不在意，仍欲出师南征，如上文所引，向汉族人民索取大量的车、牛、粮食，以资征卒。这还不算，石虎又发司、豫、荆、兖四州二十六万人修洛阳宫，其子苞发雍、梁、秦、并四州十六万人修长安未央宫，大兴土木，民不聊生。更荒谬的是，在公元347年沙门吴进为石虎献策说："胡运将衰，晋当复兴。宜苦役晋人以厌其气。"于是石虎发近郡男女十六万人，车十万辆，运土筑华林苑及长墙于邺城之北，广长数十里。②从此事正可说明石赵统治阶级于阶级剥削之中有意识地制造民族压迫，所以惹起日后宫廷屠杀事件的原因不是其他，就是石赵统治阶级自己的倒行逆施的民族政策。

　　五胡十六国之中最具有强烈的民族主义的就是羯胡统治阶级。他们称西域胡为"国人"，以与所统治的广大的"赵人"（汉人）相对立。他们敬事胡神，奉行祆教和佛教，前者的神称"胡天"，后者的神称"佛图"（佛），禁止赵人诣寺烧香礼拜。统治阶级"讳胡尤峻"，禁止赵人言"胡"。胡人司法独立，石勒以支雄、王阳为门臣祭酒，专主胡人辞讼。汉人樊坦为参军，遭羯胡掠劫，资财荡尽。石勒闻之，赔以车马衣钱，而不追究盗贼。羯胡对政府的参军且如此，其对一般赵人可知。又有醉胡骑马入石勒府门滋事，门吏呵问，以语言不通，终不能制。③在石勒府门尚如此，其在汉族平民之家的胡作非为又可知。总之，石赵对汉族的民族歧视和压迫最甚，所以汉族对于石赵的仇恨和报复心理亦最深。从此我们便可理解冉闵所发动的宫廷事变，为什么百里之内的赵人都踊跃参加，为什么一日之内就杀胡首数万，以致

---

① 《晋书·石季龙载记》；《通鉴》卷97"咸康八年"条。
② 《晋书·石季龙载记》；《通鉴》卷97"永和三年"条。
③ 《晋书·石季龙载记》；《太平御览》卷391引《晋中兴书》详记冯翥及范坦事，可补《晋书》载记之不足。

胡、羯死者二十多万，其中以高鼻多须至滥死者半。这种血的历史教训追根到底皆当归罪于石赵统治阶级的民族压迫和阶级剥削。

石赵统治阶级对于汉族人民既有苛峻的阶级剥削，同时又有残酷的民族压迫，所以汉人方面自然而然地就发生了各式各样的起义和斗争。

第一次汉民的起义运动开始于公元342年，起义的地点在冀州清河国的贝丘（今河北清河西南）。在《石季龙载记》中这样记载着：

> 贝丘人李弘，因众心之怨，自言姓名应谶，遂连结奸党，署置百僚。事发，诛之，连坐者数千家。

载记既言"因众心之怨"，又言"连坐者数千家"，其为群众性的起义运动可知。当时石虎发四十余万人兴筑台观宫殿，人民已不堪其扰，又发十一州民以为穷兵黩武之备，加以官吏"竞兴私利"，故"百姓失业者十室而七"。这次起义主要是汉族人民反对兵役和徭役的。

第二次汉民的起义运动在公元349年，发生的地点在雍州始平郡的洛氏葛谷（疑即今陕西周至县西南的骆谷）。上述同载记称：

> 始平（今陕西兴平）人马勖起兵于洛氏葛谷，自称将军。石苞攻灭之，诛三千余家。

起义失败后连诛而死者至三千多家，从此推知起义的规模也是相当浩大的。又同《载记》记此年：

> 邺中群盗大起，迭相劫掠。

全国东、西、南各地都发生汉民起义，这正表示在4世纪中叶石赵政权已经进入总崩溃的无法维持状态。

汉族人民对统治阶级斗争的又一种形式，就是靠近东晋疆域的汉人因不堪石赵的压迫而投奔东晋，有的还请晋师北伐。这种情况在《晋书·外戚褚裒传》里有所记载，云：

> 裒率众三万径进彭城（今江苏铜山），河朔士庶归降者日以千计。……先遣都护徐龛伐沛（今沛县），获伪相支重（月氏胡人），郡中二千余人归降。鲁郡山有五百余家，亦建义请援。
>
> 时石季龙新死，其国大乱。遗户二十万口渡河，将归顺，乞师求援。

当时石赵境内的汉人，不是反抗暴政，纷纷起义，就是南下降晋，乞师北伐。而冉闵所领导的宫廷事变亦正发生于此时，所以屠杀羯胡也是反抗石赵残暴政权的一种反映。

当然我们不能从此便得出一个结论，说宫廷事变是汉民起义，更不能说冉闵就是汉民起义的代表。冉闵原来虽是汉人，但他拜石勒为祖，改姓石氏，参加过多年多次镇压人民的战争，已经成为羯胡统治阶级的帮凶。且问题尚不止于此。他在当时已经和赵国新主石鉴处于对立状态，石鉴曾经几次策动内外胡帅攻杀冉闵，冉闵所发动的宫廷事变显然是报复私仇的。他和李农对于"乞活"军的情况都很熟悉，早已看到胡、汉之间的矛盾十分尖锐，因而他们想利用汉人，争夺政权。所以宫廷事变是统治阶级内部争夺政权的斗争，而不是什么人民起义的阶级斗争。

同时，我们必须认识清楚，在五胡十六国中的石赵政权是封建主义的。封建主义的政权一方面固然剥削奴役其他各族人民，另一方面也必然剥削奴役本族的人民。在阶级社会里，阶级压迫和阶级反抗是贯彻到每一种民族之内的。正因为如此，所以石赵统治阶级对于胡羯人民同样也是实行剥削和奴役政策。当胡羯人民被统治阶级压迫到无法生活时，同样也形成反压迫的运动。而且在很多情况下，各族人民的反压迫运动不是以各族为范围，而是与广大的汉族人民相结合，共同参加起义运动以推翻石赵的统治政权。

例如公元 349 年在高力督梁犊领导下的东宫高力等万余人的起义，就是如此。"东宫高力"是石虎的太子宣所建置的一种保卫东宫太子的兵制。"高力"是指宫内多力善射的吏兵。宫中的吏兵一般是奴仆中选择或战俘内调配而来的。他们的身份很低，属于配隶性质。[①] 五兵尚书张离求媚于石宣，裁

---

① 降俘为配隶事见《晋书·石勒载记》："攻乞活李恽于上白，斩之，将坑其降卒。见郭敬而识之曰：'汝郭季子乎？'敬叩头曰：'是也。'……署敬上将军，悉免降者以配之。"

减公侯吏兵,三分置一,余兵五万,悉配东宫①,以此东宫的兵权很重。公元348年,太子宣杀其弟韬,石虎下令将东宫卫士十万多人皆谪戍凉州。②其中东宫高力等吏士万余人行达雍州扶风郡之雍城(今陕西凤翔南),在公元349年春发生起义运动。

《晋书·石季龙载记》记述起义的发生和发展的始末是这样的:

> 故东宫谪卒高力等万余人当戍凉州,行达雍城。既不在赦例③,又敕雍州刺史张茂送之。茂皆夺其马,令步推鹿车,致粮戍所。高力督定阳梁犊等因众心之怨,谋起兵东还。阴令胡人颉独鹿微告戍者,戍者皆踊抃大呼。梁犊乃自称晋征东大将军,率众攻陷下辩(今甘肃成县)。逼张茂为大都督、大司马,载以轺车。安西刘宁自安定(今陇东镇原)击之,大败而还。秦、雍间城戍无不摧陷,斩二千石长史,长驱而东。高力等皆多力善射,一当十余人,虽无兵甲,所在掠百姓大斧,施一丈柯,攻战若神,所向崩溃,戍卒皆随之。比至长安,众已十万。其乐平王石苞时镇长安,尽锐距之,一战而败。犊遂东出潼关,进如洛川。季龙以李农为大都督,行大将军事,统卫军张贺度、征西张良、征虏石闵等率步骑十万讨之。战于新安,农师不利。又战于洛阳,农师又败,乃退壁成皋(今河南成皋)。犊东掠荥阳、陈留诸郡,季龙大惧,以燕王石斌为大都督,(督)中外诸军事,率精骑一万,统姚弋仲、苻洪等击犊于荥阳东,大破之,斩犊首而还。讨其余党,尽灭之。

东宫高力的组成者,除了汉人以外,肯定的还有很多六夷。如上文所述,胡人颉独鹿微便是一证明。东宫高力从邺郡西戍时只有万余人,起义以后从雍城转战秦、雍间,比至长安,参加起义的人数发展已至十万。此十万人的民族成分最多的应当是汉人。所以东宫高力起义军是由汉族人民和六夷群众共同组织而成的。杀石韬是石氏兄弟骨肉相残事件,而罪及东宫高力,

---

① 《晋书·石季龙载记》。
② 《通鉴》卷98胡注:"赵未得凉州,置凉州于金城(今甘肃皋兰西南)。谪,使戍凉州边地也。"
③ 《晋书·石季龙载记》:"季龙时疾瘳,以永和五年(349)僭即皇帝位于南郊,大赦境内,建元曰太宁。"赦及境内而不及东宫高力,故高力吏士深怨之。

这是高力吏士所不能心悦诚服的。行至雍城，石虎以太宁元年（349）即皇帝位，大赦境内，高力吏士不在赦内；而雍州刺史又夺其马匹，代以鹿车，群情更为激昂。史称高力督梁犊"因众心之怨，谋起兵东还"，这是完全符合于全体吏士的心愿的，所以戍者闻之，"皆踊抃大呼"，从此可见，高力军的起义是由石赵统治阶级压迫和剥削出来的。几月之内战斗范围远及扶风、武都、安定、京兆、始平、弘农、河南、荥阳、陈留九郡，统治阶级以十万大军连战皆败，正可证明统治阶级的总崩溃为时不远。

高力起义军虽在荥阳东边被镇压下去，不久在雍州始平郡又暴发了以马勖为首的汉民起义。论其起义的时间和地点，都是同东宫军的起义密切地联系在一起的。

从此可以看到，虽然是在古代，我国各族人民的起义在很多情况下还是同呼吸、共命运的。

总括以上所述，五胡十六国时期以匈奴贵族为首所建的前赵、夏、北凉以及以羯胡石氏为首所建的后赵，都是在中国境内所建立的临时封建政权。虽然统治阶级的上层是匈奴和羯胡，但国内人民仍然是多部族、多部落的，其中占绝对多数的仍然是广大的汉族人民。在此时期，整个中国的社会政治关系比较复杂，但归根到底，主要的问题仍然是阶级关系和民族关系。这时期的民族运动大致表现为四种形式：第一种形式，是由魏晋以来汉族统治阶级的阶级压迫和民族压迫引起来的，如汲桑、石勒领导的十八骑和马苑牧民起义便是很明显的例子。第二种形式，是由匈奴的贵族发动起来的。起兵是为了与晋代的统治阶级争夺政权，利用匈奴以及其他族对晋代封建地主阶级的不满情绪，企图举邦复业，重起而统治各族人民，所以我们说这是汉、匈统治阶级之间的政治斗争，而不能说是匈奴等族人民的起义。第三种形式，如后赵末年的胡、汉屠杀和胡、汉集团之间的战争，论其起源虽然开始于石赵的宫廷事变，但这一事变的转化和扩大跟羯胡统治阶级多年剥削和奴役广大的汉族人民是分不开的。第四种形式，便是方才我们叙述的东宫高力的起义运动。这一运动在短短数月之内，从雍城一隅发展到国内九郡之广，从万余人发展到十万人之多，所以它在许多民族运动之中是最带有典型的性质的。我们所以把这一运动称之为典型的，是因为这种运动发生于我国中古封建社会之内，是特别值得我们注意的。

第五章　匈奴后期活动和稽胡

一、4、5世纪并、雍等州匈奴等族杂居错居情况和他们的联合起兵起义

现在我们把魏晋以来的匈奴及其有关各族在并州、雍州（即山陕高原）的活动情况叙述一下。

从东汉到晋初，入居内地的匈奴主要分布在并州。晋代江统在《徙戎论》里说：

> 并州之胡，本实匈奴，桀恶之寇也。

曹魏时的匈奴五部，有四部都在并州，只有南部在司州的平阳郡内。在晋初有些部落原非匈奴，如羯胡等，亦随同匈奴入居并州的上党郡等地，十六国时称之为"杂胡"。在公元4世纪初，并州的吕梁山和太行山里的匈奴和杂胡实力是很强大的。公元304年，晋并州刺史司马腾因境内饥荒，又遭刘渊所部匈奴的进攻，率领汉民二十万户逾太行山南下。当时并州所残留的汉户不到二万。[①] 而刘渊的五部匈奴原来已有二万[②]，至此太原、上党的胡、羯又争相归附，所以当时并州的百姓已有胡多于汉的趋势。公元307年，晋朝新任的并州刺史刘琨从太行山东面的壶口关（今山西长治东南）上任，上疏叙述他在途中的遭遇说："道险山峻，胡寇塞路。以少击众，冒险而进。"

---

① 《晋书·刘琨传》。
② 参考《晋书·刘琨传》及《通鉴》卷85孝惠帝"永兴元年"条，刘宣云："今吾众虽衰，犹不减二万。"

又说："群胡数万，周匝四山，动足过掠。"① 从这些叙述可以看到从壶口关到太原山谷中的胡、羯是强悍而且众多的。到五胡十六国初期，刘赵把统治六夷的总机构——单于台设在平阳城的西边，这正说明统治阶级以此机构统治东面太行山和北面吕梁山上的匈奴和杂胡的。公元316年，刘曜迁都长安，国内少数部族除胡、羯外又加上大量的氐、羌，所以才把单于台从平阳迁到渭城。

原来平阳到西河一带，除汉人外，大部分也是匈奴。自刘渊建立政权以后，统治阶级不断把战败的部族徙居在平阳附近的郡县，因此平阳、西河二郡的部族成分就格外复杂。例如《晋书·石勒载记》：勒率精兵五万至平阳，"据襄陵北原，羌、羯降者四万余落"。此言平阳郡之襄陵移来了大量的羌、羯部落。又记："勒攻（靳）准于平阳小城（今临汾西南），平阳大尹周置率杂户六千降于勒。巴帅及诸羌、羯降者十余万落，徙之司州诸县。"此言平阳郡城附近又迁来了不少的羌、羯和巴人。又记勒署石季龙为车骑将军，"率骑三万讨鲜卑郁粥于离石，俘获及牛马十余万。郁粥奔乌丸，悉降其众城"。此又言西河离石亦迁来了很多的鲜卑、乌丸（这些部族迁徙的过程不很清楚）。从上述三事已可证明前赵、后赵立国时期，西河、平阳的族类已经十分复杂。

从东汉、曹魏到晋初，不断有羌、氐、匈奴迁入关中，所以江统《徙戎论》说"关中之人百余万口，率其少多，戎狄居半"。但晋初关中的少数民族主要的是氐、羌。《徙戎论》谓冯翊（治临晋，今大荔）、北地（治泥阳，今耀县）、新平（治漆县，今彬县）、安定（治临泾，今甘肃镇原）四郡界内皆有羌；扶风（治池阳，今泾阳西北）、始平（治槐里，今兴平）、京兆（治长安，今西安）三郡界内皆有氐。这种说法只就其大者、要者言之，若详加考究，则知当时关中部族的复杂情况实堪惊人。例如在蒲城县东北七十里有367年（苻秦建元三年）所建立的重修《邓太尉祠碑》，碑文云：

冯翊护军将军、建威将军、奉车都尉、城安县侯、华山郑能进字宏道，……被除右护军，甘露四年（362）十二月二十五日到官。以北接

---

① 《晋书·刘琨传》。

元朔，给兵三百人，军府吏属一百五十人，统和宁戎、鄜城、洛川、定阳五部（或作郡，部是）领屠各，上郡夫施黑羌、白羌，高凉西羌、卢水、白虏、支胡、粟特、苦水杂户七千，夷类十二种。

按苻秦时关中冯翊郡有四护军，此"右护军"治夷类十二种，当指"抚夷护军"而言。但抚夷护军所统夷类又似不限制于冯翊郡内。五部屠各大部分在冯翊及其附近各县。和戎与宁戎各为一部，从此碑下题名和戎某人、宁戎某人可证，此二部戎皆居和宁城。此城《十六国疆域志》谓在岭北杏城之东南。古代以九嵕山以北为岭北。杏城在中部县（今黄陵）东南一百一十里，和宁城更在东南，《读史方舆纪要》谓在三原县北。鄜城亦作敷城，亦称敷陆，在洛川县东南七十里，属冯翊郡。洛川，《元和郡县志》谓："姚苌置，以县界有洛川水为名。"苻秦时虽未置县，当有城，属冯翊郡或属长城郡则不可知。定阳，汉属上郡，苻秦置县，属何郡不明，姚秦时属平凉郡。胡三省《通鉴注》谓在鄜城县界。以上四县城之五部屠各，悉归右护军统治。当时关中匈奴分布的中心在洛川的东面。《苻坚载记》称兴宁三年（365），匈奴右贤王曹毂联合左贤王刘卫辰屯兵马兰山（今铜川东北五十里），率众二万攻杏城以南郡县，苻坚率中外精兵平之。毂死，坚分其部落：貳城以西二万多落，封其长子玺为骆川侯；貳城以东二万多落，封其少子寅为力川侯，故号东、西曹。貳城，胡三省《通鉴注》谓当在杏城西北，平凉东南。《读史方舆纪要》谓在中部县西北。貳城的东西各有匈奴二万多落，称为东、西曹，此东、西曹当即《邓太尉祠碑》所说的五部屠各。又《苻登载记》称，苻坚死，登即位，"于是貳县虏帅彭沛谷，屠各董成、张龙世，新平羌雷恶地等尽应之。有众十余万"。彭沛谷，《通鉴》卷107称之为卢水胡，现黄陵县西北尚有彭沛谷堡遗址，属于古貳县地。屠各董成和张龙世，按《载记》文系二人于貳县彭沛谷之后而无郡县，疑亦貳县之屠各人。张龙世所据之鸳泉堡，应亦在貳县附近。董成据何堡不可知。《通鉴》卷107姚苌曰："（雷）恶地智略非常，若南引揭飞，东结董成，得杏城、李润而据之，长安东北非吾有也。"胡三省注云："董成，时据北地。"胡注以董成据北地，是没有根据的。雷恶地是新平羌人，新平是陕西邠州，董成在其东，自当在古貳县今黄陵县东面，安得以北方之北地郡为其据地？按今洛川县为古郦城地，北魏时有郦城屠各董羌①，疑董羌系董成之裔，故董成之据地可能就在郦城。又《苻登载记》称登据新平之胡空堡（今邠州西南）时，"尽众而东，攻屠各姚奴、帛蒲二堡"。此二堡亦在新平以东。然则以上所述彭沛谷堡、鸳泉堡、姚奴堡、帛蒲堡皆系屠各或卢水胡所据，大致都不出《邓太尉祠碑》所述五部屠各的范围。

其次，我们再说到羌族。

《碑》文云："上郡夫施黑羌、白羌。"夫施即肤施县，自汉以来为羌人所居，黑羌尤多。《晋书·石勒载记》云："长安陈良夫奔于黑羌，招诱北羌四角王薄句大等扰北地、冯翊，与石斌相持。"此黑羌即在上郡肤施一带。《苻登载记》："（苻）纂遣师奴攻上郡羌酋金大黑、金洛生，大黑等迎战，大败之，斩首五千八百。"此亦上郡为羌落所居之证。"高凉西羌"，高凉所在郡县不明。《魏书·地形志》，晋州有高凉县，系分龙门县所置，与此无关。关中西羌在冯翊郡者甚多。《姚泓载记》："初，兴徙李闰②羌三千家于安定，寻徙新支（在扶风郡）。至是，羌酋党容率所部叛还。遣抚军姚赞讨之。容降，徙其豪右数百户于长安，余遣还李闰。"后姚宣"弃李闰，南保邢望（在李闰南四十里），……诸羌据李闰以叛"。直至北魏时，拓跋焘至"洛水，诛李闰叛羌"③。又《北史·恩倖传·王遇传》："王遇字庆时，本名他恶，冯翊李润镇羌也。与雷、党、不蒙俱为羌中强族。自云其先姓王，后（疑为'原'之误）为钳耳氏，宣武时，改为王焉。自晋以来，恒为渠长。"以此知自汉魏而十六国，而北魏，冯翊李润镇一向是西羌的居地。西羌祖先出自河湟，上述钳耳、雷、党、不蒙诸姓，皆系西羌种姓的译名。武汉大学姚薇元先生对此皆有所论列④，在此不赘。又今蒲城县东北二十里发现有北周时的圣母寺四面像碑，上刻西羌造像者的姓名，有昨和、屈男、罕井、荔非、同蹄、弥姐、

---

① 《魏书·太祖纪》："天兴元年四月，郦城屠各董羌率其种内附。"
② 关于冯翊部李闰堡所在地点，至今解说不一。《北史》以李润镇在冯翊东，《读史方舆纪要》亦谓在同州（今大荔）东北。里数和村名皆不能指出。《晋书斠注·姚苌载记》注引《晓读书斋杂录》云"陕西图经李润镇在大荔西北"，亦无里数。注又云："今考《北史·魏定安王休传》，子燮除华州刺史，州时居李润堡，燮请移冯翊古城。案冯翊郡旧治高陵，此云古城，盖即高陵故城，在今县西南者也。《北史》又云：冯翊东有李润镇。是李润在冯翊之东。临晋之西北不出百里，自李润镇更西北，则洛川县界矣。"此吴氏于李闰所在亦不能确指。
③ 《魏书》卷4下《世祖纪下》，太平真君七年三月事。
④ 参考姚薇元：《北朝胡姓考》，外编第五"西羌诸姓"，第321—337页。

钳耳、薄他诸姓。经清代钱大昕在《潜研堂金石文跋尾》一文考订，上述诸姓皆为羌姓。以此知十六国至北朝时冯翊郡的李润镇以西地方亦多有西羌。又北周时留有羌人的造像记碑铭数种，其中572年（建德元年）《邑子裳仲茂八十人等造像记》云："南临白水，北背马兰，东挟洛水，西望尧山。"白水在白水县西三十里，马兰山在铜川县东北五十里，洛水在蒲城县东五十里，尧山在蒲城北二十里，然则自大荔、蒲城以北以西诸地亦多有西羌分布其间。自十六国姚秦以来，羌族借政治的势力在各地活动，冯翊郡各地无不有之。此族原信仰巫术，迁徙到内地以后改信佛教，造像之风同于汉族。今大荔、蒲城、白水、澄城等地许多村名和姓氏，仍与当年分布于其间之西羌有关。

再次，则为卢水胡。

卢水胡系匈奴别种，关中的卢水胡大约是从居延海南部迁来的。《晋书·惠帝纪》元康六年（296），"匈奴郝散弟度元帅冯翊、北地马兰羌、卢水胡反，攻北地"。马兰羌以居于马兰山得名。马兰山在铜川县东北，其山连绵于冯翊、北地二郡之北界，故称之为"冯翊、北地马兰羌"。卢水胡的分布当亦如此。渭河以北卢水胡分布的中心似在杏城镇一带。杏城在黄陵县（旧中部县）东南一百一十里。前所述的彭沛谷堡即在杏城之西北。在5世纪中叶，445年（北魏太平真君六年）间，在杏城爆发了两次以卢水胡酋为首的各族人民的反魏运动。头一次运动始于太平真君六年的三月，领导的首领是卢水胡郝温。这次运动规模不大，不久被官军镇压下去。第二次运动在同年九月，领导者便是著名的卢水胡盖吴。这次参加起义的部民包括汉族、卢水胡、屠各匈奴、氐、羌、蜀（叟）等族以及住在新平、安定的其他各杂夷。范围：东至河东，西至金城、略阳、天水，南至长安、周至以及南山中各地。[①] 自盖吴在杏城天台起兵以后，"诸戎夷普并响应，有众十余万"，并两次给南朝刘宋君主上表，希望宋国出兵并接济军械。[②] 从表中可以看到起义的口号是统一中国，以义伐暴，五州同盟，驱逐魏虏。[③] 这些口号在南北

[①] 《魏书》卷4下《世祖纪下》"太平真君六年"条；唐长孺：《魏晋杂胡考》，《魏晋南北朝史论丛》，第410—411页。所谓蜀或叟，指河东薛永宗及其蜀叟部众而言，不在黄河以西。
[②] 参考《宋书·索虏传》。
[③] 《宋书·索虏传》：元嘉二十三年（446），盖吴遣使者第二次上宋表云："臣闻天无二日，地无二主。昔中都失统，九域分崩，群凶丘列于天邑，飞鸮鸱目于四海。"此语在封建社会内带有憎恶分裂割据的意义。又云："猃狁侏张，侵暴中国，使长安为豺狼之墟，邺洛为蜂蛇之薮。纵毒生民，

朝分裂的局面看来，是符合各地各族人民的要求的。所以不仅北朝境各地各族人民参加了起义，就是南朝统治阶级看到盖吴军的口号响亮，声势浩大，也在南边派兵遣将，输送了很多物资相以援助。所有这些情况都可说明盖吴起义在 5 世纪的中国是一件惊天动地的大事，我们应当加以特别注意的。但由于起义军没有很好的作战器械，且缺乏骑兵与北魏的骑兵应战，所以在李闰堡和渭河北岸二役中损失的人数达六万以上。起义军的精锐在此二役中损失很大，这是不能成功的主要原因。然盖吴并不因此丧失斗志，446 年（太平真君七年）五月，盖吴收拾所部人马，"复聚杏城，自号秦地王，假署山民，众旅复振"。可知各族人民始终是拥护起义的。至同年八月，因征伐叛军屠各，为流矢所中而死[①]，斗争了一年的起义军始被镇压下去。

再次，略述当时的关中鲜卑。

《邓太尉祠碑》文中的白虏就是指鲜卑。雍州原无鲜卑。鲜卑之迁雍、凉，始于三国曹魏末年。《通鉴》卷 79 记：晋泰始五年（269），"分雍、凉、梁州，置秦州，以胡烈为刺史。先是邓艾纳鲜卑降者数万，置于雍、凉之间，与民杂居"。胡注云："此河西鲜卑也。"此事在《三国志·魏书·邓艾传》及《晋书·胡奋附烈传》皆无记载。前赵刘曜入关中，置单于台于渭城，其左右贤王以下皆以胡、羯、鲜卑、氐、羌豪杰为之。其时当亦有少量鲜卑流入关内。鲜卑大量之入关中在公元 370 年苻坚灭前燕以后。[②]《邓太尉祠碑》文中之冯翊郡的鲜卑，当与前述二事有关。

再次为支胡。

支胡即月氏胡之简称。《汉书·地理志》安定郡有月氏道。钱坫《新斠注地理志》云："此以月氏国降人所置也。"此为月氏人内迁之始。《晋书·怀帝纪》：永嘉三年（309），"平阳人刘芒荡自称汉后，诳惑羌戎，僭帝号于马兰山。支胡五斗、叟郝索聚众数千为乱，屯新丰，与芒荡合势"。前

（接上页）虐流兆庶，士女能言，莫不叹愤。"此系暴露自五胡至北魏时统治阶级荼毒人民的情况。表文结语云："以义伐暴，辄东西结连，南北树党，五州同盟，迭相要契。"大致可以看出当时起义的要求。

① 盖吴的死因，《魏书·世祖纪》谓为其下人所杀；《陆俟传》谓俟收买吴之二叔，杀吴以降。《宋书·索虏传》言："屠各反叛，吴自攻之，为流矢所中，死。"时刘宋派使者赍将印一百二十一纽与吴，对当时情况相当了解。《宋书》所述，应较可信。

② 《晋书·苻坚载记》：建元六年（370）灭燕，"赦慕容及其王公以下，皆徙于长安"。七年（371），"徙关东豪杰及诸杂夷十万户于关中，处乌丸杂类于冯翊、北地"。此为鲜卑大量入关之始。

已言之，马兰山在铜川北，平阳人刘芒荡渡黄河而至马兰山率羌戎起兵，支胡五斗及叟人郝索自渭河以南之新丰县（属临潼）应之。此亦汉、羌、支胡、叟人联合之大起兵也，唯其性质不详。至493年（北魏太和十七年），北地胡人支酉领导数千人在长安城北之西山起兵[①]，秦州王度人[②] 同时起兵相应，攻获北魏刺史刘藻。不久以后，秦陇间之七州[③] 各族人民纷纷起兵响应，众至十万人，在咸阳、长安等地连战皆捷。此事在《南齐书·魏虏传》中叙述甚详。论其声势，仅次于太平真君年间的卢水胡盖吴所领导的各族大起义罢了。可惜不到一年，便被魏将杨大眼等镇压下去。[④]

最后还有粟特人和㕔水人。㕔水人无所闻。粟特人的祖先原居中亚以撒马尔罕为中心的阿姆河以东北地区。在锡尔河以东北者古称康居国，其国人移居中土多以康为姓。十六国时有粟特康，史称之为"降胡"[⑤]，当即来自康居之粟特人。《宋书·傅弘之传》记华州蓝田县胡人康横率其部民归宋。《梁书·康绚传》记绚之籍贯亦是蓝田。祖穆初为姚秦河南尹，于宋初亦举族归宋。又《晋书·姚兴载记》记安乡侯康宦驱略白鹿原氐、胡数百家奔上洛。白鹿原在长安之东，蓝田之西，此康宦亦当是蓝田人。蓝田县属京兆郡，冯翊郡的粟特人当系由蓝田北渡渭河而至冯翊者。十六国时冯翊郡粟特人的活动尚无所闻。唯《魏书·源子雍传》记康维摩拥羌、胡，守锯谷（在今韩城境），断甄棠桥以拒魏兵。其事发生于冯翊郡，其人及拥有之羌、胡可能也是属于冯翊郡的。

综上所述，通过苻坚时的《邓太尉祠碑》，可以看出雍州渭河以北的部族部落是十分复杂的。《北史·魏定安王休传》，记休之次子燮为华州刺史，上表云："州治李润堡，虽是少梁旧地，晋芮锡壤，然胡夷内附，遂为戎落。"上述数语正可说明隋唐以前渭河以北戎落杂居错居的实在情况。

渭北的民族成分既如此复杂，历代各族对统治阶级的斗争又如此激烈和频繁，因此渭北各族每次民族运动很快地就影响到渭河以南各地以及其他地

[①] 《通鉴》卷138《齐纪》永明十一年九月"起兵于长安城北石山"。胡注："按《水经注》，石山当在长安城东北，有敷谷，敷水出焉，北流注于渭。"
[②] 王度人，《通鉴》作"王广"，《南齐书·魏虏传》前作"度人"，后亦作"广"。
[③] 《通鉴》胡注，秦雍间七州指雍、岐、秦、南秦、泾、邠、华七州。
[④] 参考《南齐书·魏虏传》；唐长孺：《魏晋南北朝史论丛》，第419—421页。
[⑤] 《晋书·石季龙载记》。

区。例如卢水胡分布的中心本在杏城一带。《晋书·姚苌载记》叙述建初元年（386），慕容冲率领鲜卑兵东下，长安空虚，卢水胡首领郝奴率所部四千户入据长安。后来郝奴被姚苌所破，封奴为六谷大都督。[1] 六谷在南山中，从此卢水胡的部分就迁到南山的六谷之内。又如匈奴的"东曹"本是分布于贰城以东的。当390年（姚秦建初五年），匈奴曹毂之少子寅降姚苌，献马三千匹，苌遂封之为并州刺史。[2] 当时并州刺史驻在河东，曹寅所领的一部分匈奴从贰城以东亦移住于此，《通鉴》称之为"并州胡"[3]。到了416年（永和元年），原来驻在定阳的匈奴和上述河东的"并州胡"联合发生叛变。《姚泓载记》记其事云：

> 并州、定阳、贰城胡数万落叛泓，入于平阳，攻立义姚成都于匈奴堡[4]，推匈奴曹弘为大单于，所在残掠。征东姚懿自蒲坂讨弘，战于平阳，大破之。执弘，送于长安。徙其豪右万五千落于雍州。

定阳，《通鉴》胡注谓在鄜城，即今洛川。正是苻秦时贰城以东所谓"东曹"之地，故上文称之为"定阳贰城胡"。河东的"并州胡"和"定阳贰城胡"本来都是东曹匈奴的后裔。到永和元年同时在两地起兵，合攻平阳姚成都，推曹毂之裔曹弘为大单于。弘败，被送长安。"徙其豪右万五千落于雍州"。据我推测，攻入平阳的数万落匈奴可能又重回到贰城以东的东曹原籍。从这段匈奴起兵故事可以看出雍州东曹匈奴所谓"定阳贰城胡"与河东所谓"并州胡"虽有二名，实系一族，我们是无法加以区别的。匈奴这次起兵，论其性质和公元4世纪初刘渊起兵的性质相似，匈奴豪右首先有举邦复业之想，然后趁姚秦内忧外患之际，发兵围攻平阳，并不包含起义的性质。

---

[1] 《通鉴》卷106云"鲜卑既东，长安空虚。前荥阳（太守）高陵赵毅等招杏城卢水胡郝奴帅户四千入于长安，渭北皆应之。以毅为丞相"。又云"（苌降郝奴）拜镇北将军、六谷大都督"。胡注："长安南山有六谷。"南山六谷为子午谷、斜谷、骆谷、蓝田谷、衡岭谷及午心谷。见《读史方舆纪要》卷52。

[2] 《晋书·姚苌载记》。

[3] 《通鉴》卷117 "义熙十二年"条。

[4] 《读史方舆纪要》卷41："匈奴堡，旧志在平阳府西北七十里，匈奴种人尝保聚于此，因名。姚秦时戍守处。"

北魏时渭北各族的几次起义也都影响到渭河以南以及其他各地的各族人民。例如5世纪中叶卢水胡盖吴所领导的反魏运动，最初是在杏城一隅开始的，不到两月，新平、安定的屠各、氐、羌酋首纷纷出兵响应，杀汧城（今千阳）守宰。同时河东蜀人首领薛永宗也率三千多人在平阳起义。第二年（446）春天，长安以西周至的汉民耿青和孙温亦各据垒，响应盖吴的反魏运动。①公元493年，北地胡支酉的起义也有类似的情况，最初是在长安城北的西山开始的，几月之内秦陇之间雍、岐、秦、南秦、泾、邠、华七州的各族人起而纷纷响应。这两次起义的特色，就是一开始虽然是局部的，但在运动的过程内却不断吸引了各地各族人民都来参加这一革命的反魏起义斗争。这两次反魏斗争虽然不久都被统治阶级镇压下去了，但继而在北魏境内发生的，内地有兖州、幽州、冀州、汾州等地农民起义，边疆有著名的六镇边民起义，最后终于推翻了鲜卑拓跋氏所建立的封建王朝。

二、北朝对稽胡的政策和稽胡的反压迫斗争

最后叙述一下与匈奴关系最密切的稽胡。

自北魏以来，下迄隋唐，分布在并州汾水以西北和雍州安定以东北的匈奴后裔，概称之为"步落稽胡"，或简称之为"稽胡"。"步落稽胡"之名初见于《魏书·尔朱荣传》，云："步落坚胡刘阿如等作乱瓜、肆，……荣并灭之。"唐长孺先生谓"瓜肆"当作"汾肆"。②汾州、肆州皆在稽胡分布之附近，故"作乱"于此。且"步落坚"与"步落稽"同音，其酋长又姓刘，故其为稽胡无疑。但《魏书》在别处只称此族为山胡、汾胡、河西胡，有时以此胡所在之郡、县名之，如西河胡、离石胡、吐京胡、石楼胡、五城郡胡等③，《北齐书》大致因袭之，至《周书》始名之曰步落稽胡或稽胡。

---

① 《魏书》卷4下《世祖纪下》。
② 唐长孺：《魏晋南北朝史论丛》，第439—440页。
③ 《魏书·太祖纪》：登国六年（391），"山胡酋大幡颓业易于等降附"。此称山胡之最早者。天兴元年（398），"离石胡帅呼延铁、西河胡帅张崇等叛，使庚岳讨平之"。神瑞元年（414），楼伏连诱吐京胡刘蜀初攻杀屈丐所置吐京护军。以吐京名胡者，乃由于胡人居于吐郡之故。汉有吐军县，在今山西石楼。后胡音称"吐军"为"土京"。县治在团圆山下，见《寰宇记》。《通鉴》卷

关于稽胡的来源，《周书·稽胡传》云："盖匈奴之别种，刘元海五部之苗裔也。或云山戎、赤狄之后。"前一种说法比较有根据的，后一种说法我们觉得很难成立。因为山戎在东北地区，赤狄在太行山内，如何能和稽胡扯到一起呢？而且前一种说法也只能解释西河郡的稽胡之来源，黄河以西雍州北部的稽胡，《魏书》称之为三城胡、朔方胡①，这些稽胡的来源，与其称之曰"五部"的苗裔，不如称之为"上郡胡"②和赫连勃勃所部之苗裔比较可靠。但北魏以来的稽胡，可能是由几种胡人融合而成的，但就其大多数来说，应该是匈奴之裔为主，不能说都是杂胡。

《周书·稽胡传》叙述他们的生活习惯说：

> 自离石以西，安定以东，方七八百里，居山谷间，种落繁炽。其俗土著，亦知种田。地少桑蚕，多麻布。其丈夫衣服及死亡殡葬，与中夏略同，妇人则多贯蜃贝以为耳及颈饰。又与华民错居。其渠帅颇识文字，然语类夷狄，因译乃通。蹲踞无礼，贪而忍害。俗好淫秽，处女尤甚。将嫁之夕，方与淫者叙离，夫氏闻之，以多为贵。既嫁之后，颇亦防闲。有犯奸者，随事惩罚。又兄弟死，皆纳其妻。虽分统郡县，列于编户，然轻其徭赋，有异齐民。山居阻深者，又未尽役属，而凶悍恃险，数为寇乱。

从上段叙述，可以看到稽胡的生活状态。

北魏对待稽胡，亦和对待其他少数部族部落一样，平时尽奴役、剥削之

（接上页）129记，宋大明六年（462），"魏石楼胡贺略孙反，长安镇将陆真讨平之"。胡注："石楼胡即吐京胡也。吐京有石楼山。"石楼山在石楼县东南六十里，此为吕梁山南脉。由此绵延而北，至今兴县东境，亦称石楼山。《北齐书·文宣纪》："帝讨山胡从离石道，遣太师咸阳王斛律金从显道，常山王演从晋州道，犄角夹攻，大破之。……遂平石楼。石楼绝险，自魏世所不能至。于是远近山胡莫不慑服。"此指吕梁山北脉而言。五城，《隋书·地理志》考证谓在吉州（今山西吉县）东北六十里。北魏的五城郡治和五城县皆在此。

① 《魏书·世祖纪》：始光四年（427），"西讨赫连昌，济君子津，三城胡酋鹊子相率内附"。《读史方舆纪要》卷57"陕西延安府"下云："三城在府东南。……魏收志偏城郡广武县有三城，是也。"太平真君八年（447），"山胡曹仆浑等渡河（而）西，保山以自固，招引朔方诸胡。武昌王提等引军攻仆浑。高凉王那自安定讨平朔方胡，与提等攻仆浑，斩之"。此朔方胡在河套南。

② 上郡胡，参考《晋书·石勒载记》。

能事，战时驱逐他们到前线当箭垛。《宋书·臧质传》记载魏主拓跋焘与臧质书云："胡死，正减并州贼。"并州之胡主要是指古之所谓"匈奴"，即当时的稽胡。

北魏对于六部牧民的税率，从421年（泰常六年）起是"羊满百口，输戎马一匹"①。这一税率比元代蒙古封建主的牧税为高。② 虽然稽胡已经不以畜牧生产为主了，但粮和布调仍然是很重的。上引《周书·稽胡传》说北朝把稽胡"分统郡县，列于编户"，列于编户的目的就是向他们榨取租、调和徭役。《魏书·景穆十二王传》记京兆王子推之次子遥在肃宗初（516年前后）"迁冀州刺史。遥以诸胡先无籍贯，奸良莫辨，悉令造籍。又以诸胡设籍，当欲税之以充军用。胡人不愿，乃共构遥，云取金纳马。御史按验，事与胡同"。此事虽发生于冀州，剥削的对象亦非稽胡，但统治阶级对于并、雍二州的稽胡仍然是不肯放松的。《魏书·食货志》云：

> 世祖即位，开拓四海。以五方之民各有其性，……纳其方贡以充仓廪，收其货物以实库藏。……太安中，高宗以常赋之外，杂调十五，颇为烦重，将与除之。……未几，复调如前。

又《北齐书·文宣帝纪》记高洋自制《九锡册命》云：

> 胡人别种，延蔓山谷。酋渠万族，广袤千里。……有乐淳风，相携叩款。粟帛之调，王府充积。

《周书·杨忠传》记：保定二年（562），忠将出兵沃野以镇突厥，约稽胡酋首于帐中，用卑鄙的手段恐吓他们说："突厥已到并州，约我共破稽胡。""于是诸胡相率归命，馈输填积。"从此可知，无论北魏或周、齐，统治阶级剥削稽胡的手段是一致的。

比经济剥削更苦更惨酷的是戍役。《魏书·尉元传》记：魏孝文时，尉

---

① 《魏书·太宗纪》、《食货志》。
② 《元史·太宗纪》："敕蒙古民有马百者岁输牝马一，牛百者输犉牛一，羊百者输羒羊一。"

元上表云："今计彼（彭城）戍兵，多是胡人。"《刘洁传》记：太武时，洁与拓跋崇"于三城胡中简兵六千，将以戍姑臧。胡不从命，千余人叛走"。《周书·韦孝宽传》云：孝宽欲"遣北山稽胡，绝并晋之路"。又576年（建德五年），赵王招自华谷攻汾州，发"稽胡与大军犄角"。上述诸例，说明北朝都是奴役稽胡，使他们到各地服兵役的。在封建专制时代，强服兵役，攻打自己不愿攻打的人，已经很苦。若是强迫他们离乡背井，到最遥远的地方去服兵役，一定更苦。因此当三城胡戍姑臧时，六千役徒中便有千余人逃走；胡人戍彭城以后，也发生了呼延笼达的反抗运动，还有一些胡兵在王勅懃的领导下集体南逃。①

北朝统治阶级为了坚决执行他们的剥削奴役政策，并强迫稽胡服从，故凡稽胡集中分布之区都设有军事重镇，遣派兵将在那里监视镇压。北魏在汾河以西设有三个重镇：第一个是离石镇。此镇在晋时为西河国离石县。匈奴刘渊最初建都于此，遗有匈奴部民很多，北魏称之为离石胡。398年（天兴元年），离石胡帅呼延铁反魏，魏遣庾岳平之。410年（永兴二年），又使周观率军队至此，镇抚山胡。②此为离石设镇之始。《元和郡县志》称此地在北魏初尚沿称永石郡，至明元帝时（416—423）始改称离石镇。第二个是吐京镇。《魏书·地形志》："汾州，延和三年（434）为镇。"以《穆罴传》考之，此镇即吐京镇。自永兴以来，这里发生过几次与赫连夏有关的吐京胡叛变事件，故魏派穆罴率兵镇此。③此镇之南，汉时称蒲子县（今山西蒲县），三国及晋初并为南部匈奴都尉所在，匈奴遗部很多，北魏称之吐京胡。镇之东为石楼山，山里的匈奴很多，北魏称之石楼胡。吐京镇显然是为镇压此吐京胡和石楼胡而设的。第三个是六壁镇。《水经注》云："胜水径六壁城南，魏朝旧置六壁于其下，防离石诸部，因为大镇。太和中罢镇，置西河郡。"北魏的西河郡正是三国及晋初左部匈奴都尉所在，匈奴遗部亦多，北魏称之为西河胡或汾胡。镇在孝义县西南十五里。三镇之中，此镇最占要害，有总揽全

---

① 《魏书·刘洁传》："（太武时）于三城胡中简兵六千，将以戍姑臧。胡不从命，千余人叛走。"又《尉元传》元上孝文表曰："今计彼戍兵，多是胡人。臣前镇徐州之日，胡人子都将胡延笼达因于负罪，便尔叛乱，鸠引胡类，一时扇动。……又团城子都将胡人王勅懃负衅南叛，每惧奸图，狡诱群党。"

② 《魏书·太祖纪》、《庾业延传》。

③ 《魏书·太宗纪》、《神元平文诸帝子孙传》、《刘洁传》、《公孙表传》。

局之势。北魏以后，于汾西建立的防胡城镇并不太多，只有周齐分立之时，北周勋州刺史韦孝宽以"汾州之北、离石以南，悉是生胡。抄掠居人，阻断河路。……而地入于齐，无方诛剪，欲当其要处，置一大城。乃于河西征役徒十万，甲士百人"①，筑玉壁城。此城"周围八里，四面并临深谷"②。它的作用，一方面是防汾胡，另一方面是抗齐兵。北朝在汾河以西所设的防胡重镇大致如此。

在安定以东，即今陕北方面，当时如何筑城置镇以防稽胡，我们知道的情况很少。《隋书·郭荣传》，北周宇文护"以稽胡数为寇乱，使荣绥集之。荣于上郡延安筑周昌、弘信、广安、招远、咸宁等五城，以遏其要路。稽胡由是不能为寇"。我们所知道的陕北防胡城镇仅止于此。

从上述历代筑城置镇的措施看，北朝统治阶级和稽胡的矛盾是十分紧张的。矛盾产生的唯一原因，是由于统治阶级不断对稽胡进行压迫和剥削之故。只要这种基本的原因不取消，稽胡人民随时随地都有发动反压迫、反剥削运动的可能性。当然我们不是说设置军镇根本没有作用。自从北魏设置上述三个重镇以后，当地巨大的反抗运动暂时比较从前虽然是减少了，但是两次规模最大的反魏运动却爆发于距离三个重镇不太遥远的地方。一次是5世纪前叶河西白亚栗斯和刘虎在上党郡所发动的反魏运动，又一次是6世纪初以刘蠡升为首在云阳谷内所发生的反魏反齐运动。从此可知军事重镇是不能消灭稽胡的反魏运动的。现在我们把此两大运动的经过略述如下。

在5世纪初，河西胡、离石胡、吐京胡为了反抗北魏的暴政，曾多次发生过叛变，北魏统治阶级也多次出兵给诸胡以残酷的镇压和屠杀，上述几个军事重镇就在此时建立起来的。③此后河西山胡在战争和饥馑的威胁下分化为两大类型：一部分山胡慑于战争的威胁，对统治阶级表示投降④；又一部分山胡从河西逃往上党与反魏的汉人结合，共同组织了一个政治组织，与北魏

---

① 《周书·韦孝宽传》。
② 《读史方舆纪要》卷41"绛州稷山县"条。
③ 永兴二年（410），周观率兵至西河离石，镇压山胡。五年（413），元屈率兵镇并州，刘洁、魏勤镇西河。吐京胡招引赫连屈丐，元屈、刘洁、魏勤合兵攻之，兵败，勤死，洁被执。神瑞元年（414），并州刺史楼伏连诱西河胡曹成、吐京胡刘初原攻杀赫连屈丐所置吐京护军。皆为河西饥胡白亚栗斯建年称王前事。见《魏书·太宗纪》。
④ 《魏书·太宗纪》：永兴三年（411）西河胡张贤等内附。五年（413），河西胡曹龙降魏。神瑞元年（414），屠各帅张文兴，河西胡刘遮、刘退孤渡河内属。二年（415），河西胡刘云内附。

统治阶级展开斗争。《魏书·太宗纪》对于后者有如下的记载：

> 神瑞二年（415），……河西饥胡屯聚上党，推白亚栗斯为盟主，号大将军，反于上党。自号单于，称建平元年，以司马顺宰为之谋主。夏四月，诏将军公孙表等五将讨之。河南流民二千余家内属。众废栗斯而立刘虎，号率善王。

白亚栗斯，按其姓氏，当为河西稽胡无疑。推稽胡白氏为盟主，是由于上党所聚集的稽胡很多。多的原因一面是由于河西饥荒，又一面是由于统治阶级在河西驻扎着很多军队，无法起义。刘虎，按其姓氏来说也是稽胡。除稽胡外，还有不少汉人参加了这个反魏大同盟。例如司马顺宰便是一例。关于此人，我们知道的不多。《魏书·太宗纪》记：神瑞元年十二月，"河内人司马顺宰自号为晋王，太守讨捕不获"。顺宰的姓氏好似与东晋王室有关，但既称之为"河内人"，又说他是"自称晋王"，又似与东晋无关。无论如何，他和跟他起兵的汉人是反魏的，所以他做了白亚栗斯的谋主。这个反魏大同盟包括有多少群众，我们可根据下述二事做一种推测。《魏书·崔玄伯传》云：

> 并州胡数万家南掠河内，遣将军公孙表率师讨之，败绩。

此并州胡就是《太宗纪》内的"河西饥胡"。除了数万家的并州胡之外，还有上述河内的汉人流民二千余家，可知起义的人数十分众多。又《叔孙建传》叙述进攻上党山胡时，除"斩首万余级，余众奔走，赴沁而死，水为不流"外，又生获其众十万余口。以此知起义的人数应当在二十万上下。《天象志》云：魏主前后诏公孙表等五将出兵讨之，皆不能克。其实力之强大又可知。可惜这一起义运动，从神瑞二年（415）三月到泰常元年（416）九月，终于被叔孙建等的官军镇压下去了。失败的原因：第一，由于主将乏人，即崔玄伯所谓"胡众虽盛，而无猛健主将，所谓'千奴共一胆也'"[①]。此

[①] 《魏书·崔玄伯传》。

虽敌方的评语，但颇值得我们参考。第二，《公孙表传》谓"时胡内自疑阻，更相杀害"，此种不相团结的情况亦是失败的主因之一。公元 415 年四月，众废白亚栗斯而立刘虎，疑由于白、刘二首领不相团结之故。《太宗纪》又记泰常元年九月，"刘虎渡河东走，至陈留为从人所杀，司马顺宰等皆死"。从不团结而至于自相杀害，所以起义终于失败了。

6 世纪初，山胡刘蠡升所领导的反魏反齐运动，《北齐书·神武纪下》记述甚详，云：

> 初，孝昌中（525—527），山胡刘蠡升自称天子，年号神嘉，居云阳谷。西土岁被其寇，谓之胡荒。（天平）二年（535）正月，……壬戌，神武袭击刘蠡升，大破之，……三月，神武欲以女妻蠡升太子，俟其不设备，辛酉潜师袭之。其北部王斩蠡升首以送，其众复立其子南海王。神武进击之，又获南海及其弟西海王、北海王，皇后公卿已下四百余人，胡、魏五万户。

《魏书·孝明帝纪》谓刘蠡升称天子、置百官在孝昌元年，即公元 525 年，其子被高欢所破在东魏天平二年，即公元 535 年，前后共十年多。百官中称王者，有南海王、西海王、北海王、北部王等，此外还有皇后、公、卿等爵，其官制乃介于匈奴与汉族之间。《纪》云高欢获公卿以下胡、魏五万户，可知其百姓中有胡户，亦有汉户。每户设以五人计，胡汉人口可达二十五万，数目是很可观的。云阳谷的所在地，或谓在今陕西泾阳北，或谓在山西左云县境，俱不可从。按刘蠡升的活动，云阳谷当在古石楼山、今吕梁山脉之内。

刘蠡升初起兵于石楼山南边汾州一带，他是和当时五城郡山胡冯宜都等一道围攻汾州城的魏官兵的。《魏书·裴延儁附裴良传》叙述此事颇详，云：

> 时有五城郡山胡冯宜都、贺悦回成等以妖妄惑众，假称帝号，服素衣，持白伞、白幡，率诸逆众于云台郊，抗拒王师。（章武王）融等与战，败绩。贼乘胜围城。良率将士出战，大破之，于阵斩回成。复诱导诸胡，令斩宜都首。又山胡刘蠡升自云圣术，胡人信之，咸相影附。旬

日之间，逆徒还振。（李）德龙议欲拔城，良不许，德龙等乃止。

从此可以看出刘蠡升和冯宜都是密切连在一起跟魏官军进行斗争的。斗争的地点在汾州城外，即今汾阳。当时回城与宜都虽死，但官军仍不敢拔城，这显然和刘蠡升继续领导山胡围攻汾州城有关。后来汾州城围被官军解拔，刘蠡升始转入吕梁山内的云阳谷，自称天子，建立神嘉年号。

蠡升的行政行事多不可考。当时正是六镇部民陆续起义之时，在河东一带于 526 年（孝昌二年）亦发生了绛蜀陈双炽建号称"始建王"的事件。①而云阳谷与河东之间的山胡纷纷起义，南通绛蜀，北连蠡升，联合起来给北魏末年的统治阶级以沉痛的打击，从整个局势来衡量刘蠡升的反魏运动，是正义的和进步的。

综合来看，北朝的稽胡民族运动，从 398 年（北魏天兴元年）离石胡呼延铁的反魏运动起，到 578 年（北周宣政元年）汾州稽胡刘蠡升的起义止，前后共一百八十年。稽胡在此长时期内进行了无数的反压迫斗争，这些斗争对于历代封建王朝奴役弱小部族政策的改革，显然具有巨大的作用。自拓跋鲜卑的贵族侵入内地以后，对各族人民普遍地实行着屠杀和配隶政策。稽胡人民针对这种政策展开了尖锐的斗争，例如天兴元年呼延铁所领导的离石胡起义和张崇所领导的西河胡起义，主要原因是"不乐内徙"和反对配隶而引起的。②统治阶级受到这些经验教训之后，不得不对稽胡人民有所让步。所以到了 434 年（延和三年）在镇压白龙起义之后，除了对白龙将帅及其家属加以屠杀和配隶外，"诏山胡为白龙所迫及归降者，听为平民"③。这种"听为平民"的让步办法，是由天兴年间离石胡和西河胡的起义斗争而得来的结果。从此以后，虽然也还有一两次把降胡出配到郡县为隶的事，但和从前比较起来要少得多了。又如北魏初年统治阶级驱逐胡人到前线做箭垛的事是很平常的，稽胡人民对于此事也多次做了斗争，这些例子前面我们已经引了一些。后来胡人出戍的事，虽不能说绝迹，但比较过去也要少得多了。特别

---

① 《魏书·肃宗纪》：孝昌二年，"绛蜀陈双炽聚众反，自号始建王"。《通鉴》卷 151 胡注："蜀人徙居绛郡谓之绛蜀。绛郡在河东绛县一带。"
② 《魏书·庚业延传》。
③ 《魏书·世祖纪》。

是六镇部民起义以后，各朝统治者皆引为借鉴，不敢轻易调发胡兵在他地打仗。不只兵役如此，就是一般的徭役也有类似的情况。例如《隋书·高祖纪》记载开皇元年（581）四月，"发稽胡修筑长城，二旬而罢"。服役的时期为什么这样短呢？远的原因是北朝历代各族人民，包括稽胡在内，所进行的各种反奴役斗争的结果；而近的原因则由于周末隋初稽胡在被征发北筑长城时，途中发生了全部役徒逃亡的缘故。关于后者，《隋书·韦世康附弟冲传》里叙述很详，云：

> 于时稽胡屡为寇乱，冲自请安集之，因拜汾州刺史。高祖践祚……岁余，发南汾州胡千余人北筑长城，在途皆亡。上呼冲问计，冲曰："夷狄之性易为反覆，皆由牧宰不称之所致也。臣请以理绥静，可不劳兵而定。"上然之，因命冲绥怀，叛者月余皆至，并赴长城。

从此可知，开皇元年发稽胡做二十日的短期徭役正是过去南汾州千余稽胡直接斗争的结果。在封建社会内，反戍、反徭役的斗争是阶级利益矛盾的表现。只要各族劳动人民的力量日益壮大，阶级的觉悟有所提高，封建领主对弱小部族的不平等的劳役制度总是一天比一天削弱的。

当然，我们绝不是说历史上的少数部族，由于他们经常受统治阶级的压迫，因而就得出一个结论，说他们的一切行动都是正义的，进步的。这种说法和想法是不切合实际的。古代的少数部族，无可讳言地在政治经济和文化方面有许多落后的因素，稽胡自然也是如此。例如前述五城胡的白巫魔术，在云台郊外穿白衣，持白伞、白幡；刘蠡升自云有"圣术"；唐代的白铁余，《朝野佥载》谓之为"延州稽胡，左道惑人"[1]。稽胡长期保留着这种原始巫术，在文化方面显然是落后的。不过这些落后信仰在反魏运动中也发生了些团结群众的积极作用。更重要的就是稽胡始终还保留一种落后的社会制度，即奴隶制的残余。《隋书·侯莫陈颖传》对此事记载：

> 周武帝时，（侯莫陈颖）从滕王（宇文）逌击龙泉、文城叛胡，与柱

---

[1] 《太平广记》卷238引《朝野佥载》云云。

国豆卢勣各率兵分路而进。颖悬军五百余里，破其三栅。先是，稽胡叛乱，辄略边人为奴婢。至是，诏"胡敢有压匿良人者诛，籍没其妻子"。有人言为胡村所隐匿者，勣将诛之。颖谓勣曰："……诸胡固非悉反，但相迫胁为乱耳。……未若召其渠帅，以隐匿者付之，令自归首，则群胡可安。"勣从之，群胡感悦，争来降附，北土以安。

隋代的龙泉郡即北魏的汾州，治隰川（今山西隰县）。文城郡治吉昌（今吉县）。这一带正是汾胡和五城郡胡分布所在。按《周书·文闵明武宣诸子传》，腾闻王逌之征稽胡在建德六年（577），所征伐的稽胡渠帅名穆支。①《稽胡传》记此前一年，即建德五年（576），稽胡乘周齐交兵之际，收拾齐兵所弃甲仗为武器，立刘蠡升之孙没铎为圣武皇帝，年号石平。没铎分其党天柱守汾东，穆支守汾西。侯莫陈颖所征伐之稽胡即驻守汾西之穆支。周之出师乃由于刘没铎之称皇帝，并非为征伐隐匿汉人之奴隶主，所以不得谓之为义师。但在征伐的过程中发现了稽胡的奴隶制残余，即"稽胡叛乱，辄略边人为奴婢"。所以我们对于旧文献中关于稽胡劫掠边人的事必须重新加以考虑。例如《周书·韦孝宽传》谓："汾州之北，离石之南，悉是生胡。钞掠居人，阻断河路。"《北史·城阳王长麦传》亦言："汾州山胡，旧多劫掠。"设使这些劫掠居民都是把汉人劫略而为奴婢的，则稽胡的奴隶制残余将是一种不可饶恕的落后的野蛮制度。

在这里我们返回头来再看看北周在此时期内的社会改革。正是在征伐稽胡刘没铎这一年，《周书·武帝纪》记载武帝曾下一条诏令云：

　　凡诸杂户，悉放为民。配杂之科，因之永削。

《隋书·刑法志》亦记：

　　建德六年，齐平后，帝欲施轻典于新国，乃诏：凡杂户悉放为百姓。自是无复杂户。

---

① 原文作"穆友"，按《稽胡传》，"友"为"支"之讹。

杂户一称"隶户",他们的社会地位乃介于奴隶与平民之间。杂户的来源有二:一是俘虏,二是罪犯没入官府的人户。其中少数部民很多,少数部族一旦被征服以后,便配隶为杂户和隶户。北周于6世纪中叶悉解放杂户为民,并言"配杂之科,因之永削"。尽管在隋唐时期仍然还有杂户[①],北周统治阶级能够在此时实行悉免杂户为民的政策,无论如何是开明的。因此我们在此很自然地得出一条结论,就是北周对稽胡虽然出过多次的不义之师,但他的社会制度比较稽胡要文明得多。

但北周之免杂户为民,我们绝不能说这是由于统治阶级的自觉自愿,因为在封建社会内最高的封建主不可能具有如此高度的牺牲阶级利益的精神。他们所以这样做,我想有两个原因:第一个原因,是北齐在公元577年以前已经发布过两次赦免杂户的诏令,一次在天保二年即公元551年,又一次在天统三年即公元567年。这两次诏令都是蠲免官署中的杂役的,但实行得并不算彻底。[②] 到公元577年北周平齐之后,统治阶级为了巩固自己的阶级政权,并赢得胜国人民的拥护,所以在北齐前两次诏令的基础上干脆把公私杂户悉放为民。第二个原因,就是自北魏以来,历代统治阶级经过各族人民无数的反剥削、反奴役斗争,其中也包括了稽胡的各种反魏、反齐、反周的斗争,都受过沉痛的打击,有的在局部的措施上已经做了一些让步,所以到了北周的统治阶级不得不对此总结一些经验,接受以前各代的经验教训,在奴役人民的制度上再做出一些较多的让步。这是北周免杂户为民的第二个原因。在公元577年以前,从蠲免杂户这一点来说,东方的北齐比较西方的北周是进步的。在这一年周平齐之后,北齐的制度影响了北周。周、齐二国和稽胡的关系,也有类似的关系。稽胡的所有制虽然落后于周、齐二国,但他们对两国的统治阶级反复进行过多次的反剥削、反奴役斗争,结果促进了两国政治上的某些改革。反过来,中原的比较进步的社会制度又迫使稽胡的奴隶制残余更进一步加速度的消灭。在我们这个巨大的多民族、多部落的国家

---

① 《唐律疏议》卷3《名例律》:"杂户者,谓前代以来,配隶诸司,职掌课役,不同百姓。依令:老免进丁受田,依百姓例各于本司上下。"以上知唐代仍有杂户,其等级在百姓与奴婢之间。

② 《北齐书·文宣帝纪》:天保二年,"诏龟诸伎作、屯、牧、杂色役隶之徒为白户"。又《后主纪》:天统二年,"太上皇帝诏诸寺署所绾杂役户人姓高者,天保之初虽有优敕,权假力用未兔者,今可悉蠲杂户。任属郡县,一准平民"。第一次的诏令未能彻底,已于第二次诏令中见之;第二次亦不彻底,故北周于建德六年又有第三次诏免杂户为民的诏令。

之内，就是依靠这种相互促进、相互斗争，最后至于团结合作以完成各个历史阶段上的各种社会革命的。

三、隋唐时期的稽胡渐次与汉族融合

现在我们把 7、8 世纪，即隋末唐初的稽胡活动大略叙述一下。

隋末唐初，离石和北山的稽胡仍时见于记载。当隋代末年，中国各地各族纷纷起义反抗隋朝的暴政之时，离石稽胡和北山稽胡亦趁势起兵，反隋称王。《隋书·炀帝纪》记大业十年（614），"延安人刘迦论举兵反，自称皇王，建元大世"。《通鉴》卷182对此事补记云："有众十万，与稽胡相表里为寇。诏以左骁卫大将军屈突通为关内讨捕大使，发兵击之，战于上郡。"《旧唐书·屈突通传》亦记："安定人[①]刘迦论举兵反，据雕阴郡（治绥州，今绥德），僭号建元，署置百官，有众十余万。稽胡刘鹞子聚众，与迦论相影响。"按《隋书》、《旧唐书》上引文，刘迦论似以为汉人，然从其姓氏、地望与党羽来说，亦似稽胡。拥兵十余万，实力可谓强大。屈突通虽一时战胜，稽胡的实力并未消尽，直至大业十二年（616），李渊子世民率兵至泾阳，并刘鹞子之众，刘迦论的势力始衰。[②]

在隋代末年稽胡称兵者，还有丹州稽胡刘步禄[③]，北山稽胡刘拔真[④]，这些起兵的稽胡都被唐兵平定下去。

618年（武德元年），北山稽胡攻富平[⑤]，又发五万多人攻宜君[⑥]，与唐军窦轨战于黄钦山，败溃[⑦]。621年（武德四年），宏化（今甘肃庆阳）稽胡帅刘仙成拥众数万，与唐军对垒。唐隐太子建成初与战于鄜州，诱其渠帅，授以官爵，刘仙成遂降。建成虑其部众太多，难以制服，因诈称增置州县，嗾

[①] 《通鉴考异》云："唐书作安定人。按，安定去上郡太远，今从《隋书》。"
[②] 《新唐书·太宗本纪》。
[③] 《元和郡县志》。
[④] 《新唐书·马三宝传》。
[⑤] 《通鉴》卷185"武德元年四月"条。
[⑥] 《通鉴》卷185胡注，原文"宜春"当作"宜君"，胡注是。宜君，今陕西宜君县。
[⑦] 《新唐书·窦威传附轨传》。

诱降胡修筑城邑，趁其不备，屠杀六千余人，仙成因此逃奔割据在朔方（今陕西横山）的梁师都。建成又出兵北巡，时有稽胡四百人出降，悉馘其耳，纵之归家。① 唐初统治阶级对待稽胡的政策是惨无人道的，所以到 7 世纪后半叶，这一带的稽胡仍然继续反唐。以上是北山稽胡在唐初的情况。

隋代末年，在延安刘迦论起兵的同年，汾河以西的离石胡刘苗王亦举兵反隋，自称天子，众至数万，以其弟六儿为永安王。②《通鉴》卷 187 亦记"隋末，离石胡刘龙儿拥兵数万，自号刘王，以其子季真为太子"。至 619 年（武德二年），刘季真与其兄六儿又起兵，引刘武周之众攻陷石州（今山西离石）。季真又投降突厥，突厥可汗封之为突利可汗，六儿称拓定王。③ 620 年（武德三年），六儿陷岚州（今岚县）。唐遣张纶等引兵临石州，刘季真兄弟出降，唐以季真为石州总管，六儿为岚州总管。④ 时李世民与宋金刚战于介休，六儿助金刚出战，世民斩之。季真惧，弃石州，逃奔刘武周的部将高满政。满政时驻扎马邑，与季真不合，斩之。⑤

在隋代末年，全国各地各族人民因不满于统治阶级的暴政，纷纷起兵，展开斗争，这种斗争是正义的、进步的。稽胡在河西和北山的起兵自然也不能例外。但其中有些人物，例如河西胡首领刘季真，先投降突厥，又投降引突厥入寇的刘武周和宋金刚，这种投降外族并引外族军队入寇的行为从当时的条件来说，是违反全国人民的利益的。因此，稽胡在隋末唐初的起兵，我们不能说他们都是义师。

从此以后，稽胡起兵起义的事少得多了。683 年（永淳二年），绥州城平县（今清涧西）人白铁余，以神道设教，远近信之，因"据城平县，自称光明圣皇帝，置百官，进攻绥德、大斌（绥德西南）二县，杀官吏，焚民居"⑥。唐遣程务挺会夏州都督王方翼合兵平定。⑦ 自此以后，稽胡起兵的事则

---

① 《新唐书·高祖本纪》、《高祖隐太子建成传》。
② 《隋书·炀帝本纪》。殿本"以其第六儿为永安王"，此"第"为"弟"之误。六儿疑即刘季真父龙儿之讹，"龙"、"六"二音相近。
③ 《旧唐书·刘季真传》。
④ 《通鉴》卷 188。
⑤ 《旧唐书·刘季真传》。
⑥ 《通鉴》卷 203 "弘道元年"条。
⑦ 《旧唐书·程务挺传》。

无所闻。

自北魏以来四百多年,稽胡一直是在对统治阶级起兵的。到了 8 世纪后叶,吐蕃王国侵扰边境之时,上郡的稽胡不是跟吐蕃联合起来随之入侵,而是同当时的汉族、义渠、鲜卑以及河湟义从、西域各族在一道去抵抗吐蕃的入侵,此事我们应给予足够的注意和深思。稽胡参加抵抗吐蕃内侵事,见于《旧唐书·吐蕃传》及《册府元龟》卷 992 所载大历九年(774)之诏文,云:

> 去冬,(吐蕃)逾我关陇,入我邠郊,驱人之马牛,掠人之士女。朕许其通好,本在人安,乘此不虞,翻贻我诈。……当罢四方之师,永全二国之好。倘更侵冒,必示威刑。宜令子仪以上郡、北地、四塞、五原义渠、稽胡、鲜卑杂种马步五万众,严会枸邑(栒阳),克壮旧军。抱玉以晋之高都、韩之上党、河湟义从、汧陇少年,凡三万众横绝高壁,斜界连营。马璘以西域前庭、车师后部,兼广武之戎、下蔡之徭,凡三万众,据于朝那(平凉),遏当路之塞。忠诚以卢龙、柳城,洎在北平、汉东诸镇,江、黄、申、息之师,凡三万众,屯于回中(陇县),张大军之援。①

当 8 世纪时吐蕃还是奴隶社会,所以到了关陇以后驱逐人民的牛羊,掳掠人民的男女,这种行为显然是不正义的。当时统治阶级号召全国各地各族的人民,其中包括汉人、义渠、稽胡、鲜卑、河湟义从小月氏以及西域前庭、后部诸族,都来参加反入侵的战争。这种号召显然是符合全国各族人民的利益的。正因为如此,所以在出兵后的一年内,吐蕃军队在临泾(今甘肃镇原)、陇州(今陕西陇县)各路都受到各族人民联军的打击,最后是退出秦陇各地。从这些情况正可看出我国各族在历代长期共同生活中,虽然发生过不少的阶级矛盾和民族矛盾,但到了后来各族人民仍然是团结起来,共御外侮,共抗侵略,不独近代如此,古代也是如此,这是中华民族历史发展的一个总的规律。

最后,简单阐述一下匈奴、稽胡等族到哪儿去了的问题。

---

① 《旧唐书·吐蕃传》,诏文录《册府元龟》卷 992《外臣部·备御五》"大历九年"条。

前面我们叙述了匈奴分裂、北匈奴西遁、南匈奴南迁等问题，在这里不再重复。现在着重叙述一下匈奴在东亚的迁徙和融合。

蒙古草原的匈奴，纵然有不少人马跟北单于西遁，南单于降汉，但留在草原上的匈奴人仍然是很多的。《后汉书·鲜卑传》云：

> 和帝永元中（89—104），大将军窦宪遣右校尉耿夔击破匈奴，北单于逃走。鲜卑因此转徙据其地。匈奴余种留者，尚有十余万落，皆自号鲜卑。鲜卑由此渐盛。

十多万落的匈奴余众皆自号为鲜卑，这正说明鲜卑之中有很多帐落原来是系出匈奴。这些鲜卑化的匈奴居住在什么地区呢？王沈《魏书·鲜卑传》记载他们到辽东与鲜卑杂处，云：

> 匈奴及北单于遁逃后，余种十余万落诣辽东杂处，皆自号鲜卑兵。

东汉时的辽东，指辽东郡（治襄平，今辽宁辽阳），也可能兼言辽东属国（治昌黎，今义县）。那里正是东部鲜卑或徒何鲜卑的分布之区。在晋代这些鲜卑大部分南下到幽、冀、青、并、雍州等地，后来他们都融合于汉族，那么，鲜卑化的匈奴，例如宇文氏之类自然也就融合于汉族了。

在蒙古草原的南部也留有许多的匈奴。这些匈奴，除南下到缘边八郡之外，也同迁徙到这里的各种鲜卑融合在一起了。例如《魏书·铁弗刘虎传》云：

> 北人谓胡父鲜卑母为铁弗，因以为号。

草原的人们称胡父鲜卑母为"铁弗"，此所谓"胡"，无疑的是指匈奴，所以刘虎是匈奴父同鲜卑母相互融合的"铁弗"。此铁弗匈奴初在新兴郡北部，继至朔方郡，后又渡黄河而西，在鄂尔多斯草原建立夏国。夏灭亡后，这里成为稽胡的聚居之区。铁弗匈奴既为匈奴同鲜卑的融合部落，则与铁弗同音的拓跋鲜卑和秃发鲜卑亦是鲜卑同匈奴的混合部落集团。盖古无轻唇音，铁弗之"弗"（有时作"伐"）和秃发之"发"皆读如"跋"。以此知铁弗（伐）、拓跋、秃发三者皆出同一语源，有匈奴同鲜卑融合为一族之义。所不同者，铁弗（伐）为胡父鲜卑母，而拓跋和秃发则为鲜卑父胡母罢了。当时草原部落已经是父系父权的阶级社会，所以原来以胡为父系的铁弗（伐）氏仍为匈奴，而以鲜卑为父系的拓跋和秃发氏仍为鲜卑。秃发氏由塞北迁于河西，据有凉州（今甘肃武威）之地，秃发乌孤称西平王，又称武威王。后迁乐都（今青海乐都），秃发傉檀称凉王。史称之为南凉。拓跋氏建北魏，国内许多姓氏，如贺赖氏、独孤氏、须卜氏、丘林氏、宥连氏、破罗多氏等皆系出匈奴。这些匈奴迁入内地以后，改变姓氏，如贺赖氏改为贺氏或贺兰氏，独孤氏改为刘氏，须卜氏改为卜氏，丘林氏改为林氏……到隋唐以后这些姓氏与汉族的同样姓氏无别了。①

在蒙古草原的北部也留有许多匈奴。《魏书·蠕蠕传》云：蠕蠕"西北有匈奴余种，国尤富强。部帅曰拔也稽，举众击社仑。社仑迎战于颇根河，大破之。后为社仑所并"。此拔也稽，音与隋唐时的拔也固酷似。

现在再看迁到长安、三辅以及其他郡县内的匈奴。

一切民族的融合，都是由迁徙、杂居错居以及经营共同生活开始的。迁到中国郡县内的匈奴与汉族的融合也是如此。

远在匈奴国家强盛之时，匈奴降人就以三种不同的方式移居于中国各地同汉人在一块儿经营着共同的生活。

第一种方式，就是有些匈奴骑士在三辅之内做了汉代皇家的胡骑。按《汉书·百官表》，汉代的胡骑有三大营：一、长水胡骑，屯长水（今陕西蓝田西北，一名荆溪）；二、宣曲胡骑，屯宣曲宫（今长安昆明池遗址西）；三、池阳胡骑，屯池阳（今泾阳西北）。这些胡骑以匈奴的骑士为主，他们在汉校尉官的领导下在各处打仗。由于军队的生活是最有组织和纪律的，所以语言、服饰和生活习惯方面很早就和汉人趋于一致。

第二种方式，有些匈奴贵族及其从者，自从降汉以后，就居住在长安城内，朝廷封他们以各种不同的侯爵，赐他们以几百户乃至万户的田赋。这些赐户，都在关东各郡县之内。汉文帝时赐户在北海国的营陵（今山东乐

---

① 《魏书·官氏志》；（清）陈毅：《魏书官氏志疏证》；姚薇元：《北朝胡姓考》。

昌东南）和颍川郡的襄城（今河南襄城）。景帝时多在涿郡的南部各县。武帝时，匈奴降者更多，赐户的分布愈广，如颍川、南阳、济南、琅邪、平原、渤海、上党、河东各郡县都有赐户。赐户对封侯的关系是农奴对领主的关系，每年要向领主交纳田赋。除交纳田赋之外还有什么关系，我们现在还不大清楚。匈奴贵族住在长安官邸之内过着贵族领主的生活，有的随大军出征，如弓高壮侯韩隤当孙说以横海将军击东越，翕侯赵信击匈奴；有的参加汉室的宫廷事变，如亚谷简侯卢它之曾孙贺受卫太子节谋反；有的受诏命至西域，如下摩侯呼毒尼往弋居山，不久以坐将家属阑入恶师地，免爵。① 这些降汉的贵族后裔，除了犯罪被杀、降免、逃亡和无后外，大部分都被汉化了。最近中国科学院考古研究所在陕西长安西客省庄发现一座特殊的古墓，死者的殉葬物中有两件长方形的铜牌压在人骨架的腰骨的两侧。铜牌上透雕着两匹对称的马相向而立，其间是两位拖发挽髻的男子赤膊着裤相互搏斗作跌跤状。这两块铜牌应当是系在腰带上的腰牌。此外，还有两件圆形透雕的铜饰、一个金环、一把铁刀和一件圆形带钮的铁器。② 这一古墓的年代当在西汉初期，可能就是居住在长安城内匈奴降人的古墓。

　　自武帝以后，匈奴的势力日衰，对降人封侯的事因亦日少。按《汉书·功臣表》所记只有三事，如神爵二年（前60），封日逐王先贤掸为归德靖侯，赐二千二百五十户，在汝南郡；五凤二年（前56），封王定（乌厉屈）为信成侯，赐千六百户，在汝南郡细阳县（今河南太和）；三年（前55），封厉温敦为义阳侯，赐千五百户。此外，终西汉世，对匈奴无封侯。到东汉时，南匈奴降汉，处之于缘边八郡，对匈奴投降的贵族封爵赐地的事是绝少的。只有一次，安帝元初五年（118），匈奴前单于屯屠何子日逐王逢侯率新降胡十五部二十余万人叛新立单于安国，不久为鲜卑所破，只余百多骑，至朔方塞外降汉，汉遂徙逢侯于颍川郡。③ 前已言之，颍川郡原多匈奴降侯的封地，但无匈奴部众。今次徙匈奴日逐王逢侯及其部众百余骑到颍川，这些匈奴后来大约都成为当地的编户了。

　　第三种方式是把匈奴投降的王侯跟他们原来统属的兵士部民隔离开来，

---

① 《汉书·景武昭宣元成功臣表》。
② 《1955—57年陕西长安沣西发掘简报》，《考古》1959年第10期。
③ 《后汉书·南匈奴列传》。

使兵士部民分别安插在缘边属国之内。《汉书·武帝纪》云：

> （元狩三年，前120）秋，匈奴昆邪王杀休屠王，并将其众合四万余人来降，置五属国以处之。以其地为武威、酒泉郡。

昆邪王于元狩二年（前121）降汉，三年置五属国以分处其部众，在《史记·卫将军骠骑列传》叙述得很详细，云：

> （元狩二年）其秋，单于怒浑邪王居西方数为汉所破，亡数万人，以骠骑之兵也。单于怒，欲召诛浑邪王。浑邪王与休屠王等谋欲降汉，使人先遣使向边境要遮汉人。……骠骑既渡河……与浑邪王相见，斩其欲亡者八千人，遂独遣浑邪王乘传，先诣行在所。尽将其众渡河，降者数万，号称十万。既至长安，天子所以赏赐者数十巨万。封浑邪王万户，为漯阴侯。封其裨王呼毒尼为下摩侯、鹰庇为煇渠侯、禽梨为河綦侯、大当户铜离为常乐侯。①……居顷之，乃分徙降者边五郡故塞外，而皆在河南，因其故俗为属国。

此浑邪王即《汉书》之昆邪王。按《功臣表》，昆邪王的封地在平原郡漯阴县（今山东临邑西），共万户；呼毒尼的封地在河东郡猗氏县（今山西临猗），共七百户；鹰庇的封地在南阳郡鲁阳县（今河南鲁山）；禽梨和铜离的封地皆在济南郡，前者六百户，后者五百七十户。所谓"居顷之"，是说把昆邪王等安置妥当以后，然后分别徙置降众于边郡故塞之外，增置五属国。关于属国的性质，颜师古《汉书》注云："凡言属国者，存其国之号而属汉朝，故曰属国。"②又云："不改其国之俗，而属于汉，故号属国。"③属国的具体组织，《汉书·百官公卿表上》叙述得很详细，云：

---

① 《汉书·卫青传》与此略同。"鹰庇"，《汉书·卫青传》作"雁疵"；"禽梨"，《汉书·卫青传》作"禽黎"，《功臣表》作"乌黎"；"铜离"，《汉书·卫青传》作"调虽"，《功臣表》作"稠雎"。
② 《汉书·武帝纪》注。
③ 《汉书·卫青传》注。《史记正义》亦云："以来降之民，徙置五郡，各依本国之俗，而属于汉，故言属国也。"与颜注之意同。

> 典属国，秦官，掌蛮夷降者。武帝元狩三年昆邪王降，复增属国，置都尉、丞、侯、千人、属官九译令。

属国中的都尉和主吏都是汉人，匈奴降者居于被统治的地位。依照匈奴习惯把他们编制起来，这便是所谓"因其故俗为属国"。编制的详情虽不尽知，但前数十年在居延所发现的汉简，有"属国阡人长"、"佰人长"之官[1]；残留到现在的，还有一些后汉时的匈奴官印，如"汉归义胡阡长"、"汉归义胡佰长"[2]之类，这种以十进位的组织和匈奴军队的组织习惯是相一致的。此时匈奴降众对属国统治官吏的关系是农奴或部曲对封建官吏的关系，已经不是从前匈奴奴隶和平民对奴隶主的关系。匈奴奴隶主统治权的消灭，正给后来的汉、匈融合扫清了障碍，铺平了道路。

关于元狩三年增置五属国的所在地，因记录不明，后来的学者们颇有异议。最初提出五属国所在地者，为唐代的张守节。他在《史记正义》中解释《卫将军骠骑列传》的"边五郡"时说："陇西、北地、上郡、朔方、云中，并是故塞外，又在北海（按《通鉴》胡注此'海'当作'河'）西南。"此说，元代胡三省从之，以注《通鉴》。但云中郡不在河南，而陇西郡又远在河南之外，所以张氏此说是难成立的。到了清代，汪之昌著《汉置五属国考》，谓五属国都尉在天水、安定、西河、五原、张掖五郡之内。汪氏此说以《地理志》属国都尉所在地为准，故其立论比较可靠。但他反对匈奴属国都尉在上郡龟兹县，主要理由以为龟兹县是以居西域龟兹降人，非以处昆邪降众。[3] 这一理由虽是正确的，但上郡除龟兹县之外土地辽阔，故塞之外尚有匈归都尉。《汉书·地理志·上郡》记云：

> 匈归都尉治塞外匈归障，属并州。

颜师古注云："匈归者言匈奴归附。"此塞外之匈归障与《卫将军骠骑列传》所云"分徙降者边五郡故塞外而皆在河南"相合，其为五属国之一无

---

[1] 劳榦：《居延汉简考释》，释文之部，第332页。
[2] （清）瞿中溶：《集古官印考》九；（清）陈介祺：《十钟山房印举》二。
[3] （清）汪之昌：《汉置五属国考》，《青学斋集》卷15。

疑。所以自周寿昌的《汉书注补正》至王先谦的《汉书补注》皆以安定、天水、上郡、西河、五原五郡故塞外为五属国的所在地。

上述第三种匈奴入徙的方式,自汉武帝以后成为各朝各代匈奴入徙的主要方式。在汉宣帝神爵三年(前59)至五凤三年(前55)不断有匈奴王侯降汉,汉朝依武帝对待昆邪王的旧例,把匈奴的王侯留居长安,其降众则置西河、北地二属国以处之。① 至东汉初,匈奴的国势有所变化。正当东汉政权稳定之时,匈奴由第二次分裂至南匈奴第二次降汉,此时北匈奴尚在漠北,汉朝分南匈奴之降众于缘边八郡,允许南单于建立王庭于西河郡的美稷,主要理由是想利用南匈奴以抵抗北匈奴的南下。这种政策终于成功,北匈奴跟着而有第二次的西迁。所以东汉政策的变化乃由于匈奴国势有所变化之故。

北匈奴西迁以后,南匈奴内部又发生内讧。140年(顺帝永和五年),南匈奴分为两派:一派拥护汉朝,但势力薄弱;另一派就是左部句龙王吾师、车纽等反对汉朝,东引乌桓,西连羌戎及诸胡共数万人攻破京兆虎牙营,并杀上郡都尉,进攻并、凉、幽、冀四州,因此汉室乃徙西河治离石,上郡治夏阳(今陕西韩城),朔方治五原(今河套东部)。从此时起,原居缘边八郡的匈奴就更为南下,雍州的匈奴发展到上郡以南,并州的匈奴发展到太原以及汾河流域各地。东汉末年曹操听任匈奴部落散居西河、太原、雁门、新兴、上郡、河东六郡之内,就是在这种形势下产生的。

曹操对匈奴的分化政策大体上也和汉武帝上述的第三种方式相同:分匈奴为五部,每部之中择其贵者为帅;五部帅皆家居晋阳汾涧之滨,并不直接统领各部;而自单于以下的王侯豪右则尽量地移住邺城,这样匈奴部众和匈奴贵族的关系以及匈奴贵族中各阶层的关系从此就日益疏远,不相统摄了。更重要的,是征发匈奴的壮丁以为"勇力吏兵",随汉军之后在各处打仗,这比汉武帝的"因其故俗为属国"更为彻底,更为厉害。就是这样,匈奴原来的组织因而逐渐破坏,匈奴的部众有很多人就沦为汉族封建主的部曲、农奴和奴隶了。这种政策对于当时的匈奴贵族和部众显然都是不利的,因此在曹魏时引起了右贤王刘猛的率众出塞,在西晋末年又引起了汲桑、石勒的马牧起义和刘渊等在离石的起兵。这些历史经验可以充分说明,强迫同化是违

---

① 《汉书·宣帝纪》。

反各族人民的利益的。

其次,我们研究一下匈奴、卢水胡、稽胡诸族的相互关系,对于诸族的相互融合和汉化可以得到进一步的理解。

历史上的部族部落,有些是同源异流的,又有些是异源同流的。匈奴之与卢水胡、稽胡的关系是同源异流,即卢水胡和稽胡是由匈奴演化出来呢,还是异源同流,即匈奴之于卢水胡和稽胡只能算是一个祖源,除匈奴之外他们还有其他的祖源,然后才形成卢水胡和稽胡?这些问题如果解决了,对于我们所研究的各族融合问题以及汉化问题将会有很大的帮助。

现在先从匈奴和卢水胡的关系说起。据最近许多人研究,卢水胡的名称始见于东汉,此族在魏晋时又广布于金城郡的临羌县(今青海西宁西镇海堡边外)、汶山郡的兴乐县(今四川松潘以北)、武威郡的显美县(今甘肃永昌东)、张掖郡的临松山(今甘肃张掖南一百二十八里,张天锡于此置临松郡)、冯翊郡的杏城(今陕西黄陵境内)、北地郡和安定郡的卢水沿岸(今甘肃镇原东北)等地。① 那么卢水胡最初的起源地在什么地方呢?关于这个问题自古以来就有三种说法:第一说以为东汉时的卢水胡最早见于《后汉书·西羌传》,而唐代李贤注《窦固传》时又引《水经注·河水》篇以为"湟水东经临羌县故城北,又东,卢溪水注之,水出西南。卢川即其地也"。此以卢水胡起源于今青海东部。第二说以为卢水胡就是北地胡,如惠栋在《后汉书补注》中即有此说。第三说,沈钦韩《后汉书疏证》云:"明志,甘州卫东南有卢水,亦曰沮渠川。《纪要》、《北史》沮渠蒙逊世居张掖临松卢水,即此川。"② 我是赞同沈钦韩的说法的。《宋书·氐胡传》:"大且渠蒙逊,张掖临松卢水胡人也。……世居卢水为酋豪。"下文历举其高祖以下名字及威望,自属可信。蒙逊为4世纪末5世纪初的人物,上溯四代至高祖晖仲归,当在百数十年前的魏末晋初之际,不可谓不早。卢水胡的起源地当即在今日的河西走廊。

但卢水究系一地名,而且这一地区自古以来又是多部族部落的。在公元前2世纪以前,此区原为月氏族的居地。公元前2世纪初,匈奴冒顿单于驱

---

① 唐长孺:《魏晋南北朝史论丛》,第403—412页。
② (清)沈钦韩:《后汉书疏证》卷2"卢水羌胡"条。

逐月氏，其地遂为昆邪王、休屠王所居。《后汉书·西羌传》称月氏被逐后，余种南入山阻，与诸羌错居，相互婚姻，并言其族"被服、饮食、言语略与羌同"。此言月氏余族与羌同化甚明。同传又称自霍去病取西河、开湟中后，月氏人即与汉人错居，并从汉兵战斗，号"义从胡"。此言月氏人又趋向于汉化。《魏书·西域传》又称："其俗以金银钱为货，随畜牧移徙，亦类匈奴。"此言月氏人又有匈奴化的倾向。

这里除了月氏之外，还有匈奴。昆邪王于元狩二年降汉，汉徙匈奴于五属国以处之。大部分匈奴虽然迁徙，但留在新设的张掖、酒泉二郡中者仍然不少。且《汉书·匈奴传》言"匈奴斗入汉地，直张掖郡"，为"温偶骎王所居地也"，"西边诸侯作穹庐及车皆仰此山材木"。以此知张掖郡北仍有很多的匈奴。这些匈奴有时侵入张掖县的日勒（今甘肃山丹东南）、屋兰（今山丹西北）、番和（今甘肃永昌）。这里牵涉到沮渠蒙逊的祖源问题。《晋书·沮渠蒙逊载记》和《宋书·氐胡传》都说沮渠蒙逊是张掖临松卢水胡人。《魏书·沮渠蒙逊传》也说："胡沮渠蒙逊本出临松卢水。"那么，他到底是卢水的月氏人呢，还是卢水的匈奴？在各传中并未明确交代。我的意见以为，既然"其先世为匈奴左沮渠，遂以官为氏"（无论《晋书》、《宋书》、《魏书》皆有此说），所以应当把他当作匈奴。为什么呢？因为沮渠的官照例是由匈奴的异姓贵族担任的。《后汉书·南匈奴列传》云：

> 其大臣：贵者左贤王，次左谷蠡王，次右贤王，次右谷蠡王，谓之四角；次左、右日逐王，次左、右温禺鞮王，次左、右渐将王，是为六角；皆单于子弟，次第当为单于者也。异姓大臣：左、右骨都侯，次左、右尸逐骨都侯，其余日逐、且渠、当户诸官号，各以权力优劣，部众多少为高下次第焉。

异姓贵族与单于虚连题氏相对而言，如呼衍氏、须卜氏、丘林氏、兰氏皆为异姓贵族，然其为匈奴则无疑。须卜氏亦简称为卜氏，《晋书·北狄匈奴传》言"卜氏则有左沮渠、右沮渠"。此可为匈奴异姓贵族为沮渠官之证。沮渠蒙逊的祖先何时为匈奴左沮渠，已无从考证。《宋书·氐胡传》历述蒙逊自高祖至父之名字及官爵，皆无沮渠官号，以此知蒙逊祖先为匈奴沮渠当在南匈奴降汉以后。《南匈奴传》记载有两个左沮渠：一个是汉和帝时的左台且渠刘利，又一个是汉顺帝、桓帝时的左台且渠伯德。[①] 他们同沮渠蒙逊有何关系就不得而知了。卢水地区的匈奴受羌化的影响也是有的。《宋书·氏胡传》云："大且渠蒙逊，张掖临松卢水胡人也。匈奴有左且渠、右且渠之官，蒙逊之先为此职。羌之酋豪曰大，故且渠以位为氏，而以'大'冠之。"此可为匈奴羌化之证。

　　从上所述，可知卢水地区是一多部族部落的地区，其间部族有月氏、有羌族，亦有匈奴。这些部族，无论从血统、语言、文化以及生活各方面来说都是相互影响，相互融合的。因此所谓"卢水胡"实在是卢水诸胡或者卢水杂胡。《宋书·氏胡传》称"蒙逊代父领部曲，有勇略，多计数，为诸胡所推服"。《魏书·沮渠蒙逊传》亦称"蒙逊滑稽有权变，颇晓天文，为诸胡所归"。此皆言卢水地区归蒙逊者不是一种"卢水胡"，而是多种卢水胡。

　　但影响卢水诸胡最深刻者仍然是汉族的经济和文化。前111年（汉武帝元鼎六年）分武威、酒泉地为张掖、敦煌二郡，开始移民实边。前85年（昭帝始元二年），调故吏将屯田张掖郡。[②]《汉书·地理志》记张掖郡番和县置农都尉。边郡农都尉主屯田殖谷。[③] 可知汉时张掖农业生产之盛。301年（晋永宁元年），张轨为凉州刺史，请合秦、雍二州，移流民于姑臧（今甘肃武威），于是河西汉人更多。永嘉以后，张氏子孙，控据河西，兵强马盛，民亦富庶。虽建号前凉，然制度文物一以中原为主。《晋书·张骏传》称："舞六佾，建豹尾，所置官僚府寺，拟于王者，而微异其名。"从此官制朝仪便可看出4世纪的河西一带是如何汉化了。376年（太元元年）为苻坚所灭。坚徙江淮人万余户于敦煌，中州人有田畴不辟者亦徙七千余户。西凉武昭王李暠以南人五千户置会稽郡，中州人五千户置广夏郡，其余各户连同武威、张掖以东流入者分置于武威、武兴、张掖三郡。[④] 上述以卢水胡为统治阶级的北凉国是在这样的基础上和环境中建立起来的。《晋书载记》称蒙逊命房晷等撰

---

① 《后汉书·南匈奴传》原作"左奥鞬台耆且渠伯德"。《张奂传》同。但"奥"作"薁"，"鞬"作"鞬"，按作"鞬"是。《桓帝纪》称"左台且渠伯德"，当即"左奥鞬台耆且渠伯德"之省文。
② 《汉书·武帝纪》、《昭帝纪》。
③ 见《续汉志》。
④ 《十六国春秋辑补》卷93《西凉录·李暠传》；《读史方舆纪要》卷63"肃州卫会稽城"条。

《朝常制》,"行之旬日,百僚振肃"。此《朝堂制》当即如汉朝仪之类的朝廷典制。《宋书·氐胡传》亦记蒙逊的世子兴国遣使至南朝刘宋请《周易》及子集等书,蒙逊亦就司徒王弘求《搜神记》,弘写与之。茂虔继位,赠送南朝的书籍有《周生子》十三卷、《时务论》十二卷、《三国总略》二十卷、《俗问》十一卷,《十三州志》十卷、《文检》六卷、《四科传》四卷、《敦煌实录》十卷、《凉书》十卷、《汉皇德传》二十五卷、《王典》七卷、《谢艾集》八卷等,合一百五十卷。向南朝请求的书有《晋赵起居注》诸杂书数十卷。从这些事实正可反映他们的文化程度很高,汉化程度亦很深。

因此,我们可以推论,西陲的卢水胡人尚且如此,那么内地的如安定、北地、冯翊的卢水胡就更不必说了。他们最初是各族之间相互融合,到了最后,因为受广大汉人和汉文化的影响,都向汉化的方向发展,所以到北魏中叶以后,此所谓"卢水胡"一名称就不见于史册了。

其次,再看一下稽胡。

关于稽胡的祖源,前面我们约略提过,他们主要的是匈奴的苗裔。第一,从分布地区来说,西河郡的稽胡分布之区也正是魏晋时匈奴五部中的左部和南部分布所在。唐长孺先生在《魏晋杂胡考》中说:"《魏书》所常见的西河胡即左部地。《魏书》中之离石胡,离石又是刘渊最早建都之处。魏世之吐京胡所居即汉之土军县,其地与南部都尉所居之蒲子相邻,所以吐京胡所居即晋代南部都尉地。"① 这可以说明西河郡稽胡和古代匈奴分布的关系。黄河以西雍州北部地区于汉时称上郡。汉初上郡称为翟国。武帝时在塞外匈归障置匈奴都尉,此为匈奴在上郡留居之始。东汉末年曹操执政时又移一部分匈奴至此。后来不断有匈奴移入,特别是铁弗(伐)匈奴建立夏国建都统万时,上郡便成为匈奴的主要集中地之一。因此,我们认为稽胡的大部分系出匈奴,是有它历史的渊源的。第二,从姓氏来说,稽胡的姓氏有刘氏、乔氏、呼延氏、郝氏,这些姓氏在从前都是匈奴的大姓。第三,从语言风俗来说,《周书·稽胡传》谓稽胡"语言类夷狄,因译乃通",此夷狄语究系何族语言虽不能确指,但大体上可以说是北狄阿尔泰语,而不是西域胡语。又言"兄弟死者皆纳其妻"。这种风俗与匈奴亦同。因此,我们推论稽胡的祖源主

---

① 唐长孺:《魏晋南北朝史论丛》,第 443 页。

要是匈奴。

当然稽胡之内也有许多姓氏如白、穆等可能是西域胡的姓氏。例如白姓，便是古代龟兹国王的姓氏。《后汉书·班超传》记，龟兹国王白霸便是白氏王朝的第一个国王。龟兹人之徙上郡当在汉武帝时。《汉书·地理志》上郡龟兹县下颜师古注云："龟兹国人来降附者处之于此，故以名云。"龟兹人初徙上郡，后渡黄河而东，便是河西郡稽胡和山胡的白氏。415年（北魏神瑞二年），河西饥胡屯上党，推白亚栗斯为盟主，自号单于。此白氏单于即龟兹人由上郡而至西河，又由西河而至上党者。白氏以稽胡首领称单于亦正是龟兹多年受匈奴影响而匈奴化之故。又434年（延和三年）西河有山胡白龙者，当亦如白亚栗斯，系龟兹人的后裔而称山胡。七郡白姓稽胡见于历史较晚，北周时有白郁久同，唐高宗时有白铁余。前者似为银州或延州人，后者为绥州人。这一带的白姓稽胡见于历史较晚，但绝非由河西迁此，溯其源当是汉武帝时入居上郡龟兹县的龟兹之裔。

从此可知稽胡的祖源是多元的，无论匈奴或者龟兹等，后来都融合为稽胡。

这里有一可注意的现象，就是稽胡语言的变化。《周书》和《北史》的《稽胡传》都记载：

> 与华人错居，其渠帅颇识文字，言语类夷狄，因译乃通。

稽胡渠帅所识的文字，当是汉文。前面叙述匈奴时，已经说过匈奴无文字，他的统治阶级与汉朝往来的文书都是汉文。《周书》、《北史》言稽胡与华人错居，其渠帅颇识汉文，是很自然的，不足为异。但语言是比较顽固的东西，所以因译乃通。到了隋代，稽胡的语言因为种种缘故不得不发生变化，所以《太平寰宇记》卷35"丹州风俗"条引隋《图经杂记》云：

> 俗谓"丹州白窒，胡头汉舌"。即言其状似胡而语习中夏。白窒即白翟语讹耳，近代谓之部落稽胡，自言白翟后也。[①]

---

① 白窒之窒，丁结切，与"翟"同音。《寰宇记》作"窒"，唯《太平御览》卷164作"窒"。

丹州在今陕西宜川东北，隋时属延安郡。"丹州白窒，胡头汉舌"，乃系隋时延安郡汉人之谚语。《图经杂记》作者以为"胡头"言其状似胡，"汉舌"言其语习中夏。后一句的解释是对的，前之所谓"胡头"，我疑即指《周书》《北史》所说的"妇人则多贯蜃贝以为耳颈饰"，不能说他们就是高鼻、多髯如西域胡状也。稽胡语言在北魏北周时仍然须"因译乃通"，到隋时便成为"语习中夏"，这不能不说是一个很大的变化。

语言汉化的原因主要是他们与汉人错居，同汉人在一道经营、共同生活。共同地域和共同经济的条件具备了，首先便引起衣饰和习俗的变化。《北史》和《周书》都记载："其丈夫衣服及死亡殡葬与中夏同。"正是说明稽胡的衣饰和习俗在发生变化，最后才引起了语言的变化。关于稽胡语言以及其他方面变化的情况，有若干文献记载颇值得我们进一步研究。《太平寰宇记》卷35、36留下许多稽胡的语言资料，例如丹州宜川县下云：

库碙川在县西北二十里，从云岩县（今宜川西北七十三里）界入合丹阳川。按《图经》云："川南是汉，川北是胡，胡汉之人于川内共结香火，故唤香火为库碙。"因此为名。又有小库碙川。

此稽胡语唤"香火"或焚香火结盟为"库碙"。又云岩县下云：

库利川在县西，从西延州临真县（今甘泉东一百七十里）界入县。土谚云，昔有奴贼居此川内。稽胡呼奴为"库利"，因此为川名。

此稽胡语唤奴隶为"库利"。又同县下云：

渭牙川在县北二十五里，从西延州延长县来，五十里却入延州门山县，经县西三十里，又七十五里入黄河。川内有水木，稽胡唤水木为"渭牙"，因以为名。

此稽胡语唤水中木为"渭牙"。但在延州临真县下又云：

库利川在县北一十五里，耆老云：土田沃壤，五谷丰饶，胡称贮旧谷为"库利"。

此条与上述唤奴隶为"库利"相抵牾。这些语言资料需要我们用语言比较法详细研究，从此不仅可以决定稽胡的语言系属关系，而且可以明白匈奴语和龟兹语的融合过程。据近代学者研究，匈奴语与龟兹语属于不同语系，前者属于阿尔泰语系，后者属于伊兰语系。当汉代两族杂居错居于上郡的时候，没有一种共同语言，相互交通团结是有很大的困难的。因此，我们可以设想，当他们"语习中夏"以前，由于匈奴人多势众，龟兹语很可能逐渐融合于匈奴语之中，稽胡语可能就是以匈奴语为主的一种语言。可惜我们受资料和能力所限，无法证明上面所引各种语汇是龟兹语汇，还是匈奴语汇。但设使其中有少数语汇系龟兹语汇，对于我们上面的设想也不会产生什么问题的。因为融合的语言是允许有一种以上的语汇同时并存的。这些问题希望搞古代部族语言的同志们进行研究。现在我们只谈一下稽胡语的汉语化问题。部族语言的融合以两个部族的错居杂居和经常接触为前提，而且这种居处和接触必须又是建设在相互友好团结的基础之上的。北魏以来，中原的统治阶级，无论是鲜卑人或者汉人，对于稽胡虽然是经常挞伐征讨的，但汉族人民和稽胡人民则是相互团结友好的。试看上述《太平寰宇记》所引隋《图经杂记》所记，住在宜川县丹阳川上游两岸的汉人和稽胡就是如此。丹阳川以南居住的是汉人，以北居住的是稽胡。这些汉族和稽胡人民常在"川内共结香火"，因此就把丹阳川的上游称作库碅川。说到香火，很自然地就使人想到624年（武德七年）李世民在邠州对突厥颉利可汗隔水而语曰："今乃引兵相攻，何无香火之情也？"颉利于是引兵而退。可知随香火之盟而来的是两族之间的友好感情。这种感情正是汉人和稽胡相互融合的重要保证。这种自然而然的自愿融合与统治阶级的强迫融合不同。稽胡之融合于汉族大致就是如此。

总之，匈奴与汉族的融合是经过许多曲折和繁杂的道路，最后才成功的。融合的第一个条件就是接触。当匈奴立国之时，由于汉、匈政权对立的障碍，匈奴与汉人的接触是受一定的限制的。在这个时候，匈奴降人徙入长安或者徙入沿边郡县，与汉人杂居错居，这样才给汉、匈融合提供了基本的条件。反过来，汉人投降匈奴的也是如此。到了匈奴分裂，南匈奴降汉以后，初分置于缘边八郡，后来又集中到并州、雍州等所属的六郡，与边郡的汉人杂居错居，这时由于政权对立比较少了，共同生活比较多了，所以就比较容易融合。但是这个时期的融合和汉化，有的是强制的，有的是自然的，不能一概而论。而且当时缘边诸郡汉人少，其他少数部族、部落多，所以导致汉、匈之间的融合，不是直接的融合，而是一种间接的融合。

蒙古草原的南部除匈奴之外还有许多鲜卑。匈奴和鲜卑首先融合，十六国和北朝时属于匈奴系统的铁弗（铁伐）、独孤诸部，属于鲜卑系统的拓跋、秃发诸部以及初属于匈奴后又属于鲜卑的宇文部都是两族融合的产物。在河西走廊，自匈奴灭月氏之后，这里除匈奴之外还有西羌和羌化的月氏余种被称为小月氏或义从胡。前面所说的卢水胡人或者卢水杂胡就是指匈奴、小月氏、西羌诸族正在融合中或尚未融合的部族和部落。这些部族、部落或徙湟中，或徙汶山郡，或徙关中渭河以北的冯翊、北地、安定诸郡，亦被称为卢水胡。汉、魏在不同时期徙置到西河郡和上郡的匈奴，与汉时徙置于上郡、后来又转徙于西河的龟兹人以及其他西域人融合，产生了北朝和隋唐时期的稽胡。所以稽胡又是匈奴人和西域人相互融合而产生出来的新的部族。如此等等，我们便可知道匈奴最后之融合于汉族是经过许多曲折的道路的。

最后不管匈奴也好，铁弗、独孤部也好，拓跋、秃发部也好，卢水胡也好，稽胡也好，最后在不同时期都同化于汉族了。大约在隋唐时中国境内除了少数尚成聚落的稽胡外，其余与匈奴有关的上述诸族都汉化了。其中有些系出上述诸族的人物，也只能从姓氏上加以识别，例如隋唐初年几个皇后独孤氏、隋代的柱国独孤罗、唐代工部尚书独孤怀恩等，其文化语言皆与汉族无异。最近在西安市东灞桥附近的洪庆村发掘了一座唐代宦族独孤思敬和他的夫人元氏的合葬墓，墓里的文物除了一些高鼻深目多须的西域胡俑外，其他都是汉族的衣冠文物。①

这里试举唐代三位著名的诗人——元稹、白居易、刘禹锡为例，便可说明当时匈奴及其他有关各族后裔的华化之深。元稹之为拓跋鲜卑的后裔，

---

① 马得志、张正龄：《西安郊区三个唐墓的发掘简报》，《考古通讯》1958年第1期；夏鼐：《西安唐墓中出土的几件三彩陶俑》，《考古学论文集》，科学出版社1961年版，第143—149页。

《唐书·宰相世系表》详记之。这位诗人其为鲜卑之后、匈奴之甥，当无疑义。白居易是否为北齐白建之后裔，近世颇有争论①，但其与宰相白敏中为同族则无异词。五代时王定保《摭言》"敏捷"条记卢发著《词令咏敏中》云：

  十姓胡中第六胡，也曾金阙掌洪炉。

  论者以此遂推论敏中姓氏系出西域龟兹国。白敏中既为胡姓，白居易自然也是龟兹胡的后裔了。最近姚薇元先生在《北朝胡姓考》中谓唐诗人刘禹锡乃北周时刘亮之七世孙，而亮之父持真，《周书》谓之为魏领民酋长，然则诗人刘禹锡显然有匈奴之裔的嫌疑。②上述三位诗人生逢同时，白居易前半生与元稹交，爱驱驾文字，穷极声韵，次韵相酬，称为"元和诗体"；后半生与刘禹锡交，著《刘白唱和集解》。他们对于自己以及彼此之间已经毫不感觉是一匈奴、一鲜卑、一龟兹胡在衔杯畅饮、相对吟咏当时的世态景物了。我国自古是一个多部族部落的国家，无论哪一朝代都有一批少数部族的人物、语言、装饰出现于京师及重大的城市之内，实理之当然，无足怪者。但前一代的胡人、胡语、胡装改变为汉人、汉语、汉装之后，便觉到后一批的胡俗有些新奇，如元稹诗《法曲》篇云：

  胡音胡骑与胡妆，五十年来竞纷泊。

  而不知数百年以前他的祖先拓跋宏每日在洛阳大声疾呼禁止鲜卑语，并禁止妇女着夹领小袖，在车上冠帽而着小襦袄者。③不只语言服装如此，即如其他典章文物亦概莫能外。试以音乐为例，白居易诗《法曲》篇云：

  法曲法曲舞霓裳，政和世理音洋洋，开元之人乐且康！

  法曲中的琵琶原为胡乐，而非华声。"霓裳羽衣曲"亦系婆罗门乐所改。

---

① 参考陈寅恪：《元白诗笺证稿·附论》。
② 姚薇元：《北朝胡姓考》，第48—49页。
③ 《魏书·任城王云附子澄传》。

然而白氏此诗已把外国外族的胡琵琶和改头换面的外国曲牌认为是开元盛世国产品了。[①] 其实我们不必怪元、白二氏，谁能把国庆节时北京天安门外歌舞队的语言、歌曲、乐器、服装原原本本考究得清清楚楚呢？从此我又联想到三十多年前南京东南大学有位刘伯明先生，他常对人们说："我姓的刘氏，是刘邦之刘呢，还是刘渊之刘，我亦不得而知。"其实何止刘氏如此，在百家姓里有很多的姓氏，包括最普通的张、王、李、赵在内，自古以来虽有汉、胡之分，但是目前实在分不清楚哪些出自胡姓，哪些出自汉姓了。明白了各族融合的道理以后，一方面可以理解古代匈奴、卢水胡、稽胡等到哪儿去了，另一方面可以医治我们大汉族主义和地方民族主义思想上的毛病。民族融合在封建社会里已经如此广泛地一批一批出现，今后在社会主义和共产主义社会里出现得可能更多一些，更快一些。此番道理我们研究民族史者不可不知。

---

① 　陈寅恪：《元白诗笺证稿》，第 135—136 页。

乌桓与鲜卑

第一章 总叙

一、乌桓、鲜卑在中国历史上的地位及其特点和作用

自春秋战国以来，我国北方的阿尔泰语系诸族与中原汉族发生关系最早而又最多的首先是北狄和匈奴，其次便是乌桓和鲜卑。乌桓和鲜卑二族最初起源于蒙古草原的东南部和东北角，正巧都在今日中国内蒙古自治区的境内。后来大部分进入中原，跟汉族在一起错居杂处，过着共同的政治经济生活，前后达数百年之久。其中有些部族的上层阶级在公元 4—7 世纪于黄河流域各地建立过大小不同的政权，统治过汉族以及其他各族人民。建国较多的是鲜卑族。五胡十六国中，鲜卑族建立的有前燕、西燕、后燕、南燕、西秦、南凉。继十六国之后有北魏，东、西魏（总称为拓跋魏），北齐，北周。此外还有一个在青海地区建国很久的吐谷浑王国。其中疆域最大、实力最强以及立国年代较久的是北魏。北魏最盛时的疆域，北逾阴山，西至西域的东南部，东接高丽，南临江汉。[①] 整个中国它统治了一半，形成数百年的南北朝对峙之局。

鲜卑建国的历史和乌桓徙居内地的经过，在一般通史上大致有所叙述。但乌桓和鲜卑的历史比较复杂，他们跟汉族的关系也比较长久，因而有许多问题并不曾十分妥当地解决。例如乌桓和鲜卑的起源问题，其中包括起源的地点和年代、东部鲜卑与拓跋鲜卑的区别等问题，这些问题表面看来似乎无关大体，但在民族史上部落的起源与部族的形成有直接联系，所以与起源有关的一座山和一条河都不应轻易放过。从古至今对于"乌桓"、"鲜卑"、"拓

---

① 《读史方舆纪要》卷 4 "州域形势四"条。

跋"这类名称有许多不同的解释，其中有些牵强附会的，如《汉名臣奏》云鲜卑是秦始皇时修筑长城的徒人出亡塞外后的子孙，并释"鲜者，少也。卑者，陋也。言其种众少陋也。今其人皆髡头、衣赭，手足库肿，此为徒人状也"①。这种说法虽出自汉代名臣应奉的奏议，但因为它缺乏历史根据，故不可从。又如《魏书·帝纪·序纪》云："北俗谓土为'托'，谓后为'跋'，故以为氏。"清代陈毅在《魏书官氏志疏证》中已经加以驳斥，亦不可从。因此，我们对于"鲜卑"、"拓跋"等名称做进一步的考证，仍然是必要的。在《国语》和《楚辞》上虽然有"鲜卑"之名，但明代末年金李的《国语》刊本"鲜卑"作"鲜牟"，而《楚辞》上的"小腰鲜卑"亦仅是指一种犀毗郭落带钩，并非指鲜卑人而言。且《史记》、《汉书》都不曾提到鲜卑，直到东汉初年始有鲜卑之名。此亦为治鲜卑史之一重要问题，不可不知。

在乌桓、鲜卑史上，人口迁徙和部族融合是比较突出的两大问题，而且这两大问题是相互联系的。各族的人口迁徙，既与劳动力的转移、生产技术的传授、新的土地的垦拓和利用有关，又与部族部落的融合、文物制度和思想的传播有关，所以研究边疆民族史者对于人口迁徙应当给以充分的注意。而且从整个中国史来说，从东汉末年到西晋晚期，塞外游牧部族不断向内郡流动，而中原汉族因农民战争又不断向塞外和东北移动，这种各族人口大迁徙对于整个华北政治、经济、文化的影响极为重大。大批移民的民族成分、阶级成分、文化水平和技术能力等因素在新土地上可能发生各种不同的作用，所以，我们对于这些因素应当详细地加以分析，然后对人口迁徙的作用做出正确的估计。

诸部落部族间的融合和各部族在不同时期的汉化，自古以来在我国民族关系史上便是一个突出而无法回避的问题。民族融合的规律和汉化的原因在过去并不曾得到正确的解决，我们正在开始研究。当公元 1 世纪末年匈奴统治集团分裂和流亡之后，引起了东部鲜卑的西进和东北部鲜卑的南迁。由于鲜卑和匈奴余众在草原各地的错居杂处和相互婚媾，于是在草原西部出现了鲜卑父胡母的拓跋鲜卑，在南部出现了胡父鲜卑母的铁弗（伐）匈奴，在阴

---

① 《史记·匈奴列传·索隐》引应奉云："秦筑长域，徒役之士亡出塞外，依鲜卑山，因以为号。"此应奉语似为司马贞所节引，非应奉原文。原文当如《翰苑集》注所引《汉名臣奏》云云。此条不见于今本《风俗通》。其说约系东汉人的一种传说，不足为凭。

山以北又出现了以高车为养父、鲜卑为养子的乞伏鲜卑。这是第一种融合的类型。关于这一类型，我们仅能够知道从婚媾关系而引起的融合往往以父方的姓族为主。唯有这样，鲜卑父胡母所生之子孙才称为拓跋鲜卑，胡父鲜卑母所生之子孙才称为铁弗（伐）匈奴。不过2世纪的鲜卑和匈奴实行家族或部落外婚制，并非所有的匈奴男子皆娶鲜卑女为妻，亦非所有的鲜卑男子皆娶匈奴女为妻，在各个部族之内，部落之间或者家族之间仍然可以发生婚姻关系。又匈奴西迁和南徙以后，留在草原上十多万落的匈奴余众投降了辽东鲜卑，从此以鲜卑或"鲜卑兵"自称。原来作为南匈奴后裔的宇文氏亦于此时从阴山东徙，至西拉木伦河一带统治了当地的鲜卑，以后宇文氏则不称为匈奴，而称为鲜卑。这是第二种融合的类型。这一类型是由统治和降服的关系而引起的。从此种融合我们仅能够知道，有的时候融合的胜利是属于统治阶层这一部落集团方面的，例如投降了辽东鲜卑的大量匈奴部众都自称为鲜卑，即其例证。但有的时候，若统治阶级率领的部众不多，徙往人口众多的其他部落集团，纵然他们属于统治阶层，结果亦是同化于被统治的其他部落集团。例如宇文氏及其同族部众之同化于西拉木伦河流域的鲜卑即其例证。它如乌桓族一部分之同化于东部鲜卑，东部鲜卑一部分之同化于拓跋鲜卑，乌桓、东部鲜卑以及拓跋鲜卑最后之同化于汉族，都是关于民族融合的问题。这些融合的规律应当根据具体的融合过程加以分析和总结，然后才能得出科学的结论。融合不但是外表的生活样式的变动，更重要的是有着共同的经济生活。换言之，即具有共同的生产力和生产关系。只有低级的生产力和生产关系上升到较高的生产力与生产关系水平时，始能达到真正的融合。拓跋鲜卑与汉族的融合便是很明显的例证。拓跋鲜卑的典章文物最初和他们低下的生产力和部落集团的土地所有制相适应。拓跋珪征服了列国以后，把各地的汉族人口移往代都实行计口授田，又实行各种典章文物制度的改革。很明显，当时的典章文物是以汉族人口的劳动力为基础而进行改革的。以此为前提，拓跋珪解散了原来的部落组织，使游牧部民定居下来，或农或牧。初时实行与汉族宗法制度有关的低级社会组织制，即过时了的宗主督护制，后来又实行较高级社会组织制，即邻、里、党的三级三长制，最后才和汉族的生产力水平和封建土地所有制相适应，而达到完全汉化。当他们的生产力从低级上升到高级之时，即社会制度由野蛮而进入文明之时，亦即其融合或汉化过程激化之时。所以民族的融合问题归根到底还是被融合者原有的生产力和生产关系上升到融合者当时具有的生产力和生产关系的水平问题。这是民族融合最基本的规律。除此以外，在各式各样民族融合过程中还有其他规律，需要我们具体分析和研究。

其次，略述中国民族史上所谓"国"以及汉族以外的部族上层所建立独立政权的问题。原始社会时期的部落集团和原始社会末期已经开始阶级分化的部落联盟，在中国史上有时称之为"国"，但这种"国"与后世所谓国家不同，只能算作国家的雏形。奴隶制产生以后，国家跟着出现。中国自商周国家成立以来，特别是秦汉统一的国家出现以后，国家的疆界已经十分明确，国家的政权已经日益巩固，于是国内部族、部落和国外部族、部落的区别跟着也就十分清楚。为日本帝国主义侵略蒙古和东北辩护的反动学者矢野仁一，对中国历史上这些事实熟视无睹，主张"中国无国境论"，说什么"中国没有国境之前而先有国家"；"中国自从同西欧各国开始接触以来，在中国历史上才第一次有了国境"。[①]这些谬论只暴露他对中国历史发展的无知罢了。当然中国也跟其他许多外国一样，国家的疆界是随着时代的发展而发展的。前一朝代的疆土在改朝换代之后传给后一朝代以至于后朝各代，从此便形成了传统的疆土。有了传统的疆土自然便有传统的疆界。试以公元前后汉朝和匈奴王朝两国为例。在此以前，匈奴并未被汉朝所合并，匈奴、汉朝以长城为界，长城以南为汉朝，长城以北为匈奴，所以两国之间经常发生侵略以及反侵略的战争。到1世纪末叶匈奴国家分裂灭亡，北匈奴西遁，南匈奴降汉。投降了东汉政府的南匈奴，归东汉政府典属国统治下的属国都尉管理，并派军队加以保护和监视，而南匈奴属国的地方机构又设置在汉代的郡国之内，所以自此以后匈奴便作为汉、魏、晋三代的少数部族集团而存在，不是作为中国的"敌国外患"而存在。从此以后，匈奴与汉、魏、晋各代政府的关系只有部族叛乱或人民起义的问题，而没有侵略和反侵略的问题。此例一明，它如乌桓、东部鲜卑、拓跋鲜卑与中国各朝代的关系大致都可以推论的。

乌桓没有建立过独立的国家，前119年（汉武帝时），霍去病击破匈奴

---

① 〔日〕矢野仁一：《近代支那论》，弘文堂书房1940年版，第7—8页。

左地，因把乌桓内徙至上谷、渔阳、右北平、辽西、辽东五郡塞外，并在幽州的治所蓟（今北京市）设置乌桓校尉以监领之。东汉建武二十五年（49），乌桓更从塞外移入塞内辽东属国、辽西、右北平、渔阳、广阳、上谷、代郡、雁门、太原、朔方等十郡障塞之内。所以从西汉武帝时开始，乌桓就是国内的少数部族，曹操的征乌桓是由于乌桓的上层分子帮助袁绍打仗，这纯粹是一个国内争夺政权的问题。不久以前讨论曹操时，有人以为这里牵涉到侵略和反侵略，那是大错而特错了的。东部鲜卑在东汉初年的54年、58年两次内属归附，其后虽有檀石槐部落军事大联盟的建立，但轲比能一死，《三国志·魏书·乌丸鲜卑东夷传序》谓"种落离散，弱者请服"。其与公元前后匈奴在草原建立的独立王朝又不可同日而语。西晋末年，东部鲜卑段氏先臣服于晋，段氏鲜卑跟随幽州刺史王浚等攻打石勒，所以《晋书》特为段匹䃅立传，史臣评之为"自苏武以来一人而已"。其为晋朝的臣民是很显然的。宇文鲜卑的上层为汉代南匈奴单于的后裔，他们的祖先既然已经是汉代的少数部族，则其子孙自然不能以外国外族目之。慕容鲜卑的首领慕容廆自称"吾先公以来，世奉中国"，并遣使降晋。且西晋时，北平、辽西二郡属幽州，昌黎、辽东二郡属平州，此四郡正是段氏、宇文、慕容三部鲜卑分布所在。而晋朝于各州郡皆设官置吏，慕容廆曾为平州刺史，段务勿尘为辽西郡公。然则鲜卑当与诸郡中的乌桓一样，皆是晋国境内的少数部族。拓跋鲜卑见于汉文史志较晚，其先世与汉族的关系亦较稀，此族由草原东北角南下，继又西徙，在草原西部时参加了檀石槐的部落军事联盟。自联盟破裂之后，拓跋鲜卑便南下至匈奴故地。此匈奴故地，如后面的第四章考定，在今内蒙古河套以北，在汉代的五原郡境内。继而又迁至盛乐，此地在汉代属定襄郡。在西晋的时候，旧五原及盛乐皆属于新兴郡。拓跋部之徙五原在东汉末年，徙盛乐在曹魏甘露三年（258），当时汉魏政治实力虽不能达到雁门以北，但五原、定襄为中国的传统疆土。晋永嘉四年（310），因拓跋部首领猗卢有助平铁弗刘虎及白部鲜卑之功，以代郡封之为代公。时代郡属幽州，幽州刺史王浚不许，出兵击猗卢，于是再启争端。初晋在雁门郡陉北有五县，猗卢向并州刺史刘琨求陉北地，并以部落万余家从云中散在陉北五县之内，刘琨遂移陉北五县及五县内的汉民于陉南。从上述事实可以看到，拓跋鲜卑之南下是一种游牧性质，并无侵略汉魏疆土之意。在晋代统治阶级看来，拓跋部是新兴郡北部一种入迁不久的移民,以其兵力浸大,故借以平铁弗刘虎及白部鲜卑,并封之为代公,其中亦不包含敌国之意。这种关系在晋代《刘琨集·与丞相笺》内叙述得很清楚,云:

> 昔车骑感猗㐌(猗卢兄)救州之勋,表以代郡封㐌为代公,见听。时大驾在长安,会值戎事,道路不通,竟未施行。卢以封事见托,琨实为表上,追述车骑前意。即蒙听许,遣兼谒者仆射拜卢,赐印及符册。浚以此见责。戎狄封华郡,诚为失礼,然盖以救弊耳,亦犹浚先以辽西封务勿尘。此礼之失,浚实启之。浚遂与卢争代郡,举兵击卢,为所破。纷错之由,始结于此。雁门郡有五县在陉北,卢新并尘官,国甚强盛,从琨求陉北地,以并遣三万余家散在五县间,既非所制,又于琨残弱之计,得相聚集,未为失宜,即徙陉北五县著陉南。卢因移,颇侵逼浚西陲围塞诸军营,浚不复见恕危弱而见罪责。①

从上述笺语,可知代公之封实猗卢自请;并州刺史刘琨之表请以猗卢为代公与幽州刺史王浚之表请以段务勿尘为辽西公系同一性质;拓跋部之入徙陉北五县,虽略带强迫性质,但从刘琨之移陉北五县于陉南言之,究出自双方之自愿,不得称之为侵略。至于刘琨所云"国甚强盛"之"国"当如汉代所谓"属国"之"国",不得以"国家"解释之。总之,拓跋鲜卑的起源地虽在汉代的疆域之外,但他们南徙到五原、定襄二郡之内则系外地的游牧部落移入国内,遂成为国内的少数部族。在北魏建国以前,虽然魏晋的实力不能远及于雁门郡以北,但陉岭以北的土地是并州刺史在晋朝统治王朝的同意下割让于拓跋部的。当时拓跋部对晋朝的关系仍为封国或属国的关系,不能称为独立的国家。

五胡十六国中鲜卑诸国的拓跋魏的独立政权建立以后,诸国之间形成群雄割据的局面,并和东晋、南朝南北对峙。虽然如此,从政治的观点言,各国之间的关系如同三国时的魏、蜀、吴关系一样,分之为名称不同的诸国,合之为一国,即是传统的中国。其中没有一国可以说是在传统的中国之外而

---

① 《通鉴考异》卷4永嘉四年十月"刘琨以地与猗卢"条。

称为外国的。有些唐宋的史家当其修撰《南北史》、《通鉴》等书时，鉴于旧日南朝的史书称北朝为"索虏"，北朝的史书称南朝为"岛夷"，往往过美溢恶，未尝核实，因而在叙述南北关系时，不持地域及民族偏见，这种精神显然是进步的。但《晋书》于多年入徙之匈奴等族与国外诸国诸族同入《四夷传》在体制上自乱其例，是没有道理可说的。宋代的几种类书，如《太平御览》把北魏、东魏、北周列入皇王部，北齐、五胡十六国及南朝各国列入偏霸部。《册府元龟》分帝王、闰位、僭伪三部，以北魏、西魏、北周为正统，入帝王部；东魏、北齐入闰位部；五胡十六国入僭伪部。这些分类虽然也有不少问题，如正统观念、相互抵牾（如《御览》东魏入皇王部，《册府》西魏、北周入帝王部）等，但有两点还是正确的：一点就是把北朝列入皇王或帝王部；另一点就是没有把国内少数部族列入外国部，《册府元龟》只把四夷列入外臣部。当然，这种国内国外不分的情况仍然是很不妥当的。唐宋史家一个总的倾向是崇北朝而黜五胡十六国。此种倾向的主要原因是由于隋唐制度大部分继承自北朝。但北魏的疆土和典章制度并非直接承受自魏晋，而乃承受自十六国中之后燕、北燕、夏国与河西诸凉，通过上述诸国之汉、胡的移民降臣以及一部分南朝俘虏，才把魏晋的典章制度传授下来。如果从典章制度的来龙去脉着眼，我们便可看到五胡十六国的地位也很重要，唐宋史家的崇北魏而黜五胡十六国并没有什么充分理由的。

　　乌桓、鲜卑在中国史上的地位既如上述，现在进一步论述他们的历史特点。

　　历史上的部族亦如近现代的民族一样，各族有他们一定的特点。部族的特点是各个部族在不同的自然环境和社会环境里，经过长期的生活和斗争而逐渐形成的。最初部族的特点表现在该部族经营的产业类型上，继而表现在生产关系上，特别是生产资料所有制方面，他们的经济生活影响他们的社会生活、政治组织以及文化宗教和风俗习惯，因而出现了各种各样的民族特色。

　　乌桓和东部鲜卑最初分布在蒙古草原东南部的西拉木伦河、老哈河流域，乌桓在南，即老哈河流域；鲜卑在北，即西拉木伦河流域。这一区域按其地形可以分为三个小区。在西拉木伦河以南是一黄土地带，宜于农业。西拉木伦河以北，分为东、西二区：西边是沙丘地带，和蒙古草原的性质相同，宜于游牧；东边是森林地带，宜于虞猎。

　　分布在老哈河流域的乌桓部落很早就发明了原始农业。据《后汉书·乌桓传》记载，乌桓人种着两种谷物：一种是穄，似黍不粘；又一种是东墙，生粒如葵子。这两种谷物可能是乌桓妇女在采撷野谷的过程中发现而培育成功的。因为古代乌桓是以妇女劳动为主的，所以一方面妇女的社会地位高于男子，另一方面乌桓的母系氏族社会特别长。一直到阶级开始分化的邑落公社成立之后，母权和舅权还是很大，长期保留着婚后夫随妻居制、服务婚制以及母系氏族复仇制等风俗。乌桓的邑落公社组织最为完整，《乌桓传》称"大人以下，各自畜牧营产，不相徭役"。但邑落公社是农村公社之一种，不能理解为原始公社。据我所知，在中国民族史上没有哪一个民族的农村公社组织像乌桓邑落公社那样记载得全面的。

乌桓跟所有鲜卑族比较起来，汉化最早、最深，并且很早就迁徙到中原各地。司马迁的《史记·货殖列传》首先记载乌桓居燕国的东北，他们和东北的其他诸族常在燕都（今北京市）与汉人进行贸易。又记上谷至辽东的风俗大抵和赵、代二郡相似。扬雄在《方言》里亦记从燕国的北部上谷、渔阳，经右北平、辽西、辽东而远至朝鲜，在西汉和西汉以前流行着一种汉语方言，即燕北方言。这种方言无疑地对乌桓以及后世的鲜卑语言有很大的影响。乌桓的社会环境如此，这便决定他们很早就和汉族融合并且自愿迁入北方的缘边诸郡之内。同时，我们知道乌桓的社会并不曾经过奴隶制阶段，就从邑落公社直接进入封建社会。亦是由于自古以来即与长城障塞内外的汉人错居杂处，很早便接受了汉族的经济文化的影响之故。

东部鲜卑前期的生产以游牧和射猎为主，后期到段氏、宇文、慕容三部鼎立之时，始从畜牧转化为农业，而以农业生产为主。这种生产活动的转化，如后面所述，显然又是受边郡原有的汉族农民以及西晋末年从中原各郡流入东北的汉族移民的影响所致。

以檀石槐为首的草原部落军事大联盟是匈奴奴隶制王国被推翻之后的产物，同时也是草原鲜卑诸部以邑落公社所有制为经济基础的产物。自匈奴王国分裂、北匈奴西遁、南匈奴降汉以后，奴隶纷纷逃亡，被奴役的部落集团和西域小国跟着亦都宣布独立。在这种特殊的情况下，留居在蒙古草原的鲜卑部落集团以及其他诸部落集团的牧民们要求组织起来，解决他们的游牧生产问题、商品交换问题，其中特别是与东汉、曹魏有关的马、牛、羊及其皮毛品的输出和粮食、布帛、金属物（主要是铁）生产工具的输入问题。想解决这些重要的生计问题，如果没有一种以武力做后盾的政治组织形式，是很难成功的。正因为如此，所以檀石槐的部落军事大联盟就应运而生。当然这种军事组织是落后的、松懈的，结果遂如《后汉书》、《三国志·魏书·乌丸鲜卑东夷传》所记，往往以野蛮的、掠夺的方式代替了有秩序的文明的贸易。同时，各部落集团既以邑落公社经济为基础，在广大的蒙古草原之内不可能形成一种紧密的经济联系，因而部落军事大联盟便成为一种"人存政举、人亡政息"的组织，自从檀石槐和柯比能死亡以后，部落军事联盟跟着就宣告瓦解了。

前期的蒙古草原的军事组织既经瓦解，后期的东部鲜卑遂转向右北平、辽西、辽东诸郡发展。这一地区，如前所述，初为乌桓与汉族的错居杂处之区，到东汉末年乌桓内徙，段氏、宇文、慕容三部鲜卑遂定居其地。西晋时慕容鲜卑的邑落公社瓦解，封建土地所有制形成。这种社会形态的过渡主要依靠中原汉族农民的辛勤劳动，移民的生产力成为推动社会进步的主要力量。

东部鲜卑在五胡十六国中的特点就是分布很广，迁徙的路线比较长。晋代的州郡，平州的昌黎、辽东国，幽州的燕国、北平、上谷、代郡、辽西，并州的上党、太原，雍州的京兆郡，司州的河南、弘农、平阳、河东、广平、魏郡，冀州的赵国、中山、常山，青州的齐国、济南、东莱，凡六州二十余郡国皆有鲜卑人散居其间，少数鲜卑的官吏戍兵的所在州郡尚不在内。[①]十六国时各族的迁徙都很频繁，迁徙路线也很遥远，然以大量的集体迁徙言，鲜卑的迁徙最为复杂，而其迁徙路线亦最为遥远。初时慕容儁率领大量的鲜卑从昌黎、辽东南下，在中山、常山、魏郡等地建立前燕。前燕灭亡，苻坚移鲜卑贵族、官吏、平民四万多户于关中长安。苻坚南征失败，慕容冲在长安起兵，关中及关东的鲜卑人纷纷响应，建立西燕。后来，慕容永等率领鲜卑人四十多万东渡黄河，经闻喜至长子建都，大量鲜卑人遂迁至并州的太行山内。后燕慕容垂灭西燕，该地区的鲜卑人又回至中山。北魏攻下后燕的常山、中山和邺，鲜卑人分为三支：一支南下东出青州的广固（今山

---

① 参考（清）洪亮吉：《十六国疆域志》卷3"前燕"、卷12"后燕（西燕附）"、卷13"南燕"、卷14"北燕"。

东益都），建立南燕；一支返东北和龙（今辽宁朝阳），后为北燕；一支被北魏掳往平城（今山西大同）。后来北魏灭北燕，一部分鲜卑徙往平城，又有一部分徙往幽州的若干郡县之内。从上述情况可以看出，东部鲜卑从349年南下起，至432年北魏移东北六州民三万家于幽州止，前后八十多年之内，鲜卑人集体地走遍了半个中国的大部分地区。这种情况正是促使东部鲜卑加速汉化的又一个重要原因。

拓跋鲜卑和东部鲜卑最初的起源可能相同，但越到后来，分别越大，主要即由于拓跋鲜卑是由鲜卑与匈奴融合而成的。关于此点下面还要详细叙述，在此不赘。我只在这里提出部落融合是拓跋鲜卑的特点之一。拓跋鲜卑的又一个特点就是部落联盟时期特别长，所谓"鲜卑八国"对于北魏的政治体制影响很大。世界上人们的共同体并不是都经过部落联盟，然后转变为国家的。又如美洲的印第安人和澳洲的土著，虽然都经过部落联盟，但其组织形式都很原始、很简单，跟拓跋鲜卑比较起来真是小巫见大巫，不可同日而语了。所以从民族史的观点看，拓跋鲜卑的部落联盟史是具有世界意义的。自匈奴、东胡以来，部落联盟可以分为初级的和高级的两种方式。由几个部落发展为部落联盟，这是一种比较原始的初级的方式，美洲和澳洲土著的部落联盟即属于此类。这种部落联盟的特点是组成部落联盟的各个部落皆属于同一语族。由几个部落集合而为部落集团，再由许多部落集团组合而为部落联盟，有的时候由若干小的部落联盟组合而为更大的部落军事大联盟，其形式接近于国家。这是一种比较高级的部落联盟。例如匈奴和东胡的部落联盟、以檀石槐为首的部落军事大联盟以及拓跋部的部落联盟皆属于此类。这种部落联盟的特点是组成部落联盟的各个部落或部落集团不属于同一语族（但属于同一语系）。初级形式和高级形式的区别是由诸部落的物质条件以及外部国家对于这些部落集团所施行的政治经济压力所决定的。

拓跋部的始祖原居草原的东北角大鲜卑山之时，史称"统国三十六，大姓九十九"，这应是一种部落集团或者初级的部落联盟的景象。后来迁徙到草原西部，成立了以第二推寅（献帝邻）为首的部落联盟，加入檀石槐的鲜卑部落军事大联盟。这一军事大联盟崩溃以后，南迁到"匈奴故地"和定襄郡的盛乐。此时拓跋部的社会政治组织，据《魏书·官氏志》的记载，是以八部大人为中心的高级部落联盟，其中包括拓跋鲜卑、匈奴、丁零、柔然、徒何鲜卑、乌桓以及其他各种不同的部落或部族成分。关于此点，留待第四章详细论述，在此不赘。八部大人的制度支配北魏的政治体制很久，一直到魏孝文帝太和十九年（495）制定姓族以后，拓跋部的八部大人制的残余势力才告全部消灭。

除了上述乌桓、东部鲜卑、拓跋鲜卑各族的特点之外，此三族仍然有他们的许多共同的地方。这些共同点主要表现在以下两个方面：第一，上述三族都不曾经过奴隶制阶段，由邑落公社直接进入封建社会。第二，上述三族自从跟汉族的封建社会接触之后便都倾向汉化，而且最后也都融合于汉族之中。三族之内，乌桓汉化最早，东部鲜卑次之，拓跋鲜卑的汉化最迟。有些部族部落的融合过程是很曲折的，东部鲜卑在公元 2 世纪时很有可能走上与匈奴融合的道路，但檀石槐部落军事大联盟破裂以后，他们向草原发展的方向受到阻碍，于是转向中原发展，结果与汉族融合为一。拓跋鲜卑南徙至五原、定襄二郡，和中原的关系日益接近，所以北魏的始祖力微一开始就对曹魏实行"和亲"政策，前后两次派他的儿子沙漠汗到魏晋观光，并且从中原采办了金、帛、缯、絮及锦、罽、綵、绢诸物，运往盛乐，拓跋鲜卑和汉族之间的经济文化联系日益紧密。北魏的前几代皇帝每于攻陷列国的都城重镇以后，便从各地陆续移民充实代都，因此原来分散在各国各地的劳动人民和士族人物都麇集到代京的畿甸之内，对拓跋魏生产的提高和典章制度的改革都发生了很大的作用。北魏前期的若干重要改革为后期魏孝文帝的汉化政策奠定了一定的历史基础。魏孝文帝的迁都洛阳、改官制、禁胡服、禁鲜卑语、改鲜卑复姓等，一言以蔽之，都是汉化政策。他实行汉化首先是为了加强对汉族的统治，同时也为了提高拓跋鲜卑的文化水平，结果自然也就促进了汉、鲜之间的相互融合和团结。所以总的来说，魏孝文帝的汉化政策是符合于汉、鲜人民的利益的。但在分裂为东、西魏以后，无论东魏的统治阶级高欢或者西魏的统治阶级宇文泰都反对这种政策，主张汉、鲜分治，以六镇鲜卑的兵力统治汉族。其中比较突出的是宇文泰，竭力推行以六镇鲜卑为班底的府兵制。为了加强武川诸将对府兵的领导，恢复久已消灭了的八部大人制和宗主督护制，恢复鲜卑人在太和中改为单姓的复姓，赐汉族将领以鲜卑复姓，"以诸将功高者为三十六国后，次功者为九十九姓后，所统军人亦改从其姓"，并恢复鲜卑语的号令。所有这一系列的实施对于孝文帝的汉化政策来说，都是反动的。这种违反历史潮流的鲜卑化政策如昙花一现，到隋唐时期，除了府兵制之外，又走上汉化的道路了。

最后略论燕国和北魏在中国历史上的地位。

在中国中古史上，十六国的前燕和北朝中的北魏对于黄河流域的统一以及辽东、漠南、并北的开发，在不同程度上他们有一定的贡献。西晋自永嘉以后，民族矛盾和阶级矛盾表现得最深刻，以羯胡所建的石赵王朝最为突出。当石赵末年石氏集团和冉魏集团进行内讧最激烈之际，史称"青、雍、幽、荆州徙户，及诸氐、羌、胡、蛮数百余万，各还本土，道路交错，互相杀掠，且饥疫死亡，其能达者，十有二三。诸夏纷乱，无复农者"[①]。辽东慕容儁于此时率领鲜、汉部众南下，平定了石赵和冉魏，统一了幽、冀、并、豫、兖、青、齐七州。比较言之，慕容燕的统一是符合当时各族人民的利益的。拓跋魏占有了漠南和并北之后，东平后燕，西并夏国，又灭北燕、北凉，取仇池、河湟及西域东南各地，结束了多年以来的华北的封建割据之局，这是符合于社会经济发展要求的。这两次统一虽然是局部的，有的还是暂时的，但其意义却是重大的。《晋书·慕容儁载记》称"自永嘉丧乱，百姓流亡，中原萧条，千里无烟，饥寒流陨，相继沟壑。……故九州之人，塞表殊类，襁负万里，若赤子之归慈父。流人之多旧土，十倍有余"[②]。此虽其臣参军封裕之颂词，但自慕容廆以来历代鲜卑上层能够招徕怀柔鲜卑以外的各族人民是很显然的。故晋朝对慕容儁的封爵为大单于兼燕王，其总统华夷各族人民甚明。且慕容氏在辽东之时，已依魏晋旧法对从中原流入东北的汉族农民行"四六分"和"与官中分"的课税率。慕容儁南下建国以后，"朝廷铨谟亦多因循魏晋"。可知燕国采用的课税和朝仪皆与中国传统无大区别。所以燕国疆土虽小，而其政治修明，社会秩序比较安定，在十六国中是比较突出的。

北魏初年对漠南的游牧部落实行"离散诸部、分土定居"政策，一面使部民从部落里解放出来，酋长与部民同为编民，从事生产劳动；又一面改变不安定的游牧经济为定居的农牧经济。这种措施不只稳定了牧民的经济生

[①] 《晋书·石季龙载记下》。

[②] 《晋书·慕容儁载记》。

活,而且于牧民的从邑落公社直接过渡到封建社会起了促进的作用(不是决定作用)。同时,对于从山东六州移住代京的汉族农民实行计口授田,这种授田制度论其性质应当是一种继承魏晋时期的民屯,汉族农民与拓跋魏的关系是一种屯民对封建君主的关系,不是奴隶对奴隶主的关系。而且旧雁门郡陉岭以北的土地,自西晋末年刘琨把陉北五县汉人南移之后,久经荒芜为牧场,现在重新开辟为农田,对于各族人民经济生活的改善具有很大的作用。到了孝文帝初年文明太后听政之时,北魏政府把代京畿内和京城三部的土地割给农民,于是屯田变为民田。

上述几种重大的措施都是适应中国社会经济发展的要求的。但也有些措施对于这一部分人民有利,对于另一部分人民却有害,其事在得失之间,或者有得有失。例如宗主督护制对于北方各族牧民实行于"离散诸部、分土定居"之后,实行于各部落大人和酋庶长已经降为编民的情况下,把无组织的北方诸族组织起来,树立宗主以督护之,显然是必要的。但对于汉族,特别是代都以外各州郡的强宗大姓,则不只无树立宗主的必要,这样做不仅助长原始宗法制的发展,而且使社会经济禁锢于血缘关系之中,对于整个经济的发展是不利的。

中国古代已建立了邻、里、乡、党的地域组织,这种组织最初虽然跟宗法是相互联系的,但在发展过程中,已经产生以地域团体代替宗法团体的倾向。北魏的宗主督护制不是沿着这一方向前进,而是倒行逆施的。汉魏时期的几位比较英明的帝王如汉武帝、魏武帝等皆以压制豪强及分散豪强和大姓见称于世,而北魏初年的宗主督护不是如此,反而使强宗大姓如虎附翼。所以这种组织是反动的。又在五胡十六国的初期,前赵和后赵在政治上都采取一种胡、汉分治和以胡制汉的政策,结果引起了汉族农民的纷纷起义和冉闵所领导的对胡羯大屠杀的暴动。北魏惩于前、后赵以胡制汉的危险,不分胡汉一概推行宗主督护制,同时在官制上无单于台和尚书台之分,在民间亦无帐落和家族之别,从而减弱了胡、汉之间的矛盾。这种做法是比较聪明的。但把适宜于统治北方诸族的落后制度——宗主督护勉强在汉族社会中推行,使得汉族的宗法封建关系增强。后来魏孝文帝太和十二年(488)采用李冲的建议实行三长制。三长制实际上是恢复汉魏时期的乡里三老制,从此汉族的地方组织始沿着封建社会的旧轨道前进。由上所述,北魏初年的宗主督护制虽然是有得有失，但对于整个中国社会的发展来说是得不偿失的。

最野蛮而落后的是，北魏统治阶级实行残酷的民族政策和把内地的大量农田改变为牧苑和猎区。

残酷的民族政策导源于拓跋鲜卑贵族的狭隘的民族偏见。早在4世纪初代王猗卢之时内部便发生"新人"（外来的汉族和乌桓）与"旧人"（拓跋鲜卑）之争，结果卫雄、姬澹率领三万户汉人和乌桓投奔并州刺史刘琨。① 明元帝时在皇室贵族中尚有不少的顽固派如拓跋悦之流主张"京师杂人，不可保信，宜诛其非类者"②。他们对于素所依赖的汉人尚且如此，对于其他部族部落则可想而知。《北史·高车传》记载道武帝侵略高车部落时，"自牛川南引，大校猎，以高车为围，骑徒遮列，周七百余里，聚杂兽于其中，因驱至平城"。这种以狝猎野兽的方法围剿高车部民，在人类史上也还是少有的。多次被征服的高车部民于神䴥二年（429）被列置于漠南，东至濡源（今河北丰宁），西至五原、阴山，长三千里，这便是后世六镇的起源。③ 六镇的鲜卑将帅对于他们不是鞭笞奴役，便是克扣粮草，以致牛马不饱，咸出怨言。④ 六镇起义的原因很多，主要原因就在于民族仇恨之中交织着阶级仇恨。又如太行山东麓的丁零部众，自始至终与拓跋魏世为仇敌。为什么如此？在《魏书·公孙表传附公孙轨传》里有一段记载颇可以说明丁零仇视拓跋魏的原因，云：

> 世祖（拓跋焘）虑更北入，遣（公孙）轨屯壶关。会上党丁零叛，轨讨平之。……轨既死，世祖谓崔浩曰："吾行过上党，父老皆曰，公孙轨为受货纵贼，使至今余奸不除，轨之咎也。其初来，单马执鞭；返去，从车百辆，载物而南。丁零渠帅乘山骂轨，轨怒，取骂者之母，以矛刺其阴而杀之，曰：'何以生此逆子！'从下到擘，分磔四支于山树上，以肆其忿……"

---

① 《魏书·卫操传附卫雄、姬澹传》。
② 《魏书·昭成子孙陈留王虔附子悦传》。
③ 《魏书·世祖纪上》。
④ 《魏书·刘洁传》。

上述公孙轨对待丁零的行为是统治阶级屠杀少数部民无数例子中的一例，不足为奇。在此以前，《叔孙建传》称建督公孙表（轨的父亲）等讨上党的稽胡，"斩首万余级，余众奔走，投沁而死，水为不流。虏其众十万余口"。不只对待少数部族如此，就是对待汉族士兵也很残忍无道。太平真君十一年（450），魏洛州刺史张是提与宋弘农太守柳元景对垒于陕城（在今河南陕县）之南，接战，魏军大溃，被宋生擒者二千多人，多河内籍。柳元景问他们为什么给魏虏打仗，他们说："虏见驱，后出赤族；以骑蹙步，未战先死。"① 从这种鲜卑骑兵居后，驱逐汉兵为箭垛的军法，正可以看出北魏对待汉人也是很残酷的。同年，拓跋焘率兵数十万南征，包围了宋国盱眙城的东北面至南面，给宋国的守城将军臧质书云：

> 吾今所遣斗兵，尽非我国人。城东北是丁零与胡，南是三秦氐、羌。设使丁零死者，正可减常山、赵郡贼；胡死，正减并州贼；氐、羌死，正减关中贼。卿若杀丁零胡，无不利！②

从语言中也透露出北魏统治阶级对待少数部民的态度。北魏此次南征，"凡破南兖、徐、兖、豫、青、冀六州，杀伤不可胜计。丁壮者即加斩截，婴儿贯于槊上，盘舞以为戏。所过郡县，赤地无余"③。江南文学家兼史家沈约撰《宋书·索虏传》时，对北魏之"剪我淮州，俘我江县"，寄其无限的感慨之思云：

> 村井空荒，无复鸣鸡吠犬。时岁惟暮春，桑麦始茂，故老遗氓，还号旧落。桓山之响，未足称哀。六州荡然，无复余蔓残构。至于乳鷰赴时，衔泥靡讬，一枝之间，连窠十数，春雨裁至，增巢已倾。虽事舛吴宫，而殄亡匪异。甚矣哉，覆败之至于此也！

宋人覆败之惨，正北魏侵伐之暴，拓跋焘的残酷面目随沈约的《索虏

---

① 《宋书·柳元景传》。
② 《宋书·臧质传》。
③ 《通鉴》卷126"元嘉二十八年"条。

传》永传于后世而无法辞其咎。

拓跋魏虽然把漠南并北的荒野开辟为耕地，但与此相反，国中的许多良田又被变更为牧苑和猎区。

并州勾注山以南的南、北秀容（从今山西太原以西和以北到五台、定襄一带）许多世纪以来早被汉族农民开辟为沃衍的农耕区域，但自396年攻下晋阳（今山西太原）以后，契胡的领民酋长尔朱羽健把北秀容川（滹沱河上游）的方三百里辟为牧区，并于其中围山而猎。太和年间（477—499）秀容川已经变成一"牛羊驼马色别为群，谷量而已"的畜牧原野。魏孝文帝迁都洛阳以后，尔朱羽健"冬朝京师，夏归部落，……新兴每春秋二时，恒与妻子阅畜牧于川泽，射猎自娱"。至尔朱荣兼领并、肆、汾、广、恒、云六州军事，他统治的地区越大，牧场化的面积自然也就更为推广。《魏书》本传称："荣性好猎，不舍寒暑。至于列围而进，必须齐一，虽遇阻险，不得回避，虎豹逸围者坐死。其下甚苦之。"他又对元天穆说："今秋欲共兄戒勒士马，校猎嵩原（指洛阳一带），令贪污朝贵入围搏虎。仍出鲁阳（今河南鲁山东南），历三荆（指东荆州、西荆州、南荆州三州，即由今河南南阳一带至湖北襄阳一带），悉拥生蛮（指南朝人士）北填六镇。"① 此虽尔朱荣的壮词，然亦可看出畜牧酋长的野蛮粗犷之风，他们对中原的农业生产的破坏作用是很大的。这是北魏时把并州北部作为牧苑猎场的情形。

拓跋焘平统万（今陕西靖边白城子）、定秦陇以后，跟着划河西为国有牧场，在那里畜马二百多万匹，骆驼一百多万头，牛羊的头数更无法计算。② 这是拓跋魏在黄河以西大规模经营牧场的情形。

从拓跋焘平统万到拓跋宏太和十七年以前（428—493），北魏的国有牧场都在河西。迁都洛阳后，牧苑的中心逐渐南移，在河阳（今河南孟县西）临时开辟了一个牧场，畜马十万匹，以备京师军警之用。北魏为了进攻南朝，又怕北方的马匹不宜于南征，所以经常调动河西的马匹，先到并州西部和河东的牧苑饲养一个时期，然后渐次南下，于是河西、并州西部、河东、河内的许多地方都变成了牛马遍野的牧区。

---

① 《魏书·尔朱荣传》。
② 《魏书·食货志》。

北魏畜牧于今河南北部的，尚不只上述河阳一地。在今沁阳以东，延津以西，黄河南北，千里农田都作为牧马之所。这种情况在《魏书·宇文福传》里写得很明白，传云：

（太和）十七年，车驾南讨，假（宇文福）冠军将军、后军将军。时仍迁洛，敕福检行牧马之所。福规石济（在今河南延津西）以西，河内（今河南沁阳）以东，拒黄河南北千里为牧地。事寻施行，今之马场是也。及从代移杂畜于牧所，福善于将养，并无损耗。

石济至河内间地在河阳东北。黄河南北千里之地，主要在河北太行山内外，当时皆为战马、牛、羊的繁息之所。《食货志》言河阳之马由河西调来，《通鉴》卷139谓石济、河内之马匹杂畜由代北南迁。[①] 此二牧场似不能混为一谈。这是拓跋魏在中州黄河南北经营牧场的情形。

不仅如此，拓跋魏的历次出兵并以骑兵为主，铁骑所至，汉族的农田皆被践踏蹂躏，变为牧野。且胡帅出征，不带粮草，故所至之地除掠劫粮秣之外，还要游击飞禽野兽以佐军食。这种情况，我们试阅读《魏书》鲜卑将帅的传记及《宋书·索虏传》、《南齐书·魏虏传》等便可了然。例如宋元嘉二十三年（446），北魏安平、平南二将军府移书宋国的兖州守城官吏，要求把扬州的山陵野薮划为"游猎具区"，专供鲜卑胡兵打猎。兖州官吏回信云："'驰猎积年，野无飞伏。'此邦解网舍前，矜蜫育鷇，七泽八薮，禽兽丰硕。虞候搜算，义非所吝。三代肆觐，其典虽缺，呼韩入汉，厥仪犹全。"意思是说只要魏军肯投降南朝，便可在七泽八薮中打猎，此番交涉未成，但三年之后魏军南征，远及江滨，禾麦尽踏，人民系虏，六州荡然，无复鸡鸣犬吠之声，比其他地区之变农田为牧场更为残酷。

从上述史实看来，知北魏占据中原以后，对当地的农业生产的破坏是相当严重的。魏孝文帝虽然倡行均田之制，但国有牧场未并缩小，大牧主如契胡帅之类的封地更为扩大，且对于名门贵族的山泽又不敢加以限制，所以均

---

① 《通鉴》卷139"建武元年"条。《通鉴》的叙述与《魏书·宇文福传》所述不同。《通鉴》谓宇文福所管的牧地"距河凡十里"，与《宇文福传》所云"拒黄河南北千里为牧地"相去很远。兹从《魏书·宇文福传》。

田的作用是很有限的。按北魏颁布均田法在太和九年（485），但实行了二十年的光景便发生了太仆卿杨椿以招引百姓耕种牧田被廷尉所劾的案件。《魏书·杨椿传》云："（椿除朔州刺史）在州为廷尉奏：椿前为太仆卿日，招引细人，盗种牧田三百四十顷，依律处刑五岁。"按《北史》本传，"细民"作"百姓"，当是无田或少地的农民。三百四十顷的牧田亦正是三百四十个农民每人一顷的均田亩数。而太仆卿有典牧之权，有时且兼典牧令之职。[①] 所以杨椿的引百姓耕种牧田是合法的。然而杨椿竟以此被劾者，盖因均田法令与当时国家的牧政以及大牧主的利益相冲突，故孝文死后在宣武帝正始初年均田之法即废，因此杨椿在正始二年、三年（505—506）为太仆卿时[②] 的引百姓耕种牧田便认为非法。从杨椿盗引细民耕种牧田案的发生正可反映北魏政府始终执行牧政第一、农耕次之的政策。这种政策对于中国农业的发展显然是不利的。在北魏以前，五胡十六国之中除了夏国和南凉外，其他几个国家的统治阶级在中原居住的时间很长，受汉族农业、文化的影响很深，所以建国以后大致都注意传统的以农立国的政策。北魏的统治阶级长期在草原各地生活，入中原较晚，而建国又很快，原来的畜牧射猎之风未变革便统治了中原地区。中间虽然也实行计口授田、屯田及均田等法，但因为多年战争，不能放弃牧场第一的政策，所以北魏无论军粮和民粮的问题，始终得不到彻底的解决。

　　总之，北魏的原始的宗主督护制、野蛮的民族政策，以及农田的牧苑化和猎场化，都是使中国封建社会停滞不前、有时且向后倒退的重要原因。

二、乌桓、鲜卑的起源以及他们和中原汉族的交错移动

　　民族共同体的起源和迁徙都是民族史上的重要课题。只有把这些课题弄清楚了，诸部族、部落的同源异流和异源合流的历史始能得到合理的解决。异源合流的问题就是诸共同体的融合问题，所以共同体的迁移又会引起诸部

[①] 参考《魏书·宇文福传》谓宇文福在拓跋宏时领太仆，典牧令。
[②] 《魏书·杨播传附杨椿传》。

族部落的融合。但迁徙和融合的关系不是直接的，是间接的。迁徙只能使外来的共同体和原来住在这里的共同体相互接触、交往以至于错居杂处。设使没有特殊的障碍，例如宗教不同、经济生活不同等，错居杂处的人们通过长期的共同经济生活、政治生活和文化生活也一定会走上融合的道路。

从起源的地区来说，乌桓、东部鲜卑和拓跋鲜卑三个部落集团最初在语言上、文化上以及社会习俗上可能是相互接近的。乌桓和东部鲜卑原来是属于东胡部落联盟，《后汉书·鲜卑传》说鲜卑"语言习俗与乌桓同"。他们的原始分布地一在乌桓山，一在鲜卑山，二山都在今蒙古草原的东南部西辽河上游西拉木伦河以北的丘陵地带，所以我们可以说二族是语言、文化、习俗相同的两个部落集团。拓跋鲜卑的最初起源地在今蒙古草原的东北角，即今额尔古纳河的东南。古时那里有座大鲜卑山，便是他们祖先原始分布的所在。从里距上看，鲜卑山和大鲜卑山南北相距很远，似不能目为同族。但二族皆以鲜卑为名，又《魏书·序纪》谓"国有大鲜卑山因以为号"，与《后汉书·鲜卑传》所云东部鲜卑以"别依鲜卑山故因号焉"，亦复相同。然则此两种鲜卑虽然原始分布地南北不同，虽然出现于中国汉文史传上的年代亦有早晚之别，但并无任何文献说他们是截然不同的两族。目前我国的考古发掘工作在蒙古草原东北部做得并不太多，因而此两种南北鲜卑的文化遗物还不能很妥当地衔接起来。虽然如此，1960年在扎赉诺尔木图雅那河的东岸发掘了三十一座墓葬，这些墓葬的特点：多是木棺，有盖无底，由没有去掉树皮的木板制成；男女皆以马、牛、羊殉葬；随葬品有铜牌、铁矛、铁环首刀、铁镞和骨镞、骨质鸣镝、皮弓囊和木弓等。最奇特者为妇女的发辫，虽不甚长，但有辫有结，与匈奴之拖发而只有一结者不同。[①] 考察上述墓葬的情形，很容易使我们想到《宋书·索虏传》所记："死则潜埋，无坟垄处所。至于葬送，皆虚设棺柩，立冢椁，生时车马器用皆烧之，以送亡者。"所以把这些墓葬初步判断为拓跋鲜卑匈奴化以前的墓葬是有依据的。我们希望国内考古工作的同志继续对这一地区的墓葬进行发掘，便可把拓跋鲜卑与东部鲜卑的文化联系起来考察，证明他们在族源上是不是截然不同的二族。唐代杜佑《通典·边防十二》云："拓跋氏亦东胡之后，别部鲜卑。"杜氏谓拓跋

---

① 内蒙古文物工作队：《内蒙古扎赉诺尔古墓群发掘简报》，《考古》1961年第12期，第673—680页。

氏为东胡之后，不知所据，但谓之为"别部鲜卑"，显然是最合适不过的。北魏建国前后，拓跋鲜卑把鲜卑之名据为己有，称东部鲜卑。为"东部"，或"白部"，或"徒何"。拓跋鲜卑和东部鲜卑在客观条件上似不能谓之无区别者。但二者的区别，与其说由于起源的不同，毋宁说由于二族在草原东部迁出以后，分道扬镳，各与其所遭遇的部落、部族相互融合，越到后来差别越大。所以南朝史家称系出东部鲜卑者仍为鲜卑，称与匈奴融合的拓跋魏则为"索虏"，为"匈奴种类"①。此两种鲜卑虽一度分离，但到了后来仍然相互融合。他们的融合开始于北魏灭后燕之时，完成于北周、北齐建国之际，例如西魏时原来属于东部鲜卑的宇文泰与北魏宗室的元氏子孙无所区别，皆称为鲜卑，东魏亦有类似的情况。此两种鲜卑由同源或起源相近而至于分离，又由分离而趋于统一或融合，这正是北方多部落部族地区在民族关系上比较带有复杂性的一个例证。除此以外，乌桓与鲜卑的关系，鲜卑与匈奴的关系，最后诸族与汉族的关系，都是通过移徙流动、接触交往、错居杂处、统治与被统治等关系，最后使语言文化习俗不同的诸部族、部落融合而为一个部族。因此，我们研究各部落、部族的起源、迁徙和融合，在民族史上是非常必要的。

　　从公元 2 世纪到 6 世纪的五百年内，乌桓和鲜卑的移动以及与此二族发展有关的汉族迁徙大致可以分为四大潮流：（一）2 世纪草原各族牧民的流动；（二）4 世纪汉族的外徙和乌桓、鲜卑的内徙；（三）4、5 世纪中原汉人、鲜卑人向北魏代都的迁徙；（四）5、6 世纪漠南和代都的拓跋鲜卑等族向中原各地的迁徙。此四大迁移潮流对于边郡的开发、部族的融合、历朝政治的盛衰、文化和制度的统一以及隋唐国家的统一都有很大的关系。这些问题虽然在后面各章里有时亦提到，但在此章内准备综合起来论述一下。这一节里叙述草原牧民的流动、汉族的外徙和乌桓鲜卑的内徙，下面两节分述中原汉人和鲜卑人向代都的迁徙以及漠南、代都拓跋鲜卑向中原各地的迁徙。

　　蒙古草原各族牧民的大迁移，是由匈奴国家分裂，南匈奴南下降汉，北匈奴西遁所引起的。当匈奴盛时控弦之士三十万。设使每个战士代表一家，

---

① 《宋书·索虏传》："匈奴有数百千种，各立名号，索头亦其一也。"《南齐书·魏虏传》："魏虏，匈奴种也。"

每家五人，匈奴的人口当在一百五十万左右。① 自匈奴外徙以后，2 世纪初留在草原的匈奴残众据《后汉书·鲜卑传》记载只有十多万落。此所谓"落"乃指帐落而言。设使每落只有五人，十多万落也只有四五十万人口，仅及原来人口的三分之一。这是草原周围各部落牧民进入草原的主要原因。

乌桓最初的分布地点在蒙古草原的东南，它是东胡部落联盟的一个重要组成部分。自匈奴击破东胡以后，乌桓北徙，驻牧于西拉木伦河以北的乌桓山一带。公元前 120 年时，汉武帝为了分化匈奴的实力，允许乌桓迁到今内蒙古旧热河的南部、察哈尔的东南以及河北省的北部。他们的主要根据地在老哈河流域的赤山和白山。匈奴西遁南迁之后，乌桓跟着就西迁，最西到达今内蒙古鄂尔多斯草原一带。

鲜卑最初跟乌桓一样分布在蒙古草原的东南，也是东胡部落联盟一个重要的组成部分。东胡被击破以后，它也向北迁徙，迁到内蒙古哈古勒河附近的鲜卑山上，此山在上述的乌桓山之北。汉武帝时乌桓南迁，鲜卑部落也跟着南下，驻牧于西辽河上游的西拉木伦河流域。公元 1 世纪中叶，东汉辽东太守祭肜联合鲜卑部落大人出兵夹攻赤山一带的乌桓，乌桓既败，鲜卑逐渐占领漠南许多地区。85 年，鲜卑联合丁零、南匈奴和西域各国进攻北匈奴，北单于西遁，此后在蒙古草原北部占领了许多地区。2 世纪时，残留在草原上的匈奴帐落都投降了鲜卑。鲜卑就在这个基础上建立了以檀石槐为首的鲜卑部落军事联盟。

檀石槐组织的鲜卑部落军事联盟，东起辽东，西至敦煌，疆域很大，共包括邑落五六十个。他们的邑落大人，据目前已经考定的有东部鲜卑，也有拓跋鲜卑，其他还有许多部族成分不明的邑落大人需要进一步研究。拓跋鲜卑，如前文所述，起源于蒙古草原东北角，额尔古纳河东南的大鲜卑山内。他们的祖先第一推寅（宣帝）当匈奴第二次分裂时从大鲜卑山南下，到达一个湖泊众多的南方大泽地区。隔了六代到第二推寅（献帝邻），已经驻牧于蒙古草原西北部，成为檀石槐部落军事联盟的一个著名的邑落大人。不久，部落军事联盟破裂，第二推寅的儿子诘汾由草原西北部南迁，到达漠南的匈

---

① 汉代贾谊《新书》谓"匈奴五口而出介卒一人"，即每家出一战士。控弦之士三十万，正代表三十万家，每家五口，共计一百五十万口。

奴故地。

　　上述蒙古草原各族的大迁移，首先先引起了各族之间关系的变化，其次跟着就是诸部落的融合。例如在草原的东部，自匈奴西迁以后，乌桓和鲜卑两个部落集团各自为政，他们之间的关系是平等的。但自公元1世纪中叶即东汉永平初年鲜卑与辽东太守祭彤联合攻下赤山的乌桓以后，大部分的乌桓虽然南迁，但留在塞外的乌桓便被鲜卑部落大人统治，后来这些乌桓就同化于鲜卑了。又如原来驻牧于阴山东部的宇文部落，原来本是匈奴。当公元2世纪时，宇文氏的部落大人东迁，统治了辽西塞外西拉木伦河上游的鲜卑，加入了檀石槐部落军事联盟，到了后来宇文氏同化于鲜卑，成为宇文鲜卑。这是草原东部诸族、诸部落关系变化和融合的一些情况。在草原中部和西部，自匈奴西迁后，主要有两类部落集团：一类是丁零，亦称为敕勒，分布在鄂尔浑、土拉河流域及其西部和北部；一类是匈奴的残余部落，分布在草原各地。拓跋鲜卑的祖先南迁以后，不断与草原中部和西北部的敕勒、匈奴诸族错居杂处，接触频繁，所以在草原内产生了很多"胡父鲜卑母"的铁弗或铁伐匈奴和"鲜卑父胡母"的拓跋或秃发鲜卑。所以拓跋魏的"拓跋"之名是后起的，是匈奴和鲜卑融合的结果。拓跋鲜卑的祖先在蒙古草原东北角的大鲜卑山时，我们只能称之为鲜卑，不能称之为拓跋鲜卑。关于铁弗匈奴的来源，在匈奴史内详加论述，在此不赘。关于拓跋鲜卑的形成，在本书第四章内再详细阐述，这里亦不详论。这里叙述一下秃发南凉和陇西鲜卑乞伏部的起源。因为在本书内涉及南凉和陇西鲜卑的事很少，所以在此略为阐述他们与草原部落大迁移的关系。

　　崔鸿《十六国春秋·南凉录》与《晋书·秃发乌孤载记》并云：

　　　　秃发乌孤，河西鲜卑人也。其先与后魏同出。八世祖匹孤率其部自塞北迁于河西。

　　按《唐书·宰相世系表》"源氏"条谓匹孤为北魏圣武皇帝诘汾之长子，传七世至秃发傉檀。傉檀之子源贺与魏太武帝同时。《魏书·序纪》由诘汾至太武帝凡七世，《宰相表》谓由诘汾至傉檀子源贺凡八世，年代大致相合，谓秃发与拓跋同源是可信的。但《南凉录》述秃发氏的起源云："初，寿阗

（匹孤子）之在孕，母胡掖氏，因寝而产于被中。鲜卑谓被为'秃发'，因而氏焉。"《晋书》、《魏书》所记略同，其说当本于崔鸿《十六国春秋》之《南凉录》。鲜卑语谓被为"秃发"，在语言上可能有一些根据[1]，但同音语各种语言皆有，而正确的意义只有一个，则鲜卑父胡母所生子为"秃发"是也。清代考据家钱大昕对此已有精辟的辨正，云：

> 秃发之先与元魏同出，"秃发"即"拓跋"之转，无二义也。古读轻唇音如重唇，故赫连"佛佛"即"勃勃"。"髪"从"犮"得声，与"跋"音正相近。魏伯起书尊魏而抑凉，故别而二之。晋史亦承其说。

按魏收之说本于北魏崔鸿的《南凉录》。《南凉录》上引文称河西鲜卑"拓跋"为"秃发"。崔鸿启其端而魏收继承之，"秃发"原为"拔跋"之义遂晦而不明。《隋书·经籍志》有《托跋凉录》十卷记南凉事，可知南凉之主亦姓拓跋。上引《南凉录》中有一事为我们所应注意者，即匹孤之妻、寿阗之母的胡掖氏，按其音当为"呼衍氏"的异译。《史记·匈奴传》称呼衍氏为匈奴贵种。《晋书·匈奴传》改译为"呼延氏"。"呼衍"、"呼延"、"胡掖"实一语之转。这是秃发鲜卑的母系出自匈奴之证。秃发鲜卑之与匈奴通婚渊源甚早，不始于匹孤之妻胡掖氏，但由此一例亦可佐证拓跋之名系由鲜卑父胡母的关系而来。唐代颜师古注《汉书·匈奴传》，称唐代的呼衍氏为鲜卑姓。呼衍氏在北魏以前为匈奴人，在北魏时即开始鲜卑化，所以到了唐代呼衍氏就成为鲜卑人了。此匈奴姓氏鲜卑化之事例与宇文氏之成为鲜卑姓正复相同，不足为异。

其次，再看陇西鲜卑乞伏氏的起源。

崔鸿《十六国春秋·西秦录》云：

> 乞伏国仁，陇西鲜卑人。其先自漠北南出太阴山。五世祖拓（祐）邻，晋太始初率户五万迁居高平川。

---

[1] 〔日〕白鸟库吉：《秃发氏考》，《东胡民族考》上编，方壮猷译，商务印书馆 1934 年版，第 115—116 页。

《晋书·乞伏国仁载记》云：

在昔有如弗斯、出连、叱卢三部，自漠北南出大阴山，遇一巨虫于路……俄而不见，乃有一小儿在焉。时又有乞伏部，有老父无子者，请养为子，众咸许之。老父欣然，自以有所依凭，字之曰纥干。纥干者，夏言依倚也。年十岁，骁勇善骑射，弯弓五百斤。四部服其雄武，推为统主，号之曰"乞伏可汗托铎莫何"。"托铎"者，言非神非人之称也。其后有祐邻者，即国仁五世祖也。

我们在这里注意的是如弗斯、出连、叱卢三部同乞伏部结合的经过。经此一度结合，陇西鲜卑所建的西秦国以乞伏部的乞伏国仁之子孙为君主；出连部的出连高湖为右辅将军，出连乞都为丞相；叱卢部的叱卢那胡、叱卢乌孤跋、叱卢犍等为将军[1]，此皆所谓陇西鲜卑集团上层人物。但上述四部原属于何族呢？如弗斯部，除此以外很少见于记载。出连、叱卢二部皆见于《魏书·官氏志》。《官氏志》记神元力微之时与"乞伏氏"同音的乞扶氏和出连氏皆属内入诸姓，至孝文帝太和年间改乞扶氏为扶氏，出连氏为毕氏。又叱卢氏为西方诸姓之一，后改为祝氏。《官氏志》的叙述简单，看不出上述诸部属于何族。乞伏部在《十六国春秋·西秦录》里虽然说它系出鲜卑，但《北史·孝行传》里的《乞伏保传》云：

乞伏保，高车部人也。

此言乞伏部原系高车部落。在《魏书·高车传》里颇似高车十二姓中之泣伏利氏。又《魏书·尔朱荣传》云：

秀容内附胡民乞扶莫于破郡，杀太守。

---

[1] 《太平御览》卷127引《十六国春秋·西秦录》；《晋书·乞伏国仁载记》、《乞伏乾归载记》、《乞伏炽磐载记》。

此乞扶莫于被称为"胡民",亦可为乞伏部原为高车胡的有力旁证。若此推测无误,则《晋书》所云居于漠北与阴山间的乞伏部似原非其他部落,而为高车部落。乞伏部老人把路上的鲜卑孤儿抚养为己子,此子遂以乞伏为氏。至十六国时,乞伏氏分化为两种:一种分布在蒙古草原的仍属高车部落,又一种迁到陇西的乞伏氏则为鲜卑姓氏。此鲜卑中的乞伏氏,论其原始当是高车和鲜卑二族在养父养子关系中的产物。这种融合并非通过婚姻关系,而是一种别开生面的融合方式。北朝时并州马邑(今山西朔县)有乞伏慧,历仕北齐、北周及隋三朝,《隋书》称之为鲜卑人。《隋书·乞伏慧传》云:

> 乞伏慧字令和,马邑鲜卑人也。祖周,魏银青光禄大夫。父纂,金紫光禄大夫,并为第一领民酋长。……周武平齐,授大将军……进位柱国,赐爵西河郡公。……(隋)高祖受禅,拜曹州刺史……迁凉州总管。

马邑乞伏氏的来历,本传不详。按《十六国春秋·西秦录》永弘四年(431),夏国赫连定遣将"攻南安,城内大饥,人相食。傅侍中乞伏延祚、吏部尚书乞伏跋跋逾城奔代,末乃衔璧出降"。乞伏延祚与乞伏跋跋之奔代在北魏神䴥四年(431),此为西秦乞伏氏入魏之始。《魏书·高宗纪》并州刺史有乞佛成龙。马邑之乞伏慧当系其后裔。慧爵西河郡公,更知其为西秦降臣之裔无疑。总之,此马邑鲜卑系从陇西鲜卑而来,与高车乞伏氏以及居住于秀容川内的胡民乞扶氏并无宗族关系。

其次,叙述一下乌桓、鲜卑的内徙和汉族的外徙。

前已言之,乌桓、鲜卑的前身为东胡部落联盟。东胡部落联盟原来居住在今西拉木伦河及老哈河流域,其南疆包括古代的上谷、渔阳、右北平、辽东、辽西五郡地方。上述五郡之归燕国,乃由于战国末年燕将秦开之逐东胡。《史记·匈奴列传》云:

> 燕有贤将秦开,为质于胡,胡甚信之。归而袭破走东胡,东胡却千余里。……燕亦筑长城,自造阳(今河北怀来)至襄平(今辽宁辽阳),置上谷、渔阳、右北平、辽西、辽东郡以拒胡。

秦开"为质于胡"之"胡"当指东胡。秦开质于东胡，熟习胡地情况，故一击而破之，得其土地以置上谷等上述五郡。《汉书·地理志》谓："燕地，……东有渔阳、右北平、辽西、辽东，西有上谷、代郡、雁门……皆燕分也。"当始于此。秦开的逐东胡《史记》系其事于赵武灵王筑长城之后，当在燕昭王之时[①]，即公元前4世纪末年。于此，我们当注意二事：一事是自燕国开拓上谷等五郡以后，北方幽、冀诸州便有不少汉人移居其地。这些汉人所操的语言，据西汉人扬雄所编写的《方言》说是流行于古代燕国、北燕、代国、远至朝鲜洌水（今汉水）之间的汉语文言。[②]这种方言近世学者尚未做一种比较语言学的研究，以我揣测，其中可能包括一些阿尔泰语系的语汇。至汉武帝时乌桓入居缘边诸郡，东汉初年鲜卑又徙入上述若干郡内，他们后来改操汉语，这种汉语，我想就是以北燕的汉语方言为基础的。又一事应当注意的，即当时燕国虽然把东胡逐出塞外，但乌桓等族仍然不断和汉人往还，相互贸易，有的时候亦入边郡各地掠夺汉人的财物。《史记·货殖列传》云：

  夫燕……南通齐赵，东北边胡。上谷至辽东，地踔远，人民希，数被寇。大与赵、代俗相类，而民雕捍少虑，有鱼盐枣栗之饶。北邻乌桓、夫余，东绾秽貉、朝鲜、真番之利。

可知乌桓、鲜卑徙入边郡以前，边疆汉人和乌桓等族的接触往还是很频繁的。

在汉代初年，与刘邦同里的丰沛人卢绾，以"习胡事"被封为燕王。高帝死，"卢绾遂将其众，亡入匈奴，匈奴以为东胡卢王"。直至汉孝景帝中元六年（前144），卢绾孙它之始以东胡王降汉。[③]汉人卢氏率领部众统治东胡五十年之久，对于乌桓、鲜卑的汉化当然发生不少的促进作用。

汉武帝元狩四年（前119），乌桓降汉南下，重居于上谷、渔阳、右北

[①] 吕祖谦《大事记》及黄式三《周季编略》俱系此事于周赧王十五年，即燕昭王十二年。
[②] 扬雄《方言》的全名是《輶轩使者绝代语释别国方言》，原十五卷，今存者十三卷。刘歆与扬雄书称："子云独采先代绝言、异国殊语以为十五卷。"燕北方言各语词载在卷1—5及7、8中。
[③] 《史记·卢绾传》。

平、辽东、辽西五郡塞外地。至东汉光武帝建武二十五年（49），乌桓从塞外转入塞内，除了上述五郡之外，在广阳、代郡、雁门、太原、朔方五郡之内也都居住有乌桓。当时乌桓的集中地区在辽东、辽西、右北平、上谷四郡，共一万六七千帐落群，对于东汉政治、经济、军事的影响都是很大的。

当乌桓移入上述缘边十郡之后，草原南部的西边驻扎着南下降汉的匈奴，东边驻扎着新兴的东部鲜卑。到2世纪中叶时，整个草原除了南匈奴和北丁零之外，形成了以檀石槐为首的鲜卑部落军事大联盟。当此之时，汉朝经常利用乌桓的军队攻打匈奴和鲜卑，但有时乌桓也和匈奴、鲜卑联合攻打汉边郡县的官吏，杀掠边郡人民，即所谓"叛服不常"。

在两汉四百二十多年期间，乌桓和鲜卑虽然节节南下，但与此同时，汉族的各阶级阶层因各种原因通过各种方式，也不断向乌桓、鲜卑分布的地区渗透或移进。前已言之，上述缘边诸郡自开为郡县以来，各地早有汉族人民、官吏以及一部分边防军居住其间。因此所谓边郡实际上就是汉人、匈奴、乌桓、鲜卑等族的错居杂处之区。在西汉初年，有些政治上失意的贵族、官僚和军事上失败的边将往往率领部众"北走胡，南走越"，如燕王卢绾、韩王信之徒皆属于此类。又如东汉中平四年（187），故中山相张纯和故太山太守张举利用当时阶级矛盾，率领流民十多万，投奔辽西乌桓。张举自称"天子"，张纯自称"弥天将军、安定王、诸郡乌桓元帅"，他们起兵前后不到两年便告瓦解，但从此有许多汉人留居在乌桓、鲜卑地区。此外，在建安十年（205），袁绍与曹操争夺冀、幽二州失败，袁绍死亡，其子熙和尚率领残余部众及幽、冀吏民十万多户奔走辽西，想借乌桓蹋顿的势力恢复失地。这是汉族外徙的第一种方式。

另一种方式是在东汉末年安、顺二帝之时，北方州郡多年灾荒，民不聊生，内地农民为了逃避租役，捐弃旧居，流亡边疆者代有其人。特别是当灵帝中平元年（184）中原各地爆发了大规模的黄巾农民起义以后，各郡士大夫纷纷向冀州北部迁徙者史不绝书。例如太原王烈、北海管宁和邴原、乐安国渊、东莱太史慈都迁往辽东，涿州刘放等迁往辽西。① 除了士大夫之外，内郡庶民，包括农民在内，也向边郡迁移。《后汉书·刘虞传》记"青、徐

---

① 《三国志·魏书·管宁传》、《邴原传》、《国渊传》、《刘放传》，《三国志·吴书·太史慈传》。

士庶避黄巾之难归虞者百余万口"。刘虞时为幽州牧，青、徐二州的士庶既逃往幽州各郡，其中自然也包括了乌桓、鲜卑所在的辽东、辽西、右北平、渔阳诸郡在内。内郡的士大夫和农民既往边郡流动，汉族的文化知识和生产技术从此就更广泛传播到各郡乌桓、鲜卑之间，对于他们的文化和经济发展具有一定的促进作用。献帝初平三年（192），袁绍击溃了河北赵郡、常山、中山的黄巾军各流派，其中一些派别的领袖投降了曹操，又有一些溃散的部众逃往乌桓、鲜卑地区。所以《三国志·魏书·乌丸鲜卑东夷传》称："自袁绍据河北，中国人多亡叛归之，教作兵器铠楯，颇学文字。"从此鲜卑、乌桓的文化和武力又得到进一步的发展。这是汉族外徙的第二种方式。

还有一种方式是当西晋末年刘曜、石勒在北方进行大规模的民族战争之时，汉族士大夫不愿出仕匈、羯王朝，多避地幽州、平州各郡。当时据辽西、渔阳、北平者为段氏鲜卑，据辽东者为慕容鲜卑。慕容氏礼贤下士，政治修明，所以汉族士大夫归之者日多，国以富强，终于并吞了段氏及宇文氏所统治的疆域。同时，中原各地的汉族人民，例如冀州人、豫州人、并州人、司州人、青州人，还有一部分属于扬州的吴人因不堪刘、石统治阶级的战争之苦和赋税之扰亦纷纷相率迁往辽东等地。辽东人口原来只有一万多户，经永嘉之乱，户口增加到十倍以上。慕容氏分以土地，给以耕牛，使他们屯田纳租，从此燕国奠定了以农立国的基础。还有一些边郡汉人在晋代永嘉年间以前看到晋国日衰，匈奴日盛，亦有不少人向漠南的拓跋部迁徙，希望从此避免中原发生的战争灾难。例如《魏书·卫操传》所记操"与从子雄及其宗室、乡亲姬澹等十数人同来归国，说桓、穆二帝招纳晋人。于是晋人附者稍众"。这是汉族外徙的第三种方式。

最后一种方式是乌桓、鲜卑的上层统治阶级入塞内诸郡掠夺汉族人口供他们奴役，或者强迫内地汉人移往边疆开拓边疆土地。乌桓社会没有发展到奴隶社会阶段，但掳掠汉人的事亦自古有之。东汉初年，司徒掾班彪上书，谓"乌桓天性轻黠，好为寇贼。若久放纵而无总领者，必复侵掠居人"[1]。从班彪上书可知从前乌桓曾有掳掠居民之事，但比较匈奴要少得多了。东汉末年，三郡乌桓常单独或者联合，有时且联合张纯等在幽州各地大肆掠劫，故

---

[1] 《后汉书·乌桓传》。

《三国志·魏书·武帝纪》云:"三郡乌丸承天下乱,破幽州,略有汉民,合十余万户。"由此掠夺的汉民户数加上前述袁尚所率幽、冀吏民十万多户共二十多万户,远远超过乌桓原有人口的万六千落。汉末魏初鲜卑部落军事联盟强盛之时,鲜卑盟主及部落大人入塞掠夺汉民的事件多于乌桓数倍,那么他们所掳掠的汉族人口亦应当多于乌桓。但是由于鲜卑远居塞外的蒙古草原各地,所以在汉文史志中记载得较少。虽然如此,零星的和非正式的记录亦常有之。如《后汉书·鲜卑传》蔡邕上书云:"汉人逋逃,为之谋主。"《三国志·魏书·乌丸鲜卑东夷传》记"黄初二年(221)比能出诸魏人在鲜卑者五百余,家还居代郡。明年(222)……遣魏人千余家居上谷"。这一千五百多家魏人(汉民)一部分是汉人自己逃去的,亦有一部分是被鲜卑掳去的。黄初年间如此,黄初以前的情况可知。代郡、上谷二郡如此,其他缘边各郡又可知。总之,汉魏时期被掳至鲜卑各部的汉族户口数量当不在三郡乌桓地区居住的汉族户口之下。这是汉族外徙的第四种方式。

两汉魏晋时期,中原和边郡的汉族通过上述四种方式不断向乌桓鲜卑地区迁移,对于二族在政治、经济、文化、语言方面都发生了巨大的影响。例如《三国志·魏书·乌丸鲜卑东夷传》注引王粲《英雄记》云:

> (袁)绍遣使即拜乌丸三王为单于,皆安车华盖、羽旄、黄屋、左纛。版文曰:……乃祖慕义迁善,款塞内附,北捍猃狁,东拒濊貊,世守北陲,为百姓保障。……始有千夫长、百夫长以相统领。用能悉乃心,克有勋力于国家,稍受王侯之命。

此言乌桓入居边塞之后始有千夫长、百夫长之制以相统领,然则编邑落民为千夫、百夫的军事组织乃受汉代军队编制的影响,其中亦兼有匈奴骑士组织成分。又如鲜卑族在檀石槐时,东汉议郎蔡邕已谓"关塞不严,禁网多漏,精金良铁,皆为贼有。汉人逋逃,为之谋主"[①]。至轲比能,则更由中国亡人"教作兵器铠楯,颇学文字。故其勒御部众,拟则中国,出入弋猎,建

---

① 《后汉书·鲜卑传》。

立旌麾，以鼓节为进退"①。汉族物质文化和语言文字对于鲜卑的影响是很明显的。西晋末年中原遭刘、石之乱，汉族士大夫和农民纷纷向辽东避难，对于慕容鲜卑的政治、经济、文化各方面的影响更为重大。《晋书·慕容皝载记》记皝下令曰：

> 苑囿悉可罢之，以给百姓无田业者。贫者全无资产，不能自存，各赐牧牛一头。若私有余力，乐取官牛垦官田者，其依魏晋旧法。

此所谓"魏晋旧法"，乃指魏晋屯田课租之四六分或"与官中分"制而言。同载记又记：

> 慕容皝……尚经学，善天文。
> 赐其大臣子弟为官学生者，号高门生，立东庠于旧宫，以行乡射之礼。每月临观，考试优劣。皝雅好文籍，勤于讲授，学徒甚盛，至千余人。

此汉晋太学制行于辽东鲜卑贵族子弟之间。五胡之中慕容鲜卑最为汉化。在辽东之时，慕容廆父子皆以效忠晋室为名，以收远近人望。南下之后，诸所实施，文物政教一以魏晋为宗。推其原因，历代汉族劳动人民在辽东之不断开拓土地，与汉晋士大夫之避地辽东不断宣传中原礼乐文化实为其主要关键。

与上述中原汉族向东北迁徙的潮流相反，东部鲜卑则于西晋末年趁中原混乱之局亦开始节节向内地迁徙。最初晋幽州刺史王浚利用辽西段氏鲜卑以攻石勒，所以鲜卑就从东北迁到幽州中部和冀州。②时值幽州大水灾，王浚和段氏无法善后，一部分鲜卑和乌桓因而分散，有的投降了石勒和刘曜，有的进入太行山内割据自雄。③338 年，石虎遣步骑水师二十万伐段氏，迁其族二万户于雍、司、兖、豫四州。340 年，又徙辽西、北平、渔阳一万多户于兖、豫、雍、洛四州。350 年，石赵发生内讧，段氏首领段龛率领所部南徙

---

① 《三国志·魏书·乌丸鲜卑东夷传》。
② 《晋书·王浚传》。
③ 《晋书·石勒载记上》。

广固（今山东益都）。从此鲜卑遂广布于今河北南部、河南北部、陕西东南部和山东西部和北部。其中以河北南部彰德一带是鲜卑、乌桓最集中地区。在中原各地既经如此广泛地分布着鲜卑和乌桓，这便为日后慕容鲜卑之建立前燕、西燕、后燕、南燕创造了有利的条件。

当慕容前燕盛时，南至汝、颍，东尽青、齐，西抵崤、渑，北守云中，当然此时北方幽州和东北平州系鲜卑旧壤仍在疆域之中。前燕疆域既如此广大，数十万鲜卑必须分驻各地以资防守，于是上述各地皆有鲜卑。

氐秦于370年击灭前燕，统一华北，把亡国之君慕容暐及王公以下鲜卑四万多户移居长安。此为鲜卑人大量移入关中之始。次年，又徙关东豪杰及诸杂夷十万户于关中，处乌桓杂类于冯翊和北地，徙丁零于关外的新安。376年，氐秦灭凉，出慕容德等为张掖太守，慕容鲜卑遂有一小部分迁徙于河西。此外，在并州北部、西河以及河东等地亦都有鲜卑居住。鲜卑迁徙既如此广泛，而所在各地又与汉族错居杂处，东部鲜卑很早接受汉人语言和汉族文化，至于与汉人几乎无所区别，此亦其主要原因之一。

后燕慕容垂复国之时，虽然有不少的鲜卑和乌桓麇集于大河以北一带，但其主要的郡众，不是鲜卑，而是中原的汉人。《晋书·慕容垂载记》载，当苻坚命垂攻丁零翟斌时，仅配兵二千。至河内，垂杀氐将飞龙，并诛氐兵，招募远近，众至三万。此三万应募者主要是汉人。垂遣人密告慕容农等使起兵赵魏以相应，于是慕容农等奔列人（今河北肥乡东北），慕容楷等奔辟阳（今河北冀县西）。《通鉴》卷105记："农驱列人居民为士卒，斩桑榆为兵，裂襜裳为旗。"此列人居民，除少数乌桓外，多数仍为汉族。慕容绍之在辟阳，曰："鲜卑、乌桓及冀州之民本皆燕臣，唯宜绥之以德，不可震之以威。"于是鲜卑、乌桓及坞民降者数十万口。此所谓"坞民"即指大多数在坞壁中的汉人而言。同载记又记："垂留其太子宝守中山，率诸将南攻翟辽，以楷为前锋都督。辽之部众，皆燕赵人也，咸曰'太原王之子，吾之父母'，相率归附。辽惧，遣使请降。"丁零翟魏的部众皆燕赵人也，鲜卑慕容燕的部众，除少数乌桓鲜卑外，绝大部分也是燕赵的汉人无疑。

东部鲜卑初由塞外移居于东北缘边诸郡之内，这些边郡在汉代以前已经有不少汉人移居其地，自汉代以来又经常有中原汉族农民士大夫流寓其间，所以鲜卑人居边郡之始，便和汉人错居杂处，成为血肉相连的不可分割的关系。他们南下之后，虽然在内地建立了若干临时政权，但其统治的对象主要是汉人。这些鲜卑统治阶级原来自己并没有一套完整的政治制度，在边郡时受汉族士大夫的影响就已经采用了许多魏晋的政治经济制度，所以他们到中原统治广大的汉人时，就不会放弃传统的中国政治经济制度而采用其他制度。到了最后，东部鲜卑人也如同近代的满族一样，居住越分散，汉化越快，所以到北朝时，除了一部分融合于拓跋鲜卑之外，其余大部分都同化于汉族了。

乌桓与鲜卑的命运约略相同，但亦有差异。乌桓之大量入徙，在汉末建安十二年（207），曹操破柳城后移其民一万多落于中原。十六国初年，石勒移幽州和冀州的乌桓于襄国（今河北邢台西南）。苻坚灭燕，又徙乌桓杂类于冯翊与北地。这些情况将在乌桓章内详加叙述，此处不赘。在此当提出者，就是乌桓首先是与东部鲜卑错居杂处的，故在其入居中原以前已经有许多乌桓同化于鲜卑。因为乌桓和鲜卑语言相同，习俗相同，同化起来看不出什么显著痕迹，所以史传上对于此点多所忽略。曹操所征服的只限于在辽东、辽西、右北平的三郡乌桓，自上谷以东，上谷、代郡、雁门以及朔方之乌桓皆不在建安十二年（207）入徙之列。拓跋鲜卑在东汉末年南迁至漠南匈奴故地，其时必与朔方、雁门、代郡等地之乌桓接触，致有一部分乌桓加入拓跋力微所领导的鲜卑部落联盟。《魏书·帝纪·序纪》云：

> （始祖神元皇帝）五十八年（277）……其年，始祖不豫。乌丸王库贤，亲近任势，先受卫瓘之货，故欲沮动诸部。因在庭中砺钺斧。诸大人问欲何为，答曰："上恨汝曹谗杀太子，今欲尽收诸大人长子杀之。"大人皆信，各各散走。

《序纪》所称沮动诸部的乌丸王库贤，系代表乌桓而参加以力微为首的部落联盟甚明。《晋书·卫瓘传》云："于时，幽、并东有务桓，西有力微，并为边害。"此务桓即乌桓，在拓跋部之东，幽州之北，可能便是代郡乌桓。《魏书·官氏志》列乌桓氏为内入诸姓之一，并云：

> 其诸方杂人来附者，总谓之"乌丸"。各以多少称酋、庶长，分为南北部，复置二部大人以统摄之。

以此文与《序纪》核对，知此事发生于什翼犍建国初年。《通鉴》卷 96 对此"乌桓"有所解释，云：

代人谓它国之民来附者，皆为乌桓。

然则拓跋部时之乌桓有广狭二义：广义的乌桓指诸方来降之民，狭义的乌桓即《官氏志》所谓乌桓氏之乌桓。二者颇有区别。至建国九年，《序纪》记拓跋部发生内讧，国内旧人的顽固派排斥新人，于是晋人"卫雄、姬澹率晋人及乌丸三百余家随刘遵南奔并州"，投降并州刺史刘琨。从此亦可说明乌桓与汉人杂居日久，逐渐同化，故一旦有事便联合起来采取一致行动。

三、北魏的移民代都和山东、河西、南朝的文物制度对于北朝的影响

从 4 世纪末到 5 世纪中叶，北魏在征服或歼灭了各国以后，陆续把各地各族的各阶层人口大量移往代都，称为"移民以实京师"。但北魏的移民实京与历代王朝的移民目的不尽相同。从汉代以来徙郡国豪杰大姓以实京师，目的是为了防止豪杰大姓在各地叛乱，同时也为了集中财富以繁荣京师。北魏的移民实京目的不仅如此。原来在永嘉四年（310）晋并州刺史刘琨把陉岭以北雁门郡五县割让给拓跋猗卢时，陉北的汉人少数迁往陉岭以南。猗卢此时虽然徙十万户于雁门郡内，但当时他的部众都是游牧部落，只能在那里从事畜牧，无法发展农业生产。因此拓跋珪建国之后首要任务是迁徙内地汉族农民在代京一带屯垦农田，以解决军队和牧民的粮食问题。此为拓跋魏移民实京的特点之一。其次，自猗卢末年汉族和乌桓士庶被迫南下以后，在拓跋部里除了燕凤、许谦以外，很少有人懂得中国传统的文物制度的。拓跋珪在登国十年（395）战胜慕容宝时，"于俘虏之中，擢其才识者贾彝、贾闰、晁崇等与参谋议，宪章故实"[①]。从这段故事便可看出北魏统治阶级是如何渴

---

① 《魏书·太祖道武帝纪》。

望汉族士大夫参加朝廷的典章制度之制定和实施了。此为拓跋魏移民实京的特点之二。此外，如众所周知，游牧部落的手工业水平是比较低的。其中特别是制铁业、纺织业以及建筑业等，草原牧民远远落后于汉族人民。北魏建国之初认识到手工业的重要，因而，在中原各地网罗大批百工伎巧移往代京，使他们把京城建设成一座可以比拟中原各郡的都市。此为拓跋魏移民实京的特点之三。试分析下述从天兴元年（398）到皇兴三年（469）十几次向代京移民，大体上是符合于上述三项理由的。

（1）"天兴元年（398）春正月……徙山东六州民吏及徒何、高丽杂夷三十六万、百工伎巧十万余口，以充京师。"（《魏书·太祖纪》）

（2）同年"十有二月……徙六州二十二郡守宰、豪杰、吏民二千家于代都"。（同上书）

（3）天兴五年（402）二月癸丑，"常山王（拓跋）遵等至安定之高平。木易于率数千骑，与卫辰、屈丐弃国遁走，追至陇西瓦亭，不及而还。……徙其民于京师"。（同上书）

（4）泰常三年（418）四月己巳，徙冀、定、幽三州徒何于京师。（《魏书·太宗纪》）

（5）同年（418）五月，征东将军孙道生"至龙城，徙其民万余家而还"。（同上书）

（6）始光三年（426）"十有一月戊寅，（太武）帝率轻骑二万袭赫连昌，壬午至其（指统万）城下，徙万余家而还"。四年（427）"春正月乙酉，……从人在道多死，其能到都者才十六七"。（《魏书·世祖纪上》。按《世祖纪》的"从人"在《册府元龟》卷486作"徙民"。"从"当系"徙"之误。原文"民"约系唐人抄本所改为"人"）

（7）延和元年（432）九月，"车驾西还，徙营丘、成周、辽东、乐浪、带方、玄菟六郡民三万家于幽州，开仓以赈之"。（《魏书·世祖纪上》）

（8）太延元年（435）二月，"诏长安及平凉民徙在京师，其孤老不能自存者，听还乡里"。（同上书）

（9）同年秋七月己卯，乐平王"（拓跋）丕等至于和龙，徙男女六千口而还"。（同上书）

（10）太延五年（439）冬十月，"徙凉州民三万余家于京师"。（同上书）

（11）太平真君七年（446）三月，"徙长安城工巧二千家于京师"。（《魏书·世祖纪下》）

（12）九年（448）二月，"徙西河离石民五千余家于京师"。（同上书）

（13）正平元年（451）三月，"以（宋国）降民五万余家分置近畿"。（同上书）

（14）皇兴三年（469）五月，"徙青州齐民于京师"。（《魏书·显祖纪》，据《册府元龟》卷486青州下补"齐"字）

上述十四次移民，除了第（3）（4）（7）三次外，其余都是有户数或口数可稽的。皇兴三年（469）青州"平齐户"的数目，据《魏书·慕容白曜传》记青州平齐之役"凡获城内户八千六百，口四万一千，吴蛮户三百余"。此言"平齐户"共八千九百余户甚明。兹依原记录分为口数与户数两项统计如下：

年代（公元）	所自地	口数
398	山东六州	360000（口）
398	同上	100000+（口）
435	和龙	6000（口）
总计		466000（口）
398	山东六州二十二郡	2000（家）
418	龙城	10000+（家）
426	统万	10000+（家）
432	营丘、成周等六郡	30000（家）
439	凉州	30000+（家）
446	长安	2000（家）
448	西河离石	5000+（家）
451	宋国	50000+（家）
469	青州	8900+（户）
总计		147900+（家）

按《魏书·张济传》晋雍州刺史杨佺期问："魏定中山，徙几户于北？"张济答曰："七万余家。"《太祖纪》记：徙山东六州民三十六万，则每家的平均人口为五口。又上述《慕容白曜传》记载，在青州"凡获城内户

八千六百，口四万一千"。每户平均人口仍为五口。每户以五口计，147900户的人口当为739500口。与山东六州等466000口合并计算，当为1205500口。其中除了移往幽州的三万家，加上泰常三年（418）的冀、定、幽三州徙何鲜卑和太延元年（435）的长安及平凉移民，其徙往代都的人口总数当在一百万人以上。

以部族成分言之，徙往代都的人口以汉人为最多，徙何鲜卑次之，匈奴、高丽、濊貊、稽胡、吴蛮居于少数。天兴元年（398）的两次移民，除了徙何、高丽等少数部民外，绝大部分为汉人。延和元年（432）东北平州六郡移民，除了少数徙何、濊貊、高丽人，大部分仍为汉人。前面叙述慕容鲜卑时，我们已经说过，辽东、营丘、成周三郡的汉人是慕容廆时从中原豫州、青州、冀州等地流民的子孙，至此又迁回幽州。它如长安、平凉、凉州、西河、宋国的移民以及青州的"平齐户"绝大部分也都是汉族。徙何鲜卑原散居在冀、定、幽三州的，在泰常三年（418）移往代都。《魏书·娥清传》云："先是，徙何民散居三州，颇为民害。诏清徙之平城，清善绥抚，徙者如归。"即指泰常三年四月的徙徙何鲜卑而言。在此以前，天兴元年的山东六州移民；在此以后，泰常三年五月和太延元年的和龙（即龙城）移民，此两次移民皆有徙何鲜卑在内。又《世祖纪》上记延和三年（434）拓跋健、长孙道、古弼"讨和龙，徙民而还"。徙民数目不详，当亦有徙何鲜卑在内。所以我们说，北魏移民实京，次多于汉人者，即为徙何鲜卑。

移民对于代都贡献最大的是从各地徙来大量汉族和徙何鲜卑的农民和手工业者。《魏书·食货志》云：

> 既定中山，分徙吏民及徙何种人、工伎巧十万余家以充京都，各给耕牛，计口授田。天兴初，制定京邑……劝课农耕，量校收入，以为殿最。又躬耕籍田，率先百姓。自后比岁大熟，匹中八十余斛。是时戎车不息，虽频有年，犹未足以久赡矣。

此段文献，虽有脱文，然大致可以看到汉族和徙何农民在代都畿内经营农业的成绩是很大的。又《南齐书·魏虏传》记：

> 佛狸（拓跋焘）破梁（凉？）州、黄龙，徙其居民，大筑郭邑。截平城西为宫城，四角起楼，女墙，门不施屋，城又无堑。南门外立二土门，内立庙，开四门，各随方色。凡五庙，一世一间，瓦屋，其西立太社。佛狸所居云母等三殿，又立重屋，居其上。饮食……其郭城绕宫城南，悉筑为坊，坊开巷。坊大者容四五百家，小者六七十家。

这些建筑都是汉族和徒何鲜卑的百工伎巧修筑而成的。上书同传又云：

> 又有悬食瓦屋数十间，置尚方，作铁及木。

拓跋魏尚方的铁作工和木作工仍然是汉人和徒何鲜卑。除此以外，代都畿甸之内的其他重大工程也都是发动属于八部帅管理下的汉人和徒何移民建造的。例如《魏书·太祖纪》及《魏书·太宗纪》云：

> 天赐三年（406）六月，发八部五百里内男丁筑澶南宫，门阙高十余丈，引沟穿池，广苑囿。规立外城，方二十里，分置市里，经涂洞达，三十日罢。
> 四年（407）秋七月，……筑北宫垣（在参合陂），三旬而罢。
> 泰常元年（416）十一月，……筑蓬台于北苑。
> 二年（417）秋七月，作白台于城南，高二十丈。
> 六年（421）春正月，……发京师六千人筑苑，起自旧苑，东包白登，周回三十余里。
> 七年（422）秋九月，……筑平成外郭，周回三十二里。
> 八年（423）二月戊辰，筑长城于长川之南，起自赤城，西至五原，延袤二千余里，备置戍卫。

所有这些工程，都是由从外地迁来的汉人、徒何工匠以及各族劳动人民完成的。

汉族和东部鲜卑的降人和移民，除了上述大多数的劳动人民之外，还有很多贵族、士望以及专擅一艺的能工巧伎亦于徙入代京之后做了北魏的将帅和辅臣。其中庸碌之徒可以不论，但也有不少杰出的人物。他们的事迹往往关系一代的政治得失和民生祸福，并搜罗散在各国的魏晋典章文物制度传入北魏，借朝廷势力见诸实施，因而对于中国传统的文物制度发生了承前启后的作用。

北魏最先征服的是慕容燕。慕容氏贵族降魏者当不乏其人，然史皆无传。其传世者只有慕容白曜兄弟。《魏书·慕容白曜传》云：

> 初慕容破后，种族仍繁。天赐末，颇忌而诛之。时有遗免，不敢复姓，皆以舆为氏。延昌末诏复旧姓，而其子女先入掖庭者犹号慕容，特多于他族。

从此知慕容氏贵族在魏初湮没的原因实由于天赐六年之出奔伏诛事件。《太祖纪》云："天赐六年七月，慕容支属百余家谋欲外奔，发觉伏诛，死者三百余人。"即指此事。慕容白曜盖即上述"时有遗免"者的子孙。此人在拓跋宏时初为尚书右仆射，后为持节都督诸军事征南大将军。南朝刘宋的徐州刺史薛安都、兖州刺史毕众敬、冀州刺史崔道固、青州刺史沈文秀、并州刺史房崇吉、东平太守申纂先后降魏，皆与白曜之招徕与出征有关。《魏书·慕容白曜传》云：皇兴二年（468）攻下青州历城（今山东历城）及兖州梁邹（今山东邹平），"后乃徙二城人望于下馆，朝廷置平齐郡怀宁、归安二县以居之。自余悉为奴婢，分赐百官"。以此知平齐移民之事主要系慕容氏的后裔白曜所为。代都移民中的东部鲜卑，除了慕容鲜卑外，还有宇文鲜卑。《魏书·宇文福传》云：

> 祖活拔，仕慕容垂，为唐郡内史、辽东公。太祖之平慕容宝，活拔入国，为第一客。

此言宇文活拔亦为平燕后的降人。又《周书·文帝纪》上云：

> 普回……九世至侯豆归，为慕容晃所灭。其子陵，仕燕，拜驸马都尉，封玄菟公。魏道武将攻中山，陵从慕容宝御之。宝败，陵率甲骑

五百归魏，拜都牧主，赐爵安定侯。天兴初，徙豪杰于代都，陵随例迁武川焉。

此言宇文陵又降魏，徙居代郡北部之武川。

平燕后第一著名的徙代汉人即为清河郡的崔宏。《魏书·崔玄伯传》云：

崔玄伯，清河东武城人也。……祖悦，仕石虎，官至司徒左长史、关内侯。父潜，仕慕容暐，为黄门侍郎，并有才学之称。玄伯少有儁才……苻坚闻而奇之，征为太子舍人。辞以母疾不就，左迁著作佐郎。……坚亡，避难于齐鲁之间，为丁零翟钊及司马昌明叛将张愿所留絷。……慕容垂以为吏部郎、尚书左丞、高阳内史。……太祖征慕容宝，次于常山。玄伯弃郡，东走海滨。太祖素闻其名，遣骑追求，执送于军门，引见与语，悦之，以为黄门侍郎。与张衮对总机要，草创制度。……迁吏部尚书，命有司制官爵，撰朝仪，协音乐，定律令，申科禁，玄伯总而裁之，以为永式。及置八部大夫以拟八座，玄伯通署三十六曹，如令、仆统事，深为太祖所任，势倾朝廷。

其次著名者为邓渊。《魏书》本传云：

（邓渊）安定人也。祖羌，苻坚车骑将军。父翼，河间相。慕容垂之围邺，以翼为后将军、冀州刺史、真定侯。……渊性贞素，言行可复，博览经书，长于易筮。太祖定中原，擢为著作郎。出为蒲丘令，诛剪奸猾，盗贼肃清。入为尚书吏部郎，渊明解制度，多识旧事，与尚书崔玄伯参定朝仪、律令、音乐及军国文记诏策，多渊所为。……太祖诏渊撰国记，渊造十余卷，惟次年月，起居、行事而已，未有体例。

崔宏与邓渊皆魏初附臣，他们对北魏的功绩主要是草创制度，即制官爵，撰朝仪，协音乐，定律令。拓跋鲜卑以游牧行国入主中原，对于中国传统的文物、制度是很隔膜的。北魏统治阶级为了统治中原，不得不凭借前朝统治人民的典章制度，而熟习这些典章制度的只有参与前朝政治和博览经典的汉族士大夫阶层。崔宏等的祖先历仕前燕、苻秦诸朝，他们自己也参加了翟魏、后燕的政治，故能多识前朝故事，明悉典章制度，对北魏的政治制度改革有所建树。但这种改革不可能是彻底的。第一，永嘉以来中原的官僚士族多举族南迁，魏晋时期的诗书、礼乐、文物、制度由北而南，集中于江左，只有一部分地产较多的豪门士族留居中原，如上述清河崔氏即一显例。但当时的五胡朝廷，所谓"礼坏乐崩，人神殄珍"，纵有因袭，亦"胡风国俗，杂相揉乱"，与汉家旧仪相去甚远。此其一。第二，拓跋氏以部落盟主入主中原，八部大人之制一时不能尽革。对降附部落，虽已使之分散定居，然"宗主督护"之制宜于北族，而不宜于中原。因此，如崔宏、邓渊之流纵使北魏制度略具魏晋规模，然怙于形势，对于北魏传统的落后制度亦不敢径行提出改革。此其二。由此二因，所以魏太祖拓跋珪时（386—408）的改革不可能有很大的成就的。这种情况表现在礼仪方面颇为明显。《魏书·礼志》云：

> 自永嘉扰攘，神州芜秽，礼坏乐崩，人神殄珍。太祖南定燕赵，日不暇给，仍世征伐，务恢疆宇，虽马上治之，未遑制作。至于经国轨仪，互举其大，但事多粗略，且兼阙遗。

又云：

> 魏氏居百王之末，接分崩之后，典礼之用故有阙焉。太祖世所制车辇，虽参采古式，多违旧章。
>
> 太祖天兴元年冬，诏仪曹郎董谧撰朝觐、飨燕、郊庙、社稷之仪。六年，又诏有司制冠服，随品秩各有差。时事未暇，多失古礼。

《隋书·礼仪志》依据《魏书·礼志》更加说明多违古礼、旧章的缘由，云：

> 后魏天兴初，诏仪曹郎董谧撰朝飨仪，始制轩冕，未知古式，多违旧章。
>
> 及（周）平齐，得其舆辂，藏于中府，尽不施用。至大象初，遣郑

译阅视武库，得魏旧物，取尤异者，并加雕饰，分给六宫……合十余乘，皆魏天兴中之所制也。(周)宣帝至是咸复御之。

关于北魏轩冕车服之违古违制，隋代太常少卿裴政评论甚详。《隋书·礼仪志》云：

窃见后周制冕，加为十二，既与前礼数乃不同，而色应五行，又非典故。……且后魏以来，制度咸阙，天兴之岁，草创缮修，所造车服，多参胡制，故魏收论之，称为违古是也。周氏因袭，将为故事，大象承统，咸取用之。舆辇衣冠，甚多迂怪。

从裴政的议论，便可看到所谓的"违古"、"多违旧章"者，即"多参胡制"，与魏晋制度不合。所谓北魏旧物之"尤异"和"甚多迂怪"者亦复如此。

当然这不是说在拓跋珪时北魏所有的文物制度全部都是落后的，例如音乐舞蹈就比较齐全一些，进步一些。《魏书·乐志》对于西晋以来中原伶官乐器的转辗播迁，与拓跋珪的收集采用叙述如下云：

永嘉已下，海内分崩，伶官乐器，皆为刘聪、石勒所获。慕容儁平冉闵，遂克之。王猛平邺，入于关右。苻坚既败，长安纷扰。慕容永之东也，礼乐器用多归长子。及垂平永，并入中山。自始祖（神元帝力微）内和魏晋二代，更致音伎。穆帝（猗卢）为代王，愍帝又进以乐物；金石之器虽有未周，而管弦具矣。逮太祖（拓跋珪）定中山，获其乐县。既初拨乱，未遑创改，因时所行而用之。世历分崩，颇有遗失。

此言拓跋珪平中山所获之乐器为北魏古乐的第一渊源。《乐志》又云：

天兴元年冬，诏尚书吏部郎邓渊定律吕，协音乐。及追尊皇曾祖、皇祖、皇考诸帝，乐用《八佾》，舞《皇始》之舞。《皇始舞》，太祖所作也，以明开大始祖之业。后更制宗庙，皇帝入庙门，奏《王夏》。太祝迎神于庙门，奏《迎神曲》，犹古《降神》之乐。乾豆上，奏《登歌》,犹古《清庙》之乐。曲终,下奏《神祚》,嘉神明之飨也。皇帝行礼七庙,奏《陛步》以为行止之节。皇帝出门,奏《总章》,次奏《八佾舞》,次奏《送神曲》。……正月上日,飨群臣,宣布政教,备列宫悬正乐,兼奏燕、赵、秦、吴之音,五方殊俗之曲。四时飨会亦用焉。……掖庭中歌《真人代歌》,上叙祖宗开基所由,下及君臣废兴之迹,凡一百五十章,昏晨歌之,时与丝竹合奏。效庙宴飨亦用之。

上述音乐歌舞,虽胡夏杂驳,但大体较为完备。它如《太祖纪》记:天兴元年十月起天文殿,用慕容燕太史令晁崇造浑仪,考天象。《术艺传》亦谓"诏崇造浑仪,历象日月星辰"。此为北魏有天文术数之始。又《李先传》,先建议拓跋珪收集天下经籍,"于是班置天下,经籍稍集"。此为北魏注意汉文经典文献之始。上述北魏平燕前后的移民降臣,对文物制度的改革和建树虽不太宏伟,但筚路蓝缕的启蒙之功仍然是不可磨灭的。

拓跋焘于始光三年至四年（426—427）平赫连夏,从统万移入代京的汉人和铁弗匈奴万余家。其中对北魏文化有所贡献而可考者四人。第一,为原属于刘裕的部将之毛修之。《魏书》本传云,赫连勃勃破刘义真,俘修之于统万。及拓跋焘平统万,修之随至代京。关于毛修之的学问,当时魏司徒崔浩评论他说:"修之中国旧门,虽学不博洽,而犹涉猎书传。"这种文武兼备的人才在北魏初年并不很多。第二,为天水人赵逸。《魏书》本传称逸姚秦部将,以随征赫连夏被虏,居于统万,为著作郎。拓跋焘平统万,亦被虏,徙往代京,官中书侍郎。逸好三坟五典,年过七十,手不释卷。凡所著述,有诗、赋、铭、颂五十多篇。第三,为安定临泾人胡方回。方回初为夏国的中书侍郎,涉猎史籍,文辞可观,著有《统万城铭》、《蛇祠碑》诸文,颇行于世。拓跋焘破赫连昌,方回徙至代京,为中书博士。后迁侍郎,与太子少傅游雅改定律制。司徒崔浩及当时贤达并爱重之。① 按《胡叟传》称胡氏"世有冠冕,为西夏著姓"。未知安定临泾胡氏系匈奴姓否?第四,为天文占候家张渊和徐辩。《术艺传》称张渊"明占候,晓内外星分"。初事苻坚,又仕姚兴父子,为灵台令。姚泓灭,入赫连昌。昌以张渊及徐辩为太史令。拓跋

---

① 《魏书·胡方回传》。

焘平统万，渊与辩俱见获，徙往代京，以渊为太史令。渊著《观象赋》，斐然成章，对于中国历代此门知识有承前启后的作用。最后尚有一事与平统万有关者，即拓跋焘于此役中获得古代遗留下来的古雅乐。《魏书·乐志》云：

> 世祖破赫连昌，获古雅乐。及平凉州，得其伶人器服，并择而存之。
> 太武皇帝破平统万，得古雅乐一部，正声歌五十曲，工伎相传，间有施用。

拓跋焘平凉州所获之音乐为西凉乐，在此不谈。唯所云"并择而存之"，可知古雅乐及西凉乐并为北魏所采用。又云"得古雅乐一部"，按《隋书·音乐志》"清乐"条下云：

> 其乐器有钟、磬、琴、瑟、击琴、琵琶、箜篌、筑、筝、节鼓、笙、笛、箫、篪、埙等十五种为一部，工二十五人。

由此我们可以推测古雅乐一部的乐器和乐伎的数目。但隋时太常卿牛弘对拓跋焘由统万得古雅乐事颇为怀疑，《隋书·音乐志》引牛弘云：

> 其后魏洛阳之曲，据《魏史》云"太武平赫连昌所得"，更无明证。

其主要理由以为十六国后秦姚泓在位时，刘裕北伐入关，把南燕送给后秦的太乐伎全部没收，所谓"悉收南度"，"不复存于内地"[①]。当然夏国就无法得到雅乐，拓跋焘更无法从统万得到乐器和乐伎了。然而这种论断显然是片面的。乐器和乐伎并不是不可分散的，在战争时更是如此。刘裕下长安时固可掠获一部分乐伎、乐器而南，赫连勃勃驱逐刘义真时未必便不能掠得一部分乐伎、乐器入夏。《通鉴》卷137胡三省注云："晋永嘉之乱太常乐工多避地河西。夏克长安，获秦雅乐。故二国有其器服工人。"胡氏此论，于理为通。且《隋志》在总叙中亦明白承认拓跋焘平统万收其古乐的事实，云：

---

① 《隋书·音乐志下》"牛弘上书及清乐"条。

> 晋氏不纲，魏图将霸。道武克中山，太武平统万，或得其宫悬，或收其古乐。于时经营是迫，雅器斯寝。

此言拓跋焘平统万，得雅乐，为北魏古乐的第二渊源。

其次，太延五年（439），拓跋焘徙凉州民三万多家于代京。自拓跋珪以来，平燕、平夏诸役虽然都有不少士大夫徙入代京，但平凉之役收获最多。《资治通鉴》卷123综合《魏书》、《北史》有关列传对此役的徙代人士及其作用有所总结。兹节引如下：

> 凉州自张氏以来，号为多士。沮渠牧犍尤喜文学，以敦煌阚骃为姑臧太守，张湛为兵部尚书，刘昞、索敞、阴兴为国师助教，金城宗钦为世子洗马，赵柔为金部郎，广平程骏、骏从弟弘为世子侍讲。魏主克凉州皆礼而用之。以阚骃、刘昞为乐平王丕从事中郎。安定胡叟，少有俊才，往从牧犍。牧犍不甚重之……遂适魏，岁余而牧犍败。魏主以叟为先识，拜虎威将军，赐爵始复男。河内常爽，世寓凉州，不受礼命，魏主以为宣威将军。河西右相宋繇，从魏主至平城而卒。魏主以索敞为中书博士。时魏朝方尚武功，贵游子弟不以讲学为意。敞为博士十余年，勤于诱导，肃而有礼，贵游皆严惮之，多所成立，前后显达，至尚书、牧守者数十人。常爽置馆于温水（在平城西）之右，教授七百余人。爽立赏罚之科，弟子事之如严君。由是魏之儒风始振。……陈留江强，寓居凉州，献经史诸子千余卷及书法，亦拜中书博士。魏主命崔浩监秘书事，综理史职。……浩启称阴仲达、段承根凉土美材，请同修国史，皆除著作郎。

《通鉴》这段叙述虽然简练，但凉州诸士在北魏的各种建树，除讲学外，多所遗漏。且凉州李冲及常景二人在礼仪制度方面建树最多，其事皆在征凉以后，故《通鉴》在此皆未提及。二十多年前陈寅恪先生著《隋唐制度渊源略论稿》阐述河西、陇右人士与北魏初期、晚期文化之关系至为详尽。兹师其义，于《通鉴》不足之处略事补充。河西诸士以治经学见长者颇多。常爽在代京讲经二十余年，著《六经略注》，时人号之为"儒林先生"。爽之言行入《魏书·儒林传》。张湛、宗钦、段承根并以治经史称于世。《张湛传》记崔浩注《易叙》曰："国家西平河右，敦煌张湛、金城宗钦、武威段承根三人皆儒者，并有俊才见称于西州。每与余论《易》，余以《左氏传》卦解之，遂相劝为注。"三人见称如此，其经学深湛可知。经学之外，治史者亦多。阚骃博通经传，三史群言，过目成诵。著有《王朗易传注》，学者由此可以通经。又撰《十三州志》行于世。刘昞著述《凉书》十卷、《敦煌实录》二十卷、《方言》三卷、《靖恭堂铭》一卷，注《周易》、《韩子》、《人物志》、《黄石公三略》，并行于世。索敞为刘昞助教，专心经籍，颇能传刘昞之业。入代以儒学见拔为中书博士，讲学十余年。因《丧服》散在众篇，总汇其说，著《丧服要记》[①]。以上河西陇右诸士皆直接影响于北魏前期文化，即魏太武拓跋焘时期的代都文化。当时鲜卑贵族和汉族官僚子弟受其影响，转而影响于北魏后期文化，即自魏孝文元宏以后的文化。

河西人士子孙直接影响北魏后期政治经济典章制度者，凉王李暠孙宝之子冲及孙韶与上述凉州儒者常爽之孙景是也。《魏书·李宝传》云：

> 李宝，陇西狄道人，私署凉王暠之孙也。……（宝）伯父歆为沮渠蒙逊所灭，宝徙于姑臧。岁余，随舅唐契北奔伊吾（今新疆哈密），臣于蠕蠕，其遗民归附者稍至二千……属世祖遣将讨沮渠无讳于敦煌，无讳捐城遁走，宝自伊吾南归敦煌，遂修缮城府，规复先业。遣弟怀达奉表归诚。……真君五年（444）因入朝，遂留京师。

李宝入代迟于凉州移民五年，其性质与一般移民不同，但宝以西州人士入居代京与上述凉州士大夫固无二致。宝有六子：承、茂、辅、佐、公业、冲。李韶为宝长子承之子。韶之建树虽不及冲，但多次参加北魏后期朝仪文物之改革，他很早又建议迁都洛阳，北魏之都洛与韶之建议关系甚大。上引《李宝传附子韶传》云：

> 延兴中（471—475）补中书学生，袭爵姑臧侯，除仪曹令。时修改

---

① 《魏书·索敞传》。

车服及羽仪制度，皆令韶典焉。……高祖将创迁都之计，诏引侍臣，访以古事。韶对："洛阳九鼎旧所，七百攸基，地则土中，实均朝贡，惟王建国，莫尚于此。"高祖称善。……起兼将作大匠，敕参定朝仪、律令。

李韶改正车服事亦见于《隋书·礼乐志》。志称北魏天兴初年始制轩冕，多违旧章。"孝文帝时仪曹令李韶更奏详定，讨论经籍，议改正之。唯备五辂，各依方色，其余车辇，犹未能具。至熙平九年（524）明帝又诏侍中崔光与安丰王延明、博士崔瓒采其议大造车服。……自斯以后，条章粗备，北齐咸取用焉。"以此知韶上而改正魏初之多违古礼，下而启发崔光等之车服条章。不只由北齐取法，至隋开皇初年亦"唯留魏太和时仪曹令李韶所制五辂，齐天保所遵用者"[①]。此虽关系统治王朝之车服小道，然亦可以看到西河人士对北朝文物制度之影响。对北魏政治制度改革成就最大者为李冲。冲首先提出以"三长制"代替"宗主督护"制。《魏书·李冲传》云：

旧无三长，惟立宗主督护，所以民多隐冒，五十、三十家方为一户。冲以三正治民，所由来远，于是创三长之制而上之。文明太后览而称善。……遂立三长，公私便之。

所谓"三长"，《食货志》言之最详，即李冲上言"宜准古五家立一邻长，五邻立一里长，五里立一党长"。此邻长、里长、党长三级邻里乡党编制就是"三长制"。此三长制既曰"准古"，又云"三正治民，所由来远"，由以中国制度言之，当为复古，不得谓之新创。然对于北魏王朝来说，因"魏初不立三长"或"旧无三长"，所以说李冲"创三长之制"亦无不可。三长之制流弊很多，如《魏书·常景传》谓："今之三长皆是豪门多丁为之。"但较落后的宗主督护制为进步则无疑义。其次，冲于太和中礼仪、律令、官制之改革皆参决其间。《魏书》本传云：

及议礼仪、律令、润饰辞旨，刊定轻重，高祖虽自下笔，无不访决焉。

---

① 《隋书·礼仪志》。

及改置百司，开建五等，以冲参定典式，封荥阳郡开国侯，食邑八百户，拜廷尉卿。

按《高祖纪》，太和初年定律令，此为太和第一次定律。从太和十五年（491）至十六年（492）定新律令，为太和第二次定律。李冲所参决者即太和第二次律令。此后更有正始元年（504）所定之律令。陈寅恪先生谓太和第一次定律，由高允、高闾等参加，可以代表中原儒士对律令之见解；太和第二律令，由李冲、源贺等参加，可以代表河西人士对律令之意见；正始律由刘芳、常景、程灵虬等参加，可以代表江左人士对律令之见解。"于是元魏之律遂汇集中原、河西、江左三大文化因子于一炉而冶之，取精用宏，宜其经由北齐，至于隋唐，成为二千年来东亚刑律之准则也。"① 北魏的官制，从魏初至太和以前，不是围绕在八部大人制兜圈子，便是如《官氏志》所云"每于制定官号，多不依周汉旧名，或取诸身，或取诸物，或以民事，皆拟远古云鸟之义"；或则"事出当时，不为常目，如万骑、飞鸿、常忠、直意将军之徒是也"。换言之，即北魏初期的官制不与中原相同，而自成一系统，或者无所谓系统。直至太和中，孝文帝始"诏群寮议定百官，著于令"。按《太祖纪》，太和元年（477）"诏复前东郡王陆定国官爵"。至太和十九年（495）十二月，"引见群臣于光极堂，宣示（官）品令"。其间相隔十九年新的官制始大致制定，以为永式。今《官氏志》叙列的百官品秩，大部分皆此次所制。《南齐书·魏虏传》云：

王肃为虏制官品百司，皆如中国。

杜佑《通典·职官一》亦云：

至孝文太和中，王肃来奔，为制官品百司，位号皆准南朝，改次职令以为永制。

---

① 陈寅恪：《隋唐制度渊源略论稿》，商务印书馆1943年版，"刑律"，第78页。

以此知太和官制主要由王肃依南朝官品而改定，李冲则从旁参定之。南朝宋、齐的官品乃继承汉晋，而北魏的太和官制又影响北齐、北周，下及隋唐。此点为历代论官制沿革者所公认。兹引杜佑《通典》所论述者如下，以概其余，《通典·职官一》略云：

> 魏与吴、蜀亦多依汉制。晋氏继及，大抵略同。……爰及宋齐，亦无改作。……至孝文太和中，王肃来奔，为制官品百司，位号皆准南朝，改次职令以为永制。……北齐创业，亦遵后魏，台省位号，多类江东。……后周之初据关中，犹依魏制。及平江陵之后，别立宪章，酌《周礼》之文，建六官之职，其他官亦兼用秦汉。隋文帝践极，百度伊始，复废周官，还依汉魏。……大唐初，职员多因隋制，虽小有变革，而大较不异。

从太和官制之变革亦可以看到北魏之所谓统一，所谓汉化，自有其特殊的一番融合过程。李冲之第三种政绩为参与洛阳新都之建置。《魏书》本传云：

> 冲机敏有巧思，洛阳初基，安处郊兆，新起堂寝，皆资于冲。

陈寅恪先生于此点论列颇详，可参考《隋唐制度渊源略论稿·礼仪》附《都城建筑》一节，在此不赘。

常景为爽之孙，《魏书》本传云：

> 景少聪敏，……及长有才思。……廷尉公孙良举为（协）律博士。……正始初，诏尚书门下于金墉中书外省考论律令，敕景参议。……先是，太常刘芳与景等撰朝令，未及班行，别典仪注，多所草创，未成，芳卒，景纂成其事。及世宗崩，召景赴京，还修仪注。……又敕撰太和之后朝仪已施行者，凡五十余卷。

常景行事，第一为参与《正始律》之修订，依《洛阳伽蓝记》的记载，主其事者实为常景。第二为继刘芳之后总结太和以来北魏之朝仪。前已言之，正始律为汇集中原、河西、江右三大地区之刑律，统而为一；而太和以来的北魏朝仪亦是远继汉魏，近采南朝及河西文化缔造而成者。常景能总其成，下启北齐、北周以及隋唐礼法之统绪，可见他在中国封建文化史上的地位是十分重要的。

北魏于皇兴二年（468）攻下宋国的青州和兖州。主其事者，前已言之，为魏将慕容白曜。时青州移治历城，兖州退保梁邹。二城既下，降将崔道固、刘休宾、房法寿、房崇吉皆徙往平城。《魏书·房法寿传》云：

> 及历城、梁邹降，法寿、崇吉等与崔道固、刘休宾俱至京师。以法寿为上客，崇吉为次客，崔、刘为下客。法寿供给，亚于安都等。

此北魏对宋国降将的待遇情况。至于一般的"平齐户"，则立平齐郡以居之。《刘休宾传》云：

> 及立平齐郡，乃以梁邹民为怀宁县，休宾为县令。

《房法寿传附崇吉传》云：

> 及立平齐郡，以历城民为归安县，崇吉为县令。

按《北史·崔道固传》云魏"乃徙青齐士望共道固守城者数百家于桑乾，立平齐郡于平城西北北新城，以道固为太守，赐爵临淄子。寻徙居京城西南二百余里旧阴馆（原文误'阴'为'除'）之西"。阴馆在东汉时为雁门郡治，在今句注山北代县北四十里，亦称下馆城。盖平齐郡初置于平城西北，不久即徙至西南二百多里的下馆城，如此始与《魏书·慕容白曜传》所记相合。

平齐后徙往代郡的降人可分为"民望"和一般平民二种。《慕容白曜传》对此记载得很清楚，云："后乃徙二城民望于下馆，朝廷置平齐郡怀宁、归安二县以居之，自余悉为奴婢，分赐百官。"前者称"民望"，后者为奴婢。为奴婢者应指一般平民。"民望"在《高允传》里称"族望"，在《北史·崔

道固传》里称"士望",并言为"齐士望共道固守城者",当指齐郡之强宗大姓而言。《高允传》云:

> 显祖平青、齐,徙其族望于代。时诸士人流移远至,率皆饥寒。徙人之中多允姻媾,皆徒步造门。允散财竭产,以相赡赈,慰问周至。无不感其仁厚。收其才能,表奏申用,时议者皆以新附致异。

从这段记载便可看到"平齐户"的身份和命运。据上引《北史·崔道固传》在青州历城所徙"平齐户"共数百家。合梁邹、升城(今山东长清)、东阳(今山东益都)等城计之,当共千数百家。《慕容白曜传》记平齐之役共获"城内户八千六百,口四万一千,吴蛮户三百余"。当包括悉为奴婢的平民户口在内。"平齐户"的命运,有的昼耕夜读、佣书以自给,有的配云中为兵户,有的纳粟为僧祇户,有的因显宦介绍亦致身显异,颇不一致。其中致身通显、参加北魏王朝之制礼作乐者,以刘芳最著。《魏书·刘芳传》云:

> 刘芳字伯文,彭城人也。……(父)邕同刘义宣之事,身死彭城。芳随伯母房逃窜青州。……舅元庆为……青州刺史沈文秀……所杀,芳母子入梁邹城。慕容白曜南讨青齐,梁邹降,芳北徙为平齐民。……芳才思深敏,特精经义,博闻强记,兼览苍、雅,尤长音训,辨析无疑。……高祖崩于行宫,及世宗即位,芳手加衮冕。高祖自袭敛暨于启祖、山陵、练除,始末丧事皆芳撰定。……出除安东将军、青州刺史……还朝议定律令。芳斟酌古今,为大议之主,其中损益多芳意也。世宗以朝仪多阙,其一切诸议悉委芳修正。于是朝廷吉凶大事皆就谘访焉。转太常卿,芳以所置五郊及日月之位,去城里数于礼有违,又灵星、周公之祀,不应隶太常。
>
> 先是,高祖于代都诏中书监高闾、太常少卿陆琇并公孙崇等十余人修理金石及八音之器。后崇为太乐令,乃上请尚书仆射高肇,更共营理,世宗诏芳共主之。
>
> 芳撰郑玄所注《周官仪礼音》、干宝所注《周官音》、王肃所注《尚书音》、何休所注《公羊音》、范宁所注《穀梁音》、韦昭所注《国语

音》、范晔《后汉书音》各一卷,《辨类》三卷,《徐州人地录》四十卷,《急就篇续注音义证》三卷,《毛诗笺音义证》十卷,《礼记义证》十卷,《周官》、《仪礼义证》各五卷。

其次为崔光。同书本传云:

崔光,本名孝伯,字长仁,高祖赐名焉。东清河鄃人也。祖旷,从慕容德南渡河,居青州之时水。慕容氏灭,仕刘义隆为乐陵太守。父灵延,刘骏龙骧将军、长广太守,与刘彧冀州刺史崔道固共拒国军。慕容白曜之平三齐,光年十七,随父徙代。家贫好学,昼耕夜诵,佣书以养父母。太和六年,拜中书博士,转著作郎,与秘书丞李彪参撰国书。迁中书侍郎、给事黄门侍郎,甚为高祖所知待。常曰:"孝伯之才,浩浩如黄河东注,固今日之文宗也。"……太和之末,彪解著作,专以史事任光。……肃宗诏召光与安丰王延明议定服章。

崔光不仅议定服章,又善于修史。光子鸿继父修国史,又撰《十六国春秋》百卷。与崔光同时者有袁翻。翻,陈郡项城人,父宣为刘宋青州刺史沈文秀府主簿。"皇兴中,东阳州平,随文秀入国。""景明初,李彪在东观,翻为徐纥所荐,彪引兼著作佐郎,以参史事。……正始初,诏尚书门下于金墉中书外省考论律令,翻与门下录事常景、孙绍,廷尉监张虎,律博士侯坚固,治书侍御史高绰,前军将军邢苗,奉车都尉程灵虬,羽林监王元龟,尚书郎祖莹、宋世景,员外郎李琰之,太乐令公孙崇等并在议限。又诏太师、彭城王勰,司州牧、高阳王雍,中书监、京兆王愉,前青州刺史刘芳,左卫将军元丽,兼将作大匠李韶,国子祭酒郑道昭,廷尉少卿王显等入预其事。"此皆参与正始定律会议之人物。参与的人物虽多,主其事者初为刘芳,见上引《刘芳传》。其次为常景,见《洛阳伽蓝记》,云:

景讨正科条,商榷古令,甚有伦序,见行于世,今律十二篇也。

第三人即为袁翻,从上述纪事之入《袁翻传》可知。常景为河西凉州降士，后将论及，而刘芳、袁翻则皆系平齐户出身，故论者谓正始律为江左律学与河西律学之结晶。陈寅恪先生云：

> 元魏刑律实综汇中原士族仅传之汉学及永嘉乱后河西流寓儒者所保持或发展之汉魏晋文化，并加以江左所承西晋以来之律学，此诚可谓集当日之大成者。①

礼仪、音乐、史学、法律之外，平齐户对医学的建树亦复不少。《魏书·术艺传·李修传》云：

> 李修，字思祖，本阳平馆陶人。父亮，少学医术，未能精究。世祖时，奔刘义隆于彭城，又就沙门僧坦研习众方，略尽其术，针灸授药，莫不有效。徐、兖之间，多所救恤，四方疾苦，不远千里，竟往从之。亮大为厅事，以舍病人。停车舆于下，时有死者则就而棺殡，亲往吊视，其仁厚若此。……修兄元孙随毕众敬赴平城，亦遵父业而不及，以功赐爵义平子，拜奉朝请。修略与兄同，晚入代京，历位中散令。……太和中，常在禁内。高祖、文明太后时有不豫，修侍针药，治多有效。赏赐累加，车服第宅，号为鲜丽。集诸学士及工书者百余人，在东宫撰诸药方百余卷，皆行于世。

与李修同时有徐謇，同书本传云：

> 徐謇，字成伯，丹阳人。家本东莞，与兄文伯等皆善医药。謇因至青州。慕容白曜平东阳，获之，表送京师。显祖欲验其所能，乃置诸病人于幕中，使謇隔而脉之，深得病形，兼知色候，遂被宠遇。为中散，稍迁内侍长。文明太后时问治方，而不及李修之见任用也。謇合和药剂，攻救之验，精妙于修。

---

① 陈寅恪：《隋唐制度渊源略论稿》，"刑律"，第81页。

又有王显，同书本传云，显伯父安上，拓跋焘南征时，与父母俱徙平城。显父安道少与李亮同师，俱学医药。显从父辈学医，至平城，入宫供职。诏显撰药方三十五卷，颁布天下，以疗治诸病。自李修以下若干南朝医师以平齐之役徙入代京，虽多供职宫中，然前后撰药方百数十卷传播国中，则永嘉而后若干岐黄医术转辗而南者，至此又传入中原。

此外，在平齐降人中必须一述者，一为习于水道运输的成淹。《魏书·成淹传》云：

> 成淹，字季文，上谷居庸人也。……父洪……仕刘义隆为抚军府中兵参军，早卒。淹……刘彧以为员外郎，假龙骧将军领军主，令援东阳、历城。皇兴中降慕容白曜，赴阙，授兼著作郎。……高祖幸徐州，敕淹与闾龙驹等主舟楫。将汎泗入河，泝流还洛，军次碻磝，淹以黄河浚急，虑有倾危，乃上疏陈谏。……于时宫殿初构，经始务广，兵民运材，日有万计，伊洛流渐，苦于厉涉，淹遂启求敕都水造浮航，高祖赏纳之。……知左、右二都水事。

成淹先世以北人南仕，且充军职，故于水道运输习知有素。淹受此知识以主舟楫，于黄河、伊、洛运输能应付裕如，这都非恒代无漕运经验的人们所能办到的。又一为具有建筑机巧的蒋少游。《术艺传》本传云：

> 蒋少游，乐安博昌人也。慕容白曜之平东阳，见俘入于平城，充平齐户。后配云中为兵。性机巧，颇能画刻。有文思，吟咏之际，时有短篇。遂留寄平城，以佣写书为业。而名犹在镇。……后于平城将营太庙、太极殿，遣少游乘传诣洛，量准魏晋基址。后为散骑侍郎，副李彪使江南。高祖修船乘，以其多有思力，除都水使者。迁前将军，兼将作大匠，仍领水池湖泛戏舟楫之具。及华林殿，诏修旧增新，改作金墉门楼，皆所措意，号为妍美。……少游又为太极立模范，与董尒、王遇等参建之，皆未成而卒。

代京宫殿，初为何人制作已不可考。拓跋濬时，《术艺传》谓"郭善明甚机巧，北京宫殿多其制作"。拓跋宏钦慕中原建筑，故于平城营太庙及太极殿以前，遣蒋少游到洛阳观光，测量魏晋庙殿基址以为准式。少游后为江南副使，与主使李彪同至建康。此行之主旨，《南齐书·魏虏列传》云：

> 平城南有干水（今桑干河），出定襄界，流入海，去城五十里，世号为索干都。土气寒凝，风砂恒起，六月雨雪，议迁都洛京。（永明）九年（491），遣使李道固、蒋少游报使。少游有机巧，密令观京师宫殿楷式。清河崔元祖启世祖（齐武帝萧赜）曰："少游，臣之外甥，特有公输之思，宋世陷虏，处以大匠之官。今为副使，必欲模范宫阙。岂可令毡乡之鄙取象天宫？臣谓且留少游，令主使反命。"世祖以非和通意，不许。少游，安乐人，虏宫室制度皆从其出。

以此知少游之参观建康宫殿又有经营洛阳宫阙之意。《魏书·高祖纪》谓太和十七年（493）十月，始经营洛京。主其事者为司空穆亮、尚书李冲及将作大匠董爵，无少游名。按《册府元龟》卷13《帝王部·都邑》一，"董爵"作"董尒"，与《通鉴》卷139同。《魏书·术艺传》则谓："少游又为太极立模范，与董尒、王遇等参建之，皆未成而卒。"以此知少游参加洛阳宫殿之建筑无疑。蒋少游以平齐户徙往代京，准洛阳魏晋基址以修平城庙殿，又移置建康宫阙之制于洛阳新都。他把中国汉魏以来的建筑艺术一部分由洛阳传至代京，由建康又传至洛阳，在建筑艺术史上的功绩是很大的。

除了上述知名的南朝降人和移民外，仍然有许多不知名的和无名的人物对于北魏的劳动生产和文化建设都有很大的贡献。试以音乐为例，前面我们已经叙述，北魏的古乐有中山和统万两个渊源，但自长江南北的乐伎、乐歌进入北魏以后，北魏的古乐始能大备。《魏书·乐志》云：

> 初高祖（元宏）讨淮汉，世宗（元恪）定寿春，收其声役（伎？），江左所传中原旧曲《明君》、《圣主》、《公莫》、《白鸠》之属，及江南吴歌、荆楚四声，总谓清商。至于殿庭飨宴兼奏之。

此吴歌、楚声系地方乐歌，暂可不论。江左所传的中原旧曲以及乐伎从此亦传入于北魏。不仅如此，当永平二年（509）由平齐户刘芳依据经典制作乐器时，《魏书·乐志》称：

> 扬州民张阳子，义阳民儿凤鸣、陈孝孙、戴当千、吴殿、陈文显、陈成等七人颇解雅乐正声，《八佾》、《文武》二舞，钟声管弦，《登歌》声调。芳皆请令教习，参取是非。

除刘芳外，张阳子等七人都是不知名而能实践的雅乐大师。实践为知识之源，自古而然。《隋书·音乐志》称："孝文颇为诗歌，以勗在位，谣俗流传，布诸音律。大臣驰骋汉、魏，旁罗宋、齐，功成奋豫，代有制作。"制作的内容虽皆为封建统治王朝服务，然汉魏雅乐经南朝而入于北魏，对于传统雅乐的保存以及鲜卑诗歌的汉化都发生了很大的作用。此为北魏古乐的第三渊源。

四、拓跋鲜卑的两次南迁及其汉化

拓跋魏在迁徙内郡汉人充实代京之后，使北方游牧诸族分土定居，计口授田，与代郡的汉族错居杂处，共同生产；同时北方诸族由部落酋长制改为宗主督护制，又改为三长制；汉族士大夫在政治典章、礼乐文物方面又提出了一系列的改革建议，这样就使拓跋鲜卑等族日益与汉族同化。但在魏孝文帝迁都洛阳以前，他们的汉化是不彻底的。最后拓跋鲜卑两次南下，平城的和六镇的鲜卑大部分进入中原，通过魏孝文帝所提倡的汉化运动和东西魏、北周、北齐的种种制度改革，拓跋鲜卑等族始全部汉化，使鲜卑与汉人融合为一。

第一次大规模的南迁，在太和十八年至十九年（494—495）北魏迁都洛阳之时。

迁都以前，代郡鲜卑虽亦往内地转移，但人数不多。魏明元帝神瑞二年（415），代郡饥荒，人民饿死者很多，准备迁都邺城。崔浩、周澹二人以为"东州之人，常谓国家居广漠之地，民畜无算，号称牛毛之众。今留守旧都，分家南徙，恐不满诸州之地。四方闻之……有轻侮之意"。于是选择代都穷下之户到山东三州就谷。① 此次迁徙人数不详，其中杂有穷困的鲜卑人则可知。孝文帝太和十一年（487）代京大旱。时京师人众，不田者多，游食之徒三分居二。② 于是统治阶级又听民出关就食。史称此次"行者十五六"③，其中当然也有不少的鲜卑人在内。除此以外，自北魏平定中原以来，各地的军镇以及州郡县都有不少的鲜卑军队和官僚驻官其中。《魏书·官氏志》云：天赐二年（405），"又制诸州置三刺史：……宗室一人，异姓二人。……郡置三太守……县置三令长"。可知北魏的州郡县地方官自来是由拓跋宗室一人、鲜卑国姓一人及汉族大姓一人等三人共同组成的，各地的鲜卑官僚及其随从人员合计起来数目当不会少。

但大规模的南迁则在迁都洛阳之时。魏孝文帝迁都，怕遭鲜卑贵族的反对，所以采取了"外示南讨，意在谋迁"的方式。《通鉴》卷138 记：太和十七年（493）七月孝文帝辞别祖陵，便"发平城南伐步骑三十余万"。这是一个庞大的军队数字。此外还有不少的文武官僚、百姓扈从到达洛阳。到次年九月，《魏书·高祖纪》记"六宫及文武尽迁于洛阳"，在此以前，还派人到代郡迎接从行文武官员的家属④，估计迁洛的贵族、官僚、军队和一部分人民总数当在一百万左右。

代郡迁洛的鲜卑人民最初还是观望不前。主要原因由于从代至洛道路遥远，平时积蓄下的一点资产和牲畜将在长途跋涉中丧失殆尽。《魏书·李平传》载平对此有所叙述，云：

> 代民至洛，始欲向尽。资产罄于迁移，牛畜毙于辇运。陵太行之险，越长津之难。辛勤备经，得达京阙。富者犹损太半，贫者可以意知。

迁洛虽然将来对于鲜卑人民有利，但在路途上的损失不免使鲜卑人多所考虑。统治阶级为了安定这些移民的生活，到洛之时马上给以田土，并下令

---

① 《魏书·食货志》、《崔浩传》。
② 《魏书·韩麒麟传》。
③ 《魏书·食货志》。
④ 《魏书·安定王传》。

优先蠲免代迁之户租赋三年。代郡的繁荣本来是靠北魏政府勒令附近各州郡交纳租谷①和本土的汉、鲜卑劳动人民的辛苦耕耘以维持的。迁都以后，劳动人民跟着南迁，留居旧都的人民生活更不易维持，所以不断从代郡迁洛。在宣武帝时曾经有两次以苑牧公田分给代迁之户。②直至孝明帝熙平二年（517），洛阳没有公田可以分给移民了，始停止代京住户南迁。③前后二十多年代郡鲜卑不断南移，其数目应当是可观的。

代迁之户的主要职业是务农和服兵戍。《任城王云附子澄传》载，澄云："今代迁之众，人怀恋本，细累相携，始就洛邑。居无一椽之室，家阙儋石之粮，而使怨苦即戎，泣当白刃，恐非歌舞之师也。今兹区宇初构，又东作方兴，正是子来百堵之日，农夫肆力之秋，宜宽彼逋诛，惠此民庶。"《李平传》载平亦云："兼历岁从戎，不遑启处。自景明已来，差得休息。事农者未积二年之储，筑室者裁有数间之屋，莫不肆力伊瀍，人急其务，实宜安静新人，劝其稼穑。"这两段话大致可以说明代迁之众到洛阳以后生活的情况。《李平传》称代迁之户为"新人"，与都代京时由各郡迁往代郡的"新民"相同，其身份是指一般"民庶"。其中包括着代郡鲜卑人、汉人以及其他各族人，但占主要地位的则是鲜卑人。在平城时，鲜卑人以农牧为业，至此则专营农业，这是一个变化。"新人"与洛阳农民不同的地方就是务农之外还要从戎当戍。上引《元澄传》所云："怨苦即戎，泣当白刃，恐非歌舞之师也。"可知平城农民到达洛阳以后经常调到战场上从事白刃相接的战争的。同时从上述二传又可以看到代迁之户"一夫从役，举家失业"的生活十分痛苦。

《魏书·高祖纪下》记：太和十九年（495）八月乙巳，"诏选天下武勇之士十五万人为羽林、虎贲，以充宿卫"。二十年（496）十月戊戌，"以代迁之士皆为羽林、虎贲"。此所谓"代迁之士"与一般"代迁之户"不同，应指代迁的贵族子弟。所谓"天下武勇之士"亦应由鲜卑八国、八姓以及各

---

① 《魏书·食货志》：显祖（拓跋弘）"因民贫富为租输三等九品之制。……上三品户入京师，中三品入他州要仓，下三品入本州"。
② 《魏书·世宗宣武帝纪》：正始元年（504）"十有二月丙子，以苑牧公田分赐代迁之户"。延昌二年（513）"闰二月辛丑，以苑牧之地赐代迁民无田者"。
③ 《魏书·肃宗孝明帝纪》：熙平二年（517）冬十月乙卯，诏曰："北京根旧，帝业所基。南迁二纪，犹有留住。怀本乐故，未能自遣。若未迁者，悉可听其仍停，安堵永业。"

郡汉族大姓豪族良家子弟中挑选。一般鲜卑农民子弟想充宿卫亲兵恐怕是办不到的。此点由《官氏志》所记北魏历朝选拔侍直左右、出入诏命的侍官办法便可推知。

魏孝文帝在迁洛前后制定了一系列的汉、鲜卑融合政策，与鲜卑贵族的顽固派进行了长期的斗争，终于取得了最后胜利，这一点是符合于中国人民包括鲜卑人民的长远利益的。魏孝文帝主张汉、鲜卑融合的动机，主要目的是为了缓和两族之间的矛盾，以巩固统治阶级的封建政权，但同时也是为了给鲜卑人移风易俗，使他们从半野蛮的社会进入文明境域。《魏书·广陵王羽传》云：

> 高祖引陆叡、元赞等于前曰："北人每言北人何用知书，朕闻此，深用忾然。今知书者甚众，岂皆圣人？朕自行礼九年，置官三载，正欲开导兆人，致之礼教。朕为天子，何假中原？欲令卿等子孙，博见多知。若永居恒北，值不好文（之）主，卿等子孙，不免面墙也。"

从这段话正可看出魏孝文帝十分关心鲜卑人的读书问题。读书明理，见闻广博，便可移风易俗，化愚钝为聪明，这正是他主张南迁洛阳的主要动机之一。

魏孝文帝为了改革鲜卑人的旧俗，在迁都洛阳以前，就下诏禁止鲜卑人同姓相婚；仿效汉制，制礼作乐；禁止买卖汉人良口为奴婢；把代郡的公田割让给农民，并在国内若干地区推行均田法。所有这些措施都是符合汉、鲜卑人民的利益的。迁都洛阳以后，又下诏禁胡服、禁鲜卑语、改鲜卑复姓为单姓，诏迁洛之民死葬河南，不得北还，又改其籍贯为河南洛阳人。这些措施也都是为了推行加速鲜卑汉化的一些政策。其鲜明地带有阶级统治性质的就是严格实行汉、鲜卑联合的门阀制度。这种制度，如前所述，既已表现在太和十九年（495）制定姓族的诏令上，又表现在汉、鲜卑世家大族的门第婚姻上，其目的都是为了通过两族统治阶级的联合以加强对各族人民的封建统治。

在迁洛前后，鲜卑贵族和迁洛的鲜卑人民对迁都一事虽然都有不满情绪，但他们的性质并不一致。一部分宗室和穆、陆、贺等贵族，他们反对迁都为的是留恋代北的田宅牧场，追忆塞外风光，抱怨孝文帝亲任汉人，疏远本族。这些理由是无法引起鲜卑、汉等族的同情的。所以当太和二十年（496）鲜卑宗室贵族包括太子恂在内发动阴谋叛乱时，得不到鲜卑、汉族人民的支持，很快就被孝文帝镇压下去。南迁的鲜卑人民，他们不满意迁都一方面是担心路途上的财物损失；又一方面是怕兴兵南伐，妨害生产。对于前者，孝文帝为之免赋三年；后者，当孝文帝两次南伐齐国时曾经受到一定的影响，无功而还。此后孝文帝死去，迁洛之民得安居生息凡十多年。当宣武帝（500—515）时，元晖谓："北来迁人，安居岁久，公私计立，无复还情。"① 鲜卑人民安居洛阳之日即是鲜卑、汉两族相互融合之时。南下的鲜卑，应以洛阳的鲜卑农民汉化最早。鲜卑军队则不与汉族人民共同生活，所以他们比较难于汉化。自六镇鲜卑南下以后，鲜卑的将帅和兵士都轻视汉人，他们不只和汉族人民生活隔离，而且和汉族兵士亦分营而居，不相合作。一直到隋代初年，鲜卑军队始逐渐同化为汉人。关于后者留在后面再为详述。

迁洛三十五年以后，至孝庄帝永安二年（529），南朝梁将陈庆之送元颢入洛阳，住了一段时期，回到南朝对人说："自晋宋以来，号洛阳为荒土，此中谓长江以北尽是夷狄。昨至洛阳，始知衣冠士族并在中原。礼义富盛，人物殷阜，目所不识，口不能传。所谓'帝京翼翼，四方之则'。始登泰山者卑培嵝，涉江海者小湘沅。北人安可不重？"② 此所谓"北人"指当时北方各族的一般士庶而言，自然包括拓跋鲜卑在内。从陈庆之的谈话可以说明迁洛的鲜卑人已经汉化，洛阳的文明景象已经超过南朝的任何一个都会。

鲜卑第二次大规模的南迁是指在六镇起义失败（525）后，代郡和六镇鲜卑的南下。

自北魏迁都洛阳以后，拓跋鲜卑分化为两个集团：一个是住在洛阳的鲜卑，一个是留居在代郡以及六镇的鲜卑。由于政治中心的转移，两个鲜卑集团，包括其中的贵族、平民、军士，他们的政治经济地位变化悬殊。北魏宗室广阳王元渊曾经愤慨地说："及太和在历，仆射李冲当官任事，凉州士人悉免厮役，丰沛旧门仍防边戍。自非得罪当世，莫肯与之为伍。征镇驱使，

---

① 《魏书·常山王遵传附晖传》。
② 《洛阳伽蓝记》卷2。

但为虞候、白直,一生推迁不过军主。然其往世房分留居京(洛京)者得上品通官;在镇者便为清途所隔,或投彼有北以御魑魅,多复逃胡乡。乃峻边兵之格,镇人浮游在外,皆听流兵捉之。于是少年不得从师,长者不得游宦,独为匪人,言者流涕。"① 从这段话大致可以反映洛阳鲜卑贵族和六镇鲜卑将帅分化的情况。另一方面,在洛阳的贵族官僚都看不起六镇的镇兵。高欢少年时为怀朔镇(今内蒙古包头西北)的函使(送公文的公差),经常往返洛阳,传送公文。他到洛阳时常与管理公文的小吏麻祥接头。一次麻祥以肉给高欢吃,高欢没有立着对主人表示敬意。麻祥以为傲慢,笞高欢四十。② 镇兵因为坐着吃肉便被笞四十,可知洛阳官吏对待六镇镇兵的态度是蛮横的。从北魏末年起,洛阳上层社会流行着一种骂人的语词:"镇兵"。《通鉴》卷 155 胡三省注云:"魏迁洛阳,北人留居北镇者率隶尺(兵?)籍,故謇之曰镇兵。"可知镇兵和洛阳兵的地位是很不平等的。从此又知六镇起义的原因之一就是南北两个鲜卑集团也已经陷于相互敌对状态。

正光六年(525),六镇起义失败,六镇兵民和一部分将帅前后降魏者约二十多万人。魏广阳王元渊原想把六镇的降民安置在恒州(治平城,今山西大同)以北,设立郡县,给以救济。③ 魏朝不从,诏黄门侍郎杨昱把六镇降户分散在滹沱河中游的定(治卢奴,今河北定县)、冀(治信都,今河北冀县)、瀛(治乐成,今河北献县)三州就食。④ 这是六镇鲜卑南迁的开始。

孝昌元年(525),八月,柔玄镇(今河北张北)的镇兵杜洛周率领一部六镇镇兵镇将在上谷(治沮阳,今河北怀来)起义,攻没郡县,南围燕州(治昌平,今河北昌平)。怀朔镇的镇兵高欢和他的少年密友尉景、蔡儁,还有两个原籍西北州郡而寓居在北镇的汉人——段荣和彭乐,此时都参加了杜洛周所领导的上谷镇民起义。杜洛周部下的镇民共有若干,史无明文。《北史·常爽传附常景传》记:杜洛周起兵后,"俄而安州(治安城,今河北丰宁)石离、穴城、斛盐三戍(《通鉴地理今释》谓皆在丰宁境内)兵反,结

---

① 《魏书·广阳王建闾传附深(渊)传》。按:"建闾"在《世祖纪》及《高祖纪》皆作"广阳王建",其孙"深",在《肃宗纪》作"渊"。在《元湛墓志》中亦作"渊"。"渊"之改"深",盖《北史》避唐高祖之讳。参考《通鉴》卷 150"考异"及胡注及罗振玉《魏书·宗室传注》卷 5。
② 《北齐书·神武帝纪上》。
③ 《魏书·广阳王建闾传附深(渊)传》。
④ 《魏书·杨播传附昱传》。

洛周，有众二万余落"。每帐落以五口计，共合十几万人。此十几万人再加上杜洛周在上谷的镇民群众共不下二十万人。又同传云："西至军都关（今居庸关），北从卢龙塞（今河北卢龙北），据此二崄以杜贼（指杜洛周）出入之路。"从官军对垒战线之长亦可以看到杜军实力之大。洛周兵南下，攻范阳郡（治涿，今河北涿县），郡城的居民以城降，并缚献幽州刺史王延年及行台常景。

在杜洛周起义的四个月后，五原的降户敕勒人鲜于修礼率六镇流民起义于定州的左人城（今河北唐县）。左人城在定州的西北，是六镇流民集中的所在。定州城内原来先有很多从燕（治昌平，今北京昌平）、云（治盛乐，今内蒙古和林格尔北）、恒三州逃出的难民，其中有鲜卑，也有汉人，聚集城内。这些鲜卑难民多与六镇鲜卑有亲姻关系，统治阶级怕他们跟北镇的起义军联合起来，所以禁锢在城内，防范他们互通消息。左人城起义的镇民向定州直扑，目的是为解放禁锢在城内的难民。这时代理定州刺史的是中山人甄楷，他看到内外鲜卑有相互联结之势，于是索性把城内比较英勇豪迈的难民杀掉。这样更激愤了起义军的斗志，进兵围攻定州，把甄楷的父墓掘掉，载其棺巡城，以报雪"屠杀北人"之忿。① 北魏调遣许多大兵来镇压定州的镇民起义，都打了败仗。广阳王元渊看到兵力无济于事，于是设法以官爵利禄分化起义军中几个意志薄弱的部将。元渊一面派亲信去贿赂鲜于修礼的部将毛普贤和陈杀鬼②，又一面嗾新定州刺史杨津以铁券二十枚诱惑另一个部将元洪业③，于是定州的起义军发生分裂。孝昌二年（526）八月，元洪业刺杀鲜于修礼，谋降官军。修礼的另一部将葛荣杀死了投降派元洪业、毛普贤等，重整旗鼓和魏官军展开战争。同年九月，双方在博野县（今河北安国）的白牛逻大战，葛荣部众杀死了章武王元融，擒获了广阳王元渊，军事上得到了空前的胜利。于是葛荣自称天子，国号齐，建元广安。跟着在次年

---

① 参考《魏书·甄琛传附楷传》。又《魏书·杨播传附津传》记毛普贤等复书云："贼欲围城，正为取北人耳。"
② 《魏书·广阳王建闾传附深（渊）传》。
③ 《魏书·杨播传附津传》。铁券是用铁铸造的一种契约。凌扬藻《蠡酌编》云："其制如瓦，外刻履历、恩数之详，以纪其功；中镌免罪、减禄之数，以防其过。字嵌以金，各分左右。左颁功臣，右藏内府，有故则合之，以取信。"其制始于汉。《汉书·高帝纪》有"丹书铁契"之语。铁契当即铁券。

（527）攻下了殷州（治广阿，今河北内丘）和冀州，杀殷州刺史崔楷，俘冀州刺史元孚。魏的相州刺史元鉴亦于此年据邺城（治相州，今河北临漳）叛魏，投降葛荣。

杜洛周占有了幽州以后，在武泰元年（528）正月率兵南下，围攻魏军固守三年不下的定州。定州刺史杨津下面的长史开城迎降，杜洛周遂占据定州城，并转攻陷瀛州。此时幽、瀛二州和定州的东边属杜洛周，定州的西北部、殷州、冀州和相州的北部归葛荣。葛荣军与杜洛周军对垒而居，权力冲突。杜洛周部下的高欢、尉景、蔡儁、段荣等结为私党，共背洛周，转投奔葛荣。又一部将彭乐则背叛洛周，投降魏官军统帅尔朱荣。从此杜洛周的部众处于涣散状态。同年二月，葛荣攻杀洛周，并有其众。三月，继续攻陷了沧州（治饶安，今河北南皮）。此时葛荣的起义军拥有河北定、殷、冀、瀛、沧五州之地，兵众数十万，号称百万。此为河北鲜卑、汉人民联合大起义的鼎盛时期。

葛荣拥众既多，军中粮食缺乏，在建义元年（528）六月派部队南下到洛阳东北的沁水一带掠夺军粮。从此时起，河北的鲜卑镇民、汉族居民以及一部分将士开始分化。幽州平北府主簿河间人邢杲率十多万户河北流民至青州的北海郡（治平寿，今山东潍县）起义，自称汉王，改元天统。原来投降葛荣的高欢亦于此时转降尔朱荣，并奉其新主之命引诱葛荣部下的别帅称王者七人，领众一万多人都投降尔朱荣。① 这种分化的形势对于河北鲜卑、汉联合的义军颇为不利。同年八月，葛荣引兵围困相州的邺城，并有一部分游勇已经抄过汲郡（治汲，今河南汲县）。魏将尔朱荣率领契胡劲骑七万从晋阳（今山西太原）南下，东出滏口（在河北武安以西的太行山上）来袭击葛荣。葛荣此时自恃兵力雄厚，颇有轻敌之意。加以在战术上的布置失宜，"自邺以北，列陈数十里，箕张而进"。这样平均使用兵力，故易为尔朱荣的突骑所趁。尔朱荣的骑兵集中力量冲断葛荣的长而无当的战线，前后袭击。葛荣大败，被俘送洛阳杀害。②

尔朱荣在战争上虽然胜利，但如何处理这些号称百万的鲜卑、汉义军在当时是一重大问题。《魏书·尔朱荣传》称："以贼徒既众，若即分割，恐

---

① 《魏书·孝庄帝纪》；《北齐书·神武帝纪》。
② 《魏书·尔朱荣传》。

其疑惧，或更结聚。乃普告勒各从所乐，亲属相随，任所居止。于是群情喜悦，登即四散，数十万众，一朝散尽。待出百里之外，乃始分道押领，随便安置，咸得其宜。擢其渠帅，量力授用。"这段记载主要是指葛荣部众分散以后向并州太行各道迁徙的二十多万镇民而言的。原来葛荣的部众数十万，号称百万，自溃散以后，其中一部分人由葛荣的两位部将——韩楼和郝长领导，联合幽州（治蓟，今北京西南）、平州（治肥如，今河北卢龙）之间的杜洛周遗众共数万人，屯聚蓟州，继续反抗北魏。[①] 从前杜洛周部下的一位将领彭乐曾叛洛周降魏，随魏将于晖出征青州的起义军邢杲。到建义二年（529）正月又叛魏，率领二千多骑兵北奔韩楼。[②] 以此幽州的起义军的势力更为壮大。直至此年九月，尔朱荣集合前杜洛周叛将侯渊的骑兵、贺拔胜所率领的强弩射手以及刘灵助所率领的河北地主武装三种兵力才把幽州起义军镇压下去。[③]

前葛荣所部二十多万镇民到达并州以后的情况，《北齐书·神武帝纪上》记载云：

> 葛荣众流入并（治晋阳，今太原）、肆（治九原，今山西忻县西）者二十余万，为契胡陵暴，皆不聊生。大小二十六反，诛夷者半，犹草窃不止。

原来从六镇和代郡徙到河北三州的流民共二十万，此时流入并、肆二州的镇民亦二十多万，从数目上和葛荣起义军的所在地推测，六镇降民主要都流入太行山以西的并州和肆州各地了。六镇镇民自来富有斗争的传统，所以当以尔朱荣为首的契胡统治阶级暴陵他们的时候，大小发生了二十六次的反抗。虽然半数受到契胡兵的残杀，而犹斗争不已。当时尔朱荣已经被杀，他的侄子尔朱兆代领其众，看到六镇降民反抗不止，问计于高欢。欢曰："六镇反残，不可尽杀，宜选王心腹使统之。"于是乃分六镇及三州之众令高欢统领。高欢建牙于阳曲川（亦名汾水曲，今太原城西北五十里），除六镇降

---

① 《魏书·孝庄帝纪》、《尔朱荣传》、《侯渊传》。
② 《魏书·孝庄帝纪》；《北史·彭乐传》。
③ 《魏书·尔朱荣传》、《刘灵助传》。

民外，原来不满意尔朱氏统治的将士至此咸来依附，从此高欢就想利用六镇降民和北魏统治阶级的矛盾争夺政权。

时值并、肆二州连年霜旱，五谷不登。鲜卑降户无以为生，掘黄鼠为食，皆面无谷色。高欢托人向尔朱兆请求，允许他带着六镇饥民到太行山以东就食。他由并州南出上党，循漳水，出釜口东进。初居信都，不久就占领了冀、殷二州，在此养兵缮甲，准备逐鹿中原。他怕六镇人不听他的号令，于是"乃诈为书，言尔朱兆将以六镇人配契胡为部曲，众皆愁怨。又为并州符，征兵讨步落稽。发万人，将遣之，孙腾、尉景为请留五日，如此者再。神武亲送之郊，雪涕执别，人皆号恸，哭声动地。神武乃喻之曰：'与尔俱失乡客，义同一家，不意在上乃尔征召，直向西已当死，后军期又当死，配国人又当死，奈何！'众曰：'唯有反耳！'神武曰：'反是急计，须推一人为主。'众愿奉神武"①。高欢就是这样利用当时的阶级矛盾和六镇人民的革命要求成为六镇降民的首领的。从此六镇的鲜卑流民由并州又转回河北。

高欢建立政权的资本，除了六镇流民外，也还依靠一批出身六镇的武人集团。此武人集团有胡人、汉人，也有鲜卑；出身有官吏、豪帅，也有平民，情况颇不一律。高欢原是白道南边的一个小队主，初名贺六浑，娶匹娄氏为妻。据《魏书·官氏志》，匹娄为鲜卑姓氏，高欢与鲜卑互婚甚明。从秦汉以来，内地有不少汉人移居北边，他们的子孙在六镇一带相互结交，为射猎朋友，有时亦互为姻娅。《北齐书·尉景传》称：景之先世于秦汉时为都尉侯官，居善无县，娶高欢之姊为妻。此外，同书《神武帝纪》又称：高欢"与怀朔省事云中司马子如及秀容人刘贵、中山人贾显智为奔走之友，怀朔户曹史孙腾、外兵史侯景亦相友结"。又记高欢与尉景、蔡儁、司马子如、贾显智等在沃野镇附近打猎。其中除了侯景被称羯人外，其余似皆鲜卑化的汉人。②《神武帝纪》云："既累世北边，故习其俗，遂同鲜卑。"这种鲜卑化的情况，不只高欢如此，他如上述七人以及居住在六镇的许多胡人和汉人都有类似的情况。上述七人后来都做了高欢和北齐政权的将帅。

前面我们已经叙述，高欢、尉景、蔡儁、段荣这批人最初投奔上谷起义

---

① 《北齐书·神武帝纪》。
② 《梁书·王僧辩传》，僧辩与陈霸先诛侯景檄文云："贼臣侯景，凶羯小胡。"《陈书·高祖纪》亦称侯景为"羯贼"。

军首领杜洛周，后来又转投奔葛荣。当葛荣起义军在邺北正闹饥荒之时，他们因高欢友人刘贵之介绍①，背叛起义，投降了尔朱荣。此外，还有一批出身六镇或代北流民，初归葛荣，继背葛荣而降尔朱荣与高欢者，有潘乐、韩贤、任延敬、张保洛、张琼、王基、可朱浑道元。其中除王基见《王紘传》外，余在《北齐书》皆有本传，兹不俱引。潘乐投葛荣后为京兆王，王基为济北王兼宁州刺史，可朱浑道元为梁王，当时封王者约以原有官爵及所拥部众之多少为断。然则上述诸王在六镇流民的地位实高出于高欢。《神武帝纪》称高欢先降尔朱荣，后更引诱葛荣部帅之称王者七人，共背葛荣，可朱浑道元当即七王中之一王。可朱浑氏，《魏书·官氏志》作"渴朱浑氏"。《晋书·慕容儁载记》有可足浑皇后。《北齐书·可朱浑元传》：自称辽东人。其族似为徒何鲜卑。《王紘传》称王基为太安狄那（今山西朔县）人，为小部帅，似系出乌桓王氏。这是从葛荣起义军中分化出来的鲜卑和鲜卑化的镇民，是高欢武装集团的班底组织来源之一。

又有一部分葛荣余部统帅韩楼部下的镇民，后叛韩楼归魏，最后又归高欢，如王怀、薛孤延、彭乐等。《北齐书·王怀传》云：

> 王怀，字怀周，不知何许人也。……值北边丧乱，早从戎旅。韩楼反于幽州，怀知其无成，阴结所亲，以中兴初叛楼归魏。拜征虏将军、第一领民酋长、武周县侯。高祖东出，怀率其部人三千余家，随高祖于冀州。义旗建，高祖以为大都督。

王怀虽不知为何许人，但云值北边丧乱，遂从韩楼于幽州。魏又以为第一领民酋长、武周县侯。武周县属恒州代郡，在平城附近。从其姓氏与封地言之，王怀似系出代郡乌桓王氏。同书《薛孤延传》云：

> 薛孤延，代人也。……韩楼之反，延随众属焉。后与王怀等密计讨楼，为楼尉帅乙弗丑所觉，力战破丑，遂相率归。行台刘贵，表为都督，加征虏将军，赐爵永固县侯。后隶高祖，为都督，仍从起义。

---

① 《北齐书·神武帝纪》。

薛孤为复姓，《魏书·官氏志》："西方叱干氏后改为薛氏。"《晋书·赫连勃勃载记》之叱干部《魏书·刘虎传》作"薛干部"。"干"与"孤"同声母而音近，所以薛孤氏就是叱干氏。此族原居上郡之三城（今陕北肤施东），故称西方鲜卑。魏初徙于代郡①，故薛孤延为"代人也"。此外还有前面提到的彭乐。《北史·彭乐传》云，此人先随杜洛周起义，不久即降尔朱荣，转攻葛荣。后从魏将于晖出征羊侃，旋又降幽州起义之韩楼，楼封之为北平王。魏征伐韩楼，彭乐又降魏，旋又叛魏归高欢。东、西魏对垒时，彭乐又背高欢，转降宇文泰。如此反复无常，正可以看出当时高欢集团中人物的性格。这些从起义军中蜕化出来的第二类鲜卑和鲜卑化汉人，是高欢武装集团兵员来源之二。

此外还有一类，即是原系北镇中的少数部族将帅士兵，在六镇起义失败后，他们便纷纷向尔朱荣投降，后来又转降高欢，做了北齐政权的爪牙。有的原来是匈奴人，如万俟普、万俟受洛干、破六韩常、步六汗萨等人。②有的原来是鲜卑人，如库狄干、库狄回洛、库狄盛、侯莫陈相、贺拔胜、贺拔允等人。有的原来是敕勒人，如斛律金、斛律羌举、叱利平等人。有的原来是徒何鲜卑，如慕容绍宗、慕容俨等人。上述诸人在《北齐书》、《北史》皆有本传，兹不俱引。唯欲在此一述者，即北方诸族无论匈奴、乌桓、鲜卑、敕勒原来都属于阿尔泰语系，他们的语言本来比较接近，只有语支之分及方言不同而已。拓跋鲜卑，前面已经再三提到，是由鲜卑和匈奴融合而成。他们的语言应以鲜卑语为主，但中间掺杂了不少的匈奴语汇和语法。公元3世纪以来，拓跋鲜卑为漠南塞北一历史悠久而又逐渐统治北方诸族的著名部族，他们的语言自然而然成为通行的鲜卑官话，被其他北方诸族所宗从。《隋书·经籍志》云："后魏初定中原，军容号令皆以夷语。"此所谓"夷语"即拓跋鲜卑语，亦谓之"国语"。北魏定中原时，军中号令尚用拓跋鲜卑语，其统帅北方诸族的军中号令早用拓跋鲜卑语可以推知。经数百年的变化，北方诸族的语言从匈奴、敕勒、乌桓、徒何的语言逐渐向拓跋鲜卑语转化，拓

---

① 《魏书·高车传附薛干部传》。又《太祖纪》登国六年（391），薛干部帅他斗伏率部降魏。八年（393）叛，道武帝讨之，徙其民于代京。
② 《北齐书·步大汗萨传》，"步大汗萨"当作"步六汗萨"，在《梁书·元帝纪》凡再见。参考姚薇元：《北朝胡姓考》，第126页。

跋鲜卑语遂成为北方语言的正宗。在此我们可举二事为证。《隋书·经籍志》又云："魏氏迁洛，未达华语（应指汉文古文），孝文帝命侯伏侯可悉陵以夷言译《孝经》之旨，教于国人，谓之'国语孝经'。"按侯伏侯氏原系中亚羯胡姓氏，魏建国以前迁居漠南为护佛侯部[①]，经魏征服之后，至魏孝文时可悉陵能译《孝经》为拓跋鲜卑语，其于汉、鲜卑二语之精湛熟练可以想知。其次可引高欢时斛律金（488—567）所唱的《敕勒歌》为例。留传到现代的《敕勒歌》是汉语。但沈建的《乐府广题》则谓"其歌本鲜卑语，易为齐言"。前已言之，斛律金是敕勒人。此族在北魏初年道武帝拓跋珪时始降魏，《北史·高车传》称："道武时分散诸郡，唯高车（即敕勒）以类粗犷，不任使役，故得别为部落。"至东魏高欢时，出身于北镇军主的斛律金，不但习鲜卑语，且能于仓促之间著此豪迈奇壮的鲜卑歌[②]，以安军心。可以看出他对鲜卑诗歌文学的造诣是很深的。从上述二例大致可以推知，在北魏时北方诸族的鲜卑化已经成为一总的趋势。此外，六镇中的汉族镇民，由于在经济生活、政治生活上受到鲜卑人很大的影响，因而产生了一种六镇汉人鲜卑化的趋势。这些六镇中的汉人长期以来学习鲜卑人的生产方式和生活方式以致"故习其俗，遂同鲜卑"[③]，出现了大批鲜卑化的汉人。

六镇起义失败以后，大批六镇中的鲜卑人和鲜卑化的汉人、胡人，被驱逐到河北地区就食，由于饥饿和寒冻的煎熬，他们又在河北举行起义。

河北起义军在葛荣的领导下，声势浩大，北魏统治阶级束手无策，就利用汉族世家大族的力量来镇压起义军，任命地方豪右做地方官。如渤海蓨人高翼即以"山东豪右"被任命做渤海太守。[④]世家大族的地主武装基本上是维护北魏政府的，但在起义军力量强大而他们又和北魏政府的权臣有矛盾的时候，他们有的对起义军作假的投降，如高乾兄弟受过葛荣的官爵[⑤]；范阳卢文伟历仕杜洛周、葛荣部下，一旦葛荣失败，他便回头转攻韩楼，投降尔朱

---

① 参考姚薇元：《北朝胡姓考》，第82—83页。
② 洪迈《容斋随笔》卷1"敕勒歌"条云："……古乐府有《敕勒歌》，以为齐高欢攻周玉壁而败，恚愤疾发，使斛律金唱'敕勒'，欢自和之。其歌本鲜卑语，词曰：'敕勒川，阴山下；天似穹庐，笼盖四野，天苍苍，野茫茫，风吹草低见牛羊。'"
③ 《北齐书·神武帝纪上》。
④ 《北齐书·高乾传附昂传》。
⑤ 《北史·高允传附乾传》。

荣为官军效劳。① 有的则自始至终与河北起义军为敌，例如赵郡的李元忠、李义深和燕郡的刘灵助② 便是如此。

六镇的鲜卑人和鲜卑化的胡汉镇民到了河北以后，大部分都参加了杜洛周、葛荣、韩楼所领导的起义。起义的目的是为了反抗北魏王朝的暴政，显然是具有革命的性质的。但在战争过程中经常出现欺压汉民的行为。例如葛荣军于孝昌三年（527）冬攻陷冀州时，驱逐汉民出城，致冻馁而死者达十分之六七。武泰元年（528）攻陷沧州时，汉民被残杀者达十分之八九。③ 这些行为是镇民起义军丧失汉民支持的主要原因。高欢看到"欺汉儿"是葛荣失败的主要原因，所以在普泰元年（531）对他所领导的六镇鲜卑兵"约法三章"，其中的一款就是"不得欺汉儿"④。但当高欢执政之时，东魏的兵权主要握在鲜卑人和鲜卑化的将帅手里，而且自己亦出身于鲜卑化的家庭，所以高欢和其他鲜卑朝士有"共轻华人"的倾向。这种倾向表现在政治上就是实行鲜卑、汉分治，鲜卑人治军，汉人务农。鲜卑、汉分治的实质就是鲜卑人统治汉人，汉族农民生产粮食，妇女纺织布帛以供鲜卑统治阶级的消耗。《通鉴》卷157记：

> 欢每号令军士，常令丞相属代郡张华原宣旨。其语鲜卑则曰："汉民是汝奴，夫为汝耕，妇为汝织，输汝粟帛，令汝温饱。汝何为陵之？"其语华人则曰："鲜卑是汝作客，得汝一斛粟、一匹绢，为汝击贼，令汝安宁。汝何为疾之？"

高欢宣称汉民是鲜卑的奴婢，鲜卑是汉民的雇佣兵，此虽譬喻之词，但汉民和鲜卑地位之不平等已经溢于言表。又称鲜卑暴陵汉民，汉民疾恶鲜卑，可知汉、鲜卑之间的矛盾和冲突已经发展到相当严重的阶段。汉、鲜卑冲突的原因主要由于鲜卑之"陵"，而非由于汉民之"疾"，所以高欢想以片言解决鲜卑、汉之间的纠纷乃是不可能的。这种鲜卑兵和汉族农民之间的

---

① 《北齐书·卢文伟传附族人勇传》。
② 《北齐书·李元忠传》、《李义深传》；《魏书·刘灵助传》。
③ 《魏书·肃宗纪》。
④ 《北齐书·神武帝纪》。

矛盾代表着鲜卑统治阶级和汉族人民之间的矛盾,是主要矛盾。同时鲜卑兵与汉族地主武装的部曲也不能合作。高昂的军队都是由汉族部曲组成的。高欢恐怕纯粹汉人部曲不能打仗,建议把一部分鲜卑兵掺杂在内,但这一计划被高昂拒绝。高昂说:"敖曹(昂字)所将部曲练习已久,前后战斗不减鲜卑。今若杂之,情不相合。"① "情不相合"正说明汉、鲜卑兵士之间的成见很深,难于同营共事。不只汉、鲜卑之兵士如此,即在将领和官僚之间因部族不同表现而为统治阶级内部斗争的事件亦层出不穷。《北史·高允传附昂传》记载:高昂及诸鲜卑和鲜卑化的将领在虎牢(今河南故汜水西北)训练军队。一日高昂和鲜卑化很深的刘贵在一处闲坐,外边来人报告治黄河的汉族役夫多被淹死,刘贵说:"一钱汉,随之死!"这句话激怒了高昂,立刻拔剑砍贵。贵逃还本营,高昂鸣鼓会兵,准备前往围攻,赖诸将从中调停乃止。高昂的激怒当然不是为了同情淹死的役夫,而是因为这批鲜卑和鲜卑化的将帅经常侮辱汉人,什么"一钱汉"、"头钱价汉"之类的语词经常脱口而出,辱骂汉人。这在高昂听来是很不舒服的。② 这种部族隔阂和纠纷一直继续到北齐建国以后,终于促使北齐王朝的衰亡。高澄执政时,曾经利用博陵大姓崔暹和崔季舒一度罢免了鲜卑化的贪污勋贵司马子如等,汉人一时称快。但到高洋时又重用司马子如等,把崔暹、崔季舒各鞭二百,发配到北边充军。③ 高殷在位时,皇叔高演、高湛与鲜卑勋贵高归彦、贺拔仁等联合,杀弘农世族大臣杨愔,并废高殷而立高演为帝。此后朝政大权一直握在鲜卑勋贵和鲜卑化宦官的手里。范阳汉人祖珽虽一度当权,但祖珽以善弹琵琶和善操鲜卑语服事朝贵,最后还是被宦官排挤下台去了。④ 在北齐朝廷中汉、鲜卑官僚如此对立,而鲜卑勋贵又坚持自高欢以来的扶鲜卑压汉人的政策,所以终齐之世,鲜卑和汉族始终是难于相互融合的。

本来,各部族的融合以在同营生活和并肩作战之军队中最为显著。但这种情况在北齐和北周的军队中却有所不同。北齐的鲜卑兵可以分作三类:第一类是六镇鲜卑的降众。这支鲜卑兵大部分参加过河北起义,战斗力较为强

---

① 《北史·高允传附昂传》。
② 《北史·高允传附昂传》;《通鉴》卷157 "大同三年九月"条。
③ 《北史·崔挺传附从子季舒传》、《族孙暹传》。
④ 《北齐书·祖珽传》。

盛。归高欢统率以后，先在各处打仗，后来随高欢屯驻晋阳。北齐末年，北周大军攻打晋阳。齐大将鲜卑人那娄安生守太谷，以万兵叛齐归周。周军进围晋阳，时莫多娄敬显、韩骨胡守城南，和阿于子、段畅守城东，安德王高延宗守城北，所率领者皆鲜卑兵士。六镇鲜卑镇民对北齐政权是十分拥护的。当北周兵攻城之际，鲜卑兵士皆争为效死，虽妇女儿童亦高据屋顶，攘袂投砖石以御周兵。但到后来和阿于子和段畅的一千名骑兵投降周军，并为敌军报告城内虚实，结果高延宗被捕，北周军攻下晋阳。① 从此六镇的鲜卑兵都投降了北周。

第二类是随魏孝文帝南下的老牌鲜卑军队。在北魏末年，中央直接领导的禁卫军归京畿大都督管束②，驻扎在洛阳附近，史称之为"六坊之众"。隋开皇十年（590）文帝诏文追述其事云：

> 魏末丧乱，宇县瓜分，役车岁动，未遑休息。兵士军人，权置坊府，南征北伐，居处无定。家无完堵，地罕包桑。恒为流寓之人，竟无乡里之号。朕甚愍之。

《通鉴》卷156胡三省注云："魏盖以宿卫之士分为六坊。"又同书卷177注云："元魏之季，兵制有六坊。后齐因之，亦曰六府。"③ 北魏永熙三年（534）分裂为东、西魏，六坊之众亦随而分裂，一部分随孝武帝元修西行至长安，大部分随孝静帝元善见北行至邺。《隋书·食货志》记其事云：

> 天平元年（534）迁都于邺。……是时六坊之众从武帝而西者不能万人，余皆北徙。

北徙的六坊之众至邺，初归高欢丞相府下的京畿大都督府管理。京畿大

---

① 《北齐书·安德王延宗传》。
② 《魏书·官氏志》："永安（528—529）已后，远近多事，置京畿大都督，复立州部督，俱总军人。"
③ 《通鉴》卷163胡三省注云："魏齐之间，六军宿卫之士分为六坊。"此又称六坊为六军，与北周的六军同名。

都督府简称为"京畿府"。此府大权相继为高澄、高洋所掌握[①]，六坊之名不久即改为"六府"。

在高欢执政和北齐初年时，军事的重镇有二：一在晋阳，军队以六镇鲜卑余众为主；一在邺，以六坊之众为主。高洋即位之初的550年，《文宣帝纪》称："又以三方鼎跱，诸夷未宾，修缮甲兵，简练士卒，左右宿卫，置百保军士。"从此可知六坊之众的重要。关于六坊之众即为宿卫，百保军士即为鲜卑，《隋书·食货志》亦言之綦详，云：

    及文宣（高洋）受禅，多所创革。六坊之内徙者更加简练，每一人必当百人，任其临阵必死，然后取之，谓之"百保鲜卑"。

从此可知"百保鲜卑"乃由六坊之众选练而成者。到北齐末年，周齐之对垒方殷，故齐国在河阳郡（郡治在今河南孟县西南有故城）、晋州（今山西故平阳府地）与北周连境之地，依唐邕的建议把六州军人并家属徙置于上述二郡的河阳、怀州、永桥、义宁、乌籍等戍镇，并立军府以管理之。[②] 六州指恒、朔、云、蔚、显、燕六州而言。《魏书·地形志》谓："前自恒州已下十州，永安已后，禁旅所出。"上述六州，除燕州外并在恒州已下的十州之内。高澄执政时，曾命孙搴到燕、恒、云、朔、显、蔚、二夏州、高平、平凉各地搜括壮丁以为兵士。[③] 这些兵士或出自六镇旧壤，或居于六镇代北的流民迁徙之所在，其为鲜卑人或鲜卑化的胡汉壮丁可知。当时高澄主京畿府，管理六坊之众，所括兵士当即用之以补充六坊禁旅的兵额。于是北齐六府禁旅包括新、老鲜卑二种。唐邕建议把六州军人及其家属徙置周、齐间之河阳、晋州各戍镇，从此六府之内的新、老鲜卑又告分离，老牌的鲜卑兵仍留六府，六州鲜卑则从邺都徙出。后来北周灭齐之后，这些鲜卑兵士又归附

---

① 《北史·唐邕传》："神武作相，丞相府外兵、骑兵曹分掌兵马。及受禅，诸司咸归尚书，唯此二曹不废，令唐邕、白建主之，谓之外兵省、骑兵省。"《北齐书·文襄帝纪》："天平三年（536），入朝辅政，加领军左、右京畿大都督。"《周书·王士良传》亦谓："东魏徙邺之后，置京畿府，专典兵马。时文襄为大都督。"又《北齐书·文宣帝纪》："武定五年（547），授尚书令、中书监、京畿大都督。"

② 《北史·唐邕传》。

③ 《北齐书·孙搴传》。

于北周。

第三类是北齐时京畿和晋阳以外远在边疆的鲜卑和鲜卑化的兵士。高洋在位时曾选择"华人之勇力绝伦者谓之勇士,以备边要"①。唐长孺先生根据天保二年(551)北齐邢多等五十人造象记推测这些勇士是在北边选拔的。②他们不只选拔自北边,而且也分派在北边。这里所说的华人也应当是一些鲜卑化的汉人,如下文所述韩阿各奴的名字便可看出。《北齐书·文宣四王·范阳王绍义传》言北周克并州,以齐叛臣封辅相为北朔州总管。并称:

> 此地(北朔州)齐之重镇,诸勇士多聚焉。前长史赵穆、司马王当万等谋执辅相,迎任城王于瀛州,事不果,便迎绍义。绍义至马邑。辅相及其属韩阿各奴等数十人皆齐叛臣。自肆州以北,城戍二百八十余尽从辅相。及绍义至,皆反焉。

从此段记载,可以看出自肆州(治九原,今山西忻县)以北至北朔州(治朔州,今山西朔县),城戍二百八十多个皆是齐勇士所在,而北朔州尤为勇士麇集之区。这些鲜卑化的勇士从高绍义北降突厥者原有三千家,后来诸勇士不欲流落草原而南迁者有一半以上,可知留突厥地面者并没有多少。大部分的鲜卑化勇士后来都归附于北周和隋朝。

上述北齐三类鲜卑和鲜卑化的军队,第一类的六镇鲜卑降众,除在河北二十万鲜卑和其他几十万汉民共同起义外,以后便分离开来,格于北齐以鲜卑统治汉人的政策,未能很好地彼此融合。第二类所谓"六坊之众"的老牌鲜卑,前已言之,当魏孝文帝迁都洛阳之初,他们还能够肆力畎亩,与汉族的农民相接触。但到魏末以来,"役车岁动,居处无定",结果是"家无完堵,地罕包桑",可知他们仍然和汉族人民不能同生活、共命运,彼此很快融合在一起的。第三类鲜卑化的汉族勇士,他们原来生长在燕、恒、朔、云等州之内,大部分时间又在北边戍镇之内过着听鲜卑号令而战争的生活,结果不是鲜卑融合于汉人,而是汉人融合于鲜卑。这种情况一直到隋代初年始

---

① 《隋书·食货志》。
② 唐长孺:《拓跋族的汉化过程》,《魏晋南北朝史论丛续编》,第151页。

有所改变。

西魏和北周的鲜卑和汉族的关系与东魏和北齐不一样,鲜卑、汉融合在西魏时已经启其端倪,到隋代初年收到了很大的效果。

早当523年沃野镇爆发了破六韩拔陵起义之后,次年四月在高平镇(今宁夏固原)跟着亦发生了以敕勒酋长胡琛为首的镇民起义,与六镇起义相呼应。高平镇起义的镇民有匈奴人,如赫连恩、宿勤明达等;有敕勒人,如胡琛等;也有鲜卑人,如万俟丑奴等。胡琛死后,万俟丑奴继之,于529年称天子,建元神兽,占有原州(治今宁夏固原)、泾州(治临泾,今甘肃泾川)、豳州(今甘肃宁县)、岐州(治雍城,今陕西凤翔南)、秦州(治上邽,今甘肃天水)、东秦州(治杏城,今陕西黄陵)等地。《魏书·尔朱天光传》谓由泾、豳、二夏(夏州治在今陕西靖边白城子,东夏州治在今陕西延安)、北至灵州(今宁夏吴忠)并是丑奴党类的结聚之所。可知关陇起义军占领的地区是很广的。万俟丑奴和在他领导下的将帅官员多是鲜卑人。姓万俟(音墨期)者,有仆射万俟忤①、行台万俟道洛②及将领万俟阿宝③。据隋人费长房的《历代三宝记》和唐僧道宣的《续高僧传》皆记北齐居士万天懿,原是鲜卑,姓万俟氏。可知万俟丑奴及上述诸姓万俟的将领官员都是鲜卑人。大行台尉迟菩萨④,其先出尉迟部。此部初居朔方,魏初徙入云中郡⑤,后裔因以为氏。太尉伏侯元进,侯伏侯氏,前已言之,出护佛部,为鲜卑姓氏。部帅叱干麒麟,叱干氏亦鲜卑姓。泾州刺史侯几长贵,侯几氏《魏书·官氏志》误作"俟几氏",亦系鲜卑姓。此外,见于史传者尚有部帅宿勤明达和费连少浑二人,则皆为匈奴人。宿勤氏为宿六斤氏之省译。《魏书·官氏志》:"宿六斤氏后改为宿氏。"《宿石传》谓宿石为朔方人,赫连勃勃弟文陈之曾孙,故为匈奴人。《尔朱天光传》称宿勤明达为夏州人,降天光后,北走东夏州。东夏州属朔方郡,与古夏国赫连勃勃建都之地望相合。费连氏,《魏书·官氏志》:"西方费连氏后改为费氏。"《费于传》称费于仕赫连昌为宁东将军,

---

① 《周书·贺拔岳传》。
② 《魏书·尔朱天光传》、《贺拔岳传》。
③ 《周书·李贤传》。
④ 《魏书·尔朱天光传》、《贺拔岳传》。
⑤ 《魏书·太祖纪》云:"天兴六年(403)正月,朔方尉迟部别帅率万余家内属,入居云中。"

似亦为匈奴人。① 万俟丑奴和他的诸鲜卑部帅率领的人马都很众多，最后大部分投降了贺拔岳。大行台尉迟菩萨原率步骑兵二万余人和贺拔岳在渭水北岸鏖战，菩萨被擒，他的骑兵三千和步卒万余都被贺拔岳截获。太尉侯伏侯元进领兵五千在岐州以北的泾川一带据险立栅，且耕且守，以拒魏兵。尔朱天光潜遣骑兵袭之，左右诸栅悉降天光。泾州刺史侯几长贵以泾州城降，城内鲜卑兵亦归降魏军。驻守原州的是行台万俟道洛和费连少浑。原州的高平城被围，万俟丑奴被擒，道洛率其余众六千人退保牵屯山（今甘肃平凉西四十里，一名开头山）。魏军来攻，道洛逾陇山，与略阳氐帅王庆云合兵，屯居水洛城（在今甘肃静宁西南）。贺拔岳率兵来攻，道洛等战败，鲜卑和氐兵共一万七千人皆被坑杀，他们的家口被分散给魏军当了奴婢。② 从这段事实看来，可知西魏军在镇压关陇起义时亦获得了不少的鲜卑军队。这种情况虽然和河北鲜卑镇民之投降东魏军有些类似，但因为人数太少，所以在后来的历史上湮没无闻。

　　西魏军队的主要来源有二：第一是北魏建义元年（528）跟随尔朱天光入关征剿关陇起义军的贺拔岳军和侯莫陈悦军团。贺拔岳军团是由武川镇（今内蒙古乌兰察布武川）的军人组成的。贺拔岳本人出身于武川镇的军人，他的部将念贤、寇洛、宇文泰、赵贵、侯莫陈崇、梁御、若干惠、王德、韩果等，其祖先虽然属于各个民族部分，但皆出身武川镇的军人，则殊无二致。此外属于这一军团的，如刘亮、达奚武、王雄等，虽不出身武川，但其祖先或为领民酋长，或为北镇将军，王雄的小名"胡布头"，这些人的鲜卑化都是很深的。武川镇军人集团在六镇起义后，大致分化为两派：一派在六镇起义时与起义军为敌，失败后南奔恒州（今山西大同）。时值丁零人鲜于阿胡领导朔州流民在恒州起义，这些人无法在恒州立足，相率南下肆州，投降官军契胡帅尔朱荣军中。如贺拔岳兄弟、念贤、侯莫陈崇、王德皆属于此类。③ 又一派在六镇起义失败后，流亡到河北，投降鲜于修礼、葛荣，参加了镇民起义。葛荣失败，他们转降尔朱荣，编入贺拔岳部中。如宇文泰（其兄洛生相同，葛荣封之为渔阳王，后被尔朱荣所杀）、赵贵等则属于此

---

① 参考姚薇元：《北朝胡姓考》，第 154—155、208—209 页。
② 《魏书·尔朱天光传》、《贺拔岳传》；《周书·贺拔岳传》。
③ 《魏书·贺拔岳传》；《周书·贺拔岳传》、《念贤传》、《侯莫陈崇传》、《王德传》。

类。① 这一军团既是由反对起义和背叛起义的两派人物组成的，所以他们和前面所述高欢集团的性质相同，最后必然是站在封建统治阶级方面，镇压关陇各族人民起义，然后在这个基础上建立西魏和北周王朝。侯莫陈悦军团的组成人物，我们知道得并不很多。侯莫陈悦为代郡人，父婆罗门，在河西为驼牛都尉，管理河西牧场的驼牛牧子。悦少随父在河西，会牧子起义，遂归尔朱荣。后随尔朱天光西征，他的部下有李弼、豆卢宁、豆卢光，还有一位是他的女婿元洪景。② 李弼、豆卢宁、豆卢光原皆辽东人，豆卢氏是徒何鲜卑的姓氏。因此，我们可以推论侯莫陈悦部下拓跋化的徒何鲜卑不少。元洪景，按其姓氏，似为拓跋鲜卑人。上述两个军团初随尔朱天光入关时，人马都是很少的。《魏书·尔朱天光传》称："天光初行，唯配军士千人，诏发京城已西路次民马以给之。"《周书·贺拔岳传》亦称初入关时，"天光之众不满千"。后来尔朱荣又遣军士二千人以接济之。其余的军士都是入关后在俘虏和乡兵中补给的。征赤水蜀之役，"简取壮健以充军士，悉收其马。至雍（今陕西凤翔南），又税民马，合得万余匹"。贺拔岳征岐州尉迟菩萨之役，获骑士三千，步卒万余，共约两万人。征泾川侯伏侯元进，又获五千人。直至擒万俟丑奴时，贺拔岳和侯莫陈悦两军团之兵力约在三万人左右。尔朱天光东还洛阳时，还带一部分步兵和骑兵东去。据《周书·文帝纪》记载，宇文泰在上邽截获侯莫陈悦军团的兵士一万多人，马八千匹。以此推测，贺拔岳军团所拥的兵士最多亦不出二万之数，合侯莫陈悦军团的一万多人，共三万多人。此三万多步兵骑兵是贺拔岳、侯莫陈悦两军团在关陇地区多次发展的结果。这是西魏军队的第一个来源。

　　西魏军队的另一来源是魏永熙三年（534）魏孝武帝元修入关所带的禁卫军。此禁卫军在魏末称为"六坊之众"。《隋书·食货志》谓："是时六坊之众从武帝而西者，不能万人。"此不及万人的鲜卑禁卫军便是西魏军的第二来源。

　　西魏军队的部族成分，最多的是鲜卑人。尔朱天光统率下的两个军团，许多将领多是鲜卑和鲜卑化的汉人或徒何人，前面已经叙述。两个军团在关

---

① 《周书·文帝纪上》、《赵贵传》。
② 《**魏书·侯莫陈悦传**》；《周书·贺拔岳传》。

陇吞并的部队，除少数赤水蜀、氐、羌和汉人外，主要还是高平镇的鲜卑和鲜卑化的匈奴、敕勒诸族。西魏的六坊之众亦是鲜卑人。所以西魏的军队是以鲜卑人为班底的。

大统三年（537）的沙苑（今陕西大荔南）之战，宇文泰等从高欢的鲜、汉军队中前后俘获到七万人。《周书·文帝纪》称在七万俘虏中"留其甲士二万，余悉纵归"。此两万甲士当指高欢军队里的鲜卑骑兵。从前西魏军步骑兵士只有五万，此役增加两万骑兵，当是很大的收获。此后在五年内西魏的士兵虽然增加到十万左右，但大统九年（543）在邙山（在河南洛阳之北）之役被高欢军歼灭了六万，因而西魏的兵士又回降到四万人左右。宇文泰看到靠战争是无法增加西魏的兵额的，"于是广募关陇豪右，以增军旅"①。从大统九年起竭力提拔关陇及附近州县的豪右大族，使他们招领乡兵，以补鲜卑兵士的不足。例如武功的苏椿、京兆的韦瑱、冯翊的郭彦、敦煌的令狐整以及河东的柳敏皆以"当州首望，领本乡兵"，为"当州乡帅"②。于是禁军和乡兵成为西魏、北周的两大武装军事集团。

说到府兵，近年学者于此问题多有争论，意见尚未统一。愚意府兵有广、狭二义：广义的府兵指属于军府之兵，其制自北魏初年拓跋珪平中山已置之，说见于后；狭义的府兵指作为禁卫军的府兵，北朝的这种府兵当溯源于北魏末年的六坊。关于六坊之制，以文献缺少，我们很难知悉其内容。虽然如此，按《魏书·官氏志》所记统领宿卫禁军的武官，大部分还是可以寻绎的。北魏末年统领禁军的武官最高级的是领军将军和护军将军，其次有左、右卫将军，再次有武卫将军。领、护二将军为太和年间旧置。正光元年（520）置左右卫将军各二人。普泰初年（531）又增置武卫将军六人。以上皆见《官氏志》。六坊之众至东魏初属京畿府，后属领军府③，至北齐亦称"六府"。北齐六府的组织，《五代史志》与《册府元龟》卷626《环卫部总序》皆详言之。《五代史志》云：

---

① 《周书·文帝纪上》。
② 《周书·苏绰传附弟椿传》、《韦瑱传》、《郭彦传》（彦原系"太原阳曲人也，其先从宦关右，遂居冯翊"。冯翊，即今陕西大荔）、《令狐整传》、《柳敏传》。
③ 《北齐书·后主（高纬）纪》：武平二年（571）十月，"罢京畿府，入领军府"。

领军府将军一人，掌禁卫官掖、朱华阁外凡守卫官皆主之。……又领左右卫、领左右等府、左右卫府，将军各一人，掌左右厢所主朱华阁以外各武卫，将军二人贰之。……护军府将军一人，掌四中关津，舆驾出则护驾。

领军府、护军府、左右卫府、武卫将军等官皆同北魏，故《册府元龟》上述《总序》云："北齐官制，多循后魏。"北齐八府之兵实亦府兵，然今世论府兵者多不言之。六坊之制至两魏，初称为六军。《北史·魏文帝纪》称：

（大统）八年（542）春三月，初置六军。

六军者，天子之军，当然即指禁卫军而言。《玉海》引《后魏书》云"仿周典置六军"，恐系北周时苏绰等附会之词，不可置信。宇文泰为了提高西魏鲜卑和鲜卑化将领的地位，比拟八部、八国或八部大人、八部帅之制，成立八柱国大将军。但西魏禁卫军是以六坊、六军为基础的，所以除了宇文泰总揽中外军政和"从容禁闱"的傀儡将军元欣外，实际只有六柱国"分掌禁旅，当爪牙御侮之寄"。《北史》卷60、《周书》卷16对此叙述綦详，云：

初魏孝庄帝以尔朱荣有翊戴之功，拜荣柱国大将军，位在丞相上。荣败后，此官遂废。大统三年（537）魏文帝复以太祖（宇文泰）建中兴之业，始命为之。其后功参佐命、望实俱重者亦居此职。自大统十六年（550）以前，任者凡有八人。太祖位总百揆，督中外军，魏广陵王欣，元氏懿戚，从容禁闱而已。此外六人（李虎、李弼、独孤信、赵贵、于谨、侯莫陈崇）各督二大将军，分掌禁旅，当爪牙御侮之寄。当时荣盛，莫与为比，故今之称门阀者，咸推八柱国家云。

从上述事实亦可看出八柱国是沿八部、八国而来，而六柱国之分掌禁旅则与从前的六坊、六军之制有不可分离的关系。

前文我们已经提到在大统九年（543）广募关陇豪右以增军旅的事。到大统十六年（550）府兵成立之时，《玉海》引《后魏书》云："十六年，籍民之有材力者为府兵。"此所谓"民"当指汉民而言。这次又征募汉民为府兵的原因如《邺侯家传》所云是"初置府不满百",而六柱国统治下的府兵"共有众不满五万"。关于禁旅与乡兵的关系,亦即鲜卑禁卫军和汉族乡兵的关系以及府兵和农业的关系,近年我国学术界颇有争论。一般趋向是相信《北史》和《周书》关于府兵的史料,不相信《玉海》所引《邺侯家传》的记载,认为西魏时的府兵不编户籍,无暇业农,兼理农业是后世隋唐时的事。但以我的浅识,认为六柱国统领下的禁卫兵和关陇豪右统领下的乡兵是西魏府兵内的两个系统,不能混为一谈。《北史》卷60及《周书》卷16云:"每大将军督二开府,凡为二十四员,分团统领,是二十四军。每一团,仪同二人,自相督率,不编户贯,都十二大将军。十五日上,则门栏陛戟,警昼巡夜;十五日下,则教旗习战,无它赋役。每兵唯办弓刀一具,月简阅之。甲槊戈弩,并资官给。"此指六柱国、十二大将军统领下的禁卫军而言。《玉海》引《邺侯家传》云:"初置府兵,皆于六户中等已上家有三丁者,选材力一人,免其身租庸调。郡守农隙教试阅。兵仗衣、驮牛驴及糗粮旨蓄,六家共备。抚养训导有如子弟,故能以寡克众。"此则指关陇豪右统领下的乡兵而言。"六户"和"六家"当如陈寅恪先生之解释,前者指关陇中等以上之汉户,后者指六柱国家。[1]《邺侯家传》所云六户中等以上家内三丁取一,自是指出乡兵的汉户而言。若系军户,男子成丁者自当入伍,无三丁取一之理,更无分别上、中、下三等户的制度。且军户只有军籍,无暇业农,自然就免去赋役;乡兵则家有田产,素有租调,只有在充府兵之后,始能免其身所担任的租调庸役。更重要的是《家传》下面所述"自初属六柱国家,及分隶十二卫,皆选勋德信臣为将军"数语。此所谓"勋德"不是指六柱国和十二大将军等开国元勋,而是指分隶于十二大将军以下的所谓"当州郡望"的"关陇豪杰"如苏椿、柳敏、韦瑱、郭彦之徒。这些人大抵都是因郡望战功而为仪同,后来升为开府。直接由六柱国和十二大将军所统率,故六柱国家为之办兵仗、驮畜和军粮。《家传》又称:"每府有郎将主之。"开府以下的仪同将军一称郎将或郎官。《周书·郭彦传》云:

---

[1] 参考陈寅恪:《隋唐制度渊源略论稿》,第124—134页。岑仲勉《隋唐史》于陈所释六户多所驳斥,提出六户即六坊,殊为勉强。盖六坊之众以禁卫为业,无等级之分,不必在六户中等以上择选材力以充府户。

大统十二年（546），初选当州首望，统领乡兵，除帅都督、持节平东将军，以居郎官著称。……进大都督，迁车骑大将军、仪同三司、司农卿。是时岷州羌酋傍乞铁忽与郑五丑等寇扰西服，彦从大将军宇文贵讨平之。

郭彦以冯翊首望领乡兵，称为郎官。从大将军出征岷州羌酋傍乞铁忽等。从郭彦在当时的仪同官衔和与大将军宇文贵的从属关系，不难看出乡兵和府兵的关系是如何的了。

以鲜卑六坊、六军为基础组织而成的府兵，最高级将领六柱国内已经有三位汉人，即李弼、李虎、赵贵；其次一般的将领大将军内又有三位汉人，即李远、杨忠（隋文帝杨坚的父亲）、王雄；再次一级的将领开府、仪同有更多的汉人；而府兵亦有很多的士兵是从关陇等地征募而来的，因此当时西魏最重要的问题就是如何使府兵内的上级汉族将领和下级汉族兵士实行鲜卑化，以巩固西魏鲜卑统治阶级的政权。《周书·文帝纪下》记载魏恭帝元年（554）有如下一条法令，云：

魏氏之初，统国三十六，大姓九十九，后多绝灭。至是以诸将功高者为三十六国后，次功者为九十九姓后，所统军人亦改从其姓。

析言之，即除了北镇鲜卑和鲜卑化的胡人保持原有的复姓外，有的鲜卑复姓在魏孝文帝时改为单姓的，一律恢复他们原来的复姓，如元氏复改为拓跋氏，于氏复改为于纽氏等；有的系出身武川的功高诸将，原来是鲜卑复姓改为单姓的，或者本来就是汉姓的，一律恢复其原来的鲜卑复姓，或者在拓跋鲜卑集团中选择一个复姓作他们的姓氏，如李弼赐姓徒何氏，赵贵赐姓乙弗氏，杨忠赐姓普六茹氏，李虎赐姓大野氏，王勇赐姓库汗氏等；有的出身于内地州郡，但以从战有功亦赐以鲜卑姓氏，如耿豪赐姓和稽氏，王雄赐姓可频氏，杨绍赐姓叱利氏，侯植赐姓侯伏侯氏，柳敏、韦瑱、令狐整等皆赐姓宇文氏。① 从上述赐姓大致可以看出，西魏时的宇文泰统治集团明知拓

---

① 参考《通鉴》卷165承圣三年正月"魏初统国三十六"条胡注引洪迈曰云云；《周书》上列诸人传记。

跋魏古代的三十六国和九十九姓多已绝灭，但又把神元力微时的四方诸姓拉来冒充三十六国和九十九姓的姓氏，然后把这些姓氏赐给鲜卑和非鲜卑的将帅。这种做法虽近于游戏，但在军事政治上可以发挥一定的团结作用。同时，更重要的就是使各将帅所统领的兵士亦都改去原有的姓氏，以将帅的鲜卑姓为自己的新姓。这样便可以把将领和士兵的关系搞得更好，使乡兵和鲜卑禁旅中的新补禁兵觉得自己跟鲜卑兵没有两样，作战时自然就格外替统治阶级卖命了。复姓和赐姓的实施从魏孝武帝入关后就开始，至恭帝元年（554）始见诸明令，以后更不断赐姓给有功的文武官员。恭帝元年的前一年（553），宇文泰遣大将尉迟迥攻蜀，当年就攻下蜀中全部。恭帝二年（555），又遣于谨、宇文护、杨忠率兵五万攻江陵，俘梁元帝以下王公及百姓数万口，驱还长安。战争胜利的因素很多，宇文泰以赐姓等方法团结汉、鲜卑诸将士亦是不可忽视的因素之一。

与姓氏鲜卑化俱来的，就是西魏西迁将帅士大夫贯籍的关陇化。《周书》、《北史·明帝纪》皆记明帝二年（558）三月庚申诏云：

> 三十六国、九十九姓，自魏氏南徙，皆称河南之民。今周室既都关中，宜改称京兆人。

此言从代郡南徙的鲜卑和鲜卑化胡人之改籍，改河南洛阳人为关中京兆人。可能在此以前，汉族将帅士大夫之入关者，宇文泰就已经命令他们以关内诸州为其本望。《隋书·经籍志·史部·谱序篇序》云：

> 后魏迁洛，有八氏十姓，咸出帝族。又有三十六族，则诸国之从魏者，九十二（应为"九"）姓，世为部落大人者，并为河南洛阳人。其中国士人，则第其门阀，有四海大姓、郡姓、州姓、县姓。及周太祖入关，诸姓子孙有功者并令为其宗长，仍撰谱录，纪其所承。又以关内诸州，为其本望。

此段引文从"中国士人"以下系指入关的汉族将帅士大夫而言。例如李虎原为赵郡郡望，入关后改为陇西郡望。李弼原为辽东襄平人，入关后改称为陇西成纪人。陈寅恪先生在《唐代政治史述论稿》上篇中论述甚详，可以参考。我们在这里当注意的，即汉族将士官僚姓氏的鲜卑化，其结果自然是汉人鲜卑化。拓跋鲜卑和鲜卑化的胡人之籍贯的关陇化，其结果又是如何呢？在此以前，魏孝文帝南迁后令从代郡南迁洛阳的鲜卑人和胡人皆为洛阳人，其结果是促使鲜卑人和胡人的汉化或初步的汉化，宇文泰把河南洛阳的鲜卑和鲜卑化胡人迁到长安附近，改其郡望为京兆，其结果自然也是汉化，这是毋庸置疑的。此点似为宇文泰意料所不及，或者意料到了，但为了建立他的关陇统治集团而无可奈何。

自宇文泰死后，建立北周，汉人军队在全国军队额数上的比例日益增加。如在保定四年（564）九月，周武帝宇文邕命宇文护伐齐，"于是征二十四军及左右厢散隶及秦陇巴蜀之兵，诸蕃国之众二十万人"①。二十四军指二十四开府所领的府兵。《通鉴》卷169胡注："左右厢，禁卫兵也。兼有秦陇巴蜀之兵散隶于左右厢者。"然则秦陇巴蜀之兵指各地的乡兵，此时亦隶属于府兵的左右厢内。各地方乡兵在军队中的比例显然随疆域扩大而日渐增多。唯当时府兵内吸收了若干汉人的乡兵还不明了。隔了十年，《隋书·食货志》记载："建德二年（573），改军士为侍官，募百姓充之，除其县籍，是后夏人半为兵矣。"侍官为侍卫天子之宿卫兵。所招募的百姓是指汉人。从此以后汉民一半做了宿卫兵，可知原来以鲜卑为主的府兵面貌从此有所改变了。据《周书·武帝纪》记载，在天和元年（566）七月："筑武功、郿、斜谷、武都、留谷、津坑诸城以置军人。"前三城在长安以西，后三城可能在今甘肃成县境。②这是府兵军坊所在的城堡。乡兵有事出征，无事则留居各郡县，半农半兵，准备征调。建德六年（577）灭齐，移并州军人四万户于关中。此并州军户当包括被征服的晋阳六镇鲜卑军户在内。东魏徙往邺都的六坊之众，北齐时亦称之为六府。周灭齐后，把六府的禁兵安置到何处去了，史无明文。总之，在西魏、北周时期，虽然不断有大批汉族乡

---

① 《周书·晋荡公护传》。
② 武功、郿皆今陕西县名。按《读史方舆纪要》卷55，郿城在郿县城东北十五里，武功城在县城东四十里，斜谷在县城西南三十里南山内。又《读史方舆纪要》卷59"成县"下云，武都城在县西北，或曰在故仇池城（在成县西北百里）东南。又县西八十里有古骆谷城，为北魏时南秦州治。留谷城疑即骆谷城之讹或其别名。津坑城不知所在。唯阶县，西魏于县东八十里有复津县，唐时改为福津县。未知津坑城与此县有关系否？

兵渗入府兵之内，但是府兵的军坊与汉族人民及乡兵都不在一起，所以汉兵与鲜卑的融合也限于在府兵的军坊之内。

至隋文帝开皇十年（590），府兵的统属关系虽仍旧贯，但府兵与人民的界线逐渐消失。在山东、河南及北方缘边所新置的军府一律还兵为民。即设立府兵军坊所在，府兵同样编入州郡户籍，同样可以受田、还田，并向政府输纳租调。《隋书·高祖纪》开皇十年诏云：

> 魏末丧乱，宇县瓜分，役车岁动，未遑休息。兵士军人，权置坊府，南征北伐，居处无定。家无完堵，地罕包桑，恒为流寓之人，竟无乡里之号。朕甚愍之。凡是军人，可悉属州县，垦田籍帐，一与民同。军府统领，宜依旧式。罢山东、河南及北方缘边之地新置军府。

隋初统治阶级布发此诏的意思是增加民户，增加租调，同时也可以改善并保障军户的生计。但执行"垦田籍帐"的结果，确实也使兵与民的界线，其中特别是鲜卑兵和汉人的界线逐渐混合消灭，为隋唐时期的汉、鲜卑融合准备了新的经济基础。前文我们已叙述西魏时的府兵是"自相督率，不编户贯"，是"教旗习战，无他赋役"。至隋初时则"凡是军人，可悉属州县，垦田籍帐一与民同"。军坊里的军人及其家口原来只属于军籍，至此则又兼属于军府所在州县的民籍。在政府授田时，军户和农民一样可以受田。隋初的均田法，按《隋书·食货志》所述，是："其丁男、中男、永业、露田皆遵后齐之制。"北齐河清三年（564）规定："民十八受田，输租调，二十充兵，六十免力役，六十六还田，免租调。"隋初的均田令与此相同。这种法令不只适用于一般农民，而且适用于府兵的军人和军户。这便是开皇十年诏所云："垦田籍帐，一与民同。"在这种条件下军人与农民、军户与民户的界限已经日渐消灭，与西魏、北周时的军民异籍以及府兵之专事"教旗习战，无他赋役"者很不相同。虽然如此，但当时同属于府兵范围内的老府兵和乡兵仍系分别屯居，分属于两个不同的行政组织。《通典·职官典》"折冲府"条云：

> 隋初，左右卫、左右武卫、左右武候各领军坊、乡团，以统戎卒。

此言老府兵和乡兵皆属于军府。但军坊和民团（亦名乡团）是两个行政组织，并在不同的地区屯居。《隋书·百官志》云：

> 诸府皆领军坊，每坊置坊主一人，佐二人；每乡团置团主一人，佐二人。

军坊设置在城市或军镇之内，民团或乡团则设置在乡间。按北周时的情况，军坊并不太多，只设在京师附近以及边境险要之区，民团或乡团则凡置有军府的州县都有这种组织。隋平陈以后，诏罢山东、河南及北方缘边新置的新府，但旧有的其他军府和其他地区所置的新军府并没有取消，可知乡团比较军坊要多得多。从乡团说，兵与民是比较合一的。乡兵值番上即轮到服兵役时，或宿卫京师，或随将军出征；下番时则散还本府，从事农耕。开皇十年（590），《隋书·食货志》云："百姓年五十者，输庸停防。""输庸停防"也叫作"免役收庸"，即交纳一些绢布等物代替兵役。《食货志》称"百姓年五十者"，《高祖纪》称"人年五十"，不称"军民年五十"，我想只指乡兵而言。总之，乡兵出自农村，他们的身份主要是农民。老府兵的情况与乡兵不同。他们出身于军户，屯居的所在称为军坊。在西魏、北周时，府兵是由领军府统领的，他们的籍帐、差科、辞讼等事皆由军府管理。到了隋代，《隋书·百官志》云："左右领军府各掌十二军籍帐、差科、辞讼之事。"可知领军府掌管十二军老府兵籍帐等事仍未取消。换言之，即自实行均田法之后，老府兵虽然也编入民籍，然仍保留原有的军籍，而且以军籍为主。我想上引开皇十年诏所云"军府统领宜依旧式"，乃指此而言。这种职业化的府兵自行均田法以后，他们和他们的家口皆依法受田，这是自西魏以来一项重要的变化。这种府兵是否自己也耕田呢？近来我国史学界对此有所争论。《隋书》上关于此种府兵直接耕田的事还没有找到直接的史料。唯《新唐书·兵志》云："居岁余而十二军复，而军置将军一人。军有坊，置坊主一人，以检察户口，劝课农桑。"唐代坊主制废于贞观十年（636），在此年以前，坊主制主要是继承隋制而来的。因此，我们不能说隋代的住坊府兵不以务农为业。老府兵的务农正是关于府兵的乡兵化和军坊的民团化的一种措施。自唐贞观十年以后，府兵"三时务农，一时教战"。从此，府兵中的鲜卑和其他胡人跟着军队组织的变化，通过与广大汉族农民在一道的农业生产劳动，终于融合于汉族人民之内了。

总括以上所述，自北魏京都南迁洛阳以至于隋唐，鲜卑和鲜卑化的胡人的汉化经过是非常曲折的。鲜卑的第一次南迁，由于魏孝文帝认识到鲜卑、汉融合的重要，竭力推行汉化政策，政府把洛阳土地授给代迁的军士和人民，所以他们汉化的结果很好。第二次南迁的鲜卑和胡人，初时在杜洛周、鲜于修礼、葛荣、韩楼所领导的河北起义军队中，与汉族农民一道对北魏统治阶级并肩作战，起义虽然失败，但汉、鲜卑人民在战斗生活中得到初步的融合。河北起义失败以后，几经漂泊流离的鲜卑流民被背叛起义的野心家高欢所利用，建立东魏政权。高欢统治下的鲜卑和鲜卑化的胡、汉军士官僚有三个来源：一是从六镇南下的鲜卑人、胡人和汉人，此辈虽然也有些人参加过河北起义，但鲜卑的种族偏见很深，经常欺凌汉人，反对汉化；二是随魏孝文帝南下的鲜卑兵士，后来称六坊之众；三是从燕、恒、朔、云等州招募而来的鲜卑化的北方健儿。高欢政权既以上述三种人为基础，所以他在政治上实行鲜卑、汉分治及以鲜卑统治汉族的政策。东魏和北齐时期，尚鲜卑和贱汉人的风气很重。朝中汉族士大夫的地位远不如鲜卑。

在这种情况下导致部分汉人鲜卑化，在上层社会中十分显著。《颜氏家训》记齐朝有一士大夫尝谓人曰："我有一儿，年已十七，颇晓书疏，教其鲜卑语及弹琵琶，稍欲通解，以此伏事公卿，无不宠爱。"又云："邺下风俗，专以妇持门户，争讼曲直，造请逢迎，车乘填街衢，绮罗盈府寺。代子求官，为夫诉屈。此乃恒代之遗风乎！"从此大致可以看到当时中原鲜卑化的风气很深。

西魏的鲜卑军队有三个来源：一是由武川镇军人组织而成的贺拔岳军团和由杂牌鲜卑、汉人组织而成的侯莫陈悦军团。此二军团的鲜卑人和鲜卑化汉人成为西魏和北周的当权派。二是在关陇起义失败后万俟丑奴部下的鲜卑和杂胡的降众。三是随魏孝武帝入关的不满万人的六坊之众。

西魏、北周的府兵就是以上述三种鲜卑人和鲜卑化的汉人、胡人为基础发展而成的。宇文泰一方面怕鲜卑将士逃往关东投降高欢，另一方面又怕新成立的汉族乡兵实力高出于鲜卑，所以大力提倡鲜卑府兵的八部、八国化和关陇乡兵的鲜卑化。这种做法现在看来真是一出荒唐的滑稽剧，但在当时朝野上下不以为非，也可推知当时军事政治的鲜卑化到很深的程度了。虽然如此，但落后的鲜卑统治阶级一到中原以后，不论其如何顽固保守，最后终于被迫采取与中原农业生产水平相适应的传统的政治经济制度。

前已言之，北魏的计口授田法是一种屯田性质，是沿汉魏晋各代的屯田制而来的。这仅是一个方面。北魏的均田制，虽与魏初的计口授田有关，但其直接的渊源更是从西汉末的限田制、王莽时的王田制、晋武帝时的占田制而来，不得谓为拓跋魏的首创。鲜卑人的受田当始于北魏太和九年（485）公布均田诏令之后。从代郡南下的鲜卑人在魏孝文帝迁洛阳时授田一次，宣武帝时又授田两次。其中一部分受田的鲜卑人为军人，为禁卫军，这就为后世府兵的受田打下一个历史的基础。

北齐的均田不只给羽林武贲以上的代迁户以公田，就是普通的鲜卑兵与汉人一样，都是十八受田，二十充兵，六十六还田。[①] 隋代鲜卑府兵的受田法，前已言之，与北齐相同，只是羽林武贲等禁军军官的永业田没有了，都督以上始能受到永业田。唐代均田普及于汉、鲜卑府兵，凡府兵集中的地区如关中、河东、河南、河北、陇右等地都实行了均田。均田制下的鲜卑、汉人民的待遇是比较平等的，这就给鲜卑、汉融合带来了优越的条件。

当北齐、北周和隋初时，府兵的军坊与乡兵的村落尚未混合在一起，所以同化的效果还不很显著。唐代的府兵一开始就是寓兵于农。[②]《新唐书·兵志》称唐初始置军府，析关中为十二道，于各道皆置一军。每军置将一人、副一人，以督耕农。这在府兵内部是兵农合一的。隋时的府兵有军坊和乡团之分，到唐初则军坊和乡团合一，所以只有军坊和坊主，无乡团和团主。《新唐书·兵志》云："（武德）六年（623），以天下既定，遂废十二军。……居岁余而十二军复，而军置将军一人。军有坊，置坊主一人，以检察户口，劝课农桑。"此为唐府兵的坊、团合一之证。在此以前，府兵中的鲜卑兵和胡兵居于军坊，只能和军坊里的汉族军户接触，原有的部族特点尚不易消灭。至唐初则军坊与乡团混而为一，府兵的主要民族成分是汉人，而

---

① 《隋书·食货志》。
② 《新唐书·兵志》云："至于府兵，始一寓之于农。其居处、教养、畜材、待事、动作、休息皆有节目。虽不能尽合古法，盖得其大意焉。此高祖、太宗之所以盛也。"此所云府兵指唐代的府兵而言。

不是鲜卑和胡人，此为鲜卑、胡府兵加速汉化的一个很大的原因。

总之，鲜卑、汉人民通过均田制和府兵制的变化，使他们更为接近，更为融合，最后是自北朝以来的鲜卑、胡人之子孙皆变为汉人。至于鲜卑和胡人的上层阶层，在北朝时期，尚以显赫的贵胄国姓相标榜；及移祚之后，始知"天女"、"土后"①之说是一迷梦，不如老老实实作为隋唐时期的臣民给国家和人民做一些事情。

在隋唐时，名臣、大将、文豪、诗人出身于代北各镇少数部族者是很多的。试以唐代宰相一秩而论，出身于北魏南部大人刘库仁之裔者一人，即刘崇望；出身于没鹿回部落大人纥豆陵氏之裔者六人，即窦玄德、怀贞、抗、参、威、易直；出身于屋引氏之裔者二人，即房融与琯；出身于宇文氏之裔者三人，即宇文士及、节、融；出身于八部大人之一长孙氏之裔者一人，即长孙无忌；出身于代郡乌丸王氏之裔者二人，即王珪与涯；出身魏初勋臣八姓之一勿纽于氏之裔者三人，即于頔、志宁、琮；出身于与魏祖同源的源氏之裔者一人，即源乾曜；出身于随魏孝文帝南迁的代北浑氏之裔者一人，即浑瑊；出身于拓跋氏之裔者一人，即元载；出身于独孤氏之裔者一人，即独孤损。②上述唐代宰相姓名，除了祖源于代北鲜卑化的汉族与其他族姓可疑者尚未列入外，已有二十二人。宰相以外，唐代将军、宰相以下官吏、文豪、诗人之祖源于代北鲜卑、胡人者更屈指难计。

元代胡三省注《资治通鉴》于拓跋珪建元皇始下曾感慨地说："拓跋珪兴，而南北之形定矣。南北之形既定，卒之南为北所并。呜呼！自隋以后，名称扬于时者，代北之子孙十居六七矣。氏族之辨，果何益哉！"③胡氏此论乃感于宋朝之被灭于元而发，自是有心人别有怀抱，在此不加深论。千数百年后的今日，我们看来，代北鲜卑和胡人很自然地融合于汉族是值得我们欢迎的。鲜卑和胡人的劳动人民在中原各地从事各种生产事业固然是很好的事，而他们的上层多出一些宰相如长孙无忌、王珪等人，多出一些文学家诗

---

① 《魏书·帝纪·序纪》云："北俗谓土为'托'，谓后为'跋'，胡以为氏。"此说谬误，已见本书。又传说圣武皇帝诘汾田猎于山泽，有天女美妇人与相偶宿，生神元力徽，为北魏的始祖。北魏皇帝遂以天女之后自居。
② 《新唐书·宰相世系表》有关各姓条。
③ 《通鉴》卷108"太元二十年七月"胡注。

人如白居易、元稹等人，也是不可多得的好事。中国的历史本来就是各族的历史，也是各族融合的历史。我们称隋唐盛世的原因很多，各族的人才能够与汉族在一道共同劳动、共同创作、共同生活，这也是隋唐盛世的重要标志之一。

第二章 乌桓

一、乌桓的邑落公社

在叙述乌桓的邑落公社以前，先叙述一下乌桓的起源。

乌桓在汉、魏、晋各代文献内亦写作"乌丸"[①]，自北魏以后至唐代多写作"乌丸"[②]。"桓"和"丸"的古音读作"Yuan"，不读作"Hwan"或"Uan"。例如《三国志·魏书·乌丸传》内的"苏仆延"亦称"速附丸"，同传中乌丸大人的"乌延"，实际上也可以写作"乌丸"。

乌桓和鲜卑，在公元前200年匈奴灭东胡以前，都是东胡的组成部分。当时的东胡和匈奴一样，是一个大的部落联盟。乌桓和鲜卑是东胡部落联盟中两个比较大的部落集团。关于东胡，后汉时的学者服虔对此解释最为确当，云：

> 在匈奴东，故曰东胡。[③]

盖汉时称为"胡"者只有匈奴，此部落联盟在匈奴之东，故史书以"东胡"称之。有些西方的汉学家如兰穆塞和沙畹等以为东胡就是近世所谓"通

[①] 《史记·货殖列传》，《汉书·昭帝纪》、《匈奴传》，《后汉书·帝纪》、《乌桓传》，《续汉书》，《后汉纪》皆作"乌桓"；《汉书·地理志》、《三国志·魏书》、《汉纪》、《晋书·王沈传》及《载记》皆作"乌丸"。
[②] 《魏书·序纪》、《徒何段就兴眷传》、《旧唐书·室韦传》、《新唐书·回鹘传》皆称"乌丸"。
[③] 《史记·匈奴列传·索隐》引服虔云："东胡，乌丸之先，后为鲜卑。在匈奴东，故曰东胡。"

古斯"（Tungus）①，无论在哪一方面都没有根据的。② 东胡的原名为何，目前我们还不清楚。有的人以为东胡之先为徒何。③ 但在《逸周书·王会解》内，东胡与"不屠何"、山戎并列，我们没有理由说屠何就是东胡之祖先。自公元前 200 年东胡部落联盟被击溃以后，它的组成部分有两族遗留在后世，就是乌桓和鲜卑。

关于乌桓名称的来源，从前有两种说法：一种以为乌桓初为部落大人之名，后来引申为部落之名。如《续汉书》就是这样说的。④ 又一种以为东胡被灭以后，一部分人们退居乌桓山，因以山名为号。如王沈《魏书》就是这样说的。⑤ 后一种说法比较普遍，即便是主张乌桓原是人的姓名的《续汉书》，同时也说东胡"余类保乌桓山以为号"。从此可知乌桓的名称是因东胡这一部落集团在公元前 2 世纪时退居于乌桓山而得名。

但乌桓名称的来源并不等于乌桓族就是起源于乌桓山。在公元前 2 世纪以前，不论其名称为何，事实上已经有乌桓族存在。此乌桓族的起源地，王沈《魏书》和范晔《后汉书·乌桓鲜卑传》皆言起源于辽东西北数千里之赤山。王沈《魏书》叙述乌桓人的丧葬仪式云：

> 敛尸有棺。始死则哭，葬则歌舞相送。肥养（一）犬，以采绳婴牵，并取亡者所乘马、衣物、生时服饰，皆烧以送之。特属累（《后汉书》注，乃付托也）犬，使护死者神灵归乎赤山。赤山在辽东西北数千里，如中国人以死（者）之魂神归泰山也。至葬日，夜聚亲旧员（与圆同）坐，牵犬马历位，或歌哭者，掷肉与之。使二人口诵咒文，使死者

---

① 主张东胡为通古斯者，法国兰穆塞始于前，克拉不洛提继其后。参考 A. Rémusat, *Researches sur les langues tarares*, 1820; Klaproth, *Asia Polyglotta*, 1381. 又著名的法国汉学家沙畹（Chavannes）在所著《中国的旅行家》（*Voyageurs Chinois*）中译东胡为 "Toungouse"，载于 *Journal Asiatique*, XI, p. 389, Note 1 内，此书有冯承钧的汉文译本，最近载入冯承钧的《西域南海史地考证译丛八编》。
② 〔日〕白鸟库吉：《东胡考》，《东胡民族考》上编，方壮猷译，第 1—18 页。
③ 《管子》："桓公败胡貉，破徒何。" 尹知章注云："屠何，东胡之先也。"
④ 《史记·匈奴列传·索隐》："案《续汉书》曰：汉初，匈奴冒顿灭其国，余类保乌桓山以为号。俗随水草无常处。桓以之名，乌号为姓。父子男女悉髡头为轻便也。"
⑤ 王沈，晋人，其《魏书》亦佚。引文见《三国志·魏书·乌丸鲜卑东夷传》注。其相同的说法亦见袁宏《后汉纪》及范晔《后汉书·乌桓鲜卑传》。

魂神径至，历险阻，勿令横鬼遮护，达其赤山。然后杀犬马，衣物烧之。

这段史料对于研究乌桓的起源十分重要。一切部落部族的丧仪都是最富有保守性的。乌桓人怕死者灵魂回不到原始家乡，所以延请萨满诵指路经，使死魂经历险阻，归至赤山，中间勿被横鬼遮断道路。并以一犬牵之，说明他们的祖先原初就是坐着犬拉的雪橇到草原的东南部的。此所谓赤山，我们虽不能确指为何地，要在辽东的西北千里以外。可知乌桓的祖先是从辽东西北很远的地方来的。《后汉书·鲜卑传》记，东汉建武三十年（54），"时渔阳赤山乌桓歆志贲等数寇上谷"。此渔阳赤山在今内蒙古东南部之赤峰[①]，当非西北数千里外之赤山。但此二赤山互有关系，以意度之，盖乌桓自赤山迁出以后，辗转迁徙，迁到老哈河流域以后，为了回溯其部落的起源地赤山，故于老哈河南岸别立一赤山以为纪念。乌桓自东胡破灭后迁于乌桓山，此乌桓山何在，汉魏间著述不能指明。《辽史·地理志》言临潢府有乌川，云：

乌州，静安军，刺史。本乌丸之地，东胡之种地。辽北大王拨剌占为牧，建城，后官收。隶兴圣宫。有辽河、夜河、乌丸川、乌丸山。统县一，爱民县。

乌州有乌丸川和乌丸山。山川皆以乌丸为名，可知古代的乌桓人即分布于此。乌州的位置，按《辽志》在长春州与永州之间。长春州是辽代皇室鸭子河春猎之地。鸭子河指今松花江将入于嫩江的一个段落。《辽史·圣宗纪》太平四年二月，"诏改鸭子河曰混同江，挞鲁河曰长春河"。挞鲁河一作陀喇河，即今之洮儿河。长春州在松花江下游以西、洮儿河以南甚明。永州在今西拉木伦河与老哈河合流之处。然则乌州在松花江下游以西、洮儿河以下、西拉木伦河以北之地。《辽志》中之辽河指西辽河，即今西拉木伦河。乌丸川即归喇里河，今名归流河。清末曹廷杰在《东三省地图说录》中有一段考

[①] 丁谦《后汉书·乌桓鲜卑传地理考证》云："渔阳赤山即今热河赤峰县，以县北十里有红山，故名。"载入《蓬莱轩地理学丛书》或《浙江图书馆丛书》第一集。赤山、红山、赤峰似皆由此渔阳赤山而命名。

证[①]极为精辟，云：

> 陀喇河，旧作陀罗河，亦曰洮儿河。有二源：北源即陀喇河，古名崛越河。……南源曰归喇里河。古名完水，发源乌珠穆沁右翼旗东云瑚苏图山。东北流数百里，会陀喇河入嫩江。《寰宇记》：完水在乌洛侯国西南，其水东北流，合于难水（今嫩江）。《蕃中记》云，完水即乌桓水是也。查乌桓本据今西辽河两岸及归喇里河西南地方。归喇里河出其境内，故称乌桓水，又称完水。

曹氏引《蕃中记》以完水即乌桓水，亦即《辽志》中之乌丸川，并判断古代乌桓分布在西辽河（即西拉木伦河）两岸及归喇里河（今归流河）西南地方，皆中要害。乌桓水既然就是归喇里河，则乌桓山亦当于此河附近求之。

在曹氏以前，道光年间之张穆在《蒙古游牧记》卷3"阿鲁科尔沁部"条中亦提到乌桓山，云：

> 旗西北百四十里有乌辽山，即乌桓山。

阿鲁科尔沁部的牧地在哈奇尔河及傲木伦河流域，在巴林左旗之南，右旗之西。旧亦属辽代的临潢府地。张氏此说，其根据如何虽不尽知，但距离科尔沁部之归喇里河尚远，恐有问题。以目前历史地理之知识言，我们应当相信《辽史·地理志》。辽代虽无乌桓，但契丹人的根据地在乌桓、鲜卑的旧壤，故老传说乌州为乌桓故地，乌州之名即由于其地为乌桓故居甚明。因此，古代乌桓的分布应如清代末年曹廷杰的推测，乌桓本据在今西拉木伦河的两岸及归喇里河西南地区。

但于此应说明者，即乌桓人驻牧此区域当在东胡被破灭以后和汉武帝徙乌桓于上谷等五郡塞外以前。换言之，即乌桓人之驻牧此区域的年代在公元

[①] （清）曹廷杰：《东三省地图说录》，刊入《皇朝藩属舆地丛书》、《问影楼舆地丛书》、《辽海丛书》内。唯书名皆作《东三省舆地图说》。余所见光绪十九年（1893）之沈维骥及许克勒之传抄本作《东三省地图说录》，不作《东三省舆地图说》。此段论文的题目是《嫩江陀喇河喀鲁伦河黑龙江考》附《临潢府考、长春州牧》。

前200年至公元前119年之间。从此以后，乌桓南迁居于上谷等五郡塞外，其分布中心在今老哈河流域。此区域以北的西拉木伦河流域则由原来居于北方的鲜卑族所占据。今日之言乌桓、鲜卑分布者，每依《后汉书》或王沈《魏书》之《乌桓鲜卑传》以为乌桓分布于老哈河流域，鲜卑分布于西拉木伦河流域。但不知在此以前，乌桓、鲜卑的分布更在北方。故治乌桓鲜卑史者于乌桓山及鲜卑山的所在地不可不加以考订。

前已言之，西拉木伦、老哈河流域按其地形分为三区。乌桓人初分布西拉木伦河流域，后迁至老哈河流域。因为各地的地形不同和生产的物资不同，所以分布于其间的乌桓人自然而然养成一种能够经营农、牧、猎三种经济活动。但三种之内以农业为主。

王沈《魏书》记载他们的经济生活云：

> 俗善骑射，随水草放牧，居无常处，以穹庐为宅，皆东向。
> 日弋猎禽兽，食肉饮酪，以毛毳为衣。
> 俗识鸟兽孕乳，时以（别）四节。耕种常用布谷鸣为候。地宜青穄、东墙。东墙似蓬草，实如葵子，至十月熟。能作白酒，而不知作麹糵，米常仰中国。

上引《魏书》三则，第一则指游牧，第二则指射猎，第三则指农业。此三种经济跟乌桓人的生活是密切联系在一起的。家畜中的牛、马、羊和野兽中的虎、豹、貂，不是他们的衣食饮料的来源，就是婚姻上的聘礼，犯罪时的赎金，对匈奴奴隶主的贡赋以及与汉关市中的交换品几乎皆仰给于此。[①] 各种动物的毛革发展为妇女的家庭纺织手工业。《后汉书·乌桓传》云：

> 妇人能刺韦作文绣，织氀毼。

刺韦即缝皮革为衣为帐幕。文绣即绣花，其丝线可能亦仰给于中国。

---

① 关于婚姻聘礼和犯罪赎金见王沈《魏书》及《后汉书·乌桓传》，原文引见下文。对匈奴贡赋参考《汉书·匈奴传》。与汉通关市参考《后汉书·乌桓传》，《三国志·魏书·乌丸鲜卑东夷传》、《田豫传》。

穄穄，《博雅》云："𪎭也。"如今毡之类。农产中的青穄，《后汉书》单作"穄"，音"tɕi"，《说文》云，穈也。《玉篇》云："关西穈，似黍不粘。"东墙，《广志》云："色青黑，粒如葵子。幽、凉、并皆有之。"

乌桓从有文字记载的历史以来到入居中国内地以前，它的社会性质应当是和农村公社性质相近的邑落公社。

邑落公社刚刚从原始公社转变而来，所以在习俗上保留着许多原始社会的遗迹，有的还是女系氏族社会的遗迹。例如王沈《魏书》云：

贵少贱老，其性悍骜，怒则杀父兄，而终不害其母，以母有族类，父兄以己为种，无复报者故也。

其嫁娶皆先私通，略将女去，或半岁百日，然后遣媒人送马、牛、羊以为聘娶之礼。壻随妻归，见妻家无尊卑，旦起皆拜，而不自拜其父母。为妻仆役二年，妻家乃厚遣送女，居处财物，一出妻家。故其俗从妇人计，至战斗时，乃自决之。

父兄死，妻后母、报（原作"执"，误）嫂。若无报嫂者，则己子以亲之，次妻伯叔焉。死则归其故夫。

上述氏族复仇、婚礼上的夫从妻居以及婚配特权都从女系氏族社会遗留下来的。在女系社会，夫从妻居，住在妻的氏族之内，自然夫要为妻家服役，并对妻家长幼"旦起皆拜，而不自拜其父母"。从女系社会变为男系社会以后，夫从妻居制变为妻从夫居制，妻的劳动力一旦从妻的氏族转入夫的氏族，对于妻方是有损失的，所以就产生了服役婚制，以弥补妻方的损失。妻随夫归之时，居处财物一由妻家办理，这仍然是女系社会的习惯。后世嫁女时所谓"陪奁"即起源于此。又《魏书》"父兄死，妻后母、报嫂"一段，原文费解，当详释之。今《三国志·魏书》所引《魏书》"妻后母、报嫂"，"报"作"执"，误。按"执"古文亦作"𢌿"，与"报"形近，故讹为"执"。《后汉书·乌桓传》释为"报寡嫂"，是对的。《汉律》，婬季父之妻曰报。此外，幼者婬兄长妻亦曰报。乌桓俗，父死，子可妻其后母；兄死，弟可报其寡嫂。寡嫂之小叔死，小叔之子可以伯母为妻。小叔若无子，然后再轮及其他伯叔。这种嫂叔婚、伯叔母与侄婚，甚至如叔父侄媳婚，在近代的西南民族中有许多地方都很盛行。此种婚配特权与古代氏族外婚制及氏族的财产继承权彼此联系在一起的。外氏族的妇女嫁到本族以后，不论嫁给何人，她已成为氏族中的所有者，不能随便让她离开。她的丈夫死后，丈夫的财产和社会地位要由兄终弟及等一套制度加以处理，同时，关于这位寡妇的权利和义务相应地亦如丈夫的财产和地位一样，也必须由习惯上指定的人承担起来。当然，邑落公社时代的乌桓妇女地位与封建时代不同，上引文已经明白叙述：第一，当时母方氏族或部族对本族嫁出的妇女有绝对的保护权；第二，所有妇女，不论是氏族内的或氏族外的，在社会上的地位都很高。在氏族部落之内，一切计谋皆从妇人。只有在进行对外战斗时，始由直接参加战争的男性酋帅自行决定。这种情况可以说明乌桓社会经过女系氏族时期很长，所以到了男系男权的邑落公社时期，妇女的地位和作用仍然很高。

关于乌桓邑落公社的组织形态，王沈《魏书》有如下的叙述：

> 常推募勇健，能理决斗讼相侵犯者，为大人；邑落各有小帅，不世继也。数百千落自为一部。大人有所召呼，刻木为信，邑落传行。无文字，而部众莫敢违犯。
>
> 氏姓无常，以大人健者名字为姓。大人以下，各自畜牧治产，不相徭役。
>
> 其约法：违大人言死。盗不止死。其相残杀，令部落自相报；相报不止，诣大人平之。有罪者，出其牛、羊以赎死命乃止。自杀其父兄无罪。其亡叛为大人所捕者，诸邑落不肯受，皆逐使至雍狂地。地无山，有沙漠、流水、草木，多蝮蛇，在丁令之西南，乌孙之东北，以穷困之。

在这里附带说明，晋代王沈是太原晋阳（今阳曲）人，太原郡以北以东是很多乌桓内徙所在。而沈之祖父柔在东汉时为护匈奴中郎将，从祖泽为代郡太守[1]，其子浚又徙宁朔将军、都督幽州诸军事，并以二女妻鲜卑首领务勿尘和苏恕延[2]。一门数代都是通晓乌桓、鲜卑情况的，所以上述各条具有很大

---

[1] 《后汉书·郭泰传》。
[2] 《晋书·王沈传》。

的可靠性，与一般闭门杜撰史志者不同。

从上引文所述，知乌桓当时政治组织最大的共同体为部，部内的单位为邑落。部内的首领称为"大人"，邑落的首领称为"小帅"。每部之内包括"数百千落自为一部"。简言之，就是每部包括几百落至几千落多少不等。以史实证之，如《后汉书·乌桓传》称："灵帝初，乌桓大人上谷有难楼者，众九千余落；辽西有丘力居者，众五千余落，皆自称王。又辽东苏仆延众千余落，自称峭王；右北平乌延众八百余落，自称汗鲁王，并勇健而多计策。"从上述四个乌桓大人的部众，从最少的八百多落到最多的九千多落，可以看到每部大人所管辖的邑落数目。

每邑落之中包括有多少户口，这一问题对于我们研究草原邑落公社很有意义。三国时鱼豢的《魏略》一节关于乌桓有如下一段记载：

> 景初元年（237）秋，遣幽州刺史毌丘俭率众军讨辽东，右北平乌丸单于寇娄敦、辽西乌丸都督率众王护留叶①昔随袁尚奔辽西，闻俭军至，率众五千余人降。寇娄敦遣弟阿罗槃②等诣阙朝贡。封其渠帅三十余为王，赐舆、马、缯、采各有差。

上述右北平和辽西的降众五千余人，渠帅三十余人，设此渠即乌桓之邑落之帅，则每邑落之中应有一百六十人左右。但《三国志·魏书·毌丘俭传》谓封其渠帅二十余人，即每邑落之内应有二百多人。由此可以推测乌桓每一邑落当有人口一百几十人至二百几十人。

每邑落中有多少帐户或家户，日本内田吟风氏曾根据匈奴和鲜卑的每户口数以七人计算，则每一邑落约有二十多帐户或家户。③若以《三国志·魏

---

① 今殿本《三国志》中之"护留叶"，《册府元龟》卷963《外臣部》作"护留栗"。《三国志·魏书·文帝纪》、《毌丘俭传》皆作"护留等"，此"叶"、"栗"疑为"等"之误。
② 今殿本《三国志·魏书·乌丸鲜卑东夷传》注与《册府元龟》上引卷内皆作"阿罗奖"，但《三国志·魏书·毌丘俭传》作"阿罗槃"，未知孰是。
③ 〔日〕内田吟风：《关于乌桓族的研究》，《满蒙史论丛》同朋舍1943年版。氏谓匈奴每户7人，是根据《后汉书·南匈奴列传》记南匈奴户三万四千，口二十三万七千三百计算来的。鲜卑的每户七人，是根据《魏书·慕容永传》记苻坚时从长安逃出之鲜卑人为三十多万口，《晋书·慕容暐载记》为四万多户鲜卑入关中计算来的。

书·毌丘俭传》为准，每邑落约有三十多帐户。大约古代乌桓每邑落约有二三十户。

邑落户口的多少正是部落物资多少和部民生产力水平高低的显明标志。汉代的乌桓人民，不只经营畜牧业和射猎业，而且已经经营比较发达的农业。虽然耕种的谷类比较单纯，但在蒙古草原来说，是十分难能可贵的。在畜牧业和农业的基础上，"妇女能刺韦作文绣，织氀毼；男子能作弓矢、鞍勒，锻金铁为兵器"①。这种以农牧业为主要生产方式并且从农牧业发展出相当发达的纺织和金属手工业，正是形成自给自足的同时又是平等的邑落公社的物质基础。

据文献所述，乌桓邑落公社具有以下各种特征：第一种特征就是阶级日渐在分化，统治阶级正在形成之中。从前引王沈《魏书》一段可以看出，部的大人和邑落的小帅都是由邑落人民推举出来的，说他们皆"不世继"。《后汉书·乌桓传》亦说："有勇健、能理决斗讼者，推为大人，无世业相继。"这里表明乌桓从原始公社保留下来的民主公选制到邑落公社时期还不曾消灭。在乌桓史上我们不曾找到民主公选大人的实例，但当时语言习俗与乌桓相同的鲜卑，王沈《魏书》记载在公元 2 世纪中叶时鲜卑部众公选檀石槐为大人的事实如下：

> （檀石槐）年十四五，异部大人卜贲邑钞取其外家牛羊，檀石槐策骑追击，所向无前，悉还得所亡。由是部落畏服，施法禁曲直，莫敢犯者。遂推以为大人。

《三国志·魏书·乌丸鲜卑东夷传》亦记轲比能"以勇健、断法平端、不贪财物，众推以为大人"。从此二例不难想像古代乌桓公选大人的情况亦与之相仿。鲜卑的公选制变为世袭制，据王沈《魏书》记载在檀石槐的死亡以后。檀石槐的死亡年代在东汉灵帝光和年间（178—183）②，乌桓大人的公选制之变为世袭制大约亦在此时。《后汉书·乌桓传》记载："献帝初平中

---

① 《后汉书·乌桓传》。
② 《后汉书·鲜卑传》："光和中，檀石槐死。"

（190—193）丘力居死，子楼班年少，从子蹋顿有武略，代立。"便可证明乌桓的大人世袭制亦与鲜卑同时，皆在 2 世纪的末叶。乌桓大人世袭制的成立，正可说明乌桓的阶级分化日益明显，真正的统治阶级从此开始形成。

王沈《魏书》和《后汉书·乌桓传》都记载汉代的乌桓大人已经有一系列的经济特权、军事特权和法律特权。王沈《魏书》云：

> 大人以下，各自畜牧治产，不相徭役。

在邑落公社之内，每个人包括小帅在内都从事生产劳动，谁也不奴役谁，不剥削谁，这正是原始公社一幅自由平等的美丽图画。但公社之上出现了部的大人，这一阶层的人物他们却在畜牧治产之外，徭役剥削之内。这便是统治阶级形成的一个首要的经济因素。最初部的大人是以管理或者监督几种特殊的生产品，其中特别是与军事战争有关的若干生产品之姿态出现的。王沈《魏书》云：

> 大人能作弓矢、鞍勒，锻金铁为兵器；能刺韦作文绣，织氀毼。

一个大人怎能从事于上述各种生产劳动呢？当然不可能。这只是说大人在管理或监督上述各种公有手工业，其中特别是与保卫公社有关的军事手工业。这些手工业品虽然最初是由各公社劳动人民制造的，同时也是归各公社人民集体所有的，但到了后来因为与军事战争有关，所以就收归部的大人管理，因而弓矢、铁兵等物就成为大人特权控制下的产品了。乌桓大人所以控制弓矢、鞍勒、金属武器，主要是为了战争。所以控制毛革、文绣等手工艺品，除自己享用外，同时也为了和邻族进行贸易，或者向上国进贡。例如建武二十五年（49）乌丸大人郝旦以牛、马、弓、虎豹皮向汉光武朝贡[①]，就是一现成的例证。自从在生产方面分成管理者和制造者，这些管理者就形成统治阶级，使直接生产者服从自己。在军事方面，公社为了保卫公社人员的生命财产，所以成立了军事组织。公社成员在保证公社内外集体利益的条件下

---

① 《后汉书·乌桓传》。

都参加了兵役活动，这完全是自然的，也是正当的。但随着战争的发展，出现了特权的军事首领，他们掠夺奴隶，掠夺战利品，最有价值的部分归于自己，把次品分给战士，所以军事首领变成了统治阶级。法律方面，邑落公社的习惯法：大人有所召呼，部众不敢违犯；违大人言者罪至死；叛亡之徒被大人所捕获者，徙逐于雍狂之地、沙漠之中。所有这些约法都助长了大人权力的发展，最后使大人脱离了社员群众，成为统治阶级。

乌桓邑落公社的第二个特征是邑落内部的主要财产，如土地和牲畜，当在原始公社时，归氏族公有或邑落公有。至邑落公社时，则一部分属于家族所私有，一部分仍为公社所公有，形成私有制和公有制的两重性。

关于土地所有制，因文献资料有限，我们知道得很少。《史记·匈奴传》叙述匈奴左、右方王将的土地疆域时云："各有分地，逐水草移徙。"此言左地与右地中之部落集团，他们的土地各有一定的疆界，部落内土地所有制的具体情况则不甚明了。后世突厥和蒙古的封建土地所有制，土地为封建主所占有，牧畜及生产工具和生活资料如马牛羊、牧具、猎具、帐幕为牧民所私有，而封建主所占有的土地最初是部落所公有的。[①] 以此推测，乌桓邑落公社的土地，无论牧场、山林、湖泊等似仍为公社所公有，只有一部分农耕地开始从公有制向私有制过渡。

牲畜如马、牛、羊等，如文献所载，很明显是由各家族或个人所私有的。王沈《魏书》和《后汉书·乌桓传》都记载"自大人以下，各自畜牧营产"，正可说明当时畜牧和其他一些生产是各自经营的。畜产之所以先于土地被个人所占有，主要原因是由于它易于分割和易于单独经营，与耕种、狩猎之必须从事集体协作者具有不同的性质。因为畜产是各自经营的，而且是各自私有的，所以上述两种文献都记载乌桓的婚姻以牛马羊为"聘币"；丧葬以死者所乘马殉葬；犯罪者又"听出马牛羊以赎死"。这些例证都说明乌桓的畜产是由家族或个人所私有的。又如前述檀石槐外家牛羊被异部大人卜贲邑抄掠的事，也说明被掠抄的家畜是应归檀石槐外家所私有的。

土地和牧场的公社公有制，一部分耕地向私有制过渡；畜产为各家族或个人所私有，这便是乌桓内部主要财产所有制的两重性。

[①] 参考拙著《论突厥人和突厥汗国的社会变革》（下），《历史研究》1958年第4期，第59—60页。

乌桓邑落公社的第三个特征是公社组织的军事化，行动的战斗化，最后为了保卫和反抗侵略，公社的军事组织扩展为部落的联合以至部落联盟。

乌桓邑落的首领称为"小帅"，这显然是一军事酋长的名称。部的大人是从邑落小帅中选出的，他掌握着"作弓矢、鞍勒，锻金铁为兵器"的大权。战斗团体是由公社的男子组成的，《乌桓传》称"唯斗战之事乃自决之"。又称"俗贵兵死"；"贵少而贱老，怒则杀父兄"。又称"若相贼杀者，令部落自相报"。这些生活习惯都是生活战斗化的表现。公社之内为什么出现军事组织和战斗行动？马克思在《资本主义生产以前各形态》内解释说：

> 公社所遭遇的困难，只是由于其他公社所引起，或者其他公社先已占领了土地，或者其他公社到这公社已占领的土地上来骚扰这个公社。所以战争成为或者由占领生存的客观条件，或者由保护并永久保持这种占领物所要求的一种重要的共同任务，一种巨大的共同工作。这就是为什么这种由家族组成的公社最初时期是按军事方式组织成的，像军事组织或军队组织一样，而且这样的组织是公社以所有者资格而存在的条件之一。①

乌桓在公元前2世纪以前曾经参加过东胡部落联盟，并且和匈奴进行过争夺土地的战争。自被匈奴征服以后，虽然他所参加的部落联盟瓦解了，但作为社会单位的公社并不曾消灭。匈奴奴隶主经常向他们索取牛马羊皮，没收他们的人口为家族奴隶②，在这种情况下，乌桓部落不可能解散他们作为对抗强敌和保卫公社的军事组织的。在公元前2世纪时虽曾一度降汉，徙入上谷、渔阳、右北平、辽东、辽西五郡塞外，但汉代统治阶级对待他们的条件十分苛刻，同时因乌桓的社会经济又有许多发展，所以到东汉时乌桓的军事组织不是缩小，而是更为扩大。如在汉灵帝初年发展为上谷、辽西、辽东、右北平四王。到中平四年（187），汉人中山太守张纯叛汉入乌桓，把乌桓诸部统一起来，自号"弥天安定王"，为三部乌桓的元帅。③这种军事组织，虽

---

① 马克思：《资本主义生产以前各形态》，人民出版社1956年版，第8页。
② 《史记·匈奴列传》；《汉书·匈奴传》。
③ 《后汉书·乌桓传》。

然已经脱离了邑落公社军事组织的性质,而且又有不少的汉人参加在内,但论其发展历史,它是由邑落公社的军事组织经过多种多样的变化而来的。建安初年袁绍遣使拜乌桓蹋顿等三王为单于,版文云:"……乌丸辽西率众王蹋顿、右北平率众王汗卢维:乃祖慕义迁善,款塞内附。……始有千夫长、百夫长以相统领。"① 千夫长、百夫长系模仿汉朝的郡国制和匈奴兵制的一种军队组织。② 乌桓正式军队之成立当始于此。

乌桓邑落公社的第四个特征是在部落或公社之内,有的是有血缘关系的氏族或宗族,有的则是没有血缘关系的宗族或家族,所以严格地说,这种部落和公社已经不是血缘的群体,而是一种地域的共同体。而且越到后来,外来的部落或部族成分越多,原有的氏族到处遭到融合和排斥,最后使作为地域共同体的部落,变成部族。

前引王沈《魏书》云:"怒则杀父兄,而终不害其母,以母有族类,父兄以己为种,无复报者故也。"乍看之下,很难理解"以己为种"的共同体为什么就没有"族类",而至于自杀其父兄无罪呢?唯一的解释就是母方有氏族,而父方则只有家族,没有氏族,所以父方没有"族类",自然没有族属给他报仇了。又云:"氏姓无常,以大人健者名字为姓。"这种"氏姓无常以大人健者名字为姓"的家族或个人也正是没有氏族只有家族的人们。他们或者是由外地来的,或者是战争中投降的俘虏,或者原来的氏族因种种关系至于"坠命亡氏"。但在另一方面,部落或公社之内仍然还有一些氏姓有常的人们,所以他们始以大人之名字为姓。在青海南部和四川西北部的藏族地区,社会的上层人物如土司、土官、头人等差不多都有世系,有姓氏,而其所属的牧奴以及一部分到此不久的牧民,问其姓氏,则云部酋姓什么,他们也姓什么。这种情况与乌桓类似,只是藏族已进入封建社会阶段罢了。乌桓所参加的东胡部落联盟被击破以后,许多匈奴人进入这一地区。公元1世纪中叶东汉的辽东驻军与鲜卑大人偏何的军队联合击破赤山乌桓,从此乌桓和

---

① 《三国志·魏书·乌丸鲜卑东夷传》注引王粲《英雄记》。
② 《史记·匈奴列传》:"诸二十四长亦各自置千长、百长、什长。"《索隐》按《续汉书·郡国志》(疑作《百官志》)云:"里有里魁,人有什伍。里魁主一里百家;什主十家,伍长五家,以相检察。"以此知千夫长、百夫长与汉制及匈奴制皆有关。卫宏《汉旧仪》卷下云:"五人为伍,伍长一人。十人为什,什长一人。百人为卒,卒史一人。五百人为旅,旅帅一人。"百夫长犹卒史,千夫长犹二旅帅。

鲜卑又常杂处错居。乌桓又多次迁徙，入居辽东、辽西、右北平、渔阳、广阳、上谷、代郡、雁门、太原、朔方等十郡界内，不少汉人和汉朝的军队移居乌桓部落之内。《后汉书·乌桓传》记：

> 中平四年（187），前中山太守张纯畔入（渔阳）丘力居众中，自号弥天安定王，遂为诸郡乌桓元帅。

又记：

> 广阳人阎柔，少没乌桓、鲜卑中，为其种人所归信。柔乃因鲜卑众，杀乌桓校尉邢举而代之。

大量汉人之徙入乌桓最多一次是，建安十一年（206）幽、冀二州随袁尚奔入辽西的十多万汉户。上引同传云：

> 及（袁）绍子尚败，奔蹋顿，时幽、冀吏人奔乌桓者十万余户。

此十多万户汉人吏民之移入辽西，对于乌桓邑落公社的改变以及由此从部落之转化为部族都起了很大的作用。

最后略述蓄奴制在乌桓社会中建立的过程。

匈奴征服乌桓的前后，乌桓邑落之内是没有奴役奴隶的事实的。此点可以前引文献中"大人以下，各自畜牧治产，不相徭役"为证。与乌桓相反，匈奴国家是实行家族奴隶和部落奴隶制的。因此乌桓被征服之后，本身成为匈奴的奴役部落，欠交租税的乌桓人民又被匈奴贩卖为匈奴家族奴隶。[①] 乌桓蓄奴之风的开始，是在公元1世纪初年由于王莽暴虐乌桓，所以他们的豪帅就背叛王莽投降匈奴，从此他们不断在缘边各地进行战争，掠夺人口。《后汉书·乌桓传》这样记载着：

---

① 《后汉书·南匈奴列传》。

> 匈奴因诱其豪帅以为吏，余者皆羁縻属之。光武初，乌桓与匈奴连兵为寇，代郡以东尤被其害。居止近塞，朝发穹庐，暮至城郭，五郡民庶，家受其辜。至于郡县损坏，百姓流亡。其在上谷塞外白山者，最为强富。

传谓乌桓豪帅大人做了匈奴的"吏"，这正是跟随匈奴奴隶主掠夺奴隶的机会，其中必然有许多乌桓大人开始蓄养奴隶。同传记载建武二十五年（49）：

> 辽西乌桓大人郝旦等九百二十二人率众向化，诣阙朝贡，献奴婢、牛、马及弓、虎、豹、貂皮。

此是文献中记载乌桓之中蓄有奴隶的开始。他们既以奴隶向汉朝进贡，其部落之内或邑落之间可能亦有买卖奴隶交易发生。此后乌桓入居缘边塞内十郡，"侵掠居民"之事仍然不断发生。例如永和六年（141），《南匈奴列传》记载：

> （中郎将）张耽，性勇锐，而善抚士卒，军中皆为用命。遂绳索相悬，上通天山，大破乌桓，悉斩其渠帅，还得汉民，获其畜生财物。

《通鉴》胡注，通天山即西河郡土军县之石楼山，以其高绝，故曰通天，当即今之吕梁山。张耽从此山乌桓中夺还之汉民，当即乌桓大人前多次掳掠汉人之为奴隶者。又如公元187年，张纯入辽西乌桓中，引乌桓大人丘力居等至渔阳、河间、渤海、平原等地，多所掳掠。公孙瓒率兵追击，"悉得其所略男女"①。他们不断地掳掠汉人男女，这和乌桓社会的蓄养奴隶风俗是紧密地联系在一起的。但仅有蓄奴之风并不等于奴隶制的形成。乌桓在奴隶制形成以前就被汉末的曹操把他们编为三郡乌桓骑兵在中原各处打仗了。

---

① 《后汉书·公孙瓒传》。

二、乌桓与匈奴、鲜卑以及汉朝的关系

（一）乌桓和匈奴的关系

自匈奴击破东胡部落联盟以后，乌桓部落势孤力促，故役属于匈奴。匈奴单于每岁征收乌桓人民的牲畜皮革，若过时不交，便没收其妻子为奴隶。汉武帝元狩四年（前119），汉骠骑将军霍去病击破匈奴的左地，因徙乌桓于上谷（治沮阳，今河北怀来南）、渔阳（治渔阳，今河北密云）、右北平（治平刚，今河北平泉）、辽东（治襄平，今辽宁辽阳）、辽西（治且虑，今辽宁朝阳）五郡之塞外。此所谓"塞"，指长城附近的障塞。五郡塞外即指老哈河流域、滦河上游以及大小凌河流域之地。汉武帝移乌桓南下的目的是"为汉察匈奴动静"，并在幽州（今北京）地方置护乌桓校尉[①]，监领乌桓不得与匈奴交通。

乌桓既然得到汉朝的保护，他们为了报匈奴冒顿破灭其祖先之耻，纠合群众把匈奴单于的祖坟掘了。壶衍鞮单于大怒，发兵二万骑东击乌桓。乌桓新被兵创，而汉朝的霍光又派兵趁火打劫，斩杀乌桓六千余人，并斩三部落集团首领而还。[②]汉朝这次战争，显然是非正义的，所以乌桓曾出兵攻打幽州进行报复。

汉宣帝神爵四年（前58），乌桓趁匈奴贵族内讧之际，出兵袭匈奴东边的姑夕王，颇掠得一些俘虏。[③]

公元1世纪初年，王莽遣派使者颁布四项条款与匈奴囊知牙斯单于，其中的一条就是"乌桓降匈奴者，不得受"。后护匈奴使者又劝告乌桓人民，以后不再给匈奴皮布税。平帝初始元年（公元8年），匈奴按照旧例遣使者到乌桓索取贡税，同时还有一批贩卖人口、牲畜的匈奴商贩亦跟着来到乌桓地面。乌桓人说："奉汉天子诏令，不当给匈奴税。"匈奴使者怒，把乌桓酋豪捆缚倒悬起来，酋豪的家族昆弟怒，共杀匈奴使者及其官属，并没收了跟他们一道来的妇女和牛马。单于听到消息以后，发左贤王兵来镇压，杀了不少乌桓人民并掠夺近一千的妇女弱小西去，安置在左地，并

[①] 《太平御览》职官部引应劭《汉官仪》云："护乌桓校尉在幽州。"孙星衍《汉官仪》辑本卷上同。辑本收入《知服斋丛书》。

[②] 参考《后汉书·乌桓传》。汉出兵之年为昭帝元凤三年（前78），原以击匈奴，但当时匈奴已闻讯引退，霍光以"兵不空出"为辞，遂攻乌桓。

[③] 《汉书·匈奴传上》。

告乌桓说："持马畜皮布才能把被掠的人们赎回。"乌桓被掠者的亲属二千多人持财畜往赎，匈奴把财畜受下，但不遣发掠夺得来的乌桓人民。王莽始建国元年（公元9年），王莽遣派武官六人到单于王庭换取单于的印玺，归途在左犁汗王咸的居地看到那些被掠的乌桓人民很多，经过交涉，单于始允许把掠者放还。①

但王莽并不是解放乌桓，而是想把乌桓从匈奴统治者手中分化出来，归附于己，并借之以击匈奴。始建国二年（公元10年），王莽发兵三十万北伐匈奴，兵卒之中包括了国内的囚徒丁男②，同时还有不少的乌桓、丁零兵丁参加在内。乌桓、丁零兵原屯代郡，是由东域将严尤统领的。乌桓兵出征以前，王莽把乌桓兵的妻子作为"人质"，分布在近郡各县。乌桓兵不服内地水土，请求回乡，王莽不许，所以各自逃亡，并在各处抢掠。于是诸郡官吏尽杀乌桓的"人质"，从此乌桓痛恨王莽。匈奴统治阶级趁此机会引诱乌桓的豪帅为官吏，自豪帅以下，皆叛莽而又重新投降了匈奴。

东汉初年，匈奴和乌桓联合起来在代郡以东各地掠夺，五郡百姓皆受蹂躏。当时以上谷塞外的白山乌桓最为富强。汉伏波将军马援率兵出代郡，安抚流亡汉民，修筑堡垒，沿途郡县逐渐恢复到十多万户的人口③，并于此立营屯田，移民殖谷，边郡因以稍复旧观。

匈奴和乌桓的联合只是暂时的。公元46年，匈奴统治阶级内部发生了争夺王位的纠纷，同时又遭连年旱灾、蝗灾，人畜饥疫死者大半，于是乌桓人民趁势击之。匈奴无法在漠南留驻，转徙至漠北。关于此事，《后汉书·光武帝纪》记载：

> 乌桓击破匈奴，匈奴北徙，幕南地空。

---

① 《汉书·匈奴传下》。
② 《汉书·王莽传中》。
③ 《续汉书·郡国志》补注引应劭《汉官仪》云："世祖中兴，边陲萧条，靡有孑遗，障塞破坏，亭队绝灭。建武二十一年，始遣中郎将马援、谒者分筑烽候堡壁，稍兴立郡县十余（万户）（原注云按二字有讹），或空置太守令长，招还人民。乃建立三营，屯田殖谷，驰刑谪徒以充实之。"按此文或稍兴立十余郡县，或仅辑十余万户，似皆可通。引文亦见孙星衍《汉官仪》辑本卷上，《知服斋丛书》本。

同书《乌桓传》亦记：

> （建武）二十二年（46），匈奴国乱，乌桓乘弱击破之，匈奴转北徙数千里，漠南地空。

这种斗争，我们不得仅以部族斗争视之，在部族斗争的里面蕴藏着被奴役部落反抗奴隶主统治阶级的实质。

乌桓和匈奴的矛盾既已暴露无遗，东汉光武帝遂趁机以金币和丝帛贿赂乌桓大人，所以在建武二十五年（49），有辽西乌桓大人郝旦等九百二十二人向汉朝贡献奴婢、牛马、弓及虎、豹、貂皮的事件。是时乌桓大人渠帅受汉封为王侯君长者八十一人，并许他们率领部民从塞外移居到辽东属国（治昌辽，今河北昌黎）、辽西（治阳乐，今河北卢龙）、右北平（治土垠，今河北丰润）、渔阳（治渔阳，今河北密云西南）、广阳（治蓟，今河北大兴）、上谷（治沮阳，今河北怀来）、代郡（治高柳，今山西阳高）、雁门（治阴馆，今山西代县西北）、太原（治晋阳，今山西阳曲）、朔方（治临戎，今内蒙古伊克昭盟鄂尔多斯右翼后旗）等十郡的障塞之内，大约就是从今日东北的大凌河下游，经河北省的北部、内蒙古的南部、山西的北部和中部，最西到达内蒙古的鄂尔多斯草原，都有乌桓部民驻牧其间。前面我们已经说过，此时的漠南地区以匈奴北徙，人口稀少。在不久以前又因匈奴和乌桓连年在边郡抄掠，"边陲萧条，靡有孑遗"。经汉廷收辑流亡，屯田殖谷，并徙内地的刑徒实边，边境得以略呈安定。在这个时期，把乌桓部民移置塞内，一面从事生产，一面做边防侦候工作，是符合于汉、乌桓人民的利益的。同时，汉廷又恢复了前汉时的乌桓校尉制度，就是在上谷宁城（今河北怀柔西北）设立营府，内置乌桓校尉一人，秩比二千石刺史，下有长史一人、司马二人，共同管理乌桓和鲜卑的赏给、质子和岁时互市三大事务。① 其中特别

---

① 主要依据《后汉书·乌桓传》。乌桓校尉初设于汉武帝时，称"护乌桓校尉"，设置的地点在幽州。《通鉴》胡注谓："至王莽时，乌桓叛，校尉由是罢。"但《后汉书·南匈奴列传》称王莽时有"护乌桓使者"，似即乌桓校尉之改名。《张奂传》注引《汉官仪》云："乌桓校尉屯上谷郡密县。"清王先谦《后汉书集解》云："官本'密'作'宁'是。"又《续汉书·郡国志》补注引《汉官仪》云："拥节长史一人，司马二人，皆六百石。并领鲜卑客赐、质子、岁时胡市马。""客赐"指客方得主方之给予，亦汉时术语，见《南匈奴传》。《后汉书·乌桓传》以"岁时胡市马"作"岁时互市焉"。疑《续汉志》补注引文有讹字。宜从《后汉书》。又《张奂传》，奂"督幽、并、凉三州及度辽、乌桓二营"。则上谷乌桓校尉之衙署当作营。《乌桓传》所谓为"开营府"是也。

是互市一项深得乌桓和鲜卑的拥护，所以《后汉书·乌桓传》称："明、章、和三世（58—104年，约五十年间）皆保塞无事。"

（二）乌桓、鲜卑、匈奴、汉朝之间的关系

自汉光武帝二十五年（49）乌桓南下入居上述十郡的塞内以后，蒙古草原的形势跟着又发生了一些变化。原来乌桓的分布地区，即上谷、渔阳、右北平、辽西、辽东五郡塞外各地，既经乌桓自动放弃，跟着这些地区就被从北方南下的鲜卑人占据了。乌桓的人数本来就不如鲜卑众多，他们降汉以后，分散在广阔的十郡塞内各地，而且还有一部分武装力量所谓"乌桓胡骑"直接控制在东汉宿卫兵校尉之下①，所以他们斗争的实力逐渐不如鲜卑了。正因为如此，所以后来乌桓的节节南下，实在是由于他们无法应付兵强马壮的鲜卑。

南下入居塞内的乌桓归东汉政府统治，但也有一部分留居塞外的乌桓人投降了鲜卑。王沈《魏书》云：

> 至永平中（58—75），渔阳乌丸大人钦志贲帅种人叛鲜卑，还为寇害。辽东太守祭肜募杀志贲，遂破其众。

按《后汉书·鲜卑传》钦志贲作"歆志贲"。此人为赤山乌桓大人。赤山在渔阳塞外，如前考订，即今内蒙古东南的赤峰，故史称之为渔阳乌桓大人。《后汉书·鲜卑传》记歆志贲之被杀在永平元年（58）。在此年以前，渔阳塞外乌桓初投降于鲜卑，故王沈《魏书》上引文称"帅种人叛鲜卑"。歆志贲先叛鲜卑，还寇上谷，故引起辽东太守祭肜募鲜卑渠帅袭击赤山乌桓事件。《鲜卑传》云：

> （建武三十年）②时渔阳赤山乌桓歆志贲等数寇上谷。永平元年

---

① 《后汉书·百官志》："长水校尉一人，比二千石。本注曰，掌宿卫兵。"刘昭注补引《汉官》曰："员吏百五十七人，乌桓胡骑七百三十六人。"《百官志》又云："司马、胡骑司马各一人，千石。本注曰，掌宿卫，主乌桓骑。"

② 《后汉纪》作建武三十一年。

（58），祭肜复赂偏何，击歆志贲，破斩之。于是鲜卑大人皆来归附，并诣辽东受赏赐。青、徐二州给钱岁二亿七千万为常。

《祭肜传》亦记：

> 初，赤山乌桓数犯上谷，为边害。诏书设购赏，功（当作切）责州郡，不能禁。肜乃率励偏何，遣往讨之。永平元年（58），偏何击破赤山，斩其魁帅，持首诣肜，塞外震詟。肜之威声畅于北方，西自武威（治张掖，今甘肃武威南），东尽玄菟（治高句丽，今吉林通化市）。

偏何原为鲜卑大人，汉给予"大都护"衔名。① 自鲜卑酋帅斩了赤山乌桓歆志贲，王沈《魏书》称："于是鲜卑自敦煌、酒泉以东邑落大人，皆诣辽东受赏。"《后汉书·祭肜传》称"肜之威声畅于北方"。从上述各种记载可以看出，赤山之役是塞外鲜卑战胜乌桓的主要关键，从此乌桓在塞外的威名转为鲜卑所代替。

约从2世纪初起，乌桓的活动显然处于各自为政、各自为战的状态了。塞外的乌桓或从南匈奴扰汉边，或从鲜卑掠郡县，有时匈奴、鲜卑、乌桓相互联合起来与汉对垒。塞内的乌桓更为分散，大体言之，各郡乌桓已经不通声息，或随汉军征匈奴，征鲜卑；或叛汉以附匈奴；有的时候联合起来依附汉族中的这一个政权与另外一个政权相对立。总之，2世纪以来，乌桓的力量已经分化了，到了最后，塞外的乌桓大部分同化于鲜卑，塞内的乌桓经过较长时间以后都同化于汉族。这便是乌桓族历史发展的总的情况。

安帝永初三年（109），渔阳乌桓与右北平匈奴共千余人联合抄掠代郡和上谷。同年，雁门乌桓曾受汉封为率众王的无何与鲜卑大人丘伦以及南匈奴骨都侯联合起来攻打五原郡（治九原，今内蒙古河套以北乌拉特旗的北边），与汉五原太守战于高渠谷（在九原境），汉兵大败。不久，南匈奴单于亦起兵衅汉，攻打驻军于美稷（鄂尔多斯左翼前旗）的汉匈奴中郎将耿种。② 上

---

① 《后汉书·祭肜传》称"鲜卑大都护偏何"。
② 《后汉书·乌桓传》、《南匈奴传》。《乌桓传》所谓"右北平胡"当指右北平之匈奴。

述后二役与南匈奴的复国运动有关,乌桓和鲜卑是在南单于的策动下起而叛汉的。在汉朝方面,初命车骑将军何熙出兵二万余人,又命辽东太守耿夔率鲜卑兵从东方进军,更配以度辽将军梁瑾所领之八千余人,才把匈奴与乌桓之联军打败。①

在塞外的乌桓族自被鲜卑征服以后,他们的行动自然以鲜卑的进退为进退,故多不见于记载。塞内附汉之乌桓,在一般情况下是服从汉朝统治阶级的调动来抗击鲜卑的侵犯的。安帝元初四年(117),辽西鲜卑大人连休等烧塞门,掠百姓。乌桓大人于秩居与连休有宿怨,与郡兵合攻连休,大破之。顺帝永建二年(127),辽东鲜卑攻辽东、玄菟二郡,乌桓校尉耿晔领缘边诸郡兵与乌桓率众王出塞击之。汉顺帝永建三年至四年(128—129),鲜卑时抄掠渔阳、朔方二郡,汉顺帝永建六年(131)渔阳太守遣郡内乌桓击之。其中有乌桓豪人扶漱官,勇健善战,每与鲜卑战,辄陷阵,汉廷遂封之为率众君。② 阳嘉元年(132),汉乌桓校尉耿晔遣乌桓大人戎末庼、咄归、去延等随校尉出征鲜卑,大胜而还,汉拜戎末庼为亲汉校尉,封咄归、去延等为率众王、侯、长。③

2 世纪中叶,汉朝和南匈奴又进入敌对状态。各郡乌桓有的从乌桓校尉以攻匈奴,有的则与匈奴联兵以攻汉军。永和五年(140)南匈奴左部句龙王吾斯、车纽等攻西河(治离石,今山西离山),又与右贤王合兵围美稷。汉乌桓校尉王元发缘边各郡兵及乌桓、鲜卑、羌、胡合二万多人击破之。而南匈奴吾斯等亦东引乌桓,西收羌、戎及诸胡等数万人攻破在长安的京兆虎牙营,并转掠并、凉、幽、冀四州。汉廷看到情势危急,乃遣中郎将张耽率幽州乌桓及诸郡汉兵反击,两军在马邑(今山西朔县)接战。此役匈奴的一部分军队虽然败降,但吾斯所领导的残余部曲仍与乌桓联合反对汉军。④ 与匈奴联合攻汉军的乌桓,据《乌桓传》记载,系乌桓大人阿坚羌渠所领的部兵。此阿坚羌渠,由匈奴吾斯的"东引乌桓"和与汉军作战地点在马邑言

---

① 参考《后汉书·梁瑾传》。
② 参考《后汉书·鲜卑传》。
③ 《三国志·魏书·乌丸鲜卑东夷传》注引王沈《魏书》。戎末庼《后汉书》作"戎朱庼",《续汉书》及王沈《魏书》皆作"戎末庼"。今从《续汉书》及《魏书》。
④ 《后汉书·南匈奴列传》。

之，似为雁门乌桓。马邑败后，吾斯与乌桓的残众皆西走谷城（胡注即西河郡谷罗县城，今地不详）。汉度辽将军马续率兵追击，同时中郎将张耽率兵上天通山（今吕梁山），大破占据在此山上的乌桓。从这些事实看，雁门乌桓和西河乌桓以地域较近所以尚保持着一定的联系。至于分布在距离遥远各郡的乌桓，因无共同地域和共同经济的联系，所以就被匈奴和汉朝统治阶级所利用，发生幽州乌桓攻打雁门、西河乌桓的事件了。公元143年至144年，匈奴中郎将马实招募刺客刺杀句龙王吾斯并斩其余众，于是各郡匈奴、羌、乌桓共七十万余口始至美稷匈奴中郎将营投降。①

（三）幽州乌桓及其三千突骑的反战斗争

诸乌桓之中，人口比较集中而帐落有数目可稽的，为下述之四郡乌桓：1. 上谷乌桓九千多落；2. 辽西乌桓五千多落；3. 辽东乌桓一千多落；4. 右北平乌桓八百多落。② 此所谓"落"，不是邑落，乃指由若干个帐户所组成的帐落群而言。依前文推算每落约有二十余口，则此一万六千落之乌桓人口当为三十多万。

上述四郡乌桓再加上渔阳乌桓便是所谓"幽州乌桓"。从上述各个战役可以看到幽州乌桓对于汉朝是比较"恭顺"的，经常随从乌桓都尉到朔方、雁门去打仗，有的时候攻击的对象往往是各郡的乌桓。这种关系之所以形成，主要原因是因为汉朝和南匈奴统治阶级的相互对立，乌桓的上层为了自己的利益跟着汉、匈奴的统治阶级打仗，并非各郡乌桓有什么利害冲突。但从另一角度看，幽州乌桓从古以来经济条件比较优越，他们经常以本土的物产与汉贸易，此亦汉、乌桓关系比较良好和该地乌桓发展比较顺利的重要原因。《史记·货殖列传》云：

---

① 《后汉书·南匈奴列传》云："建康元年（144），乌桓七十万余口诣实降，车重牛羊不可胜数。"乌桓七十万口之说恐与事实不符。建安十二年（207），曹操破乌桓，诸郡乌桓包括汉人在内之投降者仅二十万口，匈奴中郎将马实的兵力远逊于曹操，而征伐地域只及雁门、西河二郡，乌桓降众何能如此众多？《后汉书·顺帝纪》记："（建康元年）夏四月，使匈奴中郎将马实击南匈奴左部，破之。于是胡、羌、乌桓悉诣实降。"南匈奴左部指匈奴句龙王吾斯、奥鞬台耆、且渠伯德等，此外当亦有不少乌桓在内。但其主体仍为匈奴左部。《顺帝纪》所云近于事实。司马光《通鉴》亦从之。故此七十万余口当指匈奴、羌及乌桓诸族降人的总数而言。
② 参考《后汉书·乌桓传》及《三国志·魏书·乌丸鲜卑东夷传》。

> 上谷至辽东，地踔远，人民希，数被寇，大与赵、代俗相类。而民雕捍少虑，有鱼、盐、枣、栗之饶，北邻乌桓、夫余。

司马迁所云的是前汉武帝时的情境。那时的乌桓居住上谷至辽东的塞外，故云其地广人稀。到东汉初年乌桓从塞外到塞内，占据的地方正是饶出鱼、盐、枣、栗的上谷至辽东各郡，这种经济条件对于乌桓财富的增加显然是有利的。乌桓在上谷塞外时，《后汉书·乌桓传》便称：

> 其在上谷塞外白山者，最为强富。

上谷的白山，丁谦谓即今张家口外察罕陀罗海山。"察罕"译言"白"；"陀罗海"译言"头"，犹言"白头山"，亦称"白山"。① 移入塞内以后，东汉政府在上谷宁城设府开市，对于附近郡县乌桓和汉族的物资交易是十分有利的。《前汉书·地理志》称渔阳郡的渔阳县置铁官，泉州（今河北武清）置盐官。② 《后汉书·郡国志》称上述二县皆产铁。盐铁之利以此郡为饶。此外在辽西等郡亦产盐和铁。③ 这些物资以及各郡汉人所生产的粮食和丝帛为乌桓的社会发展提供了有利条件。《后汉书·刘虞传》有下面一段记载：

> （虞）劝督农植，开上谷胡市之利，通渔阳盐铁之饶。民悦年登，谷石三十。青、徐士庶避黄巾之难归虞者，百余万口。

此虽溢美之词，然亦可以看到幽州各郡，其中特别是上谷、渔阳二郡，农产、矿产以及汉、乌桓互市的经济繁荣，实是导致乌桓人民能够在这里形成集中聚落的物质基础。

在东汉末年中国各地区、各部族爆发了农民起义和民族之间的纠纷，黄巾农民军失败之后，接着出现了地方武装封建割据，彼此混战的局面。作为

---

① （清）丁谦：《后汉书·乌桓传地理考证》，《浙江图书馆丛书》第一集。
② 参考《前汉书·地理志》。
③ 《前汉书·地理志》："右北平郡夕阳有铁官。辽郡平郭有铁官、盐官。"《后汉书·郡国志》："辽东郡平郭有铁。"平郭今盖平县，不在辽东属国内。

中国少数部族之一的乌桓族，虽然他们的分布并不十分集中，但不可能不受到外地农民起义和当时政治事件的影响。另一方面，由于乌桓人民遭受汉朝统治阶级的压迫、剥削，为了反抗这种压迫和剥削，因而产生了乌桓突骑的反战运动。

前面我们已经叙述了东汉统治阶级利用幽州乌桓在各地打仗的做法，这种做法违反了乌桓人的利益，当然不是乌桓人民所甘愿的。王沈《魏书》记载东汉初年乌桓入居缘边十郡塞内，他们的主要任务是"招来种人，给其衣食，置校尉以领护之，遂为汉侦备，击匈奴、鲜卑"。乌桓人民为了衣食不给，因而放弃生产，给汉朝做雇佣兵，到各地打仗，这本来是违反劳动人民的意志的。幽州的乌桓，汉代统治阶级不只用他们去打匈奴和鲜卑，而且以之打乌桓本族，这更是违反乌桓人民的意志的。乌桓校尉和匈奴中郎将统率乌桓的骑兵和步兵不只到并州北部打匈奴，而且到西南荆州的零陵（今湖南今县）和桂阳（今广西象县东南）去打戍兵和农民的联合起义。《后汉书·度尚传》对此役有详细记载云：

（延熹八年，即165年）时荆州兵朱盖等征戍役久，财赏不赡，忿恚复作乱，与桂阳贼胡兰等三千余人复攻桂阳，焚烧郡县。太守任胤弃城走。贼众遂至数万，转攻零陵。太守陈球固守拒之。于是以（度）尚为中郎将，将幽、冀、黎阳乌桓步骑二万六千人救球。……大破之，斩兰等首三千五百级，余贼走苍梧（按：治广信，今广西苍梧）。诏赐尚钱百万，余人各有差。

此役乌桓兵从东北跋涉数千里至零陵和桂阳打仗，而所打的对象又是农民和与自己命运相同的戍役起义军，这显然是违反乌桓劳动人民利益的。

零陵桂阳之役发生二十年以后，就爆发了幽州乌桓三千突骑的反战运动。

幽州突骑自汉初即名闻国内。《前汉书·高祖纪》："四年（前203），北貉、燕人来致枭骑助汉。"应劭注云："枭，健也。"枭骑盖即突骑之始称，然非出自东胡。《后汉书·吴汉传》，汉渔阳太守彭宠曰："渔阳、上谷突骑，天下所闻也。"此突骑当由乌桓所组成。同传又记光武帝北击群雄，吴汉"常将突骑五千为军锋，数先登陷阵"。从此突骑之含义又可知。东汉时乌桓突骑，幽冀二州皆有之。或为州牧所兼领，或归郡守所管辖。每州名额约三千余骑，故有"三千突骑"之名。① 此制由汉至魏、西晋及十六国皆未改，但名额则多少不同。

幽州乌桓三千突骑的反战斗争经过是这样的：灵帝中平元年（184），正是黄河南北各州郡普遍发生了以张角为首的黄巾大起义的一年，同年凉州亦爆发了以湟中义从胡北宫伯玉为首的义从胡、先零羌和金城县汉民的联合大起义。这支起义军以金城人边章、韩遂（约）为盟主，很快就攻杀了护羌校尉伶征和金城太守陈懿，并准备在第二年春天向雍州的三辅进攻。中平二年（185），汉灵帝命左车骑将军皇辅嵩出兵，时以"关陇扰扰，发役不供"②，故军无斗志，战败而还。又以张温为车骑将军，发幽州乌桓三千突骑至关内与凉州起义军作战。乌桓以"牢禀逋悬，皆畔还本国"③。"畔还本国"指乌桓突骑临阵不战，退逃幽州各郡而言。但只说军粮不给，是不能够说明乌桓突骑反战真相的。袁宏《后汉纪》记载张纯对张举说："乌桓数被征发，死亡略尽。今不堪命，皆愿作乱。国家作事如此，汉祚衰亡之征。"④ 张纯的话比较可以表达当时乌桓三千突骑反战运动的实际情况。

但是乌桓突骑这次反战斗争不幸被两位汉族官僚野心家利用了。袁宏《后汉纪》对此事记得非常清楚：

> 是岁（中平四年，即187年）渔阳人张纯反。初发幽州乌桓以讨凉州，故中山相张纯请将之，不听，使涿令公孙瓒。纯怨不得将，因说故太山太守张举曰："乌桓数被征发，死亡略尽。今不堪命，皆愿作乱。国家作事如此，汉祚衰亡之征。天下反复，率竖子故。若英雄起，则莫能御。吾今欲率乌桓奉子为君何如？"举曰："汉祚终讫，故当有待之

---

① 关于突骑制，参考《后汉书·光武帝纪》、《吴汉传》、《景丹传》。《吴汉传》称汉统率"乌桓突骑三千余人"。《刘虞传》亦言张温发"幽州乌桓三千突骑"。《三国志·魏书·牵招传》称："冀州牧袁绍辟（招）为督军从事，兼领乌丸突骑。"
② 《后汉书·灵帝纪》；《后汉纪》卷24—25。《后汉书》作"韩遂"，《后汉纪》作"韩约"。《后汉纪》卷25灵帝"中和二年"条。
③ 《后汉书·刘虞传》，李贤注云："《前书音义》曰，牢，贾值也。禀，食也。言军粮不续也。"《通鉴》胡注云："牢，价值也。禀，给也。古者名廪为牢。""牢禀逋悬"即军粮不给之意。
④ 《后汉纪》卷25灵帝"中和四年"条。

者。吾安可以若是！"纯曰："王者网漏鹿走，则智多者得之。子勿忧也。"遂共率乌桓作乱，故人喜悦归纯，日十余万。

《后汉书·刘虞传》记："（中平）四年，纯等遂与乌桓大人共连盟，攻蓟（今北京市区）下，燔烧城郭，虏略百姓。杀获乌桓校尉箕稠、右北平太守刘政、辽东太守阳终等，众至十余万，屯肥如（今河北卢龙北）。举称'天子'，纯称'弥天将军安定王'，移书州郡，云举当代汉，告天子避位，敕公卿奉迎。纯又使乌桓峭王等步骑五万入青、冀二州，攻破清河、平原，杀害吏民。"上述与张纯联盟的乌桓大人指西乌桓大人丘力居，峭王指辽东乌桓大人苏仆延，此外还有右北平乌桓大人乌延。《后汉书·乌桓传》称："张纯畔入丘力居众中，自号弥天安定王，遂为诸郡乌桓元帅[1]，寇掠青、徐、幽、冀四州。"这次起兵，声势相当浩大，对于垂死的汉政权亦给以重大的打击。但论其起兵口号仅仅是为了"举当代汉"罢了。这种号召显然不能满足汉、乌桓人民的迫切要求。因此在中平六年（189）张纯被其部下王政[2]杀死以后，起兵之事即告瓦解[3]。

（四）三郡乌桓的统一和被曹操的征服

辽东、辽西、右北平三郡乌桓，当中平四年（187）张纯的军事政治力量打进以后，曾一度统一起来。但不到两年，统一局面如昙花一现又告分裂了。献帝初平元年（190）后不久，辽西乌桓大人丘力居死，他的王位传给侄子蹋顿，又把辽东、辽西、右北平三郡乌桓统一起来。当然这种统一跟内地的封建君主制不同，遇重要事件仍然以"大会群长"[4]的民主方式决定。这种统一局面一直维持到汉建安十一年（206）曹操破灭蹋顿之时。

三郡乌桓能够维持十多年的统一当然不是偶然的。此时乌桓以北的鲜卑族在檀石槐的领导下，以军事联盟的方式把蒙古草原的各部族各部落大人

---

[1] 《三国志·魏书·乌丸鲜卑东夷传》称"三郡乌桓元帅"，当从之。
[2] 《后汉书·刘虞传》称"纯为其客王政所杀"。但《献帝纪》谓刘虞购斩张纯。《三国志·魏书·乌丸鲜卑东夷传》又谓"刘虞为幽州牧，募胡斩纯首"。说法不一，兹从《刘虞传》。
[3] 《后汉书·乌桓传》系此事于中平四年，《灵帝纪》系于中平六年，《通鉴》从之，当从帝纪。
[4] 《三国志·魏书·牵招传》记辽东乌桓峭王召集"大会群长"的会议形式。

统一起来，而三郡乌桓正在鲜卑的东南，如不团结起来，随时有被鲜卑吞并的危险。那时三郡乌桓的西南，在黄巾起义之后地方割据的局势也有新的变化。刘虞为幽州牧时，对于三郡乌桓总还是采取怀柔政策的，而公孙瓒则立志扫灭乌桓，放纵部曲侵扰胡汉，因此常与刘虞相忤。后来两人相互攻击，虞被瓒所杀。此外还有冀州牧袁绍，素与公孙瓒有隙，联合刘虞部将鲜于辅、阎柔及乌桓峭王与公孙瓒对垒，交战数年，公孙瓒败死。[①]当公孙瓒与袁绍相持不下时，总摄三郡乌桓的蹋顿以及其他乌桓大人对于有吞并乌桓意图的公孙瓒怀着畏惧和仇恨心，因而竭力与袁绍联合，并出兵助击公孙瓒[②]，以此乌桓内部团结益紧。这也是三郡乌桓统一十多年而没有破裂的一个重要原因。此外，还有一个重要原因，就是在黄巾起义前后中原汉族士庶迁徙到辽东、辽西、右北平、渔阳等边郡的日益众多。在黄巾起义以前迁徙到东北各郡者，如《三国志·魏书·公孙度传》记：

（公孙度）本辽东襄平人也。……度起玄菟小吏，为辽东郡所轻。先时属国公孙昭，守襄平令，召度子康为伍长。度到官，收昭，笞杀于襄平市。郡中名豪大姓田韶等宿遇无恩，皆以法诛。所夷灭百余家，郡中震栗。

公孙氏为辽东大姓，其祖先迁徙历史不详。由《三国志·魏书·公孙度传》知辽东襄平有公孙度一支，辽东属国有公孙昭一支，而《后汉书·公孙瓒传》谓瓒为"辽西令支人，家世二千石"，此又为公孙氏之一支。此族在东北出了许多风云人物，虽良莠不齐，但多与东北的经济政治之变化有关。上引《公孙度传》内有田韶，为郡中名豪大姓，由其姓氏知为齐国田氏之后，由山东渡海而至辽东之汉人无疑。又如称三郡乌桓元帅之张纯，袁宏《后汉纪》谓其籍贯为渔阳人。以上诸姓皆系黄巾起义以前移至缘边诸郡者。

黄巾起义之时，徙至辽东者，如上章所述有太原王烈[③]，北海管宁、邴

---

① 《后汉书·刘虞传》、《公孙瓒传》、《袁绍传》。
② 《后汉书·乌桓传》。
③ 《后汉书·独行传》："（王烈）太原人也。……遭黄巾、董卓之乱，乃避地辽东。夷人尊奉之。"又附见《三国志·魏书·管宁传》。

原①，乐安国渊②，东莱太史慈③；徙至辽西者，有涿郡刘放④；其直接陷没乌桓中者又有本章所述广阳阎柔等。这些人物出身的阶级不同，在边郡与乌桓的关系或深或浅，或有或无，但他们对于东北各郡政治、经济、文化之发展都发生了或多或少的作用。更重要的是移往东北的中原汉族的劳动人民。前引《后汉书·刘虞传》称"青、徐士庶避黄巾之难归虞者百余万口"。刘虞时为幽州牧，代郡、上谷、渔阳、右北平、辽西、辽东皆属幽州，各郡中原士庶之多可以推知。而且乌桓鲜卑的上层人物经常入内郡各地掠夺人口，所以乌桓地区的汉族劳动人民一定是很多的。《三国志·魏书·武帝纪》记：

三郡乌丸承天下乱，破幽州，略有汉民合十余万户。

此语乃《三国志》作者陈寿总结自后汉以来乌桓多次在幽州所掳掠的汉民户数而言。实际上乌桓所掠劫的不只是幽州，如辽东乌桓峭王在青、冀二州清河、平原等县也曾掳掠过许多汉民。⑤综合起来，数目就更多了。《后汉书·乌桓传》记袁绍之子尚被曹操击败，奔蹋顿。

时幽、冀吏人奔乌桓者，十万余户。

魏武帝破袁尚在建安九年（204），尚奔三郡乌桓在建安十年（205）⑥，则幽、冀吏民之奔乌桓在此两年之内。前述"三郡乌丸承天下乱，破幽州，略有汉民合十余万户"之文载在《三国志·魏书·武帝纪》建安十一年（206）内，骤然看来与《后汉书》上引文系一事，但详细察之，二文所载一为幽州

---

① 《三国志·魏书·管宁传》："管宁字幼安，北海朱虚人也。……天下大乱……遂与（邴）原以及平原王烈等至于辽东。……时避难者多居郡南，而宁居北，示无迁志。"又《邴原传》："邴原字根矩，北海朱虚人也。……原以黄巾方盛，遂至辽东。与同郡刘政俱有勇略雄气。"
② 《三国志·魏书·国渊传》。
③ 《三国志·吴书·太史慈传》："慈字子义，东莱黄人也。……为州家所疾，恐受其祸，乃避之辽东。"
④ 《三国志·魏书·刘放传》："（刘放）涿郡人。汉广阳顺王子西乡侯宏后也。……遭世大乱，时渔阳王松据其土，放往依之。"
⑤ 《后汉书·刘虞传》。
⑥ 《三国志·魏书·武帝纪》。

汉民，一为幽、冀吏人；一为"十余万户"，一为"十万余户"；一指乌桓历年掳掠汉人之总和，一指建安九年、十年之流民，显系二事，不能混为一谈。以此知三郡乌桓之内汉民户数至少有二十多万户。二十多万户的汉人当中，有大批农民在那里开辟土地，商贩在那里贩运物资，手工业者制作器皿铠甲，还有逋逃的官吏又为之运筹策略，计划进退。此种事实，虽无明文记载，我们依凭后所述鲜卑的情形也可推测乌桓的大略。所以从汉人方面来的大量人力和物力也是三郡乌桓实现统一的重要因素之一。

《三国志·魏书·乌丸鲜卑东夷传》序云：

> 会袁绍兼河北，乃抚有三郡乌丸，宠其名王，而收其精骑。其后尚、熙又逃于蹋顿。蹋顿又骁武，边长老皆比之冒顿，恃其阻远，敢受亡命，以雄百蛮。

此云"蹋顿又骁武，边长老皆比之冒顿"大约是可信的。魏收《魏书·序纪》记拓跋力微乃告诸大人曰："我历观前世匈奴、蹋顿之徒，苟贪财利，抄掠边民。""匈奴、蹋顿"即指冒顿、蹋顿。以此知晋代北魏开国之祖力微亦知边长老传世之言。蹋顿原为匈奴王号[①]，其驻牧地在辽西一带，盖匈奴单于遣以统东胡遗民乌桓鲜卑者。后世辽西乌桓大人丘力居取以为其侄子之名。关于蹋顿的事迹，我们知道得很少。《三国志·魏书·乌丸鲜卑东夷传》说：

> 蹋顿有武略，代立，总摄三王部众，皆从其教令。

此"三王"指辽东属国峭王苏仆延、右北平汗鲁王乌延及辽西蹋顿王自己。史称此三王"皆有计策勇健"，蹋顿把三郡乌桓统一起来，也不是十分容易的。蹋顿最大的贡献是把三郡乌桓组织起来，前面我们已经提到，袁绍拜乌丸三王为单于，版文中谓"始有千夫长、百夫长以相统领"。这种组织

[①] 《后汉书·献帝纪》李贤注云："蹋顿，匈奴王号。"又《冯异传》："又降匈奴于林闟顿王。"此"闟顿"即"蹋顿"。蹋顿原为匈奴王号甚明。

工作对于乌桓的军事和生产都会发生巨大的促进作用是毫无疑问的。初平二年（191），公孙瓒于占领幽州之后，继攻驻扎在冀州的袁绍。时幽州牧刘虞虽死，但其部下鲜于辅、阎柔召集州兵和乌桓数万人与公孙瓒所新置的各郡太守展开战争。右北平乌桓峭王因感故幽州牧刘虞的"恩遇"，亦于此时率乌桓、鲜卑七千多骑与鲜于辅、阎柔联合，共助袁绍攻公孙瓒于鲍丘。公孙瓒战败，各郡人民纷纷起义，把公孙瓒所置的长吏杀了。袁绍遂在建安四年（199）占领了幽州。① 袁绍为了感谢乌桓上层对自己的帮助，因以汉献帝的名义封乌桓三王为单于，给以安车、羽旄、黄屋、左纛②，并以家人子为己女嫁给乌桓的单于③。当时袁绍既并冀、青、并、幽四州之地，又拥精兵数十万、骑马万匹④，在当时封建割据的群雄中是势力比较大的一个。

不久以后，上谷乌桓大人难楼、辽东属国乌桓大人苏仆延率其部众奉已故的辽西乌桓大人丘力居之子楼班为单于，蹋顿为王。蹋顿的权力仍然很大，史称"蹋顿多画计策"⑤。在此当注意的就是在从前所谓"三郡乌桓"之外，又加上了上谷的乌桓。由此可以说明乌桓的联合阵线日益扩大了，从三郡乌桓发展到四郡乌桓，这正是乌桓政治日益统一、经济联系日益密切的一个重要的标志。又前面我们已经提到的广阳（今河北良乡东北）人阎柔，少没入乌桓、鲜卑中，在北方颇有威信。此时因鲜卑驱杀公孙瓒所置的乌桓校尉邢举，自为乌桓校尉。当时乌桓校尉的治所在广宁（今山西天镇）。

自建安四年（199）起，曹操和袁绍就开始火并，建安五年（200），官渡（今河南中牟东南）之战，袁绍大败，与乌桓有密切联系的鲜于辅和阎柔皆于此时叛袁氏而归曹操。曹以鲜于辅为右度辽将军，镇犷平（今河北密云东北）。以阎柔为乌桓都尉，镇广宁。建安七年（202），袁绍病死，绍之长子谭投降曹氏，少子尚与兄熙不堪曹兵追迫，又以部下叛变，遂于建安十年（205）奔辽西投靠蹋顿，欲借乌桓兵力恢复冀州。

---

① 《后汉书·公孙瓒传》。
② 《三国志·魏书·乌丸鲜卑东夷传》注引王粲《英雄记》。
③ 《三国志·魏书·武帝纪》。
④ 《后汉书·袁绍传》。
⑤ 《后汉书·乌桓传》；《三国志·魏书·乌丸鲜卑东夷传》。《三国志·魏书》有脱文或讹字，如云："后楼班大峭王率其部众奉楼班为单于，蹋顿为王。""楼班"似为"难楼"之误。大峭王指辽东属国乌桓大人苏仆延。

同年秋，三郡乌桓在袁尚怂恿下攻鲜于辅于犷平，这次出兵显然是因鲜于辅之叛袁附曹而出师问罪的。曹操渡潞河（今白河）救犷平，乌桓走出塞，以后还经常到塞内骚扰。

建安十一年（206），曹操决定远征乌桓。自呼沲（今滹沱河）凿渠入泒水（潴龙河），名平虏渠；又从沟河口凿渠入潞河（白河），名泉州渠，然后通于渤海。这些开凿河渠的工程都是准备运兵运粮征伐乌桓的。建安十二年（207）夏，曹操的征乌桓军北上经易（今河北雄县西北）至无终（今河北蓟县）。① 时方暑夏，雨多而海滨污泞难行，且沿海要路都有乌桓的驻军堵守，进军很难。曹操深以为忧，乃问计于无终人田畴。田畴是无终的一个绅士，常忿乌桓杀其郡冠盖，故愿假手曹军以报仇。他建议放弃原来计划要走的沿海道路，改出卢龙塞（今河北卢龙境内）突击柳城（今辽宁朝阳）。于是以田畴为向导，由无终出发，上徐无山（今河北遵化西境），出卢龙塞，经白檀（今河北承德之宽城），历平刚（今河北平泉），登白狼堆（今辽宁建平南之布祐图山）。此堆距柳城二百多里，乌桓王蹋顿乃知曹军至，与辽西单于楼班、右北平单于能臣抵之及袁尚、袁熙率数万骑迎战于凡城（在朝阳附近）。乌桓骑兵以仓促应战，阵容不整，被曹军打败。蹋顿及名王以下被斩，胡汉降者达二十多万口。② 辽东单于苏仆延、辽西单于楼班、右北平单于乌延与袁尚、袁熙率数千骑走辽东郡，辽东太守公孙康斩其首送于曹操。③ 曹操自柳城班师南下至易水，代郡乌桓行单于普富庐、上郡乌桓行单于那楼率其名王来降。④ 从此绝大部分的乌桓皆臣属于曹魏。

自曹操征服乌桓以后，北方乌桓分散到何处去了，他们的身份如何，与汉族的关系如何，都是民族史上的重要问题。这些问题留在下节叙述。

---

① 《三国志·魏书·武帝纪》、《郭嘉传》。
② 参考《三国志·魏书·武帝纪》、《田畴传》。战于凡城见同书《乌丸鲜卑东夷传》。古地今名参考王先谦《后汉书集解·郡国志五》，箭内亘等撰《满洲历史地理》汉代和三国有关部分，内田吟风《关于乌桓族的研究》（《满蒙史论丛》，第92—97页及注）。
③ 《三国志·魏书·武帝纪》、《乌丸鲜卑东夷传》；《后汉书·乌桓传》。
④ 《三国志·魏书·武帝纪》。

三、乌桓的分散和融合

（一）原来乌桓在塞内沿边诸郡的分布

建武二十五年（49），东汉光武帝封乌桓大人渠帅为王、侯、君、长者八十一人。据王沈《魏书》记载，东汉政府对此八十多个乌桓大人所率领之乌桓，"使居塞内，布列辽东属国、辽西、右北平、渔阳、广阳、上谷、代郡、雁门、太原、朔方诸郡界"。此言塞外乌桓入居塞内缘边十郡甚明。但这种记载也只是记述其大致情况，实际上乌桓初移居塞内之时就不止上述十郡，而播迁流徙所及更在十郡之外。这种情况在东汉时已经如此，到魏、晋、五胡、北朝时更不用说了。

《后汉书·百官志》，洛阳京都北军中侯下置长水校尉一人，掌宿卫兵。刘昭《注补》引应劭《汉官》云："员吏百五十七人，乌桓胡骑七百三十六人。"《百官志》又云："胡骑司马一人，掌宿卫，主乌桓骑。"此种以保护皇帝为任务的乌桓胡骑，数目虽不太多，然亦乌桓人之居住在洛阳者。

又前面我们提到所谓"乌桓突骑"乃是配合汉代的正规军用以冲锋陷阵的乌桓骑兵。在东汉初年光武帝刘秀与王郎作战时，原来西汉渔阳太守彭宠遣吴汉等以乌桓突骑助击王郎。故突骑之制当创始于东汉以前。在东汉时，乌桓突骑至少推行于幽、冀二州，每州额数约三千余骑。这些突骑都是从渔阳、上谷等地乌桓中招募而来的。此乌桓之分布于各州州治所在者。又《后汉书·度尚传》记度尚统幽、冀、黎阳乌桓步骑二万六千人到零陵和桂阳打起义军。此两万多步骑中包括各州的突骑在内。但除此以外还有驻扎在其他地区的乌桓骑兵和步兵。总之，乌桓兵的数额是不会太少的。

2世纪前叶，《后汉书·乌桓传》记："顺帝阳嘉四年（135）冬，乌桓寇云中，遮截道上商贾、车牛千余两。度辽将军耿晔率二千余人追击，不利。又战于沙南（今内蒙古鄂尔多斯左翼前旗），斩首五百级。乌桓遂围晔于兰池城（在沙南县内）。"这些乌桓来自何郡县，史无明文。云中郡在今内蒙古呼和浩特至包头之间，西为朔方郡，南为雁门郡，东为上谷郡。上述后三郡皆有乌桓，可知十郡之外的云中郡也是有乌桓的。

2世纪中叶，永和六年（141），《后汉书·帝纪》记："匈奴中郎将张耽大破乌桓、羌、胡于（通）天山。"《通鉴》胡注云："通天山盖即土军县之石楼山。以其高绝,故曰通天。"石楼山即今吕梁山,汉属西河郡。在此山内,虽杂有胡、羌,但以乌桓为多,故《通鉴》等书皆谓击乌桓于通天山。此十郡之外的西河郡也有乌桓人居住,但王沈《魏书》没有记录下来。

至3世纪初年,有些文献记载上郡有乌桓。《三国志·魏书·武帝纪》记:

> (建安十二年)十一月,(曹操)至易水,代郡乌丸行单于普富卢、上郡乌丸行单于那楼将其名王来贺。

上郡治肤施,故城在今陕西绥德东南。郡境包括今陕西宜川、延安以北各县。此郡北与朔方郡、西与西河郡为邻,境内有乌桓移居郡内,是很自然的。《三国志·魏书》所记建安十二年(207)来朝之乌桓单于那楼,当即《后汉书·乌桓传》所记汉灵帝初年上谷乌桓大人难楼。此上谷乌桓大人最初很少和辽西、辽东、右北平三郡乌桓人发生联系。自从辽西蹋顿总摄三王以后,他始出现于政治舞台,与苏仆延共奉辽西楼班为单于,蹋顿为王。[①]从灵帝初年至献帝建安十二年中间只隔四十年,其为一人颇为明显。且"那楼"和"难楼"同音,《魏书》把"苏仆延"别译为"速仆丸"、"速附丸",那么"难楼"又译作"那楼"并不为奇了。据此,我认为《武帝纪》中的"上郡乌丸行单于那楼"应是"上谷乌丸行单于难楼",他率领部众从上谷移入上郡是非常可能的。

辽东郡原来有无乌桓居住其间,史无明文。建安十二年曹军败乌桓于凡城以后,《三国志·魏书·武帝纪》记:

> 辽东(属国)单于速仆丸(即苏仆延)及辽西、(右)北平诸豪弃其种人,与尚、熙奔辽东(郡),众尚有数千骑。

此言在建安十二年有数千骑乌桓出奔于辽东郡甚明。至曹魏景初元年(237),魏幽州刺史毌丘俭进攻辽东郡,建安十二年出奔辽东之乌桓族人至此降附。此事在《三国志·魏书·明帝纪》、《毌丘俭传》及王沈《魏书》内

[①] 《后汉书·乌桓传》。

皆有记载，《明帝纪》云：

> （景初元年秋七月）遣幽州刺史毌丘俭率诸军及鲜卑、乌丸屯辽东南界。玺书征公孙渊，渊发兵反，俭进军讨之。会连雨十日，辽水大涨，诏俭引军还。右北平乌丸单于寇娄敦、辽西乌丸都督王护留等居辽东，率部众随俭内附。

这些乌桓无疑是建安十二年随右北平乌桓单于能臣抵之等去的。此右北平乌桓单于寇娄敦和辽西乌桓都督王护留应当就是右北平能臣抵之和辽西单于楼班的子孙。关于这些乌桓的来历和投降的人数，《毌丘俭传》中有较详记载：

> 右北平乌丸单于寇娄敦、辽西乌丸都督率众王护留等，昔随袁尚奔辽东者，率众五千余人降。寇娄敦遣弟阿罗槃等诣阙朝贡，封其渠率二十余人为侯、王，赐舆马缯采各有差。

乌桓出奔辽东时为数千人，此云"降者五千余人"，前后人口数目亦大致相符。唯《帝纪》所云"随俭内附"，是仍留住辽东呢，抑转徙入内地，则不得而知。

总之，在东汉时期乌桓除了分布在王沈《魏书》所云的十郡之外，云中、西河、辽东三郡以及洛阳、黎阳等地也有乌桓人居住。

（二）曹操强迫乌桓内徙及其对待乌桓骑士的政策

建安十二年（207），击破柳城乌桓以后，在那里掠夺了乌桓统治阶级许多财物，回来分赐给有功官吏。[①] 更重要的是，掳掠了乌桓人民一万多落，移至内地，利用他们在各地打仗。

曹操所徙乌桓的原住州郡，文献记载颇不一致。《三国志·魏书·武帝

---

① 《三国志·魏书·毛玠传》："初，太祖平柳城，班所获器物，特以素屏风素冯几赐玠。曰：君有古人之风，故赐君古人之服。"

纪》云：

> 胡汉降者二十余万口。

同书《乌丸鲜卑东夷传》则云：

> 其余遗迸皆降。及幽州、并州柔所统乌丸万余落，悉徙其族居中国，帅从其侯王大人种众与征伐。由是三郡乌桓为天下名骑。

而《后汉书·乌桓传》则谓：

> 首虏二十余万人。……其余众万余落悉徙居中国云。

《后汉书》的叙述显然是总结《三国志·魏书》的《武帝纪》和《乌丸鲜卑东夷传》而言的，但它却未曾理会到"胡汉降者二十余万口"是指在柳城战役中乌桓蹋顿和袁尚部下投降之胡汉人口；而"悉徙居中国"者，则指除随乌桓三单于逃往辽东外所遗留的，再加上阎柔所统治的幽、并二州之乌桓共万余落。柳城降者和曹操内徙的乌桓，二者是有区别的，但又是有联系的。阎柔在此时为乌桓校尉，居于上谷郡之广宁。上谷属幽州，其西则为雁门、云中、太原诸郡，属并州。曹操所迁之乌桓，除柳城俘虏外，应有幽州上谷、代郡之乌桓以及并州雁门等郡之乌桓。但诸郡之内主要的还是辽西、辽东属国、右北平之所谓"三郡乌桓"。

这些乌桓到了内地以后怎样呢？《三国志·魏书·乌丸鲜卑东夷传》说得很明白："帅（'帅'通'率'，皆也）从其侯王大人种众与征伐。"换言之，就是都跟随他们的曾受汉封的王、侯和未受汉封的大人（或渠帅）参加战争。一般地说，作为"天下名骑"的三郡乌桓编入军队之内，随统治者在各处打仗。初时居无定所，只有在特殊情况下如需要集中兵力屯聚一方的时候，便屯居下来。但不准携带家眷，家眷住在指定的郡县之内，而骑兵官佐士兵则随营而居，不能回家。兹引《三国志·魏书·梁习传》注所引鱼豢《魏略》中之一段故事为例证。

（建安）二十二年，太祖拔汉中，诸军还到长安，因留骑督太原乌丸王鲁昔，使屯池阳（今陕西泾阳西北）以备卢水。昔有爱妻，住在晋阳（今山西阳曲）。昔既思之，又恐遂不得归，乃以其部五百骑叛还并州，留其余骑置山谷间，而单骑独入晋阳盗取其妻。已出城，州郡乃觉。吏民又畏昔善射，不敢追。（梁）习乃令从事张景募鲜卑使逐昔。昔马负其妻，重骑行迟，未及与其众合，而为鲜卑所射死。始太祖闻昔叛，恐其为乱于北边。会闻已杀之，大喜，以习前后有策略，封为关内侯。

曹操于建安二十年（215）率领大批军队和乌桓骑兵攻下了汉中①，许多军队还至长安，因留太原乌桓王鲁昔于池阳，以备杏城（今陕西黄陵西南）的卢水胡南下。至建安二十二年（217）就发生了乌桓骑督鲁昔的事变。我们在此当注意者，就是鲁昔叛变的原因是由于他的爱妻留住昔阳，想回家探望，又不得归，因以其部下并州有家室者五百骑共叛还并州，而自己则单骑独入晋阳城内盗妻。此事从表面现象看来，好像思妻就是叛变的原因，实际上非如此，这里有一套汉魏统治阶级对待乌桓的制度和政策在内，不可不知。

远在公元 1 世纪初王莽建立新国之时，《后汉书·乌桓传》称："使东域将严尤领乌桓、丁令兵，屯代郡，皆质其妻子于郡县。乌桓不便水土，惧久屯不休，数求谒去，莽不肯遣。遂自亡畔，还为抄盗，而诸郡尽杀其质。由是结怨于莽。"由新莽至乌桓王鲁昔叛曹操前后相距二百多年，此二事件不是绝相类似的吗？鲁昔的爱妻在晋阳城内，还有五百乌桓骑士的妻子亦在并州郡县，他们不单是在那里住家，更重要的是在那里作"质任"。作"质任"就是以人作抵押品。少数民族的"人质"，新中国成立前，我们在四川、云南等地还可以看到，叫作"当差"或"坐班"。简直是住监牢，不只生计困苦，而且还有杀质和沦质为奴婢的危险。在东汉时期如何对待塞内乌桓，史无明文，不能妄测。但当曹操占领并州，以梁习为别部司马兼领并州刺史时，他对并州的匈奴、乌桓等族的政策，不过是在 1 世纪初王莽对待乌桓政策的基础上发展一步罢了。《三国志·魏书·梁习传》云：

---

① 《三国志·魏书·武帝纪》。

时承高幹荒乱之余，胡狄在界，张雄跋扈。吏民亡叛，入其部落。兵家拥众，作为寇害。更相扇动，往往棋跱。习到官，诱谕招纳，皆礼召其豪右，稍稍荐举，使诣幕府。豪右已尽，乃次发诸丁强，以为义从。又因大军出征，分请以为勇力。吏兵已去之后，稍移其家，前后送邺，凡数万口。其不从命者，兴兵致讨，斩首千数，降附者万计。单于恭顺，名王稽颡，部曲服事供职，同于编户。

当时并州与曹氏政权相抗衡者，除了封建割据的汉人"兵家"外，就是"张雄跋扈"的胡狄。此所谓"胡狄"，主要指匈奴，但也包括乌桓和鲜卑。前述之太原乌桓王鲁昔，是东汉初年迁太原呢，还是东汉末年曹操迁之太原，这一问题并不太大，不必多费考证。此乌丸王拥有骑兵五百以上，也算是个小的豪右。正因为他势力不大，愿意把自己的丁强马匹作为义从骑队，跟着大军在各处打仗，所以做了曹营中的骑督；也正因为他势力不大，而且恭顺，所以他的爱妻没有送到邺京，只留居晋阳城内。但无论如何他的身份实际上已经不是独立的王侯，而是曹军的"吏兵"[①]了。他的爱妻留居晋阳，主要原因是怕他在外举行叛乱，因而带有"人质"性质。其他五百骑士的家属留居并州，与王莽时之"皆质其妻子于郡县"，似乎没有什么不同。总的来说，这是统治阶级对乌桓部酋和部民不信任的表现。

这种质任制度，并不局限在当日政府对待乌桓士兵方面。在汉族方面，曹操为了战争和屯田的需要，已经建立起一种士家制度。士家是兵士及其家庭。他们是一种特殊的户籍，居住往往集中在一起，由州郡县政府或军营管理。士家子弟世代以当兵为业，子女的婚配也只限于士家之间，寡妇再嫁往往由官府主持。兵士如果逃亡，父、母、妻、子要受到牵累，或者受罚，或者没为奴婢，有的甚至于处以死刑。上述乌桓骑士大约是属于这种性质的。杜佑《通典·边防》篇云乌桓万余落徙居中国为齐民[②]，恐怕没有什么根据。

[①] 吏兵，以服兵役为主的"兵"，管束这种服役兵的为"吏"，骑督当即此吏兵之吏的一种。
[②] 原文"齐人"，避唐太宗世民之讳也。应作"齐民"。

（三）边郡乌桓的活动以及他们与鲜卑、匈奴、汉族的融合

三郡乌桓被曹操征服并内徙以后，残留在那里的乌桓大致没有多少。魏文帝曹丕初年，高柳（今山西阳高西北）以东，濊貊（今辽东平原）以西皆被鲜卑部落集团所占据。[①] 原来残留的三郡乌桓，此时皆属于鲜卑，不久且为鲜卑所同化。

曹操征伐三郡乌桓后，最活跃者是代郡乌桓。未征伐乌桓以前，曹操以裴潜为代郡太守。《三国志·魏书·裴潜传》云：

> 时代郡大乱，以潜为代郡太守。乌丸王及其大人，凡三人各自称单于，专制郡事。前太守莫能治正，太祖欲授潜精兵以镇讨之。潜辞曰："代郡户口殷众，士马控弦，动有万数。单于自知放横日久，内不自安。今多将兵往，必惧而拒境，少将则不见惮。宜以计谋图之，不可以兵威迫也。"遂单车之郡，单于惊喜。潜抚之以静。单于以下脱帽稽颡，悉还前后所略妇女、器械、财物。潜案诛郡中大吏与单于为表里者郝温、郭端等十余人。北边大震，百姓归心。

从《裴潜传》可以看到代郡乌桓拥骑士数万，内结豪吏，称单于者三人，其声势是相当浩大的。裴潜至郡当在建安二十年（215），在代郡三年还邺，后数十日便发生乌桓三单于反魏事件。《三国志·魏书·武帝纪》记建安二十三年（218），"代郡、上谷乌桓无臣氏等叛，遣鄢陵侯彰讨破之"即指此事。无臣氏为代郡乌桓单于，所率领的乌桓兼及代和上谷二郡。当曹彰北征时，二郡乌桓骑兵前哨已经到达易水流域（涿郡南界），双方在桑乾河流域大战，乌桓被击败。[②]《三国志·魏书·任城威王彰传》记："时鲜卑大人轲比能将数万骑观望强弱，见彰力战，所向皆破，乃请服。"可知乌桓此次南下攻曹操，是在鲜卑部落联盟的支持下出兵的。在魏文帝时，代郡乌桓尚未附属于鲜卑。时乌桓校尉田豫出塞征乌桓王骨进，斩之，立其弟为王。[③]

[①] 《三国志·魏书·田豫传》云："自高柳以东，濊貊以西，鲜卑数十部，比能、弥加、素利割地统御，各有分界。"
[②] 《三国志·魏书·任城威王彰传》、《田豫传》。
[③] 《三国志·魏书·田豫传》。

可知此时代郡乌桓尚属于曹魏。

代郡以外，便是雁门乌桓。雁门乌桓从东汉初年就迁居郡内。魏文帝时，牵招为雁门太守，《魏书》本传称："招既教民战陈，又表复乌丸五百余家租调，使备鞍马，远遣侦候。虏每犯塞，勒兵逆击，来辄摧破，于是吏民胆气日锐，荒野无虞。"当时与曹魏敌对者为塞外鲜卑。牵招到任，既教汉民战术，又免乌桓租调以备鞍马，都是为抵抗鲜卑入侵的一些临时措施。雁门乌桓有多少落、多少家，我们不得而知。我们应当注意的就是上述《牵招传》所云"复（雁门）乌丸五百余家租调"一事。前屡言之，乌桓的社会单位，称作"落"，不称作"家"，此则变"落"为"家"。家户制与政府的租调制是相一致的。曹操在建安九年（204）颁布了租调制。租是田租，按亩征收，规定每亩每年缴粟四升。调是户调，规定每户每年缴绢二匹、绵二斤。① 这是曹魏对内地汉民的征收赋税制度。对于边郡匈奴部落，因为他们不事农耕，所以没有田租；又因他们以"落"为单位，所以没有户调。《魏书·梁习传》所云"部曲服事供职，同于编户"，说明政府对于他们主要是劳役和兵役之征，此点同于编户，至于田租、户调则与编户不同了。雁门的五百家乌桓与汉民错居杂处，已经从事于农业，与远郡的匈奴和乌桓不同，所以政府把他们改为编户，要他们按亩缴租，按户输调。向乌桓征收租调的种类和数量可能与汉民不同，但实行租调这一点是一样的。因此雁门太守临时表请魏文帝蠲免五百家乌桓的租调，"使备鞍马，远遣侦候"。这些乌桓，虽然仍有自己的首领，如归义侯王同、王寄，但他们归汉已久，姓名已经汉化。②

至曹魏以后，西晋和十六国时乌桓的分散可以分为幽州、冀州和并州加以叙述。

西晋初年，幽州北边障塞内外的乌桓分别归鲜卑慕容氏、宇文氏、段氏统治。因为他们的语言习俗和鲜卑相同，所以很快地就融合于鲜卑。自幽州的北边而南，直到冀州的渤海、平原二郡国，有些据点分布着乌桓的骑兵营，供晋代各州郡的统治阶级所驱使。幽州蓟城（今河北大兴西南）驻扎着

---

① 《三国志·魏书·武帝纪》注引王沈《魏书》云建安九年颁此令。
② 《三国志·魏书·牵招传》。

乌桓单于审登的骑兵营。当晋室八王之乱开始时，成都王司马颖以司马和演为幽州刺史。和演与审登密谋刺杀都督幽州诸军事的王浚。审登把计划泄露了，反过来与王浚围杀和演。王浚领幽州兵，约鲜卑和乌桓的首领共出兵战胜了司马颖。从此王浚领幽州刺史兼乌桓校尉。王浚在幽州十年，佐东海王越，拒石勒，并冀州，最后南面称制，署置百官，主要是靠鲜卑、乌桓的兵力为后盾的。[①] 当时石勒的辅佐张宾曾评论王浚说："彭祖（王浚字）之据幽州，唯仗三部。"又说："王浚假三部之力称制南面。"[②] 此所谓"三部"就是指鲜卑、乌桓和并州刘琨所部而言，从此可以看出王浚和幽州乌桓的关系了。

并州的乌桓，初有乌桓张伏利度拥众二千壁于乐平（今山西昔阳南赵壁村）。匈奴屠各刘渊屡招不能致，在永嘉元年（307）时被石勒所并。[③] 又并州刺史司马腾以匈奴西迫率领并州将田甄、田兰、任祉、祈济、李恽、薄盛等部众万余人至邺，就谷冀州，号为"乞活"。[④] 此薄盛在《晋书·石勒载记》中称为乌桓。[⑤] 这些号为"乞活"的乌桓跟其他汉人"乞活"在一道为了给司马腾报仇，曾斩杀马苑起义军的首领汲桑。薄盛后被王浚所收用，做了青州刺史。建兴元年（313），青州刺史薄盛执渤海太守刘既，率五千户投降了石勒。薄盛所领的五千户是何部民，虽无明文，但以我的推测，主帅既是乌桓，其部众一定有很多乌桓在内。这部分乌桓从并州东下，先到冀州，又转青州，最后投降了石勒。

当时石勒已经攻下太行山以东的郡县，幽州的乌桓由于王浚"为政苛暴，调发殷烦"，亦叛浚而投降于石勒。据《石勒载记》称：

乌丸审广、渐裳、郝袭背王浚，密遣使降于勒。

---

① 《晋书·王沈附子浚传》；《通鉴》卷85—88有关王浚、乌桓各条。如永兴元年（304），"（王）浚与鲜卑段务勿尘、乌桓羯朱……同起兵讨颖"。二年（305），"王浚遣其将祁弘帅突骑鲜卑、乌桓为越先驱"。永嘉三年（309），"王浚遣祁弘与鲜卑段务勿尘击石勒于飞龙山，大破之"。四年（310），"王浚将祁弘败汉冀州刺史刘灵于广宗，杀之"。
② 《晋书·石勒载记上》。
③ 同上。
④ 《晋书·东海王越传》、《刘琨传》。
⑤ 《晋书·石勒载记》："乌丸薄盛执渤海太守刘既，率户五千降于勒。"此明言薄盛为乌桓。

从审广的姓氏看，与最初和王浚合作的审登同，当为幽州乌桓。石勒攻下幽州以后，"迁乌丸审广、渐裳、郝袭、靳市等于襄国（今河北邢台西南百泉村）"。不久，石勒又"徙平原乌丸、展广、刘哆等部落三万余户于襄国"。平原在今山东北部，郡治今山东平原，属冀州。幽、冀二州之乌桓皆移至襄国，从此，襄国附近就有很多乌桓集中其间。

4世纪中叶，慕容鲜卑南下占领幽、冀二州，这些乌桓又附属于前燕。

氐秦苻坚于晋海西公太和五年（370）平冀州，灭前燕。次年，坚"徙关东豪杰及诸杂夷十万户于关中，处乌丸杂类于冯翊、北地"。冯翊郡治临晋（今陕西合阳），辖今关内西安以东各县。北地郡治泥阳（今甘肃宁县），辖今庆阳附近各县。这些乌桓大致是由冀州襄国迁来的。

但襄国乌桓众多，一次是不可能迁完的。到了氐秦末年，慕容鲜卑进行复国运动时，这一带的乌桓组成军队帮助慕容垂建立后燕。《通鉴》卷105记载，在晋孝武帝太元八、九年（383—384）有下列一段故事：

> 慕容垂济河焚桥……遣田山如邺（今河北临漳），密告慕容农（垂子）等，使起兵相应。……农、楷（垂兄之子）将数十骑微服出邺，遂同奔列人（今河北肥乡东北）。……慕容农之奔列人也，止于乌桓鲁利家。利为之置馔，农笑而不食。利谓其妻曰："恶奴，郎贵人。家贫无以馔之，奈何？"妻曰："郎有雄才大志，今无故而至，必将有异，非为饮食来也。君亟出远望以备非常。"利从之。农谓利曰："吾欲集兵列人以图兴复，卿能从我乎？"利曰："死生唯郎是从。"农乃诣乌桓张骧，说之曰："家王已举大事，翟斌等咸相推奉，远近响应，故来相告耳。"骧再拜曰："得旧主而奉之，敢不尽死！"于是农驱列人居民为士卒，斩桑榆为兵，裂襜裳为旗。使赵秋说屠各毕聪，聪与屠各卜胜、张延、李白、郭超及东夷余和、敕勒，易阳（今河北邯郸北之临洺关）乌桓刘大各帅部众数千赴之。农假张骧辅国将军，刘大安远将军，鲁利建威将军。

乌桓鲁利、张骧居列人，在襄国东南；刘大居易阳，在襄国南，其皆为襄国乌桓无疑。故事的对话里，鲁利夫妇称慕容农为"郎"。胡三省注云：

"今世俗多呼其主为'郎主',又呼其主之子为'郎君'。"鲁利对慕容农说:"死生唯郎是从。"张骧亦说:"得旧主而奉之,敢不尽死!"从而可以理解襄国乌桓曾是鲜卑贵族的农奴或部曲。其事约在4世纪中叶,看《通鉴》卷105所载慕容楷的话自明:

楷谓绍曰:"鲜卑、乌桓及冀州之民本皆燕臣。"

慕容氏贵族集团把襄国乌桓旧部收编起来,首要目的是攻打苻坚之子丕所占领的邺城。《晋书·苻坚载记下》云:

垂引丁零、乌丸之众二十余万,为飞梯、地道以攻邺城。

此丁零指翟斌所统之新安丁零;乌桓则指鲁利、张骧所统之襄国乌桓。结果在此役中丁零叛变了,而乌桓部众随慕容氏南征北战如故,可知乌桓和鲜卑的封建隶属关系是比较密切的。

开头,冀州平原的乌桓也有一些是不愿随慕容氏起兵的。《通鉴》在卷105太元九年(384)记:

东胡王晏据馆陶(今山东馆陶),为邺中声援,鲜卑、乌桓及郡县民据坞壁不从燕者尚众;燕王垂遣太原王楷与镇南将军陈留王绍讨之。……楷乃屯于辟阳(在今河北冀县),绍帅骑数百往说王晏,为陈祸福。晏随绍诣楷降。于是鲜卑、乌桓及坞民降者数十万口。楷留其老弱,置守宰以抚之,发其丁壮十余万,与王晏诣邺。

乌桓张骧父子对于后燕始终是忠心耿耿的。《魏书·太祖纪》记:皇始二年(397),拓跋珪攻信都(今河北冀县),后燕辅国将军张骧等举城降。降后骧即逃往中山(今河北定县),依慕容详。拓跋珪攻下中山,张骧被擒。天兴元年(398),张骧子超收集乌桓、汉民等二千多家,据渤海郡之南皮(今河北南皮),自称乌丸王。二年(399),拓跋珪遣庾岳出兵讨伐,超南走平原(今山东平原)。前已言之,渤海、平原二郡原有乌桓屯聚其间,此番张超之奔渤海，正是因为那里可以聚族自保之故。此后幽、冀二州乌桓很少见于记载，大约这些乌桓逐渐都汉化了。

并州乌桓，除了前述薄盛所领导的"乞活"乌桓东下至冀州、青州外，乐平的张伏利度所部的乌桓归石勒所统治。此外还有离石乌桓和雁门乌桓。

《晋书·石勒载记》记晋大兴二年（319）：

> 寻署石季龙为车骑将军，率骑三万讨鲜卑郁粥于离石，俘获及牛马十余万。郁粥奔乌丸，悉降其众城。

西河郡离石之鲜卑和乌桓从哪儿来的？乌桓住在什么地方？皆不甚明了。在这里我联想到东汉末年在离石的通天山住有乌桓，上述乌桓是通天山乌桓的后裔，亦未可知。

前节我们已经提到在曹魏文帝时，雁门郡有五百多家蠲免租调的乌桓和归义侯王同、王寄等。到了西晋时，《晋书·刘琨传》记：

> 雁门乌丸复反，琨亲率精兵出御之。

按《通鉴考异》所引《刘琨集·上太傅府笺》，此事当在永嘉三年（309），而起兵者除乌桓外，尚有白部鲜卑和铁弗刘虎。《上太傅府笺》云：

> 当聪、弥之未定，乌丸、刘虎，构为变逆。西招白部，遣使致任，称臣于渊。

可知此役是由于乌桓、鲜卑、铁弗刘虎联合起来投降匈奴刘渊而引起的。刘琨恐此役不胜，故乞师于盘踞在云中郡盛乐（今内蒙古和林格尔北部）的拓跋猗卢。《魏书·序纪》中亦记其事云：

> （穆帝猗卢）三年（310）……白部大人叛入西河，铁弗刘虎举众于雁门以应之，攻琨新兴、雁门二郡。琨来乞师，帝使弟子平文皇帝将骑二万，助琨击之，大破白部，次攻刘虎，屠其营落。

《序纪》中未纪及乌桓,盖乌桓实力不及鲜卑、铁弗之故。此在北魏穆帝猗卢三年(310)叛入西河的白部大人或者就是永嘉三年(309)离石鲜卑郁粥的来源吗?从年代和地域条件看,也是非常可能的。

在此以前,晋泰始六年(270),卫瓘为征北大将军都督幽州诸军事,兼领幽州刺史及乌桓校尉。至咸宁二年(276),《晋书·卫瓘传》云:

> 于时,幽、并东有务桓,西有力微,并为边害。瓘离间二虏,遂致嫌隙。于是务桓降而力微以忧死。

当时幽、并二州以北,东有上谷、雁门之乌桓,西有云中之拓跋力微。以此知"务桓"实为乌桓之异名,无论如何与铁弗刘虎之子或刘卫辰之父的"务桓"在时间和地点上不能拉扯在一起。[①] 卫瓘的离间之策在当时系政治秘密,外人很难知晓。但《魏书·序纪》记:

> (始祖神元皇帝力微)五十六年(275)……瓘复请以金锦赂国之大人,令致间隙,使相危害。晋帝从之。
>
> 五十八年(277)……其年,始祖不豫。乌丸王库贤,亲近任势,先受卫瓘之货,故欲沮动诸部。因在庭中砺钺斧,诸大人问:"欲何为?"答曰:"上恨汝曹逸杀太子,今欲尽收诸大人长子杀之。"大人皆信,各各散走。始祖寻崩。

从上二段文献所述,可知当时拓跋鲜卑和乌桓等组成一部落联盟,卫瓘力求此联盟分化,以黄金锦帛贿赂各部落大人。乌桓大人库贤受赂,暗地投降晋国,专在力微左右做破坏工作,结果遂致诸部散走,力微忧死。《晋书·武帝纪》记:咸宁三年(277),"征北大将军卫瓘讨鲜卑力微"。此次讨伐,《魏书》不载,恐与乌桓大人之内外应合有关。

[①] 按《魏书·刘虎传》,虎子务桓代领部落。其事在北魏昭成帝四年(341)之时,而《卫瓘传》中的务桓则在昭成帝四世祖力微之时,于晋为咸宁二年,即公元276年,其间相距六十五年,其时尚无刘虎之子务桓。且刘虎时据雁门,在盛乐之南,不得以东西位置区别之,故《魏书》之务桓为人名,《晋书》之乌桓为族名,即指乌丸。

此事发生不久，又有代郡人卫操率晋人入云中投降拓跋鲜卑事件。其投降经过，《魏书·卫操传》记载甚详。卫操原为晋征北将军卫瓘之门牙将，咸宁三年力微死，四年（278）卫瓘迁秩，操遂与从子雄及其宗族乡亲姬澹等十余人同至云中，"说桓、穆二帝招纳晋人，于是晋人附者稍众"。建兴四年（316），拓跋鲜卑内部发生六修之变，穆帝猗卢被杀，国内大乱。旧派拓跋贵族与新派晋人、乌桓相互猜疑，迭相攻击，于是卫雄、姬澹率晋人和乌桓数万众①随刘琨的质子刘遵南奔并州。

当时羯人石勒正进攻晋乐平太守韩据于沾城（今山西昔阳西沾上镇），刘琨遣卫瓘、姬澹率步骑二万迎击之。瓘等大败，率千余骑北奔代郡。这些乌桓连同从前所说的雁门乌桓自北魏以后一直称为代郡乌桓。

自魏晋以来，雁门（北魏后称代郡）一带有很多部族部落杂居其间。据《晋书》、《魏书》纪传所载，那里有铁弗匈奴、匈奴独孤部、拓跋鲜卑、白部鲜卑诸族，而乌桓部落亦错居杂处其间。故晋永嘉三年（309）有铁弗刘虎联合乌桓和白部鲜卑降刘渊而攻刘琨的事件，升平二年（358）有乌桓、匈奴独孤部及鲜卑没奕于率众数万人同时降苻坚的事件②，太元十二年（387）又有燕王慕容垂任命独孤部刘可泥为乌桓王以统率当地乌桓杂类的事件③。在4世纪时雁门乌桓确有与上述匈奴鲜卑将要融合的倾向，但没有来得及融合，他们又迁徙分离各自形成几个政治集团，而乌桓则留于代郡被北魏所统治。

代郡乌桓与匈奴、鲜卑如此错居杂处，而其他各地的乌桓又多与鲜卑（徒何鲜卑）相混合，所以《魏书·官氏志》云："其诸方杂人来附者，总谓之乌丸。"其意与《晋书·苻坚载记》所云"乌桓杂类"相同。

虽然如此，但历史上的乌桓绝大多数是直接同化于汉族，或者先同鲜卑融合，最后随鲜卑的汉化而亦同化于汉族。

在曹魏时，除了三郡乌桓徙入内地同汉族军队在各处打仗外，雁门乌桓已经改"落"为家，其首领归义侯王同、王寄从姓名上看已经汉化，这正是

---

① 《魏书·序纪》称南奔并州之晋人和乌丸共三百余家。《卫操附雄及姬澹传》谓："雄、澹与刘琨任子遵率乌丸、晋人数万众而叛。"此二记录家口数字出入甚大，兹从《卫操传》。
② 《晋书·苻坚载记》，系年根据《十六国春秋辑补》。
③ 《通鉴》卷107晋武帝"太元十二年"条。

乌桓汉化最早的一个例证。

当五胡十六国和北魏时，许多乌桓的姓氏如郝氏、刘氏、张氏、王氏相继出现，这也是乌桓汉化的又一种表现。他们的姓氏既经汉化，而在封建社会里的少数部族又多耻言系出夷狄，所以给我们研究姓氏起源的人带来不少困难。试看与乌桓汉化问题有关的人物，如唐太宗时的宰相王珪。《旧唐书·王珪传》云：

> 王珪字叔玠，太原祁人也。在魏为乌丸氏，曾祖神念，自魏奔梁，复姓王氏。祖僧辩，梁太尉、尚书令。父颙，北齐乐陵太守。珪幼孤，性雅澹，少嗜欲，志量沈深，能安于贫贱，体道履正，交不苟合。季叔颇（表作頍）当时通儒，有人伦之鉴，尝谓所亲曰："门户所寄，唯在此儿耳。"

从此传中可以看到，不只隋唐时的王頍、王珪已经是一纯粹的汉儒，就是在《梁书》、《南史》王神念和僧辩本传中也看不到他们有什么少数部族成分。《南史·王彧传》，彧之曾孙克，仕侯景为宦，景败，克迎侯王僧辩。僧辩斥之曰："劳事夷狄之君。王氏百世卿族，便是一朝而坠。"从语言之中丝毫看不出他是乌桓人。《新唐书·宰相表》与《旧唐书·王珪传》多所抵牾，似以初为太原王氏，至魏始改乌丸氏，神念自魏奔梁，又复姓王氏。按《周书·文帝纪下》记载，西魏恭帝元年（554）改汉姓为胡姓之事，然此年正是魏将于谨克江陵，擒梁元帝，梁将王僧辩立元帝子方智为梁主于丹阳。从时间上说，是无法附会的。从王珪的世系可知乌桓王氏在很早的时候就汉化了。

此外，《北朝胡姓考》谓北齐王紘、王康德，北周王德、王轨皆乌桓人。又《陈书·高祖纪》记北齐有和州长史乌丸远，《隋书·豆卢传》记隋有莒州刺史乌丸尼，按其姓氏亦皆为乌桓人。①

《旧唐书·室韦传》云："乌罗护之东北二百余里，那河之北，有古乌丸之遗人，今亦自称为乌丸国。"那河即今黑龙江，此乌桓遗人在黑龙江以北，今西伯利亚东部境内。

---

① 姚薇元：《北朝胡姓考》，第256页。

又《金史》内经常提乌延部。此部据《谢库德传》称居蝉春水附近。"蝉春水"在《食货志》亦作"禅春水",即今图们江东北支流之艾河,一称嘎呀河或噶哈里河。按三国时的"乌桓"亦称作"乌延",此金代的乌延部与古代的乌桓有何关系,亦不甚明了,这个问题还有待于调查研究。

第三章　东部鲜卑

（甲）前期的东部鲜卑

一、东部鲜卑的起源和邑落公社

古代的鲜卑，按其部落起源的地区和同其他部落融合的情况来说，大致可分为两种：一种是东部鲜卑，一种是拓跋鲜卑。东部鲜卑起源于蒙古草原东部的鲜卑山，原系古代东胡部落联盟的一个重要组成部分。自匈奴击破东胡以后，鲜卑远遁至辽东塞外，一直到东汉初年始与汉朝有所往还。拓跋鲜卑，我们在下面章节中将加以叙述，它的原始分布地在黑龙江上游的额尔古纳河流域。当匈奴西迁以后，他们向草原的中部、西部、南部迁徙，在各地不断与匈奴残余部众融合，于是始有"拓跋"之名。从汉人的文献记载言，东部鲜卑在前，拓跋鲜卑在后，二者显然有所区别。但自拓跋鲜卑的贵族统一中原、建立北魏以后，他们便把鲜卑名称霸为己有，对于东部鲜卑的段氏、慕容氏集团称为"白部"或者"徒何"，对于宇文氏集团称为"匈奴"。这种做法显然是喧宾夺主，不甚公允的。但在文献上已经造成既成事实，所以我们用"东部鲜卑"和"拓跋鲜卑"二词加以区别。

"鲜卑"，作为一个活动的部落集团的名称之出现，似始见于东汉古文献内。在《史记》、《汉书》内，我们只看到东胡和乌桓，而看不到鲜卑活动的记录。过去有些学者认为，《国语·晋语》八中记载"昔成王盟诸侯于岐阳，楚为荆蛮，……与鲜卑守燎"，于是以此为关于鲜卑最早的记录。如三国时韦昭的《国语注》云"鲜卑，东夷国"，后人遂以此"鲜卑"即后世的东部鲜卑。但是《后汉书》、《三国志》都不把鲜卑列入"东夷"传内，而称之为系出东胡，所以依靠《国语》韦注而判断此"鲜卑"为后世东部鲜卑之祖，是没有道理的。抗战前我国所印《四部丛刊》中的《国语》，系明代金李刻本的影印本，其中上述的"鲜卑"作"鲜牟"。此虽孤证，但我疑惑与荆蛮为成周守燎的"鲜卑"当系"鲜牟"之误。因此，我们不能仅依据这条证据而谓鲜卑族之名在西周时便已存在。又有些学者根据《楚辞·大招》篇有"小腰秀颈，若鲜卑只"，于是推论战国之时便已有鲜卑族的名称。但王逸注云：

> 鲜卑，衮带头也。言好女之状，腰支细少，颈锐秀长，靖然而特异，若以鲜卑之带约，而束之也。

然则鲜卑乃带钩之名，非人名或族名。《汉书·匈奴传》"犀毗"下颜师古注云："犀毗，胡带之钩也。亦曰'鲜卑'，亦曰'师比'，总一物也，语有轻重耳。"以此知"鲜卑"即"犀毗"，亦称"师比"，指胡人的带钩而言。此带钩初出自东胡，战国时传入赵国，《战国策》记载赵武灵王以黄金师比赐给周绍，当即此物。战国时的赵国并能制作这种带钩，所以《楚辞·招魂》篇有"晋制犀比"之语。"犀比"即"犀毗"，亦即"鲜卑"。鲜卑带钩既已行于战国之时，所以楚国诗人往往以此入诗，咏美人之细腰而联想到约束腰间的鲜卑带钩，故云"小腰秀颈，若鲜卑只"[①]。

战国之时，汉文献中所记之草原东部族类只有东胡、山戎，没有鲜卑。《逸周书·王会解》云：

> 东胡黄罴，山戎戎菽。

---

① "鲜卑"之原义似指一种瑞兽或神兽。《史记·匈奴列传》注《索隐》引张晏云："鲜卑郭落带，瑞兽名也，东胡好服之。""郭落"为"Kwuk-Lak"之音译，其义为兽，"鲜卑"为"Sai-bi"之音译，其义为瑞，为神。合之为瑞兽或神兽。《魏书·帝纪·序纪》谓献帝邻命诘汾南徙，"有神兽，其形似马，其声似牛，先行引导，历年乃出"。此神兽似即鲜卑。东胡人以此兽状铸镂带钩之上，即所谓"鲜卑郭落带"，译言瑞兽带或神兽带。

文中并没提到鲜卑。东汉之时，鲜卑族名开始出现。当时的学者对于乌桓为东胡之后一般是肯定的，但于鲜卑的起源则有异词。例如东汉人应奉上桓帝书云：

> 秦筑长城，徒役之士亡出塞外，依鲜卑山，因以为号。①

此文可能非奏议原文，《翰苑集》注引《汉名臣奏》云："鲜卑者，秦始皇遣蒙恬筑长城，徒亡出塞。鲜，少也。卑，陋也。言其种众少陋也。今其人皆髡头、衣赭，手足库肿，此为徒人状也。"② 从《汉名臣奏》所说，虽然可以推测古代鲜卑的髡头、衣赭之俗，但谓鲜卑为汉人出亡塞外的囚徒显然是没有任何根据的。

当时还有一种不正确的说法，就是以乌桓是东胡的后裔，鲜卑则或系东胡的别种或支族，有的且以为是山戎的后裔。例如东汉著名的学者服虔，既云："东胡，乌桓之先，后为鲜卑。"又云："山戎，盖今鲜卑。"③ 后一种说法是不正确的。它如胡广云："鲜卑，东胡别种"④；晋代王沈《魏书》云："鲜卑，亦东胡之余也"⑤；司马彪《后汉书》云："鲜卑，亦东胡之支也"⑥。这些说法虽不能说谬误，但把乌桓说成正裔，鲜卑说成别种或"余"、"支"，至少在措辞上是有问题的。正确的说法应如《三国志·魏书》所云：

> 乌丸、鲜卑，即古所谓东胡也。

自匈奴破东胡部落联盟之后，鲜卑和乌桓同时由东胡母胎中分裂出来的，这里无所谓先后，更无所谓正裔或支余。但乌桓之名已见于西汉文献，鲜卑之名至东汉乃出，主要由于乌桓与汉地接壤，故西汉文献记载历历可稽，而鲜卑无所闻，正由于被乌桓遮断其交通道路的缘故。晋代王沈《魏

---

① 《史记索隐》所引，见《史记·匈奴列传》注。
② 《翰苑集》注所引《汉名臣奏》云云，今《风俗通》本不载。
③ 《史记索隐》所引，见《史记·匈奴列传》注。
④ 同上。
⑤ 《三国志·魏书·乌丸鲜卑东夷传》注所引。
⑥ 《翰苑集》注所引。

书》对此事交代得很明白，云：

> 鲜卑自为冒顿所破，远窜辽东塞外，不与余国争衡，未有名通于汉，而（由）自与乌丸相接。

从这几句话便可说明鲜卑为什么在乌桓衰弱以后，到东汉时始与汉朝发生关系，为什么它见于汉文献记载较乌桓为晚的原委。

一个部落集团从东胡分化出来，最初分布的地点在鲜卑山，此部落集团遂以鲜卑为名。这种说法是与袁宏《汉纪》、司马彪《续汉书》、王沈《魏书》一致的。但鲜卑山在什么地方呢？各书皆未能确指。最早北魏时崔鸿撰《十六国春秋》，传说中的鲜卑山已经有二：一在棘城（今辽宁锦县）之东，一在辽西（郡治阳乐，今河北抚宁与卢龙二县之间）之西北一百里。哪一个是原始的鲜卑山，崔氏已经不能确指。[①]《隋图经》云："鲜卑山在柳城县（今辽宁朝阳）东南。"[②]《方舆纪要》卷8据旧志谓在柳城东二百里，此似为又一鲜卑山。此外，《水经注》引《释氏西域记》云在敦煌东南也有一鲜卑山。鲜卑山如此众多，与汉魏时鲜卑人的到处迁徙有关。在辽东、辽西二郡之内的鲜卑山，应当都是后起的，非鲜卑原始分布地之所在。理由前已说明，假使原始的鲜卑山在二郡之内，鲜卑与汉朝之间当无被乌桓隔断之可言了。因此，原始的鲜卑山当照王沈《魏书》所述，于辽东塞外求之。清代咸同年间蒙古史地学者张穆，在他著《蒙古游牧记》时对于乌桓的原始所居地的乌桓山和鲜卑原始所居地的鲜卑山都努力在草原东部进行探索。关于鲜卑山，在《游牧记》卷1科尔沁部右翼中旗"西至塔勒布拉克"下云：

> 旗西三十里有鲜卑山，土人名蒙格。

此山在今内蒙古东部科尔沁旗西哈古勒河附近，与其西南面的阿鲁科尔沁右翼中旗西北一百四十里之乌桓山遥远相应，这种考证大致是可信的。汉

[①] 《太平御览》卷45《地部》"鲜卑山"条。
[②] 同上。

武帝时乌桓降汉以后，乌桓南移至老哈河流域，鲜卑也跟着向西南推进，居住在西拉木伦河流域。

魏晋以来汉文史传的叙述，是从鲜卑迁徙到西拉木伦河流域开始的。试看王沈《魏书》所述便可明白，云：

> 常以季春大会作乐水上。

此作乐水，在《后汉书·鲜卑传》中作"饶乐水"，经今世学者考定，即今西拉木伦河无疑。① 从此可知王沈《魏书》和范晔《后汉书》中的《鲜卑传》，都是以鲜卑居住在西拉木伦河以后所发生的各种风俗习惯以及社会制度开始记载的。

关于鲜卑的语言、习俗和物产，在王沈《魏书》中有简明的叙述，云：

> 其语言习俗与乌丸同。……常以季春大会，作乐水上。嫁女娶妇，髡头饮宴。其兽异于中国者，野马、羱羊、端牛。端牛角为弓，世谓之角端（弓）者也。又有貂、豽、鼲子，皮毛柔蠕，故天下以为名裘。

鲜卑语言与乌桓相同，二族属于同一语族系统，大致相当于后世所谓"蒙古语族"，不是通古斯语族。这一点似乎是没有疑义的。鲜卑发式的一个特点就是髡头。髡头在男子娶妇和女儿出嫁之时。王沈《魏书》云"嫁女娶妇，髡头饮宴"；《后汉书·鲜卑传》亦云"唯婚姻先髡头"。乌桓的发式也是髡头，《史记索隐》引服虔云"乌桓父子男女悉髡头为轻便也"，可以为证。所不同者，"妇女至嫁时乃养发，分为髻"②。这大致系受汉人的影响而有改变。但由于文献不足，人们尚不能说明东部鲜卑的髡头和拓跋鲜卑的索头有何区别。拓跋的索头应如元代胡三省所云即为辫发。③ 辫发为我们习见之事，即如满洲人剃发之周围，留顶发之大部分，垂辫于后。乌桓、鲜卑的髡头可能也是这样的。

---

① 参考〔日〕白鸟库吉：《东胡民族考》上编，方壮猷译，第26—36页。
② 《后汉书·乌桓传》。
③ 参考《资治通鉴》。

鲜卑的土产，以野生动物最为突出，有野马、羱羊、角端牛。《说文》云：角端"状如豕，角善为弓"。又有貂、豽、鼲，它们的皮毛可以为裘。野生动物之多说明他们的经济生活多向打猎和畜牧方面发展。《后汉书·鲜卑传》叙述东汉时乌桓、汉军多次对鲜卑展开战争，战胜时所获品多为牛、马、财物。2世纪中叶的檀石槐，是鲜卑中一位著名的英雄人物。当他少年时，异部大人把他外家的牛羊抄劫了，檀石槐单骑追击之，所向无敌，终于夺回丧失了的牛羊。从这些史料看来，我们可以判断当时鲜卑的主要产业是畜牧，其次是射猎，农业似乎不占重要的位置。

社会组织，史传中无明文记载，以下述一段纪事推之，似与乌桓相同，亦是行邑落公社制。王沈《魏书》云：

> 安帝时（《后汉书》作永初中，即107—113），鲜卑大人燕荔阳入朝，汉赐鲜卑王印绶、赤车参驾，止乌丸校尉所治宁（城）下。通胡市，筑南、北两部质宫（当作"馆"），受邑落质者二十部（《后汉书》作百二十部）。

2世纪初鲜卑大人朝汉，汉于宁城下筑南北两部质馆，以处乌桓、鲜卑邑落大人的人质和市客。鲜卑大人燕荔阳率邑落二十（或一百二十）部入馆互市，与《乌桓传》所云"邑落各有小帅，数千百落自为一部"，是相合的。以此，我们推知鲜卑也实行邑落公社制。

关于鲜卑的邑落生活，我们知道得很少。主要原因是由于汉代乌桓分布在南，鲜卑分布在北，因此汉文史志对鲜卑叙述很略，只说一句"习俗与乌桓同"罢了。前章我们已经叙述，乌桓的邑落公社已经不是原始氏族公社，他们的社会阶级已经日益分化，财产制度具有公有制和私有制两种性质。他们虽已开始了蓄奴之风，但没形成奴隶社会。这些基本情况，鲜卑和乌桓大体上是接近的。

当然，我们不是说鲜卑与乌桓的社会生活完全是一致的。据我们所知，西拉木伦河及其以北地带天然地可以划分为两个部分：西部系草原和湖泊，宜于游牧；东部系山陵森林，宜于虞猎。至于南边的老哈河流域则宜于种植和渔业。当鲜卑人占据老哈河及其以南地区以前，他们主要的生产是畜牧和射猎，农业并不发达。一直到檀石槐统一了草原东部之时，他们的经济始变成一种如王沈《魏书》和《后汉书·鲜卑传》所云"田、畜、射猎"而又"捕鱼以助粮食"的混合经济。虽然如此，在曹魏时期，鲜卑的生产仍以畜牧为主，他们经常以牛羊与曹魏互市，黄初三年（222）牛马的贡额竟达到七万多头。[①] 这种情况正可说明鲜卑人最初的发展为什么与乌桓人不同，乌桓人的发展是节节南下，与汉人日益接近，以至于错居杂处；而鲜卑则是向蒙古草原游牧地区的中部和西部挺进，后在长城内外居住了若干代以后，才开始往黄河流域迁徙。

阶级分化和私有制的确立反映在政治制度上面的就是大人世袭制的出现。《后汉书·鲜卑传》记载：

> 自檀石槐死后，诸大人遂世相袭也。

檀石槐的死在东汉光和（178—184）中，即公元180年左右鲜卑的大人世袭制才代替了大人选举制。在此以前，邑落公社的财富悬隔尚不甚显著，家族私有制亦未十分确立。所以大人世袭制正是家族私有制确立的显明标志。虽然如此，原始共产主义的遗风一直到3世纪初年，即轲比能在位之时，仍然流行。《三国志·魏书·乌丸鲜卑东夷传》关于轲比能的行径有这么一段记载：

> 每钞略得财物，均平分付，一决目前，终无所私，故得众死力，余部大人皆敬惮之。

轲比能的这种分配掳获物的办法正可反映当时鲜卑原始的共产遗风仍未泯灭。

我们所知道的古代东部鲜卑的社会制度大抵如此。

---

① 《三国志·魏书·乌丸鲜卑东夷传》。

二、檀石槐军事大联盟的建立

东部鲜卑的历史大致可以分为两个阶段：从公元1、2世纪到3世纪后叶，是从邑落联盟发展到草原部落大联盟的时代；从3世纪后叶到7世纪中叶，是鲜卑贵族在黄河流域建立封建政权的时代。

这一段只叙述上述的第一阶段。在叙述之前，首先叙述一下以檀石槐为首的邑落军事大联盟建立以前的概况。

东胡部落联盟自被匈奴击破以后，鲜卑和乌桓一样，成为匈奴奴隶主政权统治和奴役的对象。《汉书·匈奴传》只叙述了匈奴如何统治乌桓和乌桓人民如何反抗匈奴的统治，并没叙述鲜卑。我想，匈奴统治阶级对于鲜卑人是采取同样奴役办法的，例如檀石槐的父亲投鹿侯在匈奴中服兵役三年[①]，便是很明显的例子。

《后汉书·祭肜传》记建武十七年（41）以前，"匈奴、鲜卑及赤山乌桓连和强盛，数入塞"。此当为鲜卑与汉接触之始。建武二十一年（45），匈奴与鲜卑分兵侵北边，匈奴寇上谷、中山，鲜卑寇辽东。辽东太守祭肜以"三虏连和，卒为边害"，乃利用鲜卑的力量以对抗匈奴和乌桓。建武二十五年（49），鲜卑大人偏何至辽东归附，祭肜嗾使偏何反击匈奴左伊秩訾部，从此匈奴鲜卑岁岁相攻，匈奴衰弱。又原来住在赤山的乌桓最为强盛，时侵上谷。祭肜又嗾使偏何出兵讨之。永平元年（58），偏何攻下赤山，斩乌桓大人歆志贲。从此乌桓在塞外的根据地尽失，转入塞内，投降汉朝，鲜卑在塞外占了优势。[②]

为什么鲜卑在塞外的势力很快就强盛起来呢？在1世纪前叶，匈奴政权虽一度分而复合，但不久因王位继承问题统治阶级内部发生纠纷，遂分裂为南、北匈奴。初时，乌桓、鲜卑都归匈奴统治的。直至建武二十一年（45），所谓"三虏连和"，分侵汉朝边郡，其时仍以匈奴为主。到建武二十二年（46），匈奴内乱，乌桓乘势起义，击破匈奴，从此"匈奴北徙数千里，漠南地空"。此时草原东南部主要的实力只有乌桓和鲜卑。当时乌桓和鲜卑的关系大致是联盟的，赤山乌桓进攻上谷之役，王沈《魏书》记载：

---

① 参考王沈《魏书》及《后汉书·鲜卑传》。
② 《后汉书·祭肜传》、《鲜卑传》。

>　　至永平中，渔阳乌丸大人钦志贲帅种人叛鲜卑，还为寇害。辽东太守祭肜募杀志贲，遂破其众。

此乌桓之"叛鲜卑"应当解释为"背叛乌桓鲜卑联盟"，所以偏何始出兵击破赤山，斩歆志贲。从此塞外的实力全部归鲜卑所操纵。在永平以前，塞外部众与匈奴联合攻击汉朝的是乌桓；永平以来，与匈奴联合攻击汉朝的变为鲜卑。这种一盛一衰的情况不只表现在草原和汉朝的关系上，而且也表现在草原之内被统治部落集团对统治集团匈奴的斗争上。在永平以前，东部部落集团反抗匈奴统治的主要是乌桓，永平以后反抗匈奴统治的变为鲜卑。

鲜卑的实力既日益壮大，鲜卑牧民多年在匈奴奴隶主的奴役下困苦不堪，所以在元和二年（85），鲜卑、丁零、南匈奴以及西域各国联合起来，发动了从四面八方对北匈奴的全面攻击。《后汉书·南匈奴列传》对此次联合起义记载得很清楚：

>　　时北虏（北匈奴）衰耗，党众离畔，南部（南匈奴）攻其前，丁零寇其后，鲜卑击其左，西域侵其右，不复自立，乃远引而去。

从此可知，北匈奴之所以西遁，鲜卑人民的起义是起了很大作用的。隔了两年，至章和元年（87），"鲜卑入左地，击北匈奴，大破之。斩优留单于，取其（匈奴）皮而还"。这是第二次向北匈奴进攻的胜利。北单于经多次创刈，所以放弃龙庭，"逐逃远去，依安侯河（今鄂尔浑河）西"。①

永元元年至三年（89—91），北单于从蒙古草原迁出，远走中亚，鲜卑趁势占领匈奴故地。当时匈奴遗留在草原上尚有十多万落，皆改称为"鲜卑"。鲜卑从此更加强盛起来。②

公元1世纪末年，塞外鲜卑逐渐向辽东、辽西、代郡、上谷四郡塞内移动，跟原来居住在那里的乌桓杂居。他们入塞的目的似乎主要是为了互市。2世纪初年，东汉统治阶级允许他们在乌桓校尉的治所宁城互市，并筑有南

---

① 《后汉书·南匈奴列传》。
② 《后汉书·鲜卑传》。王沈《魏书》记载与此略异，云："匈奴及北单于遁逃后，余种十余万落，诣辽东杂处，皆自号鲜卑兵。"

北部质馆，容纳乌桓和鲜卑的质子住在那里，以保证他们不在各地肇事掠劫。此后鲜卑与汉朝之间以及与乌桓、匈奴之间时有纠纷发生，当时汉朝的政策是依靠乌桓，联合匈奴，共同攻击鲜卑，所以多年以来汉朝与鲜卑间的问题得不到解决。

在2世纪中叶，鲜卑出了一位杰出的人物檀石槐。他是一位普通牧民的儿子，父亲曾被匈奴征发到各地打仗。年十四五时，勇健有智略。异部大人卜贲邑抄夺了他外婆家的牛羊，檀石槐单骑直追，把所掠夺去的牛羊夺回，因此部民都很器重他。长大以后，他能够"施法禁，平曲直，无敢犯者"，群众遂推举他为大人。他在距高柳（今山西阳高）北面三百多里的弹汗山歠仇水上建立牙帐，兵强马盛，东部和西部的大人逐渐都归附他了。于是他就东征西伐，在2世纪中叶，即东汉桓帝时（147—167）成立了一个草原部落军事大联盟。

关于檀石槐统一草原的过程，王沈《魏书》和《后汉书·鲜卑传》都叙述得很简略。王沈《魏书》云：

南钞汉边，北拒丁零，东却夫余，西击乌孙，尽据匈奴故地。东西万二千余里①，南北七千余里，网罗山川、水泽、盐池甚广。

这里只叙述了草原部落军事大联盟的范围，至于为什么要建立这个大联盟则没有明显地提到。但我们从"网罗山川、水泽、盐池甚广"一句话大致可以看出檀石槐的拓地行动是和解决草原牧民的生活资料有关的。欲阐明此点，我们不妨引两件大事以做证明。一件大事是掳掠倭人在老哈河上从事捕鱼。《后汉书·鲜卑传》云：

种众日多，田畜射猎不足给食，檀石槐乃自徇行，见乌侯秦水（今老哈河）广从数百里，水停不流，其中有鱼，不能得之。闻倭人善网捕，于是东击倭人国，得千余家，徙置秦水上，令捕鱼以助粮食。

---

① 《后汉书》作"东西万四千余里"。

倭人，王沈《魏书》作"汗人"，惠栋谓"汗"当作"汙"，与"倭"同音。这种人当即今日之"倭奴"，古代东北海岸当有此族。檀石槐略地得之，以开渔业，其为草原牧民解决食物问题甚明。

第二件大事就是从永寿二年（156）到光和元年（178）二十多年间对汉朝进行掠夺战争。掠劫的范围遍及云中、雁门、辽东属国、北地、酒泉诸郡，《后汉书·鲜卑传》称："幽、并、凉三州缘边诸郡，无岁不被鲜卑寇抄，杀略不可胜数。"他们为什么要多年侵犯边郡呢？《应劭传》所载中平二年（185）的驳议颇足供我们参考，云：

鲜卑隔在漠北，犬羊为群，无君长之帅，庐落之居，而天性贪暴，不拘信义，故数犯障塞，且无宁岁。唯至互市，乃来靡服。苟欲中国珍货，非为畏威怀德。计获事足，旋踵为害。是以朝家外而不内，盖为此也。

往者匈奴反叛，度辽将军马续、乌桓校尉王元发鲜卑五千余骑，又武威太守赵冲亦率鲜卑征讨叛羌。斩获丑虏，既不足言，而鲜卑越溢，多为不法。裁以军令，则忿戾作乱；制御小缓，则陆掠残害。劫居人，钞商旅，噉人牛羊，略人兵马。得赏既多，不肯去，复欲以物买铁。边将不听，便取缣帛，聚欲烧之。边将恐怖，畏其反叛，辞谢抚顺，无敢拒违。

应劭的许多论断，自不免有民族偏见，但其中有许多事实可以说明鲜卑的生活困穷，迫切需要与汉人进行贸易。例如说："唯至互市，乃来靡服。"又说："苟欲中国珍货，非为畏威怀德。"这岂非说他们要求汉、鲜卑互市，互市不成乃岁岁犯塞吗？几千骑鲜卑雇佣兵到内郡来，主要目的是为解决生计问题的，故行军所至，则"劫居人，钞商旅，噉人牛羊，略人兵马"。草原牧民因为缺少铁的生产工具，又缺少与衣服有关的缣帛，所以他们在得赏之后仍不肯去，要求"以物买铁"。"边将不听，便取缣帛，聚欲烧之"，加以威胁。这里显然存在着买铁买缣的问题不能解决。当时买缣问题似乎还不大，而塞外人买铁则在禁止之例，违者无论买卖两方都要受到刑律的处罚。这种民族矛盾在阶级社会内是无法解决的。鲜卑的南抄汉边，杀掠吏民，主要原因，即在于此。

从上述数事可以推知檀石槐的拓地掠人，是为了解决草原牧民的生活问题。

檀石槐领导下的部落军事大联盟的范围很广，包括了整个蒙古草原的东部、中部和西部。它的划分是这样的：

1. 东部 —— 从右北平以东至辽东，与夫余、濊貊接壤，为东部，共二十多个邑。大人有四：弥加、阙机、素利、槐头。

2. 中部 —— 从右北平以西至上谷，为中部，共十多个邑。大人有三：柯最、阙居、慕容等①。

3. 西部 —— 从上谷以西至敦煌，西接乌孙，为西部，共二十多个邑。大人有五：置鞬、落罗、日律、推演、宴荔游。

上述十二个大人皆为大帅，都制属于檀石槐。

现在对上述十二个大人的来历、族属以及实力略加阐明。

按《三国志·魏书·乌丸鲜卑东夷传》云："素利、弥加、厥机皆为大人，在辽西、右北平、渔阳塞外。道远，初不为边患，然其种众多于比能。"此所云素利等三人的所在地与王沈《魏书》所云"从右北平以东至辽"合。同传又谓厥机死于汉末建安中，素利死于曹魏太和二年（228），弥加的死期不详。② 槐头，据姚薇元氏的考证即宇文氏的祖先宇文莫槐，"莫槐"为"莫槐头"的简译。《魏书·宇文莫槐传》云"世为东部大人"，与王沈《魏书》合。《周书·文帝纪》云："宇文氏始居辽西。"然则槐头在三国时的居地在东部的辽西。中部大人中的慕容，《通鉴》胡注谓此为慕容氏之始。若然，则"慕容"原为大人之名，后世始演变为氏族之名。西部大人中的宴荔游，与《后汉书·鲜卑传》中的"燕荔阳"名称酷似。燕荔阳于汉安帝永初中（107—113）朝汉，邓太后封之为王，并给以印绶及车驾。他活到桓帝时（147—167），又参加了檀石槐组织的军事联盟，当为诸大人中年龄较高的一位。此外，还有西部大人推演，《通鉴》卷77胡注云，西部大人中的推演就是拓跋魏始祖毛五世孙的推寅可汗（宣帝）。这一发现对于我们研究东部鲜卑与拓跋鲜卑的关系史，是有很大的启发作用。但胡三省氏把西部大人推演说成北魏祖先的宣帝推寅，恐在世系年代上大有问题。按曹魏元帝景元二年（261），拓跋鲜卑大人力微（始祖神元皇帝）遣其子沙漠汗入贡，而力微上

---

① 东、中、西三部十二大人是参考《三国志·魏书·乌丸鲜卑东夷传》注引王沈《魏书》。殿本作"慕容寺"，百衲本作"慕容等"，从百衲本。

② 参考（清）李慈铭：《越缦堂读书记》。

距其祖宣帝推寅尚有九代之多，九代的年数相当遥远，无论如何，同 2 世纪中叶起至 2 世纪 80 年代止的檀石槐部落联盟是扯不到一起的。因此，我疑西部大人推寅乃《魏书·帝纪·序纪》中的第二个推寅，即力微的祖父献帝邻。《序纪》云：

> 圣武皇帝讳诘汾，献帝命南移，山谷高深，九难八阻，于是欲止。有神兽，其形似马，其声类牛，先行导引，历年乃出，始居匈奴之故地。其迁徙策略，多出宣、献二帝，故人并号曰"推寅"，盖俗云"钻研"之义。

按献帝邻命其子诘汾南迁，诘汾所徙止之地即日后力微所在之地，亦即汉五原郡之地，其地有古代的头曼城，故谓之为"匈奴之故地"。然则献帝邻的居地当在蒙古草原的西北部。

从上所述，可以看到 2 世纪后叶檀石槐所领导的部落军事大联盟，不只包括了宇文鲜卑、慕容鲜卑，而且包括了拓跋鲜卑……其内容是相当复杂的。

东、西、中各部各邑以及各大人之间的关系如何，文献记载是比较缺乏的。《三国志·魏书·田豫传》描写自高柳以东鲜卑诸部的分立情况说：

> 自高柳以东、濊貊以西，鲜卑数十部，比能、弥加、素利等割地统御，各有分界。

此指三国魏时的情况。东汉末年还有阙机领导下一小集团，但此人在三国前便死去，由其子沙末汗继任，曹操册封之为亲汉王。东汉末延康时（220）亦向东汉朝献马，但到三国魏时不知被哪一个大人把他们合并了。上述虽系三国时事，但在檀石槐部落联盟时，各大人"割地统御，各有分界"的情况仍然是存在的。部落联盟的意义并不是把各个割据的邑落合而为一，也不能变更各邑落内部的组织，只是在"割地统御，各有分界"的基础上联合起来，对于若干跟共同利益有关的公共事业，特别是对外贸易、军事上的攻守等方面采取一致的行动罢了。

欲证明此点，我们不妨举一两件史实为例。第一件如檀石槐在位时对东汉的侵略战争。延熹九年（166），鲜卑分骑数万人入缘边九郡杀掠居民。《后汉书·张奂传》对此事的记载如下：

（延熹）九年春，征拜大司农。鲜卑闻奂去，其夏，遂招结南匈奴、乌桓数道入塞，或五六千骑，或三四千骑，寇掠缘边九郡，杀略百姓。秋，鲜卑复率八九千骑入塞，诱引东羌与共盟诅。于是上郡沈氏、安定先零诸种，共寇武威、张掖，缘边大被其毒。

这次入侵，虽然包括南匈奴、乌桓、氐、羌等，但主要者和首倡者却是鲜卑，即檀石槐领导下的鲜卑部落军事大联盟。战争的结果，是匈奴、乌桓都投降了，唯独鲜卑出塞远飏。汉桓帝看到檀石槐势力强大，遣使封之为王，欲与和亲，但他因为军事联盟关系把封王及和亲二事拒绝了。灵帝初立，自建宁元年（168）至熹平五年（176），八年之内六寇并州，四寇幽州，一寇凉州①，故《鲜卑传》云："幽、并、凉三州缘边诸郡无岁不被鲜卑寇钞，杀略不可胜数。"六年（177）又寇三边，光和元年（178）更寇酒泉。从此知鲜卑向汉边的进攻，是东西中三路策动，全面进兵。熹平六年（177）汉军分三路进攻鲜卑时，檀石槐亦"命三部大人各率部逆战"，结果汉军各路皆败，死者达十分之七八。②此知鲜卑的迎战也是三路扼守，全面反攻的。这种在檀石槐统一领导下的攻守同盟，正是鲜卑部落大联盟的主要特色。

第二件史实可以鲜卑与汉人的贸易为例。《三国志·魏书·田豫传》记鲜卑大人弥加、素利、轲比能"乃共要誓，皆不得以马与中国市"。此时檀石槐已死，轲比能新的联盟尚未成立，故以诅盟方式，要求在马市上一致行动，拒与曹魏交易。三国时如此，东汉末年檀石槐领导下的鲜卑同盟当亦同例。诸部之间，攻守同盟，贸易亦同盟，有违盟者，各部即环起而攻之，正如三国时素利违盟出马千匹与官贸易，轲比能即出兵攻之一样。除此以外，在经济方面还有其他协定。

此外，在诸部之间以及诸邑落之间还有许多约法。例如违大人言者，罪

---

① 《后汉书·灵帝纪》，建宁元年（168），"鲜卑及濊貊寇幽、并二州"。二年（169），"鲜卑寇并州"。四年（171），"鲜卑寇并州"。熹平元年（172），"鲜卑寇并州"。二年（173），"鲜卑寇幽、并二州"。三年（174），"鲜卑寇北地，又寇并州"。四年（175），"鲜卑寇幽州"。五年（176），"鲜卑寇幽州"。

② 《后汉书·鲜卑传》。

至死；若相贼杀者，令部落自相报，或出牛羊以赎死罪。这些习俗是跟乌桓相同的。

三、轲比能的复兴

灵帝光和年间（178—183），檀石槐死，其子和连代立。《鲜卑传》云："和连才力不及父……性贪淫，断法不平，众畔者半。"此为联盟分裂之始。和连被人射死，兄子魁头代立。和连原有子骞曼，长大与魁头争国，众益离散。魁头死，弟步度根立。其时西部鲜卑诸部相率叛去，漠南自云中郡以东分裂为三个部分：一个是檀石槐后裔步度根集团，拥众数万落，占有云中、雁门、北地、代郡以及太原等郡的全部或一部分。又一个是轲比能集团，拥众十多万骑，据有自高柳以东的代郡、上谷郡边塞内外各地。此外，在辽西、右北平、渔阳塞外，还有素利、弥加等原来所谓"东部大人"的若干小集团，他们也从部落大联盟分化出来，"割地统御，各有分界"。

轲比能，史称之为"小种鲜卑"①，原来的势力很小。汉末初平二年（191），袁绍取冀州，黄巾、黑山军溃散者一部分逃入鲜卑，轲比能因此强盛。建安十年（205），曹操定冀州，下幽州，上述诸鲜卑大人如步度根、轲比能、素利、弥加，还有阙机，都通过当时的乌桓校尉阎柔向曹操贡马通市。二十三年（218），原来投降了曹操的乌桓大人无臣氐叛汉，转附属于鲜卑大人扶罗韩。扶罗韩是步度根的哥哥，领兵数万，驻在代郡桑乾河一带。时曹操的儿子彰领兵伐无臣氐，扶罗韩不能救，转向轲比能乞兵。轲比能领兵至，共相盟誓，抵抗曹兵。②即在此时，轲比能杀掉扶罗韩，占领了代郡，兼并了这一带的鲜卑部众。③

在曹魏初年，轲比能志在剪灭诸部大人，统一鲜卑，所以对曹魏表示恭顺。延康元年（220），向曹丕献马，曹丕封之为附义王。黄初二年（221），

---

① "小种鲜卑"见《三国志·魏书·乌丸鲜卑东夷传》。什么意思，不明白。《三国志补注》云："据《晋书》，轲比能之后，即契丹也。"不知何据。
② 《三国志·魏书·任城威王彰传》。此役曹彰兵力实不敌轲比能。
③ 《三国志·魏书·乌丸鲜卑东夷传》。

轲比能交出汉人之留居鲜卑者五百多家,还居代郡。三年(222),与代郡乌桓共驱牛马七万多匹与魏互市,并交出汉人千余家居于上谷。对魏关系已经搞好,然后尽其兵力与步度根及东部大人素利展开兼并战争。

轲比能之与步度根展开战争,是在黄初三年(222)开始的。黄初五年(224),步度根诣魏朝贡,轲比能在漠南的势力遂更强盛。《三国志·魏书·牵招传》谓太和二年(228)以前轲比能已经占领了云中故郡。云中郡原治云中县,在今内蒙古托克托,领定襄(治所在呼和浩特东)、盛乐(在云中县东八十里,今和林格尔北)等地。这一带原系步度根的属地,此时被轲比能占领,故《三国志·魏书·乌丸鲜卑东夷传》谓:"步度根部众稍寡弱,将其众万余落保太原雁门郡。"轲比能之并吞步度根,当在青龙元年(233)。同书《乌丸鲜卑东夷传》云:"至青龙元年,比能诱步度根深结和亲,于是步度根将泄归泥(扶罗韩子)及部众悉保比能。"当指此事。以此知轲比能之兼并步度根集团前后经十年多的经略始告成功。但鲜卑的复兴对于曹魏是很不利的,因此曹魏统治阶级对于轲比能在这一期的活动尽力加以离间与征伐。《三国志·魏书·牵招传》云牵招在黄初末年为雁门太守,利用轲比能和步度根的矛盾,命令步度根攻击轲比能,杀轲比能的兄弟苴罗侯,于是轲比能与步度根之间大结仇怨。时轲比能已占领了云中故郡,若逾句注山(亦称陉岭,今名太和岭)南下,雁门、太原诸郡岌岌可危。故牵招"通河西鲜卑附头[①]十多万家缮治陉北故上馆城,置屯戍以镇内外"。古时自句注山以北谓之陉北,以南谓之陉南。曹魏以雁门为塞[②],上馆城即在陉北南缘的句注山上面。到了轲比能合并步度根以后,整个陉北又被轲比能占领,情势更为危急,所以魏并州刺史毕轨于青龙二年(234)遣将出征,结果在楼烦(今雁门关北)一战,主将被杀,全军覆没。[③] 从此形成了轲比能统一漠南并占领定襄、云中以及一部分雁门郡的局面。

轲比能统一东部鲜卑的经过,我们知道的很少。黄初三年(222)以后,轲比能和素利展开战争,相互攻击。经过魏乌桓校尉田豫的调和,始不相

---

① 《三国志·魏书·牵招传》内的河西鲜卑附头,在《乌丸鲜卑东夷传》内作"西部鲜卑蒲头"。此人既随田豫出击轲比能的女婿郁筑鞬,又随毕轨调动,缮修上馆城,似始终与轲比能对立。
② 《三国志·魏书·明帝纪》中青龙元年敕毕轨曰:"以出军慎勿越塞(雁门塞)过句注(即陉岭)也。"
③ 《三国志·魏书·乌丸鲜卑东夷传》。

侵。后来在魏明帝太和二年（228），因为马市问题，轲比能、素利、弥加联合起来，共结盟誓，相约不以马匹与官方互市。田豫以为"戎狄为一，非中国之利，乃先搆离之，使自为仇敌，相互攻伐"。先嗾使素利违盟，出马千匹与魏交易，轲比能以素利败盟，遂出兵攻击。素利不敌，求救于豫，豫领西部鲜卑附头、泄归泥等出塞，孤军深入，无所获而还。还至马城（今河北怀安北），轲比能率兵三万骑，围困七日。时上谷太守阎志，系前述乌桓校尉阎柔的兄弟，素为鲜卑所信，前往调喻，轲比能始解围而去。①《乌丸鲜卑东夷传》称太和二年（228）素利死，以弟成律归为王，代摄其众。轲比能之并东部当在此年以后。

关于轲比能的统一漠南，在《三国志·魏书·乌丸鲜卑东夷传》总序中亦有一段概括的叙述，云：

> 后鲜卑大人轲比能复制御群狄，尽收匈奴故地。自云中、五原以东抵辽水，皆为鲜卑庭。数犯塞寇边，幽、并苦之。田豫有马城之围，毕轨有陉北之败。

从这段话里也可以看到除西部鲜卑外，中、东二部大体上也由轲比能统一起来。

然而这种统一仍然是暂时的。至青龙三年（235），幽州刺史王雄奉明帝诏，遣剑客把轲比能刺死，于是鲜卑再度统一的联盟又宣告瓦解。

事实的经过是这样的：太和五年（231），蜀汉诸葛亮出兵围祁山（今甘肃西和西北），遣使者联结比能。轲比能率兵至故北地郡石城（今甘肃皋兰西北），与诸葛亮首尾相应以攻魏兵。②这一事件惊动了整个曹魏的统治阶级。明帝下诏命牵招出兵讨之。轲比能此时已还漠南，牵招与刺史毕轨计议，以

---

① 《三国志·魏书·乌丸鲜卑东夷传》及《田豫传》。两传所载互有出入。《乌丸鲜卑东夷传》称马城之围是由于太和二年轲比能的女婿郁筑鞬杀田豫的翻译使者夏舍，豫率兵出征郁筑鞬，归途遭马城之围。《田豫传》则云素利违盟卖马，被轲比能所攻，豫出兵救之，遭马城之围。兹从《田豫传》。但《田豫传》多讳言战中失利，败仍言胜。《乌丸鲜卑东夷传》言被阎志调解，豫始脱围，当从《乌丸鲜卑东夷传》。《牵招传》亦提及此事，可资参考。
② 《三国志·魏书·牵招传》、《三国志·蜀书·诸葛亮传》注引《汉晋春秋》云："亮围祁山，招鲜卑轲比能。比能等至北地石城以应亮。"

劳师远征，资粮艰难，仅可移新兴、雁门二牙门兵出屯陉北，以防鲜卑南下。幽州刺史王雄遣剑客韩龙出塞暗杀轲比能，鲜卑从此"种落离散，互相侵伐，强者远遁，弱者请服，由是边陲差安"①。

四、促进鲜卑部落军事联盟实现的若干因素

自匈奴国家灭亡以后，从 2 世纪中叶起，到 3 世纪 40 年代止，八十多年之间在蒙古草原内陆续地出现了以鲜卑部落为主的军事大联盟，这是什么意义呢？从一方面说，鲜卑部落的军事联盟是在匈奴国家灭亡之后为满足草原部落牧民的需要建立起来的。草原各部落的牧民在匈奴灭亡以后需要一种政治组织或者军事组织来收拾北匈奴去后的残局；需要组织生产力解决各族人民的生活问题；需要输出他们的牲畜马匹牛羊及其皮毛到汉地，再从汉地输入自己所需要的粮食、缣帛和铁器；需要建立一种各族各部落之间的交通、贸易以及移民的秩序。所有这些需要，设使没有一个政治机构和军事组织而望其实现，是不可能的。因此，我们可以说，部落军事大联盟是匈奴国家的继续。但从另一方面说，部落军事联盟的形式是落后于国家的形式的。这种落后的形式从东汉时应劭的评语中亦可看出。他说："鲜卑隔在漠北，犬羊为群，无君长之帅，庐落之居。"这话虽含有侮辱性质，但可以说明檀石槐及其他邑落大人的统治权是远逊于匈奴单于的。因为当日鲜卑的社会制度，阶级虽已经分化，但尚未发展成奴隶制，而乌桓和拓跋鲜卑亦无奴隶制的迹象，这是当时所以不能形成国家，而只能有部落联盟形式产生的唯一原因。从这一点看，鲜卑部落的军事联盟是落后于匈奴国家的。

但鲜卑部落联盟和匈奴国家所处的时代不同。东汉时期鲜卑以外的各族人民，其中特别是汉族人民，都有了丰富的阶级斗争和生产斗争的知识，这不能不给鲜卑的发展以很大的影响。

汉灵帝熹平六年（177），蔡邕上疏议论檀石槐联盟强盛的由来云：

---

① 《三国志·魏书·牵招传》、《乌丸鲜卑东夷传》之"总序"。

自匈奴遁逃，鲜卑强盛，据其故地。称兵十万，才力劲健，意智益生。加以关塞不严，禁网多漏，精金良铁，皆为贼有。汉人逋逃，为之谋主，兵利马疾，过于匈奴。

　　蔡邕谓鲜卑强盛，除了由于鲜卑众多和檀石槐才力过人外，汉地的精金良铁与汉人的筹谋策划也是鲜卑强于匈奴的两个重要因素。这种议论是适当的。在熹平六年以前，北方州郡尚无大规模的农民战争发生，汉人逋亡的主要原因不外两端：一端是安、顺二帝时北方州郡多年灾潦，民不聊生。人民为了逃避租役，捐弃旧居，流亡北边者，道路相望。① 二端是顺帝永和五年（140）以来，南匈奴有句龙吾师之乱，东引乌桓，西连戎羌，雍、并、凉、幽、冀五州皆被掠夺②，以此边郡汉人纷纷向各地逃避战争之苦。从此可知，汉人逋逃是因汉族和匈奴统治阶级的税役和战争逼迫出来的。

　　到灵帝中平元年（184），中原各地爆发了大规模的黄巾农民起义。在大河以北者，有黑山、黄龙、左校、青牛角等十多个旗号，活动于常山、赵郡、中山、上党、河内诸山谷间，互相交通，众至百万。③ 献帝初平三年（192），袁绍与公孙瓒争冀州，公孙瓒败北，袁绍趁势攻下黄巾军流派于毒、右髭、丈八等军，又击破刘石、青牛角、黄龙、左校、郭大贤、李大目、于羝根等军，更与黑山军张燕、四营屠各、雁门乌桓战于常山。④ 在战争中失败的农民军，有的跟随他们的领袖投降曹操，有的逃奔到边塞内外投降了乌桓、鲜卑。因此，《三国志·魏书·乌丸鲜卑东夷传》记载：

　　轲比能本小种鲜卑……部落近塞。自袁绍据河北，中国人多亡叛归之，教作兵器铠楯。颇学文字。故其勒御部众，拟则中国，出入弋猎，建立旌麾，以鼓节为进退。

---

① 参考《后汉书·安帝纪》、《顺帝纪》、《桓帝纪》。最严重的是安帝永初元年（107），司隶、兖、豫、徐、冀、并六州民饥。元初元年（114），三辅、并、凉多流冗贫民。顺帝永建六年（131）诏曰："连年灾潦，冀部尤甚，比蠲除实伤，赡恤穷匮，而百姓犹有弃业，流亡不绝。"桓帝永兴元年（153），"郡国三十二蝗，河水溢，百姓饥穷，流冗道路，至有数十万户，冀州尤甚。"
② 《后汉书·南匈奴列传》。
③ 《三国志·魏书·张燕传》及注所引《九州春秋》一段。
④ 《后汉书·袁绍传》；《三国志·魏书·袁绍传》注引《英雄记》。

此所谓"袁绍据河北，中国人多亡叛归之"，当指袁绍攻下黄巾军流派黑山、黄龙、左校、右髭……等起义军以后，许多战败的义军和流民有不少都流亡到鲜卑地区。设使不如此解释，文中所谓"教作兵器铠楯"的技术和"以鼓节为进退"的战法，我们无法理解一般无战争经验的农民何以能够将这些传授到鲜卑部众中去。当然，在袁绍之前，也有不少的内地军民逃往鲜卑。例如中平四年（187），前中山太守张纯叛汉，幽州牧刘虞讨平之，张纯率所部逃入鲜卑。① 后张纯被王政所杀，其部众流落鲜卑者不能无人。但《乌丸鲜卑东夷传》明言轲比能部下的汉人与袁绍据河北有关，因此，我想这些汉人就是被袁绍所击溃的黄巾余众以及受此次战争影响而离散的农民。

除了东汉中平、初平中流入鲜卑的汉人外，在三国魏文帝黄初元年（220）也有不少的边民逃亡到鲜卑。《三国志·魏书·牵招传》云：

> 文帝践阼，拜招使持节护鲜卑校尉，屯昌平（今北京昌平）。是时边民流散山泽，又亡叛在鲜卑中者，处有千数。招广布恩信，招诱降附。

边郡汉人逃亡鲜卑者每处数以千计，其总数当然是可观的。文帝即位之初，正是轲比能对曹魏讨好之时，所以《乌丸鲜卑东夷传》记：

> 黄初二年（221），比能出诸魏人在鲜卑者五百余家，还居代郡。明年（222）……遣魏人千余家居上谷。

此所谓"魏人"就是指汉人。这两次交还汉户一千五百多家还居代郡、上谷，可能就是指文帝即位之初逃往鲜卑的边民。当时轲比能的实力只及代郡、上谷的北境和塞外附近之区，其他鲜卑大人统治区的汉族流民尚不在此范围之内。总的来说，东汉以来汉人逃往鲜卑地区的，数目相当可观。这些来自中国各地各阶层的汉人，当然是品类不齐，不能一概而论。但就大多数来说，他们都是劳动人民，像张纯那一种有野心的政客究竟是少数。这些大多数的劳动人民，或者帮助鲜卑人兴城筑寨，发展农田和手工业，对于开发

---

① 《后汉书·刘虞传》、《乌桓传》。

边疆的生产都做出一定的贡献；或者如前所述，不少汉人原来在内郡参加农民起义失败了，逃往鲜卑地区，有的做了鲜卑上层的"谋主"；有的教导鲜卑人制造兵器铠盾，有的教鲜卑人学习汉文、汉语，这样就不只改进了鲜卑的文物制度，而且也帮助了鲜卑联盟日益富强，所谓"兵利马疾，过于匈奴"。

从此可知，汉族人力物力的帮助以及文教知识的输入，确实是促进鲜卑部落联盟实现并且日益富强的一种重要的因素。

另外，我们也应当充分估计鲜卑人的外交能力相当成熟。当部落联盟尚未组成之时，在东汉建光元年（121），鲜卑人便联合辽东平原上的濊、貊二族攻打辽东（今辽宁海城），辽东太守蔡讽于此役死于战场。① 至建宁元年（168），时檀石槐已为盟主，《后汉书·灵帝纪》谓"鲜卑及濊、貊寇幽、并二州"。按当时统治濊人者为夫余王夫台，统治貊人者为高句丽王伯固②，然则所谓鲜卑、濊、貊人的联合实际上就是鲜卑盟主与夫余、高句丽二国王有了盟约。不只如此，在延熹九年（166）的夏天，鲜卑联合南匈奴和乌桓分道出塞，侵略东汉的缘边九郡；秋天，鲜卑又联合上郡沈氏与安定先零羌共寇武威、张掖二郡。③ 这种同时联合多种势力，数路进兵，从西部武威、张掖到北部上郡、雁门一带，全线出击，其运用的战略和策略显然是相当高明的。蔡邕谓"（檀石槐）才力劲健，意智益生"，当由于此。到了轲比能时，初联系曹魏以攻击东西鲜卑，又联合蜀汉以攻曹魏。其间虽有成有败，臧否不一，但从此可以看到过去有些人说"戎狄"愚昧无知，不懂外交，是没有事实根据的。

---

① 《后汉书·东夷传》"高句丽"条；《三国志·魏书·乌丸鲜卑东夷传》"高句丽"条。
② 《后汉书·东夷传》"夫余国"条及"高句丽"条。
③ 《后汉书·桓帝纪》、《张奂传》、《鲜卑传》。《桓帝纪》云："（延熹九年）六月，南匈奴及乌桓、鲜卑寇缘边九郡。秋七月，沈氏羌寇武威、张掖。"关于后者，《张奂传》云："秋，鲜卑复率八九千骑入塞，诱引东羌，与共盟诅。于是上郡沈氏、安定先零羌诸种共寇武威、张掖，缘边大被其毒。"《张奂传》所云之"东羌"包括沈氏、先零而言，故《纪》谓"沈氏、羌"。但《续汉志》曰："羌在上郡、西河者号沈氏也。"此寇武威、张掖之沈氏指在西河者，抑指在上郡者，仍疑莫能明。

（乙）后期的东部鲜卑

一、慕容部、段部、宇文部的源流、迁徙和融合

治3世纪鲜卑史的人们往往感觉到3世纪前叶的部落联盟和3世纪后叶的慕容、段氏、宇文三部前后连续不起来。但从另一角度看，中国自古是一多民族的国家，东北各地自古又是一些多部族、部落的地区，而各部族、部落又盛衰无常，迁徙不定，相互融合，他们的名称亦往往随部长的名称屡易。这样在发展过程中发生一些部落名称不一致、部长世系不连贯的现象，是不足为奇的。现在我们尽可能地阐述一下慕容、段氏、宇文三部的源流、迁徙和融合的过程。

慕容鲜卑亦系东胡的后裔，他们的祖先也是从鲜卑山分衍出来的。关于此点，崔鸿《十六国春秋》和《晋书·慕容廆载记》都有类似的叙述。《太平御览》卷121引北魏崔鸿的《十六国春秋·前燕录》云：

> 慕容廆，字奕洛瓌，昌黎棘城人。昔高辛氏游于海滨，留少子厌越以君北夷，世居辽左，号曰东胡。秦汉之际为匈奴所败，分保鲜卑山，因复以为号。

在北魏以前慕容氏建国多年，中原士大夫出仕燕国，为慕容氏祖先歌功颂德者，不乏其人，如范亨、崔逞之徒皆属于此类。[①] 崔鸿著《前燕录》时，未加剪裁，取以入书。其中所谓东胡为高辛氏之苗裔，其祖由辽东海滨迁到内地鲜卑山之说，实无历史根据。但谓慕容部为鲜卑之一种，鲜卑由东胡分出，此点则毋庸置疑。上节我们已经说过，鲜卑自鲜卑山迁出以后，分布到古饶乐水即今西拉木伦河流域。慕容部此时的分布当在西拉木伦河的上游，即今河北平泉直北至西拉木伦河的西段地区。欲证明此点，我们可以王沈

[①] 《隋书·经籍志》，范亨撰《燕书》二十卷。张鹏一《隋书·经籍志补》，慕容晖时著作郎崔逞撰《燕记》。范亨、崔逞并入魏，亨佐崔浩撰《国书》。《史通》，前燕有《起居注》，杜辅全录以为《燕纪》。董统撰《本纪》及《佐命功臣王公列传》共三十卷。后申秀、范亨各取前后二燕合成一史。今各书皆佚。

《魏书》所记檀石槐时鲜卑中部大人中的慕容作为依据。中部大人的所在地，在自右北平（治今河北平泉）以西至上谷（治今河北怀来）塞外之地。《通鉴》卷81胡注云：王沈《魏书》记檀石槐中部大人有慕容，"是则慕容部之始也。"然则慕容部由鲜卑山分化出来的原始居住地在右北平直北以西之草原中甚明。

在曹魏初年，即3世纪30年代之初，慕容廆的曾祖莫护跋率领部落向东南移动，到达沿海之滨的辽西郡。《十六国春秋·前燕录》（引《太平御览》卷121）对此事亦记载分明，云：

> 曾祖莫护跋于魏初率其诸部入居辽西。从司马宣王（懿）讨公孙渊，拜率义王，始建国于大棘城之北。

莫护跋初迁入辽西何县，史无明文。至景初二年（238），随司马懿伐辽东公孙渊，始居于大棘城之北。大棘城，《晋书·慕容廆载记》一作"棘城"。棘城的所在地，古今说法纷纭，若以比较可靠的《通典·州郡典》和《太平寰宇记》记载为准，棘城当在今辽宁锦州附近。① "大棘城之北"当指晋代昌黎郡北徼之地，即今阜新市附近。② 莫护跋二传至涉归时，又迁居于辽东之北。辽东郡治襄平县，即今之辽阳。"辽东之北"当在今彰武之北、边栅以外之地。涉归东迁的原因至今不明，唯《晋书·武帝纪》记太康二年

---

① 《通典·州郡典八》"柳城郡"条云："汉徒河县之青山在郡城东百九十里。棘城即颛顼之墟，在郡城东南百七十里。"《太平寰宇记》"柳城县"条云："徒河城，汉县，有废城，在今郡东北，有山曰青山。棘城即颛顼之墟也，在郡东南一百七十里。"依此则棘城在南，徒何在北。近世中外学者依此断定徒何在义州附近，棘城在锦州附近。参考〔日〕箭内亘《晋代的满洲》一文，见白鸟库吉监修的《满洲历史地理》第一卷第247—262页，1940年版。《清一统志》卷43、《历代通鉴要览》卷30注、《盛京通志》卷28以及杨守敬的《西晋地理图》皆以徒何在今锦州，棘城在今义州。此说与《通典》及《太平寰宇记》上引文不合，俱不可从。又金毓黻《东北通史》上编中卷3第39—40页内对此问题亦有论列，可参考。

② 参考金毓黻著上引书同卷40页。唯《三国志·魏书·齐王芳传》记正始五年（244）"九月，鲜卑内附，置辽东属国，立昌黎县以居之"。《通鉴》卷81胡注云："慕容氏始此。"按鲜卑莫护跋之入辽西，《前燕录》及《晋书·慕容廆载记》皆言在魏初，从司马懿伐辽东在景初二年（238），《三国志·魏书·齐王芳传》所云之内附鲜卑是否是慕容部实成问题。但以慕容部太康二年之寇昌黎言之，又似非慕容部莫属。三国时的昌黎县在汉为交黎县，属辽西郡；东汉为昌辽县，辽东属国都尉治此。其地当在今大凌河下流附近。这一居地与《前燕录》所云"大棘城之北"是否一地，亦不能明。望治沿革地理的同志注意之。

（281）涉归叛晋，寇昌黎、辽西二郡①，平州刺史鲜于婴讨破之。翌年，安北将军严询败鲜卑于昌黎，杀伤数万人。涉归东迁可能与此战事有关。② 太康五年（284）涉归死，慕容廆继立，侵灭夫余国。翌年，侵辽东郡，失利；夫余王因晋军的援助，又得复国。当时，宇文、段氏二部势力渐强，与慕容部时有冲突，慕容廆遂于太康十年（289）遣使降晋。同时，又以辽东僻远，乃由辽东北部南下，还居于徒何之青山（今辽宁义县境内）。③ 最后在元康四年（294）又南下，徙居于棘城（今锦州附近）。从这段迁徙史可以看出鲜卑初以游牧为生，所以忽东忽西，驰骋无定，但最后选择了与广大汉人农业区毗连在一起的棘城，从此便结束了他们的游牧生活，而转向农业生活。《晋书·慕容廆载记》云："廆以大棘城即帝颛顼之墟也，元康四年乃移居之，教以农桑法制，同于上国。"慕容部真正的倾向汉化，当从此开始。

关于段氏鲜卑，《晋书·段匹磾传》云：

段匹磾东部鲜卑人也。种类劲健，世为大人。

按东汉末年檀石槐时的"东部鲜卑"指右北平以东辽西、辽东二郡塞内外的鲜卑。晋时匹磾之父务勿尘被封为辽西公，则段氏之本据当在辽西。《北史·徒何段就六眷传》亦谓：

徒何段就六眷，出于辽西。

但辽西郡在东汉时为乌桓人主要的聚居区之一，著名的乌桓大人丘力居及其侄蹋顿单于皆建牙于此。段氏鲜卑可能是在东汉中叶迁入辽西的。

---

① 《通鉴考异》卷3太康二年十月"慕容涉归寇昌黎"条。
② 涉归迁辽东北方的年代，《通鉴》系之于太康二年，寇辽东亦在同年十月，二者有无联系，史籍无明文可考。
③ 《魏书·徒何慕容廆传》云："涉归死，廆代领部落，以辽东僻远，徙于徒何之青山。"《前燕录》云："太康十年，又还于徒何之青山。"《魏书》所云"以辽东僻远"，说明慕容廆南迁之原因；《前燕录》云"又还于徒何之青山"，说明先由西而东而西南，俱不可忽省。徒何在今义县境内，参考前注。

《后汉书·鲜卑传》记："（永元）九年（97），辽东鲜卑攻肥如县。十三年（101）……寇右北平，因入渔阳。……延平元年（106），鲜卑复寇渔阳。"按当时辽西郡治阳乐，在今抚宁县西；肥如县属辽西郡，在今迁安西北，即阳乐以西；而右北平、渔阳二郡皆在辽西郡以西之地。然则此时之辽东鲜卑已经进入辽西郡内无疑。因此，我们推测段氏鲜卑之入辽西当在东汉的中叶。

段氏祖先最初的社会地位是很低的。相传段就六眷的伯祖日陆眷曾被卖为渔阳乌桓大人家里的奴隶。《北史·徒何段就六眷传》曾记其事云：

> 其伯祖日陆眷，因乱被卖为渔阳乌丸大人库辱官家奴。[①] 诸大人集会幽州，皆持唾壶。唯库辱官独无，乃唾日陆眷口中。日陆眷因咽之，西向拜天曰："愿使主君之智慧禄相，尽移入我腹中。"其后，渔阳大饥，库辱官以陆眷为健，使将人诣辽西逐食，招诱亡叛，遂至强盛。

依此，则段氏之祖日陆眷初时被卖于渔阳乌桓大人家里为奴，后至辽西就食，招纳亡叛在辽西各地的鲜卑，因而始形成段氏鲜卑集团。

段氏鲜卑的根据地与慕容部不同。他们在很长时期内都是以辽西之阳乐和令支（今迁安）为中心向各地发展的。永嘉初年（307），晋封务勿尘为辽西公，其时居地当在阳乐。传至其子疾六眷，《晋书·载记》称慕容翰于建兴元年（313）攻段氏，"取其徒何新城，至阳乐而还"。《通鉴》又记阳耽为辽西太守，"慕容翰破段氏于阳乐获之"。[②] 以此知段氏鲜卑初建牙于阳乐，经此次被破，始迁牙于阳乐以西的令支。

宇文氏的起源跟慕容、段氏二部不同。慕容氏和段氏的世系出自鲜卑，宇文氏的世系则出自匈奴。《北史·匈奴宇文莫槐传》云：

> 匈奴宇文莫槐，出辽东塞外。其先，南单于之远属也，世为东部大人。其语与鲜卑颇异。人皆翦发而留其顶上以为首饰，长过数寸则截短

---

① 《北史》原文作"渔阳乌丸子大库辱官家奴"，今据《通典·边防十二》"徒何段"条改正。
② 《通鉴》卷88"建兴元年"条；《晋书·王沈附子浚传》、《段匹䃅传》。《热河志》卷57，谓勿目尘居于徒何，后迁令支，不知何据。

之。妇女被长襦及足而无裳焉。

宇文氏出自南单于之说，不仅《宇文莫槐传》言之，《魏书·宇文福传》及《宇文忠之传》并云：

其先，南单于之远属。

《唐书·宰相世系表》"宇文氏"条下亦云：

宇文氏出自匈奴南单于之裔。有葛乌菟，为鲜卑长，世袭大人。

不只传说如此，《北史·匈奴宇文莫槐传》并从语言、发式和妇女服饰各方面加以阐述，与我们今日甄别民族的方法相合，故宇文氏之为匈奴的苗裔可以无疑。但匈奴何以居于辽西，何以做了东部鲜卑大人，在上述诸史传内皆缺乏明确的解答。因此，我们必须再看叙述比较全面的《周书·文帝纪》有关各条。

《周书·文帝纪》上云：

太祖文皇帝姓宇文氏，讳泰，字黑獭，代武川人也。其先出自炎帝神农氏，为黄帝所灭，子孙遁居朔野。有葛乌菟者，雄武多算略，鲜卑慕之，奉以为主，遂总十二部落，世为大人。其后曰普回，因狩得玉玺三组，有文曰"皇帝玺"，普回心异之，以为天授。其俗谓天曰"宇"，谓君曰"文"，因号"宇文"国，并以为氏焉。普回子莫那，自阴山南徙，始居辽西，是曰献侯，为魏舅生（同甥）之国。九世至侯豆归，为慕容皝所灭。

上述一段多文饰附会之词，如谓出自炎帝之裔，天授玉玺等，俱不可信。唯其中有若干真实性的传说则不可不作批判的吸收。始祖葛乌菟原居阴山，阴山原为匈奴的居地，故谓阴山为宇文氏的起源地，自属可信。但居阴山者为匈奴，斯匈奴奉葛乌菟为主，遂统率匈奴十二部落，而不能称此十二部落为鲜卑。如此方与《魏书》所云宇文氏为南单于之远属相合。当 1 世纪时，匈奴或西迁，或南下，其余众十多万落，徙至辽东杂处，皆自号鲜卑兵。《文帝纪》所云"莫那自阴山南徙，始居辽西"，当与此有关。到了辽西以后，宇文氏始以匈奴酋长的身份统治住在当地的鲜卑。如此方可与《新唐书·宰相世系表》所云以匈奴之裔为鲜卑长相合。

但宇文氏到底迁到什么地方，这一问题一时尚不易彻底解决。前述《北史·匈奴宇文莫槐传》谓系出辽东塞外，《周书·文帝纪》谓徙居辽西，二说究以何者为正确，兹略述不成熟的意见如下。

宇文国豆归之被灭在晋建元二年（344）。豆归上距其徙居辽西的祖先莫那凡九世，每世以二十多年计，其东迁之年当在二百年以前，即东汉的前叶。从此，我们就可以设想，宇文氏东迁之事和王沈《魏书》所述匈奴十多万落至辽东与鲜卑杂居有关。王沈《魏书》云：

> 匈奴及北单于遁后，余种十余万落诣辽东杂处，皆自号鲜卑兵。

此处所以称辽东，以辽东在东汉时为东北政治军事重镇，此时辽东太守祭肜亦以击乌桓、鲜卑驰名，所以所谓"诣辽东杂处"，实在是说匈奴到辽东投降以后，再分散到辽东塞外各地与鲜卑部落杂居之义。"辽东塞外"并不以近辽东障塞之外为限，凡东北长城障塞以外之地，俱可以辽东塞外称之。

《周书·文帝纪》上所说的辽西，亦非指北朝时的辽西，乃指汉代的辽西以及辽西障塞以外各地而言。庾信的《周上柱国齐王宪碑文》云，宇文氏于晋太康之世据有黄龙。[①] 黄龙即汉代的柳城，今之朝阳。晋太康时（280—289），宇文鲜卑的首领系宇文莫圭。莫圭三传而至豆归（即逸豆归），其上距六世祖莫那之世尚有百余年，彼时莫那是否亦据占柳城，我们还没有直接的根据加以证明。唯柳城在西汉时属辽西郡，至东汉始被乌桓占领。永平元年（58），乌桓被鲜卑击破，其地遂为鲜卑部民出入之区。灵帝时（168—189），赵苞为辽西太守，"以到官明年，遣使迎母及妻子。垂当到郡，道经

---

① 《热河志》卷 57。

柳城，值鲜卑万余人入塞寇钞，苞母及妻子遂为所劫质"①。此入寇之鲜卑，我们虽无证据证明其为宇文莫那，然《周太祖纪》既谓莫圭始迁辽西，而柳城又在辽西塞外，然则我们亦无理由就否定了宇文莫那在此时已经有占有柳城的可能。

过了一百多年以后，宇文部的疆域更为扩大。《魏书·帝纪·序纪》云："昭帝立，分国为三部，帝自以一部居东，在上谷北，濡源之西，东接宇文部。"濡水即今之滦河，出源于今河北丰宁西境。濡源之西为拓跋部，东为宇文部。这是北魏昭帝以前的宇文鲜卑分布之又一证据。昭帝之立在晋元康五年（295），其时宇文部的首领仍为宇文莫圭。如此则莫圭的疆域当是西起濡东，东至柳城，凡西拉木伦河及老哈河一带地方尽在其中。

宇文部最初建牙的地点，据《通鉴》卷97胡注，谓在辽西紫蒙川。紫蒙川在今何地，历代的记载颇不一致。北魏崔鸿《十六国春秋·前燕录》谓大棘城就是紫蒙之邑。② 前段我们考定大棘城在锦州市，此言紫蒙川在今锦州。这种说法恐怕是靠不住的。《读史方舆纪要》卷18对紫蒙川的考证根据比较充实，应当是可信的。云：

> 紫蒙川在营州（即朝阳）西北。《晋书·载记》，秦汉之间，东胡邑于紫蒙川。晋时南匈奴别部宇文氏国于此，为慕容皝所灭。《唐志》平州有紫蒙、白狼、昌黎等戍，盖平州之北境，契丹之南界也。开元二十二年，幽州节度使张守珪初平契丹，大阅于紫蒙川以镇抚之，即此。

《纪要》的解说多取自《通鉴》卷214胡注，而断定紫蒙川在营州西北，即今老哈河上源一带，跟我们前面的推断是一致的。

慕容、段氏、宇文三部之来源和迁徙既如上述，现在略述三部在晋代分立的疆域。

文献中叙述较为具体的是段部的疆域。《晋书·段匹䃅传》称："自务勿尘以后，值晋丧乱，自称位号，据有辽西之地而臣御晋人。其地西尽幽州，

---

① 《后汉书·赵苞传》。
② 《太平御览》卷121"前燕慕容廆"条。

东界辽水,然所统胡晋可三万余家,控弦可四五万骑。"此寥寥数语把段部强盛时期的疆域和人力表达出来了。但详细考察,《传》中所云"西尽幽州"一语与实际情况不合。段部疆土在段末波和段辽时(318—338)最广。《石季龙载记》叙述段辽时,"辽渔阳太守马鲍、代相张牧、北平相阳裕、上谷相侯龛等四十余城并领众降于季龙"。从官衔论,好似幽州的上述四郡皆被段部所有,但实际上段氏政权所能统治到的只有辽西、北平二郡及燕国(大致相当于汉渔阳郡)的一部分,其他如代郡、广宁、上谷三郡及范阳国等地皆不在段部势力范围之内。《王浚传》称疾六眷及末波时,"代郡、上谷、广宁三郡皆归于琨,浚患之"。其时段部不能占领代郡、上谷、广宁三郡甚明。而上谷之北,濡源之西,《魏书·帝纪·序纪》云又是拓跋三部中禄官(昭帝)的属地。至十六国的初期,幽州的广宁郡已被拓跋猗卢所占①,所以《北史·徒何段就六眷传》记当段末波与匹䃅内讧时,匹䃅"欲拥其众徒保上谷②,阻军都(山名,在上谷之东,燕国西北,今北京昌平西北)之险以拒末波等。平文帝(郁律,猗卢之子)闻之,阴严精骑将击之,匹䃅恐惧,南奔乐陵(今盐山)"。以此知上谷郡非段部所有。上谷如此,代郡更可知。《石勒载记》,勒将孔苌攻代郡,与姬澹战,澹死阵中。姬澹为刘琨部将,代郡初属于晋,后亦被拓跋部所有。以此知段辽所置之上谷相、代相只空头衔而已。《通鉴》卷93云:"段氏自务勿尘以来,日益强盛。其地西接渔阳,东界辽水。"其言段氏西境虽略有缩小,但比《晋书·段匹䃅传》所云要近于史实多了。

段部之东,隔辽水(今大凌河)就是慕容部。慕容部的疆域大致和东汉时的辽东属国及其北徼相当,包括今辽宁省的锦州、义县、锦西、阜新及朝阳等地。段部的北境当至辽水上游柳城以南诸地,如今长城外的滦平、平泉、凌源等县皆属段氏领地。柳城以北如西拉木伦河及老哈河流域,即今内蒙古的赤峰、开鲁、敖汉旗、喀喇沁旗、翁牛特旗以及巴林左右旗之地,都是宇文部的领土。大略言之,宇文部的领土在北,段部的领土在南,慕容部

---

① (清)洪亮吉:《十六国疆域志》卷2"幽州上谷郡"条。在拓跋猗卢以前,拓跋禄官已经扩展到上谷郡北及濡源之西,见上文。
② 十六国时上谷只有沮阳(怀来南)、居庸(在沮阳之东,今北京昌平西北居庸关附近)二县。

的领土则更在段部之东。① 鲜卑三部疆域的交错地区在柳城及其南边沿辽水上游一带，三部的首领经常在这里进行争夺战争。例如柳城初属宇文氏，继为慕容氏攻下。当咸康初年（335—337），段氏、慕容氏、宇文氏都在辽水两岸修筑许多城堡进行争夺战。段氏屯兵柳城西南的回水城和乙连城以伺攻柳城，慕容氏为了保护柳城，在乙连城东修筑好城以逼乙连。此外，三部在两岸还修筑了许多城堡相互攻击。② 从此便可以看到三部疆域在这里已成为犬牙相错的地区了。

三部的疆域既明，现在进一步略述三部的强弱。在十六国成立的前夕，即 4 世纪初，东北各部比较强盛的是段部鲜卑。怀帝即位初年，晋封段氏务勿尘为大单于兼辽西郡公。务勿尘部下，除了段氏子弟外，还有飘滑和屠瓮，势力均强，晋皆封之为亲晋王。永嘉年间，石勒攻打冀州，段氏部队在王浚率领下攻打石勒于襄国（今河北邢台西北）。③ 张宾、孔苌语石勒云："鲜卑之种，段氏最为勇悍，而末柸（即末波，务勿尘之侄）尤盛。其锐卒皆在末柸所。"④ 此役王浚军虽败，末柸被虏，但段氏在鲜卑中最为强悍则可知。晋愍帝时（313—316），河东人裴嶷为昌黎太守，扶兄丧东归，欲仕慕容廆。兄子开谓嶷曰："段氏强，慕容氏弱，何必去此而就彼也？"⑤ 由此语亦知怀、愍之时，段氏势力强于慕容。

段部强盛的原因，第一由于它占据燕国旧壤，所统治的多是晋国的汉人，且自疾六眷以来，继续掠夺或收容了代郡、上谷、广宁三郡以及冀州各郡的汉人，成为段国的百姓。当如前所引《晋书·段匹磾传》所谓段氏"自务勿尘已后……据有辽西之地而臣御晋人……所统胡晋可三万余家"。段部的汉人大致有几个来源：有的是汉魏以来留在幽州和逃往鲜卑的汉族子孙；有的是疾六眷战胜刘琨部将刘希之后从代郡、上谷、广宁三郡掳掠而来的；有的即是幽、冀百姓苦于王浚的暴政，逃入鲜卑。关于后两个来源，《王浚

---

① 金毓黻：《东北通史》上编中卷，第 23—24 页。
② 《晋书·慕容皝载记》；《通鉴》卷 95—96 晋纪成帝咸康二年、三年、四年有关各条；参考〔日〕箭内亘：《晋代的满洲》、《南北朝时期的满洲补遗》，《满洲历史地理》，第 329—346 页。
③ 《晋书·王浚传》。
④ 《晋书·石勒载记上》；《通鉴》卷 88 "永嘉六年"条。石勒曰："辽西鲜卑，健国也。"见《通鉴》。辽西鲜卑即指段部而言。
⑤ 《晋书·慕容廆载记附裴嶷传》有事无此文，文语见《通鉴》卷 88 "建兴元年"条。

传》里记载得很清楚，云：

> 由是刘琨与浚争冀州。琨使宗人刘希还中山合众，代郡、上谷、广宁三郡人皆归于琨。浚患之，遂辍讨勒之师而与琨相距。浚遣燕相胡矩督护诸军，与疾陆眷并力攻破希，驱略三郡士女出塞，琨不复能争。
>
> 浚为政苛暴，将吏又贪残，并广占山泽，引水灌田，渍陷冢墓，调发殷烦。下不堪命，多叛入鲜卑。

此外还有一个来源，就是刘琨在并州失败以后，率所部奔幽州段匹䃅。及琨被害，他的亲属和部下皆依段末波为臣民。在《刘琨传附子群传》里有如下记载：

> 及琨为匹䃅所害，琨从事中郎卢谌等率余众奉群依末波。温峤前后表称，姨弟刘群、内弟崔悦、卢谌等皆在末波中。……咸康二年，成帝诏征群等，为末波兄弟爱其才，托以道险不遣。

同传又称石虎灭辽西，"得公卿人士多杀之，其见擢用，终至大官者，唯有河东裴宪、渤海石璞、荥阳郑系、颍川荀绰、北地傅畅及群、悦、谌等十余人而已"。在段部中，汉族上层人士既如此众多，汉族人民之属于段部者，当亦不在少数。

段部强盛的第二个原因，就是段氏始终奉晋正朔，专与石勒之流相对抗。这在当时很能争取汉族士大夫以及一般受异族统治阶级压迫的汉人。自永嘉以来，不只许多汉族士庶投奔段氏，就是晋朝留在北方的官吏将帅对于段氏在政治军事上亦多所倚靠和援助，因此段部发展得很快。最初幽州刺史王浚依靠段氏兵马以攻石勒，同时段氏也利用王浚和刘琨争冀州的机会，在幽州掠夺了许多户口和土地。建武初年，段匹䃅与刘琨结盟，共讨石勒，从此段匹䃅做了幽州刺史。刘琨在并州失败，率领人马往依段匹䃅。时值段匹䃅与末波争国，因此刘琨被害。匹䃅杀了刘琨以后，汉族士庶多离开蓟州，往依末波，以此末波的实力转盛。后来段匹䃅以势孤不能自保，亦往依乐陵太守邵续。从此可以看到段氏虽未建立独立政权，但他们的政治势力是不小的。《晋书》于五胡十六国的人物事迹并列入载记，而于段匹䃅则独为立传，附段氏事迹于《匹䃅传》中。最后史臣的评语说："段匹䃅本自遐方，而心系朝廷。始则尽忠国难，终乃抗节虏廷。自苏子卿以来一人而已。"这种看法正可代表古代封建社会人士对于段部人物的评价。不少汉族上层人士对于段氏的支持，也是段部强盛的一个重要原因。

但另一方面，段部上层统治阶层的弱点是很多的。《通鉴》称段氏兄弟专尚武力，不礼士大夫，就是他们不能与慕容部争衡的原因之一。《通鉴》卷 88 云：

> 初中国士民避乱者多北依王浚，浚不能存抚，又政法不立，士民往往复去之。段氏兄弟专尚武勇，不礼士大夫。唯慕容廆政事修明，爱重人物，故士民多归之。

例如游邃、逄羡、宋奭、黄泓初皆避地于蓟，不仕段部而之辽东，就慕容氏。裴嶷叔侄护丧至辽西，道阻不能归，以段氏无远略，不能以礼待国士，亦转投慕容廆。又如宋该、杜群、刘翔皆"先依王浚，又依段氏，以为皆不足托，率诸流寓，同归于廆"。从这些例子可以看出，段氏虽亦招留汉族士庶，但为善不终，使流寓宾客的大多数来而复去，这正是不如慕容廆的所在。此外，段氏兄弟经常发生内讧，不相团结，也是他们失败的一个主要原因。

与段部的情况不同，慕容部的实力最初是比较弱小的。《通鉴》卷 82 记太康十年（289）："时鲜卑宇文氏、段氏方强，数侵掠廆。廆卑辞厚币以事之。段国单于阶以女妻廆，生皝、仁、昭。"以此知 3 世纪时慕容部的势力不如段氏。至太安元年（302），《通鉴》卷 84 又记："鲜卑宇文单于莫圭部众强盛，遣其弟屈云攻慕容廆。"别部帅素怒延发兵十万围廆于棘城。以此又知 4 世纪初慕容部的势力不如宇文。从此年起慕容廆战胜宇文氏，至建兴元年（313）又取得段氏之徒何新城（旧宁远县附近？）。从此三部势力始处于均衡状态。

慕容廆见鼎立之势既成，于是努力整顿内政，网罗人才。时二京倾覆，幽、冀沦陷，大河以北各郡流亡者道路相望。廆刑政修明，爱重人才，安辑流亡,故汉族流民数万家,扶老携幼,皆往辽东集中。廆按其原籍,分别成立侨郡以安辑之:"冀州人为冀阳郡(《通鉴》胡注谓在属旧平刚县界,即今平泉,但此时平刚属段部,在今何县待考);豫州人为成周郡;青州人为营丘郡;并州人为唐国郡。"[1]然后以裴嶷、阳耽、黄泓、鲁昌为谋主,以游邃、逄羡、西方虔、宋奭为辅臣,以宋该、皇甫岌、缪恺、刘斌典机要。北方逃往辽东的士人尽为慕容氏所用,故其国势盛极一时。

慕容、宇文、段氏三部的争夺战是从4世纪20年代开始的。晋大兴二年(319),平州刺史崔毖自以为冀州望族,坐镇辽东,北方士庶不归于己而归慕容廆,心颇不平。于是他嗾使段部、宇文部和高句丽联合攻廆。宇文部兵数十万攻打棘城,背城一战,全部溃散,慕容廆尽俘其众。崔毖恐惧,弃襄平(辽东治所,在今辽阳)而奔高句丽,所留部众亦降于廆。廆从此尽得辽东之地,做了平州刺史。

太宁三年(325),石勒嗾宇文部攻辽东,慕容廆出兵击之,占领柳城(今辽宁朝阳),徙其民数万户以归。后来宇文部几次反攻柳城,并约段部南北夹攻,皆未攻下。慕容部和段部在大凌河上游修筑了许多城堡进行多次拉锯式的争夺战,长期相持不下。咸康四年(338),慕容皝已称燕王,与赵王石虎订盟,东西夹攻段部。慕容部掠得了令支(今河北迁安)以北诸城,赵国攻下蓟城、渔阳,占领了段部的都城令支,并徙段部的鲜卑、乌桓、汉人二万多户于司、雍、兖、豫四州。段部首领段辽初出奔密云山(在今河北平泉界),继投降慕容皝,皝杀之,段氏的鲜卑余众合并于燕。燕国的都城于咸康七年(341)迁至柳城,改称龙城。

同年,燕东伐高句丽,拔其都城丸都(在今吉林通化东南)掠男女五万多口而还。建元二年(344),燕以二万骑伐宇文部,宇文乞得归遣大将涉夜干应战,战死,众尽被俘。燕兵趁胜北追,占领宇文部的都城紫蒙川,乞得归走死漠北,宇文鲜卑散亡,燕徙其众五千多落于昌黎。此时燕国东灭高句丽,北并宇文部,西平段部,开地三千里,益民十万户,成为东北的唯一强国。

慕容鲜卑强盛的原因,第一,前已言之,是由于结纳人才,安辑流亡。

---

[1] 参考《通鉴》卷89"建兴二年"条胡注;《晋书斠注·慕容廆载记》注。

慕容皝继庑之后，罢成周、冀阳、营丘等郡，以渤海人为兴集县，河间人为宁集县，广平、魏郡人为兴平县，东莱、北海人为育黎县，吴人为吴县，直接由燕国的辽东内史来管束。改郡为县，正是表明各郡县外来的人数日有增加。第二，是由于很早就注意了农业的发展。原来辽东一带土广人稀，人口只有一万多户。到了4世纪初，外来的侨民增加了十倍之多，因此粮食的供给就成了问题。这种情况可引昌黎人封裕的话为证，他对慕容皝说：

> 自永嘉丧乱，百姓流亡，中原萧条，千里无烟，饥寒流陨，相继沟壑。先王（慕容廆）以神武圣略，保全一方，威以殄奸，德以怀远，故九州之人，塞表殊类，襁负万里，若赤子之归慈父。流人之多旧土十倍有余。人殷地狭，故无田者十有四焉。殿下（慕容皝）以英圣之资，克广先业，南摧强赵，东灭句丽，北取宇文①，开境三千，户增十万。继武阐广之功，有高西伯。宜省罢诸苑以业流人。人至而无资产者，赐之以牧牛。人既殿下之人，牛岂失乎？

拥有十万户以上的人口，其中十分之六的农民已有耕地安插，其余十分之四的流民，自然须另想办法。封裕建议把官有的猎囿牧苑辟为耕地，借官牛给无牛的流民从事农耕。

本来在慕容廆时已经就注意到东北农业发展的重要了。他说："稼穑者国之本也，不可以不急。"除了教民稼穑之外，并在江南求得桑种，植于平州。此为辽河以东有蚕桑之始。②到了慕容皝统治时期，初时租税率是很高的，即贫家受官牛及官田者，每年生产的全部是公收其八，二分入私；有牛而无地者，受官田的税率，是公收其七，三分入私。晋永和元年（345），慕容皝听了封裕的建议，减低租税，并且进一步"躬巡郡县，劝课农桑"。规定孟春之月，二千石令长劝民勤耕，其不垦辟者，措以刑法。当时处分田、借牛、纳租、灌溉的办法是这样的：

---

① 《晋书·慕容皝载记》原无"北取宇文"一语，兹据殿本《考证》补入。
② 《晋书·慕容皝载记》云："辽川无桑，及廆通于晋，求种江南，平州桑悉由吴来。"相同记载亦见《艺文类聚》卷88。

（一）原来作为猎囿牧苑的官地改为农田，分给流民百姓的无田业者。

（二）贫困流民全无资产、不能自活者，各给牧牛一头。若私有余力、乐取官牛、垦官田者，其依魏晋旧法，即持官给牛、田者，官得六分，百姓得四分。私牛而官田者，与官中分。

（三）兴沟洫灌溉之利，以益公私。

（四）除百工商贾外，"余者还农"。①

这种劝课农桑、减低赋税、兴修水利的政策，现在看来仍然是开明的、进步的。这样一来不只是增加了农业的生产，提高了人民的生活，而且也调整了生产方式，使4世纪的辽东地区接近于魏晋之世的中原地区。也正因为如此，所以慕容氏的统治集团才能够领导当时辽东的鲜卑人和汉人，趁中原混乱割据之局势，从东北移入黄河流域，连续建立了许多临时政权。

二、慕容鲜卑在黄河流域建立政权的经过

慕容氏的独立政权开始建立于咸康三年（337）。此年慕容皝称燕王，起宫殿，置百官，立王后太子。七年（341），迁都龙城。永和五年（349），儁继父皝为燕王。次年（350），分兵三路伐赵：东道出徒何（今锦州），西道出蠮螉塞（今古北口附近），中道出卢龙塞（今喜峰口附近），攻陷蓟城（今北京），因徙都于此。向西方又进掠广宁、上谷、代郡，徙广宁、上谷二郡民于徐无（今玉田东），代郡民于凡城（今朝阳南二百里白狼山附近）。向南掠冀州，下章武（今天津）、河间、乐陵（今盐山）三郡。永和七年（351），又攻下中山（今定县），中山丁零翟鼠率所部降燕。次年（352），分兵二路，攻冉闵于安喜（今定县），攻段勤于绎幕（今山东平原）。时冉闵已灭石赵，建"魏国"，统率所部游食中山、常山（今河北真定）间。燕将慕容恪既下中山，冉闵遂南逃常山。泒水（在定县南）一战，闵败被擒，冉魏以亡。段勤系前述段末波的儿子，原已投降石赵。当石氏亡时，勤纠集胡、羯、鲜卑

---

① 参考汤球《十六国春秋辑补》卷15《前燕录三》所述。

共万余人，退保枉人山（在山东平原），自称赵王。此年，燕遣慕容霸击勤，勤惧降燕。① 此外，燕又遣一支军队，攻下冉魏的都城邺城（今河南临漳）。

又段部自咸康四年（338）被石虎破灭以后，段辽之子兰投降了石虎，领鲜卑五千人屯于令支。兰卒，段龛代领其众。永和六年（350），因石赵内乱，龛率部落南徙，东据广固（今山东益都），自称齐王。永和十二年（356），慕容恪渡河攻龛，交战于济水之南，龛军大败。恪进围广固，龛出降，齐地遂定。恪徙其地之鲜卑、胡、羯三千多户于蓟城。

当时，黄河以南原来属于东晋的豫州之鲁郡（治鲁，今山东曲阜）、梁国（治睢阳，今河南睢县）、兖州之济北国（治卢，今山东长清）、徐州之彭城郡（治今江苏邳县）、扬州之兰陵郡（治今山东峄县东）等皆已投降于燕国。慕容恪于升平元年（357）趁胜又攻下了豫州之汝南（治息，今河南息县）、颍川（治许昌，今河南）、谯（治谯，今安徽亳县）、沛（治宿，今安徽宿县）四郡。

慕容儁此时把燕国都城从蓟城搬到邺城。

当时角逐中原者，除南方的东晋外，关中有以苻坚为首领的秦国，并州则为石赵的故将张平所据。并州久遭乱离，郡县多废，史称张平所有者只"垒壁三百余，胡晋十余万户"，置东西南北镇将以守之。时河东郡为苻秦驻兵所在，隔平阳就是张平的壁垒。张平趁秦国内乱，出兵掠地，苻坚率兵讨之，平军大溃，并州诸镇将率垒壁一百三十八纷纷向燕王投降。升平五年（361），平阳郡人在张平指使下全部降燕，燕王慕容暐以段刚为太守，并戍兵平阳②，从此秦国和燕国就开始发生了直接的冲突。

黄河以南，洛阳尚为晋国所有，洛阳以西的陕县属于秦国，以东以北的郡县大部被燕国占领。兴宁三年（365），燕将慕容恪攻陷洛阳，并西向崤谷、渑池（在今河南渑池）一带掠地。秦国闻之大恐，苻坚亲自领兵驻在陕城以震慑之。太和三年（368），秦国又发生了内变，苻柳据蒲坂（今山西蒲

---

① 参考《晋书·段匹䃅传》；《通鉴》卷99"永和八年"条。《段匹䃅传》称讨段勤者为慕容恪，然《通鉴》谓为慕容霸。《慕容儁载记》作慕容垂。殿本《考证》云："'垂'一本作'霸'。《前燕录》，儁僭号之三年四月，命冀州刺史吴王霸徙治信都，更名曰垂。则'霸'乃垂之本名，尔时犹未改也。"

② 《晋书·慕容儁载记》。

县)、苻庾据陕城叛秦，苻庾且投降了燕国。蒲坂和陕县都紧靠着燕境，逾此而西，就是关中，所以秦国人心大震。苻坚调动了许多军队，平定叛军，夺回陕城，众心始安。

次年（369），晋桓温率步骑五万北上伐燕。燕国的军队分散在大河南北诸郡，一时很难集中，因此派使者请秦国出兵，约定退敌之后燕割虎牢（关名，在河南汜水西北）以西的地方为酬。及晋兵败退，燕王悔约，苻坚遂遣王猛等率兵伐燕，攻下洛阳。太和五年（370），苻坚又发大兵两路攻燕：一路由王猛率领渡黄河分兵攻下壶关（今山西壶关）和晋阳（今山西太原）；一路由苻坚率领出关东征，攻下安阳和邺城。燕国慕容暐以下所属诸州郡及各部族首领皆降秦国。坚于是年徙慕容暐及其王公以下及鲜卑部民共四万多户于长安。次年（371），又徙关东豪杰及各种"杂夷"十万户于关中，把乌桓杂类置于冯翊（治大荔，今陕西今县）、北地（治泥阳，今陇东宁县）二郡，把丁零翟斌置于新安、渑池。

前燕至此灭亡。前燕自咸康三年（337）慕容皝独立称王始，至太和五年（370）慕容暐被灭止，共三十三年。①

前燕灭亡十多年之后，鲜卑贵族又建立西燕和后燕。这里先述西燕。

灭前燕后，苻坚把慕容鲜卑四万多户安置在长安城内和近畿各地，准备利用他们攻打东晋。慕容暐和他的家属住在长安城内，还有一些鲜卑贵族及其旧日的臣民住在城内者有一千多人。慕容暐被封为新兴侯，兼署尚书。其妹清河公主做了苻坚的宠妃，弟泓为北地长史，冲为平阳太守。当时人称"慕容暐父子兄弟……布列朝廷，贵盛莫二"。②

晋太元八年（383），苻坚南征失败，引起了国内被征服的鲜卑等族首领的复国活动。慕容泓听说慕容垂已经起兵，他从关内出奔关东，收集各地被奴役的马牧鲜卑，众至数千，还屯华阴，准备攻打长安。苻坚闻变，派军出征，被泓所败，泓之降众益盛。平阳太守慕容冲起兵河东，率众二万，进攻蒲坂，渡河与泓军相合，众至十多万。时泓之谋臣高盖以冲之德望高于泓，

---

① 《晋书·慕容暐载记》以前燕开始于晋太康六年（285）慕容廆之称"公"，《晋书斠注》引周家禄《校勘记》谓廆之称"公"在太兴四年（321），然称"公"仍系晋朝封爵，并未以独立的面貌出现。咸康三年（337）慕容皝之称"王"当为前燕开始。

② 《通鉴》卷103"宁康元年"条秦太史令张孟语。

且泓持法苛峻，乃杀泓，拥冲为皇太弟，进攻长安。苻坚屡派大军堵截，连战皆败。灞上（今西安东灞桥北）一战，坚将皆败死，冲遂率众据长安城西之阿房城。苻坚在城上责备慕容冲说："尔辈群奴，正可牧牛羊，何为送死？"冲对说："奴则奴矣。既厌奴苦，复欲取尔见代。"从对话中可以看到燕亡以后，苻秦统治阶级对于鲜卑臣民的奴役是很厉害的。当时慕容暐在城内密结鲜卑族党，趁苻坚参加暐子婚礼时把他杀掉，事泄，慕容暐父子宗族以及城内外的鲜卑不分男女老幼皆被屠杀。

慕容冲在太元十年（385）即皇帝位于阿房城，改年号为更始元年，是为西燕的开始。时苻坚与慕容冲时有战争，胜负不一，坚常为冲军包围。一次，冲尚书令高盖夜袭长安，攻陷南门，占领了长安的南城。当时苻坚的处境是狼狈的：关中士民流散，道路断绝，千里无烟，有堡壁三千余，每至麦熟之时多为冲军劫掠。群众推当地赵敖为主，欲结盟冒难送兵粮于坚，中途又多被西燕所劫持。苻坚无法应付，遂领骑兵数百与家属出奔五将山（在今陕西岐山），后被姚苌所杀。接着，慕容冲占领了长安。

西燕主冲见苻坚西去，乐不思东，正想课农筑室为久居长安之计。但当时鲜卑军队是希望东归的，因此冲被军人所杀。此后西燕无常主，随立随杀，至慕容顗，始率鲜卑男女四十多万口去长安而东。按太和五年（370）苻坚徙鲜卑至长安者只四万余户。每户以五人计亦只二十多万口。慕容泓起兵时，关内外鲜卑附泓者多至十余万。苻坚将杨定曾俘鲜卑万余人，悉被苻坚所坑。苻坚又屠杀在长安内外鲜卑千余人。此时鲜卑达四十多万口。① 顗至临晋（今属陕西朝邑）又被杀。至慕容忠在位时，始渡河至闻喜，筑燕熙城而居之。时燕王垂已称皇帝于中山（今河北真定），忠至此亦称皇帝，故不敢东进。俄而西燕王忠又被部下所杀，推慕容永为大都督、河东王，称藩于燕王垂。永欲东进，中间道路为苻丕的秦军所隔，乃遣使诣丕求假道。丕不许，与永战于襄陵，丕军大败。值晋将军冯该自陕县出兵，杀苻丕，掳其太子南归。苻丕以下之王公百官皆没于永。东道已平，永遂由闻喜进据长子，即皇帝位。

---

① 参考《通鉴》卷106 "太元十一年"条胡注，云："海西公太和五年，秦迁鲜卑于长安，至是财十七年耳，而种类蕃育乃如此。"但不能纯以繁育论之，盖慕容泓、慕容冲会合时已有鲜卑十余万亦当计算在内。

慕容永是慕容廆之弟运的裔孙，与廆孙儁及皝的子孙在世系上有亲疏远近的区别。① 此时西燕最为强盛。南至轵关（在今河南济源），北至新兴（今山西忻县），东到太行，西至黄河。② 史称所统有八郡七万余户。八郡当指建兴、上党、太原、新兴、武乡、西河、平阳及河东而言。③ 西燕都城在长子，属建兴郡。西燕王永封其弟友为武乡公，驻晋阳，兼太原太守；封拓跋窟咄④为新兴太守。朝中以刁云为尚书令，大逸豆归为太尉，慕容钟为车骑将军，段平为镇东将军，小逸豆归为征东将军，勒马驹为右将军。时慕容儁及垂之子孙如柔、盛、会皆随西燕来自长安，居于长子。盛谓柔、会曰："主

---

① 前燕、后燕、西燕、南燕世系表如次：

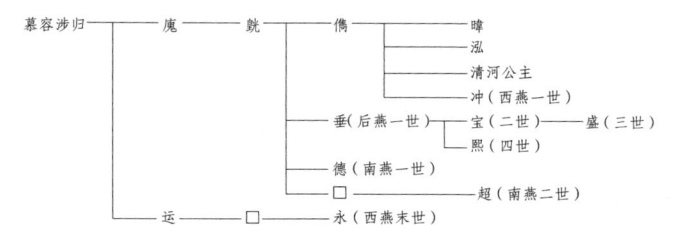

慕容涉归—廆—皝—儁—暐
　　　　　　　　　—泓
　　　　　　　　　—清河公主
　　　　　　　　　—冲（西燕一世）
　　　　　—垂（后燕一世）—宝（二世）—盛（三世）
　　　　　　　　　　　　　—熙（四世）
　　　　　—德（南燕一世）
　　　　　—□—超（南燕二世）
　　—运—□—永（西燕末世）

② 西燕国的四境，史无明确记载。《魏书·慕容廆传》及《晋书·慕容垂载记》并云："垂顿于邺之西南，月余不进，永谓垂诡道伐之，乃摄诸军还杜太行、轵关。"轵关属河内郡轵县，在今河南济源西北十五里，为古太行八陉中之第一陉。太行陉属河内郡野王县，在今河南焦作北，为古太行八陉之第二陉。此二陉为西燕的南界，故慕容永驻兵于此以拒垂兵。《晋书·朱序传》云"慕容永率众向洛阳，序自河阴北济，与永伪将王次（多）等相遇，乃战于沁水。次（多）败走，斩其支将勿支首。参军赵睦、江夏相桓不才追永，破之于太行，永归上党。"从此战役可以看出西燕南界在太行陉一带。《通鉴》太元十八年，慕容垂征东将军平规攻西燕镇东将军段平于沙亭。西燕王永遣刁云等率众五万守潞川。沙亭，胡注在邺城西南恐误。沙亭因汉沙县得名，曹魏时改沙县为涉县。沙亭在今河南涉县东南太行山麓。西燕镇东将军段平驻此，其为东界甚明。潞川即漳河，刁云等屯此川以防垂军西攻。参考《读史方舆纪要》卷49"沙县"条。同年慕容永率军出滏口，入天井关。滏口以滏水得名，在今河北武安东南二十里，亦名滏山、滏口山或鼓山。此口自古为河北入晋要道，为太行八陉中之第三陉。天井关应在其西，与泽州之天井关名同实异。上述沙亭、潞川、滏口、天井关皆在太行山上，西燕与燕之分界在此。又慕容永以拓跋窟咄为新兴太守，新兴郡属西燕亦甚明。

③ 西燕所属八郡，亦史无名文。《读史方舆纪要》卷3谓为上党、太原、平阳、河东、乐平、新兴、西河、武乡八郡，未加说明，当系揣测之辞。《魏书·地形志》谓慕容永分上党置建兴郡，统长子等县，此郡为《纪要》所漏甚明。又《晋书·地理志》，武乡属上党郡，至石勒始分上党、乐平二郡为武乡郡。至西燕时，武乡与乐平二郡似只有一郡。乐平治沾县（今山西昔阳沾上），自石赵以还，沾县属武乡郡。又慕容永封其弟为武乡公，驻晋阳，似只有武乡郡而无乐平。姑志于此，以待研究。

④ 拓跋窟咄为代王什翼犍的少子。太元元年（376），苻坚灭代，迁窟咄于长安，入太学读书。窟咄系慕容皝之女慕容后的儿子，与永有中表之谊，故随之东徙至长子。至此，永以窟咄为新兴太守。

上（指燕王垂）已中兴幽燕，东西未一，吾属居嫌疑之地，为智为愚，皆将不免。不若以时东归，无为坐待鱼肉也。"遂相率逃亡归垂。一年后，西燕王永悉诛燕王儁又垂在西燕之子孙。

除东、西燕政治不相统一外，燕王垂的叛臣劲敌于走投无路时便投奔西燕，这样就更增加了燕王垂对西燕的憎恶。代郡人许谦驱逐了垂的代郡太守贾闰，以郡附匈奴刘显。魏主拓跋珪与垂兵合击刘显，刘显和许谦先后都投奔于西燕。燕王垂的死敌丁零王翟辽，遣间谍故堤诈降于慕容温的帐下，因以刺温及其长吏，并驱逐守兵二百户投奔西燕。又翟辽死，其子钊继位，与垂仍为死敌。在太元十七年（392）燕王垂讨翟钊，钊败，投奔西燕。西燕与燕王垂的矛盾加深，故太元十八年（393）垂决定出兵征伐西燕。

垂分两路进兵，一路以中山步骑七万出井陉（今河北县名，为太行八陉之第五陉），攻西燕武乡公友于晋阳；又一路以驻邺大军攻击西燕驻在沙亭（今河南涉县东南）的镇东将军段平。西燕王永遣刁云、慕容钟率兵五万守潞川（今浊漳河）。次年（394），垂又增司、冀、青、兖四州兵以伐西燕都城长子。原分兵两路集中在太行山东麓：一路由慕容楷率领出滏口（今河北武安东南之滏口山，一名鼓山）；一路由慕容农率领出壶关（山西今县名）。西燕王永分道拒守，聚粮台壁（今山西潞城北），集众万余人守之。垂顿一部分军队于邺城西南，月余不进。西燕王永疑垂由南太行进兵，乃除留台壁一军外，悉收敛各路军队屯于轵关，晋南太行山的山口。西燕军既集中于南路，燕王垂乃引大军出滏口，入天井关，直趋台壁。时守台壁者为镇东将军王次（多）及右将军勒马驹，与垂军战，皆被擒杀，台壁遂被围。西燕王永闻讯，率兵北回，永之尚书令刁云及慕容钟等皆降垂。台壁一战，永被燕王垂的伏兵所破，兵多被屠，永奔长子。晋阳守将闻之，亦弃城南奔，垂军因此取得了晋阳。

燕王垂进围长子。西燕王永困急，遣子弘求救于晋，又向魏主拓跋珪告急。晋魏的救兵皆未来到，永之部下发生内变，开城门纳垂兵，垂遂斩西燕王永及公卿大将三十余人，得西燕所统八郡七万多户。又慕容永等自长安携来的伎乐、图书、珍宝很多，此时皆被燕军所获，置于中山。西燕遂亡。

西燕从慕容冲于太元十年（385）称帝起，至慕容永于十九年（394）被杀止，共十年。

后燕，当从慕容垂说起。

垂为皝的第五子，在儁时，封吴王，为征南将军。慕容暐继位，垂被慕容评所忌，投奔秦王苻坚。当苻坚南征时，垂攻郧城（今湖北沔阳南），没有参加淝水之战，所部三万人故得独全。坚败，垂退兵淮北，同至洛阳。垂请假归邺，谒陵庙，坚许之。时苻坚子丕镇邺，值新安丁零翟斌起兵叛秦，谋袭洛阳，命垂率兵往讨。垂率兵二千合苻飞龙骑一千共往讨之。至河内，垂杀飞龙及氐众，招募兵丁，众至三万。恐丕兵来追，渡河即焚桥，来至洛阳。

丁零在新安人数本来不多，苻坚新败之后，人心不安，负罪亡匿之人恨秦者众，故翟斌一倡，旬日之中众已数千。前燕宜都王慕容桓被秦军所杀，其子凤尚在民间。至此，凤及前燕故臣之子燕郡王腾、辽西段延等各率部曲来附翟斌。慕容凤、王腾、段延皆劝翟斌奉慕容垂为盟主，于是斌率其众来与垂会。垂以洛阳形势四面受敌，不易据守，乃引兵而东。前扶余王余蔚，时为秦荥阳太守，虽位居显宦，亦思恢复故国，至此亦与昌黎鲜卑人卫驹同来降垂。垂遂于太元八年（383）在荥阳称大都督、燕王，率众二十多万自石门渡河，驱袭邺城。

垂在河内时已遣人间道至邺，密告其子慕容农、楷等相机起兵。农与楷潜至列人县（今河北肥乡东北），引旧臣乌桓人鲁利、张骥，驱列人居民为士卒，斩桑榆为兵器，裂衣裳为旗帜，宣告起兵。又使人说服屠各人毕聪、卜胜、张延、李白、郭超及东夷人余和、敕勃，还有住在易阳县（今河北永年西）的乌桓人刘大，他们各率部众数千人来参加起兵。此外，慕容农又遣人招库辱官伟于上党，招乞特归于东阿（山东济河北岸，今东阿），招平叡、平幼于燕国（今北京），这些人都是前燕旧臣，各从四方领兵来会，对于慕容农等真是如虎附翼了。看到兵器马匹不够，慕容农亲自领兵攻破陶馆，劫取了苻秦武库中的军资器械，又遣舅父兰汗等到康台泽（今河北邱县西）牧苑略取了牧马数千匹，然后等待慕容垂到邺。

慕容垂于太元九年（384）正月到邺，置百官，立子宝为太子，改元燕元年。垂攻邺城，拔其外郭，苻丕退守中城。时关东六州郡县多降于燕，唯东胡王晏尚据陶馆，为苻丕声援。此外还有不少的乌桓、鲜卑及聚在坞壁中的汉人不归燕王。慕容楷等往说王晏，为陈祸福，晏始投降。于是鲜卑、乌桓、坞民降者又数十万口。燕王垂引丁零、乌桓二十多万人作云梯地道以攻邺，不拔。乃分处老幼于肥乡，另筑新兴城（在肥乡东南）以贮辎重，引漳水灌城。丁零帅翟斌欲做尚书令，垂不予，是以潜结苻丕，决防水溃以解邺围。事泄，翟斌被诛。

邺城苻丕求救于晋，晋军至邺，兵稍复振，但晋军旋即引退。丕以势孤，且兵粮不济，乃撤邺中男女六万余口，西经潞川，北至晋阳。邺城遂为燕王垂所据。

太元十一年（386），燕王垂以中山（今河北定县）为都，即皇帝位。是时燕领有幽、冀、平三州之地。燕境之外，丁零王翟辽南据黎阳，称"大魏"；慕容永西据长子，兼有太原等八郡之地，为西燕；独孤部刘显据雁门郡攻拓跋魏及燕，势力浸大；拓跋珪据盛乐（今内蒙古和林格尔北），兼云中、定襄二郡，为拓跋魏。

太元十二年（387），燕上谷人王敏、代郡人许谦各杀逐其郡太守，以郡降刘显。燕王垂与魏王珪合兵夹攻雁门，刘显不敌，奔西燕。燕王垂立刘显弟可泥为乌桓王，以抚雁门乌桓、匈奴等族，并徙八千多落于中山。又派兵击代郡许谦，谦亦奔西燕。燕遂废代郡，把代郡的乌桓、鲜卑、汉人徙于龙城（今河北朝阳）。丁零王翟辽死，子钊代立，太元十七年（392），燕南伐翟钊，陷黎阳及滑台，钊亦奔西燕。西燕既杀慕容暐之子孙，又接纳燕之仇敌，垂于太元十八年（393）伐西燕，十九年（394）灭之。于是西燕原所统八郡七万余户，尽归于燕。翟钊既平，燕又渡河而南，掠有东平（治须昌，今山东东平）、泰山（治奉高，今山东泰安东北）、高平（治昌邑，今山东济宁西北）、琅琊（治开阳，今山东兰山北）四郡之地。

燕与拓跋魏的关系本来是友好的。两国王家世为婚姻，魏王珪发生内变，奔贺兰部（在阴山北麓），慕容垂出兵营救之，所以当时人谓"彼有内难，燕实存之"①。但当时燕国以战马贫乏，屡求于魏，魏人不予，故生怨隙。太元二十年（395），燕王垂遣慕容宝击拓跋魏，还至参合陂（今山西大同东），营于陂东，魏军追至陂西，夜掩袭燕营，燕兵大败，死者以万计。二十一年（396），燕王垂密发大军出天门（在定州西北二百二十里，今名倒马关），逾青山（即青岭，一名恒岭，在山西代州旧广昌县），凿山通道，直

---

① 《通鉴》卷108"太元二十年"条燕国高湖语。

至平城（今山西大同东五里）。① 时魏陈留公虔领部落三万多家守平城，素无设备，至此城陷，败死，燕军尽俘其部落而还。② 垂在平城病发，无力北进，引归，卒于上谷之沮阳（今河北怀来南）。

慕容宝嗣位，魏主拓跋珪出兵伐燕。一路遣王建攻幽州，下广宁、上谷二郡。珪率军四十多万出马邑（今山西朔县西北），逾句注山，拔晋阳城（今山西太原）。然后出井陉（今河北井陉），下真定及常山以东各地，并围中山及邺城。时燕国发生内讧，慕容宝于隆安元年（397）弃中山，北走龙城，中山遂被魏攻下。隆安二年（398）燕范阳王慕容德亦弃邺城，率户四万南徙滑台。此后又有南燕和北燕。

后燕自慕容垂于太元八年（383）称王，至义熙三年（407）慕容熙被杀，共二十四年。

南燕建国者为慕容德，系皝之少子。苻坚灭燕，徙居长安。坚伐凉，德从征有功，遂为张掖太守，迁居张掖。其兄纳，坚委为广武（今山西代县）太守，不久离去，随德亦居于张掖。后慕容德随垂南征，纳及家室皆留张掖。及垂起兵叛秦，纳母及妻等皆逃羌中，南燕第二个国王慕容超就是在凉州的羌地生长的。③ 从此可以看到慕容鲜卑自前燕亡后，最远曾迁到河西走廊一带。

隆安二年（398），慕容德以邺城被攻，南徙滑台，自称燕王。三年（399），德出兵西征，部下以滑台降魏。德无所归，乃引兵而南，兖州北边郡县皆降。德进兵攻下广固（今山东益都），以为都城，于四年（400）称帝。

义熙元年（405），慕容德之侄超嗣德即位。超原在凉州，值凉王吕隆降

---

① 慕容垂出兵经过，详见于《晋书·慕容垂载记》。然《载记》把此次出兵分为三路，似与情况不合，故《通鉴》卷108"太元二十一年"条更总合为一路。但《通鉴》谓"逾青岭，经天门"，似青岭在前，天门在后，又与《载记》所云"出天门，逾青山"抵牾。《读史方舆纪要》考证："青岭即恒岭，天门亦曰铁门，今为倒马关。"天门在定州西北，青岭在故广昌县，斯则燕军初出天门，再逾青山，与《载记》相合。故此文大部分从《通鉴》，但仍取《载记》"出天门，逾青山"的次第。

② 《魏书·慕容虔传》只记晋太元二十年参合陂慕容宝失败事，不记二十一年平城被陷，显系为魏统治阶级讳，今不取魏说。《晋书·慕容垂载记》谓陈留公泥驻平城，城陷，燕收其三万余人而还。《通鉴》谓："魏陈留公虔帅部落三万余家镇平城……燕军尽俘其部落。"《通鉴》所云当本《燕录》，"三千人"当为"三千落"之误。陈留公虔，即元虔，见《魏书·帝纪第二》，"泥"当系"虔"之误。

③ 《晋书·慕容德载记》、《慕容超载记》；《太平御览》卷126引《十六国春秋·前燕录》南燕慕容德、慕容超。

姚秦，秦移其民于长安，超与其母、妻遂同至长安。慕容德称南燕王，遣使迎之，超不告母妻，乔装东归，至此继德称帝。

超母妻在长安被姚兴所拘。姚兴遣使至广固责超称藩，并求太乐诸伎，若不可，使送"吴口千人"。

原来太乐诸伎是服务于历代王朝的雅乐乐工。永嘉之乱，晋室南迁，宫廷中的乐伎迁往河西，被西凉张氏所有。苻坚平西凉，雅乐遂归苻秦。慕容冲陷长安，太乐诸伎入西燕，移至长子。西燕被灭，慕容垂得之，置于中山。北魏下中山，乐官李佛等携带大乐细伎奔邺，归慕容德，德徙之于广固。① 义熙三年（407），南燕王超以求母妻东还之故，献太乐伎一百二十人于姚秦，母妻乃归。义熙五年（409），超为补置太乐伎人，遣将率骑兵南掠宿豫（今江苏宿迁），得男女二千五百人，付乐坊学乐舞。晋刘裕以此遂发兵伐南燕。至六年（410），拔广固，斩鲜卑王公以下三千人，没其家口万余口为军赏。南燕以亡。

南燕的疆上，北至黄河，南至泗水，东至于海，西至巨野。南燕从隆安四年（400）慕容德称帝起，至义熙六年（410）被刘裕所灭止，共十一年。

北燕是在后燕迁都至龙城后的基础上建立起来的。

慕容宝有个养子高云，是高句丽王族的后裔。② 义熙三年（407），高云与冯跋兄弟等二十二人结盟，同杀慕容熙，国号大燕，史家称之为北燕。③

冯跋，原为长乐信都（今河北冀县）人。祖父和迁居上党（今山西长治）。父安，为西燕慕容永的将军。永死，跋东徙昌黎（今辽宁朝阳南），与鲜卑同俗。④ 高云杀熙自立，冯跋为其谋主。云立不久，为臣下所杀，跋遂

---

① 《隋书·音乐志下》。
② 《晋书·慕容云载记》云："祖父（高）和，高句骊之支庶。自云高阳氏之苗裔，故以高为氏焉。"高和之姓以国为氏，自称为高阳氏之苗裔，不可从。高云为慕容宝之养子，赐姓慕容。高氏至燕者或为侍子，或为臣僚，情况不一。《通鉴》卷109"隆安元年"条云："宝以高云为建威将军，封夕阳公，养以为子。云，高句丽之支属也。燕王䫊破高句丽，徙于青山，由是世为燕臣。"
③ 《通鉴》卷114"义熙四年"条书"北燕王云"为北燕之始。有些史书至冯跋即位始称北燕。
④ 《魏书·冯跋传》云："海夷冯跋，字文起，小名乞直伐，本出长乐信都。慕容永僭号长子，以跋父安为将。永为垂所灭，安东徙昌黎，家于长谷。"长谷，《初学记》引《元和郡县志》云："柳城县内有长陵谷，北燕冯跋之弟弘葬所也。"长谷即长陵谷。柳城即晋代的龙城，亦称为龙。《晋书·冯跋载记》："永灭，跋东徙和龙，家于长谷"；《通鉴》卷109亦云："永败，徙和龙。"与《元和郡县志》上述所云相合。《魏书·冯跋传》所云之昌黎，非沿海之昌黎，此昌黎在龙城南，距龙城很近，故不相抵牾。同传又云："跋恭慎勤稼穑。既家昌黎，遂同夷俗。"其小名"乞直伐"，系鲜卑语，非汉语。

于义熙五年（409）即燕王位。① 史称之为北燕，江南称之为黄龙国，北魏则称之为东燕。②

自慕容垂以来，辽东各地与中原相同，赋役繁苦，百姓困穷，至慕容熙时为尤甚。冯跋以一鲜卑化的汉人执政二十余年，其政绩优越于前朝者，有下述三端：

一为勤政勖民，劝课农桑。《晋书·冯跋载记》云：

> 跋下书曰："自顷多故，事难相寻，赋役繁苦，百姓困穷。宜加宽宥，务从简易。前朝苛政，悉皆除之。守宰当垂仁惠，无得侵害百姓。兰台都官，明加澄察。"
>
> 分遣使者巡行郡国，孤老久疾不能自存者，振谷帛有差，孝悌力田闺门和顺者，皆褒显之。
>
> 跋励意农桑，勤心政事，乃下书，省徭薄赋，堕农者戮之，力田者褒赏。
>
> 跋又下书曰："今疆宇无虞，百姓宁业，而田亩荒秽，有司不随时督察，欲令家给人足，不亦难乎！桑柘之益，有生之本。此土少桑，人未见其利。可令百姓人殖桑一百根，柘二十根。"

二曰提倡节约，崇尚教育。《载记》又云：

> 又下书曰："圣人制礼，送终有度。重其衣衾，厚其棺椁，将何用乎？人之亡也，精魂上归于天，骨肉下归于地，朝终夕坏，无寒暖之期。衣以锦绣，服以罗纨，宁有知哉？厚于送终，贵而改葬，皆无益亡者，有损于生。"
>
> 跋下书曰："武以平乱，文以经务，宁国济俗，实所凭焉。自顷丧

---

① 冯跋即位之年，《晋书·冯跋载记》谓在太元二十年，大误。《通鉴》卷115谓在晋安帝义熙五年，当从之。参考《晋书斠注·冯跋载记》。
② 黄龙即和龙，亦即古之龙城，今之朝阳。北燕都黄龙，故江南史志称之为黄龙国。《通鉴》卷122，元嘉十二年"（燕王）遣使诣建康称藩……诏封为燕王。江南谓之黄龙国"。《宋书·夷蛮传》"高句丽国"条云："以其治黄龙城，故谓之黄龙国。"同书《文帝纪》元嘉十二年称冯跋为"黄龙国主"。《魏书·帝纪》则称其国为东燕。

难，礼崩乐坏，间阎绝讽诵之音，后生无庠序之教。子衿之叹，复兴于今。岂所以穆章风化，崇阐斯文？可营建太学，以长乐刘轩、营邱张炽、成周翟崇为博士郎中，简二千石已下子弟年十五已上教之。"

三曰重信与义，敦睦邻国。北燕和柔然的关系一向是很好的。柔然可汗斛律献马三千匹求冯跋女乐浪公主，臣下以国王亲女"下降非类"与前代旧事不合，跋曰："女生从夫，千里岂远？朕方崇信殊俗，奈何欺之！"于是送女至柔然。又斛律被其弟大檀所逐，举家奔北燕，跋于辽东筑馆待之。北魏常欺凌北燕，遣使于什门至国，跋扣留之。冯跋并联合柔然及刘宋共同对抗北魏。凡此种种，都说明北燕王冯跋的外交是讲信义、识大体的。

冯跋立二十二年，死，其弟弘继位。时北魏兵强马盛，数来侵伐，燕西部郡城多陷。宋元嘉十三年（436），魏遣大将娥清、古弼等率骑兵一万伐燕，陷白狼城（今朝阳西南，大凌河上游北岸），并进兵黄龙城（即龙城，今朝阳县城）下。其先，燕王弘遣人至高丽请派兵迎己，此时高丽兵已到城东。王未出走，即生内变。尚书令郭生开城门迎魏军，燕王率高丽兵与叛兵巷战，生中流矢而亡。宫殿被焚，兵甲妇女多被高丽兵所掠。燕王随奔高丽，北燕遂亡。

北燕自高云在晋义熙二年（406）即王位，至宋元嘉十三年（436）魏陷黄龙城，共三十一年。

三、诸燕衰亡的原因

总上所述，前燕、西燕、后燕、南燕、北燕五小国的建立，多者三十余年，少则十年，时间都是很短促的，所以我们称之为临时政权。它们立国为什么不能长久呢？总的来看，主要有两大原因：一个是军封过多，凡有军封的鲜卑王公贵戚都可霸占土地，隐庇荫户，结果至于民户顿减，国库空虚；又一个是战马日少，军士凋敝，加以统治阶级日益腐化，穷奢极欲，百姓生活困苦，因而民不聊生。所以强敌来临，多不战而溃，国随以亡了。

早在前燕慕容皝迁都龙城（341）以后，国内便发生了军政官僚过多现象。当时记室参军封裕对慕容皝说："今中原未平，资畜宜广，官司猥多，游食不少。"所以他主张："宜量军国所须，置其员数，已外归之于农，教之战法。学者三年无成，亦宜还之于农，不可徒充大员，以塞聪俊之路。"封裕"习战务农"的计划虽然被采纳了，但缩减勋爵官僚的建议，以中原未平，不曾理会，所以后来战争越多，军封的官僚随之亦越众。

到慕容暐时（360—370），军封的官僚机构已经发展到了顶点，由于王公贵戚占领山泽和隐庇荫户，使国家的财政陷入困境，关于军封官僚机构庞大的情况，从尚书令左丞申绍的疏内可以看出：

> 今者守宰或擢自匹夫兵将之间，或因宠戚，藉缘时会，非但无闻于州间，亦不经于朝廷。……且吏多则政烦，由来常患。今之见户，不过汉之一大郡，而备置百官。加之新立军号，兼重有过往时。虚假名位，废弃农业，公私驱扰，人无聊生。

从此疏中可以看到当时从朝廷到地方的军封机构是如何庞大。高级军官不经过朝廷便可在兵将亲戚之间任意任命守宰，足见当时军封势力之大。此时王公贵戚如何占领山泽，我们知道的实例不多。但《十六国春秋·前燕录》和《晋书·慕容暐载记》都记载燕太傅慕容评的为人云：

> 评性贪鄙，鄣固山泉，卖樵鬻水，积钱绢如丘陵，三军莫有斗志。

不只平时如此占领山泽，就是在前线上与敌军对垒之际，这位身为太宰的国家元戎亦占领营地，鬻水与军，每两石水收绢一匹。《水经·浊漳水注》引《燕书》云：

> 王猛与慕容评相遇于潞川，评障锢山泉，鬻水与军，入绢匹，水二石。

秦将王猛利用慕容评这一点就把驻守潞川的燕军打垮了。关于燕国慕容暐时军封隐庇荫户的情况，《晋书·慕容暐载记》有如下的一段记录，云：

暐仆射悦绾言于暐曰："太宰政尚宽和，百姓多有隐附。《传》曰：唯有德者可以宽临众，其次莫如猛。今诸军营户，三分共贯，风教陵弊，威纲不举。宜悉罢军封，以实天府之饶，肃明法令，以清四海。"暐纳之。绾既定制，朝野震惊，出户二十余万。慕容评大不平，寻贼绾，杀之。

时慕容恪为太宰录尚书，慕容评为太傅，二人都是皇室尊勋，正是当时军封的代表人物。悦绾为尚书左仆射，所奏言多婉转，不能把当时的详细情况陈述出来，因此我们今天研究起来，很不方便。但从奏言中大致可以看出，自燕立国以来，凡有汗马功劳的王公贵戚，国家即封之以荫户，同时百姓为了逃避赋役，亦多隐附于军封之家。所以王公贵戚的荫户包括了军封的和隐附的两种。又因为这些荫户与一般官僚豪强的荫户不同，是由军营管束的，所以称之为"诸军营户"。我想，这种"营户"之名可能与北魏时的"营户"相同，是介于平民与奴隶之间的部曲或佃客的一种身份。

《资治通鉴》卷101"晋太和三年"条内有如下一段记载：

　　燕王公贵戚多占民为荫户，国之户口少于私家。仓库空竭，用度不足。尚书左仆射广信公悦绾曰："今三方鼎峙，各有吞并之心，而国家政法不立，豪贵恣横。至使民户殚尽，委输无入。吏断常俸，战士绝廪，官贷粟帛以自赡给。既不可闻于邻敌，且非所以为治。宜一切罢断诸荫户，尽还郡县。"燕主暐从之，使绾专治其事，纠擿奸伏，无敢蔽匿。出户二十余万，举朝怨怒。绾先有疾，自力厘校户籍，疾遂亟，冬十一月卒。

《通鉴》这段记载与《载记》相同，但有异文。《通鉴》所云，似乎把占民为荫户普遍化了，看不出荫户和营户的区别。又悦绾纠察隐户的结果，《载记》说被慕容评所贼害，此言以劳苦成疾终。按后世南燕尚书韩𧨘上疏所云："虽遇商鞅之刑，悦绾之害，所不辞也。"悦绾被害的事是可信的。但无论如何，可以看出在前燕末年军封之家的占营户，王公贵戚的占荫户，已成为一种普遍现象。私家的营户和荫户多，国家的户口和税收必然减少，所以形成"吏断常俸，战士绝廪，官贷粟帛以自赡给"的财政困穷状态。这种矛盾是属于统治阶级内部的矛盾。在另一方面，百姓为了逃避官方的重赋苛役成为军官的营户和贵族官僚的佃客，其身份已经低于平民。当时的营户和佃客虽无官役，但有的时候"豪强征敛，倍于公赋"，这样并不能缓和官僚和人民之间的矛盾，而是更加剧二者之间的矛盾。且当时燕国的户口"不过汉之一大郡"，隐附于军官贵族的营户和荫户经悦绾初步纠察即得出二十多万户。国家户口既少，营户和荫户的赋役必然转嫁于一般百姓。加以"赋法靡恒，役之非道"，殷实之家无役少赋，贫弱之户差调频繁，这样必然影响到战士的情绪和对外战争的质量。当时尚书左丞申绍分析燕国战争失败的原因说："中州丰实，户兼二寇。弓马之劲，秦晋所惮。云骑风驰，国之常也。而比赴敌后机，兵不速济者，何也？皆由赋法靡恒，役之非道。郡县守宰，每于差调之际，无不舍越殷强，首先贫弱。行留俱窘，资赡无所，人怀嗟怨，遂致奔亡。"[①] 所以前燕亡国主要原因在于军户荫户过多。

到慕容垂复国之后，流亡在各地的鲜卑贵族以各种方式又麇集于幽、冀、平三州之内，建立政权，又形成庞大的官僚机构。所以当时国家最大的问题不在于外患，而在于统治阶级内部争夺户口的问题。晋太元二十一年（396）慕容垂临死的时候，嘱咐慕容宝在他死后一定要校阅户口，罢诸军营户，分属郡县。关于此事，在《慕容宝载记》中有如下一段：

> 遵垂遗令，校阅户口，罢诸军营"分荫之户"[②]，分属郡县，定士族旧籍，明其官仪。而法峻政严，上下离德，百姓思乱者十室而九焉。

《载记》原文"罢诸军营"，不可通。《十六国春秋辑补·后燕录》四作"罢诸军营分荫之户"。《资治通鉴》卷108"分荫"作"封荫"，胡注："盖诸军庇占以为部曲者。"胡注的解释是近于事实的。罢各军营户为郡县户口，首当其冲者是王公贵族中的高级军官，其次为营户，其时郡县赋役多于部曲。故结果"上下离德，百姓思乱者十室而九焉"。《通鉴》同卷记同年（太元二十一年，即396），"燕辽西王农悉将部曲数万口之并州。并州素乏储偫，

---

① 此段与上段申绍议论皆见《晋书·慕容暐载记》。
② "分荫夕户"四字据《十六国春秋辑补·后燕录》四《慕容宝传》补入。

是岁早霜，民不能供其食。又遣诸部护军分监诸胡，由是民夷俱怨，潜招魏军"。慕容农之率部曲至并州，可知燕国实行罢诸军营户的政策并未彻底。在燕国罢与不罢都引起了纠纷，以至于"民夷俱怨，潜招魏军"。可知营户荫户之多亦是后燕政治经济危机的所在。

到了南燕，在建国之初也发生了荫户过多的问题。但南燕荫户的来源与前、后燕不同，主要是从苻秦和东晋时遗留下来的。《十六国春秋辑补·南燕录》三尚书韩諲上疏云：

而百姓因秦晋之弊，迭相荫冒。或百室合户，或千丁共籍，依托城社，不惧熏烧，公避课役，擅为奸宄，损风毁宪，法所不容。但检令未宣，弗可加戮。今宜隐实黎氓，正其编贯。

慕容德采纳了这一建议，恐百姓外逃，遣车骑将军慕容镇率骑三千缘边严防。又使韩諲巡郡县隐实，得荫户五万八千户。南燕与前、后燕不同的地方，前、后燕的荫户多由军封，庇护荫户的人们多是鲜卑的王公贵族；而南燕的荫户则与苻秦和东晋统治这一地区时的"荫冒"制有关。农民为了逃避重役，所以依附强豪，百室合户，千丁共籍。南燕要实行户口检查，怕农民外逃，所以在边境上设置驻军以防范之。此皆前、后燕与南燕不同的所在。但无论如何，荫户或军户过多，国家户口过少，都是造成财政困难的主要原因。

诸燕衰亡的第二个原因就是战马日少，兵士疲敝。燕国本来经营畜牧，靠着兵强马壮、云骑风驰，打进中原来的。但在中原住久以后，战马一天比一天少了，因而在战争中往往失利。燕国最初感到战马不足是在前燕慕容儁之时。升平元年（357），慕容儁打算进攻黄河以南的郡县，先派慕容垂等往塞北攻打丁零、敕勒，获马十三万匹[①]，从此南征始得到胜利。至后燕慕容垂时，本来与北魏交好，婚姻往来，但有一次（391）垂扣留了魏王珪的使者以求良马，魏王珪不予，遂绝交，从此可以看到燕对马匹的需要。慕容盛时，为了马匹常北征库莫奚族，掠其马匹以供军用。但到后来库莫奚北迁，

---

① 《晋书·慕容儁载记》。

故鲜卑的战马失掉来源。燕国军队不敌拓跋鲜卑，主要原因就在于此。

又前、后燕在亡国前都出了若干骄奢淫逸、荒唐无道的皇帝，此虽非亡国的主因，但不能说与亡国无关。前燕慕容暐时，申绍上疏云："后宫四千有余，僮侍厮养，通兼十倍。日费之重，价盈万金。绮縠罗纨，岁增常调。戎器弗营，奢玩是务。今帑藏虚竭，军士无襜褕之赍；宰相侯王，迭以侈丽相尚。"① 后燕慕容熙比慕容暐更要荒唐，为了享乐，筑龙腾苑，广袤十多里，役徒二万人。又起景云山、逍遥宫、甘露殿，筑曲光海、清凉池。与皇后苻氏游猎，北登白鹿山，东逾青岭（在今朝阳西南四百里），南临沧海，苦役百姓，士兵为虎狼所食及冻死者五千余人。② 在五胡十六国之中，慕容熙的荒淫无道仅次于石虎。统治阶级的骄奢淫逸也是前、后燕灭亡的原因之一。

---

① 《晋书·慕容暐载记》。
② 《晋书·慕容熙载记》。

第四章 拓跋鲜卑

一、拓跋鲜卑的起源和迁徙

拓跋鲜卑，正确地说，应当包括北魏建国以前的拓跋部、建国之后的拓跋魏，还有建立南凉的秃发部，一称河西鲜卑等。但这一段我们主要是讲拓跋部、拓跋魏的起源和迁移。

旧的史志叙述拓跋魏的起源时，大致有两种说法：一种是北朝史家的说法。从北魏准备修魏史的高祐、李彪到北齐时《魏书》的撰者魏收，都说拓跋氏是黄帝少子昌意之后始均的苗裔。但这种说法在北魏时已经找不到什么历史根据。如《魏书·高祐传》记太和十一年（487）高祐和李彪上孝文帝奏云：

> 惟圣朝创制上古，开基长发，自始均以后，至于成帝，其间世数久远，是以史弗能传。

自始均经六十七世至成帝毛，其间无一事可稽，无一名可传，自然令人怀疑黄帝的苗裔之说的真实性。另外，还有一种南朝史家的说法。《宋书·索虏传》："索头虏姓托跋氏，其先汉将李陵后也。"《资治通鉴》卷77《魏纪》胡注引《南齐书》作者萧子显云："匈奴女名托跋，妻李陵。胡俗以母为姓，故为李陵之后而甚讳之，有言其是陵后者，辄见杀。"这种说法只是代表南朝士大夫一种臆想。他们认为托跋是匈奴的一种，汉将李陵没陷匈奴中，遂以拓跋为李陵之后裔。其中还包括了辱骂拓跋魏为胡汉杂种的意思，更不可取。

《魏书·帝纪·序纪》一段本是根据"人相传授"的传说写成的。任何一种传说，其中必然是有真有伪。史学家能够下一番辨别真伪、留真去伪的功夫，拓跋鲜卑的原始真实面貌仍然可以使它大致恢复起来。相传幽都之北，广漠之野，有大鲜卑山。山里住有一些原始氏族部落，叫作鲜卑。他们以畜牧射猎为业，迁徙无定。生活淳朴，文化简陋，无文字，遇事刻木记契。从始祖传到毛共六十七世，其间事实因年代久远，都记不清了。到了毛的时期，因为他聪明武略，被远近所推重，"统国三十六，大姓九十九"，成为一个部落的大酋长。《序纪》所述①，择其要者，大致如此。

那么拓跋鲜卑祖先的原始牧地在什么地方呢？在《魏书·礼志》中有一段重要文献，这样叙述着：

> 魏先之居幽都也，凿石为祖宗之庙于乌洛侯国西北。自后南迁，其地隔远。真君中，乌洛侯国遣使朝献，云："石庙如故，民常祈请，有神验焉。"其岁遣中书侍郎李敞诣石室，告祭天地，以皇祖先妣配。祝曰："……自启辟之初，祐我皇祖，于彼土田。历载亿年，聿来南迁。……"敞等既祭，斩桦木立之，以置牲体而还。后所立桦木生长成林，其民益神奉之，咸谓魏国感灵祇之应也。石室南距代京可四千余里。

同书《乌洛侯国传》亦云：

> 世祖真君四年（443）来朝，称其国西北有国家先帝旧墟石室，南北九十步，东西四十步，高七十尺。室有神灵，民多祈请。世祖遣中书

---

① 《魏书·帝纪》卷1《序纪》云："昔黄帝有子二十五人，或内列诸华，或外分荒服。昌意少子，受封北土，国有大鲜卑山，因以为号。其后世为君长，统幽都（幽州都城治蓟城，今北京）之北，广漠之野，畜牧迁徙，射猎为业。淳朴为俗，简易为化，不为文字，刻木纪契而已。世事远近，人相传授，如史官之纪录焉。黄帝以土德王，北俗谓土为'托'，谓后为'跋'，故以为氏。其裔始均，入仕尧世，逐女魃于弱水之北。民赖其勤，帝舜嘉之，命为田祖。爰历三代，以及秦汉，獯鬻、狁、山戎、匈奴之属，累代残暴，作害中州，而始均之裔不交南夏，是以载籍无闻焉。积六十七世，至成皇帝讳毛立，聪明武略，远近所推，统国三十六，大姓九十九，威振北方，莫不率服。崩。"

侍郎李敞告祭焉。刊祝文于室之壁而还。

魏始祖的石室既在乌洛侯国的西北,故知乌洛侯国的方位便可求得石室之所在。同传云:"其国西北有完水,东北流合于难水,其地小水皆注于难,东入于海。"完水,《旧唐书》称室建河,即今之额尔古纳河,难水即《旧唐书》中之那河①,今称黑龙江。然则乌洛侯国在今黑龙江省之嫩江流域甚明。嫩江流域的西北为额尔古纳河,魏之祖先的石室当在二河之间的大兴安岭山脉之内。《魏书·帝纪·序纪》云"国有大鲜卑山",此大鲜卑山当在今之大兴安岭的北段。又云:"其裔始均,入仕尧世,逐女魃于弱水之北",此弱水即今之嫩江。嫩江西北、额尔古纳河东南自古为蒙兀室韦的所居地,蒙兀室韦即蒙古族的祖先;而拓跋鲜卑亦起源于此,所以从地域分布言之,拓跋鲜卑原来的语言和蒙兀室韦应当是相互接近的。

《序纪》云:"积六十七世,至成皇帝讳毛立,聪明武略,远近所推,统国三十六,大姓九十九。"此所谓"国"当指氏族集团或者部落,所谓"大姓"当指氏族或者比氏族较小的家支。按家支统于氏族,氏族统于部落,所以"大姓九十九"应当统于"三十六国"之内。此三十六个部落、九十九个氏族都集居在额尔古纳河以东南的大兴安岭之北段,拓跋鲜卑的远祖毛便是这一地区的部落集团的酋长。现在有些同志认为三十六国和九十九姓是两回事,即九十九姓不在三十六国之内。主要理由是根据《周书·文帝纪下》记载西魏恭帝元年(554)宇文泰"以诸将功高者为三十六国后,次功者为九十九姓后",因而推论"三十六国不在九十九姓之内"②。但这一论据的力量是微弱的。因为魏远祖毛时的三十六国和九十九姓在很早的时候就变更或绝灭了。《魏书·官氏志》所列的一百八十姓,是历代魏国祖先在蒙古草原经过长期迁移而与匈奴、高车等族相互融合之后的产物,所以《志》云:"年世稍久,互以改易,兴衰存灭,间有之矣。"司马光《通鉴考异》卷6《齐纪》上又云:"魏初功臣姓皆复重奇僻,孝文太和中变胡俗,始改之。魏收作《魏书》已尽用新姓,不用旧姓。"可知魏国初年的姓氏在孝文帝改姓时

---

① 参考《旧唐书·室韦传》,《传》中的乌罗护部即《魏书》中的乌洛侯国。
② 姚薇元:《北朝胡姓考·绪言》及注9,第1—5页。

绝大部分已经简化。而西魏恭帝时所赐中原汉族诸将的蕃姓，不只多系"新姓"，而且有许多是北魏立国之后各地降国降人的姓氏，与魏远祖毛原来所统治的"大姓九十九"大异其趣，如风马牛之不相及。例如以李弼为徒何氏，徒何为东部鲜卑姓；赵肃、赵贵为乙弗氏，乙弗为高丽姓；段永为尔绵氏，尔绵为柔然姓；韩褒为吕侯陵氏，吕侯陵亦柔然姓；陈忻为尉迟氏，尉迟为西域于阗国姓。①……若此诸例不胜枚举。因此我们既不能以《魏书·官氏志》的一百八十姓说明原始的九十九姓，更不能以西魏时的赐姓说明九十九姓不在三十六国之内。比较正确地说，原姓三十六国和九十九姓到毛之子孙南迁以后，有许多国和姓如《周书·文帝纪》所云已经绝灭了②，有许多国和姓在长期移动过程中跟其他部落氏族融合了，下一段准备专叙述他们在草原中跟别族融合的事实。

毛传五世至推寅，此为第一推寅，"南迁大泽，方千余里，厥土昏冥沮洳，谋更南徙，未行而崩"。又七世传至邻，亦有远略，指导族人迁徙，人并称之为推寅，此为第二推寅。"推寅"在鲜卑语有"钻研"之义。在原始游牧部落里，酋长的主要职务就是凭着自己的经验和远见，计划并指导族人到资源丰富的游牧射猎区域进行生产，这样才能维持族人的生活，得到族人的拥护。上述第一推寅和第二推寅就是以能钻研、有远见、指导族人向有利的地区迁徙，因而获得牧民们的拥护并留给后人以极深刻的印象的。第二推寅（邻）教导他的儿子诘汾向南迁徙，经过"山谷高深，九难八阻"，相传由一种形状似马、声叫如牛的神兽引导，经历一年以上才到达"匈奴之故地"。

上一段传说包括了一系列的关于人物、地理和年代学上的问题。由于这些问题太麻烦了，所以有些史学家用一个简单的办法对于诘汾以前的历代祖先彻底来一个否定，认为都是魏国统治阶级"欲以夸其门阀之古，示家系之悠远，而故意造作的"③。但是这种全盘疑古的精神实在是一种不科学的精

---

① 参考《通鉴》卷165"承圣二年"条及胡注引洪迈曰云云。
② 《周书·文帝纪下》云："魏氏之初，统国三十六，大姓九十九，后多绝灭。"
③ 王鸣盛《十七史商榷》卷66"追尊二十八帝"条云："二十八帝谥号皆道武所定，而二十八帝中惟猗㐌、猗卢、郁律、翳槐、什翼犍名通于晋为可据。其余凡单名者与倚㐌等不同，疑皆道武时所追撰也。"此论虽不能谓无理，然谓凡单名而不通名于晋者则为乌有，未免否定过甚。北方诸族人名皆多音节，追述之时以其首音或主要音节为名，固无不可。北魏祖先有许多人不只有名，且有事实，一律否定，殊失修史之道。日本白鸟库吉以为单名诸人皆史实所无之人物，亦失之武断。参考氏所著：《东胡民族考》，方壮猷汉文译本，第122—123页。

神,因此著者愿意在这里提出一种看法供大家讨论。《资治通鉴》卷77胡注认为,毛之后裔五世孙推寅就是王沈《魏书》内檀石槐部落联盟中的西部大人推演。这种见解是有卓识的,但其中尚有欠考虑之处。按诘汾之子力微号神元皇帝,神元元年《魏书·序纪》谓"岁在庚子"。依钱大昕和王鸣盛的考证,神元元年即汉献帝之延康元年,亦即曹魏之黄初元年,正是公元220年。① 此年上距檀石槐盟主在位之时(150—180)只有四十至七十年,如何能包括由推寅到力微的九代之多呢?因此,我们必须认为檀石槐时的西部大人推演,只能是力微之祖、诘汾之父的第二推寅邻,而不是第一推寅所谓宣帝。这是在年代学上必须解决的第一个问题。又第二推寅邻上距第一推寅宣帝共七代,每代以二十五年计,共一百七十五年左右。换言之,即第一推寅宣帝之时当在公元1世纪前叶,即东汉光武帝的建武年间(25—55)。这是在年代学上必须解决的第二个问题。这两个年代学上的问题解决得比较妥当了,然后对于拓跋魏祖先南迁的原因和路线始能做一些约略的推测。

大家知道,当西汉末年和王莽在位之时(1—23),正是匈奴处于实力转衰之时。到东汉光武帝建武二十四年(48),匈奴又形成第二次南北分裂的局面。这种震动草原的政治大变革,原来住在草原东北的鲜卑族,其中特别是以推寅为称号的鲜卑之祖一定会知道的。因此,他就率领部民开始南迁。最初迁到的地区是南方大泽,方千余里,当系一个湖泊众多的沮洳地带。这一地区,从迁徙方向和地形来说,可能就是呼伦贝尔湖区。隔了六代到第二推寅所谓献帝邻时,成为檀石槐鲜卑部落联盟的西部大人之一。据王沈《魏书》记载:

> 从上谷以西至燉煌,西接乌孙为西部,二十余邑,其大人曰置犍、落罗、日律、推演、宴荔游等,皆为大帅,而制属檀石槐。

汉代上谷郡以西至敦煌郡的直北,正是蒙古草原自肯特山以西、科布多以东之地。上述鲜卑五大帅的分布地区设使是如文献所述的由东而西,则推演的驻牧地当在蒙古西部的西偏。呼伦贝尔湖区在蒙古的东部,科布多在蒙

---

① 参考(清)钱大昕:《廿二史考异》卷28《魏书·序纪》第一条;(清)王鸣盛:《十七史商榷》卷66"追尊二十八帝"条。

古西部，由东而西相距数千里，其间又有匈奴、丁零、高车诸族的牧地。鲜卑部落集团这段迁徙过程是最辽远而最艰巨的。按《序纪》所记其间经过六世有一百年以上，中间的六位酋长当不能谓属于子虚。最后在檀石槐部落联盟瓦解之时，第二推寅始命诘汾由草原西北部南移，经过许多高山深谷、九难八阻，始到达漠南头曼、冒顿的发迹之处①，所谓"匈奴之故地"。

按诘汾迁至匈奴故地的漠南时，正是东汉末年。当时檀石槐的部落联盟虽已瓦解，但河套以东旧所谓云中、定襄二郡仍被檀石槐的子孙所占领。曹魏太和二年（228），原来居于代郡上谷以北的轲比能至此战胜了檀石槐的后裔，占据了云中故郡（今内蒙古托克托）。②直到青龙三年（235）轲比能被刺，一度重新组织起来的鲜卑部落联盟又告瓦解。由此更可证明诘汾所至的匈奴故地不在河套以东，而在河套以北旧日头曼、冒顿的发迹之地，亦即汉代五原郡的境内。

《序纪》记诘汾之子力微在神元元年（220）遭到西部大人的内侵，以至"国民离散"。这位西部大人，按《三国志·魏书·乌丸鲜卑东夷传》的记载，可能就是西部鲜卑大人蒲头。力微无法抵抗，往依没鹿回部大人窦宾。这位窦宾原姓纥豆陵氏，他的原名应是纥豆陵宾，至太和年间改姓后，始称之为窦宾。③《唐书·宰相世系表》窦氏下云，穆帝（拓跋猗卢）使窦宾之孙勤领旧部落，徙居五原。亦可证明当时窦宾和力微都在五原。至神元二十九年（248），力微杀了宾之子它，并其部众，发展到"控弦士马④二十余万"。到神元三十九年（258），力微从五原东迁，迁居于汉定襄郡的盛乐（今内蒙古和林格尔北）。在那里举行了一个诸部落酋长的祭天大会，附近部落酋长都来助祭，只有一位东部鲜卑当时所谓"白部"⑤的大人观望不至，力微就把他杀掉。从此盛乐就成为拓跋鲜卑的第一个都城。

---

① 《汉书·地理志》五原郡有头曼城；《匈奴传》亦谓阴山为冒顿所居，治弓矢练骑射以伐东胡。故此所谓匈奴故地，当指匈奴单于祖先发迹之所的漠南汉五原郡内。
② 《三国志·魏书·牵招传》、《乌丸鲜卑东夷传》。
③ 《魏书·官氏志》："纥豆陵氏，后改为窦氏。"
④ 《魏书·帝纪·序纪》原文作"控弦上马，二十余万"，"上马"应为"士马"之误。
⑤ 拓跋鲜卑称东部鲜卑为"徒何"，一称"白部"。《通鉴》卷104"太元元年"条云："鲜卑有白部。后汉时鲜卑居白山者最为强盛，后因曰白部。"按：白山，《元和郡县志》云"在五阮关外大荒中"。丁谦《乌桓传地理考证》谓即今张家口外之祭罕陀罗山。

二、拓跋部和以拓跋部为中心的部落联盟之形成

从拓跋鲜卑的起源和发展历史来看，此族由大兴安岭北段迁到呼伦贝尔大泽之时，我们只能称之为鲜卑，不能称之为拓跋。只有从大泽西迁以后，鲜卑部落与匈奴部落相混合，我们才可以称之为拓跋部或者拓跋鲜卑。

部落或部族的融合是长期的、缓慢的。从称为宣帝的第一推寅起，经过六代，传到第七代第二推寅献帝邻时始初步完成了鲜卑和匈奴等族的融合过程。所以第二推寅献帝邻在拓跋部的历史上特别重要，他不仅指导鲜卑南迁成功，而且把所领导的拓跋鲜卑分为八部，派遣自己的兄弟各统摄一部，各为一姓氏，从此便打下了后世所谓"鲜卑八国"的基础。

《魏书·官氏志》云："魏氏本居朔壤，地远俗殊，赐姓命氏，其事不一。……初安帝[①]统国，诸部有九十九姓。至献帝时，七分国人，使诸兄弟各摄领之，乃分其氏。自后兼并他国，各有本部，部中别族，为内姓焉。"现在把当时"七分国人"的七个氏族连同献帝本人所领导的一个拓跋氏族共八个氏族罗列如下：

（一）拓跋氏：由拓跋邻摄领，至魏孝文帝迁洛阳后改为元氏。

（二）纥骨氏：由拓跋邻的大哥摄领，后改为胡氏。

（三）普氏：由拓跋邻的二哥摄领，后改为周氏。

（四）拔拔氏：由拓跋邻的三哥摄领，后改为长孙氏。

（五）达奚氏：由拓跋邻的大弟摄领，后改为奚氏。

（六）伊娄氏：由拓跋邻的二弟摄领，后改为伊氏。

（七）丘敦氏：由拓跋邻的三弟摄领，后改为丘氏。

（八）俟亥氏[②]：由拓跋邻的四弟摄领，后改为亥氏。

上述鲜卑八族，拓跋氏的形成可能早些，其余七个姓氏都是献帝"七分国人"后开始决定的，所以《官氏志》云："七族之兴，自此始也。"以上八

[①] 《魏书·帝纪·序纪》谓成帝毛统国三十六，大姓九十九，与此所谓安帝不合。疑"安"为"成"之误。

[②] 陈毅《魏书官氏志疏证》于官氏志原文多有订正，如谓"普氏"应作"普陋茹氏"，"拓拔氏"当作"拔拔氏"，"侯氏"当为"亥侯氏"。武汉大学姚薇元教授著《北朝胡姓考》，于陈毅的考订又有所更正，谓"普氏"仍为"普氏"，"侯氏"为"俟亥氏"之脱误。兹从姚氏书，请参考原书第10—11、20—21页。

族就是后世"鲜卑八国"的起源。

到了后来，献帝邻"又命叔父之胤曰乙旃氏，后改为叔孙氏；又命疏属曰车焜氏，后改为车氏"。上述二姓是后起的，不与鲜卑八族同列。但它们亦与拓跋氏同姓，所以《官氏志》云：

> 凡与帝室为十姓。百世不通婚。太和以前，国之丧葬祠礼，非十族不得与也。

前面我们说过，《魏书·帝纪·序纪》上所说的国是指原始时代的部落，姓氏是指各部落之内的氏族和家支。献帝邻的"七分国人，使诸兄弟各摄领之"，是指献帝时原来所统治的七个部落（连同自己的拓跋部落共八个部落）的异姓酋长都被取消了，而派自己的七个兄弟做了七个部落的酋长。这七个兄弟原来无疑都是属于拓跋氏的，至此则以所摄领的部落之名作为他们的姓氏，以便于统治七个部落。当时的政治组织仍然是部落联盟。最初的部落联盟，各部落的酋长是从部落内的许多氏族长中推举出来的，称为部长或邑落小帅。在部落大会中从许多部长或邑落小帅内推举盟长或大人，有时也叫作大帅。前面所引王沈《魏书》中一段就以推演即第二推寅献帝邻是西部鲜卑中的一位大人，同时又为大帅，而制属于檀石槐。当时西部有二十余邑，即二十多个较大的部落或邑落，大人有四五名，每个大人平均可以统率七八个部落或邑落。献帝邻能够统摄七个较大的部落，那实力也可以说不小了。从此可以看出，《魏书·帝纪·序纪》的史料和王沈《魏书》的记载是相合的。檀石槐死亡以后，拓跋鲜卑的势力日益发展，上述"七分国人，使诸兄弟各摄领之"，这正是拓跋邻加强部落联盟的统治，使部落联盟统一化的初步表现。

拓跋邻这种做法，不仅促进了联盟的统一，而且使原来不是鲜卑部落逐渐融合于拓跋鲜卑。

在《绪论》内，我们已经阐述过"拓跋"是鲜卑父匈奴母相融合而产生的一个族名。这种融合过程应当是在鲜卑人从呼伦贝尔湖区往蒙古草原西部漫长的迁徙旅程中产生的。《魏书·皇后传》在昭成帝什翼犍以前，祖宗的后妃姓氏多无所考，所以我们找不到具体的史料来论证拓跋魏前世的婚姻关系。但在献帝邻时至少有两个部落原来不属于鲜卑,至此亦以此非鲜卑的姓氏作为与帝室百世不通婚的鲜卑同族。这种事实颇值得我们深思。第一个姓氏是纥骨氏。纥骨氏起源于纥骨部落。《魏书·高车传》:"其种有护骨氏。"《隋书·铁勒传》有纥骨部。"纥"与"护"同音,如《新唐书·回纥传》:"袁纥者,亦曰乌护,曰乌纥。"以此知纥骨即护骨,原属于高车部落集团。高车部原在鄂尔浑、土拉河流域,此一部分高车人当系随鲜卑西来,成为西部鲜卑的一个组成部分。魏孝文时改纥骨为胡氏。按当时习惯,鲜卑人不自称为胡,而以匈奴和西域人为胡。所以改纥骨氏为胡氏,除了音译之外,似还有意译的意思在内。第二个姓氏是乙旃氏。《魏书·高车传》,高车十二姓内有乙旃氏。其附属于鲜卑的情况与纥骨部落相同。自献帝邻以后,历代的拓跋氏多跟属于匈奴系统的独孤部、贺赖部等族往来,并互为婚姻。拓跋鲜卑自始至终跟匈奴以及曾经属于匈奴国家的其他部落发生相互融合的关系的。因此南朝的统治阶级和史学家大都认为"索虏"是匈奴的一种,他们又统治了许多匈奴部落。①

在前节《绪论》里我们已经阐明"拓跋"一词与"铁弗"、"铁伐"、"秃发"诸词的语源相同。北人既谓胡父鲜卑母为"铁弗"或"铁伐",那么他们谓鲜卑父胡母自然也是"秃发",而"秃发"与"拓跋"又是同源并同一语词。但这种结论只是从名词的古音义上加以推测,并不曾提出比较实在的论据。这里我准备用一种从后事以推测前事的方法对拓跋鲜卑的融合过程加以理解。

在献帝邻之孙、诘汾之子力微(神元皇帝)的时候,拓跋部兼并了五原郡的没鹿回部,同时又有不少的部落大人"悉皆款服",所以控弦之士发展到了二十多万。到公元258年迁徙到定襄郡的盛乐,在那里举行祭天大会,远近部落的酋长又都来助祭。《魏书·官氏志》记神元皇帝力微时,除了帝室十姓之外,其他异姓诸部加入拓跋部的政治组织之内者,有七十五个姓或部落成分。此七十五姓或部落成分绝大部分不是拓跋鲜卑,而是其他的部落或部族。约略计之:

---

① 《宋书·索虏传》谓:"匈奴有数百千种,各立名号,索头亦其一也。"《南齐书·魏虏传》亦云:"魏虏,匈奴种也。……(什翼犍)后还阴山,为单于,领匈奴诸部。"

（一）属于匈奴族的姓氏有六

1. 贺赖氏。《晋书·匈奴传》，入塞匈奴十九种之内有贺赖种。五胡十六国慕容儁时，匈奴单于贺赖头率部落三万五千降于儁，处之于代郡平舒城（今山西广灵西）。魏初仍称贺赖氏，至太和年间改为贺氏。

2. 独孤氏。《通志·氏族略》云："（独孤氏）姓刘，北蕃右贤王之后。其先尚公主，因从母姓刘氏。后汉度辽将军刘进伯击匈奴，兵败被执，囚之孤山下，生尸利，单于以为谷蠡王，号独孤部。"《唐书·宰相世系表》云："尸利生乌利，二子：去卑、猛。"后改为刘氏。

3. 须卜氏。《前汉书·匈奴传》、《后汉书·南匈奴传》匈奴贵族大姓有须卜氏。后改为卜氏。

4. 丘林氏。《后汉书·南匈奴传》匈奴大姓有邱林氏。后改为林氏。

5. 破六韩氏。《官氏志》云："出大汗氏后改为韩氏。"陈毅《官氏志疏证》以"出大汗"乃《北齐书·步大汗萨传》"步大汗"之讹。姚薇元《北朝胡姓考·内篇》第三"韩氏"条，据《梁书·元帝纪》，以为《北齐书》中的"步大汗萨"在《梁书》为"步六汗萨"。此步六韩即《北齐书》、《北史》中的破六韩，或《周书》中的破六汗。《北齐书·破六韩常传》云："字保年，附化（今山西朔州境内）人，匈奴单于之裔也。"

6. 宿六斤氏。《官氏志》："宿六斤氏后改为宿氏。"《宿石传》云："宿石，朔方人也。赫连屈子弟文陈之曾孙也。"赫连屈子即勃勃，原姓铁弗氏，是鲜卑化的匈奴人。宿六斤氏原亦为匈奴族无疑。

（二）属于丁零族（包括高车人）的姓氏有六

1. 乞伏氏。《晋书·乞伏国仁载记》，乞伏国仁先世为乞伏部所养，遂以乞伏为姓。《魏书·乞伏保传》："乞伏保，高车人也。"《高车传》有泣伏利氏，乞伏疑即泣伏利之简称。后改为扶氏。

2. 解批氏。《魏书·高车传》有解批氏。天兴四年（401），高车解批莫弗幡豆建率其部三十余落内附于魏。后改为解氏。

3. 奇斤氏。《魏书·高车传》有异奇斤氏。奇斤当即异奇斤之简称。后改为奇氏。

4. 贺拔氏。《周氏·贺拔岳传》云："铁勒斛律沙门、斛拔弥俄突、纥豆陵伊利等并拥众自守。"《北史》,"斛拔"作"贺拔"。此言贺拔氏为铁勒族。铁勒为敕勒之另译,即指魏时的高车。可知贺拔为高车姓氏之一。后改为何氏。

5. 屋引氏。《魏书·高车传》,高车主弥俄突遣其莫何去汾屋引贺真贡其方物。以此知屋引氏原为高车族的姓氏之一。后改为房氏。

6. 俟利伐氏。俟利发是突厥官名,其位置次于特勒。突厥此官袭自柔然汗国,柔然此官疑袭自高车或敕勒。"俟利伐"与"俟利发"同音,盖高车或柔然诸族以官为氏者。后改为鲍氏。

(三) 属于柔然族的姓氏有三

1. 阿伏干氏。《魏书·长孙肥传》,魏世祖遣肥子翰击"大檀别部阿伏干于柞山"。大檀为柔然汗名,其别部帅以阿伏干为氏。后改为阿氏。

2. 叱吕氏。《魏书·高祖纪》:"蠕蠕别帅叱吕勤率众内附。"蠕蠕即柔然,是叱吕氏为柔然别部帅的姓氏。后改为吕氏。

3. 尔绵氏。《魏书·世祖纪》:"蠕蠕渠帅尔绵他拔等率其部落千余家来降。"《蠕蠕传》亦有同样的记载。故尔绵氏原为柔然的姓氏。后改为绵氏。

(四) 属于乌桓及东部鲜卑的姓氏有九

1. 乌桓氏。乌桓氏入拓跋部很早,力微时有乌丸王库贤辅政。后改为桓氏。

2. 薄奚氏。《晋书·石勒载记》有乌丸薄盛,其原姓可能就是薄奚。后改为薄氏。

3. 莫舆氏。《晋书载记》,慕舆氏为慕容鲜卑中之大族。入拓跋部为莫舆氏。"慕舆"与"莫舆"同音,后改舆氏。

4. 素黎氏。《三国志·魏书·乌丸鲜卑东夷传》有东部鲜卑大人素利。素黎氏即素利氏,后改为黎氏。

5. 吐谷浑氏。吐谷浑原为人名,系慕容廆的庶兄,因与廆不协,远徙至今青海一带建吐谷浑王国。此吐谷浑由人名转为国名,后又转为姓氏。拓跋部的吐谷浑氏当系吐谷浑国人入降者,后仍为吐谷浑氏。

6. 匹娄氏。《魏书·显祖纪》,皇兴四年(470),魏将长孙观至曼头山大破吐谷浑拾寅,其渠帅匹娄拔累等率所部降魏。拔累为吐谷浑渠帅,则匹娄为吐谷浑部落姓氏之一甚明。后改为娄氏。

7. 吐伏卢氏。《官氏志》："吐伏卢氏，后改为卢氏。"按《旧唐书·豆卢钦望传》称魏太和中改豆卢氏为卢氏。《官氏志》无豆卢氏，故《北朝胡姓考》以吐伏卢氏即豆卢氏。《周书·豆卢宁传》云："宁，昌黎徒何人，其先慕容氏，前燕之支庶也。"《隋书·豆卢勣传》亦云："（勣）昌黎徒何人也，本姓慕容，燕北地王精之后也。中山败，归魏。北人谓归义为'豆卢'，因氏焉。"

8. 莫那娄氏。《魏书·帝纪·序纪》云：昭帝四年，"东部末耐娄大人倍斤入居辽东"。魏初所谓"东部"皆指宇文部而言。此末耐娄大人当系宇文部的大人。"末耐娄"与"莫那娄"同音，当系同族同姓。后改为莫氏。

9. 素和氏。《姓纂》十一《暮》素和氏下引《后魏书》云："以本白部，故号素和。"今《魏书》无此语。按《魏书》称东部鲜卑为白部，则素和氏为东部鲜卑。但《北齐书·和上开传》云："其先西域商胡，本姓素和氏。"此以素和氏为西域胡姓。未知孰是。

（五）属于东方、西方的各族姓氏有七

1. 屈突氏。《官氏志》："尸突氏后改为屈氏。"按通例，太和年间简化姓氏后所改之氏绝大部分与原姓氏音相合。故"尸"应为"屈"之讹。《广韵》八《物》屈下云："虏复姓屈突氏，区勿切。"《姓纂》八《物》屈氏下引《官氏志》云："屈六友氏改为屈氏。""突"隶书作"宊"，故讹为"六友"。此可证"尸"为"屈"之讹。《魏书·屈遵传》云："昌黎徒何人也。"《姓纂》八《物》屈突氏下云："本居元朔，徙昌黎。"元朔在今何地，不易理解。唐《张曲江集·敕契丹都督涅礼书》云："往者屈突于依附突厥。"按屈突于为奚族首领，奚在《魏书》中称库莫奚，其分布在今朝阳西北老哈河流域，当即《姓纂》所云"元朔"之地。屈遵的祖先后徙昌黎，在今朝阳以南，故称昌黎人。

2. 叱罗氏。《北朝胡姓考》谓叱罗疑即《晋书·苻坚载记》中之薛罗国。在《晋书》中以薛罗与高句丽、百济并举，可知薛罗即新罗。叱罗氏系出新罗，入拓跋部为叱罗氏。后改为罗氏。

3. 乙弗氏。《魏书·吐谷浑传》，吐谷浑北有乙弗勿敌国。《通典·边防典》称乙弗敌国。乙弗氏当出此国，后改为乙氏。

4. 莫芦氏。《唐书·吐蕃传》，羊同国有没卢氏。《官氏志疏证》谓没卢疑即莫芦。若然，则莫芦氏原为藏族，后改为芦氏。

5. 盖楼氏。《魏书·世祖纪》有卢水胡盖吴。此盖氏为卢水胡大姓。《北朝胡姓考》谓此盖氏即盖楼氏，后改为盖氏。

6. 嗢石兰氏。白鸟库吉《东胡民族考·拓拔氏考》云：嗢石兰即《辽史》中"阿萨兰回鹘"（Arsland-Uighur）之"阿萨兰"。若然，则其族当为回纥，分布所在地不明。

7. 那氏。《官氏志》云："那氏，依旧那氏。"《姓纂》十一《暮》云："破洛那氏，大宛之后，改为那氏。"然则那氏的原名当为破洛那氏。破洛那，在《新唐书》内称拔汗那，或称拔汗，即今之费尔罕纳（Ferghanah），在新疆帕米尔高原以西苏联境内。①

从上所述，可以看到，拓跋部在当时虽然是一个微小的部落集团，但他们的民族成分却是极端复杂的。其中除了拓跋氏的宗族十姓之外，属于匈奴族的姓氏有六，属于丁零族的姓氏有六，属于柔然族的姓氏有三，属于乌桓及东部鲜卑的姓氏有九，属于其他东西各族的姓氏有七，共计三十一姓。除了本部之外，四方诸部还有三十五姓与拓跋部经常发生"朝贡"关系，都未入上述叙述范围之内。

从上所述，又可以看到，拓跋部的姓氏关系构成了一个部落关系网。在网的中央是宗室八姓。八姓之内又以拓跋氏为核心，其他七姓拱卫在它的周围，辅佐拓跋氏的子孙对内繁荣世代，对外统治各族各姓以及各部落之内的牧民。宗室八姓的第一种功能表现在祭祀方面，由拓跋氏主祭，其他"七分国人"的七姓要随祭，希望上帝和祖宗保护他们世代繁荣并降福给他们。《魏书·礼志》记载天赐二年（405）在西郊祀天，筑方坛一，上置木主七人，代表自神元以来的七个部长。女巫们执鼓立于阶台的东面和西面。在宗室中选择子弟七人代表统摄"七分国人"的七个姓氏，每人手里执酒跟着女巫升坛助祭。女巫摇鼓，皇帝以及百官按原来排列的次序罗拜。拜毕，执酒七人西向以酒洒天神和木主。如此七拜，礼毕而返。这种祭礼是从古代的祭

---

① 参考（清）陈毅：《魏书官氏志疏证》，编入《二十五史补编》第四卷内；姚薇元：《北朝胡姓考》内篇《勋臣八姓》及《内入诸姓》，第25—166页。

仪遗留下来的，至少在力微时已经形成这种祭仪。宗室的第二种功能表现在推选盟主和皇帝即位的仪式上。在力微时如何推选盟主，魏国皇帝如何进行即位大典，在《魏书·礼志》中都没有记载。《资治通鉴》卷155"梁中大通四年（532）"条下记载北魏末年魏孝武帝即位的仪式云：

> 戊子，孝武帝即位于（洛阳）东郭之外。用代都旧制，以黑毡蒙七人，（高）欢居其一。帝于毡上西向拜天毕，入御太极殿，群臣朝贺。

从此我们可以推测古代拓跋部如何推选盟主和拓跋魏如何进行即位大典的。于皇帝之外，有七个人以黑毡蒙头，此七个人仍然是象征献帝时统摄"七分国人"的七个宗室姓氏。高欢在当时权力很大，允许他亦作为七个蒙毡人之一，这是恩遇，但在历史传统上是没有依据的。文献云此乃"用代都旧制"，可知在代城（今山西大同）建都的魏帝都用此仪式即位，只到孝文帝时才改革了。我想代都此制，论其渊源，当始于拓跋部或者更早的部落联盟时期。在部落联盟初期，盟主是从部落酋长中推选的，每个酋长都有被选为盟主的可能。到了财富逐渐集中时，盟主的推选对象逐渐集中到少数富强的部落酋长身上。献帝派诸兄弟统摄"七分国人"以前，选举的办法就是这样的。到拓跋氏兄弟统摄"七分国人"以后，盟主的推选对象就集中到八个宗室的姓氏之内，而拓跋氏在其中更占有首要的位置。这种推选制已经不是原来具有充分民主性的选举，而是一种"世选"制。拓跋魏为什么蒙黑毡进行庆祝皇帝即位，在《魏书·礼志》中无所考。宋人王易撰《燕北录》，叙述契丹八部推选大汗的仪式云，契丹主与官内选出的九人共十人，大家穿的衣服一样，各入一帐内，使人们在夜间认捉，谁认出契丹主，就可得到牛、羊、驼、马各一千头。这种仪式契丹语叫作"何列骨膡"[①]。上述拓跋魏之蒙黑毡推选皇帝的仪式大致也是如此。北魏都代城以后，原始部落联盟推选盟主的制度已经废除，但残余的仪式仍然存在。到北魏末年孝武帝即位之时，边镇兵将多糜集洛阳，所以原始的蒙黑毡捉认盟主的仪式又一度复活起来。

---

① 王易《燕北录》辑入《锦囊小史》、《宋人百家小说》及《说郛》等丛书。原注云："'何列骨膡'，汉语捉认天子也。"

围绕在宗室八姓之外的就是"内入诸姓",或者简称为"内姓"。内入诸姓原来都是外部落的姓氏,自从拓跋部战胜或者兼并了外部落之后,外部各族就可能成为"内姓"。《官氏志》内的"内部诸姓"有七十五姓,此七十五姓都是力微时及力微以前外部诸姓内入者。内入诸姓最初还没有什么区别,到了后来按照他们原来是否是部落大人和内入之后的功绩,逐渐从内入诸姓中分化出丘穆陵(穆)、步六孤(陆)、贺赖(贺)、独孤(刘)、贺楼(楼)、勿忸于(于)、纥奚(嵇)、尉迟(尉)八姓来,称为"勋臣八姓"。《官氏志》云:

> 其穆、陆、贺、刘、楼、于、嵇、尉八姓,皆太祖(拓跋珪)已降,勋著当世,位尽王公,灼然可知者。

但纥奚氏原居代郡之北,系柔然部落;尉迟氏原居西方,系于阗部落。[①] 此二姓氏在力微时列入四方"朝贡"的诸姓之内,到了北魏他们不仅成为内姓,而且成为"勋臣八姓"之二了。从此可以看出内姓诸氏是随时代变化的,在内姓之内经常发生分化作用。上述勋臣八姓又常与魏室发生婚姻关系。《通鉴》卷140齐建武三年(496)云:

> 魏旧制,王国舍人皆应娶八族及清修之门。咸阳王禧娶隶户为之。(孝文)帝深责之。

《魏书·献文六王·咸阳王禧传》所记略同。"王国舍人"指诸王之妃嫔,八族即指上述勋臣八族。此外,勋臣八姓亦常有生女为帝妃,生男尚公主者。[②]

内入诸姓的外围就是四方诸姓。《官氏志》记东方二部,南方七部,西

---

① 参考《北朝胡姓考·四方诸姓》"嵇氏"条和"尉氏"条。
② 《魏书·皇后传》:献明、太武二后,皆贺氏;道武宣穆皇后,刘氏;宣武顺皇后,于氏。《魏书·万安国传》:"有奚拔氏,世为纥奚部帅。其父根,皇始初率众归魏……尚昭成女,生子拔。……拔尚华阴公主,生子敬。"按:奚拔在《太宗纪》中作嵇拔,奚敬作嵇敬。以此知嵇氏亦作奚氏。

方十六部，北方十部，共三十五部。诸部有大有小，跟拓跋部的关系为"岁时朝贡"。此所谓"朝贡"只可解释为在政治上有交聘，在经济上有交换而已。在力微时，如东方宇文氏、慕容氏的实力远过于拓跋部，不当以附庸国对宗主国的朝贡关系解释之。到了拓跋珪以后，北魏的国势一天比一天壮大，吞并的部族部落一天比一天增多，所以原来所谓四方诸部的姓氏大多数都变成拓跋魏的内入诸姓了。

上述四方诸姓不断向内姓方面转化，而内入诸姓又不断起分化作用，跟宗室的关系日益加深，这些变化过程一方面加强了拓跋部的实力，使它从部落集团逐渐变化为国家；又一方面是削弱了氏族组织的力量，使地域的关系逐渐代替了血缘的关系。

现在叙述一下拓跋部发展的历史。

拓跋部也和古代的其他部落集团一样，一开始就和中原的国家——曹魏发生了联系。神元四十二年（魏元帝景元二年，即261），力微遣长子沙漠汗到曹魏的都城洛阳。拓跋部遣使聘魏的目的，主要是交市，即互通贸易。从此每年都有中原的许多金、帛、缯、絮从洛阳运输到盛乐。三年之后，晋国代替了曹魏，沙漠汗一直留在洛阳。当时拓跋部的势力日益庞大。《宋书·索虏传》云：

晋初，索头种有部落数万家在云中。

此索头种就是指以力微为首的拓跋部而言。但当时拓跋部的势力不只活动于云中郡一带，部落户口也不只如《宋书》所说的数万家。云中郡的西北为五原郡，前面我们已经提到，力微是从五原郡发迹又在那里兼并了没鹿部之后，始迁至盛乐的。所以拓跋部的西北方已经发展到五原。拓跋部的东方是属于幽州的代郡和上谷二郡。那里驻牧的部落主要是乌桓和白部鲜卑。《魏书·帝纪·序纪》记力微曾经杀戮了拒绝前来参加祭天大礼的白部大人，《官氏志》神元皇帝时内入诸姓中又有乌丸氏，然则代郡、上谷中的东部鲜卑和乌桓部落至少有一部分已经参加了拓跋部的部落联盟，可以说毫无问题。欲证明此点可引《晋书·卫瓘传》内一段重要史料，把这段史料与《魏书·帝纪·序纪》中的文献结合起来，对于当时拓跋部和晋朝的关系才可以得到比较全面的理解。《卫瓘传》云：

> 泰始初……除征北大将军、都督幽州诸军事、幽州刺史、护乌桓校尉。至镇，表立平州，后兼督之。于时幽、并东有务桓，西有力微，并为边害。瓘离间二虏，遂致嫌隙。于是务桓降而力微以忧死。

按《晋书·武帝纪》，以卫瓘为征北大将军都督幽州诸军事在泰始六年（270），置平州在泰始十年（274），其时晋之幽、并二州的北边，东有务桓，西有力微，并为边害。"务桓"当即乌桓。从《序纪》证明，当时的乌桓大人是乌丸王库贤。力微和库贤"并为边害"，这一"并"字还不能做一般解释，而应当解释为"联合起来并为边害"。因为那时乌桓已经加入以力微为首的拓跋部落联盟了。

卫瓘离间力微与库贤事，载于《序纪》，其事亦颇曲折。《序纪》云：神元五十六年（即咸宁元年，275），沙漠汗至晋国，交换了许多锦、罽、缯、䌷、绵、绢等物，载牛车百辆，取道并州北返。卫瓘奏请扣留沙漠汗于并州，"复请以金、锦赂（拓跋）国之大人，令致间隙，使相危害。……于是国之执事及外部大人皆受瓘货"。至五十八年（咸宁三年，277），晋国放沙漠汗北返。当时拓跋部的大人们多是保守派，看到沙漠汗在晋国学了些新的技术如弹丸之类，认为此子"若继国统，变易旧俗，吾等必不得志"。而且他们多受了卫瓘的贿赂，于是谮害沙漠汗于塞南。其时，力微有疾，"乌丸王库贤亲近任势，先受卫瓘之货，故欲沮动诸部，因在庭中砺钺斧。诸大人问欲何为，答曰：'上恨汝曹谗杀太子，今欲尽收诸大人长子杀之。'大人皆信，各各散走。始祖（力微）寻崩。"这段经过就是《晋书·卫瓘传》所云"瓘离间二虏，遂致嫌隙，于是务桓降而力微以忧死"的真实内容。旧时代的历史对于统治阶级"谲而不正"的行事多所隐讳，结果使事实真相至于难以剖白。力微是在晋咸宁三年（277）以忧愤而死的。《晋书·武帝纪》以《春秋》的笔法记载力微忧愤而死的事件云："咸宁三年正月，使征北大将军卫瓘讨鲜卑力微。"其实卫瓘何曾出兵，严格地说这又是在捏造历史了。

力微死后，至禄官时，分拓跋部的疆土为三部：一居上谷之北，濡源（今河北丰宁）之西，由禄官自己来统摄；一居代郡参合陂（今山西大同东）

之北，使沙漠汗之子猗㐌来统摄；一居盛乐，使猗㐌弟猗卢来统摄。时拓跋部财富牲畜皆较殷实，控弦之士约达到四十多万。猗卢善用兵，南掠并州，把并州北部的杂胡掳掠到云中、五原、朔方三界内。又西渡黄河，攻击居住在那里的匈奴和乌桓诸部。代郡的汉人卫操、卫雄、姬澹等十余人看到晋朝的国势日衰，匈奴的势力日强，相率离开家乡，往依拓跋部，劝告猗卢兄弟招纳汉人以立功业，从此晋国汉人往附于拓跋部者日众。

至晋永嘉二年（308），禄官死，猗卢把原来划分的三部统一起来。四年（310），原来居住在并州东北的白部鲜卑迁入西河，与居于雁门以南的铁弗部刘虎联合起来攻打晋并州的新兴（包括今山西岢岚、岚县、忻县、五台等地）、雁门（治阴馆，在今山西代县西北）二郡。并州刺史刘琨请猗卢出兵，猗卢发骑兵两万助之，因大破白部，并驱逐刘虎西渡黄河，至朔方郡内。晋室为了酬谢猗卢，封他为代公。当时的代郡属幽州，幽州刺史王浚不予，猗卢于是率部落十万户由云中入雁门，向刘琨求让句注山陉岭（在今山西代县西二十里）以北诸地。原来陉北自汉代以来已经设置了许多县，虽然曹操一度移民南迁，但那里仍然居住着不少的汉户。至此刘琨为了依仗拓跋部的兵力，把陉北楼烦、马邑、阴馆、繁畤、崞五县的汉户①移到陉岭以南，重建城邑，安家立业，而把陉北的土地全部送给拓跋部占领。从此猗卢的疆域更广，实力更大。

拓跋部既得雁门郡地，于是以盛乐为北都，平城（今山西大同）为南都。猗卢称代王，往来二都之间。又于平城南百里灅水之阳的黄瓜堆（今大同西南）筑新平城，使长子六修坐镇，统摄留居在附近的独孤部和白部。

猗卢晚年内部发生变乱。初以代王立嗣问题，猗卢被六修所杀。当时拓跋部部下分为旧人和新人两派。旧人指拓跋鲜卑部人；新人指新降的汉人和乌桓人。自猗卢死后，此主、客二派相互斗争很烈。新人派的首领卫雄、姬澹以众寡不敌率领汉户和乌桓共三万家、牲畜十万头南入并州，归附刘琨。拓跋部的实力于是衰落。

公元338年什翼犍即代王位于繁畤（今山西浑源西）北，改元为建国。

---

① 汉代的楼烦在今宁武县，马邑在今朔县，阴馆在今代县，繁畤和崞县在今浑源县，以上各县皆在今雁门关以北。参考王先谦《后汉书集释·郡国志五》，吴熙载《资治通鉴地理今释》。雁门以北的汉人在东汉末年曹操曾内迁一次，但余民尚多。至此又作第二次的内迁。

什翼犍少时在石赵的邺城做过十年质子，在那里学得了不少关于中原的典章制度。回代以后，设置百官，分摄众务。以代郡汉人燕凤为长史，许谦为郎中令。"余官杂号，多同于晋。"①又制定法律，规定了处理反、逆、杀人、奸、盗的各种刑罚。从此拓跋部开始具有国家政府的规模。公元346年迁都盛乐宫。次年在盛乐旧城的南八里成立了一个新城，从此便有了一个比较稳定的政治中心，此时拓跋部的疆域各书记载不一，比较可靠的是《宋书·索虏传》谓"北有沙漠，南据阴山，众数十万"②。

但拓跋部一度中兴，不久就被氐秦苻坚打垮了。原来住在代国南边桑乾河流域一带的是匈奴独孤部刘库仁，住在黄河以西朔方郡内的是匈奴铁弗部刘虎。刘库仁世与拓跋氏为婚姻，他又是什翼犍的女婿，他们一向是合作的。刘虎及其子孙则世与拓跋部为仇敌，双方经常打仗。公元376年刘虎之孙刘卫辰被代兵攻击，求救于秦。秦王苻坚出兵三十多万，分数路会攻代王什翼犍。代王遣白部、独孤部南御秦兵，都打了败仗。又派南部大人刘库仁领十万骑，与秦兵战于石子岭（在山西偏关北口外），亦大败而回。时什翼犍病不能战，遂率领一部分部众逃至阴山以北。那里的高车部落原来已归附拓跋部，至此又叛。四面抄扰，不得刍牧，什翼犍又返漠南，被其长子实君所杀。秦兵遂占领云中。苻坚分其地为东西两个部分：黄河以东云中、雁门一带归刘库仁统治；黄河以西朔方郡一带归刘卫辰统治。什翼犍的少子窟咄，苻坚迁之于长安；又一孙珪，随母往依独孤部刘库仁。拓跋代以亡。

三、计口授田、分土定居和宗主督护制

苻坚灭代以后，拆散了以拓跋部为首的部落联盟，拓跋部联盟由是瓦解。关于此点，《晋书·苻坚载记》和《南齐书·魏虏传》都有记载。《苻坚

---

① 《魏书·官氏志》。
② 什翼犍时的疆域，《魏书·序纪》云："东自濊貊，西及破洛那，莫不款附。"恐与实际不合。时东北慕容氏势力尚大，西方有柔然及西域各国，都不在拓跋部势力范围之内。《通鉴》卷104"太元元年"条载苻坚下诏云："索头世跨朔北，中分区域。东宾濊貊，西引乌孙，控弦百万，虎视云中。"所谓"东宾、西引"虽较《序纪》所云有所出入，但亦不可为据。

载记》云：

> 散其部落，于汉鄣边故地，立尉监行事，官僚领押，课之治业营生。三五取丁，优复三年，无税租。其渠帅岁终令朝献，出入行来为之制限。

《魏虏传》亦记：

> 分其部党居云中等四郡。诸部主帅岁终入朝，并得见犍①，差税诸部以给之。

合上述两种记载知拓跋部部落联盟至此已经全部瓦解，分散在云中、定襄、雁门、五原四郡。苻秦于障塞要地派尉监官僚监督领押，限制他们出入往来，并三丁取一，五丁取二②，以供兵役。这种变动对于拓跋部八部以及所属诸部必然引起"诸部乖乱"和"八国姓族难分"③的现象。

拓跋魏是代亡十年后（即386）由拓跋珪收拾拓跋部的残余部众建立起来的。那时苻坚因淝水之战失败，政权已被覆灭，所以拓跋珪在牛川（今内蒙古呼和浩特东南）召开部落大会，即代王位，建立国号登国，不久又改称魏王。但当时在它的周围有许多大小不同的独立部落集团和国家。南边有独孤部，北边有贺兰部，这两部原来都属于拓跋部所领导的部落联盟，此时已成为独立的部落集团。东方西拉木伦河一带有库莫奚部，西方河套内有铁弗部，更西居延海一带有柔然部，更北大漠以北有高车诸部。这也都是一些独立的部落集团。更重要的是在东南太行山以东有一个以慕容垂为主的后燕王国；在正南太行山以西又有一个以慕容永为主的西燕王国。其中以后燕的国力最强，慕容垂自苻坚亡后颇有经略华北之势。拓跋珪是慕容垂的外甥，慕

---

① 什翼犍失败后，《魏书·帝纪·序纪》记于建国三十九年（376）"十二月至云中，旬有二日帝崩"。《昭成子孙列传》，窟咄于"昭成（什翼犍）崩后，苻洛以其年长，逼徙长安"。但《南史》及《晋书载记》记什翼犍被徙长安。此盖传闻异辞之故，不可从，当从《魏书》。

② 《通鉴》卷125"元嘉二十七年"条胡注"三五民丁"云："三五者，三丁发一，五丁发二。"

③ 《魏书·长孙嵩传》及《官氏志》。

容垂帮助他出兵攻下了独孤部和贺兰部。后来拓跋珪自己出兵攻下了库莫奚部和在嫩江流域的解如部,打败了漠北的高车袁纥部及西方的柔然部,最后在公元391年又歼灭了铁弗部。在几个战役中,拓跋魏不只掠夺了大量的土地和部落,而且还虏获了难以数计的战马和牛、羊等牲畜,从此它就成为塞北的唯一强国。

魏登国六年(391),燕、魏交恶。主要原因是慕容垂截留了魏王的兄弟拓跋觚,向魏要求战马,魏王不予,从此两国绝交。这件事情从表面看来似乎并不严重,但从两国经济需要来说,魏国不把马匹运往后燕,后燕的骑兵就要顿减,而燕国的粮食丝帛不运往北魏,北魏的衣着问题也因此感觉到十分困难。所以这一年的燕、魏交恶,一方面是登国九年(394)魏国屯田五原的原因,同时魏国也改变了外交政策,就是拒后燕、联西燕,所以在公元395年,后燕出兵伐魏,在公元397年至399年,魏国攻下了后燕的都城中山以及山西并州(此时西燕已被后燕所并)和山东六州(幽州、冀州、平州、营州、兖州、豫州)各地。

早在登国元年(386),拓跋珪就在定襄郡的盛乐附近"息众课农"。到公元394年,拓跋珪把在盛乐课农的经验,推广到黄河套北从五原(今内蒙古五原)到椆阳塞(今内蒙古包头北)外进行屯田。① 这片田土横亘在黄河北岸,面积大,土质肥,而且灌溉方便,所以每年的收获量很大。《通鉴》卷108记:晋太元二十年(395)七月,"燕军至五原,降魏别部三万余家,收穄田百余万斛"。魏国在这里有数万家屯户,每年产穄百多万斛,这对于魏国粮食问题的解决,是有裨益的。《魏书·昭成子孙·拓跋仪传》记:

(太祖)命(仪)督屯田于河北,自五原至椆杨塞(即椆阳塞)外,分农稼,大得人心。

从此可知屯田者系魏之别部的屯民,官府给屯民的报酬为"分农稼",就是把穄谷(一种不粘的黍)按一定比例分给屯民,所以才能"大得人心"。

自拓跋珪攻下燕国的中山、常山、信都、邺城以后,《魏书·太祖纪》

---

① 《魏书·太祖纪》及《食货志》皆有记载。

记：在天兴元年（398）正月，"徙山东六州民吏及徒何、高丽杂夷三十六万，百工伎巧十万余口以充京师"。至二月跟着"诏给内徙新民耕牛，计口受田"。这次计口受田的大致就是上述山东六州的汉人以及徒何鲜卑和高丽的降众，这些人们平时以农为业，对于垦田颇有经验。但他们一般是安土重迁，不愿离乡背井到比较苦寒的平城一带务农，所以拓跋珪率领大军从中山到望都尧山，又到恒山之阳一路把他们强迫押运而来。跟着在博陵（治安平，今河北安平）、渤海（治南皮，今河南南皮）、章武（治东平，今河北大城）、渔阳（治渔阳，今河北密云西南）各郡国引起农民的纷纷起义，反抗魏国的徙民暴政。[①] 虽然如此，我们决不能从此得出结论说这些被强迫内徙的"新民"就是奴隶、是贱民，或者说他们是俘虏。《魏书·崔玄伯传》对于拓跋珪此次在中途押运新民的情况有所叙述，云：

> 及车驾还京师，次于恒岭，太祖亲登山顶，抚慰新民。适遇玄伯扶老母登岭，太祖嘉之，赐以牛米。因诏诸徙人不能自进者，给以车牛。

当时的崔宏（玄伯）是降吏，其他汉农及鲜卑人等是降民。自古以来，一般降民跟在战阵中所获的俘虏是有区别的。此时的拓跋魏对内地的国情已经十分理解，他们对待汉族吏民只能在魏晋以来吏民原来所处的社会地位加以考虑，当无骤然变更一般自由农民为奴隶的道理。所以《崔玄伯传》里所云"抚慰"以及给新民之不能自进者以车牛，这都不是北魏统治阶级对待俘虏或奴隶的方法。

六州新民到了平城以后如何计口授田，在《魏书·食货志》里有一段叙述，云：

> 天兴初，制定京邑，东至代郡（今河北蔚县），西及善无（今山西右玉），南极阴馆（今山西代县西北），北尽参合（今山西阳高北），为畿内之田。其外四方四维置八部帅以监之。劝课农耕，量校收入，以为殿最。

---

① 《魏书·太祖纪》。

试展开地图一看，我们就知道当时代京畿内的幅员是很广的。那里原来就有鲜卑、乌桓、汉人数十万户，此时再加上三十六万口各族农民和十多万口手工业者，在天兴元年（398）十二月又移来了六州十二郡的"守宰豪杰吏民二千家"，这样就把代京形成一个拥有拓跋氏皇族、各族贵族、官僚以及各族一百万口劳动人民的大都会。据《魏书·食货志》的记录，从六州徙来的三十六万以上的农民似乎是在"畿内之田"上受田领牛进行农业生产的。王畿之外的地区称为"郊甸"，它的面积也很广阔，《元和郡县图志》云：

晋乱，刘琨表封猗卢为代王，都平城，后魏道武帝又于此建都。东至上谷军都关（即今居庸关），西至河（黄河），南至中山隘门塞（今山西灵丘西南），北至五原（今内蒙古五原）。地方千里，以为甸服。

王畿之外的郊甸或甸服，即《食货志》上文所说的"其外四方四维"，方域亦很宽广。最北到了河套以北的五原，今日内蒙古青山以南在魏时皆系郊甸之地。新民在王畿之内垦田，郊甸驻着八部帅以及他们率领的部队在那里拱卫京师并监督新民进行生产。

这时候的新民垦田是什么性质呢？大致说来是屯田性质，而且是一种民屯，不是军屯。此点可由《魏书·太祖纪》天兴元年（398）所记下述一段作为证据，云：

二月，车驾自中山幸繁畤宫。更选屯卫，诏给内徙新民耕牛，计口受田。

此所谓"屯卫"即指《食货志》所说的八部帅及其率领的屯卫兵。监督生产的八部帅和部队叫作"屯卫"，可知新民的计口授田就是屯田，而且是民屯。我国自曹魏以来，屯田分为兵屯和民屯两种，都是在国有土地上生产官粮的有效办法。民屯的课税比较兵屯为轻，但比较一般农民的田赋要重得多。秋收之后，政府按一定的比例，把收获的粮食一部分交给国家，一部分分给屯民，与前述五原屯田的"分农稼"大致相似。屯课的比例如何，后面论社会性质时将有所推测，这里不谈。

隔了十多年之后，在郊甸也实行移民屯田。《魏书·太宗纪》记：永兴五年（413）七月，"奚斤等破越勤倍泥部落于跋那山西，获马五万匹，牛二十万头，徙二万余家于大宁，计口授田"。又记："八月……帝临白登，观降民，数军实。……辛未，赐征还将士牛、马、奴婢各有差。置新民于大宁川，给农器，计口受田。"大宁川在今河北宣化境内，魏时属于郊甸范围之内。从这段记录我们可以看出，永兴五年（413）八月拓跋嗣在观降民之后把赐奴婢和给新民计口授田分别开来，可知新民不是奴婢。同时也可以看出此时畿内之田已由六州降民垦种，所以把畿外郊甸之内的荒田交给后来的各族新民开拓，这也当是一种屯田性质。

在这里我们应当注意的，就是与进行屯田的同时，北魏政府对于旧有的部落和新征服的部落强迫执行一种"离散诸部、分土定居"的政策。我们对于北魏政府分散部落的历史应当从头说起。

《魏书·官氏志》于叙述神元时内入诸部后则叙述四方诸部，把四方诸部分为两类：一类是大的部落集团，如东方的慕容部和宇文部，最为强盛，其中慕容部到后来自己建立国家了，自不必说。又如北方的贺兰部等也是大的部落集团；又一类是小的部落集团，如西方自尉迟部以下各部。不论大部和小部，四方诸部的特点就是"凡此诸部，其渠长皆自统众"。这正是各部落的原始的独立割据状态。内入诸姓虽然是加入拓跋部的部落联盟了，但有两种情况我们应当估计到的：一种是一些内入诸姓并不成为一个部落集团，他们只是一种部落成分加入部落联盟的，他们原来的部落集团仍在联盟之外，独立自雄或者加入了别的政治组织。例如吐谷浑氏和出连氏等就是很明显的例证。又一种是一些部落集团分化为两个部分，一个部分成为拓跋部的内入诸姓，一部分仍然是四方诸姓。例如内入诸姓的贺赖氏和四方诸姓的贺兰氏[①]就是显明的例证。不论如何，《官氏志》内除了绝少部分的例外，在拓跋什翼犍盛时大部分成为拓跋部的内入诸姓了。《官氏志》叙述什翼犍建国二年（339）对于部落集团统治情况云：

[①] 《通鉴》卷108胡注云："按《魏书·官氏志》，内入诸姓有贺赖氏，北方有贺兰氏，后皆为贺氏。盖内入者为贺赖氏，留北方者为贺兰氏。'兰'、'赖'语转耳。"

其诸方杂人来附者，总谓之"乌丸"，各以多少称酋庶长。分为南北部，复置二部大人以统摄之。时帝弟孤监北部，子实君监南部，分民而治。

当时还是部落联盟组织，各部渠帅皆自统众，其中除了比较可靠的贺兰部、独孤部之外，仍然是独立自雄，时附时叛，例如什翼犍晚年的铁弗部叛，高车部叛，以至"四面寇钞，不得刍牧"，完全可以说明部落联盟的涣散情况。到公元376年苻秦灭代，前面我们已经叙述，苻坚把拓跋部所有的部落，包括拓跋部八部大人所统率的部落在内，来一个大的解散，并派设尉监官僚进行监督领押，限制各部大人往来交通，这样就给日后拓跋珪的"离散诸部，分土定居，不听迁徙"奠定了一个有力的历史基础。

拓跋部部落联盟被苻秦强迫解散后，拓跋珪大力采用了汉人、徒何鲜卑人的先进生产技术，招入大量汉人、徒何鲜卑人的生产者——农民、手工业者，此外还有不少的熟悉汉族典章文物制度的知识分子，所以拓跋部以及它所联系的北方诸部的社会制度并不曾经过奴隶制，而直接过渡到封建社会。

拓跋珪的分散部落始于登国初年即公元386年，《魏书·官氏志》云：

凡此四方诸部，岁时朝贡。登国初，太祖散诸部落，始同为编民。

但分散部落的事一直继续到平定燕国之后。为什么如此？道理是明显的，就是拓跋魏所属部落很多，且有许多部落是随着拓跋珪的军事经略的发展而日益增多的。还有在平燕以前，许多新附部落随同他们的部落大人或酋庶长在各处打仗，此时无暇分散而且也怕惹起部落酋长的反叛而不敢分散，所以大规模的分散乃在平燕以后。欲说明分散部落的原因和过程最好以《魏书·贺讷传》为例：

贺讷，代人。……其先世为君长，四方附国者数十部。祖纥，始有勋于国，尚平文女。父野干，尚昭成女辽西公主。昭成崩，诸部乖乱，献明后与太祖及卫、秦二王依讷。会苻坚使刘库仁分摄国事，于是太祖还居独孤部。讷总摄东部为大人，迁居大宁，行其恩信，众多归之,俾于库仁。苻坚假讷鹰扬将军。后刘显之谋逆,太祖闻之,轻骑北归讷。……讷中弟染干粗暴,忌太祖,常图为逆,每为皇姑辽西公主拥护,故染干不得肆其祸心。于是诸部大人请讷兄弟求举太祖为主。染干曰:"在我国中,何得尔也!"讷曰:"帝,大国之世孙,兴复先业,于我国中之福。当(原作"常",误)相持奖,立继统勋。汝尚异议,岂是臣节?"遂与诸人劝进,太祖登代王位于牛川。

及太祖讨吐突邻部,讷兄弟遂怀异图,率诸部救之。帝击之,大溃。讷西遁,卫辰遣子直力鞮征讷,讷告急请降。太祖简精骑二十万救之,遂徙讷部落及诸弟处之东界。讷又通于慕容垂,垂以讷为归善王。染干谋杀讷而代立,讷遂与染干相攻。垂遣子麟讨之,败染干于牛都,破讷于赤城。太祖遣师救讷,麟乃引退。

讷从太祖平中原,拜安远将军。其后离散诸部,分土定居,不听迁徙。其君长大人皆同编户。讷以元舅,甚见尊重,然无统领,以寿终于家。

《魏书·贺讷传》实在是一部拓跋珪的分散部落史,所以在此引述不可不详。前引《魏书·官氏志》谓登国初年开始分散部落,此传谓平中原后的天兴初年(398)又"离散诸部,分土定居",可知分散部落前后达十多年之久。分散部落的基本原因是由于大漠南部和并州北部的畜牧业和农业已经具备条件使诸游牧部落有分土定居的可能,而部落生产力的发展要求冲破原有的部落联盟变为地域性的国家组织。这一基本原因表现在政治方面的就是部落与部落间的战争,这一部落集团与那一部落集团以及对于其他外部国家之间的战争和联合等。我们对于什翼犍时和拓跋珪初年的内部战争以及一部分的对外战争和联合应当作如此理解。前已言之,拓跋珪初年的部落联盟是在苻秦以武力干涉之后又建立起来的。它所面临的一个矛盾就是部落联盟盟主(《贺讷传》所谓"大国之世孙")和诸部落大人之间的矛盾。解决这种矛盾的唯一办法就是:第一,强迫部落大人和他们的部落群众脱离关系,使部落群众再不是部落大人的私民,而成为国家的公民。第二,把游牧部落的牧民迁徙到一定的,最好是另外的一个地域里分土定居下来,然后在那里进行农业或者畜牧业生产。《贺讷传》上文所述"徙讷部落及诸弟处之东界",便是这个道理。按《魏书·太祖纪》,登国元年(386)帝"北逾阴山,幸贺兰部，阻山为固"。以此知贺讷的牧地原在阴山北面，此时徙往东界，可能就在代京郊甸的东界与贺讷初所居的大宁相近。第三，从阶级变动方面言之，就是原来的"君长大人皆同编户"。贺讷系魏国元舅，尚无统领，其他一般部落大人和酋庶长可以推知。

从《贺讷传》里还可以看到所谓"散诸部落，同为编民"并不只指如《官氏志》所云"四方诸部"。贺讷的"贺"氏，固然可以解释为北方的贺兰氏，但也可以解释为内入诸姓的贺赖氏。因为贺兰和贺赖二姓后来都称贺氏，而《贺讷传》附传中的贺卢，在《宋书·武帝纪》内便作"广宁王贺赖卢"①，可知分散诸部也包括了内入诸姓在内。

除了贺讷之外，素和部的大人和跋似亦在此时被散其部落，遣散为民。《魏书·和跋传》记：

> 和跋，代人也，世领部落。……时群臣皆敦尚恭俭，而跋好修虚誉，眩曜于时，性尤奢淫。太祖戒之，弗革。后车驾北狩犲山，收跋，刑之路侧，妻刘氏自杀以从。初，将刑跋，太祖命其诸弟毗等视诀。跋谓毗曰："漯北地瘠，可居水南，就耕良田，广为产业。各相勉励，务自纂修。"令之背己，曰："汝曹何忍视吾之死也？"毗等解其微意，诈称使者，亡奔长安，追之不及。太祖怒，遂诛其家。

拓跋珪由于野蛮的统治阶级特性常草菅人命，"诛其家"似不足为奇。然把和跋的死因归之于"奢淫眩曜"，究觉十分唐突。拓跋珪杀和跋的年代，按《太祖纪》当在天兴四年（401）随常山王遵往征贺兰别部帅木易干之后。和跋部落的原居地在犲山，可能就是唐代的总材山，在今内蒙古的西部。天兴六年（403）拓跋珪北巡，筑离宫于犲山，并计划在平城南边的漯水之南黄瓜堆将筑新邑。从和跋和其弟毗的对话中可以看到，和跋被杀与徙其部落到漯水一带有很大关系。和跋原居犲山，为什么对和毗说在他死后，漯北地瘠不可居，可居水南就耕良田呢？以我的推测，就是因为拓跋珪要散其部落

---

① 《北史·贺讷传附弟卢传》云：太祖遣卢伐邺，卢奔慕容德，德以为广宁王。《宋书·武帝纪》云："晋义熙五年（409）慕容超遣……广宁王贺赖卢先据临朐城。"此贺赖卢即是贺卢。

居于灅水南北，并把和氏家族降削为编民，所以和跋才起来反抗。在被杀以前，他嘱咐家人在灅水之南垦田，亦由于此。

当然这不是说已经把所有的部落都改为编民了。《北史·高车传》记："道武时分散诸部，唯高车以类粗犷，不任使役，故得别为部落。"此言唯高车得别为部落，可知当时别为部落的是极少数。

从北魏"离散诸部，分土定居"的年代和措施看来，可以证明它和前面所述的移民实京师以及计口授田似乎是一件事情，或者是一件事情的两个方面。此可由上述拓跋珪在永兴五年（413）徙越勤倍泥部二万余家于大宁，计口授田，说明它们两者之间的关系。越勤部原居地不明，《太祖纪》记天兴四年（401），"越勤莫弗率其部（二）万余家内属，居五原之北"。至永兴五年（413），奚斤等破越勤部于跋那山西，此跋那山当在五原之北。征服以后，徙其二万余家于大宁，计口授田。这件事和上述《魏书·贺讷传》徙贺兰部于代京畿甸的东界，分土定居，在性质上是没有区别的。同时，跟上述《魏书·和跋传》徙素和部于灅水南北以农耕为生，在性质上也是没有区别的。所不同者，所谓计口授田是对汉人、徒何鲜卑人以及其他有农耕经验的部落民而言，而分土定居和不听迁徙则对游牧部落民而言。因为游牧部落转徙无常，拓跋魏统治阶级把他们徙到一定地域以后，只允许他们在各个分地上进行农耕或者定居畜牧，所以特别强调"不听迁徙"。总之，对于农民的计口授田和对于牧民的分土定居，都是使他们在一定土地上进行农牧，然后向他们课收地租，这种基本情况是相互一致的。所以我们说二事是一事，或者是一事之中的两个方面而已。

北魏自分散诸部分土定居之后，在漠南和并州北部出现了许多从前所未有的现象。第一，通过部落分散、分土定居的办法，汉人、鲜卑人、徒何人、高丽人以及草原南部的其他部落民在漠南和并州北部呈现一种大分散和小聚居的景象。换言之，即虽然各族农民和牧户仍然是农村牧场上族落分居的，但许多部落民已经分别插入定居的农村内外，打破了从前南边是汉民、北边是部落民的隔绝界限。这样自然而然地使落后的部落民容易吸取先进的汉人的经验，改变他们原来的生产技术和风俗习惯。第二，在畿甸之内政治的组织比较单纯了，部落部族的界线也逐渐泯灭了。各部落的大人都同于编民，部落民和六州的降人汉人、徒何人等一样，都称为"八部民"，都受八部帅的统治。《魏书·太祖纪》记："（天赐三年［406］）六月，发八部五百里内男丁筑濡南宫，门阙高十余丈。引沟穿池，广苑囿。规立外城，方二十里。分置市里，经涂洞达。三十日罢。"按旧例，精通建筑工程者主要是汉族工匠。游牧部民以穹帐为庐，马上为家，对于城郭宫室的建筑技术一向是缺乏的。然此时参加濡南城池宫阙建筑者，《太祖纪》称之为来自"八部五百里内男丁"；《天象志》对此大量的男丁总称之为"八部人"。可知此时各族人民原有的部落组织已经消灭，全部在八部帅统治之内进行生产。

最后略述一下宗主督护制与北方少数部族的关系。

宗主督护制之名初见于《魏书·李冲传》，云：

> 旧无三长，唯立宗主督护，所以民多隐冒，五十、三十家方为一户。冲以三正治民，所由来远，于是创三长之制而上之。文明太后览而称善。……遂立三长，公私便之。

《食货志》所记略同，但没提出宗主督护的名称，只易"隐冒"为"荫附"，谓"荫冒者皆无官役，强豪征敛倍于公赋"。按隐冒或荫附之弊自古有之。① 至曹魏以来，西晋、苻秦、前燕、后燕、南燕以及北魏和南朝各代各国的豪门贵族无不庇荫隐户以逃赋税。但各代各国的庇荫户口往往是和各种不同的政治制度联系在一起的。如众所知，晋朝的荫附是和当时九品官僚的"占田荫人"制联系在一起的。② 前燕的荫户，如前章所述，是和当时的军封之家（占有营户的制度）联系在一起的。苻秦的荫户情况，我们知道得不多，但据南燕韩諄上疏谓："百姓因秦、晋之蔽，迭相荫冒。"可知苻秦和南燕都曾发生过豪贵庇荫户口的问题。因此，即使我们肯定荫附户口有长久的历史根源，但北魏的荫附户口到底跟当时的哪一种制度联系在一起呢？

现在我们撇开《李冲传》所说的宗主督护不谈，最初与荫附户口联系在一起的是北魏的军府制度。《魏书·杨播传附弟椿传》云：

---

① 《韩非子·诡使》篇云："士卒之逃事状匿，附托有威之门以避徭赋。"可知在战国时已有了豪强庇荫户口的现象。
② 范晔《后汉书·郑弘传》注引谢承《后汉书》云云。

> 自太祖平中山，多置军府，以相威摄。凡有八军，军各配兵五千，食禄主帅军各四十六人。自中原稍定，八军之兵，渐割南戍，一军兵才千余，然主帅如故，费禄不少。

拓跋珪平燕之后，中山一带设立军府，统兵四万人，其他被平定的中原地区当亦如此。不仅中原如此，就是在边疆地区也成立镇都大将、大将军府和诸部护军。《官氏志》云：

> 旧制，缘边皆置镇都大将，统兵备御，与刺史同。城隍、仓库皆镇将主之。
> （天兴四年［401］）罢匈奴中郎将官，令诸部护军皆属大将军府。

到了神麚元年（428）七月，"诏诸征镇大将，依品开府，以置佐吏"。所谓"依品开府，以置佐吏"应当解释为，从此时起军府大小不同，佐吏多少不一，并不能说由此才开府置吏。军府中的"主帅"，《杨播传》上每军（似为每军府）各四十六人，应包括杂户帅、营户帅在内。《魏书·食货志》云：

> 先是，禁网疏阔，民多逃隐。天兴中，诏采诸漏户，令输纶绵。自后诸逃户占为细茧、罗縠者甚众，于是杂营户帅遍于天下，不隶守宰，赋役不周，户口错乱。始光三年（426），诏一切罢之，以属郡县。

魏国初年的民多逃隐，指后燕时军封之家从中作祟，而天兴以后的民多逃隐显然是因各军府杂户、营户等帅在各地招纳荫户了。营户、杂户的职务并不只限于纺织，诸凡屯田、畜牧、匠作、种菜、伐薪以及其他杂役无所不为，军户是从事各种各样生产劳动的。《食货志》言"杂营户帅遍于天下"，正可说明当时的荫户也是"遍于天下"。直到始光三年（426）把逃漏诸户清查出来编属于郡县，从此军府占有荫户的事有所减少。

在边疆地区所设的大将军府和诸部护军是否也有占领牧户、牧奴的事呢？我们不得而知。《官氏志》记："太安三年（457）五月，以诸部护军各为太守。"边疆的军府护军改为民政机构当始于此。

北魏的宗主督护制对当时北方汉族的宗法制发生过一种加强的作用，但是二者不能混为一谈。北魏的宗主督护制始于拓跋珪的天赐元年（404）。《官氏志》云：

> （天赐元年）十一月，以八国姓族难分，故国立大师、小师，令辩其宗党，品举人才。自八国以外，郡各自立师，职分如八国，比今之中正也。宗室立宗师，亦如州郡八国之仪。

这段文义比较难解，试为疏释如下。拓跋部经苻坚在公元376年的进攻，已经诸部乖乱。拓跋珪虽收拾旧部，建立国家，但由于国王与部落大人间的矛盾，所以前后经十二年始把新旧部落分散，徙居到代京畿甸的固定土地上进行农牧，不准迁徙。按草原旧制，各部大人多以部落之名为姓，部落的部民又以大人的姓氏为姓。自分土定居以后，部落大人有些被杀戮了，有些被驱逐了，而更普通的是有很多大人与部落民同为编民，所以就产生"八国姓族难分"的困难。"八国"就是指八部大人和八部帅统治的地区，也就是代京的畿内和郊甸地区。从上述《太祖纪》和《天象志》所记修筑灅南宫城来看，八国就是八部地区。八国姓族既已难分，所以如何把代京内外各族部民组织起来在政治经济上发挥作用，就成为当时的一大问题。所谓"宗主督护"制就是在这种情况下产生的。

"国立大师、小师，令辩其宗党，品举人才。"这就是宗主督护制实行的开始。在京师（国）之内按姓族或地域的大小分别成立大师和小师。"师"的意义是长。分别在有宗族的地区立宗主，无宗族的地区立党长（乡党之长）。这样就把京师的各族各部民组织起来了。京师的宗党既经成立，然后把这种制度推行到各个郡内，在各郡县也把宗党成立起来。最后皇族的宗室亦立宗主，这样就把宗主制度推行到全国。

"宗主督护"的"督护"就是帮助统治阶级督察生产，监收课租，并护持宗党的成员得到衣食之养。前面我们已经引到《食货志》里所云八部帅的"劝课农桑，量校收入，以为殿最"。宗主党长就是帮助八部帅监督这种工作。《食货志》又说：三长——邻长、里长、党长的工作是"以大督小，从近及远，如身之使手，干之总条，然后口算平均，义兴讼息"。宗主制的

"督"似乎也有这种作用。又云："孤独、癃老、笃疾、贫穷不能自存者，三长内迭养育之。"宗主的"护"似乎也包括这些工作。总之，"宗主督护"是北魏统治阶级建国之后在各地建立起来的一种地方行政组织，最初从代京开始，以后便推行到全国。

宗主督护制在代京实施的情况如何，我们知道的很少。《魏书·太祖纪》："（天赐元年［404］）十有一月，上幸西宫，大选朝臣，令各辨宗党，保举才行。诸部子孙失业赐爵者二千余人。"这段记载时间与上述《官氏志》所公布的诏令的年月相同，所以应当认为这是拓跋珪执行"国立大师、小师"政令的开始。在此以前，诸部落大人除了被杀被逐者外，在代都畿内郊甸的大约可分为两种情况：第一种情况是诸部大人或其子孙在朝中做了大小官僚的，此时令他们分辨宗党，保举才行。这样自然就使宗主和官僚结合为一。例如《昭成子孙·拓跋仪传》，仪子中山王纂"于宗属最长，宗室有事，咸就谘焉"。在太武帝时拓跋纂似乎就是皇族拓跋氏的宗主。第二种情况是诸部大人或其子孙同为编民。在编民之内有的有职业，有的如上文所述"诸部子孙失业者"。这种有业无爵或者职业俱无的部民一旦被擢为宗主，在部民中不可能享有威信，所以赐以爵位，提高他们的身份以便执行政府的法令。从失业赐爵者二千人之数，一方面可以看出自部落分散后诸部大人子孙落魄者十分普遍；另一方面从此数目可以估计北方诸族所留的部落宗族大致有多少单位。在分散诸部以前，鲜卑等族实行的是邑落公社制，各公社成员散布在草原上进行游牧。分散诸部以后，使他们分土定居在代都畿甸的范围之内，各部落的大人酋长都沦为编民，没有统摄，没有组织，这种情况对于部民农牧生产显然是不利的。宗主督护制把这些散漫的部民组织起来，从原始的邑落组织过渡到封建的宗法组织，保证分土定居的农牧经济顺利发展，起了一定的积极作用。因此我们必须肯定地说，宗主督护制对于北方各族的生产和社会发展是绝对有利的。众所周知，在北魏统治下草原南部和并州北部的拓跋鲜卑和其他汉族以外的各族，无论农民或者牧民，并不曾经过奴隶制，从邑落公社制直接就转化为封建土地所有制，宗主督护制便是一个鲜明的标志。

中原汉族的宗法制自古以来通过奴隶制和封建土地所有制有一部分保留下来，在政治上和经济上都有它的巨大的作用。但是与宗法制同时并行的又有一种邻里乡党制的地域行政组织。此制亦实行很早，至少在春秋战国时已经与宗法制并驾齐驱，越到后来，发展越盛，汉魏时期邻里乡党的地域组织远远超过了以血缘关系为主的宗法组织。而且强宗大姓往往与封建皇权发生矛盾，西汉初年六国的强宗大姓时与汉室较量高低，所以汉高祖把齐诸田、楚昭屈景与燕、赵、韩、魏的后裔及其他豪杰大族十多万口徙于关中。汉武帝两次徙诸郡国豪杰及兼并之家于关内茂陵（今陕西兴平）与云阳（今陕西泾阳）等地。谢承《后汉书》记汉武帝时，"徙强宗大族，不得族居"[1]。《三国志·魏书·武帝纪》亦记曹操申禁豪强兼并之法。所以这些措施虽然各有其目的，但客观上打击了强宗豪族的势力，使汉族社会逐渐脱离血缘的宗法纽带，促进地域关系的形成，这是符合于历史发展的规律的。西晋末年五胡统治中原地区之时，除了一部分中州大姓迁往江左之外，还有一部分豪门强宗因贪恋地租之利留居北方。他们和五胡的统治阶级联合，共同剥削广大的汉族农民。北魏拓跋珪攻下燕国，一开始便和五胡的统治阶级一样，对中原的豪门地主进行拉拢政策。如《魏书·高允传》谓："太祖平中山，以（高）韬为丞相参军。"《李灵传》谓灵父勰"有声赵魏。太祖……闻勰已亡，哀惜之，赠宣威将军、兰陵太守"。它如对于清河崔氏、河东柳氏也有类似的情况。宗主督护之令一行，对于中原的强宗大族如虎附翼，更加猖狂地发展起来，为害民间。《食货志》云：

> 魏初不立三长，故民多荫附。荫附者皆无官役，豪强征敛，倍于公赋。

当指此辈强宗大族而言。最形象化的例子是《北史·李灵传》叙述实行宗主督护制之后的赵郡平棘县（今河北赵县）的李氏，《传》记：

> （灵孙显甫）豪侠知名，集诸李数千家于殷州（治广阿，在赵县西南百里）西山，开李鱼川方五六十里居之。显甫为其宗主。

李灵之孙依靠宗主的势力便可以集中几千家宗人及其荫户开辟李鱼川，

---

[1] 范晔《后汉书·郑弘传》注引谢承《后汉书》。

以营私利。李鱼川的经营方式，在生产关系上宗主依靠他的超经济强制，必然加重对宗人和荫户的经济剥削。自战国以来，中原地区已经出现不少自由的和半自由的农民，宗主督护则使一些已经获得一部分自由的农民转化为依附宗主的部曲，农民的自由劳动转化为宗主督导下的强制劳动。这种宗主督护下的封建经济显然是落后的、倒退的，对于汉魏时期的经济来说是一种逆流，是限制封建经济向前发展的。这种情况不只赵郡李氏如此，它如清河崔氏、范阳卢氏、荥阳郑氏、太原王氏，即北魏时的四大家族大抵如此。而且宗主督护这种法权一经被宣称为行政组织，必然使门第制度大为滋长，从前的少门第变为多门第，多门第之中又出现高门第，如北齐宋孝王《关东风俗传》所云："瀛、冀诸刘，清河张、宋，并州王氏，濮阳侯族，诸如此辈，一宗近将万室，烟火连接，比屋而居。"[①] 于是在阶级之外，行将泯灭的等级制度跟着宗主督护又复活起来，这对于国民经济的发展显然是不利的。按：北魏的宗主督护制开始于天赐元年（404），至太和十二年（488）改行三长制，其实施时间只八十四年，并不为多。但代之而起的三长制，《北史·常景传》云：

> 今之三长皆是豪门多丁为之。

此乃孝明帝元诩时事。可知宗主督护之制虽在名义上取消，但其作用已渗透于三长制之中。推其原因，盖北魏废宗主督护的目的在于出荫户，荫户一出，课有常准，统治阶级的欲望便可得到满足。且魏孝文帝迁都洛阳以后，为了加强北魏政权，采用各式各样方法使北魏的统治阶级和中原大地主阶级联合起来，如提倡门阀制度，即其一种。《通鉴》卷140记："魏主雅重门族，以范阳卢敏、清河崔宗伯、荥阳郑羲、太原王琼四姓，衣冠所推，咸纳其女以充后宫。……时赵郡诸李人物尤多，各盛家风。故世之言高华者以五姓为首。"《新唐书·柳冲传》，引柳芳论述北朝时的门阀世系云：

> 山东则为郡姓，王、崔、卢、李、郑为大。关中亦号郡姓，韦、

---

① 《通典·食货志》卷3。

裴、柳、薛、杨、杜首之。代北则为虏姓，元、长孙、宇文、于、陆、源、窦首之。……郡姓者，以中国士人差第阀阅为之制。凡三世有三公者曰"膏粱"，有令、仆者曰"华腴"，尚书领护而上者为"甲姓"，九卿若方伯者为"乙姓"，散骑常侍、大中大夫者为"丙姓"，吏部正员郎为"丁姓"。凡得入者谓之四姓。又诏代人诸胄，初无族姓，其穆、陆、奚、于，下吏部勿充猥官，得视四姓。

此所谓"虏姓"，北魏时称"国姓"，指鲜卑贵族阶级的姓氏。"郡姓"指汉族大地主阶级的姓氏。国姓与郡姓相结合，二者相得益彰，在政治上加强了鲜卑贵族的统治权，在经济上加重了汉族地主对农民的剥削。这种等级制度一如宗主督护一样，对于国民经济的发展仍然是不利的。门阀制度虽不始于北魏，但魏孝文帝对此推波助澜，故后世北周、隋、唐的统治阶级皆引以为法，实行门阀的世袭统治。这种制度对于封建政治上所谓"布衣将相"之局来说，仍然是反动的。

总括以上所述，在北魏初年所行的计口授田、分土定居以及宗主督护之制，从它们的性质来说，应是一种三位一体的封建政治经济制度。计口授田主要是把汉族农民束缚于代都土地之上使他们进行垦殖，同时也包括若干少数部族部落的农民如鲜卑人、越勤部人等。分土定居主要是对北方的游牧部落而言，但分土的性质与计口授田又相仿佛。宗主督护普遍行于代郡以及中原各地。实行此制的主要动机是为了把部落分散的牧民组织起来，使他们有秩序地进行农牧生产。实际上对于无组织的部民是有益的、必要的，而对于已经有邻、里、乡、党组织的中原地区，则非徒无益，结果是使已经正在衰落中的宗法制得到恢复，在中国史上起了很大的反动作用。

四、从部落联盟过渡到国家的过程

前章叙述乌桓史时，着重阐述了乌桓从原始公社发展到为邑落公社的历史。现在准备阐述一下拓跋鲜卑自原始公社瓦解后，从部落联盟过渡到国家的历史。人所共知，部落联盟正是邑落公社时期的产物，以邑落公社所有制做它的经济基础。当时阶级开始分化，一部分财产归个人或家族所私有，而土地（包括牧场、森林、山川）则归公社所公有。部落联盟瓦解以后，部落联盟的机构成为政府，它的部民则转化为部族。但部落联盟有的变化很快，有的变化很慢，主要看部民生产力的高低以及周围部族对于它的影响如何。拓跋鲜卑部落联盟的变化是缓慢的。它的开始约在公元1世纪，在5世纪后半叶虽曾一度被苻秦击溃，但隔了十年拓跋珪又收拾旧部，即代王位，那时（即4世纪末）拓跋魏的政治组织仍带有浓厚的部落联盟性质。从登国初年即公元386年开始分散部落、分土定居、计口授田起，部落联盟始告瓦解而向国家过渡。真正的封建国家至孝文帝拓跋宏时始告完成。从此可以看到拓跋鲜卑的部落联盟从1世纪至4世纪前后有四百年的历史。

拓跋鲜卑部落联盟的历史很长，所以部落联盟的许多制度影响于北朝国家的亦最强而且最久。其比较突出的就是北魏及西魏的官制。例如八公、公座、八柱国之名，从表面看似出自中朝的官制，但统治阶级之所以采用这些官制，又跟拓跋魏之长期的部落联盟历史有不可分离的关系。此外还有许多遗风遗俗亦是如此。现在叙述一下北魏的八部、八国之制，连带阐述八公、八座、八柱国官制，主要目的是想通过这些阐述，说明北魏从部落联盟过渡到国家的过程。

《魏书·帝纪·序纪》和《官氏志》记载拓跋氏的祖先"统国三十六，大姓九十九"。此所谓"国"，前已言之，是指部落，"大姓"是指氏族或家支。析言之，即此时的鲜卑族刚刚由氏族部落进入部落联盟。但是不久，一部分鲜卑部落从大鲜卑山南迁，经过许多地方到达蒙古草原的西部。在迁徙中，原有的三十六国和九十九大姓大部分灭绝了。《周书·文帝纪下》对此有所追叙云：

  魏氏之初，统国三十六，大姓九十九，后多绝灭。

残余的部落在蒙古草原与匈奴部落融合，因此就产生了拓跋鲜卑的名称。此外在发展过程中又纠合了许多鲜卑和非鲜卑的部落，组成新的部落联盟。这种新的联盟在献帝邻以前就形成了。参加联盟的部落，如《官氏志》所述，即拓跋部、纥骨部、普部、拔拔部、达奚部、伊娄部、丘敦部、侯亥部。这便是所谓"鲜卑八部"或"八国"形成的开始。新部落联盟和旧部落联盟不同的地方,主要在于后者都是鲜卑部落,彼此之间具有氏族血缘的关系,而前者则是拓跋鲜卑以及其他非鲜卑的部落,他们的关系以地域为主。人们共同体的发展总是以地域的关系代替血缘的关系的。

在献帝邻时,拓跋鲜卑的部落联盟进一步有所发展。《官氏志》云:"至献帝时,七分国人,使诸兄弟各摄领之,乃分其氏。"除了拓跋氏和他统率的拓跋部不变外,其余七部的部长大人取消,代之以献帝邻的诸兄弟,统治七个部落。这种做法,实际上是扩大了拓跋部。但当时仍是部落联盟,在原来七部落的基础上拓跋氏兄弟"分其氏",就是改变自己的姓氏,攫取七部大人的姓氏为姓氏,这样就使部落联盟进一步统一起来,此时八部大人虽有变更,但"鲜卑八部"或"八国"并没有变化。

部落联盟的作用,主要表现在祭祀、推选盟主、决定迁徙和对外战争等方面。祭祀天、神、祖先都由部落大人会祭的。《序纪》记力微在神元三十九年(258)夏四月祭天时,"诸部君长皆来助祭",其中有一位白部大人,"观望不至,于是征而戮之"。可知祭祀很为重要。建国以后,祭天祭祖都由宗室主祭。《魏书·礼志》记北魏祭天祭祖时,要"选帝之十族子弟七人执酒"与皇帝八人共同祭祀。此八人致祭的仪式大约是从部落联盟时期八部大人主祭的仪式留传下来的。部落联盟推举盟主的仪式,前面我们已经论证过,是把八部大人蒙以黑毡,用一种类似"捉迷藏"的方式捉认盟主的。这种仪式作为残余形式一直拖到公元5世纪前叶魏孝武帝即位时还在采用,可知部落联盟的影响是如何既大且久了。部落联盟时期对集体迁徙和对外战争都要召开诸部大人会议共同决定。《魏书·帝纪·序纪》记什翼犍欲迁都灅源川(今山西代县境内)时,在建国二年(339)夏五月"朝诸大人于参合陂,议欲定都灅源川,连日不决"。正可反映在此以前的迁徙以及对外战争都由部落大人会议决定的。

经过376年的苻秦入侵,拓跋部内发生了一次较大的变化,即是"诸部乖乱"。但此所谓"诸部乖乱"主要表现在许多内入诸部跟鲜卑八部脱离关系。至于鲜卑八部并不曾因此全部解散。拓跋珪从登国元年(386)到天兴年间(398—403)执行"离散诸部、分土定居"政策,对于内入诸部和四方附属部落起了很大的分解作用。但对于"鲜卑八部"或"八国"本身并没有发生什么大的变动。《官氏志》云："八国姓族难分。"此所谓"八国姓族"是指代京畿甸八部大人和八部帅统治下的部民姓族，并不是指八部大人或八部帅自己的姓族难分。因为八国或八部属于宗室八姓之内，分散诸部正所以加强宗室的统治权，而非削弱宗室的统治权，这个道理很是明显，毋庸申述。

天兴元年（398）八月于王畿之外的郊甸之内置八部帅，十二月于皇城的四方四维置八部大夫。此八部帅和八部大夫都是由宗室八部的子孙来做的。《食货志》云：

> 天兴初，制定京邑。……其外四方四维置八部帅以监之。

《食货志》此文即《太祖纪》天兴元年（398）"八月诏有司正封畿，制郊甸"的异文。又《官氏志》：

> （天兴元年）十二月，置八部大夫、散骑常侍、待诏等官。其八部大夫于皇城四方四维，面置一人，以拟八座，谓之八国。

《官氏志》此文即《太祖纪》天兴元年"十有一月辛亥……典官制；……十有二月己丑，帝临天文殿……百官咸称万岁"的异文。有些同志看到上引《食货志》和《官氏志》二段文内的"四方四维"相同，遂以为八部帅就是八部大夫，是不对的。《通鉴》卷111隆安三年胡注疑"八部大夫"当作"八部大人"，虽然怀疑得很有道理，但仍然不对，因为当时确有"八部大夫"这一类官名。我们说胡氏怀疑得有道理，是因为八部大夫确是从八部大人演变而来的。从《魏书·官氏志》和《食货志》可以看出，拓跋魏建国以前的八部大人在建国时分化出两种秩官：一种是八部帅，驻扎在畿外的郊甸之内，拱卫京畿，监督生产，是一种武秩；一种是八部大夫，安置在畿内的皇城之四方四维，参理朝政，是一种文秩。二者不能混为一谈，这是八部大人制的第一次变动。

这里值得我们注意的是"以拟八座，谓之八国"二语。"八座"的名称在东汉时固已有之，但与拓跋魏初期的官制不同。东汉以六曹尚书并令、仆二人称为"八座"。曹魏以五曹尚书、二仆射、一令为"八座"。① 晋代的官制不言"八座",唯《晋书·慕容熙载记》记慕容熙的爱妃苻氏死后,熙强迫公卿以下至于百姓皆出营墓,"下锢三泉,周输数里,内则图画尚书八座之象"。此墓里壁画上的尚书八座当取法乎汉魏造墓遗俗,与晋及拓跋部无关。上述《官氏志》所云的"以拟八座"大致也是比拟汉魏的尚书八座之义。又云"谓之八国",则言在皇城四方四维的八部大夫乃从"八国"的八部大人而来。所以这种变化说明八部大夫和八部帅是从八部大人而来,在内容和性质上没有什么大的变动。

"八国八座"之制在北魏初年实行不久就觉得有些矛盾出现。主要原因是由于多年以游牧为生的八部大人对于封建政治很不熟习。他们虽忝居八座之列,但对于建国的典章文物制度都了解得很少。反之,在许多降吏之中却有不少人物,他们的才干比较"八国八座"的贵族高明多了。例如崔宏就是一位历仕苻秦、翟魏、后燕三国的政客。他被徙到代京以后,擢为吏部尚书,许多关于朝制的工作如制官爵,撰朝仪,协音乐,定律令,申科禁,都是由他来总其成的。安置了八部大夫以后,崔宏又通署三十六曹②,实际上他是代办八部大夫的行政工作。又如祖籍波斯而流寓在辽东的安同,他虽然出身贾胡,但熟悉草原和内地的情况,做官以后在内政和外交方面为拓跋珪立了许多功劳。③ 像这两位大臣,只因为他们不是鲜卑贵族,所以在拓跋珪时不能参加"八国八座"。不只汉人西域胡如此,就是神元以来的内入诸部大人的子孙,如穆、陆、贺、刘、楼、于、嵇、尉后世所谓"勋臣八姓"在拓跋珪时也不能算入"八国八座"之列,他们都是在"太祖已降",然后才"勋著当世,位尽王公"的。④ 因此论北魏皇族八部八国在朝内官秩上的兴替当以魏道武帝拓跋珪与明元帝拓跋嗣之间为分水岭,在此以前的"八国八座"当由八部大人之子孙当之,在此以后的"八公八座"则以内入诸姓的部落大人之裔以及其他各族姓氏为主。这种变化乃由部落政治进而为国家政治

---

① 参考《通典》卷 22 历代尚书节。在东汉六曹指三公曹二人,吏曹、二千石曹、民曹、主客曹各一人,共六曹。曹魏的五曹指吏曹、左曹、民曹、客曹、五兵度支曹各一人,共五曹。
② 《魏书·崔玄伯传》。
③ 《魏书·安同传》。
④ 《魏书·官氏志》孝文帝太和十九年诏云云。

的必经阶段，不足为异。

至明元帝拓跋嗣神瑞元年（414），始置八大人官，称为"八公"，代替了从前的"八国八座"之制。《官氏志》云：

> 神瑞元年春，置八大人官。大人下置三属官，总理万机，故世号"八公"云。

从此才把内入诸部的后裔长孙嵩、奚斤以及汉人崔宏、西域人安同等位置于八公之中。《长孙嵩传》云：

> 太宗（拓跋嗣）即位，（长孙嵩）与山阳侯奚斤、北新侯安同、白马侯崔宏等八人坐止车门右[①]，听理万机，故世号"八公"。

按：《长孙嵩传》系此事于太宗即位之年，即永兴元年（409），实误。《崔玄伯传》记："神瑞初，诏玄伯与南平公嵩等坐止车门右，听理万机事。"《奚斤传》亦载此事在魏太宗搜猎于石会山及奉诏讨越勤部之后。《太宗纪》，搜猎石会山在永兴四年（412），讨越勤部在永兴五年（413），则其奉诏"坐止车门右，听理万机"自在神瑞元年（414），与《崔玄伯传》相合。二《传》所记与《官氏志》尽合，故知"八公"之制始于神瑞元年，此不可不辨。

"八公"人物据《长孙嵩传》可考者仅有四人，即左丞相奚斤、司徒长孙嵩、安远将军安同、侍中崔宏。司马光在《通鉴》卷115内多增加一公，即右丞相拓跋屈。温公此论当据《北史·元屈传》屈行右丞相，奚斤行左丞相事推绎而出，自属可信。其他三人颇难考定。[②]

"八公"这一名称是从晋代开始的。晋以前只称"三公"。晋官制，除

[①] 《通鉴》卷115"义熙五年"条胡注："臣子至宫门，皆下车而入，故谓之止车门。"
[②] 清代万斯同的《魏将相大臣年表》在神瑞元年下，除奚斤、长孙嵩、安同、崔宏外，尚有车骑将军苟孤、卫将军叔孙俊、上将军赫连若豆根、中书监穆观。上述三将军职中何职相当于大司马及大将军，则不可知。参考《魏书·苟颓传附孤传》及《叔孙俊传》皆无称公事。故"八公"中之其他三公颇难考定。

继承曹魏的太尉、司徒、司空为"三公"外，加上太宰、太傅、太保、大司马、大将军五公，总称为"八公"。① 拓跋魏的"八公"之名显然是模仿晋代官制而来。但在太和以前，不管如何模仿，总是有名无实或者名实不符。从上述五公的官名便和晋代八公的官名不相符合的居大多数。揆其原因，盖以拓跋魏所能模仿者亦仅仅是晋朝官制的外壳，而其内容仍然是"八大人官"。"八大人官"这一名称显然又是从从前的"八部大人"、"八部大夫"衍生出来的一种名称。"八部大人"、"八部大夫"改为"八大人"，其唯一理由就是因为崔宏、安同这一般人都不在八部或八国之数。然而这种改变对于原来的八部体制来说，对于外部外族官阶的提升来说，应是一种大的变动，不可不知。这是八部大人制的第二次变动。

八部大人制的框子和内容既打破，那么官阶的部数和大人的名额又何必限于"八"的数目呢？所以隔了三年到泰常二年（417）干脆把"八"的数目也打破了。《官氏志》云：

> 泰常二年夏，置六部大人官。有天部、地部，东、西、南、北部，皆以诸公为之，大人置三属官。

北魏之天部、地部当取法周官天官冢宰及地官司徒之义。《崔玄伯传》云崔宏于平并州稽胡起义之后拜天部大人，可能即在泰常二年。当时地部大人司徒为长孙嵩，见《北史》本传。此外东、西、南、北四部，南部大人与北部大人之官成立最早。《官氏志》云：什翼犍建国二年（339）"分为南北部，复置二部大人以统摄之。时帝弟觚监北部，子实君监南部，分民而治，若古之二伯焉"。此为拓跋部时之南、北二部大人。至拓跋魏建国之初，《官氏志》称："太祖登国元年（386），因而不改，南北犹置大人对治二部。"然在什翼犍末年南、北二部大人则改由内入诸姓的部落大人充当。《魏书·贺狄干传》云：

---

① 《晋书·职官志》云："晋受魏禅，因其制。以安平王孚为太宰，郑冲为太傅，王祥为太保，义阳王望为太尉，何曾为司徒，荀顗为司空，石苞为大司马，陈骞为大将军，凡'八公'，同时并置，唯无丞相焉。"

贺狄干，代人也，家本小族，世忠厚，为将以平当称。稍迁北部大人。登国初，与长孙嵩为对。

《长孙嵩传》亦称其"父仁，昭成（什翼犍）时为南部大人。……太祖承大统，复以（嵩）为南部大人"。东、西部大人可考者，《尉古真传附弟诺传》，太祖时"除（诺）平东将军，赐爵安乐子。从讨姚平，还，拜国部大人"。从方位言，此"国部大人"似即东部大人。《刘洁传》，洁"典东部事"。《古弼传》，太宗"令弼典西部，与刘洁等分绾机要，敷奏百揆"。此二人为拓跋嗣时之东、西二部大人无疑。四部大人制度合于统治阶级需要，所以到太武帝拓跋焘时仍存而不废，并在每方面增置一人。《尉古真传附侄眷传》云：

世祖（拓跋焘）即位，命眷与散骑常侍刘库仁等八人分典四部，绾奏机要。

此四部即指东、西、南、北部无疑。又《屈遵传附拔传》，拔年十四，世祖以为"南部大夫"，此"大夫"或为"大人"之误。这是八部大人制的第三次变动。

北魏原来的八部大人制经此三次变动，旧日八部八国的姓族因素越到后来越少，直到太和十九年（495）元宏制定姓族，才把部落联盟留下来的残余因素一扫而空，代之而起的是一种纯粹的封建国家的官僚制度。

虽然如此，孝文帝元宏在上述太和十九年制定姓族诏内又提出"勋臣八姓"问题。诏云：

其穆、陆、贺、刘、楼、于、嵇、尉八姓皆太祖已降勋著当世，位尽王公，灼然可知者。且下司州、吏部，勿充猥官，一同四姓。

拓跋珪以下的穆、陆、贺、刘、楼、于、嵇、尉八姓，皆内入诸姓中的封王公者，故称"勋臣八姓"。此八姓与八部八国的八姓不同。然而为什么提出"勋臣八姓"呢？此问题当从两方面加以解释：一方面从现实的意义说，元宏提出"勋臣八姓"，所以陪衬当时汉人的四大家族，即范阳卢氏、清河崔氏、荥阳郑氏及太原王氏。这种做法牵涉到鲜卑、汉族统治阶级的合作问题，在此无暇细谈。另一方面从历史的渊源说，勋臣八姓正是模仿八部八姓的体制而树立起来的一种新的"八部"姓族。可知虽在孝文帝南迁洛阳以后，八部的残余因素通过勋臣八姓又表现出来。

不只魏孝文帝时如此，隔了五十多年到西魏时，又有"八柱国"官制的产生。"八柱国"的产生有它复杂的历史渊源，但从其主要一点来说这也是八部大人制借尸还魂的一种表现。

现在略述"八柱国"的起源及其与八部大人的关系。

"柱国"或"上柱国"的官秩始于战国时的楚国。① 北魏初，太武帝以长孙嵩为柱国大将军。② 北魏末年又以此秩授尔朱荣。③ 西魏和北周，授此秩者更多。在西魏大统十六年（550）以前，对于前后入关的军阀中族望有根基和战争有大功者即授以此勋秩，共八人，称为"八柱国"。④ 这便是"八柱国"的起源。

关于"八柱国"和"八部大人"的关系，陈寅恪先生在《隋唐制度渊源略论稿》第六章《兵制》中已有所论述，云：

宇文泰当日所凭借之人材地利远在高欢之下，若欲与高氏抗争，则惟有于随顺此鲜卑反动潮流（指塞上鲜卑族对于魏孝文帝所代表的北魏汉化政策之反动潮流）大势之下，别采取一系统之汉族文化，以笼络其部下之汉族，而是种汉化又须有以异于高氏治下洛阳、邺都及萧氏治下建康、江陵承袭之汉魏晋之二系统，此宇文泰所以使苏绰、卢辩之徒以《周官》之文比附其鲜卑部落旧制，资其野心利用之理由也。苟明乎此，则知宇文泰最初之创制，实以鲜卑旧俗为依归；其有异于鲜卑之制而适符于《周官》之文者，乃黑獭别有利用之处，特取《周官》为缘饰之具耳。八柱国者，摹拟鲜卑旧时八国即八部之制者也。……宇文泰八柱国

---

① 《通典》卷34《职官十六》"勋官"条。
② 《魏书·长孙嵩传》。
③ 《魏书·官氏志》、《尔朱荣传》。
④ 《北史》卷60论曰；《周书》卷16史臣曰；《通鉴》卷163"大宝元年"条。

之制以广陵王元欣列入其中之一，即拟拓跋邻即所谓献帝本支自领一部之意，盖可知也。据《周书》二《文帝纪下》、《北史》九《周本纪上》、西魏恭帝元年及《通鉴》一六五梁元帝承圣三年所载西魏诸将赐胡姓之例，"所统军人亦改从其姓"，明是以一军事单位为一部落，而以军将为其部之酋长。……但八柱国之设，虽为摹仿鲜卑昔日八部之制，而宇文泰既思提高一己之地位，不与其（它）柱国相等，又不欲元魏宗室实握兵权，故虽存八柱国之名，而以六柱国分统府兵，以比附于《周官》六军之制。此则杂糅鲜卑部落制与汉族《周官》制，以供其利用，读史者不可不知者也。

陈氏此论甚为精辟。今结合八柱国的人名和渊源略为疏解如下：西魏时的"八柱国"指宇文泰、元欣、李弼、李虎、独孤信、赵贵、于谨、侯莫陈崇等八人。元欣为拓跋魏的宗室后裔，他的资望可以作为比拟"八部大人"的"八柱国"的代表。但是当时宇文泰总百官，都督中外军事，元欣有名无实，只"从容禁闼"而已。其次，宇文泰、独孤信、于谨、侯莫陈崇四人，论地望皆武川镇将士的后裔，论世系皆出拓跋魏的内入诸姓，这般军阀的祖先在北魏朝中初作统治阶级的爪牙，鱼肉人民，很为得意。后因"底滞凡才，出为镇将"，认为"进仕路难"，"官婚班齿，致失清流"，所以一部分人就参加了六镇起义。六镇起义的性质，从反抗汉化一点言虽然不免落后，但他们能代表各镇各族被压迫的戍卒、军户对统治阶级展开斗争，从主要方面来说显然是进步的。六镇起义失败，一部分人随同降民流散到太行山以东各州就食，后来参加了河北起义；另一部分人南下并州各地投降了北魏镇北将军契胡帅尔朱荣，并随荣军征讨河北的起义军。上述宇文泰和侯莫陈崇属于后一种类型；独孤信和赵贵属于前一种类型；于谨则直属于大行台仆射元纂部下，以征伐茹茹和河北起义军起家的。[1] 此外，李弼原籍辽东襄平（今辽宁辽平），族别为徒何鲜卑族或汉族不明；他的祖先没有做过武川镇将，本人在永安元年（528）被尔朱天光辟为别将。[2] 李虎的祖籍为赵郡；祖父李买

---

[1] 《周书·于谨传》。

[2] 《周书·李弼传》。

得徙家武川镇，父亲天赐做过魏国的幢主，这位幢主在六镇及河北起义时充当什么角色就弄不清楚了。① 最后还有一个赵贵，祖父赵仁以良家子镇武川。《周书》本传称："孝昌中（525—527）天下兵起，贵率乡里避难南迁。属葛荣陷中山，遂被拘逼。"不论主动的或者被迫的，他是参加了葛荣所领导的起义军的。葛荣败后，他变节投降了尔朱荣。魏孝庄帝建义元年（528）尔朱天光率领两个军团入关镇压关陇起义。一个军团由贺拔岳率领，宇文泰、赵贵、李虎、侯莫陈崇等都是这一军团的将领；另一个军团由侯莫陈悦率领，李弼是这一军团的将领。关陇起义被镇压后，尔朱天光因尔朱荣被杀，率兵东至洛阳，为荣复仇，不久天光亦被杀。留在关内的两个军团，侯莫陈悦暗中与高欢联络，杀死了贺拔岳。众将遂推宇文泰为主，举兵伐悦。侯莫陈悦因李弼倒戈被杀，宇文泰等从此就兼并两军团为一。永熙三年（534），魏孝武帝被高欢所逼，由洛阳入关。宇文泰迎帝建都长安，是为西魏。广陵王元欣和武卫将军独孤信皆于此时随孝武帝入关②，于谨的入关则在尔朱天光被杀之后③。西魏府兵中的"八柱国"诸人的历史渊源大致如此。

但府兵中的"八柱国"以及柱国之下的十二大将军，有许多不是鲜卑部落大人的后裔，更不是鲜卑八部或八国的后裔，所以想以"八柱国"拟比鲜卑八部或八国的企图就产生了许多困难。宇文泰为了解决这些困难，在魏恭帝元年（554）想出一个办法，即如《周书·文帝纪下》所记：

> 魏氏之初，统国三十六，大姓九十九，后多绝灭。至是以诸将功高者为三十六国后，次功者为九十九姓后。所统军人亦改从其姓。

八柱国中由汉姓改赐姓者，如李虎改赐大野氏、李弼改赐徒何氏、赵贵改赐乙弗氏。十二大将军中改赐姓者如杨忠改赐普六茹氏，王雄改赐可频氏。此外改赐姓的大臣将军还很多，其中许多姓氏是不见于《魏书·官氏

---

① 陈寅恪：《唐代政治史述论稿》，第1—13页；《李唐氏族之推测》及《后记》，载《中央研究院历史语言研究所集刊》第三本第一、四分册。
② 《北史·魏献文六王传》："孝武入关中，欣投托人，使达长安，为太傅录尚书事。"《周书·独孤信传》："及孝武西迁，事起仓卒，信单骑及之于瀍涧。"
③ 《周书·于谨传》。

志》之内的，例如上述大野氏、可频氏等；有的姓氏虽在《官氏志》之内，但不是鲜卑姓，例如乙弗氏、尔绵氏、侯吕陵氏等，在本章第二节已有论列。按《魏书·帝纪·序纪》，魏始祖毛"统国三十六，大姓九十九"，乃指在大鲜卑山时事。各部各氏之名以年代久远，坠姓亡氏，莫可究诘。宇文泰"以诸将功高者为三十六国后，次功者为九十九姓后"。远古姓氏之名既不可得，仍杂拉《魏书·官氏志》诸姓及其他北族姓氏以为就是远古的三十六国和九十九大姓。此非数典而忘祖，即数祖而无典，对于实际史实总是不合的。宇文泰此举是为了实现府兵的鲜卑化和八部化，似尚不足怪。但此事一行，相习成风，隋唐史家有直书独孤氏为三十六国之后，如《周书·独孤信传》云：

> 魏氏之初有三十六部，其先伏留屯者为部落大人，与魏俱起。

按：独孤部本系出匈奴，《魏书·刘库仁传》及《唐书·宰相表》皆不言独孤氏出于三十六部，《周书》此说盖沿宇文泰"以诸将功高者为三十六国后"之说而来。《隋书·经籍志》的作者更从而演绎之，以为从魏孝文帝迁洛阳的"部落大人"系三十六国之后或三十六族。云：

> 后魏迁洛，有八氏十姓，咸出帝族。又有三十六族，则诸国之从魏者，九十二姓，世为部落大人者，并为河南洛阳人。

三十六国自宣帝推寅南迁之后，多数绝灭，其能继承三十六国者只有八氏十姓的帝族中之若干族。此言三十六族与九十二姓并从魏孝文帝迁洛，或谓九十二姓为三十六国之后，都是没有任何根据的。然而《经籍志》之所以如此阐述者，盖亦受宇文氏"以诸将功高者为三十六国后"的影响之故。

五、北魏初期在畜牧和农耕业上所体现的生产关系

拓跋鲜卑在建都平城以前，他们还是一个以畜牧为主要生产内容的游牧

部落集团。自 314 年拓跋猗卢占领了晋北的雁门郡以后，以盛乐为北都，平城为南都，拓跋氏往来其间。此时的南北二都有冬都、夏都之义，与其畜牧生活有关。后来拓跋郁律和贺傉始迁都于东木根山（在今大同北）①；纥那又迁都于大宁（今河北宣化）。此两次迁都虽与部落叛变和对外战争有关，但游牧帐牙之居无常处，也是一重要原因。345 年，代王什翼犍在参合陂召开诸部落大人会议，讨论定都灅源川，连日不决。他的母亲王氏说："吾自先世以来，以迁徙为业。今国家多难，若城郭而居，一旦寇来，无所避之。"定都之议遂止。②

游牧部落的定居生活自古以来是和农业发展分不开的。拓跋魏的大力发展农业在其建都平城以后。拓跋珪于南取晋阳，东下中山，兵巡邺城后，在 398 年始徙太行山以东六郡汉人、徒何人及高丽人三十六万，百工伎巧十万多口于平城。跟着又配给耕牛，计口授田，从此始大力发展农业。一直到 406 年，北魏部民才开始缮修都城，开始有邑居之制。《魏书·天象志》云：

> 天赐二年（405）四月己卯，月犯镇星在东壁。七月己未又如之。十月丁巳又掩之在室。夫室星所以造宫庙而镇司空也。占曰：土功之事兴。明年（406）六月，发八部人自五百里内缮修都城。魏于是始有邑居之制度。

这段记录有关宗教信仰，应当是可信的。此时外郡百工伎巧至平城者甚多，通过各族劳动人民的通力合作，才把魏国的都城、宫殿、庙宇建修起来。从此时起，魏始有邑居之制，代替了过去的帷幕生活。

关于北魏初年的平城建筑和宫室之制，在《南齐书·魏虏传》内有一段详细的史料，我们读了以后，大致可以看出当时的拓跋魏贵族虽已定居，但他们的社会生活和物质文化仍然是相当简陋的。云：

> 什翼珪（当指拓跋珪）始都平城，犹逐水草，无城郭。木末（拓

---

① 《魏书·帝纪·序纪》；《读史方舆纪要》卷 4 "北魏州郡形势"条及卷 44 "山西大同府东木根山"条。
② 《北史·魏皇后传》。王太后语据《资治通鉴》。

跋嗣）始土著居处。佛狸（拓跋焘）破梁州、黄龙，徙其居民，大筑郭邑。截平城西为宫城，四角起楼，女墙门不施屋，城又无堑。南门外立二土门，内立庙，开四门，各随方色。凡五庙，一世一间瓦屋。其西立太社。佛狸所居云母等三殿，又立重屋，居其上。饮食厨名阿真厨，在西，皇后可孙恒出此厨求食。

义熙中仇池公杨盛表云：……殿西铠仗库屋四十余间，殿北丝绵布绢库土屋一十余间。伪太子宫在城东，亦开四门，瓦屋，四角起楼。妃妾住皆土屋，婢使千余人，织绫锦贩卖，酤酒，养猪羊，牧牛马，种菜逐利。太官八十余窖，窖四千斛，半谷半米。又有悬食瓦屋数十间，置尚方作铁及木。其袍衣使宫内婢为之。伪太子别有仓库。其郭城绕宫城南，悉筑为坊，坊开巷。坊大者容四五百家，小者六七十家，每南坊搜检，以备奸巧。城西南去白登山七里，于山边别立父祖庙。城西有祠天坛，立四十九木人，长丈许，白帻、练裙、马尾被，立坛上。常以四月四日杀牛马祭祀，盛陈卤簿，边坛奔驰，奏伎为乐。城西三里，刻石写《五经》及其国记。于邺取石虎文石屋基六十枚，皆长丈余，以充用。

上述魏初平城宫室、宗庙、祀坛、仓库、街坊以及宫内奴婢的生产逐利境况真是历历如画，使我们对于北魏初期的社会文化和物质生活可有一种比较深刻的理解。

上引文中最惹我们注意的，是"有悬食瓦屋数十间，置尚方作铁及木"。尚方是魏皇室兵器和用具的作坊，仅铁器和木器的作坊就占了瓦屋数十间，其规模巨大可知。铁作器除铠甲、兵仗外，应当还铸造农具和其他器皿，至少皇家私有田园的农具是由尚方的铁作间铸造的。拓跋珪平燕以后，六州百工伎巧徙到平城的有十多万口。拓跋焘平赫连夏又"徙长安工巧二千家于京师"[①]。这些百工伎巧是代京铁工、木工的主要来源。山东诸州的冶铸作坊，在平燕以后不久即开始利用。《太祖纪》称：

（天赐元年［404］）五月，置山东诸冶，发州郡徒谪，造兵甲。

[①] 《魏书·太祖纪》、《世祖纪上》。

此为北魏利用山东诸冶以造兵器之始。其后在山东诸州设置了许多制造兵器和农具的矿冶。《食货志》云：

> 其铸铁为农器、兵刃，在所有之。然以相州牵口冶①为工。故常炼锻为刀，送于武库。

这些铁的矿冶似乎都是官办的，兵器为国家武库所专有，农具则发给各地移民用以垦田。例如永兴四年（412）发大量农具与大宁川的新民即其一例。②

据上引《南齐书·魏虏传》记载，平城宫城之内，除了尚方铁木工伎之外，还有"婢使千余人，织绫锦贩卖，酤酒，养猪羊，牧牛马，种菜逐利"。按这种情况，一直到魏恭宗时（432—451），《魏书·高允传》记"恭宗季年，颇亲近左右，营立田园，以取其利"。允之谏书亦称："（殿下）营立私田，畜养鸡犬，乃至贩酤市鄽，与民争利。"这种情况与上引《南齐书》所云"贩卖，酤酒，养猪羊，牧牛马，种菜逐利"，无大差异。所不同者，《南齐书》所云指平城西宫城内的情况，《高允传》所云指平城东太子宫内的情况，前后相隔四五十年，宫城和太子宫都出现如此简陋的宫廷经济，正可说明5世纪前叶北魏皇宫的经济组织带有原始景象。《南齐书》云：参加各种生产的是"婢使千余人"，既曰"婢使"，解释之为奴隶自然比较妥当。但其中也难免有杂户和隶户，他们的身份在一般民户和奴隶之间。在拓跋珪时已经大兴赠送童隶和隶户给贵族将相的风气，所以宫城和太子宫里有一千多婢使是不足为异的。《魏书·官氏志》记：天赐元年（404）十二月"诏，始赐王、公、侯、子国臣吏，大郡王二百人，次郡王、上郡公百人，次郡公五十人，侯二十五人，子十二人，皆立典师，职比家丞，总统群隶"。此典师之职与家丞同，证明"群隶"就是家内奴婢和隶户，典师就是奴隶和隶户的总

---

① 北魏于魏郡置相州，治今河南安阳。牵口，山名，在故彰德府沙河县西南九十八里。《隋书·地理志》襄国郡沙河县下云："有磬山。"《元和郡县志》作磬口山。云："汉、魏时旧铁官也。"《太平寰宇记》又作磬石山，云在沙河县西南九十里。《读史方舆纪要》卷15"彰德府沙河县"引卢毓云：淇阳磬口冶铸铁器，汉、魏时旧铁官也。"又云："今县有綦阳镇，置铁冶司于此，盖即汉、魏之故址。《隋志》谓之磬山。"按：此磬口即北魏时相州之牵口，以冶驰名，故称为"牵口冶"。《魏书·地形志》，东魏之司州即北魏之相州，牵口当在北广平郡内。

② 《魏书·太宗纪》。

管。家内奴隶的特点就是随从主人的意志什么都干,以满足主人的要求。上述宫城中各种行业,除了织绫罗比较专门化外,其他如贩卖、酤酒、养牲畜、种菜等业并无十分重要技术性质,都是可以随便调动的。在人类社会发展史上,家内奴婢在各社会阶段上比较广泛地存在过。例如我国在解放前,藏族、蒙古族、彝族、傣族等王公、土司、土官以及大奴隶主的官邸内都占有大量家内奴隶,但他们的社会性质,除彝族外,都非奴隶社会,而是封建社会。

原来以游牧为生的拓跋部民,对于若干手工艺,其中特别是纺织、土木建筑、冶铁等工艺是比较缺乏经验的。所以拓跋珪攻下燕国的中山、邺城以后,跟着在山东六州搜括百工伎巧以实代都。上述宫城里的织绫锦者以及尚方作坊里的铁作工和木作工大抵是从中原各地征发而来的。同时,皇室和贵族之家对衣饰的奢侈享受欲日益增高,而各地所新成立的军府又需要急迫解决军士们的衣着问题,所以在攻下中原之后,各地的军府以稽查隐户为名,在各地搜括养蚕户和绫罗户纺织各式各样的丝织物以应各阶级阶层的需要。这便是各地军府占有民间纺织业的开始。但是这种办法跟各郡县民政机构的赋役制度是矛盾的。简言之,即从前的纺织民户逃入旧贵族及豪强之家为漏户时固然妨害官府的赋役,而此时归军府的杂户帅或营户帅管辖,仍然是"赋役不周,户口错乱"。直到始光三年(426)拓跋焘纳仇洛齐的建议,这些绫罗户始不属军府,而属郡县。① 绫罗户的身份,在始光三年以前为营户、杂户,归军府管辖;始光三年以后只称杂户,归郡县政府管辖。无论营户或杂户,他们的成分比较一般民户为低,但比奴隶为高。此点在我国学术界已经分辨清楚,毋庸多说。

金属工匠,除铁工外,如金银工巧之人在魏初散布在各州郡被王公及强豪所占有的亦复不少。统治阶级认为这种情况一方面妨害政府的赋役之征,另一方面他们也会制造兵器帮助农民起义和强豪反叛,因此在太平真君五年(444)正月下一条诏令,云:

> 自王公以下至于庶人,有私养沙门、师巫及金银工巧之人在其家

---

① 《魏书·阉官·仇洛齐传》、《食货志》。

者，皆遣诣官曹，不得容匿。限今年二月十五日，过期不出，师巫、沙门身死，主人门诛。

这条诏令本来为防止农民起义和强豪作乱的，但同时也扩大了官府手工艺作坊的范围。在北魏时百工伎巧都是卑姓①，金属工匠的社会地位与上述绫罗户相同，乃属民户与奴隶之间的一个等级。

从上述《南齐书·魏虏传》的引文，宫城内还有"杀牛马祭祀"的屠户和"奏伎为乐"的乐伎或乐户。按中原古代官制，宫城的屠户和乐伎属太常寺，而百工伎巧则属少府。北魏政府早年有此二官否，史无明文。各地的屠户、乐户和百工则属于州县。屠夫和乐伎的身份与百工伎巧同，皆属杂户一类，位置在民户与奴隶之间。

百工伎巧在太平真君五年（444）曾有一条诏令限制他们的子孙只"当习其父兄所业，不听私立学校"，可知他们的职业是世袭的，不能随便改行。到魏孝文帝延兴二年（472）宣布一条诏令："工商杂伎，尽听赴农"；太和十一年（487）又宣布一条诏令："罢尚方锦绣绫罗之工。四民欲造，任之无禁。"②这样工匠和农民的界限、杂户和四民的界限开始打通，工匠杂伎可以比较自由地转业。但当时和后世仍有杂色役隶之名，一直到北齐、北周时，《北齐书·文宣帝纪》天保二年（551），"诏免诸伎作、屯、牧杂色役隶之徒为白户"；《隋书·刑法志》："建德六年（577）平齐后，（周武）帝欲施轻典于新国，凡诸杂户悉放为百姓，自是无复杂户。""白户"就是平民，从此隶户和杂户始变为平民。

从上所述可以看到，在北魏攻下中原之时，曾把原来从农民分化出来的各种伎作户一度沦为营户、杂户或隶户。经过一百五十年以上的时间，随着国民经济的发展，农业和手工业的关系不是日益疏远而是日益联系起来。因此在北魏初年统治阶级所规定的社会等级并不能阻挡工匠伎作户和农民的关系的打通，越到后来他们的社会等级越趋于平等。

但从北魏手工业者地位的高低并不能说明北魏的社会性质。主要原因是

---

① 《魏书·高宗纪》和平四年十二月诏云："今制皇族、师傅、王公侯伯及士民之家，不得与百工伎巧卑姓为婚。"

② 《魏书·高祖纪》。

由于手工业在整个社会生产中并不占主要的地位。在畜牧经济的社会里，各种手工业和手工业者都是给畜牧经济服务的。在农业经济的社会里，各种手工业和手工业者是给农业经济服务的。在北魏时也是如此。所以想理解北魏初期的社会性质，唯有从当时作为主要生产的畜牧业和农业中所体现的生产关系内求之，才能得到可靠的结论。

拓跋鲜卑在5世纪以前，即当拓跋部和北魏初年，他们主要从事畜牧业生产。自从公元398年迁都平城以后，北魏的经济生活从畜牧逐渐往农业过渡，后来农业生产在全国范围内占了主要位置。但是北魏与前朝的不同之点就是自始至终不曾放弃畜牧业。即使鲜卑等族入居中原以后仍在各地开辟牧场，不只在荒芜地区进行畜牧，就是千年来汉族农民辛勤劳动开辟出来的农田，鲜卑等族在统治阶级的指使下又改变之为荒野牧场，所以畜牧业始终在北魏生产中占重要位置。再从民族关系的角度来说，北魏时从事农业生产的主要是汉人，从事畜牧业生产的主要是鲜卑以及其他从草原迁来的少数民族（当时亦有少数鲜卑等族已经从畜牧改变为农业生产）。因此研究北魏社会的生产关系，应当从农业和畜牧业两方面进行考察。

现在我们首先阐述畜牧业中所体现的生产关系。

草原牧民和拓跋鲜卑统治阶级的关系大致可以分为两个阶段：第一个阶段是部落联盟时期拓跋部盟主和各种部落集团部民的关系。当时就与盟主的关系来说共有三种部落：第一种是拓跋鲜卑八部或八国的部落，这些部落是直接隶属于拓跋部盟主的。第二种是"内入诸姓"的部落，他们虽然也附属于拓跋部盟主，但在特殊的情况下可以宣布独立，或者组织另一个部落联盟。例如苻坚侵入后各部落的分散和重新组合大致可以说明他们关系的性质。第三种是四方诸姓的部落，他们一向是独立的，即《官氏志》所谓"凡此诸部，其渠长皆自统众"，但和拓跋部盟主保持一种"岁时朝贡"的关系。在这一阶段，各部落部民在一定的牧场上进行游牧；部落民对于部落大人或渠长交纳一定的畜税；八部和"内入诸部"的大人把一部分畜税再交给盟长。这种关系大致就是部落联盟时期的一般的生产关系。

第二个阶段是国家初步形成时期。在此时期，部落联盟的机构变成政府，盟主成为魏王或者皇帝，各部落民逐渐脱离部落范围而向部族或者国民过渡。前面我们已经叙述，拓跋珪从386年起进行了十多年的"离散诸部，分土定居"工作，就是在上述国家形成的前提下产生的。当时的"内入诸部"和新征服部落的原有部落组织一律被解散，部落大人降为编民，与部落民在一道从事生产。分土定居的地方大多数集中在代京郊甸一带。直接管理他们的已经不是原来的部落大人或渠长，而是皇室所最相信的八部帅或者八部大人。这些部民有的从事农业，有的从事畜牧。魏主拓跋珪对于这种牧民征收一定的地租（牧畜税）和劳役作为国家的收入。拓跋珪向八部牧民征收多少地租，史无明文，但我们可以根据太宗拓跋嗣时的牲畜税加以推测。《魏书·太宗纪》云：

（泰常六年［421］）制六部民，羊满百口，输戎马一匹。

《食货志》亦有同样记载云：

泰常六年，诏六部民，羊满百口，调戎马一匹。

"输"和"调"在这里是一致的。输或调以户为单位，即每一家牧户每年羊满百口，输战马一匹。原来八部归八部大人管理，在泰常二年（417）改由六部大人管理，所以"八部民"改为"六部民"在范围上并没什么变动。六部牧民以"羊满百口"为计算牲畜税的单位由来已久，其改变亦很迟，应是蒙古草原征牧民税的一种传统的办法。对于北魏来说，我想至少在"散诸部落，始同为编民"的登国初年（386）就实行这种牲畜税率了。欲证明此点，可以元代对蒙古牧民的牲畜税率为例。《元史·太宗纪》："（元年［1229］），蒙古民有马百者输牝马一，牛百者输牸牛一，羊百者输羒羊一，为永制。"牝马、牸牛、羒羊就是母马、母牛、母羊。母牲畜因为它们繁殖得很快，所以每一只母畜的价值等于十只公畜的价值。所以蒙元时的牲畜税率是十分之一，即中国古代所谓"什一之税"。蒙古牧民这种牲畜税率在元太宗以前就是如此，到太宗元年只是明令公布一次，定为永制，使后世不能随意变更罢了。我想魏太宗泰常六年的上述诏令也是如此，析言之，即羊满百口岁输戎马一匹的税率至少在登国初年已经如此了。戎马指战马，一般是指良马。每一匹良马的价值相当于二三十只羊的价值。所以拓跋魏征收于牧民的税率是很重的，比较元代高一倍以上。此外，八部中的农民和牧民还有很重的徭役和兵役。例如拓跋珪天赐三年（406）六月"发八部五百里内男丁筑漫南宫门阙……三十日罢"。四年（407）七月"筑北宫垣，三旬而罢"。拓跋嗣泰常六年（421）"发京师六千人筑苑，起自旧苑，东包白登，周回三十余里"①。这种记载还有很多。此外，一定还有临时的杂税或摊派，例如出征时的军马、祭祀时的牛羊，照例都是由牧民负担的。可知八部或六部牧民的负担很重。

除八部牧民外，在草原南部和河西国有牧场上还有各式各样的牧人。

第一种是分布在大漠以南以及在长城南、平城西的高车部落。高车部落原来分布在漠北草原，《北史·高车传》记载拓跋珪征伐高车，把很多的高车人驱至平城鹿苑中。当时正值"道武时分散诸郡，唯高车以类粗犷，不任使役，故得别为部落"。到拓跋焘时又征伐高车诸部，降获数十万落，徙置到漠南各地。上述诸高车部落的生产及他们对北魏统治阶级的关系，《高车传》云：

> 乘高车，逐水草，畜牧蕃息。数年之后，渐知粒食，岁致献贡。由是国家马及牛羊遂至于贱，毡皮委积。

《通鉴》卷121对此段内容有所补充云：

> （宋文帝元嘉六年［429］）十月，魏主（拓跋珪）还平城。徙柔然、高车降附之民于漠南。东至濡源，西暨五原阴山，三千里中，使之耕牧而收其贡赋。命长孙翰、刘洁、安原及侍中代人古弼同镇抚之。自是魏之民间马、牛、羊及毡、皮为之价贱。

必须注意，东起濡源（今河北丰宁西），西迄五原，东西三千里正是后世的六镇所在。高车和柔然二族分布其间，他们主要的生产是畜牧，但亦兼营少许农业，所以《通鉴》称之为"耕牧"。他们对北魏朝廷的关系是"岁

---

① 《魏书·太祖纪》、《太宗纪》。

致献贡"，或者说是北魏每岁"收其贡赋"。魏主又命长孙翰、刘洁、安原、古弼等率军队镇压之。《魏书·刘洁传》云：

> 敕勒新民以将吏侵夺，咸出怨言，期牛马饱草，当赴漠北。

敕勒即指高车。此高车虽亦称之为"新民"，但他们是俘虏，又是部落民，我想北魏对待他们与一般牧民不同，但不知贡赋的比例多少。

第二种是分布在秀容川（今山西代县、崞县、定襄一带）属于契胡尔朱荣的部落。《魏书·尔朱荣传》称其部落"牛、羊、驼、马色别为群，谷量而已"，他们的生产主要是畜牧。他们既是尔朱荣的私有部落，但同时对于北魏统治阶级亦有一定的贡赋，即《尔朱荣传》所谓：

> 朝廷每有征讨，辄献私马，兼备资粮，助裨军用。

这种关系仍是一种封建纳贡赋的关系。部落对契胡帅尔朱荣的关系，史无明文，不得而知。

第三种是国有牧苑中的牧户、牧子和牧奴。拓跋部以游牧起家，当部落联盟时期，便有许多部落公有的畜产。《魏书·庾业延传》谓："其父及兄和辰，世典畜牧。"《奚斤传》亦谓："世典马牧。"这些人都是在部落联盟时期管理部落公有牧场的头目。到拓跋魏建国以后，在黄河东西各地建立了许多国有牧苑，其中规模最大的是河西牧苑。《食货志》云：

> 世祖之平统万，定秦陇，以河西水草善，乃以为牧地。畜产滋息，马至二百余万匹，橐驼将半之，牛羊则无数。

这些牧苑中的马匹、橐驼、牛羊以及经营牧畜的牧人，绝大部分是从草原迁来的。经营牧苑的人们，汉语称之为"牧子"，北族语则称之为"费也头"。这些名称在《魏书·尔朱荣传》里经常看到，例如南秀容牧子万子乞真、并州牧子素和婆峪崄及河西牧子等。据唐长孺、姚薇元两位先生的考证，《魏书·肃宗纪》孝昌二年（526）所谓：

西部敕勒斛律洛阳反于桑乾西（桑乾城在今山西朔县东面），与河西牧子通连。别将尔朱荣击破之。

即同书《尔朱荣传》所记的：

敕勒斛律洛阳作逆桑乾西，与费也头牧子迭相犄角。荣率骑破洛阳于深井（在今山西朔县西），逐牧子于河西。

以此知河西牧子即河西费也头，"费也头"与牧子同义。① 从各种文献来看，"费也头"最初系牧人中的一个等级之名，后来此等级中的一些人即以"费也头"为姓。《隋书·李密传》云：

密与（宇文）化及隔水而语，密数之曰："卿本匈奴皂隶'破野头'耳。"

从语音上看，"破野头"就是《魏书》中的"费也头"。"费"的古音应读重唇音"破"。关于宇文化及原来的姓氏，同书《宇文述传》言之最审，云：

代郡武川人也，本姓破野头，役属鲜卑俟豆归，后从其主为宇文氏。

宇文述是化及的父亲。《宇文述传》对于姓"破野头"的渊源解释得最好，即因为他的祖先役属于俟豆归，做了宇文氏大牧主的牧子"破野头"，所以先姓"破野头"，后依大牧主的姓氏改为宇文氏。但引为憾事者即《隋书》此传应把"鲜卑俟豆归"改为"匈奴俟豆归"或"原来系出匈奴而后为鲜卑长的俟豆归"，如此则与李密称宇文化及为"卿本匈奴皂隶'破野头'耳"相合无间。关于宇文俟豆归的祖先原为匈奴，前章已有论述，兹不多赘。从此正可看出"费也头"或"破野头"就是牧主役属下的皂隶。

《魏书·出帝纪》永熙三年（534）正月："齐献武王（高欢）讨费也头

---

① 参考唐长孺：《魏晋南北朝史论丛》，第211—213页；姚薇元：《北朝胡姓考》，第247页注8。

于河西苦泄河，大破之，获其帅纥豆陵伊利，迁其部落于内地。"此以纥豆陵伊利为"费也头"。《周书·贺拔岳传》以万俟受洛干为"费也头"。《北齐书·神武纪》天平三年（536）正月，"神武（高欢）帅库狄干等万骑袭西魏夏州（今陕西横山及其以北地）……擒其刺史'费也头'斛拔俄弥突"。此"斛拔俄弥突"在《北史·神武纪》中作"贺拔俄弥突"。又按《北史·高车传》以"弥阿突"为名者甚多，其原姓名当为"贺拔弥阿突"。从上所述我们便可知道北朝时称"费也头"者至少有上述纥豆陵、万俟、贺拔三个姓氏。纥豆陵伊利在河西苦泄河，贺拔弥阿突在河西夏州，而万俟受洛干据《北齐书·万俟普传》（受洛干之父）在河西夏州之覆鞯城。然则此三氏皆《魏书》所云之"河西费也头"或"河西牧子"无疑。

按《魏书·官氏志》："纥豆陵氏后改为窦氏。"魏初窦宾为没鹿回部大人，原居五原，当系鲜卑族。贺拔氏，《官氏志》谓"贺拔氏后改为何氏"，属于何族不明。《官氏志》内无万俟氏。《北齐书·万俟普传》云："其先匈奴之别种也。"此外无所知。前述纥豆陵伊利、贺拔弥阿突、万俟受洛干诸人既然都是"费也头"，依《隋书·宇文述传》述的祖先从牧主之姓以为姓之例，那么他们纵以纥豆陵等为姓，这些姓氏亦只是他们牧主的姓氏，而不是自己的姓氏。北魏时的姓氏，在统治阶级看来是很严格的一种制度，不轻易赐人的。所以在当时不只一般牧民、牧子、牧奴无姓，有时出使到外国的使臣也无姓。《宋书·张畅传》里有一段有趣的故事，畅问魏国使者姓氏，答曰："我是鲜卑，无姓。"《周书·文帝纪下》记宇文泰恢复北魏原始时代的姓氏，"以诸将功高者为三十六国后，次功者为九十九姓后，所统军人亦改从其姓"。从后世的实施亦可以推测北魏时部落中的牧民、牧子、牧奴俱无姓氏。即有姓氏亦以部落大人或牧主之姓为姓。所以我们想从上述几位"费也头"首领的姓氏方面找出一些新的东西是比较困难的。

牧户之名，在北魏初年和中年见于记载者很少，到了晚年，《魏书·孝庄纪》记建义元年（528）有"诏直寝纪业持节募新免牧户，有投名效力者授九品官"。此牧户当指国有牧苑中之牧户而言。这种牧户在"新免"以后投名效力始援以官秩，可知他们的身份较一般牧民为低。

上述拓跋鲜卑的牧人阶级，情况虽然复杂，但大致可以看出其间以六部牧民为主。他们的班底是由拓跋部八部大人的部民、神元力微时"内入诸姓"的部民以及神元以来原来称为"四方诸部"后来变为"内入诸姓"的部民组成的。这三类部民绝大多数是牧民，他们原来是氏族公社的成员，后来成为部落联盟各游牧公社的成员。阶级开始分化，牧奴也开始产生，但在尚未形成奴隶社会的时候，因受晋朝和以五胡为统治阶级的十六国诸封建制度的影响，其中特别是受晋朝和后燕封建制度的影响，所以很快地超越了奴隶社会阶段而进入封建社会了。具体表现上述牧民和拓跋氏统治阶级的封建关系的，就是上述泰常六年（421）制定的对六部民的税率，就是每年每一牧民家户的牲畜税是每"羊满百口，输戎马一匹"。此外，还有一些力役之征，如筑城、筑宫、筑苑、运输、兵役等。这一种生产关系显然是封建关系，而非奴隶对奴隶主的关系。国有牧苑是拓跋焘于431年征服了赫连夏之后逐渐发展起来的。牧苑里经营的主要对象是战马，虽兼养牛、羊，乃是供北族军士衣食及军事装备之用。严格地说，牧苑并不带有全民性质，只是为局部的武装骑士服务的组织而已。据从零星的史料判断，各地牧苑的马匹、牛、羊是由草原南部迁来的，也即是前面所述的各部牧民供给的，苑内的牧人应以马牧军人为主，这种人可能就是前面所说的牧户或牧子。他们的来源比较复杂，有的是世袭的，有的是被征服的游牧部落的俘虏，所以部族成分比较复杂。牧子"费也头"、牧户的身份虽较一般牧民为低，但他们不是奴户或奴隶。[①] 而且这般人都属于军籍，有战马，有武装，暴动起来很是方便，所以自牧苑建立以后一百年间，在河西各地出现了不少"拥兵自雄"的"费也头"统帅，这也说明牧子"费也头"跟奴隶社会的奴隶是有很大区别的。我们不能因为牧苑里有牧子、牧户以及"费也头"，便说他们的社会就是奴隶社会。

最后，略论一下北魏统治阶级与农民的关系。

北魏统治下中原各州郡的汉族农民，基本上保持了魏晋以来的封建制生产关系，可以不谈。现在只阐述一下北魏初期在代京畿甸之内的农民他们跟统治阶级是一种什么关系。

当登国九年（394）拓跋珪在五原至椁阳一带屯田时，屯田的农夫主要是鲜卑人，中间也可能有一部分从诸方来附的"乌丸杂人"。据《北史·元

---

① 参考唐长孺：《魏晋南北朝史论丛》，第216页。

仪传》记载，此时统治阶级跟屯民的关系是：

> 分农稼，大得人心。

此所谓"分农稼"可以解释为按一定的比例把一部分农产物分给屯田者。因为唯有如此，始能"大得人心"。

到了天兴元年（398）徙太行山以东的六州民吏及徒何、高丽杂夷三十六万于京师，"诏给内徙新民耕牛，计口受田"。这批新民的身份，前面我们叙述过，不是奴隶或贱民，仍然是平民。同时我们又说明新民的计口授田是屯田，新民便是屯民。《食货志》云："其外四方四维置八部帅以监之。劝课农耕，量校收入，以为殿最。"后面几句指八部帅的工作，但如何劝课，量校谁的收入以及土地如何分配等都看不出来。想把这一段话进一步理解，我们必须参看《魏书·恭宗纪》拓跋晃监国时（439）所颁布的一条诏令云：

> 《周书》言任农以耕事，贡九谷；……任嫔以女事，贡布帛。……有司课畿内之民，使无牛家以人牛力相贸，垦殖锄耨。……各列家别口数，所劝种顷亩，明立簿目。所种者于地首标题姓名，以辨播殖之功。

研究诏令上这段话，始可明白计口授田是把畿内土地按每户人口数目分给耕者，每户授田的数目几顷几亩各不相同。每户在所受的土地上立有标签，上面写着耕种者的姓名。在账簿上记载着受田户贫富（有牛无牛等）的家别、人口的数目以及所种地的顷亩数。《食货志》所说的"量校收入，以为殿最"，就是比较受田户每顷或每亩的收入，谁最多，谁最少，按次排列，以明种植之功。从这段话可以说明土地虽然是国有的，但耕种的权利和义务则以户口为单位来计算，这正是屯户授田纳租的一番景象。

但对代京屯户是否行纳租制呢？史无明文记载，我们只能从一些旁证上加以推断。《魏书·太祖纪》、《魏书·太宗纪》有多次复免田租的诏令，其中有些诏令按地区推测，显然是在减免代京畿甸屯民的田租。例如泰常三年（418）八月"雁门、河内大雨水，复其租税"。河内与代京无关，雁门则在郊甸的南边。① 又四年（419）四月"辛巳，南巡，幸雁门，赐所过无出今年租赋"。五月"己亥，车驾还宫，复所过一年租赋"。从平城到雁门，所经过地区一定包括代京畿甸南部的郡县，岂非这一带的屯民也复免了租赋吗？又记"秋八月辛未，东巡，遣使祭恒岳。甲申，车驾还宫，所过复一年田租"。此次东巡所过，复田租一年，岂非也包括代京东边的一些屯民在内吗？所以从这些旁证亦可说明北魏统治阶级对于代京屯民是按年征收租赋的。

代京屯户每口受田若干亩，每年租赋率若干，因史料缺乏，目前尚不能得到确实的答案。唯魏孝文帝在迁都和实行均田制以前，太和元年（477）曾下一条诏令云：

一夫制治田四十亩，中男二十亩。无令人有余力，地有遗利。②

此所谓"制"似指当年的制定或制度。每农夫治田四十亩，半劳动力的中男、妇女治田二十亩，每户受田者设以一农夫、一妇女、一中男计，受田共一百亩。代京旧制每户受田亩数恐与此相距不远。

代京屯田的租赋率我们虽无法直接考定，但对于前朝后代和当时前朝的屯田租赋率做一种比较研究，这一问题并不是不可能知其大概的。

我国屯田之制始于汉代，至曹魏、西晋、前燕，官方和屯户分得屯谷的比例渐为明确。《晋书·傅玄传》，泰始四年（268）上疏曰："旧兵持官牛者，官得六分，士得四分；自持私牛者，与官中分。施行来久，众心安之。今一朝减持官牛者，官得八分，士得二分；持私牛及无牛者，官得七分，士得三分，人失其所，必不欢乐。臣愚以为宜佃兵持官牛者与四分，持私牛与官中分，则天下兵作欢然悦乐，爱惜成谷，无有损弃之忧。"疏云兵屯的课租为四六分和"与官中分"率为"旧"制，且言"施行来久"，其为曹魏的兵屯分谷率无疑。晋初欲改变前法，实行二八分和三七分率，故傅玄上疏如此。《晋书·慕容皝载记》，在晋永和元年（345）前，皝听了封裕的建议，

---

① 《魏书·地形志·雁门郡下》云："天兴中属司州。"钱大昕云："魏初都平城，置司州。其所领郡县，魏收志皆阙而不书。今据此志（《食货志》）：'司州：万年、雁门、上谷、灵丘、广宁、平凉郡。'），知万年等六郡当时皆隶司州矣。"见《廿二史考异》卷30。按此，雁门郡当在畿甸之内。
② 《魏书·高祖纪上》。

把猎囿牧苑辟为耕地，"以牧牛给贫家，田于苑中，公收其八，二分入私；有牛而无地者亦田苑中，公收其七，三分入私"。封裕谏曰："……且魏晋虽道消之世，犹削百姓不至于七八。特官牛田者，官得六分，百姓得四分；私牛而官田者，与官中分，百姓安之，人皆悦乐。"此言前燕课田，初行二八分和三七分率，听了封裕的劝告，始从魏晋旧制行四六分和"与官中分"率。到了498年，北魏在平城畿内受田的六郡徙民，其中占主要成分的是晋国的汉人和燕国的徙何鲜卑人，所实行的亦是"各给耕牛，计口授田"。从中国整个历史的发展看，从中国屯田和课田制的来龙去脉看，纵然拓跋魏统治阶级的文化落后于汉族，拓跋鲜卑的生产水平比较汉人和徙何人为低，但他们既然在中国旧壤的并州北部计口授田，而主要的受田者又是汉人和徙何人，且每年的收益远远超过拓跋鲜卑人旧日的屯田，在这种情况下，北魏统治阶级没有力量同时也没有必要不追循曹魏、西晋、前燕的屯田制而另想一种其他办法的。当然，北魏授田的对象主要是六州被征服的汉族农民，这一点与前燕的汉族流民不同；同时，北魏在代京所实行的是民屯，与魏晋时的兵屯不同，但这都不是主要的。所以我可以设想魏初在代京计口授田的课租率仍然是上承曹魏、西晋、前燕之后，实行四六分或"与官中分"率的。

其次，既然前面我们已经肯定北魏的计口授田为民屯制，因此我们就可以跟北魏后期的民屯制以及南朝的兵屯制比较一番。《魏书·食货志》记载孝文帝时有司请建立民屯制，奏云：

又别立农官，取州郡户十分之一以为屯民，相水陆之宜。断顷亩之数，以赃赎杂物余财市牛科给，令其肆力。一夫之田，岁责六十斛，蠋（原文作"甄"，恐误，应从《李彪传》作"蠋"）其正课，并征戍杂役。

孝文帝在太和十二年（488）把这种办法实行了。按此议倡自秘书丞李彪，《魏书·李彪传》亦载此奏文。奏文的前段称："魏氏以兵粮乏，制屯田以供之，用能不匮。"屯田之取法于曹魏可知。又称"料顷亩之数……市牛科给"，与魏初在代京之"各给耕牛，计口授田"当无不同。李彪少时勤读典籍，长为秘书丞，为崔浩所撰《国书》增立纪、传、表、志之目，又多次出使南朝，他对于古今国内外的屯田之制应当是洞悉底蕴的。但奏议中为什么不提代京的计口授田之制,当别有其他原因,我们一时还弄不清楚。一夫受四十亩,每年缴谷产量六十斛,这种赋税是很重的,所以此外要蠲免正课及征戍杂役。免征戍杂役一点似与代京不同,前面我们已经叙述,代京八部或六部民的杂役是很多的。自汉代以来,中国土地平均的产量为每亩产谷三斛。① 此斛指汉代的容量器而言。北魏的斗斛大于汉、魏、晋的斗斛一倍,小于隋唐的斗斛三分之一。② 李彪所云当指古汉、魏、晋的容量器而言。每夫受田四十亩,每亩产谷三斛,每年共出谷一百二十斛。政府课其屯租六十斛,屯民自留亦六十斛。此种租税率以古语言之,即《汉书》所谓"豪民之租见税十五",以近代语言之,即新中国成立前的"对分租",地主一半,佃农一半是也。所不同者,魏时剥削屯民的,不是豪民地主,而是拓跋魏的统治阶级。南朝的宋、齐都实行过兵屯。齐国的芍陂屯田③ 情况很不具体,不必申说。《宋书·良吏传》记徐豁为始兴太守,上表倡议"郡大田武吏年满十六便课米六十斛,十五以下至十三皆课米三十斛"。始兴郡在南方边疆,武吏所屯的是稻田。稻田的产量比粟谷为多,稻三石折米一石四斗,而兵屯一般又比民屯的课收为多,所以成年屯丁的课米六十斛,折合稻谷一百一十斛。其每丁产量稻谷当在二百二十斛左右,若与官中分,每丁亦可收到一百一十斛稻谷,即米六十斛。这些情况与上述李彪的建议,大致相合。由于北魏初年的前朝、后代以及南朝宋国都在普遍地实行兵屯、民屯的政策,所以北魏初年在京畿的屯田性质自然而然有很多地方跟他们相似或相同的。正因为如此,所以北魏初年代京计口授田的性质,不是其他,而是一种封建土地所有制的关系。

代京计口授田的屯田制到太和十年(486)发生了一种新的变化,就是北魏统治阶级罢屯田制,把畿内及京城三部的土地割让给农民,从此国有的

---

① 《后汉书·仲长统传》:长统著《昌言》三十四篇。《损益篇》云:"今通肥饶之率,计稼穑之入,令亩收三斛,斛取一斗,未为甚多。"

② 《说文》云:"斛,十斗也。"十斗为斛,由汉至唐无变易。孔颖达《左传正义》(定公八年)云:"魏、齐斗称于古二而为一,周、隋斗称于古三而为一。"此言北魏、北齐以古代二斗为一斗,北周、隋以古代三斗为一斗。关于后者,《隋书·食货志》云,晋"斗则三斗当今一斗",可为证明。依《左传正义》之说,魏齐的一斗五升相当于隋唐的一斗,是魏齐的斛大于古斛一倍,小于隋唐斛的三分之一。明代李时珍云:"古一升即今之二合半也。"然则古一斛于明代仅二斗五升。新中国成立前,江南米市亦以每旧二斗五升为一斛。

③ 《南齐书·垣崇祖传》。

官田变为民田。农民对于这些土地，从前只有屯耕权，没有占有权，至此则开始有了比较固定的占有权。

《魏书·高祖纪下》对于此事有所记载，但陈述得不明确，往往被人忽略。云：

> 十有一年……九月庚戌，诏曰："去夏以岁旱民饥，须遣就食，旧籍杂乱，难可分简。故依局割民，阅户造籍，欲令去留得实，赈贷平均。"

此云"依局割民"，即指太和十年把畿内及京城三部土地割让于农民的事。《魏书·公孙表传附孙邃传》云：

> 邃，字文庆，初为选部吏，以积勤，稍迁南部长。敷奏有称，迁南部尚书，赐爵范阳侯，加左将军。高祖诏邃与内都幢将、上谷公张儵率众讨萧赜（于）舞阴戍。后高祖与文明太后引见王公以下，高祖曰："比年方割畿内及京城三部于百姓，颇有益否？"邃对曰："先者人民离散，主司猥多，至于督察，实难齐整。自方割以来，众赋易办，实有大益。"太后曰："诸人多言无益，卿言可谓识治机矣。"

按《高祖纪》，五月，"诏南部尚书公孙文庆（邃）、上谷张伏干（儵）率众南讨舞阴山"，在太和十一年（487）。同年九月，诏谓去夏"依局割民阅户造籍"，则割地予民之事自在太和十年（486）。《邃传》内高祖所云"畿内及京城三部"，盖当时仍行六部大人官制度，畿内及京城三部可能是指天部、地部、南部三部所辖地区，其中以汉族及徒何农民最多，与北部及东、西部尚有许多鲜卑、高车牧民情况很不相同。割让土地予农民的原因，第一是当时"京师民庶，不田者多，游食之口，三分居二"。而另一方面，贵族富家以及新兴起来的"工商之族"皆奢侈淫逸，仆隶玉食，所以形成"农夫餔糟糠，蚕妇乏短褐，故令耕者日少"，离散日多的现象。① 二是太和十年

---

① 《魏书·韩麒麟传》。

(486)的"春夏大旱,代地尤甚,加以牛疫,民馁死者多"[①]。由于上述二因,所以北魏统治阶级的租赋大为减低。可知魏高祖拓跋宏所以割让土地予农民是为了增加租赋的。正因为如此,所以高祖问公孙邃:"颇有益否?"邃答:"众赋易办,实有大益。"于是文明太后夸誉公孙邃的话为"识治机"。从上述三人的对话便可看到统治阶级为什么肯割让土地予农民。

总上所述,知魏初代京的计口授田是一种屯田的性质,而且是民屯。屯田之制盛行于曹魏,西晋继之,前燕又仿自西晋。东晋至宋、齐皆行屯田。北魏早期有五原屯田,晚期拓跋宏用李彪之议亦大力实行民屯。魏初代京的计口授田法实行于上述环境之内,其每人受田亩数、岁产谷米数量以及课租率的大小,虽然缺乏记录,但大致情况仍然是可以推测的。计口授田制既是民屯,所以屯民和统治阶级的关系应当是国有土地上的封建所有制,而不是其他。

---

① 《通鉴》卷136"永明五年"条。

突厥人和突厥汗国

关于《阙特勤碑》的来历及其发现、研究经过

《阙特勤碑》是公元 732 年（唐玄宗开元二十年）突厥汗国苾伽可汗为纪念其亡弟阙特勤的功勋而建立的。建立的地点在于都斤山（乌德犍山）苾伽可汗宫城东面鄂尔浑河右岸（今和硕柴达木湖畔）。碑文分突厥文和汉文两个部分：正面（东面）及左右（南北）两侧是突厥文，背面（西面）是汉文。关于此碑的建立和当时唐朝派人参加建立此碑的经过，新、旧《唐书》都有著录。《旧唐书》卷 194 上记载：

> 阙特勤死，（玄宗）诏金吾将军张去逸、都官郎中吕向，赍玺书入蕃吊祭，并为立碑。上自为碑文。仍立祠庙，刻石为像，四壁画其战阵之状。

此与《新唐书》卷 215 下的记载略同，不过《新唐书》又补充说：

> （玄宗）诏高手工六人往，绘写精肖，其国以为未尝有。默棘连（即苾伽可汗）视之，必悲梗。

阙特勤的祠庙很早就倾毁了，四壁上"绘写精肖"的壁画亦随之乌有，但阙特勤的石像到 13 世纪尚为诗人耶律铸看到。耶律铸是耶律楚材的次子。元太宗时为中书左丞相，著有《双溪醉隐集》，集内有《取和林》一诗，自注云：

和林城，苾伽可汗之故地也。岁乙未，圣朝太宗皇帝城此，起万安宫。城西北七十里，有苾伽可汗宫城遗址。东北七十里有唐明皇开元壬申（732）御制御书阙特勤碑。……刻石为像，其像迄今存焉。

此注约系新、旧《唐书》以后汉文中仅有之著录。13世纪时耶律铸亲自看到阙特勤碑文，所以他的诗注与碑文的实际情况相合。注言"有唐明皇开元壬申御制御书阙特勤碑"，与汉文碑铭全合。碑额题"故阙特勤碑之碑"七字，为楷书。碑之正文皆为隶书，共十二行，每行三十六字。正文的前面，上款题"故阙特勤碑"五字，隶书；下有"御制御书"四字，楷书。下又题"大唐开元二十年岁次壬申七月辛丑朔七日丁未建"，与耶律铸的诗注全合。

汉文碑铭中虽明说是"御制御书"，实际上恐怕不是唐玄宗自撰自写的。突厥文碑铭，是由阙特勤的外甥名"Yolij 特勤"一人亲自撰写的，这在东面和南面之间的棱角上有明确的记载。突厥文部分，东面四十行，北面和南面各十三行。除西北的棱角外，每棱角各有一行。此外，西面汉文部分的右面，还有二行。全碑共七十一行。

近代中外学者对《阙特勤碑》碑文的注意，应当归功于1889年俄国人N. 雅德林采夫在鄂尔浑河畔对此碑的发现。雅德林采夫是伊尔库茨克地理学会探险队的领导人。他获得此碑后，在第二年便将此碑文公布于世。1890—1891年不断有芬兰和俄国的学者到鄂尔浑河畔考察。俄国语言学家W. 拉德洛夫是其中的一个有名人物。1893年（清光绪十九年），俄国驻北京的公使喀西尼，以拉德洛夫所摄的三种碑铭——《阙特勤碑》、《苾伽可汗碑》、《九姓回纥毗伽可汗碑》影片（吴士鉴诗注说此三碑是用洋布拓的，但一般记录皆说是影片）送北京总理各国事务衙门，请代为考释。当时以研究元史著名的沈曾植在译署做官，因作三碑跋以答复俄使。俄人译为外文，称为"总理衙门书"，因以行世。

自拉德洛夫所摄三种影片到北京后，侍郎李文田录其汉文部分收入其所著《和林金石录》中，江氏为刊入《灵鹣阁丛书》（另收入《李氏（文田）五种》，石印本。后又由罗振玉收入《辽居杂著》中）。此为我国学术界得窥突厥三碑铭汉文部分全文之始。

1896年（光绪二十二年），满人塔拉志锐为乌里雅苏台将军，墨拓《阙特勤碑》，以赠满人盛昱。盛昱约沈曾植、黄绍箕、柯劭忞等并为题跋，对于"阙特勤"之考释各具灼见，后由日照丁氏刊入所辑《栘林馆金石文字》中，末附王懿荣的题跋。

　　1910年（宣统二年），满人三多（六桥）为库伦都护使，拓《阙特勤碑》两百余份，广赠当时士大夫之喜爱金石者，于是我国学术界对此碑更加注意。三多的拓片盖有"可园"或"六桥"印章。现在北京图书馆及各大学学院图书馆所收藏者，大体皆系清末三多及志锐二氏所拓。

　　最初能通读《阙特勤碑》等碑铭中之突厥文者，为丹麦学者 V. 汤姆生。1893年，汤氏第一次将其通读突厥文的经过公布于世（*Déchiffrement des Inscriptions de l'Orkhon et de l'Iénisséi. Notice préliminaire*, 1893, Copenhague）。1894年，汤氏刊行《鄂尔浑碑铭文字》，世人始悉知突厥诸碑铭的内容。1922年，汤氏又改译一次，为丹麦文。此外，俄人拉德洛夫和德人 H. H. 设以德先后译为德文，英人 E. D. 洛斯又译为英文。1935年，我国韩儒林先生根据设以德和洛斯的译文翻译为汉文，并加解释，题为《突厥文阙特勤碑译注》（刊于《北平研究院院务汇报》第6卷第6期）。1937年岑仲勉先生著《跋突厥文阙特勤碑》（刊入《辅仁学志》第6卷第1、2合期）。二氏对于突厥文《阙特勤碑》碑铭之译释，贡献很大。碑铭史料可补我国《周书》，《隋书》，旧、新《唐书》诸《突厥传》之不足。希望我国历史学界加以注意，继续研究。

1956年11月20日

马长寿记于西北大学

《阙特勤碑》碑铭东面突厥文部分拓片　　　《阙特勤碑》碑铭西面汉文部分拓片

第一章　突厥人的起源和突厥锻工部落的起义

突厥人的活动，初记载于《周书》的《宇文测传》。《宇文测传》说在公元542年（西魏大统八年）前，突厥人每岁由西北侵掠西魏北边。此后十年（552），他们在漠北建立了突厥汗国。不过，突厥人在6世纪以前就已经有很悠久的历史了。

"突厥"一词的来源和意义，古今有两种不同的说法：一种说法，《周书·突厥传》记载，突厥人居于金山（今阿尔泰山）之阳，金山形似兜鍪（亦作兜牟），其俗称兜鍪为"突厥"，因以"突厥"为号。此说相沿甚久。[①] 又一说则为近代汉学家所主张，以为"突厥"是从"Türk"的复数形式"Türküt"翻译来的。"Türküt"在突厥语有"强力"或"气力"之义，即言其人为强有力者。但突厥语"Türk"的复数形式"Türklar"[②]，此与汉语的音不合。因而伯希和（Paul Pelliot）推测汉语"突厥"是由属于蒙古语系的柔然人介绍到中国来的，它是蒙古语"Türk"的复数形式"Türküt"的汉译。[③] 近代一般治突厥史者都采用此一说。

但是这里有一个问题，就是在汉魏时期北族中有丁零，晋和南北朝时期北族中有敕勒或高车，丁零和敕勒的原音也是"Türk"，那么，丁零、敕勒、铁勒同突厥是否为同一部落或部族呢？如果不是，它们的分别何在？这些问题是突厥语族历史上的重要问题，同时也是有关于突厥人起源的重

[①] 兜鍪音"斗牟"，旧言战士之盔。近代学者对此未加研究。据冯家昇先生谈，突厥语称帽为"türkü"，此或6世纪突厥人因以为号之由来。

[②] 见于突厥文《阙特勤碑》和《芯伽可汗碑》的各家的标音。

[③] 〔法〕伯希和：《汉译突厥名称的起源》，原文载于1915年的《通报》，第687—689页。冯承钧译为汉文，见《西域南海史地考证译丛续编》，第55—60页。

要问题。

从中国历代文献的记录看来，我们说隋代以前的丁零或敕勒和自隋至唐的铁勒原来都是突厥语系诸族的共名，是非常明显的。《史记·匈奴列传》和《汉书·苏武传》都说丁零在匈奴以北和贝加尔湖附近，因此后世有"北丁零"之名。《魏略·西戎传》说丁零在康居北，即叶尼塞河上游，因此又有"西丁零"之名。苏联学者由南西伯利亚发掘的地下古物证明：古代从昂哥拉河流域到叶尼塞河上游地区都有丁零部落分布。从此，才把中国古代所谓"北丁零"和"西丁零"统一起来，知道汉魏两代所说的丁零是南西伯利亚突厥语系诸部落的共名了。晋人和北朝人对蒙古草原的丁零族，称之为赤勒、敕勒、勅勒、勑勒，或者称之为高车，但于已经迁入中国本部的丁零人，仍称之为丁零。南朝人对于草原的敕勒与北朝境内的丁零无别，都称之为丁零。从此可知无论草原的敕勒，或者是中原的丁零，它们仍然是统一的，而敕勒又是中国境内和境外突厥语系各族的共名了。到了隋代，中国人对于西域和草原的情形更熟习了，从而对于突厥语系诸族的知识也更为正确，所以《隋书·铁勒传》对中国以北和西北的铁勒部落和部落集团能够做出一种综合的报道，并且把他们的名称和方位都指点出来，给后世研究突厥语族史者以极明确的指导作用。原文如下：

> 铁勒……种类最多。自西海之东，依据山谷，往往不绝。
> 独洛河北，有仆骨、同罗、韦纥、拔也古、覆罗，并号"俟斤"。蒙陈、吐如纥、斯结、浑、斛薛等诸姓，胜兵可二万。
> 伊吾以西，焉耆之北，傍白山，则有契弊、薄落职、乙咥、苏婆、那曷、乌讙、纥骨、也咥、于尼讙等，胜兵可二万。
> 金山西南，有薛延陀、咥勒儿、十槃、达契等一万余兵。
> 康国北，傍阿得水，则有诃咥、曷𢷬、拨忽、比干、具海、曷比悉、何嵯苏、拔也未渴达等，有三万许兵。
> 得嶷海东西，有苏路羯、三索咽、蔑促、隆忽等诸姓，八千余。
> 拂菻东，则有恩屈、阿兰、北褥九离、伏嗢昏等，近二万人。
> 北海南，则都波等。
> 虽姓氏各别，总谓为铁勒。并无君长，分属东、西两突厥。……其

俗大抵与突厥同。

隋唐时的西海指里海。自西海以东，依据山谷，多有铁勒。在独洛河，即土剌河以北，有仆骨（仆固）、同罗、拔也固、韦纥（回纥）、浑、斯结（思结）……都属"九姓铁勒"。覆罗，即副伏罗部，原属高车十二姓，大部分迁于天山以北，此系淹留在色楞格河流域者。此外，还有斛薛，即斛律氏，原属高车六氏。以上指漠北的铁勒。伊吾（今哈密）以西，焉耆之北，与在白山（今阿羯田山）一带者，如契弊（契苾），即高车六氏中之解批氏，是在487年由土剌河一带西迁的。于606年，建契苾汗国。① 乌讙（又作乌护、乌纥）系原居于准噶尔盆地的"乌古斯"，在汉代名乌揭，隋唐二代称为乌护或乌纥。② 纥骨，即契骨，亦即古代的吉尔吉斯人。以上三族，皆为铁勒。薛延陀居金山西南，系由薛和延陀二氏族或部落组成。③ 此二族原居漠北，故土剌河以北仍有薛姓部落。此族亦为铁勒。

康国以北，阿得水（张星烺说即伏尔加河）流域有诃咥（Az）、曷薩（曷萨、可萨，即 Khazar）、拨忽（Bolghar）、比千（Pecheneg）等。得嶷海（张说即里海）东西有苏路葛、三索咽（Saksin）、蔑促（Moksha）等族。拂林（东罗马）以东，有恩屈、阿兰（Alani）、北褥九离（Bashkiris）等族。皆为铁勒。④

北海（今贝加尔湖）南，有都波（都播）等，亦为铁勒。

综上所述，知隋代突厥汗国之时，铁勒的分布至为广泛。东自贝加尔湖以南、土剌河流域及其以北，西逾阿尔泰山、准噶尔盆地及叶尼塞河上游、阿拉尔海，一直到里海和伏尔加河流域都有铁勒。

以上铁勒各部，都属于突厥语族是很明显的。

突厥人原是丁零人或铁勒人中之一种，或者更正确地说，他们是突厥诸语族中之一族。

---

① 高车十二姓和高车六氏见《魏书·高车传》；九姓铁勒见隋唐时各文献，详细考订见拙著《中国兄弟民族史稿》。
② 关于乌护或乌纥即乌古斯，详细考订见王静如：《突厥文回纥英武威远毗伽可汗碑译释》，甲《引言》内，《辅仁学志》1938年第7卷第1、2期合刊。
③ 见《旧唐书》卷199下《北狄·铁勒传》。
④ 参考张星烺：《中西交通史料汇编》第1册，辅仁大学丛书，1930年，第122—141页。

突厥人最初的起源地，在准噶尔盆地以北，约在今叶尼塞河的上游。《周书·突厥传》对此记载有一段传说：

> 突厥之先，出于索国，在匈奴之北。其部落大人曰阿谤步，兄弟十七人。其一曰伊质泥师都，狼所生也。谤步等性并愚痴，国遂被灭。泥师都既别感异气，能征召风雨。娶二妻，云是夏神冬神之女也，一孕而生四男。其一变为白鸿；其一国于阿辅水、剑水之间，号为契骨；其一国于处折水；其一居于践斯处折施山，即其大儿也。山上仍有阿谤步种类，并多寒露，大儿为出火温养之，咸得全济，遂共奉大儿为主，号为突厥，即讷都六设也。

索国在今何地，尚不知道。泥师都生四男，衍生为四个氏族部落：其一为契骨，分布于阿辅水（今 Abakan 河，即今阿巴坎河）与剑水（今 Kem 河，即谦河）之间；其又一部落，在处折水（今 Dzyagel 河，即今克孜尔河）一带。以上各水皆在元代的谦州西部，而突厥部落所在之践斯处折施山（"践斯"一作"跋斯"），今虽不能确指为何处，要亦在叶尼塞河的上游。所以突厥人的最初起源地应在匈奴之西北方面。

从突厥的起源地和其兄弟部落的关系看来，契骨既是一铁勒部落，突厥就不可能不是铁勒部落之一。而且突厥文《阙特勤碑》上说："九姓乌古斯，吾之同族也。""九姓乌古斯"便是"九姓铁勒"，乌古斯也就是《隋书·铁勒传》里的乌讙（乌护），可见突厥与铁勒同源，是没有问题的。

突厥原是一个以狼为图腾的部落。这种以狼为图腾的事，从女系氏族时代已经开始了。《周书·突厥传》对此传说亦有明白的叙述：

> 突厥者，盖匈奴之别种，姓阿史那氏。别为部落，后为邻国所破，尽灭其族。有一儿，年且十岁，兵人见其小，不忍杀之，乃刖其足，弃草泽中，有牝狼以肉饲之。及长，与狼合，遂有孕焉。彼王闻此儿尚在，重遣杀之。使者见狼在侧，并欲杀狼，狼遂逃于高昌国之北山。山有洞穴，穴内有平壤茂草，周回数百里，四面俱山，狼匿其中，遂生十男。十男长大，外托妻孕，其后各有一姓，阿史那即一也。子孙繁育，

渐至数百家。

同传所载另一传说，谓突厥远祖"伊质泥师都，狼所生也"，与此说一儿"与狼合……"虽不合，然其因与以狼为图腾之女相配，乃以狼为图腾，则不相抵触。又此说谓"十男长大，外托妻孕，其后各有一姓"，前说谓"讷都六有十妻，所生子皆以母族为姓"，虽亦有悬殊，然以女系氏族为社会基础，亦相互一致。总之，突厥人以狼为图腾之事在女系氏族时代就已经形成了。直到立国以后，突厥可汗于"旗纛之上，施金狼头。侍卫之士，谓之附离（汉语为狼）"。因此，旧史学家说他们"盖本狼生，志不忘旧"① 是有来历的。

突厥社会之由女系变为男系之时，约在突厥人从事锻铁生产以后。

我们有两个理由推论突厥人的锻冶技术是由他们徙居到高昌北山以后才开始的。第一，高昌的北山，《北史》说在高昌国的西北，当即今吐鲁番盆地西北的博格达山（Bogdo-ola）。从此山西至龟兹以北的阿羯田山（今白山），自古以产铜、铁、硇砂、煤炭驰名。《水经注·河水篇》引《释氏西域记》云："屈茨（龟兹）北二百里有山，夜则火光，昼日但烟。人取此山石炭，冶此山铁，恒充三十六国之用。"由此可以看到突厥到北山后学习锻冶的自然资源条件和技术条件。且伊吾以西，焉耆以北，傍白山之地有许多铁勒部人从事锻冶为业，这些铁勒部人与突厥系同一语系，相互学习，自然更为容易。因此突厥迁此不久，便学会了锻铁手工业的技术。第二，12、13世纪的蒙古人相传其始祖有以锻铁为业之说，并言蒙古汗国成立后，可汗王庭有捶铁典礼。然洪钧《元史译文证补》卷1上云："《元秘史》谓狼鹿生人，为蒙古鼻祖，亦显拾突厥唾余；捶铁典礼，《元史》无征。"由此知蒙古此说乃袭自突厥。且蒙古人述其祖先居地为"山中壤地宽平，水草茂美"，此与《周书·突厥传》所述的"平壤茂草"，颇为相同。② 根据以上理由，我们推论突厥人之以锻冶为业，并非始于迁到阿尔泰山之时，其在高昌北山之时就已经开始了。

---

① 《周书》卷50《突厥传》；《隋书》卷84《突厥传》也说"故牙门建狼头纛，示不忘本也"。
② 参考洪钧：《元史译文证补》卷1上《太祖本纪译证上》。

然则突厥人何以由高昌北山迁于阿尔泰山之阳，各书《突厥传》对此问题皆未有记述。只《隋书·突厥传》云："突厥之先，平凉杂胡也，姓阿史那氏。后魏太武灭沮渠氏，阿史那以五百家奔茹茹，世居金山，工于铁作。"按此说非是。据《太平御览》卷302记载，匈奴人赫连勃勃于建立夏国的第三年——409年（夏龙升三年），"率骑二万入高冈，及于五井，掠平凉杂胡七千余户以配后军，进击依力川"。此文出自北魏崔宏所撰的《十六国春秋》。此为叙述"平凉杂胡"之始。依据此叙述，知平凉杂胡，不仅与突厥阿史那氏无关，且与魏太武灭沮渠氏无关。428年（夏胜光元年），勃勃子定称帝于平凉。430年（胜光三年，北魏神䴥三年），魏太武派兵袭安定，进攻平凉。431年（胜光四年，神䴥四年），夏国被吐谷浑所袭，赫连定被执国亡。此夏国之亡，虽与魏太武有关，但夏国为赫连氏所建，非沮渠氏所建。且据清人汤球所辑之《十六国春秋辑补》卷66，并无丝毫涉及突厥阿史那氏之记录。由此可知，《隋书·突厥传》的作者，是把匈奴赫连氏的夏国错认为匈奴沮渠氏的北凉了。此为我们不可不辨正者一。再以沮渠氏与魏太武的关系言之，魏太武之征服北凉在439年（北凉建平三年、北魏太延五年），此时沮渠茂虔降魏，其弟无讳退居酒泉。441年（北魏太平真君二年），魏讨酒泉，沮渠无讳谋渡流沙，引众西行。442年（太平真君三年），无讳与其弟安周攻下鄯善，安周留住鄯善，无讳率众北上，攻下高昌、车师，遂留屯于高昌。[①] 沮渠氏的西迁虽与魏太武之征服河西北凉有关，但与阿史那以五百家奔柔然，仍无直接关系。此为我们不可不辨正者二。然则突厥人何时何故迁于阿尔泰山之阳呢？我们必须于柔然之征服高昌中探求之。按《魏书·高昌传》言高昌之"北有赤石山，七十里有贪汗山。此山北，铁勒界也"。突厥部落当即居于此山。汉代的天山，是指今天山山脉的东部，特别是从伊吾（今哈密）通蒲类海（今巴里坤湖）大道的纵断部分，即今之库舍图岭。隋唐时代称天山为时罗漫山（或折罗漫山、初罗漫山）。其东方高峰，即今博格多山，自北魏至隋唐时称为贪汗山。[②] 此山在突厥史上关系至为重要。突厥人最初由叶尼塞河上游迁来时，前已言之，即屯居此山。此山在吐

[①] （清）汤球：《十六国春秋辑补》卷97。
[②] 〔日〕松田：《东洋历史大辞典》卷6"天山"条，平凡社1941年版，第336—338页。

鲁番盆地的北边,故称为"高昌北山"。贪汗山或博格多山距高昌仅七八十里,所以柔然之征高昌必然要附带征服突厥,是可以断言的。《北史·西域传》序说,魏太延中(435—440),"遣行人王恩生、许纲等西使。恩生出流沙,为蠕蠕所执,竟不果达"。这是柔然兵力于5世纪40年代已到达高昌东境。[1] 442年,沮渠无讳袭夺高昌,后传位于其弟安周。至460年(魏和平元年),高昌沮渠氏政权始为柔然所灭。[2] 然则突厥之迁于阿尔泰山,显然不是由突厥自主的,也不由于魏太武之灭沮渠氏,而是与柔然之征服高昌有密切关系。其出迁之年,由上所述,自应在魏太延中至和平元年之间,即435至460年之间。

5世纪前叶,柔然之掠突厥,使之居于阿尔泰山之阳,显然是为了使突厥直接对弱洛河畔的可汗王庭服务。同时也因为突厥是他们征服的俘虏,所以称之为"锻奴"。

1925年,苏联考古学家鲍罗夫卡(G. Borovka)在土剌河畔的诺颜乌斯穆发掘了一座以马为副葬的贵族坟墓。其中掘出的古物有铁制的刀、箭镞、马衔、马镫等物,还有汉式铜镜断片和汉式的及波斯萨珊王朝式的绢布织物。[3] 这些遗物,一般学者认为是4、5世纪时柔然贵族的殉葬品。我想其中的各种铁制品,至少有一部分是由突厥的锻工所造的。因为《周书·突厥传》说突厥的兵器有弓矢、鸣镝、甲、矟、刀、剑等物,而且还有"金镞箭"和"金狼头"。可知当时突厥的锻铁手工业已经发展到相当高的水平了。

自从突厥人迁到阿尔泰山之阳以后,由于生产力发展和铁器市场的扩大,仅靠阿尔泰山西南麓的矿苗显然不够了,所以又从叶尼塞河上游黠戛斯地面运来大量的"迦沙"铁苗,经过锻冶以后,制为"绝犀利"的兵器和用具。《新唐书·黠戛斯传》对此有所记载,说:

> 有金、铁、锡。每雨,俗必得铁,号"迦沙",为兵绝犀利。常以输突厥。

---

[1] 《北史·西域·高昌传》记载:"太延中,遣散骑侍郎王恩生等使高昌,为蠕蠕所执。"其时高昌统治者为阚爽,柔然并未袭取高昌。然柔然此时已取伊吾,故王恩生中途被柔然所执。
[2] 参考《北史·西域·高昌传》。
[3] 〔苏〕鲍罗夫卡:《北蒙古考古学的考察预报》,载〔苏〕柯兹洛夫(P. K. Kozlov)编辑:《蒙古西藏考察团北蒙古调查探险预报》第2卷,俄文版,1927年。

从此可知在5、6世纪时，在东亚北部，除了谦河流域和天山南北的锻铁业外，在阿尔泰山之阳由突厥人民又发展了一个相当巨大的锻铁手工业工地。

　　6世纪初，突厥部落的锻铁手工业更发展到了相当高的水平。在此以前，突厥的锻工主要是以奴隶的身份为柔然奴隶主汗庭服务的，因而奴隶所有制的形式也就限制了突厥锻铁工业的发展。但从5世纪末叶起，突厥锻工的从属关系和他们手工业商品所服务的对象已经逐渐在变化了。柔然汗国在5世纪后半叶不断发生奴役部落的反叛和逃亡。其中最严重的，是公元487年高车十多万帐落集体西迁，经过阿尔泰山，迁到吐鲁番盆地，建立了独立的高车王国。自此以后，柔然和高车在阿尔泰山附近进行了三十多年的拉锯战争。① 这个长期战争，对于突厥部落从柔然汗国的统治下得到解放，是有决定意义的。6世纪初年，突厥锻工在脱离柔然奴隶主的羁绊后，在锻铁手工业上得到了很大的发展。自此时起，突厥手工业的产品再不仅对柔然汗庭服务，而已经是作为商品对西域和中国的西北边塞进行贸易了。

　　关于后者，现在我们根据《周书》之《宇文测传》与《突厥传》等史料加以说明。

　　《宇文测传》说，在542年以前，每岁冰合后，突厥即来"寇掠"西魏的边塞。到542年冬，突厥人将由连谷入侵，事前西魏的行绥州事宇文测积柴于要路，突厥至，便举火焚之，突厥"惧而遁走，自相蹂践，委弃杂畜及辎重，不可胜数。测徐率所部收之，分给百姓"。从这段史料，一面可以看到6世纪初的突厥已经是一个富有杂畜和辎重（兵器）而且可以独立出征的部落，又一面我怀疑突厥此行还有到西魏塞上进行贸易的企图，否则既带辎重而又带杂畜，那就不可理解了。此事发生后不久，突厥人在土门的领导下要求与西魏通商。《周书·突厥传》云：

　　　　其后曰土门，部落稍盛，始至塞上市缯絮，愿通中国。

　　由此段记载再结合《宇文测传》，并从突厥的锻铁手工业产品看，便知

---

① 《魏书》卷103《蠕蠕传》、《高车传》。

突厥在贸易中输出者为铁器和杂畜,而输入者为缯絮。这种贸易,对于中国是有利的,所以西魏于545年遣使至突厥答应了他们的通商要求。《突厥传》对此事这样记载着:

> 大统十一年,太祖遣酒泉胡安诺槃陁使焉。其国皆相庆曰:"今大国使至,我国将兴也。"十二年,土门遂遣使献方物。

这一记载,说明突厥更需要同西魏通商贸易,甚而至为感激地说:"大国使至,我国将兴。"这个"我国将兴",必须理解为突厥铁器畅销,便可富强,从此可以永远脱离柔然的奴隶羁绊了。

关于当时突厥锻铁手工业产品如何出售于西域的事,在文献上我们一无所知。但是突厥建国以后,突厥锻工经常携带他们的铁器至中亚各国兜售,此事曾被东罗马皇帝的使者蔡马库斯(Zemurchis)遇到。[①] 由此推论,在其建国以前,我们说至少突厥铁器已经畅销于准噶尔盆地,是非常可能的。

从此突厥生产力的发展同与柔然的生产关系便发生了不可调和的矛盾。

柔然统治阶级奴隶主于523年以后,曾经一度复国,征服了西北阿尔泰山一带曾经独立过的各个部落,于是突厥重回到柔然奴隶主的统治之下了。但突厥是一个曾经独立过的部落,他的剩余生产曾经作为商品以与邻国进行交换,西魏并以"国"的名义称之,同他通使报聘,在这种情况下,突厥人无论如何是不愿意重新回到奴隶主完全占有生产资料和生产者本身的落后奴隶制囚笼中的。然而奴隶主不相信这一点,他还用已经过时了的奴隶占有关系对待突厥,其结果就引起了突厥锻工的武装起义。

546年,正是突厥与西魏正式通商的一年,高车国的残余部众将东击柔然,在路上忽被突厥的酋长土门打退,降服其众五万多帐落。土门自恃其强盛,乃求婚于柔然。柔然主阿那瓌大怒,使人辱骂土门说:"尔是我锻奴,何敢发是言耶?"[②] 土门怒杀其使者,转而求婚于西魏。西魏以长乐公主婚之。从此,突厥出兵东攻柔然,终于在552年颠覆了柔然汗国。

---

① 参考张星烺:《中西交通史料汇编》第1册,第107—109页,东罗马史家梅南窦关于突厥人在索格底亚出售铁货一段记载。
② 《周书》卷50《突厥传》。

一个被柔然人目为"锻奴"的突厥部落集团，凭了自己的锻冶技术，凭了自制的铁器商品运销，在他们的生产过程中，一面进行了同铁勒诸部及西魏边境汉人的商品交换，使突厥和铁勒有合并为一国的可能；一面进一步推翻了阻碍新生产力和新生产关系发展的柔然王朝，从而建立了更强大的突厥汗国，这种具有一定革新意义的锻奴起义运动，在中世纪的蒙古草原上出现，值得我们特别加以注意。

然而仅靠这样一个锻铁手工业集团的起义，是否就能改变旧有的奴隶占有关系，而变为封建主义的生产关系呢？这自然是不可能的。

制造铁器的手工业，从奴隶社会起就已经产生和发展起来了。斯大林曾经指出，在奴隶社会，"此时人们所拥有的已经不是石器，而是金属工具"[1]。这金属工具包括了青铜器和铁器（如铁斧、铁锄头等）。蒙古草原在匈奴的奴隶制时期，在檀石槐的部落联盟时期，在柔然汗国时期，都曾使用了铁的工具，然而并不曾引起草原的社会变革。从此可见单靠突厥的锻冶工作是不能把草原的奴隶制社会改变为封建主义社会的。

主要原因是由于那时铁的锻冶仅是属于手工业范围内的事，而手工业在历史上从来没有也不可能担当社会革命的任务。关于这点，马克思在《资本论》中已经有经典性的说明。他说：

> 手工制造既不能掌握社会生产的全范围，也不能使社会的生产，从根本上发生革命。[2]

但是马克思并不否认手工业的发展对于社会所发生的进步作用，所以他说：

> 它（手工制造业）的狭隘的技术基础，一经发达到一定的阶段，就和它自身所创造的生产需要相矛盾了。[3]

---

[1] 〔苏〕斯大林：《辩证唯物主义与历史唯物主义》，苏联外国文书籍出版局1950年中文版，第30页。
[2] 马克思：《资本论》第1卷，人民出版社1953年版，第445页。
[3] 同上。

马克思这几句话虽然是对手工制造业之变革为机器大工业而言的,但是也可用以解释突厥锻工对柔然汗国的起义运动。柔然统治阶级用旧的生产关系,即奴隶主对待奴隶的方式对待突厥锻工,限制他们为自己服务。然而突厥的锻铁手工业早已由奴隶主的作坊改变而为广大的市场交易了。这种生产力与生产关系的矛盾,产生了突厥的锻工起义。锻工起义,虽然不能使旧的生产关系马上被推翻,但它是草原历史发展的一种动力。由此动力,劳动人民才能打击当时柔然奴隶主的奴隶占有关系形式,因而也就多少推动了当时社会生产力的发展。

第二章　突厥汗国的形成和分裂

突厥汗国是 6 世纪中叶到 8 世纪中叶，前后具有约近二百年历史的多部落、多部族国家。这个汗国最初是凭几个突厥可汗的武力征服成功的，但各族之间并没有共同语言、共同文化，更重要的是彼此之间并没有经济的联系，所以统一不久，就分裂为东西突厥两个汗国了。

突厥汗国的历史大致可分为四个时期：从 552 年到 583 年，是汗国的形成时期。从 583 年起，东西突厥分裂，到 630 年东突厥汗国灭亡、659 年西突厥汗国灭亡，这是东西突厥汗国分立时期。东突厥汗国灭亡后，突厥南徙，附属于唐朝（630—679），而漠北则有薛延陀汗国的建立（630—646），这是东突厥的南北分裂时期。从 679 年到 745 年，是东突厥汗国复兴并统治西突厥一部分疆域时期。

在突厥汗国时期，各部落、部族之间，虽然有些情况——分裂和分散、联合和融合，是与过去许多部落汗国相同的，但是它们仍然有若干划时代的特点。例如，蒙古草原部族之有文字，是从突厥汗国的突厥文开始的。在此以前，在匈奴汗国和柔然汗国中，都不曾创造过自己的文字。其次，6 世纪以前，蒙古草原各汗国除匈奴外不曾扩拓到中亚各地，也很少能把蒙古草原、中亚草原和西域的城郭诸国合并为一个国家。但自突厥成立以后，蒙古草原与中亚草原以及西域的城郭诸国被合并为一个国家了。且其合并时间，前后有一百年之久。这种情况在我们研究亚洲中世史时感觉到特别突出。第三，还更值得注意的，是当突厥汗国的立国时期，同时也就是草原游牧部族由落后的奴隶制发展为封建主义的时期。这种促进社会发展的动力，是以草原牧民的商品经济发达和各族牧民的起义为基本因素的，但是这和隋唐时期汉族人民的帮助与中亚城市诸国封建主义的早期产生都有非常密切的关系。

现在，先述突厥汗国形成的经过。

突厥汗国的建立者，始于伊利可汗阿史那土门。"土门"（Tümän）有"万人长"之义。① 原来他是突厥部落的酋长，于546年联合准噶尔盆地的铁勒部落，共五万多落，从此就奠定了东征西讨的基础。552年，土门率兵大破柔然，柔然主阿那瓌自杀，土门自号为"伊利可汗"（Il qagan，有同盟体的首领或国王之义）。史称"突厥土门自号伊利可汗，号其妻为'可贺敦'，子弟谓之'特勤'，别将兵者皆谓之'设'"②。然则突厥汗国之建立实始于土门。553年初，土门死，子科罗立，不久，科罗死，其弟燕都俟斤立，号木杆可汗。其人"勇而多智，遂击茹茹（柔然）灭之"。又"西破嚈（嚈）哒，东走契丹，北并契骨，威服塞外诸国"③。当时，突厥汗国的疆域，"东自辽海以西，西至西海万里。南自沙漠以北，北至北海五六千里，皆属焉"④。突厥汗国建牙庭于于都斤山，一称郁督军山或乌德鞬山，皆系"Ütükän"之对音，在鄂尔浑河的上游。

然直接征讨嚈哒及其他西域各国者，不是木杆可汗本人，而是伊利可汗之弟室点密可汗（一作瑟帝米可汗，为Istämi qagan之对音，此可汗原名帝瑟波罗斯Dizabaulos）。室点密是从562年到576年间的西突厥首领，初称"莫贺咄叶护"，统十姓部落十万人，往平西域诸国。盖在583年前，东西突厥并未分裂，土门及其直系子孙胤任可汗，为宗主国；室点密及其子胤任叶护（Yabhu，仅次于可汗的官号），为分封国。两国在政权上原来是统一的，"室点密可汗"大约系西突厥独立后所追加的尊号。在6世纪中叶及其以前，西域最大的国家为嚈哒（Ephthalites）。嚈哒不仅占有天山以南的许多城郭国家，就是中亚的康居、粟特诸国，以至罽宾、安息的一部分地区亦在其统治之列。

---

① "土门"的对音是Tümän，有万骑、万人或万人长之义。此与古代匈奴单于"头曼"、后世蒙古语中之"土默特"实为同一语源。突厥文《阙特勤碑》称土门为布民可汗（Bumin qagan），土门为布民可汗之本名。
② 《通鉴》卷164梁元帝"承圣元年"条。
③ 此数语见《周书·突厥传》及《隋书·突厥传》。按击柔然者始于土门，至木杆可汗才尽灭柔然。西破嚈哒事在562年至567年间，其时木杆为大可汗，故史家记为木杆之功业，而直接征伐嚈哒者，实为土门之弟、木杆可汗之叔室点密可汗。此点详述于下段。契骨在《汉书》中称"坚昆"，《旧唐书》称"结骨"，《新唐书》称"黠戛斯"，《元史》称为"吉利吉思"，今称"柯尔克孜"。
④ 《周书》卷50《突厥传》。辽海指辽河下游濒海地带，西海指里海，北海指贝加尔湖。

其王都城在缚喝罗（Balkh），在阿姆河以南。室点密之征嚈哒，是由准噶尔盆地西出伊犁河、怛罗斯河流域所谓"乌孙故地"开始的。他既占领此区，然后西进，先破阿跌人（Abdel），次与嚈哒之驻兵相遇，皆战胜之，此皆562年及此年以前的事。① 在此时期，室点密可汗以一女给波斯王贺斯罗·阿纳希尔文（Khosrou Anouschirwan）为妻。贺斯罗与嚈哒王有宿怨，遂与突厥分别由南北出兵，从563年至567年共灭嚈哒，瓜分了嚈哒旧有的领土。突厥和波斯两国的分界，原来在阿姆河及此河以北的铁门。但为时不久，突厥汗国进攻波斯，扩拓领地至于罽宾，而把嚈哒旧日的领土完全占领。②

室点密可汗的牙帐，原在龟兹以北阿羯田山（白山）北麓的鹰娑——裕尔都斯谷（Youldouz）。此为南庭，亦即冬都。自灭嚈哒后，在石国（今塔什干）以北，碎叶河（今吹河或楚河）流域之千泉，又设北庭，此为夏都。

在室点密统治西域及中亚时期，有一事必须略加叙述者，即此汗联合东罗马拜占庭王朝南攻波斯之事。在568年之前，突厥一使臣康居人曼尼阿黑（Maniach），为销售丝绢出使波斯。波斯王贺罗斯拒之，并毒死突厥使者多人，于是突、波交恶。567年，突厥可汗又派曼尼阿黑使于东罗马，东罗马詹斯丁帝（Justin II）允许突厥在国内进行丝绢贸易，并几次遣使报聘，订立通好条约。两国关系既深，突厥常怂动罗马攻伐波斯，故由571年起，东罗马与波斯之战争延长至二十年之久。③

西突厥之役属康居乃在攻灭嚈哒以后。④ 至于天山以南诸国，自6世纪中叶至7世纪40年代，先后合并于西突厥。

和室点密征服西域诸国同时，东突厥的木杆可汗努力于蒙古草原周围诸部落国家的侵略。木杆可汗征服契骨之年代已不可考，其征服契丹及奚，则在突厥开国之初⑤；破吐谷浑在556年（西魏恭帝三年）⑥。草原与西域既定，指挥兵士数十万，列处于阴、代，南向以临周、齐。周、齐二国，莫能

---

① 室点密征服阿跌及嚈哒事，原载弥南窦：《希腊史残卷》，转引自〔法〕沙畹：《西突厥史料》，冯承钧译，中华书局1958年版，第160页。
② 参考《西突厥史料》，冯承钧译，第161—163页。
③ 参考《西突厥史料》，冯承钧译，第166—186页。
④ 《旧唐书·西域·康国传》言，隋炀帝时（605—616），康国在屈术支王时，娶西突厥叶护可汗之女，遂臣于西突厥。
⑤ 《通典》卷200《边防》"库莫奚"、"契丹"条。
⑥ 《周书》卷50《吐谷浑传》。

抵抗，争请结好。565年，木杆可汗以女妻周武帝，周人每年给予缯絮锦彩十万段。突厥人之在长安者，又待于优礼，衣锦食肉，常以千数。齐人惧其攻掠，亦倾府藏之财以给之。突厥可汗利用周、齐两国之间的矛盾，不但每年坐收缯絮锦彩几十万段，运销于中亚、波斯、罗马诸国，以收其利，而且捭阖纵横于两国之间，曾经联合北周以攻北齐（563—564），后来又出兵北齐谋击北周（577），齐亡以后，突厥更举兵助齐范阳王复国。从此可以看到突厥汗国势力之强大及其统治者的野心了。

从552年到583年，在短短三十年中间，突厥人在亚洲建立了一个最强大而且相当统一的国家。这个国家的建立在后世突厥人看来，是非常光荣的。732年突厥汗国的复兴君主苾伽可汗于鄂尔浑河右岸和硕柴达木湖畔树立了一座著名的《阙特勤碑》，上面刻着一段铭文，好像是一首叙事诗，在讴歌突厥建国之初的成就，说：

> 当上方苍天下方黑地开辟之时，人类的子孙亦出生于其间矣。人类子孙之上，我祖宗土门可汗及室点密可汗实为之长。既为之长，即与突厥人民制定统治国家的制度。天下四隅，悉为敌人，我祖悉征讨之，使之遵守和平，垂首屈膝。东至兴安岭，西至铁门，悉为我居之地。于此两极之间，统治蓝突厥人。吾祖宗皆圣贤可汗、英武可汗。其梅录亦莫不贤而且勇。诸伯克及人民亦皆亲睦和协。因此之故，始能保国，国保而后立法。但上述诸可汗皆依其命运一一逝世矣。其来祭吊与葬者，由东方日所出之高丽国，与唐国、吐蕃国、波斯国、拂菻国、黠戛斯人、三姓骨利干人、三十姓达靼人、契丹人、奚人。与祭人民之多如此，吾祖宗即如此著名之可汗也。[①]

[①] 突厥文《阙特勤碑》，自1889年为俄国雅德林采夫（N. Yardrinzeff）在蒙古草原鄂尔浑河畔和硕柴达木湖旁发现后，曾由俄国、荷兰等国学者译为法文、德文。我国史学工作者初由德文、英文译为中文者，为韩儒林先生之《突厥文阙特勤碑译注》，载1935年出版之北平研究院《院务汇报》第6卷第6期。韩氏又译注《突厥文苾伽可汗碑译释》，载1936年之《禹贡》半月刊第6卷第6期。唯其中尚有若干地方未曾译出，或译辞尚须斟酌。1937年，岑仲勉先生发表了《跋突厥文阙特勤碑》（《辅仁学志》第6卷第1、2合期），对于韩氏译文多所补正。1940年，日本小野川秀美，参考我国及欧洲各国已有关于突厥碑文的文献，发表了《突厥文译注》（《满蒙史论丛》第4期），今日读之，颇有后来居上之感。本书译文，根据韩译为多，其有未及者，则以岑《跋》及小野译注补正之。

然而好景不长，突厥的统一汗国旋告分裂。这种情况，在突厥文《阙特勤碑》的铭文上亦曾有所说明：

> 吾先人死后，有以其弟为可汗，有以其子若孙为可汗，惟弟不类其兄，子亦不肖其父。御极者率皆无知之可汗，怯懦之可汗；其为梅录者，亦莫不无知与怯懦。因伯克与人民间的不和，因唐家从中施用阿谀与诡计，因兄弟自相龃龉而使伯克与人民之间相互水火，遂致突厥人民失其国家。

这段突厥文碑铭完全符合突厥汗国分裂及其以后的历史，它是这一段突厥汗国历史的总结。

著名一时的木杆可汗，在位二十年，于572年（北周建德元年）逝世了，继其位者是其弟佗钵可汗。佗钵承父兄之余业，拥兵数十万，以其兄乙息记可汗之子摄图为尔伏可汗，统其东面；又以其弟褥但之子为步离可汗，统其西面。前者以镇北齐，后者以临北周，凌轹中原之势既成，遂曰："但使我在南两个儿孝顺，何忧无物耶！"① 北齐既灭，前齐定州刺史范阳王高绍义奔突厥，佗钵立之为齐帝。借口为齐复仇，率所部于578年侵幽州，围酒泉。579年又扰并州。周不得已，始以千金公主嫁给佗钵。

581年（隋开皇元年），佗钵可汗卒，内部汗位继承发生问题，而此时统治中国北部的为日趋统一的隋朝，从此突厥国势以及突厥和中国的关系都发生了不同的变化。

原来突厥汗位继承制度，自土门以来，并无一定规定。土门因弟室点密僻处西域，传位于其子科罗，自科罗以下二汗，皆舍子而传位于其弟。他们传位的手续，一面要秉承上一代可汗的遗志，但同时另一面还要经国人会议同意。到佗钵可汗时期，突厥汗国版图广大，族落众多，而各地可汗，兵力不相上下，所以在汗位继承上，就产生了"昆季争长，父叔相猜"的内部纠纷。佗钵的遗志是传位于木杆之子大罗便，但为摄图所反对。于是立佗钵

---

① 《周书》卷50《突厥传》。近世治突厥史者，皆以佗钵此语指齐周两国皇帝，唯《通鉴》卷171言："在南两儿谓尔伏、步离二人，所部分西北，皆南近中国。"此说似较允当。

之子菴罗为可汗。大罗便不服,出而反对。菴罗不得已,经过国人会议,遂让位于摄图,是为"伊利俱卢设莫贺始波罗可汗"(Il külüg šad baga išbara qagan),简称为伊利可汗,一号沙钵略可汗。

可汗继承问题虽暂时解决,但汗国内部的分裂跟着由此开始。

自匈奴立国以来,由于蒙古草原的地势辽阔,族部复杂,故统治阶级常分为东西二部,设官驻兵,以统治之。突厥汗国承此遗制,亦把草原划为东西二区。东面为"突利"(Tölis)区;西面为"达头"(Tarduš)区,各置一设以统治之。设(Šad)本是突厥官秩中一种武官。《新唐书·突厥传》云:"其别部典兵者曰设",可见设是除了可汗的直属部众外,别部之典兵权者。因此,突厥史中时有"突利设"与"达头设"之名。但东西二区并非只能置设一种官秩,由于突利区地近汗庭,而且族落复杂,所以典兵者的地位往往高于达头。如突厥立国之初,土门统治东方,称可汗;室点密统治西方,称叶护,其官秩皆在设以上。又如在突厥复兴时期,骨咄禄可汗以弟默啜任"达头设",以咄悉匐任"突利叶护"。叶护介于可汗与设之间,略如副可汗之地位。此皆突利重要于达头之证明。

但自佗钵可汗以来,别部典兵者亦称可汗,其时可汗可能亦有在叶护下者[①]。然无论如何,可汗名称众多,一方面表明当时突厥汗国的发展已经达到了顶点,另一方面又反映出汗国的兵权和政权已经陷于无法集中的涣散状态。

当沙钵略可汗即位之初,突厥诸可汗便有权力分散、割据称雄之势。沙钵略可汗摄图坐治于都斤山,为汗国最大之可汗。佗钵之子菴罗被封于独洛水(今土剌河)流域,称为"第二可汗"。曾经反对菴罗为可汗的大罗便,

---

① 旧日史籍言突厥官制者,以《通典·边防》篇为最详。该篇《突厥上》云:"其(可汗)子弟谓之'特勒(勤)'。别部领兵者谓之'设'。其大官,'屈律啜';次,'阿波';次,'颉利发';次'吐屯';次'俟斤'。其初,国贵贱官号凡有十等,或以形体,或以老少,或以颜色、须发,或以酒肉,或以兽名。其勇健者谓之'始波罗',亦呼为'英(莫)贺弗'。肥粗者谓之'大罗便'。'大罗便',酒器也,似角而粗短,体貌似之,故以为号。此官特贵,惟其子弟为之。又谓老为'哥利',故有'哥利达官'。谓马为'贺兰',故(有)'贺兰苏尼阙';'苏尼',掌兵之官也。谓黑色者为'珂罗便',故有'珂罗啜',官甚高,耆年者为之。谓发为'索葛',故有'索葛吐屯',此如州郡官也。谓酒为'匐你热汗';'热汗',掌监察非违,厘整班次。谓肉为'安禅',故有'安禅具泥',掌家事,如国官也。有时置'附邻可汗';'附邻',狼名也,取其贪杀为称。亦有可汗位在叶护下者。或有居家大姓,相呼为'遗可汗'者;突厥呼屋为'遗',言屋可汗也。"

系木杆可汗之子，称为阿波可汗（Apa qagan），其封地在于都斤山西北、阿尔泰山以东，与西突厥接壤，史称其治所为"北牙"。① 又室点密之子玷厥，治所在乌孙故地，称为达头可汗。在草原东面，奚、霫、契丹、鞑靼分布之区，为沙钵略之弟处罗侯所辖，称为"突利设"或"突利可汗"。以上五可汗的分立是沙钵略时期突厥汗国内部的主要形势。隋文帝诏所谓"且彼渠帅，其数凡五"②，即指此沙钵略、菴罗、阿波、玷厥、处罗侯而言的。

此外，在高昌北部，有贪汗山③，统其地者，为贪汗可汗。在准噶尔盆地，接近塔尔巴哈台一带，还有纥支可汗。

由于在过去的汗位继承问题上，沙钵略初拥护菴罗为可汗，菴罗后让位于沙钵略，所以此二人的利益是一致的。而阿波可汗大罗便，则凭其父可汗的余势，拥有阿拔部落十万骑，始终反对沙钵略菴罗集团，此为汗国矛盾之点一。玷厥承其父室点密之遗业，疆域广大，资源丰富，兵马强盛，远在沙钵略之上。但其地位，则在伊利可汗以下。故长孙晟谓玷厥与沙钵略"外名相属，内隙已彰"④。此为汗国矛盾之点二。突利可汗处罗侯，虽为沙钵略的亲弟，但其人"奸多而势弱，曲取于众心，国人爱之；因为摄图所忌，其心殊不自安"⑤。此为汗国矛盾之点三。有此三种矛盾，所以"摄图、玷厥、阿波、突利等叔侄兄弟，各统强兵，俱号可汗，分居四面，内怀猜忌，外示和同"⑥。

但在统治阶级内部，最基本的矛盾是东突厥派与西突厥派的矛盾。东突

---

① 阿波的居地，《隋书·突厥传》语焉不详，当合《西突厥传》及《长孙晟传》寻绎之。《隋书·西突厥传》云："（大罗便）与沙钵略有隙，因分为二，渐以强盛。东拒（于）都斤，西越金山，龟兹、铁勒、伊吾及西域诸胡悉附之。"此言东拒于都斤山，西越金山，可知其驻地当在杭爱山与阿尔泰山之间。又《突厥传》言："沙钵略因西击阿波，破擒之。而阿拔国部落乘虚掠其妻子。"由此知阿拔部落之所在，即阿波可汗之驻地也。又《长孙晟传》载晟说阿波曰："摄图……成其凶计，灭北牙矣。"同传又述摄图败归，由白道至碛，闻阿波怀贰，乃掩北牙。胡三省在《通鉴》卷 175 "陈至德元年"条"灭北牙矣"句下注云："阿波建牙在摄图之北。"由此亦知北牙在于都斤山之北。
② 《隋书》卷 84《突厥传》。
③ 关于贪汗山之位置，见《隋书·高昌传》："北有赤石山，山北七十里有贪汗山，夏有积雪。此山之北，铁勒界也。"此贪汗山即贪汗山之误。
④ 《隋书》卷 51《长孙晟传》。
⑤ 同上。
⑥ 同上。

厥派包括沙钵略、菴罗和处罗侯而言，处罗侯对于沙钵略虽有隙忌，但他始终不能与西突厥派合作，所以后来两人联合攻击阿波可汗。而玷厥东与阿波为邻，北与贪汗可汗及纥支可汗接壤，故此四可汗在反对沙钵略的旗帜下联合起来，终于脱离东突厥，而形成为西突厥汗国。

在突厥汗国内部，不只统治阶级之间具有矛盾，更重要的在统治阶级与被统治的各部落之间，具有不可调和的矛盾。

突厥汗国是一个多部落的国家，而且更是一个在突厥统治阶级统治下包括着许多难以数计的各族部落的国家。隋文帝诏云："部落之下，尽异纯民。千种万类，仇敌怨偶。"① 此数语实为当时突厥汗国部落关系的写照。在汗国的东南，为奚、霫、契丹诸族；东北为三十姓鞑靼及一部分大兴安岭以外的室韦。这些部落或部落集团自被征服以后，都做了突厥汗国统治下的"黑民"（Kara budun），沙钵略遣"吐屯"多人分别统领之，并征收其赋税。② 汗国的北面，为九姓铁勒、九姓回纥、三姓骨利干、四十姓拔塞密等等。《隋书·铁勒传》说："自突厥有国，东西征讨，皆资其用，以制北荒。"在叶尼塞河上游，曲漫山之北，为九姓坚昆，即契骨部落③，突厥征服之，使之贡输兵器及铁。此外，在准噶尔盆地及伊犁河、怛罗斯河流域有十箭突厥统治下的葛逻禄及其他铁勒部落。在塔里木盆地如龟兹、焉耆、于阗等国；在中亚，如嚈哒人、粟特人及一部分波斯人，自嚈哒国被灭后，大部分皆臣属于突厥。这些部落和国家的人民，臣属于突厥不久，因为突厥汗国向他们榨取繁重的贡赋，进行苛刻的劳役剥削，所以各处都准备着而且有一部分已经爆发了对汗国统治阶级的反抗。这种具体事实在隋文帝的《伐突厥诏》内已可看到一部分情况：

> 世行暴虐，家法残忍。东夷诸国，尽挟私仇，西戎群长，皆有宿怨。突厥之北，契骨之徒，切齿磨牙，常伺其便。达头前攻酒泉，其后于阗、波斯、挹怛三国，一时即叛。沙钵略近趣周槃，其部内薄孤、束

---

① 《隋书》卷84《突厥传》。
② 参考《隋书》卷84"奚"、"契丹"、"室韦"各传。
③ 契骨在曲漫山以北，见《新唐书》卷217下《黠戛斯传》。唐人段成式《酉阳杂俎》前集卷4云："坚昆部落，非狼种，其先所生之窟，在曲漫山北。自谓上代有神，与牸牛交于此窟。"

纥罗寻亦翻动。往年利稽察大为高丽、靺鞨所破。娑毗设又为纥支可汗所杀。与其为邻，皆愿诛剿。部落之下，尽异纯民。千种万类，仇敌怨偶。泣血抚心，衔悲积恨。①

诏内"东夷"，显系指奚、霫、契丹等族而言。"西戎"群长系指西域诸国君长而言。达头攻酒泉事，《隋书·突厥传》不载，唯《周书·宣帝纪》言，宣政元年（578）十一月，"突厥寇边，围酒泉，杀掠吏民"。此时围酒泉者，《周书·突厥传》谓为佗钵可汗，恐误。按达头可汗已于576年代其父室点密为可汗，此时东西突厥尚未有隙，故其侵扰酒泉者，必为达头可汗。576年，达头攻酒泉时，西方于阗等国背叛，因此知突厥之役属西域于阗等国在576年以前。沙钵略从兰州攻周槃（在隋宏化县界内）在582年（隋开皇二年）。《隋书·长孙晟传》曾记其事，言是年"摄图四十万骑，自兰州入，至于周槃，破达奚长儒军，更欲深入。玷厥不从，引兵而去。时晟又说染干（摄图之子）诈告摄图曰：'铁勒等反，欲袭其牙。'摄图乃惧，回兵出塞"。即指此事。然则文帝诏中之"其部内薄孤、束纥罗寻亦翻动"，乃指铁勒部落而言。因此，诏书上之"薄孤"应即"仆骨"或"仆固"之异译，而"束纥罗"应即指"同罗"（Tongra）而言。此二部落都是铁勒种类无疑。利稽察大约系突厥东方之吐屯，在前已被高丽国所属的靺鞨人所破，而准噶尔盆地葛逻禄的婆匐部②首领（设）又被纥支可汗所杀。从此可知突厥统治阶级和被统治的各族首领及人民之间的关系，已经开始进入不可调和的矛盾状态。

突厥汗国内部既然有上述各种矛盾，因而造成了隋朝君臣进行离间分裂的机会。

隋臣长孙晟于文帝践位之初便提出了对突厥"远交而近攻，离强而合弱"的计划。计划的具体内容是："通使玷厥，说合阿波，则摄图回兵，自防右地。又引处罗，遣连奚、霫，则摄图分众，还备左方。首尾嫌猜，腹心

---

① 《隋书》卷84《突厥传》。其中"突厥之北"以下四句，原文为："突厥之北，契丹之徒，切齿磨牙，常伺其便。"但据《北史》卷99《突厥传》，"契丹"作"契骨"，"其便"作"其后"。当从《北史》改正。
② 《隋书·突厥传》所载隋文帝诏原文"娑毗设"恐为"婆毗设"之误。葛逻禄三部中，一部曰婆匐部，疑即此婆毗，驻牧于乌轮古海以西。

离阻。十数年后，承衅讨之，必可一举而空其国矣"①。582年，突厥沙钵略可汗听了前周千金公主（此时已改嫁沙钵略）报复隋室的话，号召诸可汗率兵四十万，东扰平州（在今河北北部）、马邑（今山西朔州），西侵武威、天水、安定、金城（在今甘肃）、上郡、弘化、延安（在今陕西北部）等郡，于是隋之东北、北、西北三边无不被攻掠，至于"六畜咸尽"。假使突厥汗国内部没有各种矛盾，此役对于隋的打击将是十分沉重的。但事前隋文帝已派遣太仆元晖出伊吾（哈密）道，至玷厥治所，与他订立了互不攻击的盟约。又授长孙晟车骑将军，出黄龙道，以奚、霫、契丹人为向导，至处罗侯治所，与之结好。因此，突厥兵至周槃，玷厥不从，引兵而去。此时又传漠北铁勒造反，南袭可汗牙庭。这样一来，沙钵略便不得不回兵出塞，去安顿内部。

583年（隋开皇三年），隋军分八路反攻突厥。最东一路出卢龙塞，击溃北齐高宝宁所统率的残余兵力，平定和龙诸县。中路出马邑塞，与沙钵略可汗遇于白道（在长城北，今内蒙古自治区白道岭），突厥战败远遁。时草原无雪，川涸蝗暴，饥疫相继，突厥军中无食，粉骨为粮，死者甚众。最西一路出凉州，与阿波可汗战于高越原。阿波累败，因长孙晟劝告，订盟而还。沙钵略既败，又闻阿波与隋订盟，因归袭阿波之治所北牙，并杀其母。阿波还无所归，西奔玷厥。玷厥大怒，遣阿波帅兵而东，其部落归之者十万骑，与沙钵略相攻，收复故地。贪汗可汗素睦于阿波，沙钵略夺其众而废之，贪汗亡奔玷厥。又沙钵略从弟地勤察，别统部落，与沙钵略有隙，亦率众叛归阿波。至此，西部突厥，联合玷厥、阿波、贪汗、地勤察四统帅之兵力成为一个很有势力之集团，和东突厥汗国对立，而形成了西突厥汗国。

玷厥与阿波既经联合，阿波势力渐强，东拒于都斤山之兵，西越阿尔泰山，于是伊吾、铁勒、龟兹及西域诸国皆附属之。

突厥分裂以后，沙钵略势力渐衰，584年沙钵略遣使向隋朝请和求援。至第二年，沙钵略可汗西为玷厥、阿波所困，东畏契丹人入侵，又遣使告急于隋，请将其部落度漠南，寄居白道川（今内蒙古呼和浩特北白道溪）。隋文帝许之，并给以衣食车服。沙钵略生活既定，遂西击阿波可汗。此时，漠

---

① 《隋书》卷51《长孙晟传》。

北阿拔部落乘虚掠沙钵略之妻子，隋军为击阿拔部落而败之，所获皆给沙钵略。沙钵略大喜，乃立约以沙碛与隋为界。

587年，沙钵略卒，其弟处罗侯继位，为莫何可汗，沙钵略子雍虞闾为叶护。莫何可汗勇而有谋，以隋所给的旗鼓，西击阿波，阿波因而被擒。588年，莫何可汗西征，中流矢而亡，国人立雍虞闾为"颉伽施多那都蓝可汗"。593年，隋人杨钦亡入突厥，与大义公主（隋文帝改封千金公主为大义公主）所私之粟特人安遂迦共同鼓动都蓝出兵攻隋边境。大义公主又与西突厥泥利汗联合，共谋出兵攻隋。

6世纪末叶的西突厥虽然从突厥汗国分裂出来，但其内部仍呈现一种不相统一的状态。587年以前，西突厥有实力者是达头可汗（玷厥）和阿波可汗。阿波可汗被擒以后，国人立鞅素特勒之子为泥利可汗。在588年后至603年前，西突厥有实力者为达头可汗和泥利可汗。因此，大义公主联合泥利，企图攻隋西北边境。但此种计划，不久被隋臣长孙晟识破。长孙晟至突厥汗国索还杨钦，并揭发大义公主与安遂迦之私事，都蓝可汗遂杀大义公主，并执杨钦、安遂迦送晟处死。①

此时东突厥汗国，除都蓝可汗外，尚有前莫何可汗之子染干，亦称突利可汗，居于北方。此突利可汗与都蓝可汗皆向隋室请婚，隋室仍用"离强合弱"之策，拒绝都蓝，允以宗女安义公主嫁与突利。597年（隋开皇十七年）突利可汗成婚，率所部徙居于度斤旧镇，为隋探听草原动静。从此以后，隋边郡有警，先有所备。

599年，东突厥都蓝可汗与西突厥达头可汗结盟，合兵攻击突利可汗。突利战败，部落散亡，南下降隋，被册封为"意利珍豆启民可汗"（义为智健王）。启民可汗收辑旧部流亡者，得万余口，隋人于朔州筑大利城以居之。时突厥旧部，归之者甚多。而都蓝可汗又侵掠不止，隋人遂迁之于河套夏、胜二州之间，东西至黄河，南北四百里，掘为横堑，尽为突厥畜牧之地。隋文帝更命杨素等分三路出兵，以攻都蓝，师未出塞，都蓝已为其部下所杀。

漠北突厥国中既乱，西突厥达头可汗乘势占领漠北，企图恢复东西统一的突厥汗国。为了阻止隋兵的进攻，600年至601年，达头可汗率兵南下，

---

① 参考《隋书》卷51《长孙晟传》。

侵扰隋的代郡恒安（在今山西大同境内）及五原等地，结果都被隋军所败。602年，达头遣部将南下，攻击启民可汗，掠夺其人口及牲畜北去。[①] 至603年，突厥国内发生了部落叛乱，铁勒、思结、伏利具、浑、斛薛、阿拔、仆骨等十余部落皆叛达头，南降启民，达头部众大溃，西奔青海之吐谷浑国。[②]

达头自576年继室点密为可汗以来，威赫一世，名震波斯及东罗马诸国，至此西奔青海盆地，不知所终。达头出奔，影响西突厥汗国之局势甚大。其时泥利可汗亦被铁勒部落击败而死，代之而立者为泥撅处罗可汗。处罗可汗统率突厥之西部部落驻牧于乌孙故地，约今伊犁河流域。西域之西南部，则为达头之孙射匮可汗所统治。直至611年，处罗弃国入隋，射匮才统一了西突厥各部。

由上所述，可见突厥汗国的分裂具有许多因素。国内统治阶级的权力分散和矛盾是汗国分裂的因素之一。国外隋帝国实行远交近攻、离强合弱政策，也加速了突厥汗国的分裂。但最基本的还是汗国之内的各族各部落之间，既无共同的语言、共同的地域，又无共同经济把各族各部落联合成一个部族共同体，因而也就不能建成一个统一的国家了。

---

① 参考《通鉴》卷179。
② 《隋书》卷51《长孙晟传》。伏利具是何部落，待考。

第三章　东西突厥的分立和衰亡

东西突厥二汗国的分立，从突厥统治阶级来说，本来就是开始衰亡的象征，所以各经数十年，结果都灭亡了。

东突厥启民可汗的政权，本来是依靠隋统治阶级的支持而存在的。自从他投降了隋帝国以后，突厥部落或南入长城，或驻牧于白道，虽然"人民牛马，遍满山谷"，但实际上不过是"与大隋典羊马"[①]罢了。

其中最可注意者，是东西二汗统治下各部落的离叛和独立运动。

601年（隋仁寿元年），东突厥部落人民九万口和奚、霫等五部皆叛达头可汗南下降隋。603年，东西突厥汗国内的铁勒、阿拔、仆骨等十多个部落亦背达头可汗南下。这些部落经过隋帝国的斡旋，都归降于启民可汗，于是启民可汗的实力逐渐恢复。至609年，启民可汗死，其子咄吉继位，为始毕可汗。

当启民可汗收拾达头死后的漠北残局之时，准噶尔盆地的铁勒各部也不断发生了反压迫和反剥削的运动。原来准噶尔盆地是铁勒部落的聚居区域之一。但在突厥东征柔然时，大部分铁勒都散居到鄂尔浑、土剌河及色楞格河流域去了。自600年（隋晋王杨广北征达头）至603年（铁勒各部分散）间，漠北大乱。铁勒诸部或南下随启民可汗，或西逾阿尔泰山至准噶尔盆地，于是天山以北又为薛延陀、契苾、回纥、仆骨、同罗等族游牧之地。[②]605年

---

① 此系启民可汗语，见《隋书》卷84《突厥传》。
② 铁勒西迁年代，据《隋书·铁勒传》言："开皇末，晋王广北征，纳启民，大破步迦可汗，铁勒于是分散。"杨广北征在开皇二十年，即600年，铁勒各部分散当始于此。以后隋对漠北，亦常出兵。最可注意者，是仁寿三年即603年铁勒十余部叛达头而归于启民之事。漠北及西北铁勒种类甚多，其中一部分归启民，一部分归西突厥，故《隋书·铁勒传》说他们"分属东、西两突厥"。隋末铁勒每一部人分属东、西汗国之事甚多，如薛延陀，《通典》卷199言其"部落中分，在郁督军山者，东属于始毕；在贪汗山者，西属于叶护"。

（隋大业元年），西突厥处罗可汗为报杀父之仇，引兵击铁勒诸部。平定之后，重其税敛，搜刮无度，更猜忌薛延陀等部，恐其叛变，集中诸部酋长数百人，皆屠杀之。由此铁勒诸部尽行起义。契苾部立歌楞俟斤为易勿真莫何可汗，建牙高昌以北的贪汗山。薛延陀立乙失钵俟斤为也咥小可汗，建牙燕末山。二人雄长铁勒诸部。初歌楞势强，联合乙失钵与处罗可汗战，胜之。不久又征服了伊吾、高昌、焉耆诸国。① 607 年（隋大业三年），歌楞等率铁勒部众时侵隋塞，隋出兵御之。隋炀帝并遣裴矩联合铁勒共击吐谷浑国，于是隋占据了新疆南部且末以东各地。② 铁勒既占据伊吾和高昌，于是置吐屯设于伊吾，使者常驻高昌国，有商胡往来，入则课以重税，送于铁勒。③ 在此情况下，西突厥的处罗可汗就不得不于 611 年（隋大业七年）投降隋帝国了。

由上所述可知，无论是东、西突厥汗国，在 7 世纪初都普遍地发生了国内部落的反抗运动。其中最重要的是准噶尔盆地的铁勒诸部。他们不但颠覆了处罗可汗在西突厥的政权，而且成立了部落联盟，征服伊吾、高昌、焉耆等国，与隋国合兵，驱逐了南疆与青海的吐谷浑势力。

但自此以后，不到十年，由于隋封建政权的腐败，由于隋炀帝不断对外用兵，国内农民纷纷起义，东西突厥便逐渐强大起来，吐谷浑也收复了隋所占去的故地。

西突厥处罗可汗降隋以后，他的部众分为三部，分别被安置在甘肃会宁和山西娄烦等地，势力逐渐衰弱。代之而起者，是射匮可汗。射匮初建牙于南疆龟兹以北的三弥山，在裕尔都斯谷内。当时玉门关以西诸国大部分役属于射匮。至 615 年（隋大业十一年），射匮卒，其弟统叶护可汗继位。统叶护勇而有谋，于四年之间（615—619）兼并铁勒，攻下波斯和罽宾，控弦之士有数十万，迁牙于石国之北的千泉，遂称霸西域诸国。

东突厥始毕可汗，初服从隋帝国。后隋炀帝接受裴矩的分化突厥的建议，欲封始毕弟叱吉为南面可汗，未成。继与突厥互市，诱杀突厥之谋臣史蜀胡悉，始毕遂愤而与隋绝交。615 年，隋炀帝出巡雁门，始毕可汗引兵围之。当时雁门郡城四十一，被突厥攻下者凡三十九，唯雁门及崞县二城未

---

① 参考《隋书》卷 84《铁勒传》；《通典》卷 199 "铁勒"、"薛延陀"条；《唐会要》卷 96 "铁勒"条。
② 参考《隋书》卷 83《吐谷浑传》。
③ 《隋书》卷 83《高昌传》。

下。情势危急，炀帝遣使求救于可贺敦义城公主（隋宗女，初嫁启民可汗），始毕始解围而去。① 自雁门事变发生以后，东突厥汗国的声势忽然增长。东自契丹、室韦，西尽吐谷浑、高昌诸国，皆臣属之。控弦之士多至一百多万。在隋代末年，中国各地人民纷纷起义。有不少野心家想内而利用人民起义，外而联合突厥，以达到他们夺取政权的目的。例如薛举、刘武周、梁师都、李轨、高开道、王世充、李渊之徒，皆北向始毕可汗称臣，得其马匹旗纛，以为荣幸。其无耻者，更获得了突厥的封号，如刘武周被封为"定杨可汗"，梁师都为"解事天子"及"大度毗伽可汗"，郭子和为"屋利设"，张长逊为"割利特勤"……最无耻的是梁师都、刘武周、高开道、苑君璋和王世充。突厥的统治者自然也乐于利用他们作为扩张势力的工具。619 年（唐武德二年）春，始毕可汗率众渡河和梁师都会合，并分兵五百骑给刘武周，欲自句注入侵太原。由于始毕可汗身死而罢兵，其弟俟利弗旋被立为处罗可汗。这年秋天，梁师都又与突厥合兵攻延州，为唐兵击退。620 年，刘武周与处罗可汗相表里，进据并州，为唐兵所败，逃往突厥，又谋亡归马邑，为突厥人杀死。同年，梁师都引突厥与稽胡兵入侵，并遣人卑鄙无耻地劝处罗可汗说："比者中原丧乱，分为数国，势均力弱，故皆北面归附突厥。今定杨可汗既亡，天下悉为唐有。师都不辞灰灭，亦恐次及可汗。不若及其未定，南取中原，如魏道武所为，师都请为向导。"于是处罗策划分道从原州、延州、并州、幽州南下，并谋与窦建德在晋、绛会师，将出兵而处罗病死。② 王世充又怂恿颉利可汗入侵汾阳。③ 621 年至 623 年，高开道屡次引突厥兵侵扰恒、定、幽、易等州。623 年至 624 年，苑君璋屡次引突厥兵侵扰马邑、朔州、并州。梁师都则连年引突厥兵攻掠林州、匡州、恒州等地。至 626 年，梁师都部众离散，力量衰弱，乃投降突厥，为突厥策划入侵之计。于是颉利、突利（始毕可汗子，统辖东部契丹、靺鞨等族）二可汗合兵十余万入侵泾州，进至武功及高陵。④ 如上所述，在隋末唐初，突厥势力又强大起来，并且在梁师都之类的傀儡引导下，深入唐的疆土，成为唐北边的严重威胁。

---

① 参考《隋书》卷 67《裴矩传》、卷 84《突厥传》；《通鉴》卷 182 "隋大业十一年"条。
② 《通鉴》卷 188。
③ 《唐会要》卷 94《北突厥》。
④ 参考《通鉴》卷 190、191。

颉利可汗为继处罗可汗而起的东突厥最高统治者。此时，东西突厥皆兵强马盛，国内铁勒各部皆再臣属之。在东方者，属于始毕可汗；在西方者，属于统叶护可汗。从前曾经独立的契苾和薛延陀二部，自射匮可汗以来，亦各去其可汗名号，臣属于西突厥汗国了。

在始毕、处罗、颉利三可汗时期（609—630），东突厥汗国的内部显然有几个特异之点跟在此以前的汗国不同。第一，表现在政治组织方面的，就是可汗的权力比较集中，地位比较巩固，跟以前的诸可汗分地割据、政出多门显然不同。《旧唐书·突厥传》记述始毕可汗时突厥的盛况云："控弦百余万，北狄之盛，未之有也。"又说颉利可汗"承父兄之资，兵马强盛，有凭陵中国之志"。在此三可汗时期，从未发生过汗位继承问题，而贵族子弟所谓"特勤"，在此时期并不典兵，这和以前特勤之称"可汗"与"设"而典重兵者，截然不同。① 第二，也表现在政治组织方面的，是非突厥的贵族亦得为"俟斤"和"颉利发"（俟利发）等官。例如自605年以来（约当隋大业年间）独洛河流域的铁勒诸部酋长并号"俟斤"；至627年以后（约当唐贞观年间），铁勒酋长除称"俟斤"外，亦称"俟利发"②。这种情况在7世纪以前是没有的。更当注意的，是"特勤"原系可汗子弟的称号，但在607年契苾酋长歌楞自称可汗以后，其弟跟着亦称"莫贺咄特勤"了。此事记载于《新唐书·回鹘传》后的"契苾"条。而《旧唐书·契苾何力传》中说，何力"父葛，隋大业中继为莫贺咄特勤"，然则契苾贵族之称"特勤"可能又较607年为早。且不只如此，就是"可汗"和"设"的名称，由于突厥势力的扩大，投降汗国的汉人和稽胡亦在普遍地应用，如前所述，突厥始毕可汗

---

① 突厥官制，可汗之子弟为"特勤"，别落领兵者谓之"设"。然在沙钵略时，沙钵略之叔侄兄弟，各统强兵，俱称"可汗"。其弟处罗侯初亦称"突利设"，从此知"特勤"并非是一种赠职闲官。至始毕可汗以后，昔日所谓"阿波可汗"改为"阿波达干"。又思摩以疑非阿史那族类，历处罗、颉利二世，常为特勤，终不得典兵为设，此制与沙钵略时不同。
② 《隋书》卷84《铁勒传》："独洛河北，有仆骨、同罗、韦纥、拔也古、覆罗，并号俟斤。"《新唐书》卷217上《回鹘传上》："大业中，处罗可汗攻胁铁勒部，裒责其财，既又恐其怨，则集渠豪数百悉阬之。韦纥乃并仆骨、同罗、拔野古叛去，自为俟斤。"《通典》卷199"铁勒"条："隋大业元年……（铁勒、薛延陀等）一时反叛，拒处罗，遂立俟利发、俟斤契弊（苾）歌楞为易勿真莫何可汗……复立薛延陀内俟斤字也咥为小可汗。""同罗"条："（唐）太宗时，其酋俟利发时健啜遣使内附。""拔野古"条："其酋俟利发屈利失，贞观二十一年举其部来降。"由上述各条，可以看到突厥以外诸族称俟斤、颉利发之过程。

以刘武周为"定杨可汗",梁师都为"大度毗伽可汗",郭子和为"屋利设";离石胡人刘季真也自称为"突利可汗"①。

上述特点,不止在东突厥汗国,就是在西突厥汗国也有类似的情况。《旧唐书·突厥传下》说:"统叶护可汗……其西域诸国王,悉授颉利发,并遣吐屯一人监统之,督其征赋。"上述契苾歌楞之弟为"莫贺吐特勤",可能亦是处罗可汗封的。这种情况一直存在到突厥汗国的复兴时期,以至于回纥汗国时期。

东西突厥汗国具有上述两个特点,说明什么问题呢?很显然,这表明宗法制度在突厥的政治上开始处于解体过程中了。东西汗国既然拥有横贯东亚的疆土,国内又有各式各样的生产方式和各式各样的所有制度,在这种情况下,突厥贵族,甚至与突厥同祖的铁勒伯克,是不可能用一种宗法的政治体制来管理偌大的两个汗国的。因此统治阶级的范围,就不能不由突厥的贵族扩充于铁勒的伯克,更由铁勒的伯克再扩充到突厥、铁勒以外的其他统治者集团。

同样理由,中亚城郭的商贾市民逐渐也参与了突厥汗国的政治活动。前已言之,当室点密时期,康居粟特人曼尼阿黑已以汗国使者的身份往来于突厥、波斯、罗马三国之间,进行了许多关于三国政治经济的活动。584年(隋开皇四年),原来嫁给沙钵略的千金公主(隋封之为大义公主),遣所私胡人安遂迦联合隋帝国流人杨钦煽动雍虞闾可汗发兵攻隋。615年(隋大业十一年),隋臣裴矩诱杀始毕可汗臣下胡人史蜀胡悉。杀此胡臣之原因,《隋书·裴矩传》言之甚详:

> 矩又言于帝曰:"突厥本淳易可离间,但由其内多有群胡,尽皆桀黠,教导之耳。臣闻史蜀胡悉,尤多奸计,幸于始毕。请诱杀之!"帝曰:"善!"矩因遣人告胡悉曰:"天子大出珍物,今在马邑,欲共蕃内多作交关。若前来者,即得好物。"胡悉贪而信之,不告始毕,率其部落,尽驱六畜,星驰争进,冀先互市。矩伏兵马邑下,诱而斩之。

---

① 《旧唐书》卷56《刘季真传》。

从此段记载，知始毕可汗最相信的胡人是史蜀胡悉，系粟特人。粟特人以商贾入突厥，渐至参与政治，以"桀黠"佐突厥统治者，因此被隋人所离间。然于此当注意者，即"率其部落，尽驱六畜，星驰争进，冀先互市"数语。由此记录可知粟特胡人之在突厥，并不只是个人或一家，而是已成部落和已有财产的集团了。617年（隋大业十三年），李渊起兵于太原，遣刘文静至突厥请援。始毕可汗遣其特勤康稍利等率兵五百、马二千匹与刘文静会于绛郡。① 在此可注意者，是粟特人康稍利为特勤一事。西域胡人而可以得到突厥的特勤高爵，从此便可知胡人的地位是如何高了。最后尚有二事附述于此：一为颉利可汗之亲信、粟特大酋康苏密，曾窝藏亡隋之萧后及炀帝孙杨政道而居为奇货，至630年突厥将亡时始献出降唐。又一事为634年颉利可汗身死时，其殉死者为旧臣胡禄、达官吐谷浑邪②，从此可知西域粟特胡人自始至终与始毕、处罗、颉利三汗有不可分离的关系。

在颉利可汗时（620—630），西域胡人的势力在突厥汗国已经发展到很高的程度。620年，颉利初立，以次弟为延陀设，主延陀部；步利设主霫部；统特勤主胡部；斛特勒主斛薛部；泥步设主契丹、靺鞨部。③ 由胡人组成的"胡部"而与延陀等部并列，胡人之人多势众可以想见。胡人既多，且多财富而擅策略，故颉利可汗常委任诸胡，疏斥宗族，以致旧贵族与新贵族之间产生了利益上和地位上的相互矛盾。

这种旧贵族和新贵族之间的矛盾，在7世纪以前是不曾有的。从前在统治阶级内部，只存在着各宗法派系间的势力均衡问题。简言之，就是汗位继承和群雄争长的问题。这种问题是发生在前封建社会的宗法关系之基础上的。自7世纪以来，突厥汗国的封建因素逐渐在产生、在生长，而原始的宗法因素逐渐在式微、在消亡。正因为如此，反映在统治阶级内部的汗位承继问题已经不占主要的地位，占主要地位的是新旧贵族间利益的矛盾问题、地位的悬殊问题以及旧日畜牧主和新的商品买卖者之间利益的冲突问题。这些问题，对于草原的社会发展来说，是有进步性的，因为它们是草原生产力发展过程中的产物。但对于社会的旧秩序来说，这些问题是会动摇原来的生产

---

① 《旧唐书》卷1《高祖纪》、卷194上《突厥传上》。康稍利当为康国人。
② 《旧唐书》卷194上《突厥传上》。
③ 《新唐书》卷215上《突厥传上》。

关系的，因而就引起了旧贵族的强烈反对。

然而无论如何，新旧贵族间的矛盾并不是对立的矛盾，而成为对立矛盾的，是贵族统治阶级和被统治的各族人民之间的矛盾。关于此点，《旧唐书·突厥传》有一段重要的叙述。但这段叙述，不仅牵涉到统治阶级和被统治阶级之间的矛盾，也还牵涉到新旧贵族之间的矛盾。原文是这样说的：

> 颉利每委任诸胡（新贵族），疏远族类（旧贵族）。胡人贪冒，性多翻覆，以故法令滋彰，兵革岁动。国人（旧贵族）患之，诸部携贰。频年大雪，六畜多死，国中大馁。颉利用度不给，复重敛诸部（贵族加重对人民的剥削），由是下不堪命，内外多叛之（人民对贵族展开斗争）。

上述"胡人贪冒，性多翻覆"，乃指粟特人为突厥可汗经商、敛税及办理外交之事。粟特人以中亚城市国家之法度，移植于突厥汗国，故所表现的政治活动为"法令滋彰"、"号令无常"，这在落后的游牧贵族和人民看来是反复多端。特别是粟特人纵横于东西南北各部落国家之间，致东征西讨，南征北战，对于国内必然兵役频繁，生产荒废，其结果是"诸部携贰"。加以连年大雪，六畜多死，颉利以用度不给，衰敛苛重，终于引起了铁勒诸部的大起义。

颉利可汗时期，主要的起义部落是铁勒诸部。其次又有突厥、奚、霫、契丹、胡人诸部落的起义。627年（唐贞观元年），阴山以北，薛延陀、回纥、拔也古、同罗、仆骨等铁勒十余部皆相率起义。原来颉利可汗以欲谷设及拓设分统回纥、仆骨、同罗三部。是年拓设南征，三部趁势驱逐欲谷设，并击破拓设之兵，此为铁勒起义之始。后来附近的薛延陀等部起而响应，破突厥四设，这样就形成了铁勒诸部的大起义。[1] 东方的奚、霫、契丹，是由颉利所派的始毕可汗之子突利可汗镇守的，由于突利征敛无度，诸部多怨之。至628年，奚、霫、契丹等族皆背突厥归唐。而突利可汗本人，因遭颉利可汗的斥黜，亦于629年南下降唐。此时，薛延陀等族组成了以真珠毗伽可汗为首的薛延陀汗国。为了共同对付突厥汗国，与唐结为同盟。

---

[1] 《新唐书》卷215上《突厥传上》。

唐帝国是在 629 年（贞观三年）开始出兵进攻突厥的，统兵将领是李靖和张公谨。两国尚未交锋，突厥俟斤九人就率所部三千骑来降。铁勒诸部风闻唐帝国出兵，拔也古、仆骨、同罗、奚的酋长亦率部众降唐。唐兵十余万遂在李勣统率下，分道北击突厥。630 年（贞观四年），李靖自马邑进兵恶阳岭，颉利可汗由定襄退徙漠南碛口。颉利幸臣康苏密以隋萧后及炀帝之孙政道来降唐。① 唐进兵阴山，颉利退至铁山，更谋南奔吐谷浑，在荒谷被小可汗苏尼失所擒，送于长安，东突厥汗国遂亡。

630 年后的五十年间，东突厥汗国成为唐帝国的属国。突厥文《阙特勤碑》及《苾伽可汗碑》并记其事云：

> 尊贵的突厥子孙悉成为唐家的奴仆，其清白的处女亦悉降为奴婢。突厥伯克弃本族之称号，而用唐家的称号。屈服臣事于大唐天子之下者凡五十年。② 为大唐天子，先征东方之高丽王，后征西方，至于铁门，其间各地悉尊大唐天子而行其国之法度。

其次，再叙述西突厥汗国的解体过程。

前已略述，西突厥射匮可汗在位之时（611—618），征服准噶尔盆地的薛延陀族，拓地东北至阿尔泰山，东南至玉门，西北至里海，西南至兴都库什山。建汗庭于龟兹以北之三弥山裕尔都斯谷。618 年，其弟统叶护可汗继位，更北并铁勒余部，西南逾阿姆河，占领吐火罗斯坦（Bactriane）。控弦之士数十万，霸有"西戎"。可汗除裕尔都斯谷原有的牙庭外，更在碎叶城（Tokmak）与怛逻斯（Täläs）之间的千泉（Bing-yue）建一夏都，同时也便于管理中亚各被征服国家。关于统叶护统治西域诸国的形式，在《旧唐书·突厥传下》有明白的叙述："其西域诸国王悉授颉利发，并遣吐屯一人监统之，督其征赋。"换言之，即突厥汗国对于西域城郭诸国，亦未改动他们原有的组织，只革去其独立的政权，改号其王为"颉利发"，使臣服于西

---

① 《通鉴》卷 193 载：贞观四年六月，以中郎将史善应为北抚州都督；以右骁卫将军康苏为北安州都督。此史、康二姓酋长皆粟特人。康苏疑即窝藏萧后及杨政道而后又降唐之康苏密。

② 自 630 年颉利被擒，东突厥亡国，至 679 年突厥阿史那德温、奉职二部落相率叛唐，其间正五十年。自 630 年东突厥汗国覆亡到 683 年骨咄禄复国，亦只五十二三年。

突厥可汗之下。同时，遣一突厥武官——吐屯以监统之，督征赋税，然后把税收汇送于可汗。

但是西突厥汗国内的属国比东突厥还要复杂得多。西域城郭诸国本来就有贫富、强弱、大小的不同，而其产业又有畜牧、农业、手工业及商业的不同。突厥汗国对于不同的国家和各国中不同的产业当然不会采取同一的统治和剥削方式的。

西突厥的统治阶级对于汗庭附近的国家，最直截了当的办法，是借故毁其城郭，屠其人民。例如对于龟兹国，《大唐西域记》这样记载着："人皆龙种，恃力作威，不恭王命。王乃引构突厥，杀此城人。少长俱戮，略无噍类。城今荒废，人烟断绝。"可知在 6 世纪末，龟兹人民和其土地曾遭受西突厥统治者残酷的蹂躏。

西突厥统治阶级对于较远的强盛国家，一经征服以后，便用婚姻关系羁縻各国的统治阶级，积极同化各国的风俗和语言，希望由此能永远剥削并奴役各国的劳动人民。例如对于黠戛斯国、康国、疏勒国、高昌国，都是采用这种政策的。① 至于对待弱小的被征服的国家，突厥统治阶级便用直截了当的残酷办法，偶有不如意，便"兴兵灭之"。例如对于石国就是这样的。《隋书·西域·石国传》说：石国"曾贰于突厥，射匮可汗兴兵灭之。令特勤甸职摄其国事"。以特勤甸职摄国，是显然不同于以吐屯监国的情况的。被吐屯监治的国家尚带有殖民地或附属国的意味，若被特勤甸职摄国时，这些国家便毫无独立的资格，而类似于后世所谓"改土归流"的直接占领性质了。

统叶护可汗的骄奢豪华生活，在 628 年（贞观二年）曾被中国著名的三藏法师玄奘亲眼看到。《大慈恩寺三藏法师传》中这样记载着：

> 至素叶城，逢突厥叶护可汗方事畋游，戎马甚盛。可汗身著绿绫袍，露发，以一丈许帛练裹额后垂。达官二百余人，皆锦袍编发，围

---

① 《隋书·西域传》言突厥达度可汗以女妻康国王代失毕。此达度绝非 575 年至 603 年之达头可汗，而应当更早。我疑此达度即室点密可汗。"达头"或"达度"原为驻守西方区域之官名，而室点密为突厥最早之典兵西域者，故当有此官名。换言之，以婚姻政策联系外族酋长，从突厥占领西域之初就开始了。《旧唐书·西戎传》说统叶护可汗亦以女妻康国王屈木支。《隋书·西域传》又言疏勒王、高昌王与突厥公主为婚之事，并言高昌王、龟兹王、康国王不剪发之事。

绕左右。自余军众，皆裘毼毳毛，槊纛端弓，驼马之骑，极目不知其表。……

可汗居一大帐，帐以金华装之，烂眩人目。诸达官于前列长筵两行侍坐，皆锦服赫然。余仗卫立于后。观之，虽穹庐之君亦为尊美矣。……命陈酒设乐，可汗共诸臣使人饮。别索蒲萄浆奉法师。于是恣相酬劝。窣浑钟椀之器，交错递倾；僸佅兜离之音，铿锵互举。虽蕃俗之曲亦甚娱耳目、乐心意也。少时，更有食至，皆烹鲜羔犊之质，盈积于前。别营净食进法师，具有饼饭、酥乳、石蜜、刺蜜、葡萄等。食讫，更行蒲萄浆。[1]

然此不可一世的统叶护可汗，于离别玄奘以后不久，国内哈剌额尔齐斯河流域的葛逻禄三部便发生了叛变，至当年十二月，统叶护可汗便被其伯父所杀。[2]

统叶护可汗死后，西突厥汗国分裂为二国。在碎叶川（今吹河流域）以西及西南方者，为弩失毕五部。在碎叶东北方者，为咄陆五部。各部的贵族集团常各立可汗，与对方争雄长，以致不相统一。此种鹬蚌相争之局遂为唐帝国所乘。

早在630年（唐贞观四年），作为西域门户的伊吾七城原为西域胡人七姓部落所居，因颉利可汗失败，各城长降唐，唐遂于此设置伊州。640年（贞观十四年），唐取高昌，设置西州及安西都护府。同时又取可汗浮图城（今新疆吉木萨尔），设置庭州。642年（贞观十六年），咄陆可汗进兵击伊州，唐安西都护郭孝恪出兵今乌鲁木齐一带，击退咄陆部众，遂有天山北麓诸地。644年（贞观十八年），因焉耆王依附西突厥，郭孝恪奉命击平焉耆。648年（贞观二十二年），唐又击平龟兹，移安西都护府于此，与焉耆、于阗、疏勒合称"四镇"。龟兹既平，西突厥裕尔都斯谷之汗庭遂亦归于唐帝国。

---

[1] （唐）释慧立撰本、彦悰笺：《大唐大慈恩寺三藏法师传》卷2。
[2] 玄奘到素叶城在唐贞观二年，即628年。此与《新唐书·薛延陀传》所记相合。然《大慈恩寺三藏法师传》谓玄奘于贞观四年初见护可汗，因此，沙畹之《西突厥史料》第二篇第二节《旧唐书·西突厥传》注二十说据此"叶护可汗只能殁于630年也"。然此说已由冯承钧予以辨正，见《西突厥史料》第三篇第一节《薛延陀传》注二。

651年（唐永徽二年），咄陆部贺鲁率众西征，并有弩失毕五部，由此与唐兵戎复起。652年（永徽三年），唐高宗联合回纥骑兵共破济木萨之处月部落及玛纳斯之处密部落。656年（唐显庆元年），唐向准噶尔北部进兵，东破哈剌额尔齐斯河畔之葛逻禄部落，西破塔尔巴哈台之突骑施、处木昆部落。然后回兵南逾天山，肃清裕尔都斯谷中之鼠尼施部落。657年（显庆二年），唐出兵伊犁，破贺鲁军于伊犁河北，贺鲁西逃石国。次年，石国人执贺鲁献于唐帝国。659年，唐军斩真珠叶护于双河（Baro tala，今新疆博乐），由是西突厥全境皆属中国，唐于其地分别设置羁縻府州。[①] 西突厥汗国至此灭亡。

[①] 参考沙畹:《西突厥史料》第四篇第六节。

第四章　薛延陀汗国的始末和突厥人的南迁

薛延陀汗国建立于628年东突厥汗国将亡之时，至646年（唐贞观二十年）为唐所灭。这个汗国是在突厥统治阶级压迫下经过不断斗争而形成的，所以他的建国带有充分的反侵略意义。而且这个国家的组成部分，主要都是铁勒部落，跟当时的突厥汗国及其残余势力立于反对的地位。因此，我们就不能把薛延陀汗国理解为突厥汗国的继续，或者与突厥汗国等同起来。

在6世纪以前，蒙古草原北部土剌河以北，色楞格河流域，还有准噶尔盆地（哈密以西、焉耆以北），原来就有许多铁勒部落。在突厥汗国建立之时，准噶尔盆地的铁勒部落随从土门可汗东征柔然，所以大部分散居在沙碛以北各地。《旧唐书·北狄·铁勒传》对此曾加以叙述：

> 铁勒，本匈奴别种。自突厥强盛，铁勒诸部分散，众渐寡弱。至武德初，有薛延陀、契苾、回纥、都播、骨利干、多览葛、仆骨、拔野古、同罗、浑部、思结、斛薛、奚结、阿跌、白霫等散在碛北。

上述铁勒十五部，有些是部落共同体，但也有不少已经不仅是部落，而且是部落的联合体了。例如薛延陀部是由薛（Syr）和延陀（Tardouch）二部落合成的；斛薛部是由斛律和薛二部落合成的；契苾羽部是由契和苾利羽二部落合成的；多览葛部是由多览和葛二部落合成的。回纥的原音是"维吾尔"（Uighur 或 Ouighours），本来就有"联合体"的意义，最初由九姓回纥合成的。[①]

[①] 薛延陀为薛与延陀二族相并之说，初见于《旧唐书·北狄·铁勒传》，该《传》云："薛延陀者，自云本姓薛氏，其先击灭延陀，而有其众，因号为薛延陀部。"后经德人夏德（F. Hirth）考订，薛延陀原音为 Syr-Tardouch，见氏著 *Nachwort zur Inschrift des Tonjukut*, 168。二族并为一部之事，所在恒有。多览葛，《通典·边防》谓为两姓合居。又《册府元龟·外臣部·褒异》记载，有契苾都督与苾利羽都督，契苾羽族显然是由契和苾利羽二姓合成的。

由隋到唐，即由 6 世纪到 7 世纪，铁勒各部的户口与兵数都有很多的增加。如《隋书·铁勒传》所述，独洛河以北，仆骨、同罗、韦纥、拔也古、斯结等十部只有胜兵二万人；伊吾以西，焉耆以北，契苾、乌护、纥骨、于尼浑等九部有胜兵亦只二万人；金山西南，薛延陀等三部，胜兵只一万多人。合计之，共拥有胜兵五万人而已。到了唐初，据《新唐书·回鹘传》记载，仆骨拥有帐户三万户，兵一万人；同罗有胜兵三万人；回鹘（韦纥）有众十万，胜兵半之，即兵五万人；拔野古（拔也古）拥帐户六万，兵一万人；奚结、思结（斯结）二部合兵共三万人；斛薛、多览葛、白霫共胜兵一万人；薛延陀以部落七万余众东还，建国后胜兵有二十万人。此外，尚有黠戛斯（结骨）拥众数十万，胜兵八万人。其他如浑、阿跌、契苾羽等部兵力，各有若干，尚无数字可考。仅以上述兵丁的数目来说，如将薛延陀建国后的二十万兵力合计在内，共四十一万；不计薛延陀的，共二十一万。换言之，即唐初上述铁勒诸部的兵力较隋时多至四倍至八倍之多。

铁勒兵力的增多原因：第一，是一部吞并或联合附近其他部落的结果，此点由见于《隋书》的铁勒之二十二部并为见于《新唐书》之十五部可以见之，其所吞并的无名小部落尚不在其内；第二，是自突厥有国，东征西讨，皆资铁勒，以制北荒。这样一来，铁勒兵力必须增加，然后始能适应突厥统治阶级的需要。

铁勒各部的兵力增多，各部酋长的地位必然随着提高，实力必然随着加强。由前所述，我们已知独洛河北的铁勒诸部酋长自 7 世纪初年以来，大都号称"俟斤"和"俟利发"了，有的更以"特勤"为号。由此，铁勒各部酋长与突厥可汗、叶护及设，就逐渐处于权力矛盾和相互对立的局面。

更重要的是在突厥统治阶级压迫和剥削下的铁勒各部人民。这些广大的铁勒人民，自被突厥汗国统治以来，无日不是自备马匹、自备糇粮，为突厥统治阶级服兵役和劳役。他们的命运不是由自己来决定，而是由少数各可汗的盛衰兴亡来决定的。自从东、西突厥汗国分裂以后，漠北的铁勒人民最初是由东突厥可汗统治的。在 6 世纪末年，西突厥达头可汗占领漠北，加紧对铁勒人民的征兵和敛税，所以各地各族人民纷纷远徙。在 7 世纪初年，铁勒诸部或南下投奔启民可汗，或西逾阿尔泰山重到准噶尔盆地。那时西突厥泥利可汗居乌孙故地，出兵侵并铁勒，终于被铁勒部人打死。继之而起者是泥撅处罗可汗。处罗平定铁勒以后，征税无度并屠杀其酋长数百人，结果遂引起 605 年以契苾的歌楞和薛延陀的乙失钵为首的铁勒人民的独立运动。这一运动是成功的，他们不但驱逐了处罗可汗，并且独立若干年，直到 7 世纪 20 年代始被射匮可汗（611—618）重新征服。至 628 年（唐贞观二年），西突厥统叶护可汗死，国内大乱。薛延陀乙失钵之孙夷男率部落七万余家东逾阿尔泰山附于东突厥汗国。于是西突厥汗国中之铁勒诸部与东突厥汗国中之薛延陀、回纥、拔野古、同罗等部合流。① 东归数月，薛延陀、回纥、拔野古相继叛突厥，夷男率所部破其四设，于是诸部皆归薛延陀，共推夷男为真珠毗伽可汗，建牙于郁督军山下。630 年，东突厥既平，漠北空虚，夷男率众东返故国，建牙于都尉犍山北与独洛河之南。其时，薛延陀汗国的疆域，东至室韦，西至阿尔泰山，南至突厥，北临瀚海。

薛延陀首领夷男东归以来，首先获得草原铁勒诸部以及其他少数部民的普遍拥护。草原的回纥、拔野古、阿跌（阿拔）、同罗、仆骨、霫部都成了薛延陀的基本群众，俟斤夷男就是在这一稳固的基础上，被各族各部共推为薛延陀汗国的真珠毗伽可汗的。自夷男牙庭东迁以后，东方一部分乌罗护、室韦、靺鞨部人亦都先后来降服。② 当时漠北铁勒户口之众，据唐太宗说有"百余万户"③。这个估计可能和实际情况相去不远，先后归附夷男的铁勒部众，较之夷男初来时所领的七万帐要多出十几倍至二十倍。部落户口增多，兵力必然跟着强大。当东突厥灭亡时，薛延陀的胜兵已有二十万，到 641 年（唐贞观十五年），其渡漠南屯白道川的军队即达三十万，若合全国兵数言，

---

① 夷男率部落七万余家附于东突厥颉利可汗事，《通鉴》系于卷 192 太宗"贞观元年"条。《考异》曰："旧《铁勒传》云：'贞观二年，叶护可汗死，其国大乱，夷男始附于颉利。'按《突厥传》，元年，薛延陀已叛颉利，击走其欲谷设，安得二年始附颉利乎？" 此说泥于薛延陀只系东、西汗国之一国，故有此结论。实则薛延陀起源于漠北，隋大业中一部分迁西域准噶尔盆地，一部分仍在蒙古草原的漠北。贞观元年叛颉利者，为漠北之薛延陀；二年，归颉利者，为西域之薛延陀，二者不相抵触。其他铁勒诸部亦然。我们不能以刻舟求剑之见以窥游牧部落之历史。
② 参考《通鉴》卷 193 太宗"贞观二年"条；《唐会要》卷 94 "北突厥"条，贞观二年十一月下记载。靺鞨归薛延陀事在何年无记录。《通鉴》卷 196 贞观十五年曾记夷男子大度设率同罗、仆骨、回纥、靺鞨、霫等兵合三十万度漠南，屯白道川，据恶阳岭以击突厥事，可知其时一部分靺鞨已在此年以前归薛延陀汗国。《通鉴》卷 198 称，贞观二十年，太宗遣宇文法至乌罗浑、靺鞨，遇薛延陀阿波设之兵于东境，法帅靺鞨击破之。二十一年，诏室韦、乌罗护、靺鞨三部为薛延陀所掠者，亦令赎还。乌罗护在北魏时称乌洛侯，在靺鞨以北。室韦更在北边。
③ 《通鉴》卷 198 "贞观二十年八月"条太宗诏。

当然不止此数。总之，薛延陀汗国在 7 世纪前叶已经是一个为草原各族各部人民拥护的强大国家了。

薛延陀汗国之为各族人民所拥护，由种种事实表现出来。当东突厥内乱之时，《唐会要》"薛延陀"条记载着："碛北诸姓多归夷男，共推为可汗。""北突厥"条又记载着："突厥北边，多叛颉利，归薛延陀。共推其俟斤夷男为可汗，夷男不敢当。"从此可知夷男之为"真珠毗伽可汗"，是由各部共同拥戴，然后由唐室册封的。又《旧唐书·契苾何力传》记载，契苾部自降唐后，唐置其部落于甘凉二州。其大俟利发契苾何力至京，仕至葱山道副大总管。贞观十六年，何力归省其母，兼抚巡部落。"时薛延陀强盛，契苾部落皆愿从之。何力至，闻而大惊。……诸首领皆曰：'可敦（何力母）及都督（何力母弟）已去，何故不行？'……于是众共执何力至薛延陀所，置于可汗牙前。"从这一段记载，可知铁勒诸部是如何拥护薛延陀汗国了。又《资治通鉴》卷 198 记载，646 年（贞观二十年），"敕勒九姓酋长，以其部落素服薛延陀种，闻咄摩支（继夷男为伊特勿失可汗）来，皆恐惧。朝议恐其为碛北之患……"时敕勒（铁勒）九姓酋长先降唐，然其部落人民仍旧素服薛延陀汗国，可知九姓酋长之降唐并不能代表铁勒人民的意志，所以皆怀恐惧，而唐朝廷亦恐其为碛北之患。从此可知，铁勒人民自始至终是拥护薛延陀汗国的。

当真珠毗伽可汗迁牙于都尉犍山与独洛河之间以后，初分国土为南北二部，以二子为"达度设"和"突利设"分统之。后来因为疆域扩大，改以"突利设"统东方，"达度设"统西方，一如突厥旧制。此外在极东方，尚置有"阿波设"；在极西方，置"阿波达干"。① 薛延陀本善骑射，后以用步兵击沙钵罗及阿史那社尔制胜，故大力提倡步兵战术：使五人为伍，一人执马，四人前战。战胜，则授以马，追击敌人；负者死，没其家，以偿战士。骑射本蒙古草原的传统战术，今易骑战为徒战；且一伍之中，执马者至关重要，如果执马者被执，其余四人便失去战斗力量。641 年与唐兵作战，此隙终为唐兵所乘，遂致失败。

薛延陀汗国的主要敌人是东西突厥汗国之贵族。632 年（贞观六年），西

---

① 《新唐书》卷 217 下《回鹘传下》附《薛延陀传》。

突厥肆叶护可汗率兵东征薛延陀,被夷男击败。635年(贞观九年),自称都布可汗的前东突厥"拓设"阿史那社尔西据天山北麓各地,亦发兵东攻薛延陀,连战百余日,终为薛延陀所败。唐帝国与薛延陀的关系,起初是很好的。唐廷想利用薛延陀以制突厥颉利可汗,所以册封夷男为可汗,并给以鼓囊。十年以后,薛延陀势力逐渐膨胀了,唐"恐后难制",所以力谋削弱之策。初封突厥贵族阿史那思摩为可汗,使在漠南立国,以阻薛延陀的南下。641年,唐太宗出巡洛阳,封泰山,薛延陀乘机发兵三十万南下,以击思摩。思摩不能阻,求救于唐。唐廷命李勣等分四路出兵,薛延陀败退漠北。次年,薛延陀真珠毗伽可汗向唐请婚,已行纳聘礼,唐弃信绝婚,但因唐帝国强大,薛延陀无可奈何。

645年(贞观十九年),夷男卒,其子拔灼继立,是为"颉利俱利薛沙多弥可汗"。时太宗征高丽,多弥可汗引兵南下,先扰河南,败走。又率兵至夏州塞下,知唐有备,不敢入塞。次年,薛延陀国内发生内乱,回纥酋长吐迷度联合仆骨、同罗共击多弥,唐帝国趁机出兵攻之,诸部大乱,回纥遂杀多弥及其大部分宗族。不久,铁勒九姓酋长皆降唐,薛延陀人只剩七万余口,相率西走,又立夷男兄子咄摩支为"伊特勿失可汗"。唐太宗恐薛延陀终为碛北之患,遣李勣与九姓酋长共袭薛延陀于郁督军山。咄摩支投降,其部落"犹持两端",唐兵纵兵追击,前后屠杀五千余人,虏男女三万余口。薛延陀汗国至此灭亡。

薛延陀汗国兴于628年,灭于646年,前后共十九年。①

自薛延陀咄摩支降唐以后,铁勒诸部:回纥、拔野古、同罗、仆骨、多览葛、思结、阿跌、契苾、奚结、浑、斛薛、白霫等十二姓酋长皆请属于唐。647年(贞观二十一年)唐太宗在其地设置六府七州:

(一)回纥部为瀚海府(今蒙古人民共和国朱尔马台河畔)。

(二)仆骨部为金微府(旧车臣汗北部)。

(三)多览葛部为燕然府(今乌兰巴托附近)。

---

① 关于薛延陀汗国立国年数,《唐会要》卷96"薛延陀"条云:"延陀以贞观初建衙于碛北,历三主,凡二十年。"按薛延陀酋长称可汗在628年(唐贞观二年),至646年亡国,当为十九年。

（四）拔野古部为幽陵府（今黑龙江贝尔池）。

（五）同罗部为龟林府（今蒙古人民共和国通格勒河）。

（六）思结部为卢山府。

（七）浑部为皋兰州。

（八）斛薛（斛萨）部为高阙州。

（九）奚结部为鸡鹿州。

（一〇）阿跌部为鸡田州。

（一一）契苾部为榆溪州。

（一二）思结别部为蹛林州。

（一三）白霫为寘颜州（今贝尔池东，大兴安岭西）。

唐于上述各府设都督、各州设刺史，各擢其酋长担任之。又于夏、胜二州间之故单于台，置燕然都护府，上述各府都督与州刺史皆隶属于燕然都护府之下。诸酋长请于回纥以南、突厥以北，开辟一道，谓之"参天可汗道"。道上置六十八驿，各有马匹及酒肉以供使者。各府州岁贡貂皮以为租赋。同年暨次年，骨利干、都播（都波）、结骨（黠戛斯）、回纥别部俱罗勃及白霫等相继入贡，于是为骨利干部置玄阙州（今贝加尔湖东北），为结骨部置坚昆府，为俱罗勃置烛龙州（今贝加尔湖东），为白霫置居延州（今大兴安岭东南）。薛延陀之残余部众，则置奚弹州与祁连州以安辑之。于是唐帝国势力远及漠北。唐太宗曾作诗以志其事，内有二句云："雪耻酬百王，除凶报千古。"[①] 唐太宗击平突厥汗国几个著名的可汗，他的功绩是伟大的。但这首诗不是作于平定突厥之后，而作于颠覆了一个能代表铁勒人民利益的薛延陀汗国之时，那么，这里所谓"雪耻"、"除凶"，不特与历史事实相矛盾，而且同薛延陀人民起义的现实意义也是背道而驰的。

东突厥于630年亡国以后，突厥人民或附薛延陀，或入西域，其南下而降唐者，有十多万人。在东突厥灭亡的前一年，即629年（贞观三年）唐政府户部奏言："中国人自塞外来归及突厥前后内附，开四夷为州县者，男

---

① 《通鉴》卷198太宗"贞观二十年"条。

女一百二十余万口。"①其中突厥人占百分之几虽不可知，但合计两年来突厥人降唐者很多，是毫无问题的。因此，如何处理突厥降人便成为唐政府的当前重要问题。当时各大臣对处理突厥降人发表了许多意见：有的主张尽徙其人于兖、豫二州（今山东西部和河南东部之地），分其部落，散居州县，教之耕织，可以化"胡虏"为农民；有的主张置之河套以北，分立酋长，领其部落；唯温彦博主张置突厥于河套以南，顺其土俗，以实空地。太宗采纳了温彦博的建议，把大部分突厥降人安置在旧夏州、代州之地，分设顺州、北开州、北宁州、北抚州、北安州等地，以突利可汗、阿史那思摩、阿史那苏尼失、史善德、康苏密为都督，分别安辑之。其余部分散处于幽州与灵州间的其他各地。②其中史善德和康苏密都是胡人（粟特人）酋领，因此在北抚州和北安州内的，应当有不少的胡人。此外还有许多突厥贵族伯克，率其随从，寄居长安。史称突厥"酋长至者，皆拜将军、中郎将，布列朝廷，五品已上百余人，殆与朝士相半，因而入居长安者近万家"③。

　　639年（贞观十三年），唐太宗出居麟游之九成宫，留居长安的突利可汗之弟结社率，阴结族人，发动宫廷暴动，并拥护突利子贺罗鹘北走，思与河套南的突厥人联合。于是太宗才感到处突厥人于河南殊为不利。641年（贞观十五年），突厥首领阿史那思摩等奉诏，帅所部突厥人十多万口，兵四万，马九万匹，从夏、胜二州渡河而北，建牙故定襄城。定襄一区，南至黄河，北至白道川，水草丰美，牛羊蕃息，向为漠南最丰美的地带。且此区介居漠北与唐帝国之间，唐迁突厥人于此，原思以制薛延陀而固边围，然薛延陀则惧突厥重返漠北，故常出兵袭击之。643年（贞观十七年），因阿史那思摩不能善抚部众，突厥部落发生叛变，又渡河南下，分处于夏、胜二州之间。④

　　自630年东突厥汗国灭后，唐为突厥诸部置云中、定襄二都督府，分颉利故地为六州以隶之。至649年（贞观二十三年），以舍利吐利部置舍利州，阿史那部置阿史那州，绰部置绰州，贺鲁部置贺鲁州，葛逻禄、㕎怛二部置

---

① 《旧唐书》卷2《太宗本纪上》。
② 参考《通鉴》卷193太宗贞观四年五月、六月有关各条。其间设置之州，屡有变动，此处所述者乃指颉利可汗亡后所设各州。各州于后世悉省去，位置殊不易考。《旧唐书·温彦博传》曰："帝从彦博议，处降人于朔方之地。"可知诸州皆在朔方郡，即今内蒙古自治区境内。
③ 《通鉴》卷193太宗"贞观四年五月丁丑"条；《通典》卷197《边防十三·突厥上》。
④ 《通典》卷197《边防十三·突厥上》。

葛逻州——葛逻禄和悒怛（嚈哒）二部系西域部落之隶属于突厥者。以上五州并隶云中都督府。又以苏农部置苏农州，阿史德部置阿史德州，执失部置执失州，卑失部置卑失州，郁射部置郁射州，多地艺失部置艺失州，以上六州并隶定襄都督府。① 此外，尚有所谓粟特人之胡部，由史善应、康苏密统领，初从阿史那思摩徙居河北，后亦渡河，移居灵、夏二州之南境。679年（调露元年），于此置六"胡州"，谓之"六胡州"，以唐人为刺史治之。直至722年（开元十年），唐兵部尚书张说等擒六州胡人首领康待宾，移六州残胡五万余口于许、汝、唐、邓、仙、豫等州。② 前述之突厥二府十一州，初未设立都护府，或亦属于燕然都护府。到663年（龙朔三年），燕然都护府改为瀚海都护府，移治于土剌河畔回纥部落中。同时于云中故城（今内蒙古托克托）设云中都护府。于是，仍以沙碛为界，瀚海都护府专管漠北铁勒所在之诸蕃州，云中都护府专管漠南突厥所在之诸蕃州。③

瀚海都护府之移置漠北，当然不是偶然的。漠北铁勒诸部，自唐建置六府七州以后，或从讨薛延陀之残部，或从征东西突厥之酋领（如对阿史那车鼻、阿史那贺鲁），或从远征高丽，总之不外乎备唐帝国东征西讨之用罢了。但自660年（显庆五年）至663年，其间不断有铁勒九姓的叛变事件发生。660年，唐将郑仁泰率兵讨思结、拔也固、仆固、同罗四部，追奔百余里，杀其酋长而还。661年（龙朔元年），回纥酋长比粟毒联合同罗、仆固进攻唐的边境，郑仁泰、刘审礼、薛仁贵帅兵讨之。662年（龙朔二年），郑仁泰等败铁勒九姓于天山，又以四千骑出仙娥河（今色楞格河），以粮尽而还。唐廷复命契苾何力出兵，执九姓叶护、设及特勤等二百余人，杀之，九姓遂定。663年，郑仁泰出兵讨铁勒叛者残余，皆平定之。④ 从此可知，瀚海都护府之转徙于漠北，显然是因历年铁勒九姓多次叛变后，设此以防止漠北九姓各部再起反抗的。瀚海都督府于669年（总章二年）改名为安北都护府，府治仍在漠北。经十多年，至685年（垂拱元年），漠北同罗、仆骨等部又叛。

---

① 《唐会要》卷73 "安北都护府"条。《通鉴》卷199太宗 "贞观二十三年十月"条下胡三省注有误。
② 《新唐书》卷37《地理志》："调露元年，于灵夏南境以降突厥，置鲁州、丽州、含州、塞州、依州、契州。以唐人为刺史。"
③ 《唐会要》卷73 "安北都护府"条。
④ 《通鉴》卷200、201。

唐则天后下令侨置安北都护府于居延海西南之同城（今甘肃山丹）。从此，唐帝国才停止对漠北之经营。

漠南突厥，自唐设云中都护府以后，对之极尽羁縻与利用之能事。664年（唐麟德元年），云中都护府改为单于大都护府，以殷王旭轮遥领单于大都护。在云中城原只有突厥三百帐，至此部落渐多，故都护府改名。但其时突厥之主要据点，仍不在河北而在河南夏、胜二州之间。到了670年至673年（高宗咸亨年间），东西突厥诸部落来降唐者甚多，唐分处之丰、胜、灵、夏、朔、代六州，称之为"降户"。① 于是漠南突厥之势力更为壮大。然自650年以来，据《旧唐书·突厥传》所述，"自永徽（650）以后，殆三十年，北鄙无事"。其时漠南突厥不只不曾侵唐，而且反为唐廷所利用，东征高丽，西征中亚，或如定襄都督阿史德枢宾为唐讨叛奚、伐契丹，正像阿史那思摩所说的，"世世为国一犬，守吠天子北门"② 了。

到679年（唐调露元年），形势突变。此年，单于大都护府突厥阿史德温傅、奉职二部同叛，立阿史那泥熟匐为可汗，漠南突厥诸州酋长皆响应之，拥众数十万。高宗遣单于大都护府长史萧嗣业等率兵讨伐，均为所败。突厥遂分兵攻定州，并联合契丹攻营州。唐以裴行俭为定襄道行军大总管，会同丰州、幽州二都督，合兵三十多万，进攻突厥。680年（唐永隆元年）与突厥战于黑山（在丰州北），擒其酋长奉职，余众掠云州，泥熟匐可汗则被其部下所杀。阿史德温傅又迎颉利族人阿史那伏念于夏州，渡河，立为可汗。次年，突厥诸部攻原、庆二州。裴行俭会同幽州都督等出兵讨之。初被突厥所败，后纵反间计，伏念缚温傅来降，突厥余党遂被唐军所平。③

上述突厥二部发动叛唐之事虽经失败，但继此而后，又有682年（唐永淳元年）突厥复兴之祖骨咄禄之叛变。突厥多次对唐叛变，主要原因是唐灭突厥之后，干涉突厥自治，并役使突厥人民东征西讨，而突厥人民深感亡国家、亡可汗之苦，故不惜拥护任何一个可汗的后裔使之进行突厥复国运动。这种情况在突厥文《阙特勤碑》和《苾伽可汗碑》中曾有所叙述：

---

① 《旧唐书》卷194上《突厥传上》。
② 《新唐书》卷215上《突厥传上》。
③ 《新唐书》、《旧唐书》叙此二事，年代不同，今主要依据《通鉴》卷202。

（突厥）臣事于大唐天子之下者凡五十年。为大唐天子先征东方之高丽王，次征西方，至于铁门，其间各地悉尊大唐天子而行其国之法度。突厥一般黑民（Kara budun）皆我之国民也。皆言今我国安在？我等为何国征伐？我等乃自有其可汗之人民，今我可汗安在？我等所臣事之可汗为谁？彼等既有此悟心，遂起而与大唐天子为敌。既与为敌，遂宣告独立，但一再失败。唐国不只不思助我等，且愿屠杀突厥人，绝其子孙。幸此恶念皆告失败。

这段突厥铭文显然是指唐灭突厥后，特别是自 679 年以来，突厥不断进行的复国运动而言的。阿史德温傅、奉职的复国运动既是代表了突厥人民的意志，所以具有显明的反压迫、反奴役的起义性质。正因为复国运动代表了突厥人民的意志，所以泥熟匐、伏念二可汗虽然失败，骨咄禄便继之而起，而且终于达到了复国的目的。

第五章　突厥汗国的复兴

领导突厥人民进行复国运动的第一个成功的人，是骨咄禄——颉跌利施可汗（Qoutlough / Iltäriš qagan）。

骨咄禄系突厥贵族，颉利可汗的族人，世袭吐屯啜。南迁后，为云中都督舍利元英部众首领。初从伏念可汗起义。伏念败，骨咄禄偕众十七人出走，栖总材山（Čugai-guzi）。初得众七百人，占领黑沙城（Kara-qun），在今呼和浩特北面。又招集散亡，聚众至五千，出掠九姓铁勒畜马，势力壮大，部众奉之为颉跌利施可汗。突厥部民，来归者有几万人。① 骨咄禄以弟默啜为设，咄悉匐为叶护，分别人民为"突利"、"达头"二区以治理之。② 时单于府降户部落检校阿史德元珍，出降骨咄禄，骨咄禄封之为阿波达干，专统兵马事，相与为谋，遂于682年占领单于府之北边，并进攻并州。次年，攻岚州、云州、定州、妫州。又围单于都护府，攻蔚州及丰州。685年（垂拱元年）以来，骨咄禄以丰州一带为根据地，南攻朔州、代州，至忻州；东出昌平；西占鄂尔多斯黄河以北以西诸地，唐北边各州吏民皆遭其扰掠。

当时骨咄禄之处境颇为困难：南方唐帝国；东方契丹、奚、三十姓鞑靼；北方与西北九姓铁勒、骨利干及黠戛斯等，都是突厥的世仇，而骨咄禄

---

① 突厥文《阙特勤碑》及《苾伽可汗碑》云："吾父可汗偕十七人出走，当其闻有声言：'在村落者集于山，在山上者降平地。'于是集众至七十人。上天予以助力，吾父可汗之骑士英勇如狼，其敌人则怯懦如羊。吾父东西奔走，招集散亡，总聚七百人。"按此当在总材山一带时之情况。至黑沙城时，《新唐书·突厥传》谓已"有众五千"，当从《突厥传》。以后骨咄禄聚兵若干，《突厥传》无明文，碑铭只言得众七百人，当不止此数。按《通鉴》卷203"永淳元年"条，代州都督薛仁贵将兵出击为骨咄禄统兵马事之阿史德元珍于云州，斩首万余级，捕虏二万余人。然则骨咄禄后来的兵，至少已有几万人了。
② 《苾伽可汗碑》云："彼整顿'突利'与'达头'民众，并予以叶护及设。"当指此事，亦可补《突厥传》之不足。

辗转战斗于其间，用兵四十七役，身亲其役者，凡二十战。[1] 从此可知突厥的复国运动，是经过一个长期的战斗过程的。自突厥脱离了唐的羁绊以后，骨咄禄用暾欲谷（Tonyuguq）的计谋，东击契丹，北征九姓铁勒，并且占领了乌德鞬山。暾欲谷是葛逻禄娑匐部人。[2] 骨咄禄逃亡总材山时，暾欲谷往从之。其人聪明睿智，为骨咄禄献南败唐帝国、东征契丹、北取铁勒诸部之策。初时，漠北回纥联合契丹和唐帝国，谋共征突厥。暾欲谷先发制人，引导突厥兵进攻乌德鞬山。乌德鞬山一带原为回纥所据，闻突厥兵来，携其牛羊橐驼迁徙于独乐河流域。其留居者，与突厥战，除战败死亡外，残余部分也归附了突厥。[3] 从此，颉跌利施可汗建牙于乌德鞬山。以黑沙城为南牙，派遣突利设默啜驻守其地。

691年（天授二年），骨咄禄卒，继其位者为其弟默啜，称"Qapagan qagan"（新、旧《唐书·突厥传》只称之为默啜可汗）。693年（长寿二年），默啜率众攻灵州，杀掠士民甚多。695年遣使来唐，次年，武后封之为"迁善可汗"。696年（万岁通天元年），唐东北边的契丹首领李尽忠和孙万荣叛变，进陷营州府。默啜自请攻讨契丹，契丹大溃，默啜尽得其酋长之妻子与辎重，突厥由是兵马渐盛。唐以其有功，加授"颉跌利施大单于立功报国可汗"。697年（神功元年），默啜向唐求河曲六州降户数千帐及单于都护府之地，并索粟种十万斛、农器三千具及铁数万斤。武后初不许，默啜愤怨，拘留唐使者田归道。唐慑其兵势，乃尽驱六州降户数千帐与默啜，并给突厥谷

---

[1] 见突厥文《阙特勤碑》及《苾伽可汗碑》。
[2] 参考《新唐书》卷215下《突厥传下》，"暾欲谷以女娑匐为默棘连之可敦"。娑匐部为葛逻禄三部之一，朱延丰《突厥暾欲谷碑铭译文笺证》（载前东北大学《志林》1943年第4期）曾证其事。《元史》卷124《岳璘帖穆尔传》云："岳璘帖穆尔，回鹘人，畏兀国相暾欲谷之裔也。"元代的西域回纥不少来自黑汗王朝，而黑汗王朝主要由葛逻禄回纥组成。故称暾欲谷为葛逻禄人或回纥人均无不可。云中都督府有葛逻州，疑暾欲谷原属此州。德人夏德在所著《暾欲谷碑跋》中疑暾欲谷即阿史德元珍，系毫无根据之说。
[3] 参考突厥文《暾欲谷碑》第一碑首行至第18行。此碑系公元720年所立，碑文为暾欲谷自撰。立碑地点在鄂尔浑河畔班硕克托（Ban Čokto），位于那拉哈驿站与土剌河上游右岸之间，《阙特勤碑》及《苾伽可汗碑》皆在其西。此碑于1897年被发现后，初著录于拉德洛夫之《蒙古突厥碑铭》第2集（1899年版），附有夏德之跋文。1922年，丹麦学者汤姆生译为丹麦文，1924年德人闪德尔（H. H. Schaeder）译为德文。我国学者译此为汉文者有二：（一）韩儒林：《突厥文暾欲谷碑文译文》，《禹贡半月刊》1936年第6卷第7期；（二）朱延丰：《突厥暾欲谷碑铭译文笺证》，《志林》1943年第4期。本段资料为新、旧《唐书·突厥传》所无，系由碑铭第一碑南面各行补入。

种四万斛、杂彩五万段、农器三千件、铁四万斤。① 这对于突厥汗国的富强以及其社会生产力之发展，有很大的促进作用。②

同年，默啜破契丹及奚，从此，两族人民常遭其征敛和奴役。

698 年（圣历元年），默啜率众十余万袭唐边境各驻军，并入侵妫、檀、蔚、定、赵、相等州，俘掠赵、定二州男女八九万人，从五回道（代郡广昌岭）北返，所过残杀，不可胜记。699 年（圣历二年），默啜依突厥旧例，划分草原为两个行政区域：以弟咄悉匐为"左厢察"（Tölis šad），以骨咄禄之子默矩（即后来的苾伽可汗）为"右厢察"（Tarduš šad），各领兵马二万多人。又立其子匐俱为"小可汗"，位在两察之上。不久默啜攻下准噶尔盆地的一部分地方以后，又命匐俱领处木昆等十姓兵马四万多人，号为"拓西可汗"。此时，默啜拥兵四十万，连年征服邻近各国各族，疆域日广，声势大振。

700 年（久视元年），默矩侵掠散居灵、夏二州之党项（Tangut）人，获其幼童、家属、财物和马匹③，进掠陇右唐军之监马万余匹。701 年（长安元年），突厥联合吐蕃入河西，破数十城，进逼凉州。次年，突厥侵盐、夏二州，别队破忻州石岭关，进攻并州。唐会合附近各州兵拒战，突厥杀掠忻、代二州吏民北返。703 年（长安三年），默啜要求与唐和亲，并调其"右厢察"军以征西域拔悉密（Bešmil）。

当时拔悉密盘踞西域之别失八里（今新疆吉木萨尔），先曾归附突厥汗国，课往来商队赋税，以送突厥。至此，拔悉密亦都护拒纳所课商队赋税，默啜遂遣默矩领兵征之，使再归服。④ 此时传说唐、西突厥、黠戛斯三国将联合进攻东突厥默啜可汗。⑤ 706 年（神龙二年），突厥默矩先进攻唐灵州所属的鸣沙（今宁夏中宁），击溃为唐守边的数万"沙吒忠义军"，杀三万人。⑥

---

① 《通鉴》卷 206 "神功元年"条。
② 参考别恩斯坦（А. Бернштам）：《六至八世纪鄂尔浑、叶尼塞河流域突厥人的社会经济结构》，1946 年；张之毅：《游牧的封建社会》，《科学通报》第 1 卷第 8 期，1950 年 12 月号。
③ 见突厥文《苾伽可汗碑》东面第 23 行。
④ 见突厥文《苾伽可汗碑》东面第 25 行。
⑤ 突厥文《暾欲谷碑》第一碑东面，记载三国联将攻东突厥之计划。新、旧《唐书》不载此事。《通鉴》卷 207 谓长安四年正月，武后册拜阿史那怀道为西突厥十姓可汗。此事或与上述三国联盟有关。
⑥ 突厥文《苾伽可汗碑》东面曾记其事。"沙吒"，突厥文作 "Čacā"。唯年代及人数皆与《旧唐书·突厥传》、《中宗本纪》及《通鉴》所载不合。现从《旧唐书》卷 7《中宗本纪》。

又进攻原、会等州，掠陇西牧马万余匹而去。次年，唐廷议定抵抗突厥南侵之策，以张仁愿为朔方道大总管，筑三受降城于河外，首尾相应，遂绝突厥南侵之路。此后，突厥的主力军转向侵略西方和西北各地。

自7世纪中叶西突厥衰落起，唐分其地为二都护府：昆陵都护府在碎叶川以东，统五咄陆部落，以阿史那弥射为都护，封之为"兴昔亡可汗"。濛池都护府在碎叶川以西，统五弩失毕部落，以阿史那步真为都护，封之为"继往绝可汗"。二都护又皆隶属于唐廷所设置之北庭都护府，府治在今新疆吉木萨尔以北。7世纪后叶，上述二都护相继死亡，十姓无主，部落流散。而吐蕃势力日益膨胀，既破吐谷浑于青海，又陷西域十八州，又与于阗攻陷龟兹之拨换城（今新疆阿克苏），唐因此罢去龟兹、于阗、焉耆、疏勒四镇。唐将薛仁贵奉命出征吐蕃，并援送吐谷浑还居故地，竟惨败于大非川（今青海布喀河）。7世纪末年，西域势力较强者是五咄陆中的突骑施部长乌质勒。他并有西突厥十姓土地，以碎叶城为大牙，以伊丽水北之弓月城为小牙。唐封之为"怀德郡王"，目的在为联合之以对付日益强盛之东突厥及吐蕃二国。但无论如何，西域此种分裂和混乱状态实给复兴后的东突厥汗国造成向西发展的有利条件。

8世纪初年，唐帝国复又渐向西域扩展势力。唐廷一方面尽力扶植阿史那的后裔怀道，使之再起收拾旧部。另一方面，又联络突骑施和黠戛斯二国，企图共同围攻突厥。关于后者，中国史书记载很多。《旧唐书·郭元振传》说神龙中（《资治通鉴》卷208作神龙二年，即706），安西大都护郭元振诣突骑施乌质勒牙帐议军事。"时天大风雪，元振立于帐前，与乌质勒言议，须臾雪深风冻。元振未尝移足，乌质勒年老，不胜寒苦，会罢而死。"又据《资治通鉴》卷208记载：同年，唐"以娑葛（乌质勒子）袭嗢鹿州都督、怀德王"。708年（景龙二年），"突骑施酋长娑葛自立为可汗……（唐）册为十四姓可汗。"又《新唐书·回鹘传附黠戛斯传》说："景龙中，（黠戛斯）献方物。中宗引使者劳之曰：'而（尔）国与我同宗，非它蕃比。'属以酒，使者顿首。"从这些记载，可以推测8世纪初年，唐帝国是在联合突骑施、黠戛斯以及它所封的十姓可汗阿史那怀道，合谋围攻东突厥汗国。其内幕情况，中国史无记录，突厥文《暾欲谷碑》对此事则和盘揭出。碑铭云：

中国天子乃吾之敌人；十箭部落可汗亦为吾人之敌人。此外，黠戛斯强大之可汗亦系吾之敌人。此三可汗合而谋曰："吾人行将会于金山森林中。"彼等又合谋曰："吾人将进击东突厥可汗。设吾人不进讨，则其可汗英武，辅弼神智，彼等将屠杀吾人。我三国当合力击灭之。"突骑施可汗曰："吾人亦将会于金山"，"突厥人已陷于困扰中"，"回纥之属于突厥者，今已混乱"。此皆彼可汗之言也。①

由上碑铭所述，突厥统治者所得的情报已使突厥出兵如箭在弦，有不可遏止之势。709 年（景龙三年），适值突骑施内部发生分裂，娑葛弟遮弩因恨所分部落少于其兄，遂叛入突厥，愿为向导，以讨娑葛。默啜可汗遂决定分路出兵：西北路以"右厢察"默矩为首，与阙特勤、暾欲谷往征黠戛斯国；西路以阿波达干和阿史德元珍为首，进攻突骑施。

突厥出征西北各族，始于 709 年冬。② 默矩、阙特勤等渡剑河，初与奇克人（Čik）战于玉尔盘（Örpän），败其军。次年（唐景云元年），春雪载道，深与人等，默矩等凿山开道，越曲漫山，于黠戛斯人睡梦中掩至，战于松戛山（Songa），黠戛斯大败。默矩杀黠戛斯可汗而并其国。

突骑施建牙于碎叶川一带，突厥于骨咄禄时曾往征之，兵败而还。至 710 年，阿史德元珍率突厥兵来攻，战死。③ 默啜可汗悉众来援，同时默矩、阙特勤等亦自黠戛斯越金山，渡额尔济斯河，与默啜会师，共袭突骑施。相战于包尔阙（Bolcŭ），杀突骑施可汗、叶护及设，遂平其国。

默啜可汗既平黠戛斯、突骑施二国，于是进兵准噶尔盆地征伐西突厥诸部之未服者。714 年（开元二年），攻下葛逻禄及诃咥（Az）诸部。在此前一年，默啜曾攻唐北庭都护府所在之别失八里，初战而胜，尽歼唐军。至 714 年，为唐北庭都护郭虔瓘所败，遂又退出。

---

① 突厥文《暾欲谷碑》，第一碑东面各行。
② 据突厥文《阙特勤碑》、《芯伽可汗碑》二碑铭，突厥征黠戛斯，始于阙特勤二十六岁，芯伽可汗二十七岁，时为唐景龙三年，即 709 年；平定黠戛斯为景云元年，即 710 年。
③ 《新唐书·突厥传》谓阿史德元珍率兵讨突骑施，临阵战死。其事似在骨咄禄时。然《通鉴考异》引《朝野佥载》云："（田）归道为（阎）知微副，见默啜，不拜，默啜倒悬，将杀之。元珍谏，乃放之。"《通鉴》系此事于神功元年，即 697 年，是元珍之死，当在默啜征突骑施之年，即景云元年。

西突厥部落既定，暾欲谷更由十箭部民领路，渡真珠河（今锡尔河）至铁门关，降服康国人民。暾欲谷掠夺各地之妇女及金银珍宝，满载而归。①

此时东突厥汗国，东西拓地万余里，控弦之士四十万，形成了自颉利可汗以来所未曾有的强盛局面。

然默啜可汗也和突厥其他有名的可汗相同，能征服东西各部落，然不能使各部落不发生叛变。史称默啜"既年老，愈昏暴"，"因虐用其下"，遂致"部落怨叛"。② 714年（开元二年），葛逻禄等部落首领十二人至凉州降唐。西突厥十姓胡禄屋、鼠尼施等诸部首领一千三百十人，率牧民二万帐，至北庭都护府请降。715年（开元三年），西突厥十姓诸部前后降唐者，有一万多帐落。高丽降臣高文简和跌跌都督思泰等亦自突厥来降，玄宗命以河套以南诸地居之。③ 在与上述西突厥诸部降唐之同时，东西九姓铁勒部落亦纷纷起而叛变。

自骨咄禄破漠北九姓铁勒、迁牙于乌德鞬山以来，突厥统治阶级与九姓铁勒的关系，一般说来是相当平稳的。至唐武后时突厥汗国强盛，除了统治着乌德鞬山周围的铁勒人外，默啜可汗不断征伐土剌河、鄂尔浑河及色楞格河一带的九姓铁勒诸部，因此，这一带的回纥、契苾、思结、浑等部就相携远徙于甘州、凉州之间。其他各部留居故地仍受突厥汗国的统治。这些被统治的铁勒部民，当默啜可汗极盛时期，据突厥三碑文和新、旧《唐书》等文献，并无关于九姓叛变的记载。然没有记载并不等于突厥统治阶级对铁勒没有压迫。默啜在位二十五年，发动对外战争二十五次，其兵士主要为突厥和铁勒人民。人民在此多年兵役压迫之下，痛恨入骨，故一有机会，即行叛变。如上所述，在714—715年间，西突厥的葛逻禄、胡禄屋、鼠尼施等部已叛降唐帝国，接着在715—716年之间，东突厥又有九姓铁勒叛变。

关于此两年中突厥征伐九姓铁勒诸役，在突厥文阙特勤碑铭、苾伽可汗碑及新、旧《唐书·突厥传》、《通典》、《资治通鉴》中皆有记录，而以突厥

---

① 见突厥文《暾欲谷碑》第二碑之西面和南面各行。
② 《新唐书》卷215上《突厥传上》。
③ 参考《通鉴》卷211开元二年、三年有关各条。《通鉴》"开元三年"条云："高丽莫离支文简，十姓之婿也。"按：莫离支官名，约如唐吏部、兵部尚书；文简人名。高文简降突厥后，《新唐书》谓为默啜之婿，《通鉴》谓为十姓之婿，似以前者为是。其时默啜已破突骑施，不能安抚十姓，文简随十姓在西突厥，故被误会为十姓之婿。

碑文中的记载较全。今录《苾伽可汗碑》中一段，更以其他文献补充之，由此便可知道当时铁勒叛变的概况。《苾伽可汗碑》云：

> 九姓铁勒者，吾之同族也。因天地混乱，攻胜其军，故起而为敌。一年之内，我军出战四次。第一次战于都护府（当系原来的瀚海都护府），我令兵士泅水过独洛河后，我败其军而歼之。第二次战于安达尔护（Andarghu），我歼其军。第三次战于啜设泉（Čuš baši），我军疲怯，被敌军逐来，我击退之，故（我军）多数垂毙者，由此得生。我于同俄特勤治丧时，围杀同罗叶尔巴护（Yilpaghu）。第四次战于阿咥干底（Azgandi-qadz），我败其军而歼之，获其马匹及财物以归。我年……岁，于莫贺库寒过冬。翌年春，我征铁勒。第一军出征，第二军留守。铁勒遣军三路袭我。彼以吾军无马，且已困弱，故来袭击。其一军出掠我军财产；其它一军来战。我军人数，既少且弱，铁勒人……因上天予吾等以勇力，竟致得胜，驱散其人。

《阙特勤碑》述第一年战争凡五起：第一次战于都护府，其对象应为回纥。因为瀚海都护府原设于回纥之地。第二次与阿跌（Adiz）战。第三次又与回纥战。第四次与同罗战。第五次又与回纥战，此战役之时间在次年春。系于同一年者，因前后五次战争皆在一年内之故。碑文叙述最后一次战役时，对阙特勤之勇敢杀敌极力描写，但同时又反映出回纥人对突厥统治阶级的斗争亦激烈异常。碑文云："春季率兵征回纥。遣阙特勤衔命守牙所，敌人回纥袭击之。阙特勤刺其九人，乘其白马，弗弃牙所。吾母可敦、吾继母、吾叔母、吾姊、吾媳、吾女及其它一切未死者，悉成婢妾。汝辈之阵亡者，尚弃置于牙所和道路。如阙特勤弗在，汝等悉成战场白骨矣！"由此可见铁勒诸部对突厥统治阶级的斗争，是非常激烈的。

在此五次战争之前，据《阙特勤碑》所述尚与思结（Izgil）部进行过激烈的战争。碑文云：

> 时阙特勤年三十一，乘其白马迎战，擒诃咥颉利发，诃咥部败绩。当吾叔父可汗（默啜）国内叛乱、人民怀怨时，我等正与诃咥人构兵。

阙特勤骑其白马进攻，此马即死于此役。思结部旋灭。

阙特勤年三十一岁时，正是唐开元三年，即公元 715 年。此役为突厥此年征九姓铁勒之开始。然此役并不如碑文所述之单纯。《册府元龟·外臣部·褒异》云：

（开元三年）十月己未，授北蕃投降九姓思结都督磨散为左威卫将军，大首领斛薛移利殊功为右领军卫将军，契都督邪没施为右威卫将军，匐利羽都督莫贺突默为右骁卫将军，首领延陀薛浑达都督为右威卫将军，奴赖大首领前自登州刺史，奴赖孝为左领军将军，跌跌首领刺史裴艾为右领军，……放还蕃。

《旧唐书·突厥传》记载：

其秋（开元三年秋），默啜与九姓首领阿布思等战于碛北。九姓大溃，人畜多死。阿布思率众来降。

从此可知在 715 年，九姓铁勒之叛突厥者，有阿布思、思结、契苾羽、浑、回纥、同罗。其不属于九姓而为铁勒者，有䴏咥、阿跌、斛薛、延陀、薛、跌跌等部。

到 716 年（开元四年），铁勒诸部之反抗突厥者，更有增无已，且以英勇一世著名之默啜可汗亦死于拔也固叛兵之手。《旧唐书·玄宗本纪》云：

（开元四年六月）癸酉，突厥可汗默啜为九姓拔曳固所杀，斩其首送于京师。……其回纥、同罗、霫、勃（拔）曳固、仆骨五部落来附，于大武军（代州北）北安置。

同书《突厥传》于默啜被袭杀事，叙述更详：

四年，默啜又北讨九姓拔曳固。战于独乐河，拔曳固大败。默啜负胜轻归，而不设备。遇拔曳固逃（疑为逃字）卒颉质略于柳林中，突出击默啜，斩之。便与入蕃使赫灵荃，传默啜首至京师。

上年叛突厥者，有阿布思等六姓，此年又增拔曳固与仆骨二姓，是九姓之中反叛者居其八。其不属于九姓者，上年有诃咥等六部，此年又增白霫一部。由上述有限的文献记载，已知铁勒之叛突厥者，有十五部之多。又据突厥文《苾伽可汗碑》记载，约于716年时（年份因碑文剥蚀，不易辨明），苾伽征铁勒，毁其居处，铁勒与九姓鞑靼联合，与突厥战于阿护（Ahgu）者两次，突厥大胜。此役当在蒙古草原之西南。又述苾伽可汗出兵，沿娑陵水（即色楞格河）顺流而下，袭击回纥，毁其居处，掠其财物。回纥颉利发率百人东逃。此役当在草原之西北。关于后者，疑即是开元四年回纥别部夷健颉利发与同罗、霫等南下降唐之事。① 最后，唐置诸部于大武军之北。

由上所述，可知从715—716年，九姓反叛突厥之事，层出不穷，这便成为突厥复兴最困难之所在。

716年，默啜被杀后，初由其子小可汗匐俱继立。于是，默啜与骨咄禄两系便发生了争夺汗位的斗争。骨咄禄之子阙特勤纠合旧部，杀小可汗及默啜系的亲党，立其兄默矩为苾伽可汗。阙特勤自己退居"突利设"（左贤王）②，专掌突厥兵马之事。

苾伽可汗即位以后，深感国内各族部民不断降唐，成为汗国中的重要问题。在苾伽可汗即位以前，已经有许多铁勒部落部民叛突厥留居于唐边境。在代州以北大武军的北方，有拔也固、同罗、霫、回纥、仆固五部。在受降城左右，即旧河曲六胡州地，有跌跌、阿布思、仆骨及属于西突厥的阿悉结等部。在灵州一带，有浑、多览葛、阿跌、奚结、屈罗勿（回纥九姓之一）等部。在甘州、凉州之间，有回纥、契苾、思结、浑等部。在苾伽可汗即位以后，东方的奚和契丹，又相继叛变，借居于唐的东北边塞。西方的突骑施

---

① 《新唐书》卷217上《回鹘传上》。
② 旧史文献，因突厥之人名、官名，皆由突厥语译来，译名颇不一致。故"默矩"亦译为"默棘连"；"苾伽可汗"亦译为"毗伽可汗"；"突利设"或译为"左厢察"，或译为"左贤王"；"达头设"或译为"右厢察"，或译为"右贤王"；"设"有时译为"杀"、"煞"、"察"等。译名不同，使治史者发生困难。本书对此力求统一。

苏禄，亦自立为可汗，与唐联盟。这种形势对于东突厥汗国显然是不利的。苾伽可汗为应付此复杂而困难的局面，乃起用原属于默啜系的衙官暾欲谷，以挽救汗国的危局。

以老谋深算见称的暾欲谷首先倡行了招徕铁勒降户回国的政策。

716年冬，在突厥汗国的策动下，河曲六州铁勒降户阿悉烂、跌跌思泰就率其所部叛唐归国。这些降户在一年前降唐以后，被唐单于副都护张知运没收了他们的武器。他们赤手空拳，渡河而南下。后来又因为他们没有弓矢，不能射猎，唐巡边官吏始发还他们的武器。但当降户重新掌握了自己的武器时，他们就举行叛变，打败张知运，北逾黑山胡延谷，返回漠北。此事见于《旧唐书·突厥传》。《旧唐书·王晙传》亦记载云："明年（开元三年，即715），突厥默啜为九姓所杀，其下酋长多款塞投降，置之河曲之内。俄而小杀（即苾伽可汗）继立，降者渐叛。……降虏果叛。……时叛者分为两道，其在东者，晙追及之，杀一千五百余人，生获一千四百余人，驼、马、牛、羊甚众。"其分道而西行者，在《王晙传》中未提及，不用说，这些铁勒部民大约是逃回突厥汗国去了。

又散居在受降城侧的仆固都督勺磨和跌跌部落等，在720年（开元八年）"谋引突厥，共为表里，陷军城而叛"。王晙此时为朔方道行军大总管，诱引勺磨等宴于受降城，袭杀仆同、跌跌等部众八百多人。① 这次叛唐预谋，显然和突厥汗国的策动是相关联的。但王晙的屠杀办法并不能安定铁勒人心，相反的又引起在大同横野军附近九姓同罗、拔也固部民的疑惧，后来因节度大使张说的慰抚，始未发生事变。②

同年，王晙请唐廷策动西方拔悉密、东方奚和契丹，掩袭苾伽可汗牙帐于稽落水上。苾伽可汗用暾欲谷谋，先击拔悉密于北庭，拔悉密尽为突厥所虏。暾欲谷引兵东南下，掠凉州羊马及原驻于凉州的契苾部落而去。③ 当时甘、凉二州尚有不少回纥、思结、浑三部及契苾部的余众。直至727年（开元十五年），上述诸部因不堪唐河西节度使王君㚟的压迫，亦北奔突厥。④ 从

---

① 《旧唐书》卷93《王晙传》；《通鉴》卷212"开元八年"条。
② 《旧唐书》卷97《张说传》；《通鉴》卷212"开元八年"条。
③ 《通鉴》卷212"开元八年"条。
④ 《旧唐书》卷103《王君㚟传》。

此，苾伽可汗始尽有默啜旧有众部。①

总之，突厥汗国的招徕九姓铁勒返国的政策是相当成功的。所以突厥文《苾伽可汗碑》这样记载着："九姓铁勒人民，离其本土，南向唐国。……彼等复离唐国，回归此土。"②

与突厥之招徕九姓铁勒回国政策相伴的，暾欲谷力主停止对唐侵扰，而对于叛变了的各部族、部落则力主征服，使之重置于汗国统治之下。他停止对唐侵扰的理由是：

> 唐王英武，人和年丰，未有间隙，不可动也。我众新集，犹尚疲羸，须且息养之数年，始可观变而举。③

当然这不等于永远放弃侵扰，此点可于他劝止苾伽筑城立寺一段话中见之：

> 小杀（苾伽）又欲修筑城壁，造立寺观。暾欲谷曰："不可。突厥人户寡少，不敌唐家百分之一。所以常能抗拒者，正以随逐水草，居处无常，射猎为业。又皆习武，强则进兵抄掠，弱则窜伏山林，唐兵虽多，无所施用。若筑城而居，改变旧俗，一朝失利，必将为唐所并。且寺观之法，教人仁弱，本非用武争强之道，不可置也。"小杀等深然其策。④

突厥征伐东西叛国叛部落之事，自718年（开元六年）以来，史不绝书。718年征契丹和奚；718—719年征葛逻禄；720年征拔悉密，围北庭，回兵侵扰甘州、凉州，掠唐羊、马数万及降唐之凉州契苾部而去。721年征契丹；722年征奚，掠其人畜财物；730年，契丹臣可突干专政，杀其主邵固，率

---

① 《通鉴》卷212载：开元八年十一月，突厥征北庭之拔悉密以后，掠凉州契苾部落而去，结语谓："毗伽由是大振，尽有默啜之众。"此结语恐不适当，因这时回纥、思结、浑、契苾余众以及奚、契丹等尚未在突厥汗国统治之下，直至开元十五年始可云苾伽"尽有默啜之众"。
② 突厥文《苾伽可汗碑》东面三十五行。九姓铁勒原文为"Toguz Oughuz"，直译之为"九姓乌古斯"，即九姓铁勒，不能译为"九姓回纥"。
③ 《旧唐书》卷194上《突厥传上》。
④ 同上。

契丹人，并胁持奚人，投降突厥；733 年，可突干引突厥兵讨奚。① 这些战争主要都是征伐汗国旧时的附属部族和部落的，除了上述 720 年掠凉州羊、马及 733 年与郭英杰战于都山外，并没有直接对唐实行侵扰。

突厥向唐请和，始于 718 年（开元六年），以后不时向唐求婚，然始终未能实现。至 727 年（开元十五年），突厥遣大臣梅录啜朝唐。时吐蕃与苾伽书，相约同时入侵唐帝国，苾伽可汗献其书于玄宗。玄宗感动，许开受降城为两国互市之所，并许每年送缣帛数十万匹给突厥。

734 年（开元二十二年），苾伽可汗被大臣梅录啜所毒死，国人立其子为伊然可汗。唐玄宗派宗正卿李佺往吊祭，为立庙树碑。现存的《苾伽可汗碑》，上有两种文字：一种是突厥文，一种是汉文。汉文碑铭是唐玄宗命史官李融撰写的。不久，伊然可汗死，其弟被立为登利可汗。

时登利可汗年幼，其母娑匐为暾欲谷之女，与小臣饫斯达干通奸，干预国政，不为诸部落所服。登利有从叔父二人，分掌兵马，称为左、右二设，突厥精锐，分属其下。不久，登利与其母诱杀右设，尽并其众，左设判阙特勤惧祸及己，率兵攻登利可汗，杀之，立苾伽之子为可汗。此可汗旋又被骨咄叶护所杀，更立其弟，旋又被杀，骨咄叶护自立为可汗。

当突厥发生宫廷内乱之时，拔悉密、回纥、葛逻禄三部趁机独立。于 742 年（天宝元年）合兵攻杀骨咄叶护，推拔悉密酋长为颉跌伊施可汗。回纥与葛逻禄自为左、右叶护。突厥余众共立判阙特勤之子为乌苏米施可汗（Ozmis qagan）。其时漠北各部分裂，于是唐遣使者劝拔悉密等三部合攻乌苏米施可汗，可汗遁亡，突厥汗国西部诸叶护、设及可汗眷属至此率其部众千余帐，相次降唐。744 年（唐天宝三载），拔悉密等杀乌苏米施可汗，突厥余众更立其弟为白眉可汗。745 年（天宝四载），回纥怀仁可汗杀突厥白眉可汗。突厥汗国灭亡。

汗国灭亡以后，突厥遗族星散各处。安史之乱时，突厥人阿史那从礼率同罗、突厥、仆骨五千骑从安禄山反，曾屯长安苑中，后乃逃归朔方，与九姓及六胡州诸胡屯聚于经略军（属灵武）北。② 又有突厥百五十帐，于汗国

----
① 参考突厥文《苾伽可汗碑》东面及《通鉴》卷 212—214 有关各条。
② 《旧唐书》卷 120《郭子仪传》，《通鉴》卷 218 "至德元载九月" 条。

亡后，居丰州（今内蒙古临河一带）唐振武军所辖地，被称为"振武突厥"。837年（唐开成二年），以剽掠唐军营田，被振武节度使刘沔发吐浑、契苾、沙陀部共万人击破之。[①] 上述二事为唐末突厥活动之较著者。换言之。突厥汗国亡后，突厥残余大致迁至漠南灵武至丰州之间，因人数不多，故在历史上成销声匿迹状态。但我们当注意，上面所述的突厥乃指狭义的突厥汗国，特别是东突厥汗国之突厥人而言，而西突厥汗国之突厥人，自亡后则分散于准噶尔盆地及中央亚细亚各地。后世在阿富汗有哥疾宁王朝，在中亚有塞尔柱突厥王朝及奥斯曼突厥王朝。[②] 从此可知西突厥汗国虽亡，其残余部落在中亚者势力仍盛。且如前所述，铁勒名称，原音为"Türk"，与突厥之原音相同，然则铁勒亦可称为广义的突厥。自突厥汗国灭亡以后，继而建国于蒙古草原者为以铁勒九姓为基础的回纥汗国。其不属于九姓范围者，若沙陀，曾南下建立国家，统治黄河流域；若黠戛斯，亦南移到准噶尔盆地及蒙古草原之西部和北部。其在中亚者，初附属于阿拉伯人所建之哈里发国家，此国亡后，又附属于塞尔柱突厥王朝及奥斯曼突厥。从此可知铁勒在东亚之势力比突厥更为强盛，其在东亚历史上所活动的时间更为悠久。

[①] 《新唐书》卷171《刘沔传》，《通鉴》卷245"开成二年七月"条。
[②] 参考张星烺：《中西交通史料汇编》第5册，第261—274页。

第六章　突厥人和突厥汗国的社会制度

突厥氏族部落在迁入吐鲁番盆地北山之时及其以前，仍然是一个以狼为图腾的女系氏族部落。《周书·突厥传》说：

> 十男长大，外托妻孕，其后各有一姓。
> 讷都六有十妻，所生子皆以母族为姓。

其时突厥氏族的生活情况如何，至今尚无直接史料，唯《通典·边防》篇"结骨"条云：

> 其俗大率与突厥同。婚姻无财聘。性多淫佚，与外人通者不忌。男女杂处。每一姓，或千口或五百口，共一屋，一床一被。

"与外人通者不忌"，应当了解为原始时代女系氏族之外婚制。"男女杂处。每一姓，或千口或五百口，共一屋，一床一被"，其中虽不免有若干推测之词（如床、被之类），然同姓共帐的氏族同居生活，则是千真万确的。这种氏族同居生活乃和他们的原始公社制相适应。结骨与突厥同一祖源，且风俗大致相同，所以由结骨人的原始生活也可以推论突厥人的原始社会。

突厥人迁到吐鲁番盆地的北山以后，不久便从事于锻铁生活，这是突厥氏族从女系社会转变到男系社会的关键。因为锻铁手工业是男子的职业，男子在生产中既然起着主要作用，这时候的社会就不可能不从女系社会让位于男系社会。

5 世纪前叶，突厥部落被柔然汗国所掠，迁居于阿尔泰山之阳。柔然汗国是一个以游牧民奴隶占有关系居于首要地位的社会，所以突厥人对柔然的统治阶级的关系，是奴役部落对奴隶主的关系。因此，柔然汗王称突厥人为"锻奴"。

作为柔然汗国"锻奴"的突厥部落，如果长期地居于被奴役的地位，它的社会必然会过渡到奴隶制社会的。但在 5 世纪后叶，柔然汗国内部各奴役部落不断地逃亡和独立，所以突厥部落也跟着得到解放。解放的结果，突厥部民的锻铁业和牲畜业都得到进展，因而与准噶尔盆地各族及当时西魏的北边都进行了商品贸易，并且在 6 世纪初叶与西魏国家正式通使通商。[①] 此时突厥人的生产事业已经达到相当高的水平，因而于 552 年颠覆了柔然汗国，建立了突厥汗国。

但这种改朝换代的政治兴替并不等于生产关系的革命。突厥锻工对柔然奴隶主的革命，只是意味着生产力发展到一定程度时便同原有的隶属关系发生了矛盾，于此表明社会的革命时代就快要到了，表明旧的隶属关系就快要崩溃了。然而旧有的奴隶占有关系并不能马上就消灭得一干二净。换言之，此时封建主义正在萌芽，而原有的奴隶占有形态，在一切新的生产力还没有得到充分发展以前，它是绝不会马上被消灭的。

从 6 世纪到 8 世纪，在突厥汗国发展的过程中，很明显地有两种性质相反的势力在斗争着：一种是代表旧社会的奴隶所有者的残余势力；另一种是新生的封建主义的势力。

奴隶所有者的势力，对于突厥人来说虽然是一种新的生产关系，但它自匈奴汗国以来在蒙古草原上却有六七百年的历史了。所以这种势力应当是一种腐朽的旧的势力。

突厥人在被柔然汗国奴役的时期，他们是极端反对奴隶制度的，所以在 6 世纪初很自然地就形成了锻工革命。但自突厥统治阶级攫取了政权以后，他们意识不到奴隶制是一种落后的制度，终于自发地掠夺奴隶，实行传统的奴隶法，使草原牧民社会不能很快地进步。

突厥人所以采用旧的社会制度，显然和他们在建国以后不断对各国各部

[①] 《周书》卷 50《突厥传》。

落所进行的侵略战争有密切关系。6世纪后叶，正是突厥可汗征服蒙古草原和中亚各族、各国的时候，因此在汗国内部有不少异族奴隶，在汗国边境又有不少被奴役的部落和属国。这种情况，从隋文帝在583年（开皇三年）的《讨突厥诏》中可以看出。诏内叙述突厥内部统治阶级与各部落中奴隶的矛盾状态说：

> 部落之下，尽异纯民。千种万类，仇敌怨偶。泣血拊心，衔悲积恨。圆首方足，皆人类也。有一于此，更切朕怀。

同时又叙述汗国统治阶级与境内所征服、所奴役的各部落的矛盾情况说：

> 东夷诸国，尽挟私仇；西戎群长，皆有宿怨。突厥之北，契骨之徒，切齿磨牙，常伺其便。达头前攻酒泉，其后于阗、波斯、挹怛三国，一时即叛。沙钵略近趋周槃，其部内薄孤、束纥罗，寻亦翻动。[1]

到了7世纪初，突厥汗国趁隋末战乱的机会，在接近草原的北方各地进行了多次的人口掠夺战争。唐开国者李渊初起兵于太原时，曾向突厥称臣，联络突厥，合攻长安。当时他们联合的条件，就是："征伐所得。子女玉帛，皆可汗有之。"[2] 从此可以看到突厥汗国对于掠夺奴隶的需要。后来在620年（唐武德三年），突厥处罗可汗遣骑士二千，掠并州城内妇女北去。同年，莫贺咄设攻扰凉州，掠男女数千人。622年（武德五年），颉利可汗会同刘黑闼率突厥万人扰太行山以东各地，攻掠定州。颉利又率十五万骑入雁门，围并州，抄掠汾、潞二州，共获俘虏男女五千。[3] 624年（武德七年），颉利、突利二可汗合兵自原州南侵，侵扰关中。当时有人劝唐高祖说："只为府藏子女在京师，故突厥来。若烧却长安而不都，则胡寇自止。"[4] 由此可知突厥南侵，并非为了获得土地和政权，只是为了攫取财富以及与奴隶有关之子女罢

---

[1] 《隋书》卷84《突厥传》。
[2] （唐）温大雅：《大唐创业起居注》卷1。
[3] 《新唐书》卷215上《突厥传上》；《通鉴》卷188"武德三年九月"条。
[4] 《旧唐书》卷2《太宗本纪上》，并可参考《新唐书》卷215上《突厥传上》。

了。突厥如此不断虏掠唐边境人口,所以唐边境人口耗减在当时成为生产上一大问题。至626年(武德九年),唐太宗曾与颉利可汗交涉,请"归所掠中国户口",但无结果。① 直到630年(唐贞观四年),唐太宗灭东突厥,颉利可汗被擒②,被虏入突厥之八万人口,始重返唐帝国。

突厥汗国从唐帝国掠去八万人口,是否就作为奴隶呢?中国史料对此问题的回答是肯定的。《资治通鉴》卷190记载,武德五年唐使者郑元璹出使突厥,当时郑元璹劝责突厥颉利可汗,有下面一段话,颇堪注意:

> 唐与突厥,风俗不同。突厥虽得唐地,不能居也。今虏掠所得,皆入国人,于可汗何有?不如旋师,复修和亲,可无跋涉之劳;坐受金币,又皆入可汗府库……③

郑元璹曾五次出使突厥汗国,对于突厥社会应当是相当了解的。"虏掠所得,皆入国人,于可汗何有?"这不只突厥为然,而应是自古以来草原社会所具有的一种传统制度。虏掠所得,不只包括资财,也还包括人口。无论所得的资财和人口,都归国人所分有。这种制度与匈奴时期规定每一骑士"所得卤获,因以予之;得人以为奴婢"④,大致相同。这里所谓"国人",系指"蓝突厥",主要是指各氏族、各部族的大、小伯克们。这些伯克们组成国人会议,与后世蒙古人的"耶克·库鲁尔台"(Yäka-quroultai)会议一样,对于和战、可汗继位以及其他重要问题皆有决议之权。这些国人,是突厥的统治阶级,同时也是作战者和奴隶所有主,因此,虏掠所得,不能被可汗所独吞,而须按功绩的大小很公允地分给他们。这是我们所以断定唐俘虏为突厥奴隶的理由之一。

正因为俘虏成为国人的私有奴隶了,所以纵使在汗国灭亡,可汗被擒之际,作为战胜国的唐帝国,不能把没于突厥的八万人口用暴力方法从颉利可

---

① 《旧唐书》卷2《太宗本纪上》;《新唐书》卷215上《突厥传上》。
② 唐太宗擒颉利可汗,责其罪状云:"蹂我稼穑,掠我子女。"由此亦可见突厥掠夺唐人口问题之严重。
③ 《通鉴》系此事于武德五年,《唐会要》卷94系此事于武德四年,时间相差一年。郑元璹语在《会要》中较为简略,现从《通鉴》。
④ 《汉书》卷94上《匈奴传上》。

汗的手中夺回，而须遣使以金帛为代价从各奴隶主方面赎回。关于此事，中国各种文献上都记载着：

（贞观）五年……四月，以金帛购中国人因隋乱没突厥者八万人，尽还其家属。(《旧唐书·太宗本纪下》)

隋末，中国人多没于突厥。及突厥降，上遣使以金帛赎之。五月乙丑，有司奏，凡得男女八万口。(《通鉴》卷193)

又诏，隋乱，华民多没于虏，遣使者以金帛赎男女者八万口，还为平民。(《新唐书·突厥传上》)

我们知道，一切有奴隶制的国家都有用财帛赎奴隶身份的办法，所以给突厥以一定数量的金帛，然后始能使曾经为奴为婢的八万唐人，"还为平民"。此为我们所以断定唐俘虏为突厥奴隶的理由之二。

不仅如此，在8世纪以前，突厥汗国还保持着具有几百年来草原奴隶所有者国家的奴隶法，此法律具体规定着国内外人民在何种条件下把平民黜降为奴隶。关于突厥奴隶法的全貌，今已无法省识，但是其中几种传统办法，我们还可以从突厥文碑铭及中国各种文献中认识出来。公元583年，隋文帝在《讨突厥诏》内说：

世行暴虐，家法残忍。

这种残忍的"家法"，现在看来无可怀疑是指突厥汗国的奴隶法而言的。

在几种突厥文碑铭内，我们又可以看到突厥奴隶有几个重要来源。第一个来源，就是国内外被征服部落、部族如有叛乱行为，这些人民就会沦为奴隶。例如突厥文《苾伽可汗碑》记载苾伽可汗对拔塞族（Bars）的处理便是如此。碑铭云：

朕年十四岁时，拔塞伯克，吾人予以可汗之号，并以朕妹妻之。但其人虐诈不诚，于是其可汗伏诛，人民亦为奴婢。

同这一事例相似的，就是突厥汗国对契丹人的处理。契丹在隋初年本属于突厥，此后叛服无常，至唐初多臣服于唐帝国。突厥在复兴时期，时征契丹，掠其子女为奴。至731年（唐开元十九年），契丹衙官可突干，杀其王邵固，率部落共降突厥。① 降突厥后之契丹，据《唐丞相曲江张文献集》卷5《敕契丹都督涅礼书》云：

> 及依附突厥，而课税又多，部落吁嗟。

突厥苾伽可汗亦对唐使袁振说过："奚及契丹，旧是突厥之奴。"②

突厥奴隶的第二个来源，是在突厥兵马攻下之若干地区，除掠其人口为奴隶外，便实行殖民政策。在实行殖民的区域内，有的时候（并非全部如此），便把土著人民当作奴婢，以供突厥侨民的剥削和奴役。这种事例，我们亦可在突厥文《苾伽可汗碑》中看到：

> 吾人东徙突厥人民于兴安岭之外而整顿之；西徙突厥人民于康居泰曼（Kängü Tarman）而整顿之。此时，为奴者亦有奴，为婢者亦有婢。其弟不识其兄，其子不识其父。吾人所取得所整理的国家与法度如此。

这一事例，虽然是在突厥复兴期内发生的，但在8世纪以前也应当有类似的事实存在。

突厥奴隶的第三个来源，是突厥平民中的从征骑士，在作战中如不能保护主帅，因而至于亡国家、失可汗者，这些骑士就被黜降为奴隶。这在突厥文阙特勤碑和苾伽可汗碑铭文中都有记载。苾伽可汗之父颉跌利施可汗骨咄禄逃亡总材山时，招集散亡，得众七百人，对此七百人之处理，铭文中明白地说：

> 此七百人，为曾亡国家、失可汗之人民。依吾祖宗之法度，曾亡国

---

① 《旧唐书》卷199下《契丹传》、卷76《吴王恪传附信安王祎传》。
② 《旧唐书》卷194上《突厥传上》，与《通典》卷198《突厥中》同。《新唐书》卷115下《突厥传下》仅云："奚、契丹，我奴而役也。"

家、失可汗者，当为婢为奴，当为违反突厥法度之人民。

如上所述，我们可以推知突厥汗国必有一种奴隶法，用以处理有关奴隶的若干问题，是毫无疑义的。

然而必须认清，突厥汗国的奴隶法和与奴隶法有关的奴隶制残余，都是一些落后的制度，它们阻碍着汗国封建主义的发展。

蒙古草原社会封建主义的萌芽，正确地说，从公元 1 世纪匈奴衰亡以后就开始了。但是历代迁入草原的各部落，无论是鲜卑、丁零或柔然，都是一些落后的部民，这些部民的生产力并不比匈奴为高，所以就很难引导草原社会走上封建主义的道路。但是人类社会历史是前进的，草原游牧部民亦不能例外。最明显的，就是草原各族人民对历代统治阶级所进行的反奴役反剥削运动，这种运动就成为推动社会发展的动力。在 4、5 世纪时，据《魏书·高车传》的记载，当时草原的敕勒（高车）人已经是：

其畜产自有记载，虽阑纵在野，终无妄取。

这种各有标志的畜产群表明当时敕勒人已是一个牛羊被家族所私有的社会了。或者可以说，畜产私有制在当时已经盛行。柔然汗国的建立，并不能推进草原社会的发展，反而是奴役各族人民，所以不久就引起了各部落的反抗和高车国的独立。

突厥的锻工起义也是由于柔然汗国的奴役政策而产生的。

突厥人自己在当时并没有进入奴隶占有制社会，但到统一了草原以后，因为不断进行军事侵略，所以很自然地接受了柔然汗国奴役人民的制度。这种制度给突厥汗国带来了严重的危机，即国内各族人民对统治阶级不断发起起义。第一次起义发生于 582 年，其时东突厥境内铁勒部落——仆骨、同罗开始反抗，因此沙钵略可汗不得不放弃南侵计划，撤兵自卫。第二次起义发生于 603 年，其时漠北铁勒、思结、浑、斛薛、阿拔、仆骨等十多个部落，因不堪达头可汗的压迫，纷纷远徙，或至漠南，或至西域，西突厥吞并东突厥的计划因此不得实现。第三次起义，是 605 年契苾和薛延陀二部联合在准噶尔盆地建立独立的部落联盟。第四次起义，是 628 年东方白霫、奚等数十部落因突厥征敛无度，南附唐帝国。第五次起义，是 627—629 年阴山以北薛延陀、回纥、拔野固、同罗、仆骨等十多个部落联合起兵，驱逐了四设（Šad），建立了薛延陀汗国，从而形成了东突厥汗国灭亡的基础。

从此可见，在突厥汗国内部，最初的主要矛盾是人民和统治阶级之间的矛盾，后来又转化为统治阶级内部的矛盾。隋、唐二代的统治者利用突厥的内部矛盾进行了离间和分化政策，使得东西突厥汗国至于灭亡。

突厥复兴时期的苾伽可汗，对于这一阶段汗国灭亡的教训，是相当理解了的，所以在突厥文《阙特勤碑》和《苾伽可汗碑》上作出如下的结论：

> 因伯克与人民间的不和；因唐家从中施用阿谀与诡计；因兄弟自相龃龉，而使伯克与人民之间相互水火，遂致突厥汗国崩溃。

复兴期突厥的统治阶级，既然意识到汗国灭亡的原因，既然意识到汗国内外的矛盾，因而就不能不考虑改革旧制度，对人民做出某些必要的让步。当然这些改革和让步，不是为了人民，主要还是为了维持统治阶级的利益。

统治阶级对旧制度的最重要的改革，就是奴隶法的取消。取消奴隶法并不等于取消奴隶，只是取消了国内人民那些不必沦为奴隶却黜降为奴隶的传统法度。这种措施产生于颉跌利施可汗骨咄禄进行复国运动之时。当骨咄禄从唐帝国统治下的云中都督府逃出时，情势是非常危急的。最初逃出时只有随众十七人。逃到总材山，收辑流亡，得旧部众七百。对此七百人，假使按可汗祖宗家法处理，骨咄禄不仅不能复国，就是能否占领黑沙城，能否战胜铁勒部众回到乌德鞬山，也成了问题了。因此，骨咄禄在紧急情况下宣布了流亡部众免予黜为奴隶的法令。关于此事经过，在突厥文《阙特勤碑》和《苾伽可汗碑》上都有记载：

> 突厥之上天与突厥之后土及圣水，为不使突厥人民灭亡，而使之复兴，于是起立吾父颉跌利施可汗及吾母伊利苾伽可敦，使之达于天顶而保佑之。吾父可汗偕十七人出走，当其闻有声言：在村落者集于山，在山上者降平地，于是集众至七十人。上天予以助力，吾父可汗之骑士英勇如狼，其敌人则怯懦如羊。吾父东西奔走，招集散亡，总聚七百人。

此七百人，为曾亡国家、失可汗之民，依吾祖宗之法度，曾亡国家、失可汗者，当为奴为婢，当为违反突厥法度之民。但吾父组织之，鼓舞之，以之为"突利"及"达头"之民，与以叶护及设。

这是 8 世纪突厥汗国废除奴隶法最初的措施。

芯伽可汗即位后，碑铭说他"为四方人民颁布重要法令甚多"。此众多之法令为何，史无明文，但有一项法令与其生平的政治实施密切相联系的，就是为了招集流亡铁勒部民而宣布其所谓"裸者衣之，贫者富之，寡者众之"的安抚政策。关于此政策宣布的原因和经过，在突厥文上述二碑铭中皆有详细的记录：

唐人言语阿谀，复多美锦。彼等以甘言美锦招引远人，与之接近。……噫，吾突厥人民，其不能自制，为甘言美锦所惑而沦亡者，何可胜数！……噫，吾突厥人民，汝如往彼土，汝将沦亡！汝如不离乌德鞬山，经营商队，汝将无忧！汝如不离乌德鞬山，汝将永保此国家。突厥人民……汝等中之不听朕言，逐地迁徙者，悉已衰弱沦亡矣。汝等中之留居彼土者，悉已死亡矣。朕承天之命，立为可汗。既为可汗，乃招集贫困者，贫者富之，寡者众之。朕所言者，宁有虚伪乎？

《芯伽可汗碑》中有一段宣言，对于当时汗国人民之流亡及归国后之穷困情况，更有扼要的说明：

神圣的乌德鞬山之人民，汝逃亡出走。有东去者，有西去者。但所至之地，汝血流似河，骨横如山。汝高贵之子弟，尽成奴仆；汝清白之妇女，悉为婢妾。我叔父可汗之死，实汝等之愚昧与怯懦所致。……朕之人民，非为财畜丰富之人民，乃内无食、外无衣而怯弱之人民。朕与二设及朕弟阙特勤共商国事，为维持先君先叔所得的人民之声誉，为突厥人民之故，朕夜不能寐，昼不能安，与朕弟阙特勤及二设和衷共济，共度时艰，国人始不相水火。朕既立为可汗，昔日四方流离之人民，复归故土，无马无衣，奄奄半死。……朕得天之惠，对此垂死之人民，使之死而复苏。裸者衣之，贫者富之，寡者众之。

从此可知，苾伽可汗的安抚政策，是因国内各族人民之不断逃亡和邻国统治阶级之引诱牧民出走而产生的。

此外，还有一些措施，与8世纪以前突厥汗国的传统办法不同的，如对于被征服的部族，使之仍独立成国。突厥文《苾伽可汗碑》云：

> 为使曲漫山地方不能无主，吾等于整顿诃咥、黠戛斯后，出而征服之，但吾人复还其独立。

如对于国内叛变的部落，并不全部歼灭或降其人民为奴隶。上引同碑铭云：

> 朕战于彼处，而败其军。其中一部分复降，降者还其为民，另一部分则悉处死。

还有那些外族酋长，在独立时已经改称"特勤"和"颉利发"的，复兴后的汗国就追认了他们原有的爵位，例如"同俄特勤"、"阿史德颉利发"、"夷健颉利发"，等等。[①]

总起来说，复兴后的突厥汗国，从其所体现的生产关系来看，当时草原的牧民社会已经不是奴隶所有者的形态，而是封建主义的社会形态了。

草原牧民封建社会主要特征，在于土地为封建牧主所占有和牲畜及其他资料为牧民所私有。草原上的牧场、森林地和游牧地，在奴隶所有者的社会是归奴隶主所占有的，到奴隶主发展为封建主时，这些土地便被封建主所占有。这种土地所有权的变动，对于突厥汗国来说，并无性质上的差异。因为和几百年前匈奴统治时代一样，草原所有的土地是被汗国的最高统治者——单于或可汗所占有的。所不同者，匈奴时代只有南北匈奴的分裂，而突厥汗国时代，继统一之后所表现的则是诸小可汗的封建割据。匈奴国家与突厥汗国的主要区别，是前者主要的生产阶级是奴隶，而后者的主要生产阶级，不

---

① 参考新、旧《唐书·突厥传》，突厥文《阙特勤碑》北面第七行。

是奴隶，而是牲畜的小私有者的牧民。所以牲畜及其他资料——帐幕、生产工具之为牧民所私有，是突厥汗国封建社会的主要特征。

这种牲畜、帐幕、生产工具之为牧民所私有，前已言之，在 4、5 世纪时的高车或敕勒部落已经开始了。封建制成分的增长，同时也就是奴隶制成分的削弱。假使没有柔然人野蛮的军事侵略，敕勒部民也会慢慢走上封建主义社会的。就在这种变动的社会形态下，突厥人走上了草原游牧社会的历史舞台。突厥汗国面临着两条历史道路：一条是奴隶制道路，一条是封建制道路。马克思说："假如与土地一起，也征服了作为土地有机从属物的人本身，那么，他们就也征服了作为生产的条件之一的人，这样便产生了奴隶制和农奴制……"① 突厥汗国的建立，只说明他有走上封建制度的可能，但同时也有走上奴隶制度的可能。

单就突厥人来说，他们自己的社会刚发展到原始公社末期，已经出现了阶级和与阶级相适应的私有制度，这种条件对于他们走上奴隶社会是很方便的。同时，突厥人也同其他游牧部落一样，为了保卫财产和获得财产，对其他部落和集团进行战争，因而就获得大批俘虏。这一因素也是使突厥人可能采取奴隶制的原因之一。因为如此，汗国建立之初就具有明显的向奴隶制发展的倾向。但是这种倾向与原来草原牧民社会的封建因素是不相容的，同时这种发展和隋唐封建社会的发展也具有不可调和的矛盾，所以就不得不改变他们的历史道路，逐渐地走向封建社会。

草原牧民社会的封建因素，不仅表现于当时社会生产力的发展上，同时也表现于草原各族生产关系的变化上。作为牲畜所有者的牧民，是反对在任何条件下沦为赤手空拳的奴隶的。前述各族牧民从 6 世纪至 7 世纪的不断起义，这都是牧民牲畜所有者的起义，而非奴隶起义。可知这些牧民是拥护封建制度，而反对奴隶制度的。所以牧民的反奴役剥削运动是促进汗国封建主义的主要动力。

引导突厥汗国走上封建主义道路的，还有其他动力。

拿东、西突厥汗国来比较，西突厥汗国进入封建主义的时期为更早。7 世纪初，中国的佛学大师玄奘叙述西突厥汗国的风土说：

---

① 马克思：《资本主义生产以前各形态》，人民出版社 1956 年版，第 27 页。

黑岭已来①，莫非胡俗。虽戎人同贯，而族类群分。画界封疆，大率土著。建城郭，务田畜。性重财贿，俗轻仁义。②

此处所云"虽戎人同贯，而族类群分。画界封疆，大率土著"，虽未能确指为封建制度，然突厥统治阶级并未改变西域原有的政治区域，则为无可争辩的事实。突厥人统治西域各城郭国家一般的办法，是对于"西域诸国王，悉授颉利发，并遣吐屯一人监统之，督其征赋"③。如有一些国王反抗突厥的统治，便"令特勒甸职摄其国事"④。突厥统治者在各国所征的税率若干，目前尚无资料可寻。在西突厥汗国灭亡后之六十年，中亚各国已为大食所统治，其时新罗僧人慧超往游五天竺，回经中亚胡密王国，曾述及大食王征收胡密王国之税率。由此税率似尚可以推知前此六十年突厥对中亚各国征税的多少。慧超《往五天竺国传》云：

又从吐火罗国东行，七日至胡密王住城……此胡密王兵马少弱，不能自护，见属大寔所管。每年输税绢三千匹。⑤

依据上述监国征赋之事实，约可推定西域各国对突厥的关系，是一种封建关系，而并非奴隶对奴隶主的关系。

此外，我们研究一下突厥对高昌国的关系，亦有助于对西突厥与其他城郭国家关系的了解。在突厥统治高昌国以前，高昌曾一度被铁勒所征服。铁勒对高昌国的关系，《隋书·西域传》曾这样记载着：

铁勒恒遣重臣在高昌国，有商胡往来者，则税之送于铁勒。

唐玄奘于 629 年至高昌国，那时的高昌国已是一种半独立的状态。高昌

---

① "黑岭已来"当作"黑岭以东"。黑岭在阿富汗的东北部，由此经突厥斯坦至中国。波斯语称黑岭为"Siyah koh"。
② 《大唐西域记》卷1，总序。
③ 《旧唐书》卷194下《突厥传下》。
④ 《新唐书》卷221下《西域传》"石国"条。
⑤ 《往五天竺国传残卷》，收于罗振玉《敦煌石室遗书》第四种。

王麹文泰，表面上向唐帝国朝贡，实际上是依靠西突厥，做统叶护可汗的臣属。《新唐书·西域传》说：

> 初，文泰以金厚饷西突厥欲谷设，约有急为表里。

玄奘到高昌后的情况，《大唐慈恩寺三藏法师传》这样记载着：

> （王欲留法师供养，法师坚辞）乃遣殿中侍御史欢信送至叶护可汗衙。……又以绫绢五百匹、果味二车献叶护可汗。并书称：法师是奴弟，欲求法于婆罗门国。愿可汗怜师如怜奴。

高昌王此时之称"奴"，实如当时中土之称"臣"。[①] 这不能证明高昌便是西突厥奴役部落。反之，一事之托至于献绫绢五百匹与果味二车，此种献纳正可作为属国对宗主国封建关系的证明。

从上述各种关系看来，西突厥封建关系的成立较早于东突厥汗国，是很明显的。

然而西突厥汗国凭了什么建设它的封建关系呢？首先，封建主义不是突厥人从东方带来的。原来驻牧于阿尔泰山的突厥人，他们的社会制度，不只落后于封建主义，而且落后于奴隶制度。假使突厥人能带来封建主义，很自然地，东、西突厥汗国应无分先后同时进入封建主义社会了。因此，要解决西突厥封建主义的早熟问题，不仅当注意突厥人的社会组织，更重要的，还应从被征服的西域诸国原有各种生产力中探求之。

马克思曾经论及军事的或军队的组织"是公社以所有者资格而存在的条件之一"[②]。这一特点，突厥人同其他游牧部落一样，都已具备。突厥人运用这种军事组织，进行游牧、交换、保卫、掠夺和袭击，从而反抗并且颠覆了柔然汗国，终于把占地几万里的草原部落和城郭国家统一起来，这对于汗国的封建土地所有制，显然具有促进的作用。但是只有征服者的军事组织，而

[①] 《隋书·突厥传》称，隋遣大臣虞庆则至突厥见沙钵略可汗，请彼向隋称臣。"沙钵略谓其属曰：'何名为臣？'报曰：'隋国称臣，犹此称奴耳。'"可为高昌王称奴实为称臣之证。

[②] 马克思：《资本主义生产以前各形态》，第8页。

无被征服者的生产力作为基础,则任何地区、任何国家封建主义的建立必将落空。因此,我们必须细读马克思论日耳曼国家封建主义形成的名言:

> 封建制度是不能由日耳曼人全部带来的,而其渊源,在征服者方面来说,只有他们在实际征服过程中的军队的军事组织,并且只有在征服之后,通过在一切被征服国家中所有的生产力作用,这样才能发展为真正的封建制度。①

西域城郭国家生产力对于西突厥汗国封建主义的作用也正是如此。

在西汉时,我们祖国边疆的塔里木盆地,已由当地各城郭的劳动人民开辟为一个重要的农业、矿业和手工业区域。据《汉书·西域传》记载,龟兹能铸冶,有铅;山国出铅;姑墨出铜;难兜出银、铜、铁;婼羌和莎车都有铁山;于阗和子合多产金玉。又从轮台以东,广饶水草,有溉田五千顷以上。气候温和,土地肥美,所种五谷与中原同时成熟。到南北朝时,据《北史·西域传》记载,于阗土地宜种五谷桑麻;龟兹宜稻、粟、菽、麦、麻;焉耆宜黍及葡萄。由此可知塔里木盆地自古便是一个农业发达和矿产丰富之区。其中西突厥汗庭所在地的龟兹,更是一个著名的铁的铸冶区域。《水经注·河水》篇述龟兹的北大山时,引《释氏西域记》云:

> 屈茨(即龟兹)北二百里有山。夜则火光,昼日但烟。人取此山石炭,冶此山铁,恒充三十六国用。

在 5 世纪时龟兹所产铁器可供西域三十六国之用,从而可知龟兹冶铁业之盛和西突厥可汗选择此区为汗庭所在地的理由了。

于阗国的产业,从北魏到唐,日趋繁荣。《魏书》和《隋书·西域传》言其地出桑麻。《大唐西域记》记载有昔日东国传蚕种于于阗的传说。由此知北魏时的于阗人已能织丝绢。到了唐初,《大唐西域记》说于阗"出氍毹

---

① 马克思:《德意志观念形态》(英文本),1939 年,第 62—63 页。

细毡，工纺绩絁紬"。然于阗人自己"少服毛氍毡裘，多衣絁紬白氎"[1]，那么，于阗所出的"氍毹细毡"，主要是供游牧的突厥人之用。所以对于突厥汗国来说，龟兹若是一个生产铁器的重手工业区的话，于阗便是一个供给被服之用的轻手工业区了。

此外，疏勒、焉耆、高昌等国人民对于西突厥汗国封建制的建立也都曾有一定的贡献。

《魏书·西域传》说，疏勒"土多稻、粟、麻、麦、铜、铁、锡、雌黄、锦、绵。每岁常供送于突厥"。

又说焉耆"土田良沃，谷有稻、粟、菽、麦；畜有驼马；养蚕不以为丝，唯充丝纩"。因为焉耆人常役属西突厥，所以这些产物都是在供给之列的。

高昌国的特产，除了五果、蚕丝、漆、赤白盐、葡萄酒外，还有著名的白叠布。这些产物自南北朝以来就驰名于东亚了[2]。前面我们不是说过高昌王把绫绢五百匹、果味二车供送给西突厥可汗吗？

更重要的，龟兹、于阗、高昌等国，不仅农业、手工业发达，而且商业特别繁荣。自北魏以来，由于它们国内工商业的繁荣，实物的交易早已发展为货币的交易了。同时，因为货币交易的发展，所以实物的税租也就改变为银钱的税租。《魏书·西域传》对于龟兹国的税租，有这样的记载：

税赋准地征租；无田则税银钱。

《周书·异域传》对于高昌国亦有类似的记载：

赋税则计田输银钱；无者输麻布。

从上述资料可以推知，西域城郭国家的货币出现很早，到5、6世纪时已经形成了货币地租了。

突厥统治者征服了这些国家和产业、商业发达的中亚国家以后，建立了

---

[1] 《大唐西域记》卷12"瞿萨旦那国"条。
[2] 《魏书》卷101《高昌传》；《梁书》卷54《诸夷传》"高昌"条。

西突厥汗国。西突厥汗国不可能用自己原有落后的征税制度征收各国人民的实物，必须在各国不同货币的基础上，发行一种统一的货币，作为各国各部落间的通用货币。这种统一的货币曾在热海（Jssyk koul）北岸的凡尔诺依（Viernoil）被发现了。货币上面，有的有突厥文，有的有突厥文和汉文。经法人达鲁因研究，确定其为西突厥汗国的货币。[①] 单从这一点看，便可知道西突厥的货币地租是建立在西域各国的货币地租之上的。

总之，西突厥汗国的封建制度乃是西域各国生产力发展的结果，只凭征服者的军事组织是无法制造封建的内容的。

西突厥的封建主义一经形成，就反过来影响了东突厥的社会制度。东、西突厥本来是没有一定疆界的。当二汗国分裂而进行争衡战争之时，蒙古草原的铁勒九姓不断向准噶尔盆地迁徙，这对于东突厥汗国来说是一种大威胁。只有改革了奴隶法，东突厥汗国才能防止国内铁勒诸部的向西域逃亡。只有改革了奴隶法，东突厥汗国才能征服准噶尔盆地和一部分中亚的部族。这样，把旧制度改变为新制度，把旧日的奴隶制社会改变为新的封建主义社会，就成为东突厥汗国的迫切的历史任务。

最后，必须承认，隋唐两代的封建政治和汉族劳动人民对于突厥封建制度的形成也起了很大的推进作用。

在6世纪中叶以前，中国的封建政治虽然在西域有显著的进展，但对于蒙古草原社会的影响是微不足道的。在北周和北齐时期（550—581），"周人东虑，恐齐好之深；齐氏西虞，惧周交之厚，谓虏（指突厥统治者）意轻重，国逐安危。……竭生民之力，供其来往；倾府库之财，弃于沙漠。"[②] 就是这样，周、齐二国人民的财富和生产品经两国统治阶级之手送给突厥汗国了。当时经过什么方式送给突厥汗国呢？《周书·突厥传》有一段记载：

> 朝廷既与之和亲，岁给缯絮锦彩十万段。突厥在京师者，又待以优礼。衣锦食肉者，常以千数。齐人惧其寇掠，亦倾府藏以给之。

---

① 见达鲁因（Ed. Drouin）："Sur quelques monnaies turco-chinoises"，载1891年法国的《古钱学杂志》，转引自〔法〕沙畹：《西突厥史料》，冯承钧译，第154页注2。
② 开皇三年隋文帝诏中语，见《隋书》卷84《突厥传》。

其中周人岁送缯絮锦彩十万段，颇可注意。合周、齐二国计之，岁给突厥的丝绢至少当有二十万段。此大量丝绢，除一部分被突厥统治者使用外，其余大部分便经粟特商人之手运销于中亚、波斯及罗马诸国了。这种情况自然就繁荣了突厥汗国的经济。

公元 599 年（隋开皇十九年），突厥内讧。隋文帝封突利为"意利珍豆启民可汗"，迁其部落于黄河南的夏、胜二州之间。隋为之"发徒掘堑数百里，东西距河，尽为启民畜牧之地"。于是突厥人"或南入长城，或住白道，人民羊马，遍满山谷"①。这一措施，虽然隋统治者的目的是为分裂突厥汗国，实际上却是隋代人民的生产品和劳动力帮助了突厥经济的发展。所以后来唐太宗评论这一事件说：

> 昔启人（即启民）亡国来奔，隋文帝不吝粟帛，大兴士众，营卫安置，乃得存立。②

到隋末唐初之际，史称中国人没于突厥者有八万口。这大量的劳动力对于突厥生产力的提高一定会发生重大作用。而且当时所谓"雄盛豪杰"，又以"子女玉帛，相继于道"，送给突厥。③ 这种财富和人力更会促进其社会的发展。

更重要的是，从东突厥汗国灭亡（630）前后到汗国复兴，其间约六十年之久，有一百多万突厥人和铁勒人投降唐帝国，被安置于河套南北。唐人对突厥、铁勒的政策，先是把幽州至灵州间突利故地划分为顺、祐、化、长四州，擢其首领为将军和中郎将以治之。到薛延陀汗国灭亡（646）后，对漠北铁勒诸部设六府七州及燕然都护府以统之；对漠南突厥设云中、定襄二都督府及单于都护府以统之。到 7 世纪的 80 年代，唐以突厥来降者日多，处之丰、胜、灵、夏、朔、代六州之内，称为"降户"，由默啜可汗统治之。在此数十年投降唐帝国期间，突厥人之被擢为都督、刺史而食王侯俸者，难以数计。在这种情况下，突厥社会制度不可能不受唐代封建制度的影响。加

---

① 《隋书》卷 84《突厥传》。
② 《贞观政要》卷 8《辩兴亡》第三四。
③ 《新唐书》卷 215 上《突厥传上》。

以默啜可汗要求唐给以田种、农具和铁器，结果得到了田粟四万斛、农器三千具和铁器四万斤。此外，尚有彩帛五千段。这一事实，说明下面三个问题：第一，突厥一部分人的生产活动改变了。从前突厥人的生产是游牧，现在除了畜牧之外，又从事农业生产。农业可以稳定畜牧，哪怕这种定居生活是暂时的。第二，突厥从此有田种、有农具，更有铁的生产工具，这样自然就提高了当时突厥人民的生产力。不要忘记，古代的蒙古草原一向是缺少铁的。第三，畜牧主占有了农具和种子，封建主掌握了更多的铁器，从而也就加强了他们的封建统治和剥削。

总之，中世纪的中国封建制度和中国劳动人民的各种援助，确实也加速了突厥封建社会的形成过程。

上集索引

北狄与匈奴

A

阿尔泰语系7, 8, 42, 45, 47, 48, 70, 88, 141
阿提拉（Attila）41, 44, 46, 47
安侯河27, 40

B

拔也稽130
白波75, 76
白登山9, 28
白狄9-14, 16-18, 21, 22
白居易142, 143
白虏109, 112
白敏中143
白铁余123, 127, 139
白羊27, 29, 32
北狄十九种83, 84, 88
北地23, 27, 37, 39, 50, 55, 73, 75, 83, 85, 95, 108, 109, 111-113, 115, 116, 128, 133-135, 138, 142
北戎12, 13, 15-17, 19, 113
北匈奴6, 25, 27, 32, 35-40, 71, 74, 78, 79, 92, 129, 134
并州屠各85

C

曹毂109, 114

长狄16
长水胡骑130
车师34, 35, 38, 128
陈汤36, 60
赤狄9-16, 19, 21, 23, 24, 116
欑函17, 22

D

大胡39, 92
大人联席会议51-53
大宛（大宛国）33, 34, 43, 61, 89
大月氏28, 29, 33
蹛林27, 28, 53
邓太尉祠碑108-110, 112, 113
东（西）曹109
东宫高力5, 104-106
东胡22, 23, 25-27, 30, 47-49, 89
都赖水36, 60
窦固38, 40, 135
窦轨126
独孤思敬142

E

贰城109, 114
贰城胡114

F

逢侯38, 74, 75, 131

鄘城109, 110, 114
苻坚90, 94-96, 109, 112, 113, 137
服匿62

G
甘延寿36, 43, 60
皋落氏9, 11, 14
鬲昆26, 27, 29
盖吴111-113, 115
耿夔40, 79, 129
姑衍33
稒阳塞26, 40
光禄塞26, 35
鬼方9, 10, 21
贵霜王朝29
虢射21

H
郝散95, 111
和戎15, 18, 95, 109
黑山76
呼韩邪单于35-37, 50, 53, 61, 69, 73, 85
呼揭28, 36, 45, 47, 49
呼衍氏49, 50, 53, 71, 85, 136
狐突14, 21
胡烈112
浑邪王28, 32, 69, 84, 85, 132
浑庾26, 27, 49
霍去病32, 33, 43, 68, 84, 85, 136

J
鸡鹿塞40
稽胡（步落稽胡）3, 6, 7, 48, 88, 107, 115-120, 122-129, 135, 138-142, 144
稽洛山40
汲桑5, 82, 89, 95-97, 106, 134
贾雍94, 95
羯胡5, 43, 44, 82, 89, 94, 95, 97, 98, 100, 102, 104, 106, 107
金留犁61
金微山40
晋成公12, 17, 19
晋文公10, 12, 15, 21, 22
径路刀61
居延塞40
沮渠蒙逊50, 91, 93, 135-137
沮渠氏50, 90-92
军臣单于31, 36

K
康横113
康居29, 33, 36, 40, 43, 44, 60, 89, 113
柯兹洛夫63, 64, 68
库利川140, 141

L
兰氏49, 50, 53, 71, 85, 130, 136
狼居胥山33
老哈河25
老上单于28, 29, 54, 61, 68
雷恶地109
离石75, 77, 86, 88, 99, 108, 115, 116, 118, 119, 122, 124, 126, 127, 134, 138
骊戎14, 21
李晷137
李弘102, 103
李农100, 104, 105
李润109-111, 113
丽土之狄13-15
梁犊104-106
梁习78, 80
林胡22, 23
令居33, 92
刘迦论126, 127
刘琨军94
刘蠡升119, 121-124

刘猛5, 90, 93, 95, 134
刘苗王127
刘卫辰91, 95, 109
刘仙成126
刘宣77, 95, 98, 107
刘鹞子126
刘禹锡6, 7, 142, 143
刘渊5, 7, 50, 83, 86, 87, 93, 97-99, 107, 108, 114, 118, 134, 138, 144
六夷100, 101, 105, 108
龙城（龙庭）3, 26-28, 40, 52, 53
楼烦22, 23, 27, 29, 32
楼兰28, 34
卢水胡3, 6, 50, 91, 92, 95, 109-111, 113-115, 135-138, 142, 144
潞子婴儿12, 17, 19, 21
挛鞮氏（虚连题氏）49, 50, 53, 85, 136
洛氏8, 9, 103

M
马兰山109, 111-113
马苑95, 106
蒙恬26
冒顿单于25-28, 32, 49, 51, 52, 68, 135
慕容冲96, 114

N
南匈奴6, 25, 27, 35, 37-40, 43, 44, 47-50, 53, 71-79, 84-86, 129, 131, 134, 136, 137, 142
霓裳羽衣曲143
诺颜乌拉36, 58, 60, 62-69

O
瓯脱35, 46

P
平城28, 31, 70

蒲类海38
蒲奴单于37

Q
齐桓公12, 16, 17, 19
祁连山28, 32, 43, 92
乞活100, 104
羌渠43, 75, 76, 80, 84, 85, 88, 89, 96
丘林氏50, 53, 85, 86, 130, 136
屈射26, 27
屈突通126
去卑76, 77, 90

R
冉闵5, 43, 44, 99-102, 104
日逐王逢侯38, 131
婼羌33

S
鄯善33
社仑47, 130
十八骑96, 97, 106
石虎96, 100-105
石勒5, 43, 44, 81, 82, 86, 88-90, 94-97, 99, 101, 102, 104, 106, 108, 110, 116, 134
属国85, 92, 129, 132-134, 136
司马腾82, 95, 99, 107
肆卢川90, 94
粟特国40

T
铁弗氏（赫连氏）90-92, 95
僮仆都尉28, 31, 33, 35
头曼3, 26, 46, 49, 54
头曼城3, 26, 55
秃发氏（秃发鲜卑）3, 6, 129, 130, 142
屠各50, 84-87, 92, 109, 110, 112, 115
屠各氏50

屠各种84, 87
拖发68, 131
拓跋鲜卑3, 6, 94, 122, 129, 142

W
王昭君36, 37, 50
危须28
卫青32, 33, 58, 60, 97, 132
魏绛18
温宿33
握衍朐鞮单于35
乌桓23, 29, 30, 34-36, 39, 45, 47, 48, 64, 76, 84, 90, 101, 134
乌居战75
乌孙28-30, 34-36, 49
乌丸88, 92, 97, 98, 101, 108, 112
无雷33
无终11, 13, 17-19, 23

X
西喇木伦河25
西域胡6, 29, 39, 42, 90, 102, 138-140, 142
析罗漫山38
夏阳75, 77, 134
先贤掸35
鲜卑3, 6, 7, 23, 26, 29, 30, 38-40, 47, 48, 78, 84-88, 90-94, 98, 101, 108, 112, 114, 115, 122, 128-131, 141-143
鲜于氏8
鲜虞8-11, 13, 14, 18, 21, 22
襄国99, 101
小月氏6, 28, 50, 92, 128, 142
新犁26, 27
匈人（Huns）31, 40, 41, 44, 46, 48, 68, 69
休屠各75, 84, 85
休屠王28, 32, 50, 85, 132, 136
须卜氏49, 50, 53, 71, 85, 86, 130, 136
虚闾权渠单于35, 54

宣曲胡骑130

Y
焉耆28
焉支山32, 60
燕然山27, 40
伊吾庐城38
伊稚斜单于32
夷吾12, 21
义从胡28, 78, 136, 142
义渠128
优留单于40
右地32, 51, 52
右谷蠡王52, 136
右贤王5, 40, 52, 54, 74-76, 88, 95, 98, 109, 112, 134, 136
于扶罗5, 75-77
榆中23
尉犁28
尉头33
元积142, 143
缘边八郡73, 74, 78, 79, 85, 129, 131, 134, 142
月氏6, 26-29, 33, 49, 50, 52, 61, 78, 92, 96, 104, 112, 128, 135-137, 142
悦般国47

Z
张轨137
张骞33
赵破奴34
赵武灵王20, 22, 23, 26
赵信97, 131
赵信城33, 58
支胡96, 109, 112, 113
知牙师37, 65
郅支单于35, 36, 43, 60, 72
寘颜山33, 58

中行说54, 68, 71
中山国14, 18-20, 22
众狄11, 13, 16-19, 21, 22
涿邪山27, 39, 40
赀虏39
左地35, 40, 51, 52, 59
左谷蠡王53, 136
左国城75, 99
左贤王33, 37, 51, 54, 76, 77, 85, 90, 98, 109, 136

乌桓与鲜卑

A
阿伏干氏342
阿坚羌渠254
安同370-372

B
八部大人156, 157, 186, 193, 223, 232, 356, 362, 368-370, 372-375, 384, 388
八柱国223, 367, 374-376
八座185, 367, 369-371
白部166, 276, 277, 281, 337, 343, 347, 349, 350, 368
白部鲜卑151, 152, 276, 278, 347, 349
白户382
白狼城326
白曜（慕容白曜）181, 184, 195-199
百保鲜卑217
班彪174
薄盛273, 276, 342
北宫伯玉258
步度根295, 296

C
蔡邕175, 298, 299, 301
参合陂183, 322, 323, 348, 368, 378

常景190, 192-195, 197, 206, 207, 365
晁崇179, 188
成淹199
叱卢170
叱罗氏343
叱吕氏342
赤山167, 168, 235, 236, 246, 252, 253, 288, 289
敕勒歌213
出连170, 355
刺韦238, 242, 243
崔光192, 197
崔宏（崔玄伯）185, 186, 353, 370-372
崔鸿168, 169, 284, 302, 308

D
大棘城303, 304, 308
大宁355, 356, 358, 359, 378, 380
大人154, 159, 167, 168, 175, 178, 226, 232, 234, 240-248, 253, 254, 259, 262, 263, 268, 271, 277, 286-288, 290, 292-298, 300, 303-306, 336, 337, 339, 340, 343, 346, 348, 356-359, 362, 363, 368, 370-373, 376-378, 383, 384, 388, 394
大鲜卑山156, 165, 167, 168, 333, 334, 367, 377
岛夷153
邓渊185-187
翟斌177, 274, 275, 317, 321, 322
翟辽177, 320, 322
翟魏177, 186, 370
翟钊185, 320, 322
第二推寅156, 167, 335-339
第一推寅167, 335, 336, 338
典师380
东部鲜卑147-151, 153-157, 165-167, 173, 176-178, 183, 184, 281, 282, 285, 287, 288, 292, 296, 302, 304, 306, 335, 337,

342-344, 347
东胡156, 165, 167, 169, 171, 172, 234-237, 245, 246, 249, 257, 262, 275, 281-285, 288, 302, 308, 321, 335, 337, 344
独孤氏232, 341, 377
独孤信223, 375-377
杜洛周206-209, 211-214, 230
段承根190, 191
段就六眷304, 305, 309, 310
段龛176, 316
段辽309, 313, 316
段末波309, 311, 315
段匹磾151, 304, 305, 308-312, 316
段氏鲜卑151, 174, 176, 304, 305
段务勿尘151, 152, 273

E

尔绵氏335, 342, 377
尔朱荣162, 170, 208, 209, 211, 212, 220, 221, 223, 374-376, 386, 387
尔朱天光219-221, 375, 376
尔朱兆209, 210

F

费也头386-389
分土定居158, 159, 201, 350, 355-357, 359, 362, 363, 366-368, 384
封裕158, 314, 327, 391, 392
冯跋324-326
伏侯可悉陵213
扶罗韩295, 296
扶氏170, 341
苻坚155, 177, 178, 185, 188, 241, 274, 275, 278, 316-319, 321, 323, 324, 343, 350, 351, 356, 357, 362, 383
苻丕318, 321, 322

G

高昂215
高欢157, 206, 208-217, 221, 222, 230, 345, 374, 376, 387, 388
高平川169
高云324, 326
纥豆陵伊利388
纥骨氏338, 340
葛荣207-209, 211-214, 220, 230, 376
葛乌菟306
公孙表160, 161, 394
公孙康264
公孙瓒248, 258, 260, 263, 299
梱阳352, 389
毌丘俭241, 242, 266, 267
广固155, 177, 316, 323, 324
归流河236, 237
郭彦222, 224, 225

H

哈古勒河167, 284
郝旦243, 248, 251
和连295
贺拔氏341, 342, 388
贺拔岳219-221, 230, 341, 376, 388
贺狄干372, 373
贺赖氏341, 355, 358
贺讷355-359
贺傅378
赫连昌180, 188, 189, 219
侯莫陈崇220, 223, 375, 376
侯莫陈悦220, 221, 230, 376
胡琛219
胡方回188
斛拔俄弥突（贺拔俄弥突）388
斛律金212, 213
槐头292
桓温317

J

计口授田149, 159, 164, 182, 201, 231, 350, 353-355, 359, 366-378, 390, 392, 393, 395

祭肜167, 168, 252, 253, 288, 289, 307

蒋少游199, 200

诘汾167, 168, 232, 282, 293, 335-337, 340

句龙王吾斯254, 255

厥机292

军坊227-229, 231

均田法（均田制）163, 164, 204, 228, 229, 231, 232, 391

K

柯最292

轲比能151, 175, 242, 271, 287, 294-301, 337

库狄干212, 388

库贤178, 277, 342, 348

L

老哈河153, 167, 171, 236, 238, 249, 285, 286, 290, 308, 309, 343

李宝191

李弼221, 223, 225, 226, 335, 375, 376

李彪197, 199, 200, 332, 392, 393, 395

李冲159, 190, 192-194, 200, 205, 360

李虎223, 225, 226, 375, 376

李陵332

李修198, 199

力微157, 170, 178, 187, 226, 262, 277, 278, 292, 293, 336, 337, 340, 342, 345-348, 368

连休254

刘芳193, 194, 196-198, 201

刘虎151, 152, 212, 276-278, 349, 350

刘琨151, 152, 159, 160, 179, 273, 276, 278, 309-311, 349, 354

刘显320, 322, 357

刘渊273, 276, 278

柳城178, 264, 267, 268, 284, 303, 307-310, 313, 324

六坊之众216-218, 221, 222, 224, 227, 230

六镇鲜卑157, 205-207, 214-218, 227

龙城180-182, 313, 315, 322-326

楼班243, 263, 264, 266, 267

卢绾172, 173

鲁昔269, 270

M

马续255, 291

马援250

毛修之188

弥加271, 292-294, 295, 297

没鹿回部232, 337, 340, 388

莫圭307, 308, 312

莫护跋303

莫槐292, 305-307

莫那娄氏343

莫舆氏342

万俟丑奴219-221, 230

万俟道洛219, 220

万俟受洛干212, 388

木根山378

慕容宝179, 184, 185, 322-324, 329

慕容冲155, 317, 318, 320, 324

慕容德177, 197, 323, 324, 330, 358

慕容觊158, 176, 306, 308, 310, 313-315, 317, 319, 322, 326, 327, 391

慕容儁155, 158, 187, 211, 316, 319, 330, 341

慕容楷177, 275, 320, 321

慕容恪315, 316, 328

慕容农177, 274, 275, 320, 321, 330

慕容廆151, 158, 176, 182, 302-304, 308, 310, 312-314, 317, 319, 323, 342

慕容暐177, 185, 241, 317-319, 321, 327-329, 331
慕容熙323-325, 331, 370
慕容永155, 187, 241, 318-320, 322, 324, 351

N
难楼241, 263, 266
内入诸姓170, 178, 344, 346, 347, 355, 358, 370, 372, 373, 375, 383, 389
宁城251, 256, 289

P
裴潜271
匹孤168, 169
匹娄氏210, 342
偏何246, 253, 288, 289
破六韩拔陵219
破六韩氏341
破越勤部355, 359

Q
奇斤氏341
乞伏保170, 341
乞伏国仁169, 170, 341
乞伏慧171
乞伏鲜卑149
乞扶氏170, 171
契胡162, 163, 208-210, 220, 375, 386
牵屯山220
秦开171, 172
丘力居241, 243, 247, 248, 259, 262, 263, 304
丘林氏341
屈突氏343
阙居292

R
冉魏158, 315, 316
日陆眷305
日律292, 336
濡源160, 308, 309, 348, 385

S
三郡乌桓174, 175, 178, 248, 259-264, 266, 268, 271, 278
三长制149, 159, 192, 201, 365
沙漠汗157, 292, 347-349
沙苑之战222
涉归303, 304, 319
什翼犍179, 319, 335, 339, 340, 350, 351, 355-357, 368, 372, 373, 378
审登273, 274
审广273, 274
盛乐151, 156, 157, 207, 276, 277, 296, 322, 337, 340, 347, 349, 350, 352, 378
石勒151, 174, 176, 178, 187, 273, 274, 276, 278, 309-311, 313, 319, 342
漱官254
司马腾273
俟利伐氏342
苏绰222, 223, 374
苏仆延234, 241, 259, 262-264, 266
素和氏343
素黎氏342
素利271, 292-297, 342
孙绍197
索虏153, 161, 163, 165, 166, 332, 340, 347, 350

T
蹋顿173, 243, 246, 247, 259-264, 266, 268, 304
檀石槐151, 154-157, 167, 168, 173, 175, 242, 244, 259, 286-288, 290-295, 298,

299, 301, 303, 304, 336, 337, 339
天通山255
田畴264
田豫238, 271, 293, 294, 296, 297
铁弗148, 149, 151, 152, 168, 188, 276-278, 340, 341, 349-352, 356
统万162, 180, 181, 188-190, 200, 386
秃发（秃发部、秃发氏）168, 169, 340
秃发傉檀168
秃发乌孤168
秃发鲜卑168, 169
徒何氏225, 335, 376
徒何鲜卑157, 182, 183, 211, 212, 221, 278, 353, 356, 359, 375, 392
吐伏卢氏343
推寅292, 293, 335, 336, 377
拓跋珪149, 179, 186-188, 190, 213, 222, 232, 275, 320, 322, 323, 346, 347, 351-353, 356-359, 361-364, 367, 368, 370, 373, 378-381, 383-385, 389
拓跋氏165, 186, 225, 232, 332, 338-340, 344, 345, 350, 363, 367, 368, 389
拓跋寿162, 164, 184, 200, 367, 395
拓跋嗣（明元帝）160, 201, 355, 370, 371, 373, 384, 385
拓跋焘160-162, 183, 188-191, 199, 373, 379, 381, 385, 389
拓跋鲜卑147-152, 156, 157, 160, 165-168, 178, 185, 201, 205, 212, 213, 221, 225, 227, 278, 281, 285, 292, 293, 298, 331-334, 337-340, 349, 363, 366-368, 377, 383, 388, 392

W

王怀211
王浚151, 152, 176, 273, 274, 309-312, 349
王庆云220
王沈234, 235, 238-240, 242-244, 246, 252-254, 257, 265-267, 272, 273, 283-292, 302, 303, 305, 307, 336, 339
王显197, 199
王雄220, 225, 297, 298, 376
卫操160, 174, 278, 349
卫瑾178, 277, 278, 347, 348
卫雄160, 179, 278, 349
濊貊175, 182, 271, 292-294, 350
魏孝文帝157, 159, 162, 163, 201, 202, 204, 216, 218, 225, 227, 230-232, 338, 365, 366, 374, 377, 382, 391
乌桓山165, 167, 235-238, 284
乌桓突骑257, 258, 265
乌桓校尉151, 247, 249, 251, 254, 257, 259, 263, 268, 271, 273, 277, 289, 291, 295-297, 348
乌桓杂类177, 178, 278, 317
乌洛侯国237, 333, 334
乌丸国279
乌丸氏279, 347
乌延234, 241, 259, 262, 264, 280
屋引氏232, 342
吴蛮181, 182, 196

X

西拉木伦河149, 153, 165, 167, 168, 171, 236-238, 285, 286, 302, 308, 309, 351
奚斤355, 359, 371, 386
犀比（犀毗）148, 282
鲜卑八国156, 203, 338, 339
鲜卑山148, 156, 165, 167, 168, 238, 283, 284, 302, 303, 333, 334, 367, 377
鲜于辅260, 263, 264
鲜于修礼207, 220, 230
小种鲜卑295, 299
解批氏341
歆志贲236, 252, 253, 288, 289
秀容川162, 171, 386

须卜氏341
徐辩188
徐謇198
许谦179, 320, 322, 350
蓄奴247, 248, 286
薛孤延211, 212
勋臣八姓232, 344, 346, 370, 373, 374

Y
严尤250, 269
阎柔247, 260, 261, 263, 268, 295, 297
宴荔游292, 336
燕凤179, 350
燕荔阳286, 292
阳乐251, 284, 305
杨椿164
杨忠225, 226, 376
猗卢151, 152, 160, 179, 187, 276-278, 309, 335, 337, 349, 354, 378
猗㐌349
乙弗氏225, 335, 343, 376, 377
乙旃氏339, 340
邑落公社154, 155, 157, 159, 234, 239-247, 281, 286, 287, 363, 366
阴山（大阴山）147, 149, 160, 168-171, 213, 306, 307, 322, 337, 340, 350, 357, 358, 385, 394
荫户326-330, 360, 361, 364, 365
营户328-330, 361, 381, 382
于谨223, 226, 279, 375, 376
余蔚321
宇文化及387
宇文陵185
宇文莫那308
宇文氏149, 168, 169, 174, 225, 232, 272, 281, 292, 305-308, 310, 312, 347, 377, 387
宇文泰157, 166, 212, 220-223, 225-227, 230, 334, 374-377, 388
宇文鲜卑151, 168, 184, 293, 307, 308, 313
元欣223, 375, 376
元渊205-207
袁翻197, 198
袁尚175, 241, 247, 261, 264, 267, 268
袁绍151, 173, 174, 246, 258, 260-263, 295, 299, 300
源贺168, 193

Z
臧质161
扎赉诺尔165
张纯173, 174, 245, 247, 248, 258-260, 300
张耽248, 254, 255, 265
张平316
张骧274, 275, 321
张渊188
张湛190, 191
赵贵220, 221, 223, 225, 335, 375, 376
赵武灵王172, 282
赵逸188
紫蒙川308, 313
宗钦190, 191
宗主督护制149, 157, 159, 164, 192, 201, 350, 360, 362-365
作乐水285

突厥人和突厥汗国

A
阿波可汗420, 421, 423, 424, 429
阿羯田山（白山）404, 405, 407, 416
阿那瓌411, 415
阿史德温傅445, 446
阿史那伏念445
阿史那社尔440, 441
阿史那思摩441, 443-445

安北都护府444, 445
安遂迦424, 430
安西都护府435

B

拔也古404, 429, 432, 433, 438
拔野古429, 437-439, 441, 442
白道川423, 439, 443
北丁零404
北山406-409, 460
苾伽可汗400, 401, 403, 417, 433, 445, 447-449, 451-453, 455-458, 464, 465, 467-469

C

参天可汗道442
单于大都护府445
处罗可汗425, 427-430, 439, 462
处木昆部436
处月部436

D

达头419-422, 425, 426, 434, 447, 462, 468
达头可汗420, 422, 424, 426, 434, 438, 466
达头设419, 455
怛逻斯433
都斤山（乌德犍山）400, 415, 419, 420, 423
都蓝可汗424
窦建德428
独洛河404, 405, 429, 438-440, 453
多览葛部437, 441
多弥可汗441
咄陆五部435
咄摩支440, 441

F

奉职433, 445, 446

G

高宝宁423
高昌国406, 407, 427, 434, 471, 474
高车六氏405
高车十二姓405, 426
葛逻禄421, 422, 435, 436, 443, 444, 448, 451, 452, 457, 458
骨咄禄419, 433, 445-449, 451, 452, 455, 465, 467
郭孝恪435

H

瀚海都护府444, 453
贺鲁436, 443, 444
赫连勃勃408
赫连定408
黑山445, 456
斛薛部431, 437
回纥401, 405, 421, 426, 430, 432, 436, 437, 439, 441, 442, 444, 448, 451-459, 467

J

罽宾415, 416, 427
结社率443
颉利发419, 429, 430, 433, 453, 455, 469, 471
颉利可汗428, 429, 431-433, 435, 439, 441, 443, 447, 452, 462, 463
金山403-405, 408, 420, 438, 451
九姓铁勒405, 406, 421, 447, 448, 452-454, 457
沮渠安周408, 409
沮渠无讳408, 409

K

康待宾444
康国404, 405, 416, 431, 434, 452
康苏密431, 433, 444

可汗浮图城435
可贺敦（可敦）415, 428, 440, 448, 453, 467

L
拉德洛夫401, 402, 448
李勣433, 441
李靖433
李渊428, 431, 462
梁师都428, 430
刘季真430
刘审礼444
刘文静431
刘武周428, 430
六胡州444, 455, 458
卢龙塞423

M
曼尼阿黑416, 430
莫何可汗（处罗侯）420, 421, 423, 424, 427, 429
鞂鞨部431, 439
木杆可汗（燕都俟斤）415-418, 420

N
泥利可汗424, 425, 438
弩失毕五部435, 436
诺颜歹·斯穆409

P
裴矩427, 428, 430
裴行俭445
仆骨404, 405, 422, 425, 426, 429, 432, 433, 437-439, 441, 444, 454, 455, 458, 466, 467
蒲类海408

Q
启民可汗424-426, 428, 438, 476

契苾部427, 440, 442, 456, 457
契丹415-417, 420-423, 428, 431, 432, 445, 447-449, 455-458, 465
契骨405, 406, 415, 421, 422, 462
千金公主418, 423, 424, 430
千泉416, 427, 433
阙特勤399-403, 406, 415, 417, 418, 433, 445, 447, 448, 451-455, 458, 465, 467-469
阙特勤碑399-403, 406, 415, 417, 418, 433, 445, 447, 448, 451-453, 465, 467, 469

R
柔然汗国410-414, 461, 466, 472

S
三弥山427, 433
沙钵略可汗419, 423, 466, 472
射匮可汗425, 427, 429, 433, 434, 439
沈曾植401, 402
石国416, 427, 434, 436, 471
史善德443
史蜀胡悉427, 430, 431
始毕可汗426-432
室点密可汗415-417, 434
室韦421, 428, 439
疏勒国434
双河436
俟斤404, 415, 419, 427, 429, 433, 438-440
隋文帝420-424, 462, 464, 475, 476
碎叶416, 433, 435, 450, 451
碎叶川435, 450, 451
索国406

T
佗钵可汗418, 419, 422
贪汗可汗420, 421, 423
贪汗山408, 409, 420, 426, 427

汤姆生402, 448
特勤401, 415, 428, 429, 431, 434, 438, 444, 469, 471
铁门416, 417, 433, 446, 452
同罗404, 405, 422, 426, 429, 432, 433, 437-439, 441, 442, 444, 453-456, 458, 466, 467
统叶护可汗427, 429, 430, 433-435, 439, 472
突利419, 420, 424, 428, 462, 468, 476
突利可汗420, 424, 430, 432, 443
突利设419, 420, 429, 440, 448, 455
突骑施436, 450-452, 455
土门（伊利可汗）410, 411, 415, 417-420, 437
吐屯419, 421, 422, 430, 433, 434, 447, 471
吐屯设427

W
王世充428
温彦博443

X
西丁零404
西突厥汗国414, 421, 423, 425-427, 429, 430, 433-436, 438-440, 459, 467, 470-475
黠戛斯国434, 451
仙娥河444
玄奘434, 435, 470-472
薛仁贵444, 447, 450
薛延陀部437
薛延陀汗国414, 432, 437, 439-442, 467, 476

Y
燕末山427
燕然都护府442, 444, 476

耶律铸400, 401
也咥小可汗427
嚈哒415, 416, 421, 444
夷男（真珠毗伽可汗）432, 439-441
义城公主428
易勿真427, 429
宇文测403, 410
云中都护府444, 445
云州445, 447

Z
长孙晟420, 422-425
真珠叶护436
郑仁泰444
志锐402